健身训练计划

尹承昊 著

TRAINING PROGRAM

山东科学技术出版社

图书在版编目（CIP）数据

健身训练计划 / 尹承昊著. —济南：山东科学技术出版社，2021.1
ISBN 978-7-5723-0769-0

Ⅰ.①健… Ⅱ.①尹… Ⅲ.①健身运动–运动训练 Ⅳ.① G883.2

中国版本图书馆 CIP 数据核字 (2020) 第 256083 号

健身训练计划
JIANSHEN XUNLIAN JIHUA

责任编辑：王兆阳
装帧设计：侯　宇

主管单位：山东出版传媒股份有限公司
出 版 者：山东科学技术出版社
　　　　　地址：济南市市中区英雄山路189号
　　　　　邮编：250002　电话：（0531）82098088
　　　　　网址：www.lkj.com.cn
　　　　　电子邮件：sdkj@sdcbcm.com
发 行 者：山东科学技术出版社
　　　　　地址：济南市市中区英雄山路189号
　　　　　邮编：250002　电话：（0531）82098071
印 刷 者：山东彩峰印刷股份有限公司
　　　　　地址：潍坊市福寿西街99号
　　　　　邮编：261031　电话：（0536）8216157

规格：16开（184mm×260mm）
印张：29.5　字数：564千　印数：1~7000
版次：2021年1月第1版　2021年1月第1次印刷
定价：135.00元

前　言

　　每个热爱健身的朋友，在走进健身房前都会有一个希望达到的健身目标，这个目标可能是身材的精心雕琢，也可能是力量、速度等运动能力的不断提升。在实现目标的过程中，健身爱好者仅仅拥有坚定的信念和面对困难永不退缩的毅力是不够的，还必须拥有一份根据自身情况编写的健身训练计划，有利于练习时有法可依、有章可循，少走弯路，减少伤痛，快速高效。

　　训练计划包含日常健身训练需要注意的各个方面，从健身爱好者现阶段的身体素质、营养水平、工作生活情况等因素出发，结合具体的健身目标，选择最适宜的训练频率、训练动作、训练量及训练强度。现实世界不存在生活习惯、身材比例及运动能力基础完全相同的两个人，因此也不应存在两份完全相同的健身训练计划。在编写或挑选训练计划时，健身爱好者应当注意这份计划是否适合自己，如果使用不合适的训练计划，便有可能导致训练停滞不前，甚至可能诱发受伤风险。此外，每个健身爱好者在训练过程中，身体素质及工作生活情况都会更新变化，因此一份优秀的健身训练计划也应当随之不断改善。如果一份计划在第一周和第三十周的内容都完全不变，在后期就慢慢不再适合使用它的健身爱好者。

　　自2011年我开始进行线上一对一健身训练计划编写的教学服务，不仅根据每个学员的基本情况制订适合他的独一无二的训练计划，更在饮食营养方面予以补充建议和指导。一份优秀的健身训练计划不仅在动作组合、容量强度等方面需要量身定做，更需要优秀且合适的营养饮食计划的搭配，这样才可以将训练计划原本的价值最大化。相关内容在本书、我编写的《力量训练解析》和《健身营养补剂指南》中都有提及。

　　经近十年的线上教学，我的许多学生也成了十分优秀的教练，为更多的大众健身爱好者进行一对一的训练计划编写服务。越来越多的健身爱好者开始发现一份适合自己的健身训练计划的价值，但是个人原因及相关专业知识的缺乏，使得若干健身爱好者难以拥有一份合适自己的健身训练计划。基于此，我编写了本书，详细讲解肌肉健美训练、力量训练、耐力训练、爆发力训练及柔韧性训练等健身爱好者广泛关注的健身训练目标的计划设定原理，并且根据不同健身爱好者的水平提供了相关内容的计划编写策略。希望本书能够帮助每个健身爱好者详细了解学习设计一份适合自己的健身训练计划，具备分辨优劣训练计划的能力，为实现自己的训练目标助一臂之力。

鉴于本人能力所限，本书尚存在不足之处，请健身爱好者提出建议，以利于修订完善。

尹承昊

目 录

第一章 训练计划构成

一、训练计划的必要性 ·· 1

二、训练计划的价值 ·· 2

　（一）高效性 ·· 2

　（二）安全性 ·· 2

　（三）针对性 ·· 3

　（四）搭配性 ·· 3

三、训练计划的构成 ·· 4

　（一）训练目标 ·· 4

　（二）计划设定原理 ·· 8

　（三）周期时间 ··· 11

　（四）疲劳管理 ··· 13

　（五）训练频率 ··· 17

　（六）休息日 ··· 19

　（七）训练日 ··· 20

　（八）有氧日 ··· 33

　（九）训练内容 ··· 36

　（十）训练容量 ··· 45

（十一）训练强度 ··· 52
（十二）动作间休息 ·· 58
（十三）组间休息 ·· 65
（十四）训练速度 ·· 70
（十五）强度与容量调整办法 ··· 73
（十六）辅助 ·· 80
（十七）热身方法 ·· 83
（十八）放松方法 ·· 91
（十九）平台期 ·· 96
（二十）减载周 ··· 105
（二十一）辅助能力 ··· 109
（二十二）心态 ··· 116

四、训练计划与饮食搭配·· 117
（一）饮食计划的组成 ·· 117
（二）补剂选择 ·· 138
（三）饮食计划与训练计划搭配案例 ·· 141

五、如何选择一份好的训练计划··· 146
（一）是否有周期性 ··· 146
（二）疲劳管理是否得当 ··· 147
（三）是否会设置挑战 ·· 148
（四）是否有针对性 ··· 149
（五）是否可以解决问题 ··· 150
（六）是否参照日常工作与生活 ·· 152
（七）是否与饮食相结合 ··· 154

第二章　训练计划原理

一、肌肉训练原理···155
　（一）视觉···155
　（二）充血···157
　（三）不同部位训练原理·····································160

二、力量训练原理···225
　（一）肌肉力量···225
　（二）神经募集能力···235
　（三）技术能力···277
　（四）线性增长···290
　（五）交叉型增长···300

三、耐力训练原理···305
　（一）心肺耐力训练原理···································305
　（二）速度耐力训练原理···································308
　（三）力量耐力训练原理···································310

四、爆发力训练原理···311
　（一）绝对速度训练原理···································311
　（二）弹跳力训练原理·······································314

五、柔韧性训练原理···318
　（一）主动柔韧性训练原理·································318
　（二）被动柔韧性训练原理·································320

第三章 训练计划案例

一、肌肉健美 · 328
  （一）肩部肌肉 · 328
  （二）胸部肌肉 · 333
  （三）背部肌肉 · 338
  （四）斜方肌 · 343
  （五）臀腿部肌肉 · 344
  （六）股四头肌 · 350
  （七）腘绳肌 · 351
  （八）小腿肌群 · 352
  （九）手臂肌肉 · 353
  （十）肱二头肌 · 358
  （十一）肱三头肌 · 359
  （十二）腹部肌肉 · 361
  （十三）增肌 · 364
  （十四）塑形 · 371
  （十五）减脂 · 376

二、力量 · 378
  （一）深蹲 · 378
  （二）卧推 · 385
  （三）硬拉 · 391
  （四）深蹲＋卧推 · 396
  （五）硬拉＋卧推 · 406

（六）5×5方法 …………………………………………………… 418
　　（七）5×5方法进阶版 ………………………………………… 420
　　（八）Candito 线性计划 ……………………………………… 423
　　（九）德克萨斯训练体系计划 ………………………………… 425
　　（十）5/3/1 训练计划 ………………………………………… 427
　　（十一）Eric Lilliebridge 训练计划 ………………………… 429
　　（十二）保加利亚体系训练计划 ……………………………… 431
　　（十三）胡达亚诺夫训练计划 ………………………………… 433

三、耐力 ………………………………………………………………… 437
　　（一）心肺耐力 ………………………………………………… 437
　　（二）速度耐力 ………………………………………………… 440
　　（三）力量耐力 ………………………………………………… 443

四、爆发力 ……………………………………………………………… 447
　　（一）绝对速度 ………………………………………………… 447
　　（二）弹跳力（跳远） ………………………………………… 451
　　（三）纵跳 ……………………………………………………… 454

五、柔韧性 ……………………………………………………………… 458
　　被动柔韧性 ……………………………………………………… 458

第一章 训练计划构成

一、训练计划的必要性

训练计划对每个健身爱好者是必要的，它不仅为爱好者提前规划好每一次的训练安排，让训练变得更加高效，更能推动健身爱好者实现健身目标。很多健身爱好者常抱有这样一个想法：只是进入健身房简单活动活动身体，并不一定要练成职业运动员那样，因此并不十分需要拥有一份训练计划。这种想法是十分片面的。训练计划的意义不在于让爱好者变成职业运动员或者拥有多么高的运动水平，在于使爱好者合理把控自己的时间，避免过多无谓的消耗，更加安全、健康地健身。安全、健康地健身对于所有进入自由力量区或器械区的健身爱好者来讲都是十分重要的，避免伤病的产生。

当然，并非所有的训练计划都是高效且安全的，前提是训练计划内容与自身的实际情况相符合。如果身体素质远远低于训练计划所设定的强度，那么训练者在执行这份训练计划时便会有极高的受伤风险。因此，我们不仅要拥有一份训练计划，更关键的是要拥有一份适合自己的训练计划。大部分健身爱好者因为训练水平及相关健身知识储备较少，很难根据自身的情况和目标制订适合自己的训练计划，因此往往去网络上搜索一些"成名已久"的国内外训练计划，比如提高弹跳力的"美国纵跳训练计划"及提高深蹲成绩的"Smolov深蹲计划"。这些容易搜索到的训练计划，虽然有助于健身爱好者获得了真实的成绩增长，但是依旧有很多健身爱好者出现无法完成计划甚至受伤的情况。导致这一结果出现的原因就是在于执行同一份计划的健身爱好者各自的基本身体素质不同。因此，我们建议你最好根据自身的目标需求，让相关领域内的高水平教练根据你自身的情况制订最佳训练计划，或者根据我们在这本书里将要为你详细讲解的知识，结合自身的目标及需求为自己设定最佳训练计划！

二、训练计划的价值

（一）高效性

一份最佳训练计划的核心价值在于提高健身爱好者的训练效率，特别是原本自控能力较差的健身爱好者更加需要一份严格的训练计划。每份训练计划都会根据健身爱好者的需求设定相对应的动作组数及每组重复练习的次数，必然安排动作与动作间或组与组之间的休息，除非没有组间休息或动作间休息的超级组。每两个动作之间或每两组之间安排相应的休息时间，可给予肌肉、神经、关节相应的休息和保护。很多没有训练计划的健身爱好者会出现组间休息或动作间休息毫无规律的现象，比如这一组结束休息 1 分钟，下一组结束休息 3 分钟，这种练习没有节奏，导致肌肉、神经及关节的恢复不彻底，进而影响每个动作或每组动作的完成度。因此，我们要求健身爱好者拥有一份最佳训练计划，合理安排好训练的每一分钟，对实现健身目标是十分有帮助的。强度及节奏适合时持续练习 90 分钟所带来的效果是远超过懒散练习 150 分钟的，一味地堆砌训练时间却不考虑训练效率所带来的影响是十分负面的。

（二）安全性

评判一份健身训练计划是否科学可靠，最关键的一个因素便是这份计划是否安全，整体的强度与容量是否与健身爱好者自身的情况相匹配。如果一份计划在最基本的逻辑设计上便存在许多漏洞，比如一个动作选择的重量设置几乎完全没有办法完成，那么这份训练计划显然是不科学的，勉强使用会让训练者的身体受到不可估量的伤害。如同一个醉心武学的高手拿到了一份假的武功秘籍，铤而走险，勉强自己去修习，那么迎来的便只可能是走火入魔这一个结果。

风靡网络的"美国纵跳训练计划"及"Smolov 深蹲计划"，都是被很多运动员及健身爱好者证明过是很有效的训练计划，但是它们也使得一部分健身爱好者受到伤痛的困扰，对于这一部分爱好者来讲，这两份训练计划便不是安全可靠的训练计划。因此，在制订或挑选训练计划时，一定不要忘记查看其与自身实际情况的针对性是否匹配。比如"美国纵跳训练计划"安排的训练动作大都以对膝关节具有长期持久压力的跳跃类练习为主，这对于尚处青壮年的年轻爱好者自然是可以使用的，但是对于那些年龄稍大或膝关节韧带与软骨磨损较严重的专业运动员或健身爱好者，使用这种方式进行弹跳力的提高训练显然是很危险的。"Smolov 深蹲计划"也是一样，对于大部分新手来讲，他们自身的深蹲极限重量并没有那么高，因此对神经和关节的损伤程度也没有那么大，适合新手在初级阶段进行练习，并逐渐培养对动作模式及发力方法的定型；对于那些深蹲极限在 240～250 千克甚至以上的健身爱好者而言，这种方式会使神经以及关节长期处于持续疲劳中，随时容易造成韧带或肌肉的严重损伤。

（三）针对性

前面我们曾经提及，一份最佳的训练计划必须根据健身爱好者自身的情况进行"量体裁衣式"设计，否则便会容易出现因训练强度或负荷不相匹配所导致的受伤风险。除此之外，一份最佳的训练计划如果没有较强的针对性，无法根据健身爱好者的目标需求以及优缺点进行对症下药，那么便会导致整份训练计划变得毫无实用价值，健身爱好者也不可能从中获得任何的提高。因此，你在选择或制订一份训练计划前，请务必想好自己现阶段急需解决的问题是什么，自己遇到这个问题的最大原因在哪里，这样才可以给出针对性的解决办法。

现以手臂变得更粗的训练计划为例说明针对性的重要。健美爱好者首先明白构成臂围的两大肌肉群分别是肱二头肌与肱三头肌。如果你在训练时安排过多针对胸部或背部的训练动作，而不是选择那些集中刺激肱二头肌与肱三头肌的训练动作，那么自然无法获得理想的臂围。其次，要清楚肱三头肌的体积要比肱二头肌大，肱三头肌可开发的潜力要远高于肱二头肌。很多健身爱好者往往倾注过多精力在肱二头肌的训练上，对于体积较大的肱三头肌关注不高，这种本末倒置的训练有损于臂围再造计划。此外，还需要清楚目前自身肱二头肌与肱三头肌不同的发育程度，以及造成这种发育程度不均衡的原因所在。对于大部分健身爱好者而言，肱二头肌强于肱三头肌（或肱三头肌优于肱二头肌）的原因往往是训练时将过多注意力或训练动作安排给了优势区域的肌肉群，容易使原本较强的肌肉群变得更加发达，而原本较弱的肌肉群发育滞后，这对于打造强大臂围同样是不利的，必须兼顾两大肌群的训练。当然，也有的健身爱好者出现肱二头肌与肱三头肌发育不均衡的现象是由于训练动作的关系，比如肱二头肌的训练动作出现较大幅度的借力，使得身体的腰部甚至腿部大量参与到训练中，或者是肱三头肌的训练时缺乏对肘关节的控制，导致上半身其余部位的肌肉群参与到手臂的伸展中，都会使得肌肉发育出现不均衡。

因此，想打造一个强壮有力的手臂，你需要从自身分析并考虑的环节有许多，其中任何一个环节的忽视都容易导致你的训练计划针对性不强，见效速度较慢甚至毫无收获。你在选择或制订训练计划时，一定要仔细分析自己的问题和目标，以期制订最佳的训练计划。

（四）搭配性

一份最佳的训练计划不仅需要参照你现阶段的身体素质、目标需求以及训练遇到的问题，做到"有的放矢"，还需具备极强的与日常工作生活及饮食的搭配性。爱好者需要让训练融入生活，而不是为了训练去强迫修改自己的生活习惯或工作要求，毕竟大多数健身爱好者的训练在于强身健体，而不是以健身作为自己的职业。比如，对于有夜班和白班倒班需求的健身爱好者而言，训练计划与工作特点的良好搭配性会使训练变得高效，既可夜班结束后安排强度较低的训练，避免因前一晚的工作疲劳出现训练质量降低的现象，也会为在白班开始前安排强度较高的训练，确保最好的状态不会被浪费。如果没有一份搭配性较强的训练计划，自己想练什么就练什么，那么很容易出现因工作疲劳所导致的训练精神不佳。

日常饮食也是一个很重要的环节，爱好者需要根据自身的饮食习惯来安排相对应的训练天数，一周五练与一周三练所对应的热量、蛋白质、脂肪及碳水化合物的摄入都是不一样的。如果你是专业运动员，那么你可以根据训练目标的要求设定训练天数，再根据这个调整自己的饮食结构。但是，对于大部分健身爱好者来讲，这种方法可能会出现短期内极大的不适应。比如很多有增肌需求的年轻健美爱好者需要在一天中摄入大量的食物以满足肌肉生长的需求，这种突然间食量的提升容易出现消化困难等不良反应。此时，最好先不要大幅度改变自己的饮食习惯，先让训练计划配合饮食结构做调整，等训练强度及疲劳感完全适应后，再逐步改变原有的饮食习惯。

三、训练计划的构成

一份最佳的健身训练计划绝非简单地罗列几个动作名称，随意规划几种组数与每组重复次数的搭配，它所包含的项目内容众多，每一个都需要根据健身爱好者自身的目标需求去做相应的设计，这样组合而成的计划才是最适合健身爱好者自身的完美计划。现在我们为你讲解根据不同健身目标需求定制一份计划所包含的所有项目内容。

（一）训练目标

训练目标是制订或挑选一份完美的健身训练计划前必须确定的。你必须根据你所希望达到的训练目标来选择对应的计划，如果计划所安排的内容与你的目标南辕北辙，那么即使这份训练计划再科学也并非是完美的训练计划，只有真正适合你自身情况、符合你的训练目标的才是最完美的健身训练计划。例如，你的目标是提高爆发力，你的计划却安排了许多单一的固定器械的训练动作，便不会给你的训练目标（提高爆发力）带来多少帮助。确定自己的训练目标并不是十分容易的事情，需要对不同训练目标所对应的训练模式类型有详细的了解。例如你想提高耐力水平，你要清楚自己想提升的是速度耐力、力量耐力还是心肺耐力，这三种不同的训练模式都属于耐力训练，但具体所对应的增长原理以及动作安排各不相同。大多数健身爱好者的训练目标分为以下六种：增肌或减脂、塑形、力量、耐力、爆发力、柔韧性。

1. 增肌或减脂

增肌或减脂训练属于肌肉健美训练之一，是针对改善健身爱好者自身整体肌肉形态所安排的模式，它的目的在于使健身爱好者全身的肌肉得到强化，或使其全身不必要的脂肪得到消耗。在进行增肌或减脂训练时，你要注意合理兼顾饮食摄入量与训练消耗量之间的关系，这是决定你肌肉生长以及脂肪消耗的重要因素：在安排健康饮食及针对性训练的前提下，若饮食摄入量大于训练消耗量，你的肌肉会得到很好生长；若饮食摄入量小于训练消耗量，你的脂肪会被一定程度地消耗。这里需要注意的是，进行增肌或减脂训练的立足点是全身的增肌或减脂，而非局部增肌或局部减脂这种塑形训练模式。增肌或减脂训练时你需要注意安排有氧训练与无氧训练结合：若增肌训练时只练习无氧器械，忽略有氧训练，将导致增肌变成了增肥；若减脂训练时只做有氧训练，忽略无氧器械，将导致减脂的同时也减掉了大量的肌肉。增肌或减脂训练的核心还是针对全身肌肉的练习，因此在训练时不仅需要注意根据自身的身体结构选择合适的动作，还要充分掌握正确的训练姿势，避免出现因姿势错误所导致的训练目标肌群偏移的现象。

2. 塑形

塑形训练属于肌肉健美训练之一，是针对改善健身爱好者自身局部肌肉形态所安排的模式，它的目的在于使健身爱好者局部的肌肉得到强化，或使其局部脂肪含量减小，提高局部肌肉的分离度。在进行塑形训练时，你不仅要注意合理兼顾饮食摄入量与训练消耗量之间的关系，还要注意针对局部区域的孤立训练，前者不是难理解的问题，你必须对后者作出最合理的饮食与训练安排。针对局部区域的孤立训练是很多健身爱好者容易忽视的，继而产生了动作选取不当，还有训练姿势错误。你不仅要选择正确的孤立训练动作，还要充分掌握其相对应的练习方法。此外，塑形训练这种局部增肌或减脂的训练模式对于健身爱好者自身的训练水平要求极高：如果你连基本的减脂训练都无法完成，那么自然无从谈起所谓对于肌肉分离度的追求；你整体的肌肉量都不足，更没有必要去追逐局部肌肉的强化。塑形训练其实与增肌或减脂训练之间是有一定递进关系的。

3. 力量

力量训练是针对提高健身爱好者力量水平所安排的模式，它的目的在于使健身爱好者的深蹲、卧推、硬拉的极限力量得到提高。你可以选择同时提高三种不同的项目极限，也可以选择其中的一种或两种进行针对性的练习。在力量举的比赛中，人们经常能够看到有同时比拼深蹲、卧推、硬拉三项总成绩的三项赛，也有比拼卧推与硬拉两项总成绩的推拉赛，以及比拼卧推或硬拉单项成绩的单项赛。我们建议没有参加比赛需求的健身爱好者同时练习深蹲、卧推、硬拉这三大项，对提升其整体力量水平是具有重要作用的。当然，如果你的身体有一定的伤病史，比如膝关节或腰椎间盘有明显的不适感，那么可以适当控制深蹲或硬拉的训练量，并且在动作的挑选及强度的安排上更加仔细权衡。力量训练并不像塑形训练可从动作对肌肉的刺激感及视觉上哪个区域需要着重强化的直接观感判断训练是否有效，它必须建立在科学的力量增长原理基础之上，否则不仅你的成绩不会得到明显的提升，还会使你的肌肉和神经倍感疲劳，处于较强的受伤风险中。你在进行力量训练时不仅要注意遵循基本的力量周期性增长原理，也不能忽略对肌肉和专项动作的强化练习。你的力量只可能来自你的肌肉，因此必须在日常训练中安排较多的针对性的肌肉强化练习。但是，如果你只进行肌肉力量训练，忽略专项动作，比如深蹲、卧推、硬拉的大重量专项练习，那么你的神经募集能力便无法得到提高，难以拥有超越常人的力量水平。此外，为了更好地解决在专项动作中容易遇到的难点，你可以进行专项的辅助训练，即针对动作技术的优化练习。力量训练与增肌训练有一定的相似之处，它们都离不开对肌肉的练习，但是力量训练的原理与增肌训练大不相同，在力量训练时将力量提高变成单纯的对肌肉的刺激练习是很多人都容易犯的错误。

4. 耐力

耐力训练是针对提高健身爱好者耐力水平所安排的模式。耐力训练根据不同的耐力类型还会有三种更具体的划分方式：心肺耐力训练、速度耐力训练、力量耐力训练。

心肺耐力训练指的是提高健身爱好者心肺水平的训练模式，常见的有游泳、长距离跑等练习方式。心肺耐力是三大耐力训练中最基础的，没有足够的心肺耐力是无法进行速度耐力训练和力量耐力训练的。我们很多时候提到的基础体能水平，指的往往也是心肺耐力的水平。在具体训练时，你可以通过创设氧气摄入的困难环境，例如水下游泳或长跑等来提高心肺耐力水平。需要注意的是，心肺耐力训练时不要只是单纯地拉长训练时间，训练强度是更加重要的，它对于提高心肺耐力的帮助也是更大的。

速度耐力指的是健身爱好者维持一定速度水平的能力，常见的有折返跑、速度跑等练习方式。速度耐力最重要的一点是维持速度的能力，故对于健身爱好者自身的速度水平是有一定要求的。而速度的快慢在一定程度上会受自身力量水平的影响，因此健身爱好者自身的肌肉力量也是在训练中必须注意的环节。此外，在练习时若只是使用较长距离或较长时间的训练方式，这并不符合速度耐力的表现特点，更类似于心肺耐力的表现特点。我们建议你可以使用规定距离内尽快完成训练，或规定时间内尽可能完成多距离的方式进行练习，这会更有助于提升你的速度耐力。

力量耐力指的是健身爱好者维持一定力量水平的能力。它要求健身爱好者自身必须具备一定的力量基础，否则力量耐力的展现便根本无从谈起。这里的力量基础指的并非单一的局部肌肉的力量基础，力量耐力的体现形式往往是全身肌肉力量耐力的展现。力量耐力训练常见的形式主要可分为四大类：上肢推训练、上肢拉训练、下肢蹲训练、下肢拉训练。对于力量基础较薄弱的健身爱好者，必须先将上述四大力量表现形式的基础打牢，才可以进行更加专项的力量耐力训练。

力量耐力与速度耐力是比心肺耐力更加高难度的耐力训练，它们都必须建立在一定基础的心肺耐力水平之上，即拥有基础的体能水平才能够进行进阶的速度耐力训练与力量耐力训练。

5. 爆发力

爆发力训练是针对改善健身爱好者绝对速度或弹跳力而安排的训练模式。弹跳力和绝对速度能力是爆发力的两种最主要的体现形式。当然在实际的训练中，你也会遇到很多别的爆发力表现形式，例如极限深蹲时爆发力越高越有助于提高你的深蹲成功概率。爆发力的定义是健身爱好者能够在最短时间内用最快的速度释放出最大力量的能力。从定义中我们不难看出，爆发力的高低受速度和力量两大因素的制约。如果你在训练时只安排针对提高速度能力的速度训练，或针对提高力量水平的力量训练，那么你的爆发力都没有办法得到真正意义的提升。提升爆发力的最好办法便是将速度与力量相结合进行练习，二者缺一不可。此外，无论是绝对速度还是弹跳力，都必须依靠一定的技术能力才能够最大化发挥。即使你的腿部力量再强，如果没有经过专业的跳跃练习，那么也不会拥有最顶尖的弹跳力。因此，在实际的训练安排上，我们必须将专项的技术练习融入爆发力训练中。而不同的爆发力训练类型所需要的技术练习也并不相同。例如在弹跳力的具体表现形式上，水平方向的跳远能力与垂直方向的纵跳能力属于两种完全不同的爆发力表现，而垂直方向上的纵跳能力又可以分为原地垂直起跳及有助跑的垂直起跳，二者所需要的力量来源也各不相同。所以，在技术训练的安排上，你也需要根据爆发力的具体表现形式做到更加细致的挑选。

6. 柔韧性

柔韧性训练是针对改善健身爱好者身体柔韧性而安排的训练模式。柔韧性主要分为两大类：被动柔韧性与主动柔韧性。

被动柔韧性是人们日常认知所理解的柔韧性体现形式，即身体在做某个动作时所能达到的伸展幅度越大，被动柔韧性越好。一般来讲，男性的被动柔韧性要比女性略差。肌肉围度较大的健身爱好者如果不注意相关练习，那么也不会具有较好的被动柔韧性。被动柔韧性越好，人们在进行一些肌肉训练动作时便能够拥有更大的运动幅度，从而对肌肉的刺激效果更好。因此，适当的柔韧性训练会对增肌、减脂训练以及塑形训练起到一定的推动作用。

主动柔韧性指的是当人们在保证力量或速度等运动能力最大释放时的身体伸展幅度。它主要体现在一些具体的训练动作中。例如相扑硬拉训练时，很多健身爱好者的站距较窄，因为他们使用极宽站距时会感到无法充分发力，这便是主动柔韧性的不足。在进行主动柔韧性训练时，你需要将具体的主动柔韧性体现形式的动作加入训练计划中，例如你需要安排一些轻重量的较宽站距的相扑硬拉训练，这样才可以让你把硬拉力量与已经提升的主动柔韧性充分结合起来，有助于你的成绩增长，因为通过主动柔韧性的加强，你在相扑硬拉时可以使用更宽的站距来减小做功距离，帮助极限力量得到突破。

（二）计划设定原理

计划设定原理指的是一份训练计划所需要遵循的最基本法则。它不仅会影响你的总体训练周期长度、训练次数这些主要框架，甚至还会影响组间休息、动作选择等细微环节。一份优秀的训练计划必须做到"有法可依、有理可循"，这个"法、理"是需要在满足训练基本原理的前提下，最大限度参照健身爱好者自身的情况进行"特色化"安排。例如对于都想获得硬拉力量增长的健身爱好者而言，手臂较长和手臂较短的人所需要安排的训练动作是不一样的，在动作的选择上应做到有的放矢。但是，在做"特色化"安排前，你必须遵循基本的硬拉力量的增长原理，比如一周的训练安排1~2次，如果一周进行3次或以上的大重量硬拉训练，那么你的硬拉成绩是很难获得健康增长的。

计划设定原理是一份训练计划的灵魂，更是核心所在。每个不同训练目标所需要遵循的计划设定原理也都不尽相同，特别是对于一些特殊的训练类型，比如力量训练，甚至存在多种不同的计划设定原理。这里我们介绍不同健身目标所对应的基本计划设定原理。在后续章节我们就不同的健身目标进行细节化的分析讲解，阐述所有时下流行的训练计划设定原理。

1. 增肌或减脂

目标是增肌或减脂的健身爱好者，在设计训练计划时一定要遵循不同目标对应不同训练量（消耗量）这个首要基本原则。比如目标是增肌的健身爱好者，训练计划中整体训练量（消耗量）不宜安排较高，否则根据肌肉生长的基本原则之摄入量需超过消耗量（刚接触健身的爱好者往往很难保证足够的营养摄入），增肌会变得异常艰难。很多希望增肌的刚接触健身的爱好者会一周安排多个训练日（5~6次），这无疑会提高整体训练量（消耗量），加大增肌困难，因此适当控制每周训练的次数会有利于肌肉的生长。当然，高水平的健美爱好者具备远超于初级训练者的营养摄入能力以及把控能力，一周可以适当安排多个训练日（5~6次）。

目标是减脂的健身爱好者必须在训练计划中适当安排较高的训练量（消耗量），否则很难满足减脂的基本原则之摄入量小于消耗量，减脂会变得十分低效。这里需注意的是，使用极端控制饮食的手段来达到"摄入量小于消耗量"这一原则，是十分极端且不健康的，必须合理化分配整体训练量，让它与日常必需的营养摄入相结合，这才是健康的减脂方法。对于刚接触健身的爱好者，我们并不建议在减脂计划中安排大量的有氧训练，因为必须满足一定的强度。大部分需要减脂的新手缺乏足够的体能储备，每周安排1~2次有氧训练已经可以满足基本的减脂需求；那些具备成熟经验的健身爱好者，可以根据个人的具体目标将每周有氧训练的次数提高至3~4次甚至每天一次。

2. 塑形

目标是塑形的健身爱好者在设计训练计划时一定要遵循集中刺激薄弱区域的基本原则。

比如希望提升自身肩部形态、加强三角肌的健身爱好者，需要在对应的训练动作选择、练习顺序和次数上进行针对性的安排。三角肌是羽状肌的一种，它十分适合高次数练习的方式，这会给三角肌带来最强的刺激，在训练时需要注意每个训练组要完成较高的次数，一般每组15~20次甚至更多。当然，你也可以选择无间歇或短间歇的超级组训练法，即将两个不同的训练动作放在一起进行组合练习，中间无休息，这种方法也可以彻底轰炸你的三角肌。其次，在三角肌的训练动作选择上，我们建议你将三角肌的后束放在整个训练的核心部位，因为它是大部分肩部形态较差的健身爱好者都较薄弱的区域，位于整个身体的后侧，很容易被忽视。你需要安排较多孤立三角肌后束的训练动作，让它可以得到最好的刺激。此外，在三角肌训练动作的练习顺序上，为了有最好的肌肉刺激感受，我们建议你使用预疲劳法，即在三角肌训练开始前先做一组在三角肌训练时容易借力或辅助发力部位的动作。比如在进行推举类训练时，肱三头肌会一定程度辅助你的练习，你可以先进行一组绳索臂屈伸练习，再立刻进行推举类训练，这样便可以使三角肌的刺激最大化。

3. 力量

目标是提高力量水平的健身爱好者在设计训练计划时一定要遵循最基本的周期性增长原理。常见的可以帮助力量增长的周期性原理主要有两种：线性增长原理及交叉增长原理。这两种是最为普遍且常见的周期性增长原理，随着训练水平的进步，人们又逐渐在这两大原理基础上推陈出新，但是万变不离其宗。

线性增长原理适用范围较广，对于希望提升单项力量水平或深蹲、卧推、硬拉三大项力量水平的健身爱好者都适用，较适合刚接触力量训练的爱好者以及自身肌肉基础较薄弱、神经募集能力较强的训练者。线性增长原理也有一定的局限性。比如在执行计划的前期你使用特别大的重量进行训练，会导致你在较长的一段时间内对大重量不敏感，不利于提升你的神经募集能力，到真正使用大重量训练时也基本接近这个计划的末期，此时如果你无法完成计划的要求，那么不仅意味着训练计划的失败，更意味着你浪费了过多的时间。并且，以线性增长原理为依据的力量训练计划的整体强度是直线上升的，这导致健身爱好者自身的疲劳累积度也直线上升，如果不在一定时间内安排一个周的减载练习进行对身体的疲劳管理，那么容易在不确定的时间产生神经和肌肉的重度疲劳。但是，如果加入减载周，那么便会导致整个训练计划时间延长，对于健身爱好者完成计划的能力要求也随之加大。

当然，你也可以选择根据交叉增长原理来设计训练计划。通过每周轮流交叉练习深蹲、卧推、硬拉的大重量以及小重量训练，更好地管理身体疲劳，促进力量的增长。这种方法的适用范围较窄，一般常见于针对两项或三项力量的提升上。它虽然有助于提升爱好者三大项动作快速发力的能力以及身体的爆发力，使其神经募集能力可以获得更彻底的提升，但是它的大重量专项训练频率较低，容易使动作基础不牢固的健身爱好者的力量增长变得勉强。它并不适合肌肉质量及动作基础较薄弱的新手，更加适合具备充分训练经验或有高水平教练指导的健身爱好者。

4. 耐力

目标是提升耐力的健身爱好者一定要注意遵循"根据自身对耐力类型的需求设计训练环境"的基本原理。

目标是提升心肺耐力的健身爱好者，应当在练习时尽可能增加氧气摄入的难度，比如使用加大氧气摄入难度的面罩，或者在水下进行练习，后者会比在空气中更难摄入充分的氧气，从而使心肺耐力得到提高。如果你只是在正常环境中无休止地拉长跑动距离，那是无法真正促进你的心肺耐力得到提高的。

目标是提升速度耐力的健身爱好者，应当在练习时创造维持速度的训练环境，比如规定时间内进行尽可能多的折返跑，就会本能地将速度维持在一个较高的数值上。要注意的是，使用跑步机进行高速奔跑练习是无法提升速度耐力的，因为跑步机跑带的转动与奔跑其实并没有太直接的关联，所以将定速跑步机练习作为速度耐力的主要训练方式，显然是毫无意义的。

目标是提升力量耐力的健身爱好者，应当在练习时注意多使用器械，可获得较长时间维持较高力量水平的能力，单纯的徒手训练是不足以获得一定力量能力的。要注意的是，在进行力量耐力练习时，不要只针对一个器械进行练习，如果你只是用深蹲或硬拉进行练习，那么你所获得的力量耐力更多的只是针对一个动作的做组能力，并非整个人体的综合力量耐力。我们建议你在练习时应当使用循环训练法，即挑选多个针对全身不同部位力量的训练动作组合在一起，进行循环练习，这种针对全身力量的无间歇训练方式可以充分提升你的力量耐力。

5. 爆发力

目标是提升爆发力的健身爱好者一定要注意遵循"力量训练与专项训练搭配"的基本原理。

目标是提高速度的健身爱好者应当将训练的重心主要放在目标距离的专项训练上，例如100米或200米的全程练习、30米或40米的启动练习等。相关力量训练的安排要根据健身爱好者自身的力量基础以及力量对速度能力的影响决定，力量基础较差者可以适当安排一些针对下肢肌肉群的练习，而力量转化速度能力较差者则要避免继续进行大量的力量训练，应当将目标放在奔跑相关的技术训练上，以提高力量转化速度的能力。

目标是提升弹跳能力的健身爱好者应当注意垂直跳跃和水平跳跃两种不同的弹跳力体现形式的差异：在进行垂直跳跃训练时，应当安排较多的纵跳练习以及针对股四头肌的力量练习；在进行水平跳跃训练时，应当安排较多的跳远练习以及针对伸髋肌群的力量练习。跳跃训练不同于奔跑类的速度训练，它对于健身爱好者基本的力量素质要求更高，特别是双脚原地纵跳这种发力类型更须建立在较强力量基础之上。而在奔跑类的速度训练时，健身爱好者必须注意力量、体重以及速度三者之间的关联，有时不受控制的增长肌肉体重获得的力量提升反而会影响速度的表现力。

6. 柔韧性

目标是提高柔韧性的健身爱好者一定要注意遵循"循序渐进、动静结合"的基本原理。大部分需要提高身体柔韧性的健身爱好者自身的柔韧基础较差，甚至一些很简单的压腿动作都无法正常练习。因此，一定要注意循序渐进，慢慢提升身体的最大伸展幅度，千万不可以使用外力推压强迫身体达到一个自己无法承受的限度，否则会使你的韧带和肌肉处于极度危险的状态。此外，在柔韧性训练时必须注意动静结合，即将主动柔韧训练与被动柔韧训练组合练习。如果只进行针对肌肉和韧带的拉伸这种被动柔韧训练，那么对于柔韧性的提升是不全面的。你不仅需要获得身体最大的伸展幅度，更需要确保在这个伸展幅度下你还具备力量、速度等基本的运动表现力，即主动柔韧性能力。

（三）周期时间

1. 增肌或减脂

对于目标是增肌或减脂的健身爱好者来讲，一份训练计划的周期时间并不固定，可以长则3~4个月，短则2~3周，需要根据不同的目标来决定。如你的目标是尽可能多地减小脂肪含量，可以使用时间较短的周期进行计划设定，只要你的训练与饮食搭配得当，那么2~3周的时间便足以给你带来一定的变化。如果2~3周的时间里你的脂肪含量没有任何变化，那么请一定要仔细斟酌训练与饮食的安排，找到问题所在并解决。

如你的目标是增肌，你需要根据细分的目标进行二次筛选。比如你的目标是基础增肌，则计划周期时间控制在 12~16 周，这种较长跨度的周期时间选择可以给你的肌肉充分的生长时间。对于刚接触健身的新手来讲，过短的周期时间很容易因动作掌握不熟练或跟不上训练强度等，导致增肌效果较差。

对于目标是增肌的进阶级健身爱好者，计划周期时间控制在 8~12 周，因为这部分健身爱好者的自身训练及营养水平已经较高，可以在较短的时间内就能够获得肌肉的增长。

2. 塑形

对于目标是塑形的健身爱好者来讲，一份训练计划的周期时间较短，一般 4~8 周针对弱势区域的集中训练便足以带来直观的感受。如果在这期间内你并没有感到自己的弱势区域有什么明显的变化，那么你便需要从训练计划的安排以及动作的具体执行上进行相关分析。当然，随着健身爱好者自身训练水平的提高，塑形计划所需要的周期时间也会适当加长，因为这时健身爱好者自身已经具备较完善的肌肉体态，继续塑形训练更多程度上是精益求精，这需要其花费比新手更多的时间。

3. 力量

对于目标是提高力量水平的健身爱好者来讲，一份训练计划的最少持续时间也应当在 8 周以上。过短的时间（4 周）是很难使你获得力量三大项成绩的真正提升的，除非是极其特殊的情况，比如在比赛前一个月的时间内安排针对性的备赛计划，否则即使你的力量"短期"内获得了提升，也很难将提高的效果完全保留住。导致这种情况出现的原因在于你的肌肉水平和神经募集能力很难在 4 个周的时间内同时产生质变，大多数力量在短期内的增长都是因为神经募集能力获得了提升，肌肉的水平并没有明显改善，这种情况会使你在神经相对不兴奋的时期内出现力量水平的直线下降。正常的以提升力量为目标的计划时间长度大都在 8~16 周之间，过长的周期也会增加执行难度，提高受伤风险，并且难以兼容工作和训练。平时工作较多、经常出差的健身爱好者，最好使用较长的周期计划，否则一旦出现一两次训练被干扰，便会影响整个训练计划的效果。而平时时间较充足的健身爱好者，或者拥有完整假期的学生，可以根据自己的目标去选择相应的周期长度。比如，你的目标是提高三大项中单独一项的力量成绩，只需安排 8 周的训练即可。因为你的目标只是深蹲、卧推或硬拉中一项成绩的提升，其余两项都是辅助角色，完全不会在训练中安排太大的训练强度或训练量，甚至有的会被完全放弃，所以你可以针对目标的单项动作安排较高频率的训练规划，有的卧推专项的计划甚至会出现一周 3~4 个与卧推相关的训练日。又比如，你的目标是提高三大项中两项的力量成绩，一般需要 10～12 周的训练。需要注意的是，10～12 周的训练，你可以选择深蹲+卧推或硬拉+卧推的组合。如果选择深蹲+硬拉，则需要的周期长度要大于 12 周，因为这种特殊的组合所使用的肌肉群重叠度很高，对身体消耗是巨大的，容易导致疲劳的累积。再比如，你的目标是同时提高三大项成绩，你就必须付出至少 12 周的时间。大多数情况下为了应对身体神经或肌肉的疲劳，选择在训练计划中加入减载周等疲劳管理的内容，从而把整个计划的周期扩充到 16 周。

4. 耐力

对于目标是提升耐力的健身爱好者来讲，我们建议根据不同的目标需求选择相应的周期长度。若目标是提升心肺耐力，心肺耐力并不是特别难提高的耐力类型，一般一份针对性较强的 4～8 周的训练计划便足以使心肺水平得到提升。若目标是提升速度耐力，速度耐力是耐力类型中最难提高的，往往需要 12～16 周甚至以上的时间才能够获得较明显的速度耐力的改善。若目标是提升力量耐力，力量耐力与极限力量的时间相类似，一般一份 8～16 周的计划是能够使力量耐力得到明显强化的。

5. 爆发力

对于目标是提升爆发力的健身爱好者来讲，无论你的目标是提高速度能力还是跳跃能力，我们都建议使用 12～16 周甚至以上的周期长度。这二者的训练是必须建立在力量训练与专项训练相结合的基础之上的，而有的时候对于那些力量基础较薄弱的健身爱好者而言，增加力量水平往往便需要消耗至少 8 周左右的时间，还需在此基础上再进行力量与爆发力之间的转换练习以及奔跑和跳跃的专项练习，因此使用 12～16 周甚至以上的周期长度是十分必要的。

6. 柔韧性

对于目标是提升柔韧性的健身爱好者来讲，我们建议选择周期长度在 12 周以上的训练计划。无论是主动柔韧性还是被动柔韧性都无法在短时间内获得真正的提高，有的时候你在进行几周的练习后发现自身的伸展幅度获得了一定的提升，但要注意这种"暂时"的提升是必须进行巩固的，并且这种提升是无法提供一定的力量或速度能力保障的，即你的主动柔韧性无法得到本质的加强。

（四）疲劳管理

疲劳管理是训练计划中十分重要的一环，好的疲劳管理可以帮助健身爱好者避免肌肉及神经出现过度疲劳的现象。神经疲劳不仅对实现健身目标没有任何帮助，极易影响健身爱好者在练习时的身体状态及注意力，更会极大程度提高健身爱好者自身关节、韧带和肌肉的受伤风险。在制订或挑选健身训练计划时，必须根据自身训练目标的不同，结合个人身体的恢复能力进行良好的疲劳管理，合理安排休息日及减载周，让身体可以在每次训练中都保持最佳状态。

1. 增肌或减脂

对于目标是增肌或减脂的健身爱好者而言，训练计划的核心是针对身体各部位肌肉的练习，并辅以适当的有氧训练，训练的整体强度并不会特别高，不会使用极限重量或次极限重量（极限重量的 90%～97%），对于神经的压力并不大，往往不会导致神经疲劳的产生。因此，在疲劳管理方面，只需安排好休息日的时间，并不需要特殊安排减载周这种近乎休息一整周的方式来避免肌肉和神经的疲劳。在休息日的安排方面，要尽可能避免连续安排两个相邻肌肉群的训练日。比如在胸部训练日和肩部训练日中间最好安排一个别的部位的训练日或休息日，因为胸部训练的很多动作都会预先带给肩部肌肉群一定刺激，连续的胸部和肩部训练会使肩部训练日完成度较差、无法使用正常负荷。当然，这种情况也并非绝对的，需要根据具体的训练目标和个人情况来做判断。一般来讲，刚接触健身的爱好者一周安排 2～3 个休息日是完全能够解决因增肌或减脂训练所产生的肌肉及身体疲劳的。当训练水平逐步提升，肌肉恢复能力逐渐加强后，可以根据自身的恢复能力适当将休息日缩短为 1～2 个。

2. 塑形

对于目标是塑形的健身爱好者而言，训练计划的核心是针对身体局部弱势区域的强化练习，这种训练类型在安排计划时容易出现一周多次刺激一个部位的现象。比如有的以提升背部肌肉形态为目标的健身爱好者会一周安排 4 次或以上背部练习，若训练基础较差，显然是不利于肌肉恢复的。我们建议你在针对大肌肉群的强化练习时一周可以留出 3 个休息日，而在针对小肌肉群的强化练习时一周则可以留出两个休息日。塑形训练虽然会安排较高频率的有氧练习，但是对于神经和关节的压力并不特别大，带来的疲劳感主要还是集中在肌肉上，因此没有必要安排固定的减载周。

3. 力量

对于目标是提升力量的健身爱好者而言，训练计划中会有大量针对肌肉的练习以及针对力量专项的大重量练习，整体强度较高，对神经、肌肉、关节都会造成一定程度的疲劳。因此，在休息日的安排问题上，我们建议你最好每周安排 3 个休息日，若你的水平极高甚至可以安排 3～4 个休息日。这种安排的原因在于力量训练会大量消耗你的神经系统的兴奋性并对关节造成极大压力，如果你不给自己的身体充分的休息时间，而是保持所谓的"小重量持续训练"，那么极易导致神经系统产生重度疲劳感，对训练完全丧失兴趣和动力，甚至诱发关节和肌肉的伤病。很多刚接触力量训练的健身爱好者往往会担心自己进步速度过慢，产生训练过量或疲劳管理不当的问题，一周几乎每天都在进行大重量的训练。要知道，对于力量训练这种比较极端的训练类型而言，休息往往是很重要的提升方法。在力量训练计划中使用减载周不仅可以帮助你尽可能避免受到平台期（长时间内成绩没有任何提升）的困扰，还可以使你的肌肉和关节处于较健康的状态。一般来讲，只会进行一周的减载练习，少有一周以上的减载周，因为过长时间的减载练习容易使整体计划被打乱，降低神经募集肌肉的能力。在力量训练计划中安排减载周的方式主要有三种：第一种是神经、肌肉及关节都比较疲惫，可以安排一周的减载练习；第二种是本周计划完成质量较差，可以进行一周的减载练习，避免在计划进入下一周时出现更糟糕的训练质量；第三种是在执行完一次完整的 8～16 周的周期性计划之后，进行一周的减载练习再开始执行新的训练计划。减载周的训练动作安排主要以强度中等、对关节压力较小的动作为主。比如对于深蹲、卧推和硬拉的专项训练，你可以使用安全杠深蹲、瑞士杆卧推以及环形杆硬拉等方式替代传统的杠铃训练，会极大程度缓解关节所受到的压力；在肌肉辅助训练动作的选择上，选择固定器械、绳索等方式替代传统的杠铃或哑铃进行练习，同样能最大化降低关节、韧带所受到的压力。

4. 耐力

目标是提升耐力的健身爱好者需要根据耐力的不同类型进行具体的疲劳管理。

若你的目标是提升心肺耐力，训练计划主要围绕长距离或长时间的有氧练习。这种方式对于刚开始接触耐力训练、耐力基础较薄弱的健身爱好者而言，需要一周安排 2～3 个休息日，否则身体的酸痛会导致无法完成规定的训练计划。但是若你具备一定心肺耐力基础，可以把休息日缩短为 1～2 个，因为此时有氧训练的强度已经不足以使你的肌肉产生较长时间的持续疲劳。心肺耐力训练不会对神经系统带来较强压力，并不需要安排单独的减载周。

若你的目标是提升速度耐力，训练计划需要根据你自身的情况来选择是否加入一定量的力量训练。如果你的力量基础较薄弱，那么在练习时最好一周安排 3 个休息日，避免产生因力量训练与速度耐力训练相结合所导致的肌肉和神经系统的过度疲劳。如果你的力量基础足够扎实，训练计划主要围绕速度耐力的专项练习，那么练习时可以一周安排 2 个休息日。速度耐力本身是十分要求神经兴奋的训练模式，特别是健身爱好者自身保持长时间神经兴奋的能力更是直接影响速度耐力水平的关键。我们建议你每四周安排一次减载周的练习，以避免神经系统的过度疲劳，否则对于高速奔跑中的关节和韧带健康是十分不利的。在减载周练习时你可以安排一些强度较低的步伐训练，如高抬腿跑，或者使用固定器械以及绳索进行中等重量的力量练习。

若你的目标是提升力量耐力，训练计划会使肌肉、关节以及神经产生较高的疲劳感，我们建议你一周安排 3～4 个休息日。因为力量耐力水平越高者所使用的负荷重量越大，对于关节和神经的压力也就越大，所以我们建议水平较低的健身爱好者一周可以安排 3 个休息日，而水平较高的健身爱好者最好一周安排 4 个休息日。力量耐力训练需要你根据自身的情况适当安排减载周。若你在进行完一次训练后感到身心俱疲，或关节、韧带已经有长期持续的不适感，这便是身体已经对你发出警告，你必须立刻在计划中安排一个星期的减载周，避免身体状况变得更糟。与力量训练时的减载周具体安排不同，力量耐力训练带给肌肉疲劳感较强以及整体训练安排较密集（多为无休息的超级组），所以你可以在减载周时只保持轻量的徒手练习，甚至完全停练一周都是可以的。

5. 爆发力

目标是提升爆发力的健身爱好者需要根据训练的具体目标进行具体的疲劳管理。

以提高绝对速度为目标的训练模式同速度耐力训练有相似之处，需要根据健身爱好者自身的情况来选择是否加入一定量的力量训练。如果你的力量基础较薄弱，那么你在练习时最好一周安排 3 个休息日，避免产生因力量训练与绝对速度训练相结合所导致的肌肉和神经系统的过度疲劳。如果你的训练计划只是围绕绝对速度的专项练习，那么训练时可以一周安排 2 个休息日。绝对速度也是十分要求神经兴奋的训练模式，神经越兴奋，奔跑时的爆发力也就越强。我们建议你可以每四周安排一次减载周的练习，以避免神经系统的过度疲劳，保护身体关节和韧带的健康。在减载周练习时我们可以安排一些强度较低的步伐训练或技术训练，如变速跑、高抬腿跑等。

以提高弹跳爆发力为目标的健身爱好者，因为弹跳力的提升离不开一定的力量基础，所以在安排相应计划内容时必须注意进行良好的疲劳管理，否则极易导致因身体过度疲劳引发的弹跳力增长受限甚至不进反退的情况。我们建议力量基础较薄弱的健身爱好者，可以在训练的前期先将重心放在力量水平的提高上，休息日和减载周的安排可以参照我们之前讲解力量训练时的方法。对于拥有一定力量基础但是缺乏弹跳力专项训练的健身爱好者而言，我们建议一周安排 2～3 个休息日，具体可以根据健身爱好者自身的年龄、身体的伤病史以及个人恢复能力进行细分。例如年龄较大、膝关节受过伤及睡眠较差的健身爱好者，3 个休息日的安排是相对稳妥的方法。弹跳力训练计划是少不了减载周的安排的，一般习惯在测试最大弹跳力前进行一周的休息，使身体的关节、韧带和肌肉都得到充分的恢复，也可以在这周的练习中安排少量的针对性的肌肉力量训练，但是不要再进行任何强度较高的跳跃类专项练习。

6. 柔韧性

对于目标是提高柔韧性的健身爱好者而言，柔韧性是必须每天都练习的，甚至可以一天两次练习，以使身体保持在最佳柔韧性的状态。因此，柔韧性训练并不需要安排特殊的休息日或减载周，在日常的柔韧性训练中极少会出现因训练频率过高或休息较少所产生的韧带受伤现象。大部分柔韧性训练所导致的伤病往往与健身爱好者的动作姿势不正确、主动发力较明显或保持一个姿势时间过长有关。

疲劳管理时,不仅要根据上述普遍的方法进行处理,更要根据个人情况进行具体的判断。例如你因为突发的工作或生活改变导致身体无法在既定休息日内完成恢复,你可以适当多增加一个休息日。疲劳管理是训练计划中十分重要的一环,切记一定要根据个人情况做具体的分析。

(五)训练频率

了解清楚不同训练模式所对应的疲劳管理策略,你便能得出相应不同训练模式一周所需要的训练次数,即你的训练频率。有了训练频率,我们在后面还会引出训练周期的概念。需要注意的是,训练频率始终是以周为单位的,这主要缘于人们日常的工作生活习惯,以周为单位去制定训练频率是最符合人们生活需求的。当然,对于那些上夜班的健身爱好者来讲,可以根据具体的工作习惯适当延长单位时间,比如以8天或9天为单位去制定训练频率,训练周期便要根据8天或9天进行特殊设计。因此,训练频率的选择除了要遵循基本的不同训练模式的不同原则外,还必须顾及健身爱好者自身的工作生活习惯以及现阶段的训练水平。

1. 增肌或减脂

以增肌或减脂为目标的初级健身爱好者,可以选择一周安排4~5个训练日,如果安排6个训练日则很容易出现因恢复能力较差所导致的肌肉持续酸痛疲劳,进而影响整体的训练效果。

具备一定训练基础的健身爱好者,可以适当选择一周安排6个训练日,由于自身的恢复能力较强,肌肉不会出现过长时间的酸痛疲劳,不会影响训练效果。6个训练日的安排策略还可以使训练内容选择更充裕,可以一周内两练小肌肉群,因为它们比大肌肉群的恢复时间较短,适当提高训练频率不仅不会出现受伤风险,反而能够大幅度提高增肌或减脂的效率。

2. 塑形

以塑形为目标、刚接触健身的爱好者,自身较薄弱的区域往往集中在身体的大肌肉群,需要对其进行优先级的练习。这类肌肉群的恢复速度要比小肌肉群慢一些,无法在一周的时间使用过高的训练频率进行练习。一般来讲,比较合理的方式是一周安排4个训练日,这样可以做到一周至少完成2次针对两个薄弱区域的针对性训练。比如你的目标是提升腿部以及胸部肌肉质量,那么可以选择在周一和周四进行腿部训练,在周二和周五进行胸部训练,其余的时间是正常的休息日,这种安排方式可以使你最大程度强化胸部和腿部的肌肉,并且不容易产生肌肉疲劳的现象。

具有成熟训练经验的健身爱好者，他们自身的大肌肉群比较发达，需要进行塑形或强化的往往是那些体积较小的肌肉群。小肌肉群比大肌肉群所需要的恢复时间要短一些，可以在一周内使用较高的训练频率进行练习。一般来讲，比较合理的方式是一周安排5~6个训练日，这样可以做到一周完成3次针对1~2个薄弱区域的针对性训练。比如可以在周一、周三、周五都安排针对肱二头肌的训练，在周二、周四、周六都安排针对肱三头肌的训练。肱二头肌和肱三头肌都是恢复速度较快的肌肉群，可以在一周内进行2~3次重复练习。

3. 力量

对于以提升力量为目标的健身爱好者而言，训练频率需要根据训练计划是针对单项还是多项提高来做判断。希望单项成绩增长者，一周安排2~3个针对性的训练日即可，安排过多的训练日反而会使身体局部肌肉训练过度，对单项成绩的增长并无帮助。希望获得两项或三项成绩增长者，一周安排3~4个训练日是最佳选择。

还可以根据训练者自身的力量基础以及年龄再进行具体的划分。如果你的力量基础较薄弱，那么使用一周三练的方式会比较稳妥，能够帮助你的肌肉充分生长，同时避免因过高训练频率所带来的恢复能力受限。如果你的力量基础较强，那么可以使用一周四练的方式，这可以使某一项得到强化。如果你的力量水平已经提升到国内优秀的层面，那么你可以选择一周三练的频率，因为你所使用的重量级别很高，对关节和神经的压力较大，所以减小频率可以避免身体陷入持续疲劳的困境。要注意的是，无论你的训练水平多高，也不要安排一周5个或6个训练日，这种极高的频率适合增肌或减脂类这种使用负荷较小的训练模式，一些国外高水平的力量举、举重运动员也使用过，后者的营养水平和恢复能力都不是普通业余爱好者所能够企及的。过高的训练频率容易使肌肉和神经充满疲劳感。如果你的目标是力量塑形方向，即以塑形为主又希望大幅度提高自己的力量专项水平，那么可以适当采用一周五练的频率进行练习。如果你的年龄较小，那么可以使用一周四练这种需要较高恢复能力的训练频率。如果你的年龄较大，且训练较容易受工作和生活影响，那么使用一周三练的频率。

4. 耐力

以提升耐力为目标的健身爱好者需根据耐力的不同训练类型来做判断。

对于希望提高心肺耐力且刚接触这种训练类型的健身爱好者而言，一周安排4~5次的练习即可。过高的训练频率容易使身体出现肌肉疲劳，不利于刚接触耐力训练的新手更快地融入训练。对于有一定经验的健身训练爱好者，可以使用一周5~6次的训练频率，这种安排是为了给心肺耐力训练计划安排更多可能的类型以达到心肺耐力的综合提高。

对于希望提高速度耐力且力量基础较薄弱的健身爱好者而言，因为需要在计划中加入一定量的力量训练，故一周安排4个训练日即可，较高的训练频率会导致力量无法增长。而对于具备一定力量素质且速度耐力水平较高的健身爱好者而言，一周安排5个训练日，以确保可以全方位训练速度耐力。

对于希望提高力量耐力且力量基础较薄弱的健身爱好者，一周安排4个训练日，以确保身体各部位肌肉群都能够得到一定的训练，力量耐力可以获得全面提升。对于拥有一定力量基础的健身爱好者，一周安排3个训练日，确保每个训练日都完全练透，避免因使用负荷过大及训练频率过高双重因素影响导致的身体受伤。

5. 爆发力

以提升爆发力为目标的健身爱好者需根据爆发力的具体训练类型来做判断。

对于希望提高速度能力且力量基础较薄弱的健身爱好者，采用一周四练的方式，可以确保力量水平得到优先提高，尽快补强弱点。对于拥有一定力量基础及速度训练经验的健身爱好者，采用一周五练的方式，通过全方位的技术专项训练、绝对速度训练以及力量训练，达到多角度刺激速度能力提升的目的。

对于希望提高跳跃能力的健身爱好者而言，如果年龄较大或膝关节、踝关节有过一定程度的伤病史，一周安排四次训练便已足够。特别是若自身恢复能力较差，甚至可以进一步缩短为一周三练。如果正当青壮年并且关节没有明显的伤病史，使用一周五次训练的频率，安排针对弹跳力的全方位综合训练。

6. 柔韧性

对于以提升柔韧性为目标的健身爱好者而言，柔韧性是需要长期的持续练习才可以提高的，因此应当保持每天都进行练习，甚至一日进行两次练习。只是在针对主动柔韧性与被动柔韧性的不同训练方式上需要注意具体划分。进行被动柔韧性训练时，你可以在早起和晚上睡前都进行相关的柔韧拉伸练习，能够使身体得到充分的放松与拉伸。进行主动柔韧性训练时，你可以根据需要提高的主动柔韧性表现形式安排一周1~2个训练日。

训练频率与疲劳管理息息相关。牢记前面提到的核心，即无论是疲劳管理还是训练频率，始终要与你自身的工作、生活及身体恢复能力相结合，优先判断自己的情况，再进行更加合理的选择，而不是一味地因循教条、忽略自身的基本情况。

（六）休息日

选择了疲劳管理的方法及训练频率后，你便需要对一周的每一天进行细致的规划安排，这也是训练计划最主要的内容之一。应根据每天的目标去设定当天所有与训练相关的日程表，尤其注意休息日这一天，所谓的休息日并不只是简单的休息，你需要注意的事情很多。

首先，休息日就要充分休息，即不要再进行任何过多的训练。很多以提升力量水平或弹跳力为目标的健身爱好者，往往会在休息日这一天给自己安排一些看似很简单的"活动活动"：有的力量爱好者训练计划里并没有安排单独的针对肱二头肌的训练，他会在休息日简单练一练肱二头肌；有的健身爱好者喜欢在休息日去打场篮球比赛，以实际观察一下自己的弹跳力是否得到了提升。需要注意的是，这两种行为都会对整体的训练计划执行以及针对身体的疲劳管理带来强大的负面作用。你在休息日练习肱二头肌，原本应当休息的神经和肌肉没有得到充分的休息，肱二头肌又被大量消耗，这会使你第二天深蹲、卧推和硬拉的训练都直接减弱力量。一场篮球比赛的强度会给你的肌肉、神经带来至少一天的疲劳感，从而直接影响第二天你的弹跳训练。并且，你进行弹跳训练的周期计划时，身体本来就处于较疲劳的状态，关节并不处在最佳状态下，这很容易导致你在打篮球的过程中有扭伤脚踝的风险，继而对于你的弹跳训练计划显然是致命的打击。因此，我们建议爱好者不要试图在休息日去简单地"活动活动"，否则对整体健身计划的执行是十分不利的，休息日应当做的就是让身体充分休息。

其次，休息日一定要注意动静结合。有的健身爱好者喜欢在休息日直接躺在沙发上或者坐在椅子上一整天，连基本的走动都不愿意，这不仅不利于身体恢复，还会使腰部产生极强的不适感。我们建议爱好者在休息日一定要注意动静结合，不要一直坐着或者躺着，适当的走动并不会影响身体恢复，不会使肌肉出现更加严重的疲劳。

再次，一定要注意休息日的睡眠质量。千万不要因为明天你不训练，所以你今晚可以晚点睡，这种打乱作息安排的现象不仅会影响你的代谢水平，还会使你的神经无法得到充分的恢复。要知道我们安排休息日的目的便是让肌肉和神经都得到充分的恢复，而高质量的睡眠则是恢复神经的最好办法。如果你担心自己的睡眠质量不高，那么在保障正常睡眠时间的前提下，可以适当选择使用褪黑素或拉长睡眠时间的方法，以使自己的神经得到充分的休息。

最后，休息日也要注意对饮食和营养摄入的调整。休息日往往是爱好者构建强大肌肉的时刻，因此一些对肌肉合成及恢复具有重要促进作用的蛋白质、氨基酸类食物需要着重补充。当然，休息日没有任何训练，消耗热量的能力也会比平时小许多，所以饮食的热量总摄入要适当减少。如果还保持与训练日一样较高的热量摄入，那么极易在休息日堆积过多脂肪，不利于肌肉质量的整体提高。

（七）训练日

一份健身训练计划最主要的内容是每日的具体训练或休息安排。健身爱好者需要根据训练目标有针对性地安排每个训练日，即每个训练日的核心目的是什么。比如希望增肌，会在周一安排胸部训练，所有的训练动作选择都应当服务于刺激胸部肌肉的生长，如果安排了腿部的训练动作就与训练目标南辕北辙。其次，两个相邻训练日动作的组合搭配也是异常关键的，不仅需要根据健身目标合理地搭配，更需要结合休息日的时间安排做出最正确的选择。比如，目标是提高力量成绩的健身爱好者，如果将硬拉训练日与深蹲训练日放在相邻两天进行练习，那么对训练的效果会造成十分不利的影响。深蹲与硬拉会消耗腿部与臀部等大肌肉群，它们的恢复时间一般在48～72小时之间，因此，安排深蹲与硬拉训练日至少间隔2～3天的时间，例如周一深蹲、周三硬拉，或周一深蹲、周四硬拉。此外，还要考虑其他肌肉辅助训练可能带来的影响，如果在深蹲和硬拉训练日中间需要安排一个其他项目，那么便不能选择周一深蹲、周三硬拉这种安排，因为周二安排其他项目会带来一定的神经和身体的疲劳，只能选择周一深蹲、周二其他训练、周三休息、周四硬拉的安排方式，或更为彻底的周一深蹲、周五硬拉。

1. 增肌或减脂

对于目标是增肌或减脂的健身爱好者而言，每个训练日可以根据不同的肌肉区域分块化练习，即将胸部、肩部、背部、手臂、腿部、臀部以及腹部肌肉群分别放在单独的训练日中进行练习。

为了更好地提高训练效率，有的训练计划也会将胸部与肱三头肌或背部与肱二头肌结合组成一个单独的训练日。这种安排方式有自身的优势。例如对于手臂肌肉群较薄弱的健身爱好者，手臂与胸部（或背部）组合可以在一周的时间内进行两次手臂的训练，即周一胸＋肱三头肌、周二背＋肱二头肌、周三休息、周四肩部、周五肱三头肌＋肱二头肌、周六臀腿、周日休息。但是，也有的健身爱好者认为这种安排方式会影响其手臂肌肉训练质量，并且造成较多的能量消耗，不利于增肌效果，因为进行胸部和背部训练时，肱三头肌和肱二头肌的力量储备会被预先大量消耗，再进行手臂的训练会无法保证基本的训练质量。这里我们建议：你若刚接触增肌或减脂，最好不要使用这种组合安排方式，因为它对于你的力量基础要求极高，并且比单一部位的训练日会消耗更多的热量，不利于肌肉的生长；如果你具备一定的力量基础及饮食营养摄入能力，那么使用组合安排方式会更加提高你的训练效率。

因为训练动作会经常连带到相邻肌肉群发力，健身爱好者往往会将腿部与臀部组合练习，只有少部分水平极高的健美爱好者才会将臀部单独分化出来进行练习。

此外，很多健身爱好者认为腹部恢复速度较快，并且不会大量消耗神经和肌肉，所以可以每个训练日都安排一定的腹部练习。这种想法很有局限性。对于刚接触训练的新手而言，一次高强度的腹部练习可能会使其有持续数日的肌肉酸痛感，进行高频率的训练显然是不现实的；对于训练水平较高的健身爱好者而言，与其每日都进行强度不高的腹部训练，还不如选择一周集中练习2~3次所带来的刺激效果更佳。

在具体的训练日安排法则上，我们要注意遵循四大基本原则。第一，优先训练大肌肉群。腿部、臀部、背部、胸部是人体最大的肌肉群。在一个训练周的开端你自身状态最好，你的精力应当放在优先训练大肌肉群上。第二，避免相邻发力肌肉的连续练习。进行胸部训练时你的肩部、手臂会受到一定的刺激，如果你在胸部训练日结束后的一天安排肩部或手臂的训练日，那么很容易造成训练完成质量较低的情况。你可以在胸部训练日之后安排腿部或背部的训练日，甚至安排一个单独的休息日，再进行手臂或肩部的练习，这种安排更加适合刚接触增肌或减脂训练的水平相对不高的健身爱好者。第三，合理安排有氧训练。我们不建议你牺牲一个休息日安排单独的有氧训练，除非你的训练水平极高，否则会影响你身体的整体恢复。我们建议你可以在每个训练日的规定训练完成后即进行有氧练习，这种将无氧与有氧组合训练的方式可以给你带来更好的减脂效果。在练习频率方面，我们推荐刚接触减脂训练的健身爱好者一周安排2~3次有氧训练，而具备一定经验的健身爱好者可以一周安排4~5次有氧训练。第四，合理安排大、小肌肉群的训练。腿部、背部等大肌肉群的恢复时间一般在48~72小时，而手臂等小肌肉群的恢复时间一般在24~48小时，具体的恢复时间需要根据健身爱好者自身的训练强度、营养水平以及恢复能力决定，不排除有的恢复能力较差且不注意营养补充的健身爱好者在经历了一次高强度的腿部训练后将近一周肌肉疲劳。刚接触增肌或减脂的健身爱好者，可以参照表1所示训练日安排策略；具备一定经验的增肌或减脂健身爱好者，可以参照表2训练日安排策略。

表1

时间	周一	周二	周三	周四	周五	周六	周日
项目	腿部训练+腹部训练	胸部训练+有氧训练（如果有减脂需求）	休息	背部训练+有氧训练（如果有减脂需求）	肩部训练+腹部训练	手臂训练+有氧训练（如果有减脂需求）	休息

表2

时间	周一	周二	周三	周四	周五	周六	周日
项目	腿部训练+腹部训练	胸部训练+肱三头肌训练+有氧训练（如果有减脂需求）	休息	背部训练+肱二头肌训练+有氧训练（如果有减脂需求）	肩部训练+腹部训练+有氧训练（如果有减脂需求）	手臂训练+有氧训练（如果有减脂需求）	休息

2. 塑形

对于目标是塑形的健身爱好者而言，训练日的安排策略一定要根据自身所需强化训练的具体区域来做判断。

（1）必须先挑选出要着重塑形的肌肉区域

需要注意三个基本原则。第一，优先训练较薄弱的大肌肉群。例如，若你的胸部与手臂肌肉群都较差，你应当更多将注意力放在胸部的塑形上，因为胸部是体积更大的肌肉群，对提升整体的肌肉状态具有重要作用。并且，在进行胸部训练时，很多动作也会适当地给予手臂肌群一定刺激，对手臂肌群的塑形有一定辅助作用。第二，合理确定同时训练的肌肉群数量。刚接触塑形的健身爱好者，应将注意力集中在一个部位肌肉形态的提升上。因为刚接触塑形的健身爱好者往往大肌肉群较差，并且自身整体的肌肉恢复能力较慢，所以一次只集中轰炸一个肌肉群的效果要更优于同时刺激两个不同的区域。具备一定训练经验的健身爱好者，可以选择两个不同的肌肉群进行强化练习，可以选择一大一小两个不同的肌肉群，也可以同时选择两个大肌肉群或两个小肌肉群。第三，合理区分自身最薄弱的肌肉群。这个主要是针对一些有一定训练经验的健身爱好者，他们希望自己的肌肉形态能够得到更好的提升，对大肌肉群和小肌肉群都不是十分满意，认为可以有更大的增长空间。对于这部分健身爱好者，他们的肌肉基础已经比普通人要强许多，更应当关注的是将自身最薄弱的区域进行优先练习，哪怕这个区域是较小的肌肉群也不是想着重塑形的部分。因为他们身体其余的部位都已经比较强壮，如果继续放任薄弱区域与其他区域的肌肉质量差异加大，那么对于整体视觉美是欠缺的，所以应当优先训练自身最薄弱的区域。

（2）需要考虑与有氧训练的搭配

塑形训练还希望将弱势区域的肌肉群变得更发达，体脂含量降低，因此在安排具体的训练日时还要考虑如何与有氧训练搭配的问题。

我们建议：刚接触塑形训练的健身爱好者，最好单独拿出一天的时间进行有氧训练，即有单独的有氧训练日；具有一定塑形训练经验的健身爱好者，可以将有氧训练放在肌肉训练日的所有动作完成之后，这样可以将无氧训练与有氧训练的优点结合最大化，更有助于优化塑形训练。

刚接触塑形训练的健身爱好者可以参照表3所示训练日安排策略。因为刚接触塑形训练的健身爱好者，优先安排针对大肌肉群的强化练习是效果最佳且最符合健身爱好者自身情况的，所以选择在周一和周四进行针对大肌肉群的练习，其他时间有氧训练或为休息日，以确保目标肌群可以获得充分的休息。当然，也可以选择周一、周三、周五进行强度不等的针对单一肌肉群的练习，例如周一大重量训练、周三中等重量训练、周五轻重量训练，这种安排策略也十分有利于初级健身爱好者对目标肌群进行补强练习。

表3

时间 项目	周一	周二	周三	周四	周五	周六	周日
项目	目标肌肉群训练	有氧训练	休息	目标肌肉群训练	有氧训练	休息	休息

　　有一定塑形训练基础的健身爱好者可以参照表4所示训练日安排策略。这种安排策略是针对同时进行两个大肌肉群的强化练习而设置的，在周一和周四、周二和周六分别安排了大肌肉群的训练，这样可以充分确保目标肌肉群在第二次训练开始前已经充分恢复。并且，为了使塑形效果更加明显，每次塑形训练后都安排一定的有氧训练，恢复能力较好的健身爱好者甚至可以将一个休息日改为单独的有氧训练日从而更加提高减脂塑形的见效速度。此外，需要注意的是，两个大肌肉群一定不能使用腿部+臀部的组合，加上臀部训练会消耗几乎与腿部训练相同的肌肉群，从而影响腿部训练效果及肌肉恢复速度。如果你的两个目标肌肉群是一个大肌肉群与一个小肌肉群的组合，那么可以参照表5所示训练日安排策略。这种安排策略是根据小肌肉群恢复较快的原理，一周内进行三次关于小肌肉群的针对性练习，这种较高频率的训练方式有助于小肌肉群更快得到补强。在目标区域的选择上，尽量避免会相互影响或使用的肌肉群进行组合，比如胸部和肩部、胸部和肱三头肌或背部和肱二头肌这些搭配都会影响原本的塑形效果。如果你的胸部和肩部都比较薄弱，那么可以优先进行针对胸部的强化练习。此外，一周四次或五次的有氧训练是理论上的安排策略，你也需根据自身的情况去做决定，比如当你感觉到十分疲劳或难以恢复时，你可以适当减少有氧训练的次数，不要让它影响你原本的肌肉塑形练习。

表4

时间 项目	周一	周二	周三	周四	周五	周六	周日
项目	目标肌肉群Ⅰ训练+有氧训练	目标肌肉群Ⅱ训练+有氧训练	休息	目标肌肉群Ⅰ训练+有氧训练	目标肌肉群Ⅱ训练+有氧训练	休息或有氧训练	休息

表5

时间 项目	周一	周二	周三	周四	周五	周六	周日
项目	大肌肉群训练+有氧训练	小肌肉群训练+有氧训练	休息	小肌肉群训练+有氧训练	大肌肉群训练+有氧训练	小肌肉群训练+有氧训练	休息

3. 力量

对于目标是提升力量水平的健身爱好者而言，训练日的安排需要根据提高单项还是多项成绩的目标而决定。

（1）提升单项成绩

我们建议你采用隔一天进行一次训练的方式，并且在周末进行完全休息，从而为下一周的训练做好充分的神经及肌肉的准备。在具体的训练日安排上，我们建议你根据力量提升的原理（参见第二章）将三个训练日分别划分为大重量专项训练日、肌肉辅助训练日及专项辅助训练日。大重量专项训练日需要你最完整的肌肉及神经状态，故放在一周的第一天。肌肉辅助训练日需要大量消耗肌肉且较长恢复时间，放在第二个训练日，如果将它放在最后一个训练日，便很可能因肌肉所需恢复时间较长导致下周的大重量专项训练日完成较差。专项辅助训练日主要是针对专项的技术动作或阶段难点进行练习，使用重量较轻，对于肌肉和神经的恢复能力要求并不高，故放在一周的最后一个训练日。此外，有一些教练会设计一周三次练习单项的训练方式，每个训练日都安排不同的强度，这种方式主要对培养技术动作的熟练程度以及神经募集能力有很大帮助，但相比我们前面提到的训练方式会缺少对肌肉的提高。提升单项成绩的具体训练日安排策略如表6所示。

表6

时间	周一	周二	周三	周四	周五	周六	周日
项目	大重量专项训练	休息	肌肉辅助训练	休息	专项辅助训练	休息	休息

需要注意的是，对于部分希望控制体重的健身爱好者而言，可以在上述安排策略中加入有氧训练，最好的方法是将有氧训练放到周三肌肉辅助训练日练习完成后，这样不仅可以将无氧训练与有氧训练的优势充分结合，更能够避免在休息日进行练习所导致的身体过度疲劳。

（2）提升两项成绩

我们建议你选择深蹲+卧推或硬拉+卧推的组合方式。深蹲+硬拉的组合会大量消耗相同的肌肉群，并且对脊柱造成持续的大重量压力，故我们不推荐使用。在具体的训练日安排策略上，可以按照"轻重搭配"的方法：第一天选择第一项大重量专项训练，第二天则进行第二项专项辅助训练；进行第二项的大重量专项训练，再进行第一项的专项辅助训练。这种"轻重搭配"的方法会很好地帮你缓解身体在大重量练习时所产生的神经疲劳。如果你连续两天都进行两个项目的大重量训练，哪怕是深蹲+卧推（或硬拉+卧推）这种不消耗相同肌肉群的组合，你的身体依旧会出现因大重量训练所产生的神经疲劳，进而影响具体训练的执行。在具体的安排上，你可以将自己最想提高的项目放到每个周的第一天进行练习,确保把最佳的身体状态留给你最想提高的项目。例如,你的目标主要是提高卧推与深蹲(或硬拉)成绩时,参照表7的安排,这种安排方式可以使你的两项成绩都得到明显的提升。如果你对体重有控制需求,那么我们建议你可以在深蹲或硬拉专项辅助训练日的动作练习完成后,加入一定的有氧练习。

表7

时间	周一	周二	周三	周四	周五	周六	周日
项目	大重量卧推专项训练	深蹲或硬拉专项辅助训练	休息	卧推专项辅助训练	大重量深蹲或硬拉专项训练	休息	休息

(3)提升三项成绩时,首先判断你所使用的周期性计划原理是什么。力量训练计划依据的周期性原理有很多种,常见的往往都是建立在线性增长原理和交叉增长原理基础之上的。

若你使用的是依据线性增长原理所设定的训练计划,会在一周内安排一个深蹲训练日、一个硬拉训练日以及两个卧推训练日。深蹲和硬拉训练日都为大重量的专项训练日,而卧推训练日则分为一个以提升力量为主的大重量专项训练日、一个以提升技术和突破阶段难点为主的专项辅助训练日(极个别肌肉基础较薄弱的健身爱好者可以将这一天替代为针对卧推的肌肉辅助训练日)。我们建议你在周一和周四分别安排深蹲和硬拉,这种安排方式是为了使两个消耗相同肌肉群的项目至少保持72小时的充分恢复,避免因休息时间不够所导致的大重量专项训练日完成较差的现象。具体的先后顺序可以根据你希望优先提高的项目决定,也可以根据你真实的成绩决定。比如你的硬拉成绩较差,那么可以优先在周一练习硬拉,把最好的身体状态留给它,确保它的成绩可以尽快追赶上来。卧推的两个训练日自然也就会放到周二与周五,具体的选择要由深蹲与硬拉的时间决定,也要由健身爱好者自身的动作习惯决定。比如有低杠深蹲习惯的健身爱好者,第二天安排卧推专项辅助训练日,避免因低杠深蹲产生的肘关节不适感影响正常的卧推大重量训练。具体的安排策略可以参照表8。

表8

时间	周一	周二	周三	周四	周五	周六	周日
项目	大重量深蹲专项训练	卧推专项辅助训练	休息	大重量硬拉专项训练	大重量卧推专项训练	休息	休息

如果你有加入有氧训练的需求,我们建议你可以在卧推专项辅助训练日的动作练习完成后进行。

若你以交叉增长原理为依据设定训练计划，因为一周只会大重量练习一次深蹲或硬拉训练，所以具体的时间安排比用线性计划要自由得多。用线性计划需要一周内练习一次大重量深蹲和一次大重量硬拉，所以导致时间基本被固定，对于工作较烦琐、训练时间不固定的健身爱好者而言并不是好的选择。使用交叉计划的健身爱好者会采用两周"轻重交替"的方法安排训练日：单数周进行大重量深蹲练习，该周的硬拉训练便是针对技术及动作难点的轻重量专项辅助训练；在下一周的双数周则变成大重量的硬拉专项练习以及深蹲的专项辅助训练。这种方式的两个训练可以安排在同一天进行，也可以分成两个不同的训练日：安排在同一天，主要是为了创造一个额外的肌肉辅助训练日；分成两个不同的训练日（大重量深蹲专项训练日以及硬拉专项辅助训练日），则是比较正常的安排。有的健身爱好者会针对卧推也使用这种方法，即单数周进行卧推的大重量专项训练，双数周进行卧推的专项辅助训练，具体的安排策略可以参照表9。

表9

时间	周一	周二	周三	周四	周五	周六	周日
单数周项目	大重量深蹲专项训练	卧推肌肉辅助训练	休息	深蹲肌肉辅助训练日或硬拉专项辅助训练	大重量卧推专项训练	休息	休息
双数周项目	大重量硬拉专项训练	卧推肌肉辅助训练	休息	硬拉肌肉辅助训练日或深蹲专项辅助训练	卧推专项辅助训练	休息	休息

当你需要在这种安排方式中加入有氧训练时，我们建议你可以在深蹲、卧推或硬拉的肌肉辅助训练日当天的动作练习完成后进行。这种安排最大的好处在于可以强化健身爱好者自身的肌肉质量，适合对自身肌肉质量不满意的健身爱好者，并且轻重交替的练习方式可以很好地管理神经、肌肉疲劳。此外，有一部分力量成绩特别高的健身爱好者也会使用这种安排策略，因为他们所使用的重量极大，这种安排方法可以让身体得到充分的休息。这种策略也有一定的局限性，即对于那些三大项动作没有打下坚实基础的健身爱好者而言，这种低频率的大重量专项训练容易使神经募集能力降低。例如一周只进行一次跟卧推有关的动作训练，两周进行一次跟卧推有关的大重量训练，这种方法很容易因卧推训练频率较低导致动作生疏，从而影响卧推成绩。为了避免这个问题，我们可以适当参考线性计划中对于两个卧推训练日的安排，如表10所示，而有氧训练可以在深蹲、卧推或硬拉的肌肉辅助训练日当天进行。

表10

时间	周一	周二	周三	周四	周五	周六	周日
单数周项目	大重量深蹲专项训练	卧推专项辅助训练	休息	深蹲肌肉辅助训练或硬拉专项辅助训练	大重量卧推专项训练	休息	休息
双数周项目	大重量硬拉专项训练	卧推专项辅助训练	休息	硬拉肌肉辅助训练或深蹲转向辅助训练	大重量卧推专项训练	休息	休息

4. 耐力

以提高耐力水平为目标的健身爱好者需根据具体的耐力训练类型来进行具体的训练日安排。

（1）提升心肺耐力

希望提升心肺耐力的健身爱好者，可以根据耐力提升的两种主要途径来安排具体的训练日：以长距离或长时间运动为主要训练方法的心肺耐力训练Ⅰ，以提高氧气摄入难度为主要训练方法的心肺耐力训练Ⅱ。刚接触耐力训练的健身爱好者不宜使用较高的频率，一般一周两次进行两种不同的心肺耐力训练便足够满足健身需求，具体的安排策略可以参照表11。

表11

时间	周一	周二	周三	周四	周五	周六	周日
项目	心肺耐力训练Ⅰ	心肺耐力训练Ⅱ	休息	心肺耐力训练Ⅰ	心肺耐力训练Ⅱ	休息	休息

如果你具备一定的心肺耐力水平，那么我们建议你可以适当提高训练频率，采用一周五次或六次的方法进行强化练习，具体的安排策略可以参照表12。

表12

时间	周一	周二	周三	周四	周五	周六	周日
项目	心肺耐力训练Ⅰ	心肺耐力训练Ⅱ	心肺耐力训练Ⅰ	心肺耐力训练Ⅱ	心肺耐力训练Ⅰ	心肺耐力训练Ⅱ	休息

（2）提升速度耐力

希望提升速度耐力的健身爱好者，需要注意首先判断自身是否具备一定的力量及耐力基础。如果你的力量与耐力基础较薄弱，那么在进行速度耐力训练时便会显得异常艰难。你应当将训练重心放在心肺耐力训练及力量基础水平提高上，可以在一周的时间内安排一次或两次的速度耐力专项练习，应当将心肺耐力训练以及力量训练放在同一天进行，先完成速度耐力训练所需要的肌肉力量练习，再进行心肺耐力的训练，如表13所示。这种方式比单独安排一个心肺耐力训练日及一个力量耐力训练日，可以更好地管控自身的疲劳，并且提高训练的整体效率，不会影响正常的速度耐力专项练习。

表13

时间	周一	周二	周三	周四	周五	周六	周日
项目	速度耐力专项训练	力量＋心肺耐力训练	休息	速度耐力专项训练	力量＋心肺耐力训练	休息	休息

你的力量基础以及心肺耐力得到一定强化后，便可以适当提高自己的速度耐力训练频率。在具体的训练日安排上，需要始终围绕速度耐力进行练习，将它的专项训练进行更细致的划分，如可以安排针对奔跑技巧的技术专项训练、规定时间内尽可能完成多的奔跑距离的速度耐力专项训练Ⅰ、规定距离内尽可能快速完成练习或速度跑的速度耐力专项训练Ⅱ，具体的安排策略可以参照表14。

表14

时间	周一	周二	周三	周四	周五	周六	周日
项目	速度耐力专项训练Ⅰ	速度耐力专项训练Ⅱ	休息	速度耐力专项训练Ⅰ	速度耐力专项训练Ⅱ	技术专项训练	休息

需要注意的是，速度耐力训练的许多动作安排几乎都与有氧训练的定义搭边，因此不需要在计划中安排单独的有氧训练日，只需保证完成训练计划中的规定动作要求即可。

（3）提升力量耐力

希望提升力量耐力的健身爱好者，若力量基础较薄弱，需要根据全身几个不同的重要发力类型划分不同的训练日，如以上肢推发力为主的训练日、以上肢拉为主的训练日、以下肢蹲为主的训练日、以下肢拉为主的训练日。这种安排方式可以使力量基础较薄弱的健身爱好者在最短的时间内补强力量基础方面的劣势，更早加入力量耐力的专项训练中。具体的安排策略可以参照表15。在具体的时间安排方面，可以参照力量训练的安排方式，即避免连续两个训练日都安排相近的力量发力类型，比如下肢的蹲、拉训练日便不适合放在相邻两天，而上肢的推、拉训练日也不适合搭配进行练习。因为下肢的肌肉群比上肢的肌肉群体积更大，并且在力量耐力的表现中更重要，所以我们习惯将下肢蹲训练日或下肢拉训练日放在一周的第一天。需要注意的是，下肢拉训练日的动作安排往往会用到很多与上肢拉训练日相同的肌肉群，因此这两个训练日也不适合放在相邻的两天。

表 15

时间	周一	周二	周三	周四	周五	周六	周日
项目	下肢蹲训练	上肢拉训练	休息	下肢拉训练	上肢推训练	休息	休息

当你的力量基础得到一定强化后，你便可以开始专项的力量耐力训练。力量耐力的体现形式并不局限于四大发力类型中的某一种，很多时候往往都是对四大发力类型的综合考验，因此你在进行力量耐力训练时不能将四大发力类型进行分块化训练。你应当采用的方法是将这四种常见的发力类型组合编排成一套训练方案，放在每个训练日中将其变成单独的力量耐力训练日。具体的安排策略可以参照表16。

表 16

时间	周一	周二	周三	周四	周五	周六	周日
项目	力量耐力训练	休息	力量耐力训练	休息	力量耐力训练	休息	休息

对于具有一定力量耐力训练经验的健身爱好者，最好的提高方式是将每个训练日都充分练透，故一周三练的方式是完全能够满足其自身需求的。

一般来讲，力量耐力对有氧训练的要求并不高，除非你对自身体重有控制要求，否则不需要在正常的训练计划内加入单独的有氧训练。如果你希望自己的体重可以适当控制或降低，那么可以在一周中任何一个力量耐力训练日的练习结束后进行少量的有氧训练。

5. 爆发力

以提高爆发力水平为目标的健身爱好者需根据具体的目标进行训练日的具体划分。

（1）目标为提高绝对速度

对于希望提高绝对速度的健身爱好者，若力量基础较薄弱，其绝对速度增长会受到极强的限制。爆发力虽然需要具备快速发力的能力，但是力量是最基础的环节。如果你的力量基础不足，那么直接进行绝对速度的训练便会受到极大的阻碍。因此，在训练日的具体安排上，你需要加入适当的针对绝对速度所依赖的肌肉群的力量练习，一般主要是针对下肢伸髋力量的练习；也不能忽略绝对速度的专项练习，否则你的力量提升向爆发力的转化便无法得到保证。具体的安排策略可以参照表17。

表 17

时间	周一	周二	周三	周四	周五	周六	周日
项目	绝对速度专项训练	伸髋力量训练	休息	绝对速度专项训练	伸髋力量训练	休息	休息

你的力量基础得到强化后，对训练日的安排便需要根据绝对速度的提高方法进行更加细致的划分。你不仅需要在训练计划中继续始终以绝对速度的专项训练为核心，还不能够忽略奔跑技术的专项练习，奔跑技术对提高你的绝对速度是具有重要推进作用的。当然，伸髋力量的强化练习也不能忽视，爆发力的增长是一个不断累积的过程，需要将自身的力量不断提高，然后用专项练习及技术练习将提高后的力量展现在具体的速度能力上。具体的安排策略可以参照表18。

表18

时间	周一	周二	周三	周四	周五	周六	周日
项目	绝对速度专项训练	技术训练	休息	绝对速度专项训练	伸髋力量训练	技术训练	休息

需注意的是，绝对速度的专项训练是训练计划的核心，因此在两个绝对速度的专项训练日必须保证身体处在最佳的训练状态，这也是不在周二安排伸髋力量训练的目的，希望避免因恢复时间较短导致周四的绝对速度专项训练完成度较差。

此外，上述两种绝对速度训练日安排方法，都不需要再进行额外的有氧训练。除非是需要对自身体重进行控制的健身爱好者，可以在表18安排策略的伸髋力量训练日当天的动作练习结束后，进行一定的有氧练习。

（2）目标为提升弹跳力

希望提升弹跳力的健身爱好者，如果身体恢复能力较差，并且膝关节、髋关节、踝关节有较严重的伤病史，那么在训练日的具体安排时要十分谨慎，因为弹跳力的训练对健身爱好者的恢复能力要求极高，并且对膝关节、髋关节及踝关节的冲击力极大，所以一旦训练日安排出现偏差，那么便极易导致身体健康受到影响。在具体的训练日安排上，我们建议你根据自身的特点，若你的关节周围肌肉力量较薄弱，可安排一定的力量训练日，比如伸膝力量训练日和伸髋力量训练日，具体的选择方式可以根据你希望提高水平方向的跳远能力还是垂直方向的纵跳能力来决定。其次，弹跳力的专项训练也是必不可少的，但我们并不建议在这里安排过高的频率，否则容易导致你身体受到损伤。如果你的目标是提高水平方向的跳远能力，那么可以参照表19的策略安排，将核心的跳远专项训练日放在每周的周一和周四，确保身体以最佳的状态完成专项训练日的要求。跳远能力对伸膝力量有要求，对伸髋力量的要求更高，因此表19安排了针对性的伸髋力量训练日。如果你的目标是提高纵跳能力，那么你只需将表19中伸髋力量训练日变为伸膝力量训练日即可。我们不建议你在平时再进行有氧训练日的安排，避免你的膝关节恢复速度严重变慢，从而不利于整个身体的恢复。对于身体恢复能力较强，并且膝关节、髋关节、踝关节并没有明显伤病的健身爱好者，弹跳力的训练日安排可以变得更加多样化且细节化：加入一定的跳跃专项技术练习，以提升跳远或纵跳时的肌肉运用能力；可以安排较高的弹跳力专项训练频率，这对于提升弹跳力是具有很强促进作用的。如果你的目标是提高纵跳能力，那么可以参照表 20 的安排策略。

表 19

时间	周一	周二	周三	周四	周五	周六	周日
项目	跳远专项训练	伸髋力量训练	休息	跳远专项训练	伸髋力量训练	休息	休息

表 20

时间	周一	周二	周三	周四	周五	周六	周日
项目	纵跳专项训练	跳跃专项技术训练	休息	纵跳专项训练	伸膝力量训练	跳跃专项技术训练	休息

需要注意的是，因为助跑起跳也需要伸髋力量的积极贡献，所以若需要适当提升助跑起跳的能力，你应当在周五的伸膝力量训练日加入一定的伸髋力量训练，部分关节健康且身体恢复能力较强的健身爱好者也可以将周六的跳跃专项技术训练日改为纵跳专项训练日，这种一周三练的高频率练习方式可以使弹跳力得到更快速提升。

即使你的关节较健康，也不需要再安排单独的有氧练习，否则膝关节极易产生较强的疲劳感。如果你需要适当管理你的体重，那么你应从基础饮食摄入上入手。

6. 柔韧性

对于目标是提升柔韧性的健身爱好者而言，虽然前文提及柔韧性需要每日练习，即每天都是柔韧性训练日，但是根据柔韧性的两大不同表现形式，即主动柔韧性与被动柔韧性，在具体的训练日安排上也要做更加细致的划分。

相对基础的被动柔韧性训练日，需要安排针对全身肌肉与关节韧带的拉伸，这样才可以确保肢体伸展幅度不会受到明显制约。个别身体比较僵硬或柔韧性基础较差的健身爱好者，可以优先安排针对髋关节、臀部、腘绳肌等柔韧性较差部位的强化练习。如果你的被动柔韧性基础较强，那么可以在练习时根据主动柔韧性的具体表现需求，进行相应部位的强化练习。例如若你的目标是提升相扑硬拉的主动柔韧性表现，你首先需要针对髋关节和臀部的被动柔韧性进行强化练习，再逐步加大双脚间站距，使用较轻的重量进行相扑硬拉训练，以提升主动柔韧性在相扑硬拉中的表现。

在进行主动柔韧性训练日安排时，需要根据主动柔韧性的具体表现形式安排适当强度的专项动作练习，即做到以专项练习为主并辅以一定的主动柔韧训练动作。例如若你的目标是提升卧推的起桥能力，你必须在主动柔韧性训练日当天安排一定的卧推专项练习，否则你所获得的主动柔韧性能力提升，即卧推的起桥高度，便无法真正转化到有助于卧推成绩的增长上。主动柔韧性与被动柔韧性的训练日安排策略可以参照表21。

表21

时间	周一	周二	周三	周四	周五	周六	周日
项目	主动柔韧性训练+被动柔韧性训练	被动柔韧性训练	主动柔韧性训练+被动柔韧性训练	被动柔韧性训练	主动柔韧性训练+被动柔韧性训练	被动柔韧性训练	被动柔韧性训练

需要注意的是，无论你是否拥有足够的被动柔韧性，都不能在计划中忽略对主动柔韧性的练习，主动柔韧性始终是柔韧性训练计划的核心。只要你训练柔韧性的需求跟健身目标相关，那么便不能忽略主动柔韧性的练习。你可以在一周中根据自己的需求安排三个主动柔韧性训练日，若目标是提高某一力量项目的主动柔韧性训练则可以适当缩减为两个或一个训练日，避免出现肌肉恢复速度较慢所带来的训练完成度较差。其次，被动柔韧性是可以每天进行练习的，不需要安排单独的休息日。在具体的执行方法上，可以采用一天早晚各进行一次被动柔韧性训练的方式。

此外，脂肪含量较高会一定程度上影响你的柔韧性，因此你在日常的柔韧性训练时可以安排一定的有氧练习，具体的频率可以根据你自身的体能情况，选择在单独的被动柔韧性训练日当天进行练习。

（八）有氧日

有氧训练指的是持续训练15分钟以上，强度维持在心跳每分钟120～150次，整个训练过程都保持持续有氧呼吸方式的全身训练。很多健身爱好者在进行有氧训练时容易走入误区，比如只追求训练时间的拉长，每次训练四五十分钟以上，却忽略了对整体训练强度的要求，训练强度较低，反而无法体现有氧训练的真正价值。有氧训练并非只有单纯跑步或游泳这两种形式，你需要根据不同训练目标的特点及自身的身体情况去挑选合适的有氧训练动作加入自身的训练计划中。

并非所有训练计划都安排有氧训练日，有氧训练方式主要针对需要对体重控制或某一训练目标对体重要求较高的健身爱好者。一般来讲很少会在训练计划中安排单独的有氧训练日，更多的安排策略是将有氧训练与无氧训练相结合，使训练效率最大化。有极少数单独安排氧训练日的策略，也往往是集中在心肺耐力训练等需要有氧练习的训练模式中。

1. 增肌或减脂

有氧训练的动作可以采用最普通的跑步、椭圆机等常见方式，它们并不需要健身爱好者花费太多时间去学习如何练习，上手极其简单。我们不推荐你使用健身房的跑步机以及单车等有氧器械。跑步机容易使你出现"假象奔跑"的现象，即你的奔跑距离与奔跑速度跟跑带的实际转动之间并没有太明显的关联。一般健身房中的单车无论是立式还是坐式，对腰椎的保护比较缺乏，如果长时间在上面进行练习，容易导致腰部出现一定的不适感。虽然有的磁控单车设计得比较贴合人体的脊柱结构，但是这种器械很难在普通的健身房中找到。

增肌或减脂训练在某种程度上是需要安排有氧练习的。减脂训练时为了更快速地降低脂肪，应安排一定的有氧练习并不难理解。但是，增肌训练中有氧练习的重要性常是很多人所忽视的，他们认为增肌训练主要采用的无氧练习会和有氧练习冲突，过多的有氧练习容易使肌肉流失。这种想法是十分片面的。首先，你要明白有氧练习是可以帮助提高体能基础水平的，体能状况越好，你在无氧训练时的身体状态也会越好，相应完成的训练计划强度也就越高，从而为你的肌肉生长提前铺好道路。其次，增肌训练并不是增肥，我们希望的是尽可能多地获取肌肉而非脂肪，在训练中安排一定的有氧训练可以帮助我们很好地控制整个身体的热量摄入与消耗，使肌肉生长更加优质。

2. 塑形

有氧训练的动作与增肌或减脂训练类似，以跑步、椭圆机等常见方式为主。当然，为了更加提高有氧训练的效率，会游泳的健身爱好者也可以选择游泳这种热量消耗更大的训练方式。此外，因为塑形训练有一个目的是提高局部肌肉的分离度，所以也可以采用一些集中消耗特定区域脂肪、难度较高的有氧训练方式，如针对背部的划船机练习、针对腿部和手臂的滑雪机练习。只不过，这几种训练方式对健身爱好者自身的有氧训练能力及基础体能水平要求较高，我们不推荐训练经验不足的健身爱好者使用。无论是以增加肌肉围度为目的还是提高局部肌肉分离度为目的的塑形训练都离不开有氧练习，它可以帮助你的肌肉围度增长更加纯化，没有过多脂肪的堆积，还可以使你的局部肌肉分离度见效速度更快，是不可忽视的训练方法。

3. 力量

有氧训练的动作需要根据三大项的特点以及训练者的身体情况做具体安排。例如，对于膝关节不适或深蹲训练强度较大的健身爱好者，我们推荐使用椭圆机、划船机等对膝关节压力较小的有氧训练动作，要避免使用跑步这种对膝关节有持续冲击和压力的训练方式；对于腰部有不适感或硬拉训练强度较大的健身爱好者，我们则更推荐使用椭圆机、跑步等对腰背压力较小的有氧训练动作，要避免使用划船机这种对腰背部压力较大的训练方式。力量训练是离不开有氧训练的。力量举或举重的比赛都是划分体重级别的，所以参加比赛的健身爱好者必须在日常对体重进行一定的管理和把控，而有氧训练便是很好的控制方式。有氧训练方式不仅有助于控制体重，还可以一定程度上帮助我们培养发力习惯。比如对于关节较健康且恢复能力较强的健身爱好者，滑雪机可以帮助模仿深蹲的发力习惯，而划船机则可以帮助模仿硬拉的发力习惯。

很多健身爱好者认为力量的提升跟有氧训练没有任何关系，这是很片面的认识。应该明白，基础的体能水平是支撑任何高强度训练模式以及运动能力表现的根本，没有哪个顶尖的力量举运动员或大力士是跑不动或者走几步就累得不行的。对于无差别级的力量举运动员，他们的体重都在150～160千克，基础的有氧训练也是不可少的。当然，我们没有必要安排过多的有氧训练次数，一般一周或每五天一次都足以满足我们对有氧训练的正常需求。

4. 耐力

有氧训练的动作需要根据三大耐力类型的特点以及训练者自身的情况做具体的安排。

当你在进行心肺耐力训练，无论是创设氧气摄入困难度的游泳练习，还是长距离的长跑练习，都属于有氧训练的范畴。这两种训练的重合度很高，故不需要再进行特殊的安排，只要你进行足够强度的心肺耐力训练，那么你的有氧能力也自然会得到提升。

当你在进行速度耐力训练时，如果你的力量基础与体能状况稍显欠缺，那么你可以在训练计划的前期选择一定的力量与心肺耐力训练相结合的方式，将有氧练习融入心肺耐力训练中，为速度耐力更快速地储备足够的力量与体能基础。如果你的基础足够扎实，那么在速度耐力训练时你不需要再安排单独的有氧练习，因为此时你的速度耐力专项训练往往是强度极高的有氧练习方式。

若你进行力量耐力训练，因为力量耐力的训练动作往往以自由重量（杠铃、哑铃类）为主，对关节存在一定程度的压力，所以我们建议你在有氧训练时尽量选择对关节压力较小的方式，如椭圆机。如果选择对关节有持续压力的方式，如跑步，那么便会使你的膝关节存在较高的受伤风险。力量耐力训练中并不需要安排单独的有氧训练，但有些健身爱好者有控制体重的需求，有时也会安排一定的有氧练习。

有氧训练同耐力训练是相互依存的关系，前者是开展后者练习的基础，而心肺耐力又与有氧训练有很多相通之处。速度耐力与力量耐力虽然不需要安排特别多单独的有氧练习，但是它们离不开有氧练习所带来的体能基础。

5. 爆发力

有氧训练的动作需要根据两大爆发力类型的特点以及训练者自身的情况做具体的安排。

若你在进行绝对速度训练，无论是奔跑还是骑行，它们都与传统的有氧训练有很多重合之处，因此很少在绝对速度训练时安排太多单独的有氧练习。除非你希望对体重进行控制，并希望借此可以进一步提高你的绝对速度，你可以选择安排一些非奔跑类的有氧练习。

若你在进行弹跳力训练，你对体重有控制需求，希望通过控制体重的方式来提升弹跳力，那么可以安排一定量的有氧练习。此时你需要注意自己是否有膝关节、髋关节、踝关节的陈旧性伤病，它们会决定你的具体训练动作的挑选。若你的膝关节有陈旧性伤病，滑雪机容易使你出现因弹跳力训练强度较大所导致的膝关节受损问题；若你的髋关节有陈旧性伤病，划船机很容易使你出现因弹跳力训练强度较大所导致的髋部或腰部不适的情况；若你的踝关节有陈旧性伤病，跑步很容易使你出现因弹跳力训练强度较大所导致的崴脚现象。有氧训练同爆发力训练的交集并不多，二者唯一的纽带是有氧训练可以通过对体重的管控间接提升爆发力水平。不过，需要注意的是，爆发力的核心始终是速度和力量本身，单纯通过有氧训练一味地追求控制体重并不能带来真正本质的改变，甚至有的时候还会使你的爆发力水平降低。

6. 柔韧性

有氧训练是提升柔韧性的重要帮手，特别是对以提升被动柔韧性，即以提高身体最大伸展幅度为目标的健身爱好者，基础的有氧训练更是不可或缺的。有氧训练对于提升被动柔韧性的价值主要集中在两方面。第一，脂肪含量较大会在一定程度上影响健身爱好者的被动柔韧性，有氧训练可以在一定程度上控制脂肪含量，间接提高身体伸展幅度。所谓的"柔软的胖子"，这种说法往往只是个例，并不能被当作普遍现象。日常生活中我们见到的脂肪含量较大的人，基本都会有身体活动受限的情况。第二，在柔韧性训练前先进行一定的有氧训练，可以把身体的关节、肌肉和韧带完全活动开并且充分热身。这对于被动柔韧性的拉伸练习有很大帮助，它不仅能够提高训练时的身体伸展幅度，还会避免因热身不足所导致的拉伸练习对关节、肌肉或韧带的损伤。若你在早上进行被动柔韧性训练，应先去做一点强度适宜的有氧练习，再进行针对性的被动柔韧性训练。

有氧训练对于主动柔韧性的提升并没有太大直接的帮助，主动柔韧性的提升主要依靠具体的运动表现形式及柔韧性训练相结合，单纯的有氧练习并不会起到太大的推进作用。有氧训练对体重或脂肪的把控也不会直接提升主动柔韧性，因此没有必要在主动柔韧性训练时安排过多特殊的有氧练习。

（九）训练内容

一份训练计划中每个训练日的具体训练内容是最关键的，它指的主要是一个训练日内的所有训练动作，而具体的动作挑选则是要根据不同的训练目标以及训练者自身的特殊情况决定的。不同的训练目标对应的训练动作肯定完全不同，例如目标是提高速度耐力，使用力量耐力的训练动作肯定不会起到任何促进作用。当然，训练动作的挑选要充分参照训练者自身的身体结构、伤病史及恢复能力。例如手臂较长的健身爱好者在进行超程硬拉练习时，相比手臂较短的健身爱好者，需将自己垫起更高的位置。

1. 增肌或减脂

以增肌或减脂为目标的健身爱好者，要选择针对全身肌肉群的训练动作。增肌或减脂训练对于刚接触训练的健身爱好者而言，是对全身肌肉的增长和全身体脂的控制，所以在训练动作的挑选上不能放过任何一个针对身体主要骨骼肌的刺激。身体主要分为大肌肉群与小肌肉群两大类：胸部肌群、背部肌群、臀部肌群以及腿部肌群是人体中体积较大的大肌肉群，对于整体肌肉围度的增长具有重要作用；肩部肌群、手臂肌群、腹部肌群则属于体积较小的小肌肉群。在增肌或减脂训练时，一定要优先训练身体的大肌肉群，它们不仅会使你的增肌或减脂效果更加明显，还有助于基础力量的增长，并且大肌肉群的一些训练动作往往会附带一定的小肌肉群参与发力，也会在一定程度上促进小肌肉群的生长。大肌肉群特别是腿部肌肉群的练习有时会使很多健身爱好者在刚开始有"痛不欲生"的感觉，但是千万不能因此放弃或马虎训练腿部，否则会使整体增肌或减脂受到明显制约。当然，小肌肉群的训练是不能忽视的，否则你的整个身体会看上去极不协调，肌肉发展出现不均衡的现象。

在训练动作的具体挑选上，我们需要遵循两大基本原则。第一，复合训练动作与孤立训练动作相结合。复合训练动作指的是一个可以同时明显刺激两个或两个以上肌肉的多关节的训练动作，孤立训练动作指的是一个只明显刺激一个肌肉的单关节的训练动作。这里我们需要注意"明显刺激"的概念，有的训练动作会有某一肌肉也参与到训练中，但并未明显发力或对训练目标肌群刺激没有明显影响。例如，你腿屈伸练习，主要目的是鼓励刺激股四头肌，此时你的手臂会因握住把手而适当发力，在动作姿势标准的前提下并不会影响你的股四头肌受到鼓励刺激，更不会影响腿屈伸作为一个孤立的训练动作出现在计划中。腿屈伸依旧是一个膝关节伸展的单关节训练动作，属于孤立训练动作的范畴。一般来讲，复合训练动作往往是使用哑铃或杠铃等自由重量的多关节练习方式，而孤立训练动作是使用固定器械的单关节训练方法，当然也有像器械腿举等个例。复合训练动作与孤立训练动作都是不可或缺的，它们对于健身爱好者的整体增肌或减脂效果都具有十分重要的作用。第二，根据健身爱好者自身的情况去做判断。例如，若你的手臂较长，你需要提高背部的肌肉水平，那么在引体向上练习时不应每次上拉身体至最高处，否则会使你的肱二头肌更多参与到练习中，从而出现背部肌肉受刺激不明显但因手臂已经提前力竭所导致的无法继续对背部肌肉带来刺激的现象。在训练动作的执行上要尽量避免借力。例如你在进行杠铃弯举训练时晃动身体，这会给你带来更多来自下肢的力量，从而使你的肱二头肌受到的刺激明显降低。借力现象出现的原因往往与健身爱好者盲目追求大重量有关。这里你需要明白的是，你的训练动作所使用的重量大小与肌肉生长并没有太直接的关系，最重要的是你的目标肌群所受到的刺激有多少。如果你使用的训练重量较大，目标肌群却几乎没怎么发力，那么再大的重量有没有任何意义，这便是在肌肉健美训练时我们常提到的一个词语——"宁轻勿假"。当然，也有的健身爱好者会出现因力竭而借力现象，此时可以找训练伙伴辅助完成，晃动身体借力不仅对于肌肉增长没有帮助，更会加大身体受伤的风险。

此外，在训练日的具体内容安排方面，无论是增肌还是减脂训练，你要在一周的固定训练日内安排有积极作用的有氧练习。

2. 塑形

塑形训练指的是目标肌群围度的增大或目标肌群分离度的提高，所以我们必须对肌肉群的划分更有针对性。如果在肌肉群的划分上不注意细节，那么塑形效果便会大打折扣。例如，若你上胸较薄弱，必须安排针对上胸的训练动作，如果你不采用上斜卧推这种精准刺激的动作，而是使用平板卧推这种针对胸大肌中下部较多的训练动作，那么你的上胸局部塑造计划便不会成功。因此，你要知道哪些肌肉是你日常训练容易疏忽的，进而才能更好地发现自己的问题并挑选出针对性的训练动作。对于胸部肌群而言，上胸和胸内侧是人们比较容易发展失衡的区域，因为训练动作安排和姿势不标准，往往会刺激到胸中下部及胸外侧。对于背部肌群而言，背阔肌中下部以及中、下斜方肌是人们容易忽视的区域，因为对肌肉起止点及训练动作了解不清楚，很多健身爱好者的训练往往只会集中在背阔肌上部、大圆肌、小圆肌与上斜方肌。对于肩部肌群而言，三角肌后束是训练中常见的痛点，因为其位于身体后侧，我们很难在镜子中看见，所以对于肌肉刺激感的找寻并不强烈，进而导致三角肌的中束与前束相比后束发达许多，或在进行三角肌后束的训练时刺激部位偏移到背部。对于手臂肌群而言，人们在练习时往往会忽略肱三头肌由三部分组成、肱二头肌由两部分组成，很多健身爱好者都只用两三个简单的训练动作便完成了对手臂的刺激，这便导致肱二头肌长头欠发达等情况。对于腹部肌群而言，因为训练中极易借力，所以腹部肌肉群本应受到的刺激多会转移到腰背部，甚至导致伤病的产生。对于臀部肌肉群而言，很多健身爱好者认为腿部训练可以刺激到臀部肌肉，故对臀部缺乏针对性练习，这便会导致臀中肌与臀小肌等较小的肌肉发育失衡。对于腿部肌肉群而言，一般健身爱好者会将更多的注意力放在股四头肌上，对腘绳肌的练习缺乏针对性刺激。

在训练动作的具体挑选上，我们需要遵循三大基本原则。第一，以弱势区域为主，但不要忽略相邻区域的训练。例如，若你的肱二头肌长头欠发达，正确的做法是训练计划多安排针对肱二头肌长的动作，但是不能忽略对肱二头肌短头以及肱肌、肱桡肌的练习。很多健身爱好者在塑形练习时往往只针对欠发达区域进行练习，对相邻部位的肌肉完全置之不理，这是十分片面的。比如你的肱二头肌长头得到补强后，原本不错的肱二头肌短头却因长期没有得到针对性的练习出现了一定程度的退化，导致你需要开始针对肱二头肌短头再进行补强练习，这种拆东墙补西墙的办法是我们极力劝阻的。第二，多角度刺激目标区域。局部的塑形训练一定要注意尽可能使用不同的训练角度，使目标区域得到最全面的刺激。例如你在针对三角肌中束进行练习时，可以使用最传统的站姿，也可以使身体向另一侧倾斜一点并扶住另一侧的把手，或者使身体向同侧稍微倾斜一点并扶住同侧的把手，这样便可以从两个不同的角度刺激三角肌中束，给予它更加全面的刺激感。第三，适当控制做功距离。在增肌或减脂训练时需要进行全程的训练动作，但是在塑形训练时需要根据具体需求适当控制训练动作的做功距离。例如，进行针对肱二头肌长头的杠铃弯举练习时，做全程的动作所带来的效果并没有只做该动作最后上半程的效果好。因此，在进行塑形训练时，全程的训练动作并不一定是最佳的，你要根据你的需求做具体的判断。在训练动作的执行上，与增肌或减脂训练时类似，你要尽量避免借力现象的出现，做到"宁轻勿假"，将肌肉所受到的刺激及充血感受放在训练的第一位，而不是贪图无价值的虚假重量。

此外，不要忘记在塑形训练日的内容安排中加入适量的有氧练习，它对于提升塑形训练的效率有着十分重要的帮助。

3. 力量

因为力量的提升所受影响众多，所以在训练日具体内容安排上要尽可能做到全面且周详。

（1）力量水平主要受三大因素影响

第一，肌肉力量。无论是深蹲、卧推还是硬拉的力量来源都是你的肌肉，你不可能依靠别的组织（如脂肪）帮助你进行大部分的主动发力，故而在提高力量水平的练习时，基础的肌肉力量训练是不可或缺的。有的健身爱好者只关注三大项力量所对应的主要肌肉群的力量练习，对于类似肱二头肌这种在三大项实际运用中发力较少的肌肉群不会安排特别专门的练习，这种方法对于提高力量水平是没有帮助的。如果你的肱二头肌力量极差，那么你在进行硬拉或硬拉所需要的背部肌肉力量训练时也不会有很好的表现，进而直接影响成绩的提高，虽然没有必要安排大量专项的肱二头肌练习，但是也必须在训练内容中加入一定的训练。肌肉力量是提高力量专项水平的基础，很多健身爱好者在力量训练时往往只关注对专项动作或大重量负荷的练习，这种缺乏肌肉力量基础的训练是不利于进步的。第二，神经募集能力。健身爱好者的肌肉力量必须被其神经系统充分募集，并且在有效时间内用正确的方法募集，这样才可能带来力量上的真正提高。很多健身爱好者对于神经募集的训练缺乏关注，把太多的心思放在了肌肉力量训练上，缺乏大重量的三大项专项练习，导致自己一身强壮的肌肉却不知道如何调配，无法运用到三大项的具体发力中。这种现象主要体现在具有较长时间健美训练经验的健身爱好者身上，他们因习惯了孤立单关节肌肉发力、控制动作慢速完成、避免身体借力等方式，从而丧失了力量训练时所必须具备的快速、全方位发力的神经募集能力。此时的健身爱好者很像一个武侠小说中内功深厚的高手，但没有学习过任何实战技巧，空有一身高强的武功却没有什么杀伤力。第三，专项动作技术能力。深蹲、卧推、硬拉是有标准动作姿势的，但这种教科书上的动作姿势只是最普遍的姿势，你还必须根据自身的特点去不断选择最适合自己的发力姿势，提升你的专项动作技术的能力。专项动作技术的能力对于帮助三大项成绩更上一层楼具备十分重要的作用，是直接区分高水平健身爱好者与其余水平健身爱好者的关键。专项动作技术能力的提升，有助于你进一步强化神经募集能力，使得你的动作完成更加省力。不过，专项动作技术能力并不是影响力量水平三大项中较重要的因素，它并没有神经募集能力与肌肉力量基础那么重要。只要你的神经募集能力与肌肉力量基础足够强大，那么只使用标准的动作姿势也能够获得较高的力量水平。

（2）具体训练动作的挑选主要采用两大训练类型

① 专项训练。专项训练即深蹲、卧推、硬拉的大重量专项练习。这种练习的目的是最直接提高三大项的成绩，培养大重量训练时神经募集肌肉的能力。因此，在专项训练时，我们所使用的动作姿势几乎完全都是平时冲击三大项极限力量时所使用的姿势，一般情况下少有平时训练使用传统硬拉而在进行硬拉的极限测试或比赛时使用相扑硬拉的。当然，在实际的专项训练动作安排上也会有比较特殊的个例，比如有的训练者会在平时使用垫高自己的超程硬拉来代替正常高度的硬拉进行专项训练。出现这种现象的原因往往在于训练者在硬拉启动阶段容易遇到极大困难，极易导致动作试举失败。因此，有的健身爱好者便会选择使用提升硬拉启动能力的最好的专项辅助训练动作——超程硬拉，替代正常高度的硬拉。需要注意的是，超程硬拉练习在这里并不属于辅助训练，我们同样会使用较大的重量进行练习，是正常的专项训练动作。并且，使用这种训练方法时请一定要十分谨慎，确保你的其余训练动作挑选的合理性，不要只是盯着自己某一方面的弱点而忽略了对硬拉整体的练习。此外，有的健身爱好者有参加比赛的目标，会在自己的非赛季期和赛季期使用不同的专项训练动作。比如最常见的在非赛季期训练时使用高杠深蹲，让自己在深蹲中的肌肉力量表现得到更多的提高；而在赛季期准备比赛时再使用低杠深蹲，让自己之前高杠训练时所获取的肌肉力量可以更快速地转移到低杠深蹲的表现中。这种方法是具有一定积极作用的，但

是要清楚它的具体适用群体及使用时间点。如果你对于两种不同专项训练动作的姿势及发力模式掌握并不牢固，那么便会出现神经募集能力混乱的现象，到最后不仅低杠深蹲没有很好的表现，连最开始的高杠深蹲也可能忘记了如何去发力。另外，一定要给自己的低杠深蹲，也就是比赛中要使用的动作姿势留出充分适应时间，一般要在比赛前至少一个月就开始进行低杠深蹲的专项练习。对于一部分担心自己低杠深蹲技术掌握不牢的健身爱好者，甚至可以将这个时间变为提前两个月。

②辅助训练。辅助训练包含肌肉辅助训练和专项辅助训练两种不同的训练类型。

肌肉辅助训练指的是针对提升肌肉质量的训练动作。在进行相关动作的选择上需要遵循两大基本原则。第一，先解决自身肌肉力量中较薄弱的一环。要对自身薄弱肌群有个排序，按照薄弱程度的大小分别安排相应的训练量。例如，若你的肱三头肌和三角肌前束都属于较薄弱的区域，三角肌前束在卧推训练特别是停顿卧推中的优先级要高于肱三头肌，没有发达的三角肌前束便会在杠铃刚离开胸的一刹那失败，因此需要优先对三角肌前束的力量进行练习，再安排针对肱三头肌的相关训练动作。第二，参照专项训练的强度。进行正常大重量的专项训练时，你需要安排较轻重量、对关节压力较小的肌肉辅助训练动作，这里指的都是那些固定轨迹的器械训练或单关节的孤立训练动作；进行重量较轻的技术训练或专项辅助训练时，你可以安排较大重量、针对多个肌肉群的复合型肌肉辅助训练动作。以卧推为例，在进行大重量卧推训练时，需要搭配的肌肉辅助训练往往是哑铃前平举、肱三头肌绳索臂屈伸等；进行轻重量的停顿卧推或弹力带卧推训练时，需要搭配的肌肉辅助训练往往是实力举或坐姿杠铃推举等。

专项辅助训练主要指的是针对三大项动作技术以及动作发力中的阶段性难点所安排的练习。当相关动作的选择上，你需要寻找自身最薄弱的阶段性难点，并根据其在三大项动作中的优先级进行判断，挑选最适合的动作优先练习你自身最薄弱的环节。比如，深蹲会有出杠能力和启动能力较差的问题，虽然启动能力是深蹲中最重要的一个环节，但是出杠是相对于启动更早也是优先级更靠前的阶段，如果不把解决出杠能力放在专项辅助训练的首位，那么无论你启动训练多么刻苦，也会出现因出杠浪费了巨大的体力导致深蹲试举失败。当然，在具体训练内容的安排上，未必会针对出杠能力较差安排大量的练习，毕竟它不像深蹲的启动能力那样难以攻克，但是请一定要记住，千万不能忽略出杠能力这一深蹲中最基本的阶段，并且一定在内容安排时注意优先级的问题。专项辅助训练一般可以与专项训练日相结合，也可以单独组成一个训练日：与专项训练日结合的目的主要是提升具体的技术能力，培养对动作姿势的记忆；单独组成一个训练日，则主要是针对健身爱好者三大项动作的阶段性难点的解决及爆发力的提升。此外，专项辅助训练动作的选择还需要参照你最基本的身体结构。

例如提升硬拉启动能力的超程硬拉练习，根据每个健身爱好者手臂长短的不同，其垫高自己的高度也不同。若你的手臂较短，垫高的距离应较小，否则你便会处于一个发力极其困难并且做功距离极长的位置；若你的手臂较长，垫高的距离应较大，否则整体的训练难度与正常硬拉没有什么区别，对于启动能力的提升帮助并不大。在具体训练动作的执行上，一定要注意根据专项训练与辅助训练的不同，对练习速度、发力方式进行把控。进行专项训练时，要利用神经系统募集肌肉的能力尽可能多地调配身体肌肉参与到发力中，不能孤立或者慢速发力，否则对于突破力量极限是没有任何帮助的，要将注意力放在尽可能快速移动或举起尽可能大的重量上。进行肌肉辅助训练时，要尽可能注意孤立刺激某一区域的肌肉，把训练动作的节奏适当放慢，将注意力放在肌肉的刺激感上，避免出现盲目追求重量所导致的明显借力。进行专项辅助训练时，需要根据具体的动作要求和使用这一动作的初衷进行分析：需要提高速度能力时，针对轻重量深蹲的速度训练必须用快速发力的方式完成；需要利用离心深蹲去巩固动作基础或培养发力模式时，便需要在下蹲过程中明显控制速度，否则对于动作姿势的掌握是没有什么用处的。

此外，力量训练日的内容安排不要忽略有氧练习的内容，有氧练习不仅可以巩固基础体能，逐渐适应高强度的训练方法，还可以管控体重，在比赛中更具有竞争力。

4. 耐力

对于以提升耐力为目标的健身爱好者而言，训练内容的安排需要根据三大耐力类型的不同做更为具体的划分。

进行心肺耐力训练时，训练动作的选择要根据提高心肺耐力的两大途径，即创设尽可能难的氧气摄入环境、选择长距离或长时间的持续强度适宜的训练。创设尽可能难的氧气摄入环境时，可以选择在水下游泳练习，有助于更高效率地提高心肺耐力水平。有的健身爱好者也会使用增加氧气摄入难度的工具，比如特殊材质的面罩，带着它奔跑对心肺耐力提高幅度比正常奔跑显著许多，但是这种方法对应的训练难度较高。当然，也可以改变训练动作的具体练习方法，比如在运动中长距离做功，即类似折返跑或波比跳等方式，同样会加大氧气摄入难度，提高心肺耐力水平。长距离或长时间、持续强度适宜的训练指的主要是长跑、长距离的椭圆机或单车练习。这几种都是较常见且简单的心肺耐力训练方法，可以在户外随时随地练习，也可以在家中训练。不过，要注意的是，这种长距离的练习绝对不是无用地堆砌时间或者距离，健身爱好者一定要注意对强度的把控，不要出现强度过低的情况，强度过低只是在让身体进行无意义的机械运动，对提升心肺耐力没有任何帮助。

进行速度耐力训练时，训练动作的选择要尽可能围绕速度耐力的特点，即维持较高速度的能力进行安排。健身爱好者可以安排规定时间内尽可能完成多个折返跑练习，迫使自身尽可能保持高速度；或者使用规定多少个往返距离并尽快跑完的折返跑练习。这两种方式都有助于提高速度耐力水平，并且会因折返跑需要俯身向下触地，一定程度强化基础心肺耐力水平，难度较大，适合有一定训练基础的健身爱好者。当然，也可以选择简单的绕圈跑练习，但是要规定每一圈的最低完成时间，否则便失去了最基本的速度耐力练习意义，这种训练方式难度较低，适合帮助刚接触训练的健身爱好者在进一步巩固心肺耐力的基础上，提高速度耐力的水平。此外，奔跑技术不够纯熟会制约你的速度耐力水平，你需要在平时适当加入针对速度的技术专项练习。

进行力量耐力训练时，训练动作的挑选要尽可能集中在全身的力量训练动作或四大主要力量耐力体现形式（上肢推训练、上肢拉训练、下肢蹲训练、下肢拉训练）上。有的健身爱好者会安排一些单一肌肉群的孤立训练动作，如肩部的侧平举，这比使用借力推举这种全身发力的训练动作对力量耐力的刺激效果较低，不符合目标需求。力量耐力动作的安排要尽量做到上下肢结合。例如深蹲属于下肢发力为主的动作，而借力推举则属于上肢发力为主的动作，最好的安排方式是先进行一个下肢发力动作，再练习一个上肢发力动作，不要连续两个动作都是身体同一区域的练习，例如深蹲后直接进入硬拉的练习方式会极大程度增加受伤的风险。

在训练动作的具体执行上，心肺耐力训练要注重训练的强度，不要出现磨洋工的现象，低效的练习方式会严重浪费时间。并且，在动作的练习中要注意合理把控疲劳，千万不要出现身体已经脱水或明显力竭还继续强撑练习的现象，否则不仅容易使关节受到损伤，还有可能诱发更严重的身体健康危害。速度耐力训练中要注意维持一定的速度。如果速度有减退，那么在身体能力允许的情况下，要立刻把速度恢复到目标区间内。如果你的身体已经比较疲劳，立即休息。力量耐力训练中要注意对肌肉和关节健康的保护。很多健身爱好者在进行力量耐力训练时，因为所使用重量并不大或急于完成规定训练次数，出现不使用护具或训练姿势严重变形的现象，这是整个耐力训练中都容易遇到的通病，即为了完成任务而不顾自己的情况去勉强练习。

因为耐力训练与有氧训练重叠较多，所以我们一般不会在耐力训练日再安排单独的有氧练习。单纯的耐力训练便足以帮你很好地管控体重，除非你的速度耐力或力量耐力水平明显受体重制约。

5. 爆发力

以提升爆发力为目标的健身爱好者，需要根据不同的爆发力表现形式挑选相对应的训练动作。

若你的目标是提高绝对速度，首先要安排的便是针对绝对速度的具体表现形式，例如绝对速度跑的专项练习。要想跑得快，你必须真正把绝对速度激发出来，这是最基本的原理。但是，只进行绝对速度跑的专项练习是远远不够的，因为你达到绝对速度时，你的步幅、身体平衡能力、步频、力量都是制约你进一步突破的关键点，所以必须在绝对速度的专项练习动作基础上安排针对性的技术训练，比如提高步频、增大步幅、提升挥臂能力的专项练习都可以帮助你从技术层面进一步突破。当然，肌肉力量基础在绝对速度训练时也是不容忽视的一环，强大的伸髋力量及上肢力量是供应奔跑使用能量的主要来源。如果你的基础力量较薄弱，那么请记得一定要在绝对速度训练日中安排一定的力量训练，具体的动作可以参考奔跑特点，例如以伸髋练习为主。

若你的目标是提升弹跳力，必须挑选针对弹跳力表现形式的具体跳跃类训练动作，并把它们摆在训练内容的最核心位置。例如，可以安排提升跳远能力的立定跳远或蛙跳练习，也可以安排提升纵跳能力的半蹲跳、纵跳或助跑跳等。弹跳力训练有的时候也需要一定的技术训练，技术训练主要是针对提高单脚起跳及弹跳力的具体应用而安排的。单脚起跳是很多健身爱好者都不太习惯用的，有的身体协调性较差的人单脚起跳能力甚至不如双脚起跳，在大多数情况下单脚助跑起跳的高度肯定会高于原地的双脚纵跳，因此需要在弹跳力训练的专项练习基础上安排一定的技术练习。篮球比赛需要弹跳力，要注意具体的技术练习，例如持球的跳跃训练或者连续起跳能力的训练，这些都是符合篮球比赛中对弹跳力运用的主要表现形式。

在具体的训练动作执行上，爆发力训练无论哪种类型，对神经都有着极强的要求，因此练习时必须确保自己的身体在最兴奋的状态。如果你出现明显的神经疲劳，那么没有必要继续进行练习。带有爆发力的奔跑和跳跃都是比较常见的、生活中广泛使用的动作，并没有需要额外注意的事项。此外，弹跳力还受到相关肌肉力量大小的影响，比如伸膝力量与伸髋力量的大小会影响原地纵跳及跳远的能力。如果你的肌肉力量储备不足，那么便需要注意在训练日的具体内容安排中适当加入针对性的力量训练。

爆发力训练离不开一定的有氧练习与柔韧性练习：有氧练习可以帮助你很好地控制体重，间接促进弹跳力或绝对速度的提升；柔韧性练习则可以帮助你提升奔跑的步幅及跳远时的身体伸展幅度，同样有利于你爆发力的改善。

6. 柔韧性

以提升柔韧性为目标的健身爱好者，训练内容的安排需要根据被动柔韧性和主动柔韧性进行划分。你进行被动柔韧性训练时，要安排针对全身大肌肉群及关节的练习，如股四头肌、腘绳肌、臀大肌、髋关节、肩关节等，会帮助你提高身体基础的伸展幅度，巩固最基础的被动柔韧性水平。你进行主动柔韧性训练时，要根据所希望提升具体主动柔韧性表现形式，来安排相对应的训练动作。若你希望提升宽站距深蹲时身体主动柔韧性的能力，你便需要通过安排重量合适的宽站距深蹲进行针对性的练习。

在具体动作的执行上，柔韧性训练切忌过量和勉强，一味地堆砌训练量或在某一个动作中保持太长时间的最大伸展幅度都不利于柔韧性的提升，反而有可能使身体受到损伤。此外，柔韧性基础较差的健身爱好者，在刚接触练习时只需要完成自己所能够完成的最大幅度即可，没必要强迫自己或者借助朋友的外力来完成自己力不能及的伸展幅度，否则容易使身体受伤。

柔韧性训练计划中也不要忽略对有氧练习的安排，在柔韧性训练开始前安排少量适宜的有氧练习，可以使柔韧性训练更加高效。

（十）训练容量

在确定了每个训练日的具体内容安排及动作后，便需要将注意力放在对训练容量的设计上。一份训练计划的整体容量适当合理，不仅有利于快速实现训练目标，还可以更好地进行疲劳管理。训练容量的设计必须符合健身爱好者自身的身体特点及恢复能力，若一味地堆砌无用的训练动作数量、训练组数、训练次数，容易导致训练容量极度不合理，对于实现训练目标是没有任何帮助的。"勤能补拙"这个词语在健身训练时并不适用，你需要的不是无休止地"刻苦"练习，更需要的是聪明、有效地练习。决定一份训练计划容量高低的因素主要有以下四类：训练频率、训练动作数、训练组数、训练次数。训练频率指的是一周内所安排的训练日数量，训练频率越高，整体训练计划的容量自然也就越高。训练动作数指的主要是一个训练日内安排的动作数量，这个需要根据不同的训练目标及相对应的提高原理来决定。训练动作数会直接影响训练组数的选择，因此需要根据具体目标动作的特点选择安排对应的重复练习组数。训练动作数量越多，或每个训练动作重复练习的组数越多，相对应的整体训练计划的容量也就越高。训练次数指的主要是用某一动作进行做组练习时，每组需要完成的重复次数。训练次数不仅与具体训练动作所对应的训练组数安排方法有关，还需参考训练目标确定。例如，若你的训练目标是提高肌肉分离度，那么你训练时使用 4～6 次这种极低的训练次数是没有意义的，不会对你的肌肉分离度有明显改善。训练动作数、训练组数、训练次数都需要根据不同的训练目标及自身的具体情况而决定。此外，制定训练容量时必须注意兼顾训练强度的高低，二者是有紧密关系的。要谨慎使用高训练强度及高训练容量的组合方式，这会使训练者承受极强的受伤风险，对于身体恢复能力要求极高，一般只出现在比较特殊的训练中，如极限力量的练习。我们采用最多的搭配方式往往是高训练强度+中低训练容量，或高训练容量+中低训练强度，这两种安排方式不仅更加安全，还会更加提高整体训练效率。

1. 增肌或减脂

对于以增肌或减脂为目标的健身爱好者而言，训练容量的安排需要根据具体目标及基础水平而决定。

若你以增肌训练为主要目标，要适当控制训练容量，容量越大所带来的身体能量的消耗也就越多，此时你便需要摄入更多的能量，这对于大多数健身爱好者来讲都不是很容易做到的。若你以减脂训练为主要目标，可以适当提高一点训练容量，这会使你整体的能量消耗变多，从而一定程度上有助于脂肪的燃烧。对于训练基础及营养水平较差的健身爱好者，训练容量不宜过高；对于有一定训练经验及营养水平较优的健身爱好者，可以安排较高的训练容量。

在训练动作数的选择上，对于刚接触训练的健身爱好者，我们建议一天一个目标区域的训练动作不要安排超过5个，一般来讲4~5个针对同一目标区域的训练动作是足够的，它们可以充分满足增肌或减脂的需求。而对于有一定训练经验的健身爱好者，我们建议一天一个目标区域的训练动作可以安排5~6个，若你需要一天安排一个大肌肉群和一个小肌肉群这种组合练习，如胸部+肱三头肌的组合，整体动作数要控制在6~8个。大肌肉群的数量要稍微超过小肌肉群的数量，例如胸部5个或4个训练动作，肱三头肌则用3个或2个训练动作。这种方式会使得整体训练计划的总耗时较长，如果担心因此所带来的消耗过高，你可以使用超级组的方式提高训练强度，缩短训练总耗时。在训练组数与训练次数的选择上，需要根据具体的训练组数与次数设定原理、健身爱好者的身体情况做具体的分析。一般常见的安排都是在一个训练动作安排4~5组，每组的重复训练次数一般为12~15次。

在针对增肌或减脂训练中有氧练习的训练容量方面，一般只需选取一个动作，然后使用合适强度进行15~20分钟以上的练习即可。如果你的减脂需求比较迫切，也可以根据自身的体能状况将有氧练习的时间调整到30~40分钟。

2. 塑形

以塑形为目标的健身爱好者，训练容量的安排较多参照增肌或减脂训练时的安排方式。

若你一天针对一个目标区域进行练习，训练动作数可以比增肌或减脂训练时提高到6~8个，这种安排方法可以使你尽量从更多不同的训练角度去刺激目标区域的所有细分小肌肉群，不放过任何一个可以得到生长和改善的区域。若你一天针对两个目标区域进行练习，训练动作数可以维持在8~10个。例如你进行肱二头肌+肱三头肌的组合练习时，可以安排两个肌肉区域各4或5个训练动作，这有助于将目标肌肉彻底练透，带来最强的充血感受。这种方式会使得整体训练计划的总耗时较长，如果担心因此所带来的消耗过高，你可以使用超级组的方式提高训练强度，缩短训练总耗时。塑形训练对于肌肉的刺激要更加细微和精确，因此不能像增肌或减脂训练时那样仅仅安排5~6个训练动作，必须将目标肌群的所有肌纤维都尽可能充分练到。

在训练组数与训练次数的选择上，需要根据具体部位的训练组数与次数设定原理、健身爱好者自身的情况做具体的分析。塑形训练往往会使用较高难度的训练组安排方式，如超级组、巨型组、金字塔组等，由此对应的训练次数安排种类也比较多，常见的有力竭次数或连续超级组练习累积的超过20次以上的方式。

在针对塑形训练所安排的有氧练习的训练容量方面，一般也是选取一个动作，但是往往会进行强度适中的30分钟左右的练习。这种比增肌训练特殊的安排与塑形训练对肌肉分离度要求极高有关，比传统的增肌训练更加注意对脂肪的控制。

3. 力量

以提升力量为目标的健身爱好者，训练容量的安排需要参考三个问题：第一，专项训练和辅助训练的特点，专项训练和辅助训练对应的训练动作数、训练组数、训练次数都各不相同，需要做出相对应的具体选择；第二，参考健身爱好者自身的基础，刚接触力量训练的健身爱好者并不适合安排较大的训练容量，以免产生过多难以恢复的疲劳，当然，有部分健身爱好者之前训练容量太低，应适当提高训练容量；第三，充分参考周期性计划设定原理，依据线性增长原理同以交叉增长原理设定的计划所对应的训练容量安排不同，需要分别做出最准确的判断。

进行专项训练时，训练容量的安排主要注意以下两大问题。第一，安排不超过两个专项训练动作。无论你的力量基础水平高低，使用的周期性计划原理是什么，你都不能在一个专项训练日内安排两个以上的专项训练动作，否则会导致你的恢复变得异常困难。一般最常见的安排方式还是在一个专项训练日内只安排一次针对大重量的专项训练，有些水平较高的健身爱好者可以再安排一个针对技术优化的专项训练动作。国外有些训练计划会将深蹲和卧推（或深蹲和硬拉）等2~3个项目放在同一天进行大重量练习，这种方式在健身爱好者水平较低时或许比较适用，可以尽快掌握动作技术，但是对于拥有一定力量基础的健身爱好者会拉长整体恢复时间。我们不能完全照搬照抄国外高水平运动员的训练计划。第二，参照周期性计划设定原理。若你使用的是线性计划，专项训练的组数与次数在每个阶段都是不一样的：一般在最开始的阶段，即关注肌肉力量提升的增肌期，会较普遍使用每个动作做5组、每组做5次这种容量较大的组数与次数的安排，可以给予肌肉力量一定的增长；在训练计划进入中期，也就是力量储备期时，会较普遍使用每个动作做3组、每组做3次这种容量较小但强度较高的方式，使力量水平得到进一步的巩固；在最后一个阶段，即力量提升期，会较普遍使用一个动作做1~2组、每组做1~3次这种彻底引爆健身爱好者极限力量的方法，使之前获得的力量与肌肉基础都在这个阶段充分爆发，转化为具体成绩的增长。

当然，上述组数与次数的安排方法只是比较普遍的，在具体的训练中会有多样化的安排方式，比如有的健身爱好者习惯在增肌期选择较多次数的重复练习，即专项训练时进行3组、每组10次的练习，这种特殊方法比较适合刚开始接触力量训练的健身爱好者，可以从专项训练中最大程度获取肌肉的增长基础，同时培养良好的训练姿势和发力技巧。只不过这种方法比一个动作做5组、每组做5次在力量的提高幅度上要稍小一些。若你使用的是交叉型计划，一般不会在专项训练中安排固定的次数，为了使神经募集能力得到最大化刺激，会选择在每组完成多尽可能多的次数，即每组做到力竭。这种方法可以使健身爱好者毫无保留地充分利用神经调配肌肉的能力去练习，如果只是像线性计划中给出规定好的次数反而会使神经调配肌肉方面出现保留。在组数的选择上，交叉型计划不会使用太多的训练组数，这也是为了一次性将力量全部释放出来；线性计划安排的较多训练组数会使力量运用本能地保留，不利于神经募集能力的增长。我们会根据三大项动作的特点进行相应的安排。比如对于需要一定训练容量的卧推，会安排一个动作完成2~3组；而像深蹲、硬拉这种对于神经募集能力要求较高的项目，只会安排一个动作练习1~2组。

　　进行关于肌肉辅助训练的容量设计时，你需要明白肌肉辅助训练与专项辅助训练都必须加入训练计划中，这样才可以使你的训练计划更加立体并且丰富。在具体的训练容量设计上，需要考虑当日整体训练内容合理地搭配组合练习，才会收获更好的训练效果。如果当日专项训练重点是大重量的练习，在肌肉辅助训练动作选择上一般会安排1~2个针对某个肌肉群的练习，一个训练日会练习2~3个不同的肌肉群。对于肌肉基础较差的健身爱好者，可以适当多安排几个肌肉辅助训练动作，有利于肌肉质量的快速补强。在训练组数与次数的选择上，一般会安排每个动作做4~5组、每组完成12~15次的练习，这是为了很好地兼顾大重量专项训练所带来的疲劳感，避免肌肉和关节受到损伤。如果当日的训练重点是提升技术的专项辅助训练，那么在肌肉辅助训练动作上可以安排2~3个针对多个肌肉群同时发力的动作，这会使肌肉力量获得大幅度的提升。在训练组数和次数的选择上，一般会安排每个动作练习3~4组、每组完成8~10次这种容量较低的练习方式。要注意的是，无论在什么情况下都没有必要使用低于每组8次的方式进行肌肉辅助训练，否则对于肌肉质量的提升并没有太大帮助。并且，低于8次的训练方法往往会使用较高的重量，这会直接提高训练强度，不仅容易导致身体恢复速度变慢，还会导致因借力过多所产生的肌肉受刺激感不强的现象。此外，进行肌肉辅助训练时，也存在根据特殊肌肉类型安排相应的组数与次数练习的方式，例如使用超过15次以上的重复次数进行练习，或者使用超级组等较多组数的练习方法，这些特殊方法主要是为了针对较薄弱的肌肉群或自身训练感受较差的区域，强化练习使之尽快得到补强。

　　在专项辅助训练的容量设计上，要根据具体的目标需求决定不同的训练容量。若你的目标是通过专项辅助训练来提升自己的爆发力以及三大项动作快速发力的能力，只需安排针对性的一个训练动作。例如要提升硬拉的速度能力，你只需要安排一个速度硬拉练习即可，没必要进行过多动作的练习。因为训练速度能力的主要目标便是尽可能快速完成，如果安排较多的训练动作很容易出现训练针对性不强或体力变差所导致的动作速度较慢。一般会选择较多的组数，如每个动作完成10组左右，这是为了尽可能多地培养快速发力的能力，并且因为速度练习所使用的重量较轻，过少的训练组数无法真正提升快速发力的能力。每组的重复练习次数一般为1~3次，过多的次数安排会给肌肉造成一定的疲劳感，延缓身体恢复速度，并且影响动作完成速度，与提升速度能力的初衷相悖。若你的目标是通过专项辅助训练来解决自己在三大项动作不同阶段的薄弱点，你有两种选择：一种是用专项辅助训练的动作直接替代正常的三大项训练，具体训练容量的安排方法与前面提到的专项训练是完全一致的；另一种是进行单独的专项辅助训练，往往会针对1~2个薄弱阶段安排1~2个训练动作，每个动作完成3~5组，每组完成3~5次，这种方法可以强化对动作阶段难点的神经募集能力，尽快突破薄弱阶段对整体动作的限制，从而提高力量水平。

在力量训练所对应的有氧训练容量安排方面，一般采取一个强度合适的训练动作，持续进行15~20分钟即可。过长的有氧练习时间容易导致训练整体容量的加大，不仅不利于对身体疲劳的管理，还会大量消耗能量。

4. 耐力

以提升耐力为目标的健身爱好者，需要根据耐力训练的三大类型进行不同的容量设计。

进行心肺耐力训练时，一般只在一个训练日安排一个针对心肺耐力的训练动作。因为心肺耐力练习往往都是时间较长的训练方式，安排一个针对性的动作便足以做到对心肺耐力的练习。在心肺耐力训练时，一般没有组数与次数的概念，整体训练时间是训练动作数之外又一个调节整体训练容量的变量。对于刚接触心肺耐力训练且体能基础较差的健身爱好者，我们建议一次训练时间维持在15~20分钟即可，过长的时间容易导致身体健康受到危险，并且严重降低整体训练的完成质量。对于具有一定心肺耐力训练基础且体能较好的健身爱好者，我们建议一次训练时间可以适当提高到30分钟左右。但请注意，即使你的体能水平再好，也没有必要超过40分钟以上的训练。你可以通过提高训练速度的方法来提高训练强度，一味地堆砌训练容量是没有什么太大作用的。除了有马拉松这种极端距离需求的健身爱好者，一般人30分钟已经是心肺耐力训练可以接受的足够的训练容量。

进行速度耐力训练时，一般会根据健身爱好者的力量基础及速度耐力水平做针对性的安排。力量基础较差的健身爱好者，应在训练中安排2~3个针对伸髋肌群的练习动作，每个动作完成3~4组，每组完成8~12次，这种方法可以巩固力量基础，又不会过多力量训练所导致的肌肉恢复速度较慢，影响速度耐力专项训练。速度耐力基础较差的健身爱好者，在速度耐力的专项训练中只需安排1~2个针对速度耐力水平的练习动作，安排较多的动作容易使身体恢复速度严重放慢。速度耐力练习中，有的有组数和次数的要求，有的是用时间来进行整体的容量管理。比如进行折返跑练习时会安排10组、每组折返10次的练习，这便是通过组数和次数进行整体容量的管理；规定15分钟内尽可能完成多次数的折返跑练习，便是通过时间来进行整体容量的管理。此外，在速度耐力训练时也会安排与奔跑相关的技术专项练习，一般选择2~4个与奔跑技术相关的训练动作，每个动作进行4~5组的练习。在具体的训练次数选择上，需要根据具体的训练动作来做判断。有的动作每组只需要练一次，也有的动作每组需要完成多次的重复练习。

力量耐力训练时，一般会根据健身爱好者力量基础安排相应的训练容量。力量基础较差的健身爱好者，优先安排针对四大常见力量耐力表现形式的训练，其中每一种表现形式会安排3~5个训练动作，每个动作安排8~10组，每组完成10~12次，这种安排方式可以在力量耐力训练前期很好地巩固力量基础，提高具体力量表现水平。力量基础较好的健身爱好者，一个训练日会安排6~8个训练动作，每个动作安排3~4组，每组完成10~12次，这种安排方式配合特殊的"循环训练法"，更有助于力量耐力水平的提高。

在耐力训练所对应的有氧练习的训练容量方面，心肺耐力训练因与有氧练习重叠度很高，所以训练计划中不再有关于有氧练习的安排，也不会有相关训练容量的问题。而在速度耐力或力量耐力训练时，部分对体重管理有要求的健身爱好者可以进行一定的有氧练习，一般会在训练日当天选择一个强度适宜的有氧训练动作，持续进行15~20分钟的练习即可。

5. 爆发力

希望提高爆发力水平的健身爱好者，需要根据爆发力训练的两大类型进行不同的训练容量设计。

进行绝对速度训练时，如果你与奔跑有关的肌肉力量不足，那么必须着重安排相关的力量练习，一般会选择4~5个针对伸髋肌群或上肢肌群的训练动作，每个动作练习4~5组，每组完成8~15次，可尽快补强基础力量方面的欠缺，同时避免因训练容量过大所导致的肌肉与关节恢复速度较慢、绝对速度提高受阻的现象。如果你拥有一定的力量水平，那么可以安排更提高绝对速度的专项练习及奔跑技术的技术练习。其中，绝对速度的专项训练，一般会安排2~3个训练动作，每个动作安排5~10组，每组完成1次练习。绝对速度与其余训练类型不同，它要求的是释放最高速度，故在一组训练时想多次重复练习是不切实际的，也没有必要安排过多的训练组数，一个动作完成10组以上会导致绝对速度大幅度衰减，不满足运动能力的本质要求。技术专项训练，一般会安排3~4个训练动作，每个动作安排4~6组，具体每组的练习次数需要根据具体的训练动作进行安排，有的动作可能一组只需要进行一次练习，有的动作则需要进行多次的重复练习，后者更有利于健身爱好者培养对技术动作的记忆，前者会更加合理地把控整个训练计划的容量，避免出现训练容量过大的问题。

进行弹跳力训练时，如果你的力量基础较薄弱，那么安排针对伸髋或伸膝能力的特殊练习，一般会安排3～5个训练动作，每个动作练习3～5组，每组完成8～12次的重复练习。这种方法与绝对速度训练时对力量练习的容量安排策略类似，但因为弹跳力往往都是一次或两次的展现，并不像绝对速度那样运动时间稍长，所以每组只进行8～12次的练习即可，没必要完成15次。此外，有的健身爱好者会使用高抓、高翻等特殊的力量训练动作，对于这类动作可以安排较多的训练组数，一般10～20组，而因为动作本身的特殊关系，每组只会完成1～2次，最多不会超过3次。如果你的力量基础足够，那么只需关注针对弹跳力本身的专项训练及培养跳跃技术的专项训练即可。弹跳力专项训练，一般会安排4～5个训练动作，每个动作安排3～4组，每组的训练次数则要根据具体的训练动作来确定。例如，原地最大高度的纵跳练习，一组只会进行1～2次练习；半蹲跳的训练，一组进行较多次的重复练习，可能在10～20次。跳跃技术专项训练，一般会安排3～4个训练动作，每个动作安排4～5组，每组的训练次数同样需要根据具体的训练动作来确定。例如，持球起跳的练习，一组只会进行3～5次较少的练习，太多的重复训练无法保证基本的弹跳高度；脚尖跳练习，一般会进行较多次甚至30～50次的重复练习。

在爆发力训练中安排有氧练习的训练容量方面，因为目的主要是控制体重，进而间接提高爆发力水平，所以往往只需要选择一个强度合适的训练动作，持续进行15～20分钟即可。过长的有氧练习容易使爆发力训练时无法保证一个较好的状态。

6. 柔韧性

以提升柔韧性为目标的健身爱好者，训练容量的安排需要根据主动柔韧性与被动柔韧性的不同进行具体的把控。

进行主动柔韧性训练时，因为训练内容的安排主要针对主动柔韧性在具体动作中的表现能力，所以训练内容往往与相对的力量训练或爆发力训练相重合，也不会有单独的训练容量把控的问题。在进行被动柔韧性训练时，需要针对身体柔韧性欠发达的区域或对柔韧性要求较高的区域安排相应的训练。在训练动作数选择上，一般针对一个区域安排1～3个训练动作，过多的训练动作并不会对某一部位的柔韧性提升有明显的帮助。在训练组数选择上，每个动作安排1～3组进行练习。至于训练次数的选择，因为柔韧性训练往往都是以保持一定伸展幅度为要求的拉伸练习，所以在训练时只有保持拉伸时间的概念，并不需要进行多次的重复。一般一个拉伸动作会保持身体最大伸展幅度10～15秒。有的健身爱好者会在压腿等练习时保持较长的时间，有的甚至会达到一分钟，这种方式对柔韧性的提高并不显著，还有可能会使韧带或肌肉受损。当然，使用力量训练或爆发力训练等较特殊训练模式的健身爱好者，可以不拘泥于训练身体较薄弱部位的被动柔韧性，可以选择将全身常见的需要提供一定柔韧性的部位都进行适当的拉伸练习。

在柔韧性训练所需有氧练习的训练容量方面，我们建议一般只安排一个有氧练习动作，每个动作进行5~10分钟的训练，将身体充分活动开即可，没必要进行较长时间的有氧练习。

（十一）训练强度

训练强度指的是健身爱好者一个训练日整体训练的强度及负荷。合理的训练强度有助于健身爱好者尽快实现训练目标，而不适宜的训练强度不仅容易造成伤病，还会使健身爱好者难以完成计划所要求的内容，或白白浪费时间。在制定一个训练日整体的训练强度时，需要参照当日训练容量的整体安排。训练强度与训练容量之间是有一定相互依存关系的，合理搭配训练强度与训练容量才能够使训练计划更加科学，见效速度更快。一般根据健身爱好者不同的训练目标及训练计划所依据的设定原理，安排高训练强度+中低训练容量，或中低训练强度+高训练容量的组合方式。

导致训练强度高低的因素主要有三种。第一，每个训练动作所使用的负荷。你使用的训练负荷重量越大，你的整体训练强度也就越大。一般把在目标动作极限重量80%以上的重量看作较高的训练重量。除此之外，还可以通过训练次数的设计来判断训练强度的高低。一般低于6次以内的重复次数练习所使用的重量都为较大的重量。要注意的是，在实际的训练中，耐力训练、爆发力训练及柔韧性训练的强度参考并不只有使用的负荷这一个因素，速度、弹跳力的高低等同样会影响训练强度。第二，每两个相邻动作间的休息时间。根据训练动作及训练目标的不同，每两个动作间的休息时间也不一样：两个动作间休息时间越长，整体训练强度会稍微降低；两个动作间休息时间越短，甚至出现完全无休息的情况，会使整体训练强度提高。第三，每两组间的休息时间。根据安排的不同训练组数及训练目标的不同，每两组间休息的时间长短也各不相同：使用强度较高的训练方式，可能采用组间完全无休息这种超级组的练习；使用正常强度，组间休息则会稍微延长。

训练强度、动作间休息及组间休息三者间也相互影响。若使用的负荷重量较大，组间休息和动作间休息也会相应延长。根据不同的训练目标，有的时候会使用较大重量，有的时候会使用较小的重量。休息时间的长短一定意义上也会影响整个训练日所消耗的总时间。

此外，根据不同的训练目标，训练计划中会安排一定的有氧练习，而有氧训练的强度也要归入整体训练计划的强度中。健身爱好者需要根据自己的目标安排强度合适的有氧练习，不要出现因有氧训练强度过高导致目标训练低效的现象。

1. 增肌或减脂

以增肌或减脂为目标的健身爱好者，训练时会安排针对大肌肉群的复合训练动作及针对小肌肉群的孤立训练动作，具体动作所使用负荷的大小需要根据具体的增肌或减脂目标来做判断。

目标是增肌的健身爱好者，进行复合训练动作练习时，使用的训练重量较大，一般使用负荷为目标动作极限重量70%～80%甚至以上的重量进行练习。这种方法所对应的训练容量较低，对于塑造大肌肉群并培养一定的肌肉力量基础有十分重要的作用。因为复合训练动作往往针对的是大肌肉群，会同时调动多个肌肉参与做功，所以使用较高的次数或较小的重量对肌肉生长的帮助并不大。进行孤立训练动作练习时，所使用的训练重量较轻，一般使用负荷为目标动作极限重量40%～60%的重量。因为孤立训练动作要求健身爱好者自身控制单关节肌肉做功的能力极强，练习时很难去检测真正的极限重量，所以在具体负荷的选择上也会用"使目标肌群充血感受最强"的重量进行练习。至于具体的重量大小，则需要每个健身爱好者根据相应的训练动作去尝试不同的重量进行判断。正常情况下，训练重量越合理，训练姿势越标准，对肌肉的充血感及刺激感也越强。使用小重量训练所对应的整体训练强度较低，但因重复练习次数较多，故整体训练容量增高。

对于目标是减脂的健身爱好者，减脂需加大对身体能量及脂肪的消耗，所以我们建议减脂者无论是复合训练动作还是孤立训练动作，都使用较低的负荷进行练习，使用较大重量的负荷无法进行较高容量的训练，对于加大能量的消耗并没有太大的帮助。具体的负荷重量选择目标极限重量的40%～70%，其中复合训练动作因刺激肌肉群较多，可以使用接近70%这种较高的负荷。

对增肌或减脂训练对应的有氧练习的训练强度，如果你以增肌为主要目标，为了避免过多能量的消耗，可以选择强度稍高、持续时间较短、容量较低的训练方式，20分钟左右的有氧练习便足以避免在增肌的过程中脂肪的增加。如果你以减脂为主要目标，为了更好地帮助脂肪燃烧，可以选择强度适中、持续时间较长、容量较高的训练方式，30分钟左右的有氧练习可以更好地达到减脂的效果。需要注意的是，30分钟的有氧练习一定需要顾及你的基础体能水平，如果你体力较差，还是从15～20分钟的有氧练习开始，逐步提升训练的容量。并且，一定要注意选择强度适中的有氧训练，练习强度较低同样不会对减脂有太大的帮助。

2. 塑形

以塑形为目标的健身爱好者，要根据提高肌肉围度及肌肉分离度的不同塑形目标具体把控训练强度。

若你的训练主要以提升肌肉为目标，你的训练强度可以适当参照增肌训练的策略。不过需要注意的是，塑形训练要从多个角度对目标肌群进行轰炸，因此安排的训练动作数会较多，适当降低负荷重量，避免因训练动作数增加导致整体训练强度及训练容量都变得很高。在塑形训练时，要针对目标肌肉群进行更细致、更精确的刺激，故应使用较多的孤立训练动作，而不像增肌训练使用较多比例的复合训练动作，这同要训练的目标区域是大肌肉群还是小肌肉群没有任何关系，即使对大肌肉群也会将它的各个区域分开进行单独的孤立训练。例如，进行针对股四头肌的训练时，可以通过向内或向外的不同角度的腿屈伸练习，来刺激股内侧肌或股外侧肌，达到更好的塑形目标，此时使用腿屈伸的多角度练习效果要远好于杠铃深蹲这类复合训练动作。

若你的训练主要以提高肌肉分离度为目标，训练强度不能完全参考减脂训练的策略。提高肌肉分离度的训练需要健身爱好者给予目标肌群最强的充血感受，这种感受甚至是达到"目标肌群炸裂"的感觉，正常的训练方法很难带来如此强的刺激效果。一般应在塑形训练时安排超级组或金字塔组等难度较高的训练方法，这种方法因几乎不安排组间或动作间休息，导致训练强度已经得到一定程度的提升，所以不能使用较大的重量，有的时候负荷重量甚至因超级组所导致的力竭，可能会低于极限重量40%以下。有的健身爱好者可能会担心训练日训练次数较多、休息时间较短导致整体强度、容量同时过高。这里要注意的是，超级组的练习方式并不是每个训练动作都使用，并且使用较多超级组练习时，整个训练课不会消耗太多时间，训练容量也能得到一定的控制。

此外，在塑形训练所对应的有氧练习训练强度把控上，因为目标是对脂肪做进一步的消耗，所以要采用时间较长、强度适中的有氧练习方式。但是希望提高局部肌肉围度的健身爱好者，可以适当缩短训练时间并提高训练强度，避免过长持续有氧时间所引发的对肌肉的消耗。

3. 力量

希望提高力量水平的健身爱好者，训练强度要根据专项训练及辅助训练两大不同训练类型做具体的选择。

进行专项训练时，无论你使用的是线性训练计划还是交叉型训练计划，都应使用较大负荷的重量，一般根据训练的不同阶段使用负荷为极限重量的70%~100%。在执行计划的早期，如线性计划的增肌阶段，应使用70%极限重量这种较低的重量进行训练。进入训练计划的末尾，你的力量水平得到了一定提高，所使用的训练重量可能逼近甚至超越自身之前的极限重量。例如当你在进行最后的极限重量测试时，如果你优秀地执行完一份科学的训练计划，那么你的成绩可能会达到之前极限重量的

105%～110%。使用较大的负荷重量进行练习是专项训练的基本要求，也是专项训练的灵魂所在。在实际训练中，应通过使用较轻重量的专项动作练习对技术动作姿势进行打磨，要注意的是，此时的训练类型为辅助训练中的专项辅助训练，并非传统的三大项专项训练。

　　进行专项辅助训练时，训练强度要根据目标是提高三大项的速度能力还是解决三大项动作中的阶段难点进行更细致的划分。若你的目标是提高三大项的速度能力，你应当使用的训练重量为极限重量的50%～65%，个别情况会使用45%或70%这两种重量，这样选择是为了充分保证训练时具备最基本的速度能力，满足训练动作的核心要求。此时整体训练强度较低，但因需要安排较多组数进行练习，所以整体训练容量较高。若你的目标是解决三大项动作中的阶段难点，你应当使用重量为极限重量的50%～90%的负荷进行练习，个别动作根据其特殊情况会接近100%的重量。50%～90%的重量是较普遍的安排方式，使用较轻的重量可帮助你从动作技术优化的角度解决三大项动作中的阶段难点，使用较大的重量可帮助你从力量角度解决三大项动作中的难点。需要注意的是，安排较高的训练强度时训练组数要较低，而当使用较低的训练强度时可以适当多做几组练习。

　　在进行辅助训练中的肌肉辅助练习时，使用的负荷较轻，具体重量的选择可以参考增大肌肉围度的塑形训练的策略。肌肉辅助训练的核心在于对肌肉的精确刺激，达到更好地构建肌肉围度、提升肌肉质量的目的。如果训练中使用较大的重量，不仅容易使大重量专项训练所带来的身体疲劳度加强，还会一定程度上减小对肌肉的精确刺激。例如，有的健身爱好者喜欢在肌肉辅助训练时进行大重量的5×5杠铃划船练习，即总共做5组，每组5次，这种方法虽然可使用较大的重量，却导致整体动作刺激点变得分散，会借助腰部及腿部晃动发力的方式完成练习，对于背阔肌的刺激明显降低。相比之下，使用4×（12～15）的方法，即总共做4组，每组完成12～15次，这种方法虽然使用的重量较轻，但是对于背部整体肌群的刺激感极强，符合肌肉辅助训练动作设计的初衷。在挑选肌肉辅助训练动作练习重量时，除了要参照专项训练使用的负荷重量外，还要考虑专项辅助训练的安排，即将专项辅助训练与少量肌肉辅助训练安排在一起练习时，具体的负荷重量选择：如果专项辅助训练所使用的重量较大，即用专项辅助训练替代专项训练时，肌肉辅助训练使用较小的重量；如果专项辅助训练所使用的重量较小，肌肉辅助训练则可以适当使用较大的重量。需要注意的是，这里较大的重量是采用一组完成6～10次这种比传统肌肉辅助训练稍微高一点的重量，并非是使用极高的重量去做6次以内甚至极限重量的练习。请始终记得一个问题，专项训练的核心是提高力量水平，而肌肉辅助训练的价值则在于帮你不断构建有助于发力的肌肉基础，所以无论在什么情况下都没有必要使用极高的负荷进行肌肉辅助的练习。

此外，对于力量训练所需要的有氧练习的训练强度，我们建议有管理体重需求的健身爱好者可以选择一个强度适中、总时长不超过30分钟的动作进行有氧练习。其中，可以根据自己的体能情况及对体重控制幅度的要求，对有氧训练的时间进行适当的增减。若你的体能基础较差或控制体重降低的幅度较小，可以适当缩短训练时间。对于力量训练中使用较大负荷的健身爱好者，有氧练习的训练强度尽可能放低，这有助于避免因大重量力量训练及高强度有氧训练所带来的对身体肌肉、关节、神经的损伤。

4. 耐力

对于希望提高耐力水平的健身爱好者而言，三大耐力训练类型所对应的训练强度安排也各不相同。

进行心肺耐力训练时，心率的高低是判断整体训练强度高低的一个重要标准。一般会选择使用心率在120～150次/分钟的练习方式。如果你训练的心率较低，那么该练习所带来的强度一定较差，不利于心肺耐力水平的提升。如果你训练的心率超过150次/分钟，那么很有可能是你的有氧练习强度过高，同样不利于实现自身的训练目标，还有着极大的受伤风险。进行心肺耐力训练往往会使用"357"法则，即每次运动30分钟，每周进行不少于5次练习（可以为奔跑、游泳等多种训练方式，健身爱好者可以根据自身情况进行删减，不一定必须安排5次练习），练习时心率应为最大心率的7成。最大心率是可以被预估出来的，对于没有任何心血管疾病的健身爱好者，最大心率为220减去自己的年龄。例如你的年龄是20岁，最大心率便为220-20=200，而最大心率的7成就是220次/分钟×0.7=140次/分钟。当然，这只是我们希望可以达到的训练强度。有的健身爱好者因自身体能情况较差，可能无法在心率为140次/分钟时保持太长时间的持续练习，可以适当缩短持续训练的时间。但请注意，千万不要为了满足训练时间而降低训练强度，否则会明显偏离训练目标。此外，在进行心肺耐力训练时，还会使用一些呼吸练习方法或工具提高氧气摄入难度，此时的训练强度安排也需要做出相应的调整：使用呼吸练习方法时，应进行持续正常的呼吸，不要使用过于猛烈或快速的呼吸节奏，过快的呼吸节奏更加适合速度耐力训练时的呼吸方式，与心肺耐力节奏较平缓的呼吸方式并不相同；使用工具提高氧气摄入难度时，因为特殊工具会极大幅度提高训练的整体难度，所以一定要注意使用较合适的阻力，或者缩短奔跑距离。有的健身爱好者还会使用特殊的练习呼吸的小器械，应根据自身肺活量对器械的呼吸阻力强度进行调节，选择可以多次数重复练习的较低阻力强度进行训练。

进行速度耐力训练时，心率高低不再是判断整体训练强度的主要标准。速度耐力训练的健身爱好者具备一定的速度水平，所以会一定程度导致训练时心率部分超过

120～150次/分钟这个范围。决定速度耐力训练整体强度高低的核心因素是速度水平，这也是速度耐力的最本质意义所在。你可以在训练中通过规定时间或规定次数的方法来获得相应的训练强度，并保证训练时所展现的速度水平。例如，你在进行折返跑训练时，第一种方式是安排6分钟内完成10个来回的25米折返跑，第二种方式是安排8个来回的25米折返跑。如果你想完成更多次数的折返跑练习，那么你必须将速度水平始终维持在更高的状态下，故第一种方式所对应的训练强度要高于第二种。同样，我们也可以规定进行10个来回的25米折返跑，力争用尽可能短的时间完成练习，6分钟完成比8分钟完成所对应的训练强度更高。在具体的训练计划安排中，一定要根据自身的情况选择合适的训练强度，不要强迫自己超越自身的极限，否则在训练中是十分危险的。此外，有的力量基础较差的健身爱好者在进行速度耐力训练时需要安排一定的针对伸髋肌群的力量练习，这就要注意选择目标动作极限重量的50%～70%进行练习。如果你选择的负荷高于70%，那么可能会因力量不足导致无法完成较多次数的练习，不符合"耐力"的表现形式。而如果你选择的负荷低于50%，那么整体训练强度较低，对于力量基础的提升并没有太明显的帮助。

  进行力量耐力训练时，训练动作中所使用的负荷重量是决定训练强度高低的重要标准。力量耐力同前两种耐力表现形式不同，它一般不需要健身爱好者有太明显的奔跑，并且衡量力量耐力水平高低的重要标准是维持力量的能力，心率的高低在这里并不最直接影响训练强度。我们只能判断力量耐力训练强度较高，所对应的心率一般较高，但没有多大心率一定对应多高的力量耐力训练强度，力量耐力强度还需要更多参照练习所使用的重量。刚接触力量耐力训练的健身爱好者，练习时应使用目标极限重量的50%～65%，这会快速增长力量耐力所需要的基本力量。而具有一定经验的健身爱好者，练习时应使用目标极限重量的65%～75%，较高负荷重量有助于将较高的力量水平维持在一个较长的时间内，否则，使用较轻的重量对现阶段的目标是没有任何帮助的。较高水平的健身爱好者希望的是自身可以更长时间维持更高水平的力量，而不是尽可能长时间维持一个较低水平的力量，后者并不符合力量耐力表现需求。当然，较高水平的健身爱好者也没有必要使用75%以上的重量，否则很难完成较多次数的重复练习，一组只完成5～6次练习显然更偏向绝对力量的增长，而非针对力量耐力的提高。

  对于耐力训练所需要的有氧练习，其中心肺耐力训练因与有氧训练重合度较高，故不再安排单独的有氧练习。而速度耐力和力量耐力训练中，有的健身爱好者因对体重控制有需求，需要进行强度适宜的有氧练习，应使用强度较低的练习方式，这样在速度耐力或力量耐力等大量消耗神经系统的训练结束后，可以得到一定程度的恢复，可以根据自身的情况安排15～20分钟的练习。

5. 爆发力

以提高爆发力水平为目标的健身爱好者，应根据力量训练及爆发力专项训练的不同安排相应的训练强度。力量基础较薄弱的健身爱好者，应安排一些针对绝对速度或弹跳力释放的重要肌肉群的力量练习。在具体负荷的选择上，可以参照力量训练的策略，使用较大负荷重量进行练习。如果你选择较轻的重量，虽然它也可以提升你的肌肉质量，但是对于爆发力所需要的力量基础的提高而言，转化速度较慢。力量基础较强的健身爱好者，训练的注意力应当主要在爆发力的专项训练上，训练强度一般会遵循使用最大强度的原则，即每一次奔跑或跳跃都用尽自己的全力，不要有任何力量的保留。爆发力训练就是要在尽可能短的时间内用最快的速度释放最大的力量。如果你日常练习时有所保留，比如每组跳跃练习时并不发挥出全部的力量，那么你的训练更加偏向针对一组内平均弹跳高度的练习，与你所希望的最大弹跳高度目标相去甚远。

在爆发力训练所对应的有氧练习的训练强度方面，由于爆发力训练会极大程度消耗神经及关节，对身体恢复的能力要求极高，因此有氧练习训练强度可以更多参照力量训练的方法，不要安排过高的训练强度，避免身体的不适应，一般使用一个强度较低的训练动作进行 30 分钟以内的持续练习即可。

6. 柔韧性

以提升柔韧性为目标的健身爱好者，主要需对被动柔韧性训练的强度进行合理把控。有的健身爱好者为了更快速提升自身的柔韧性以及增大身体伸展幅度，会强迫自己借助惯性发力或让朋友帮助按压来勉强达到更大的身体伸展幅度，这会导致训练强度过高。在柔韧性练习时，一旦训练强度过高，便会使韧带、关节及肌肉暴露在极高的受伤风险下。在柔韧性训练中，你要追求最佳训练强度，即可以在保持自身正常练习姿势的前提下努力做到最大伸展幅度，这不仅是你在被动柔韧性训练时需要遵循的标准练习方法，也是最适合你提高柔韧性水平的训练强度。任何过度用力或借助外力的方式都会导致训练强度过高。主动柔韧性训练因为经常跟具体主动柔韧性表现形式放在一起进行练习，所以相关训练强度选择可以参照具体主动柔韧性表现形式的练习强度。

在柔韧性训练所需要的有氧练习训练强度方面，要注意安排有氧练习的目的只是更好地热身以及将全身的关节、肌肉及韧带充分活动开，故并不需要安排强度较大或容量较大的练习方式。一般来讲，只需要安排一个强度较低的有氧练习动作，并进行 15 分钟以内的持续练习即可。

（十二）动作间休息

动作间休息时间的长短同样会影响整个训练日的强度。一般来讲，动作间休息时间越长，整体训练强度越小，完成训练计划所需时间越多，训练容量就需加大；动作间休息时间越短，整体训练强度越大，完成计划所需时间越少，训练容量就需降低。动作间休息时间指的是一个动作最后一组的最后一次练习结束，到下个动作第一组第一次练习的开始。有的健身爱好者在训练时可能喜欢玩手机或聊天，这种行为会忽略对动作间休息时间的把控，进而导致整体训练强度大幅降低。动作间休息时间的长短主要受两大因素影响。第一，不同训练目标。比如，若你的目标是提高爆发力中的绝对速度，动作间休息时间过短，你的神经兴奋性便无法充分恢复，进而导致自身无法继续展现最高速度，因此应选择较长的动作间休息时间，以便让身体得到尽可能的喘息以及让神经充分休息好。第二，不同训练动作。有的两个不同的训练动作消耗大量相似的肌肉群，所以需要较多的动作间休息时间，否则当你在进行下一个动作时，由于目标肌群刚得到了一定强度的刺激，并且没有明显恢复好，那么便会直接影响你的目标肌群练习效果。此外，关于当日规定训练搭配的有氧练习，因为大多数情况训练者只选择一个训练动作，所以也几乎不存在特殊的有氧练习时动作间的休息时间。唯一需要注意的可能是在当日规定训练动作结束后，需要休息多长时间开始进行有氧练习的问题，这需要根据具体的训练目标做相应的判断。

1. 增肌或减脂

对于以增肌或减脂为目标的健身爱好者，动作间休息时间的长短主要受两个因素影响。第一，不同的训练基础。动作间休息时间要根据健身爱好者自身具体的训练水平做相应的划分。对于训练水平较低的健身爱好者，我们建议动作间休息时间最好维持在 3 ~ 5 分钟。如果动作间休息时间较短，那么健身爱好者会因自身基础较薄弱导致在下一个动作练习时出现明显的疲劳累积，无论第二个动作与第一个动作之间是否有关联都容易导致训练完成质量较差。对于训练水平较高的健身爱好者，我们建议动作间休息时间最好不要超过 2 分钟。这里要注意的是，高水平健身爱好者在增肌练习时往往可以使用较大的重量，而连续两个动作间可能需要花费一定的时间来做好下一个动作的重量准备，对此我们建议最好提前做好重量准备工作，避免因这个问题导致整体训练强度降低。高水平健身爱好者是可以接受较高的训练强度的，并且高强度的练习有助于肌肉受到更好的刺激。第二，两个动作是否有关联。进行增肌训练时，几乎两个动作间都是有一定关联的，即前后两个动作刺激的都是同一目标区域的肌肉。只有我们在进行一个大肌肉群＋一个小肌肉群、一个小肌肉群＋一个小肌肉群这两种特殊的组合练习时，前后两个动作间的关联性才不会特别高。当前后两个动作关联性较高时，为了不使第二个训练动作时的训练表现力大幅度降低，你可以采用 5 分钟左右的休息时间。而当前后两个动作间的关联性较低时，你可以使用 2 ~ 3 分钟，这种方式相应提高了训练强度。

影响动作间休息时间长短的两个因素的具体结合运用，还是要根据健身爱好者自身的情况做判断。如果训练者使用的负荷重量过大，那么无论训练者自身水平高或低，前后两个动作间关联性是否高，都需要选择较长一点的动作间休息时间。如果休息时间较短，不仅神经和肌肉不容易恢复，影响接下来的训练效果，还有可能导致肌肉和关节受到损伤。如果你自身的恢复能力较强，并且使用的负荷较低，那么在前后两个关联性较高的动作间，你也可以安排较短时间的休息。需要注意的是，无论在什么情况下，你都不应当使动作间休息时间超过5分钟，否则会使你的目标肌肉温度大幅度降低，训练充血感受明显衰退，对于整体的练习效果并没有什么帮助。如果你不得不超过5分钟的休息，那么请注意分析可能整体训练强度严重超过你所能够承受的范围。

此外，对于增肌或减脂训练日主要内容完成后的有氧练习安排，一般应在训练结束后进行一次能量补充，间隔10分钟左右便可以进行有氧练习。

2. 塑形

对于以塑形为目标的健身爱好者，动作间休息时间的长短主要受两个因素影响：

第一，健身爱好者自身的训练基础。这点同前文所提到的增肌或减脂训练时的动作间休息长短安排方式类似，若健身爱好者训练水平较低可以选动作间休息3分钟左右，训练水平较高则可以选动作间休息2分钟甚至更短。这里要注意的是，塑形训练比增肌或减脂训练更关注肌肉的刺激和充血程度，故动作间休息时间也变得更短。一部分水平极高的健身爱好者，甚至会采用连续两个动作间无休息的超级组练习，从而目标肌肉群的充血感最大化。

第二，是否使用超级组等进阶练习方式。肌肉的练习，可以安排超级组、金字塔组等进阶练习方式。所谓超级组，即使用同一个动作的两个不同重量进行顺序练习，可以由大到小，也可以由小到大。当然，超级组除了针对一个动作用两个不同重量这种方式，还有连续练习两个不同动作的方式，这种安排策略的主要目的有两种。一是预疲劳法：若目标是B动作，安排一个在B动作练习中极易借力的部位的训练动作A，先完成A的练习，让A所对应的目标肌群得到一定消耗，再进行针对B的练习。这种方法可以最大化减少B动作练习时其余部位的代偿发力现象。例如，你的目标是练习胸大肌，为了避免肱三头肌过多参与到训练中，你可以先安排肱三头肌的绳索臂屈伸练习，预先消耗肱三头肌的力量，再进行针对胸大肌的器械卧推练习，这样你在胸大肌训练时能将练习的注意力尽量放在胸部肌肉上，避免肱三头肌过多的借力。二是加深刺激：针对某一目标区域的塑性练习时，若该区域的肌肉群训练难度较高，例如背部，需要安排两个针对背部肌肉群的训练动作，采用动作间无休息的方式，加深对背部肌肉的刺激效果。采用加深刺激的方法时，你须注意最好使用两个不同角度或不同轨迹的训练动作，这样对目标肌肉的刺激效果更强。例如，在对背部进行练习时，你可以使用高位下拉及坐姿对握器械划船的方式，即从垂直角度和水平角度、宽握和对握两种不同的角度以及握法，带给背部肌肉更强的刺激效果。需注意的是，使用超级组练习时，因为超级组自身的特点，不存在任何动作间休息的考虑，两个动作间要做到"0"休息时间。当然，在实际应用中，"0"休息时间是不可能的，毕竟你放下一个杠铃，再走到一个固定器械旁边坐上去，然后握住器械把手进行练习，这整个过程，哪怕只有10秒或者20秒也是所谓的"动作间休息时间"。这里我们所提到的"0"休息时间指的主要是健身爱好者自身不要有一秒钟主动休息的时间，像换器械这种必然的动作间休息时间对于整体训练强度的影响极低。不过，在健身房中，的确存在你使用的器械可能被别人"占用"的情况，如果你使用的是超级组练习方法，那么训练效果的确会受到很大影响，对此，我们建议你在使用这种方法时，最好错开健身房的高峰期，避免训练强度降低的情况。

对于塑形训练日主要训练动作完成后的有氧练习安排，一般要先进行能量补充，间隔10分钟左右的时间进行练习。

3. 力量

对于提高力量水平为目标的健身爱好者，动作间休息时间的长短主要受一个因素影响，即根据专项训练与辅助训练动作的特点安排。无论健身爱好者自身力量基础高低，都必须先遵循专项训练与辅助训练动作的安排特点，再根据自身的情况进行更加详细的划分。

练习专项训练动作时，一般不会在一个训练日内安排两个专项训练动作，大都是一个专项训练动作之后进行一个专项辅助训练动作或肌肉辅助训练动作，重量并不大，休息时间一般不很长。例如，在专项训练动作后安排专项辅助训练，目的在于帮助健身爱好者提升自身的技术能力，所以可以使用5~7分钟较长的间隔时间，确保神经得到更多恢复，有助于技术能力的提升。具体选择5分钟还是更长的动作间休息时间，要根据你专项训练所使用的重量百分比判断。如果动作间休息时间较短，在神经系统没有得到一定程度恢复的情况下就开始进行技术练习，那么很容易导致动作姿势不到位，技术训练效果大打折扣。又如，在专项训练动作后安排肌肉辅助训练，因为肌肉练习对神经的依赖程度并没有那么高，所以可以使用3~5分钟这种较短的动作间休息时间。如果动作间休息时间过短，那么在大重量专项训练中所消耗的肌肉得不到充分的恢复，进而影响肌肉辅助训练的效果。训练水平较高、力量基础较强的健身爱好者，可以选择2~3分钟，以便更好地提高训练强度。有的健身爱好者会连续安排两个专项训练动作，这种现象是十分少见的，它的目的主要在于提升动作的技术能力以及在一些特殊的备赛期使用，动作间休息时间要根据具体目标进行分析，目标是提升动作技术能力时休息时间可以较短，目标是备赛时休息时间可以较长。此外，如果你当日的训练内容安排是针对极限重量的测试，那么在测试完成后，无论你是否试举成功，都需要间隔10分钟左右再进行下一个动作的练习，因为极限重量会最大程度消耗你的神经、肌肉以及力量水平，不进行充分的休息就会导致你整堂训练课状态极差。不过，10分钟的时间是上限，超过这个时间很容易使身体变凉，有较高程度的受伤风险。

练习辅助训练动作时，根据力量提升的周期性原理，会在训练计划中安排单独的辅助训练日，也会将辅助训练动作融入专项训练日。若单独安排辅助训练日，如果你的训练核心是针对肌肉提升的肌肉辅助训练，可以安排两种动作间休息时间：肌肉基础较差的健身爱好者，可以动作间休息3~5分钟；肌肉基础较强的健身爱好者，可以动作间休息2~3分钟甚至更短。须注意的是，很少会安排针对一个相同动作、两个不同重量的超级组练习，在力量训练中经常使用的是两个不同动作的超级组练习，因为前者使用的重量负荷过轻，对于提升肌肉力量比后者较差。如果你的训练核心是针对动作提升的专项辅助训练，那么动作间休息时间可以被拉长至5~7分钟，这主要是为了使你可以在神经充分恢复的情况下进行下一个动作的练习，保证基本的技术动作不变形。即使你的力量基础较强，我们也建议你休息好再进行接下来的练习，因为一般力量较强者使用的专项辅助训练重量也较高，需要的休息时间并不能被明显缩短。若将辅助训练融入专项训练日，可以参照一个专项训练与一个辅助训练动作间休息时间安排的方式。

对于力量训练日主要动作完成后的有氧练习安排方式，这里我们建议你确保力量训练结束后神经及身体都明显恢复后再开始进行练习。大重量的力量训练对于健身爱好者的消耗是十分巨大的，如果贸然开始有氧练习，那么对于自身的安全是十分不利的。我们建议你使用间隔15分钟左右的方式，部分恢复能力较慢的健身爱好者也可以使用20分钟甚至更长一点的动作间休息时间，无论使用哪种方式都请不要忘记进行适当的能量补充。

4. 耐力

对于以提高耐力水平为目标的健身爱好者，不同耐力训练类型所对应的动作间休息时间也不相同。

心肺耐力训练时，一般只安排一个专项训练动作，没有动作间休息时间的安排。当然，有的健身爱好者呼吸训练时利用不同的辅助工具或负荷重量，比如完成抗阻力呼吸器练习后、哑铃腹式呼吸训练开始前，这个过程便存在动作间休息，一般采用3分钟左右，呼吸节奏变得正常以后就可以开始下一个训练动作的练习。

速度耐力训练时，一般会安排1~2个速度耐力的专项练习，不同动作间需要充分休息，否则高速度水平便无法得到保证，更不用说保持高速度的速度耐力水平。不过，要注意的是，充分休息也不是无时间限制，如果休息时间超过10分钟，那么身体可能会变凉，不利于继续正常练习。

力量耐力训练时，健身爱好者要注意根据自身的力量基础进行不同的判断。力量基础较差的健身爱好者，往往更加关注四大常用的力量表现形式，所以动作间休息时间可以参考力量训练的安排，即动作间休息时间保持5分钟左右。如果你的恢复能力较差，或者刚接触力量耐力训练，那么动作间休息时间可以适当提高至7分钟左右。力量基础较强的健身爱好者，往往会更加关注力量耐力本身，会安排多个力量训练动作循环练习，所以不存在严格意义上的动作间休息时间。我们可以把力量耐力训练看作"连续使用多个不同动作超级组的力量练习"，例如安排6个不同的训练动作，每个动作间是没有休息时间的，每做完一轮这6个训练动作便完成了一个训练循环。而一次训练课会根据自身的水平及目标安排多个训练循环，每个训练循环间自然存在一定的休息时间，只不过这里的休息被归于组间休息。

对于完成耐力训练日当天练习后需要的有氧练习安排方式，一般不会在心肺耐力训练中再安排单独的有氧练习，而在完成力量耐力和速度耐力训练后让身体进行充分的休息，确保神经和力量水平都得到一定程度的恢复，间隔10~15分钟再开始有氧练习。

5. 爆发力

对于希望提升爆发力的健身爱好者而言，动作间休息时间的长短需要遵循充分休息的原则，即在肌肉、关节、神经都得到一定程度恢复以后，再开始进行下一个动作的练习。因为爆发力训练要求健身爱好者必须在尽可能短的时间内用最快的速度释放出最大的力量，所以神经恢复程度对动作的完成质量是有重要影响的。如果你的神经没有得到一定程度恢复，那么便无法充分募集肌肉力量，很难快速发力，无法用最快的速度释放最大的力量，这与爆发力训练的初衷不符。并且，爆发力训练动作往往会对你的关节、韧带造成较强的冲击，你必须让身体得到一定程度的休息，否则对于身体健康是十分有影响的。一般来讲，在爆发力训练中采用5~7分钟的动作间休息时间。如果你的恢复能力较差，那么可以适当提高至7~10分钟，但不要超过10分钟，否则会使身体的温度大幅度下降，不利于训练的进行。在爆发力练习的绝对速度训练模式中，水平较高的健身爱好者有的时候会采用一个训练动作，便不存在动作间休息的安排问题。不过这种情况较少，如果训练动作数大于一个，那么为了保证最大速度的释放，我们建议健身爱好者进行充分恢复。对于水平较低或力量基础较差的健身爱好者，训练计划中安排针对伸髋和上肢的力量练习，动作间休息时间最好保持在3~5分钟；超过5分钟容易使训练强度降低，不利于目标力量的增长；低于3分钟则会使神经、肌肉、力量水平无法得到一定程度的恢复，不利于后续动作中有更好的表现。

在爆发力的训练模式中，针对奔跑能力或跳跃能力，经常安排多个训练动作以便充分提高技术水平，动作间休息时间最好控制在 3 分钟左右。因为技术练习往往是使用较小的负荷进行快速发力练习，或针对技术动作的步幅、步频练习，整体强度并不高，并不需要较长的休息时间，如果休息时间较长，那么会导致整体训练强度变得较低，不利于培养爆发力训练的专项技术。

对于在当日爆发力训练完成后如何安排有氧练习的问题，因为爆发力训练对健身爱好者的整体消耗较大，所以我们建议采用较充分休息的方式，间隔 15~20 分钟再进行有氧练习。

6. 柔韧性

希望提升柔韧性的健身爱好者进行主动柔韧性训练时，动作间休息时间可以参考相应主动柔韧性的表现形式对应的安排策略。例如，如果你的目标是提升卧推起桥发力的主动柔韧性，那么动作间休息时间就可以参照力量训练中有关专项辅助训练或专项训练动作的休息时间。

进行被动柔韧性训练时，常采用多个针对全身不同部位的拉伸训练，并且基本都是徒手的练习，很少会使用特殊的器械进行辅助。因为被动柔韧性训练对于身体的负担并不大，整体的负荷较低，所以每两个被动柔韧性动作训练间几乎不需要明显的动作间休息，大部分也都是在更换动作过程中对呼吸简单调整，用不了几十秒的时间，一般不把它归为动作间休息时间。这种安排方式的目的不只是因为被动柔韧性训练强度较低，更与柔韧性拉伸练习的特点有关。你刚通过一个动作将身体打开并拉伸时，身体处在较柔软的状态，此时继续进行新的动作练习更有助于柔韧性的提升。但如果你选择了休息，让身体的关节、韧带变得"僵硬"，那么再进行下一个拉伸动作练习时，整体的训练效率便会低许多。

在进行与柔韧性训练相关的有氧练习时，与之前几种训练模式不同，不是在柔韧性训练动作练习完成后再开始进行有氧练习，否则对提升柔韧性训练没有太好的促进作用。一般来讲，健身爱好者应先进行强度较轻的有氧练习，再开始当日的柔韧性训练，其间隔时间一般在 3~5 分钟。如果休息时间过长，那么身体刚活动开的有助于拉伸练习的价值被浪费，无法对柔韧性训练起到促进作用。不过，如果当日要安排主动柔韧性的训练，那么可以适当拉长动作间休息时间到 7 分钟左右，身体得到一定程度的恢复后再开始与主动柔韧性有关的训练。

需要注意的是，除柔韧性训练模式及心肺耐力训练模式外，健身爱好者使用其余训练模式后进行有氧训练前，都要合理地休息及适当补充能量，否则，之前高强度的训练会使有氧训练时产生明显的疲劳感，甚至诱发严重的脱水或低血糖等不良身体反应。

（十三）组间休息

组间休息，即一组最后一次练习结束到下一组第一次练习开始之间是组间休息。一般来讲，两个相邻的训练组指的往往是同一个动作的两个不同训练组，极特殊的训练类型才会安排两个不同动作的训练组（两个不同动作的超级组练习）。组间休息的长短会直接影响整体训练强度：组间休息的时间越长，训练强度越低，会一定程度导致训练容量较高；组间休息的时间越短，训练强度越高，会一定程度导致训练容量较低。组间休息的时间并没有动作间休息时间那么长，因此要求健身爱好者必须在练习时保持较高的注意力，任何在组间休息时玩手机或者聊天等不专注的方式都有可能使组间休息被无意识拉长，进而降低整体的训练强度。组间休息不仅仅针对训练计划中规定的正式组组间休息，在一些特殊训练类型中，开始正式训练计划前会进行一定的热身组练习，而热身组组间休息时间是同样需要注意的。正式组和热身组的组间休息时间受健身爱好者自身的水平决定，水平较高的健身爱好者组间休息时间较短，而刚接触训练的健身爱好者组间休息时间较长。此外，正式组和热身组的组间休息时间也跟不同的训练模式所使用的训练方法有关，将力量训练的组间休息策略生搬硬套在耐力训练中显然是不合适的。而在有氧练习中，因为只选择一个动作进行固定时间的持续练习，不做多个训练组，自然也没有组间休息时间的考虑。

1. 增肌或减脂

以增肌或减脂为目标的健身爱好者，要根据大肌肉群训练动作和小肌肉群训练动作的不同进行组间休息时间的具体判断。

使用大肌肉群训练动作时，无论使用的是复合训练动作还是孤立训练动作，都需要保证较长的组间休息时间，因为大肌肉群整体体积较大，很难在短时间内恢复过来，较短的组间休息时间容易在下一个训练组时较快力竭。一般大肌肉群训练动作中，每两个组间不超过2分钟的休息时间。若你使用孤立训练动作进行大肌肉群练习，同时你的自身肌肉力量基础较强，可以适当缩短组间休息到90秒。如果你刚接触增肌或减脂训练，那么还是使用2分钟的组间休息。此外，在进行一个动作最后两组训练，即最后一次组间休息时，如果你的力量消退十分明显，那么可以适当延长30秒左右的休息时间，以避免肌肉充血现象以及力竭所导致的训练组动作质量完成较差的现象。

使用小肌肉群训练动作时，往往只会使用孤立训练动作进行练习，很少会使用复合训练动作。在孤立训练动作中，一般采用90秒左右的组间休息时间。肌肉水平较高且身体恢复能力较强的健身爱好者可以适当缩短时间到60～90秒，低于60秒的组间休息往往用于较为特殊的肌肉训练方法，一般主要适于对肌肉刺激更强、精准度更高的塑形训练。如果你刚接触增肌或减脂训练，还是使用 60～90 秒这种最传统的组间休息。

2. 塑形

以塑形为目标的健身爱好者，要根据增大局部肌肉围度和改善肌肉分离度的不同目标进行具体的判断。

针对增大局部肌肉围度的训练，会同时安排复合训练动作及孤立训练动作。增肌训练中往往只会安排针对大肌肉群的复合训练动作或针对小肌肉群的孤立训练动作，而塑形训练中无论对大肌肉群还是对小肌肉群都会安排一定的复合训练动作与孤立训练动作。一定的负荷强度会使肌肉围度增加得更快。组间休息时间一般控制在 60 秒左右，水平较高的健身爱好者可以使用 30 秒，而刚接触塑形训练或者肌肉恢复能力较差的健身爱好者可以适当将休息时间拉长到 60～90 秒。

针对改善肌肉分离度的训练，组间休息时间需要参照是否使用特殊的进阶的训练组练习方式。如果只采用正常的训练组安排，那么可以增大局部肌肉围度的训练策略，根据健身爱好者自身的水平安排 30～90 秒的组间休息。如果使用进阶的训练组练习方式，即使用超级组或金字塔组练习，往往不会安排任何明显的组间休息时间。这里的超级组或金字塔组指的是对于同一个动作不同重量的训练组练习。例如侧平举时，连续使用三个不同的重量按照从重到轻的方式进行练习是递减超级组训练法，连续使用三个不同的重量按照从轻到重的方式进行练习是递增超级组训练法，使用三个重量从轻到重再到轻的方式进行练习便是金字塔组训练法。要注意的是，金字塔组训练法只会使用从轻到重再到轻的方式，不会使用从重到轻再到重，后者会使训练者因训练负荷太大无法完成由轻再到重的练习。无论是使用超级组还是金字塔组训练法，都不会安排明显的组间休息时间，因更换负荷重量所产生的"组间休息"不能被严格算为组间休息时间。金字塔组或超级组训练法不适合刚接触塑形训练的健身爱好者，虽然在提高肌肉围度的训练时适当使用超级组或金字塔组的练习会加强对肌肉的刺激，但是最常见的还是在改善肌肉分离度时使用。此外，超级组或金字塔组训练法会对目标肌肉群带来明显的充血感，这种感受可能会使健身爱好者难以继续坚持练习，此时可以适当喘几口气，休息几秒钟，再进行练习，千万不要使用过于夸张借力或者明显间隔很长时间来强迫自己达到训练目标。

3. 力量

以提高力量水平为目标的健身爱好者，组间休息时间的安排主要参考以下两大因素：

（1）热身组与正式组的区别

首先，热身组只存在于专项训练动作或专项辅助训练动作中，力量训练的肌肉辅助练习时，无论使用的是大重量的复合训练动作还是小重量的孤立训练动作，都不用热身组，只需要做好基础的对肌肉、关节及韧带的动态热身和静态热身即可。有的健身爱好者喜欢在腿举之类使用重量较大的训练中，不断加重进行热身组练习，这种方法是没有太大必要的，因为肌肉辅助训练动作一般安排在相对应的专项训练动作之后，此时的肌肉、关节、神经对重量已经充分适应，只需要直接加重即可进行练习，安排热身组练习无意义且会加大整个训练计划的容量。若腿举是整个训练动作的第一个练习动作，此时可以适当选择从轻重量开始逐渐加重热身的方式。进行专项训练的热身时，组间休息时间要根据下一组使用的负荷重量而定：如果下一组使用的负荷在目标动作极限重量70%以内，那么组间休息时间可以控制在3分钟左右；如果下一组使用的负荷在目标动作极限重量的70%~90%，那么组间休息时间可以控制在5分钟左右；如果下一组使用的负荷在目标动作极限重量的90%以上，组间休息时间可以参考充分休息的原则，让神经、肌肉、关节都得到充分的恢复再进行练习，因为你的目标是使用极高的负荷进行练习，甚至是突破自身之前极限的重量，所以要让身体得到充分的休息，较短的时间容易使大重量试举失败。不过，要注意的是，即使是充分休息，也不要超过10分钟，否则会使身体温度下降，在大重量练习时是十分危险的。进行专项辅助训练的热身时，如果目标动作的正式组所使用的重量较大，那么可以参考进行专项训练的热身时，依据下一组所使用的负荷大小不同安排相对应的组间休息时间；如果目标动作的正式组使用的重量较小，即训练目标是提升快速发力的能力或改善动作的姿势，那么热身组组间休息可用2分钟左右。

（2）专项训练及辅助训练不同动作所对应的不同组间休息时间

进行专项训练时，为了保证每组专项训练都拥有最佳的状态，并且提高大重量训练时每组的完成质量，降低试举失败的风险，可以使用3~5分钟的组间休息时间。具体的时间长短还可以根据健身爱好者自身的基础及所使用的负荷重量进行调节。例如刚接触力量训练的健身爱好者，不要使用较短的休息时间，因为训练经验不足，对自己的身体恢复程度不十分清楚，容易导致组间休息不足；力量基础较强的健身爱好者，可以适当缩短组间休息的时间，从而更好地提高整体训练的强度。使用的训练负荷较轻时，例如在线性训练计划中最开始的增肌阶段，可以选择较短的组间休息；在冲击新的极限重量这种极高的训练负荷时，应当拉长组间休息时间，甚至充分休息。此外，在一些特殊情况下，比如夏天较为炎热对身体消耗较大，也可以采用充分休息的方法，让身体在充分准备好后再开始下一组的练习。当然，冬天较为寒冷，或者训练场馆温度较低时，组间休息时间要适当控制，不要出现身体温度明显下降的现象，因为肌肉凉下来以后再去进行大重量的专项训练毫无疑问对身体健康是很有害的！

进行辅助训练中的肌肉辅助训练时，为了使肌肉获得充分的刺激及强烈的充血效果，不能使用太长的组间休息时间，一般控制在 2 分钟以内，超出这个时间便会存在肌肉充血程度较低及肌肉持续受刺激效果较差的现象。在某些特殊的训练计划（实际较少见）中，为了更好地提高训练强度及训练效率，使用超级组或金字塔组这种在塑形训练中经常采用的方式，可以使肌肉获得比平时更强烈的训练效果。要注意的是，如果使用的重量导致你无法在第一次 2 分钟的组间休息时得到充分的休息与恢复，那么应当做的并不是拉长组间休息，而是选择较轻的重量进行练习。

进行辅助训练中的专项辅助训练时，如果你的目标是提升三大项动作快速发力的能力，那么可以使用极短的组间休息时间，即将组间休息控制在 30～45 秒。组间休息极短，可以最快速地消耗你所有的力量，当你配合使用较轻的重量及主观上快速发力时，可以最大限度提升快速发力的能力，这种负荷选择及组间休息选择是最常见的速度组练习方法。此时，避免在组间休息时走神，30～45 秒的时间很短，喘几口气休息或喝几口水的过程中，十几秒的时间就没了，故在进行速度练习时请一定要专注。如果你的目标是改善三大项动作中分阶段的薄弱点，因为所使用的重量不会特别大，所以组间休息时间最好控制在 2～3 分钟，过长的组间休息时间会让训练变得简单，无法更好地暴露你在动作方面的弱点及提升神经募集能力。

4. 耐力

对于希望提高耐力水平的健身爱好者，组间休息时间的安排策略需要根据三大耐力训练的不同类型进行特殊安排。

进行心肺耐力训练时，游泳或长跑练习中很少有多个训练组或训练动作的安排，一般都是选择一个动作进行持续的练习，故不存在组间休息。但是，若你使用一些特殊工具，如抗阻力的呼吸训练器械或哑铃进行负重的呼吸练习，就会安排多个训练组以达到更好的练习效果，此时组间休息时间控制在 2 分钟以内，可以最大限度提升肺活量及心肺耐力，并且降低受伤的可能性。如果组间休息时间过短，那么往往容易产生呼吸节奏未完全恢复就进行练习，不仅不会提升呼吸能力，还有极高的呼吸肌受伤的风险。

进行速度耐力训练时，应安排多个训练组来更好地刺激提高速度耐力水平，组间休息时间控制在 3～5 分钟，健身爱好者可以根据自身的情况来做具体的调整。例如刚接触速度耐力训练的健身爱好者，可以使用 5 分钟这种较长的组间休息，避免因体能基础较差导致无法在短时间内开始下一组高强度练习的情况。速度耐力要求健身爱好者不仅具备基础的耐力水平，还必须尽可能长时间保持一定的速度水平，后者决定了该训练模式的整体强度较高。即使较高水平的健身爱好者，如果运动能力没有明显恢复便贸然开始下一组练习，便无法发挥出较高水平的速度能力，进而无法满足速度耐力训练的基本要求。

进行力量耐力训练时，如果你的力量基础较薄弱，那么需要安排一定的针对四大常见力量表现形式的力量练习，以获得一定的力量基础。毕竟，力量耐力的核心是你维持一定力量水平的能力，没有基本的力量水平更无从谈起力量耐力的高低。此时，组间休息时间可以控制在 90~120 秒，当你逐渐适应了训练强度后，你可以适当缩短 30 秒左右，使用较长的组间休息会导致你的整体训练强度降低，不利于耐力训练模式的要求。如果你的力量基础较强，在力量耐力训练时你应多使用循环训练法。需要注意的是，使用循环训练法时，组间休息指的是每做完一次规定的所有动作，即一个训练循环后，再开始下一个循环前的组间休息时间，一般规定在 1 分钟以内。有的力量耐力水平较高的健身爱好者可以使用更短的组间休息时间，甚至只简单调整几次呼吸或喝几口水这种"0"组间休息时间。

5. 爆发力

爆发力训练的核心是健身爱好者在最短的时间内用最快的速度释放最大的力量，训练者必须确保在每组训练开始前将自己的神经系统、肌肉、关节都充分恢复，才可以进行下一组的练习。在爆发力训练中，无论是提升弹跳力还是提升绝对速度能力，你都必须让自己在组间休息时获得充分的休息。但是，需要注意的是，这里的充分休息并不同于力量训练中接近极限重量时 10 分钟左右的充分休息。爆发力训练中高速的奔跑和迅猛的弹跳都会对关节和韧带造成一定压力，你需要在练习时尽可能保持身体的热度，10 分钟左右的休息时间过长，会有极高的受伤风险。这里的充分组间休息一般是指控制在 5 分钟左右，部分水平较高的健身爱好者可以缩短到 3~5 分钟。如果你休息 5 分钟还感觉到神经比较疲劳，关节和韧带无法做好充分的准备，那么你应当做的不是继续拉长时间等身体恢复，而是应当立即停止训练，因为此时你的身体已经无法再承受高强度的爆发力训练。此外，进行爆发力训练时，可能会安排针对具体跳跃、奔跑的技术练习以及针对巩固力量基础的力量练习，也要在组间休息上做相对应的安排：进行技术练习时，训练动作主要关注对技术能力的提升，不会有太高的训练强度，可以安排较短的组间休息时间，一般控制在 2 分钟左右即可；进行力量练习时，组间休息时间根据所使用的负荷重量安排，一般不会使用较大的负荷重量，否则会丧失训练快速发力的能力，故一般组间休息时间控制在 2~3 分钟。

6. 柔韧性

希望提高柔韧性水平的健身爱好者，安排主动柔韧性训练的组间休息可以参照具体的主动柔韧性训练所对应的表现形式的相关策略；安排被动柔韧性训练的组间休息时，一般只呼吸几次调整呼吸节奏，集中注意力，很少安排较长时间的组间休息。过长时间的组间休息会使你上一组好不容易拉伸开的韧带及身体伸展幅度下降，不利于柔韧性的提升。因此，柔韧性训练所采用的组间休息方式几乎都是"0"组间休息。

（十四）训练速度

安排合适的训练速度或一组练习的训练节奏，对于一份训练计划是十分重要的。训练速度很少会在训练计划中被提及，属于较隐形的内容。训练速度或训练节奏不正确，不仅对于训练帮助不大，还有可能打乱你的呼吸节奏而受伤。进行每个动作的练习时，目标动作的训练速度或训练节奏不同所带来的训练效果也不同，如果不能够根据目标动作或训练模式的特点选择合适的训练速度或训练节奏，那么便会出现训练效果和目标南辕北辙的现象。有的训练模式需要你尽快完成动作，而有的训练模式的完成速度过快反而会使你的身体受伤，不利于训练目标的完成。具体的训练速度或训练节奏需要根据不同的训练目标决定。

1. 增肌或减脂

以增肌或减脂为目标的健身爱好者，在使用大重量的复合动作训练时，可以使用较快的训练速度，但请记得一定是保证动作姿势标准并且刺激肌肉准确的情况下。如果训练速度较慢，那么可能导致大重量练习时无法完成规定的重复次数。使用轻重量的孤立动作训练时，最好使用较慢的训练速度可以最准确地刺激小肌肉群，较快的动作速度容易出现借力的现象。当然，刚接触增肌或减脂训练的健身爱好者，不管是使用复合动作还是孤立动作，都最好使用较慢的速度，这样在训练初期对动作姿势了解还不是很充分的情况下，优先打磨好动作技术，从而更加准确地刺激目标肌群。此外，在具体训练节奏的把控上，最好匀速练习，因为增肌或减脂练习的关键在于对肌肉的刺激，并不需要举起多么大的重量，所以适当匀速的方式比速度由快到慢的断崖式递减，对肌肉的刺激效果更好。

2. 塑形

以塑形为目标的健身爱好者，无论是使用复合动作还是孤立动作，都应放慢动作，因为塑形比增肌或减脂训练要更加精确地刺激局部的肌肉，所以放慢动作更加有助于加深肌肉的训练及刺激效果。此外，塑形训练中常使用一些特殊训练速度的练习方法：在一个动作的离心或者向心阶段故意放慢速度，在另外的向心或离心阶段用正常的速度进行练习。这种方法不仅仅放慢了训练速度，还对一个动作重复练习的节奏进行了调整，对加深肌肉的充血及刺激感有十分重要的帮助。在训练节奏的选择上，应使用匀速的方式。有一种特殊的停顿练习法：在一个动作练习的过程中，突然在某个阶段停顿一下，进行"顿式发力"，加强肌肉收缩感，再进行练习。这种方法会改变训练节奏，主要适合在训练动作的中半程或最顶端进行收缩，有助于目标肌群的充血感及所受到的刺激程度最大化。

3. 力量

对于以提高力量水平为目标的健身爱好者而言，具体的训练速度及训练节奏需要根据专项训练及辅助训练两种不同的训练模式决定。

进行专项训练时，如果你的目标是使用极限重量进行练习，那么自然需要用尽可能快的速度进行练习。缓慢发力是很难使你举起较大重量的，除非你会在训练中使用一些助力极大的训练护具，越快速的发力越有助于你完成更大重量的试举。如果你的目标重量是接近极限重量的大重量练习，那么要根据是否做多个训练组的不同选择不同的训练速度。例如，只进行一组的力竭练习时，为了完成尽可能多的次数，你要在每一次重复练习时都使用最快速的发力方式，否则便很难达到完成尽可能多次数的目标要求；进行多组的练习时，为了能够完成规定的组数和次数，应适当放慢动作的练习速度，以便力量消耗不会过快，进行更加合理的力量分配。进行专项辅助训练时，如果你的目标是速度练习，那么毫无疑问，你要使用尽可能快的速度完成训练，否则你的速度能力根本无法得到提升。而如果你的目标是解决动作的阶段性难点，那么你要用尽可能完全满足动作姿势标准的速度进行练习。进行肌肉辅助训练时，要注意你的目标只是构建尽可能多的肌肉，所以应适当放慢动作，以便带给目标肌群最好的刺激效果。

在训练节奏的把控方面，肌肉辅助训练的节奏可以参照塑形或增肌训练的要求，使用匀速的方式进行对肌肉的刺激。专项训练时，要根据自己的发力习惯去做相应的调整。例如在深蹲时，有的健身爱好者喜欢快速下蹲的发力节奏，而有的健身爱好者则喜欢适当慢速下蹲的发力节奏，虽然理论上讲越快的下蹲对于蹲起越省力，但是这两种节奏严格意义上没有哪种更好之分，只有更加适合健身爱好者自身习惯特点的区别。在专项辅助训练时，训练节奏则要参照具体的动作要求。例如暂停深蹲，你要在蹲到最大幅度时停留一定时间，再发力蹲起，此时你自然需要使用与目标动作要求一致的训练节奏。

需要注意的是，无论进行专项训练还是专项辅助训练，训练节奏及训练速度都要建立在满足动作姿势的基础要求下进行，绝对不能出现只为了快速发力而忽略最基本的动作姿势导致动作完全走样的危险情况。

4. 耐力

对于以提高耐力水平为目标的健身爱好者而言，训练速度和训练节奏的选择需要根据三大不同的耐力表现形式决定。

进行心肺耐力训练时，如果你选择最常见的游泳或长跑练习，那么你在保证足够训练强度的基础上，采用整体较平缓的速度进行练习。因为心肺耐力训练并不是速度耐力或力量耐力训练，它注重的是健身爱好者的心肺水平，并不需要健身爱好者保持多么快的速度或多么高的力量，采用较快的速度进行练习则无法坚持完成足够距离的训练要求。如果你使用抗阻力呼吸器械或哑铃呼吸训练等练习方式，应使用较快的呼吸训练速度，可以帮助你更好地提升心肺耐力及肺活量水平。在训练节奏方面，若你使用游泳或长跑练习，应用较平缓的节奏进行练习，时快时慢会使你的心肺水平大幅度衰弱，不利于更好地完成训练要求。若你使用抗阻力呼吸器械或哑铃呼吸训练凳练习方式，因为动作自身要求使用较快的速度，所以你的训练节奏会变得不稳定，会从一个较快的节奏逐渐滑落到较慢的节奏。

　　进行速度耐力训练时，因为速度耐力练习的核心要求即尽可能长时间保持一定的速度水平，所以你必须使用较快的速度进行练习，否则便无法满足速度耐力训练的基本要求。在训练节奏方面，尽管练习速度较快，但是你也要尽可能追求平稳的训练节奏，否则便意味着你的速度水平出现比较明显的波动，这显然不是你希望看到的。

　　进行力量耐力训练时，因为力量耐力训练的核心要求即尽可能长时间保持一定的力量水平，这种水平比较好通过负荷重量去量化，所以你只需注意对力量的合理分配，避免最开始就使用全力去训练，那么你便能够拥有尽可能长时间的高水平力量表现力。故在进行力量耐力训练时，最好的方法就是避免采用过快的训练速度，只需要确保自己一直可以输出一定水平的力量即可，没有必要在练习的初期就出现力竭的现象。有很多健身爱好者习惯一开始练习就铆足全力，这种方法并不可取。因为力量耐力使用的训练速度并不高，所以相对应的训练节奏也应较平缓。当然，因为力量瞬间力竭所导致的训练节奏明显变化，这种现象也是力量耐力训练中常见的。

5. 爆发力

　　以提高爆发力水平为目标的健身爱好者，无论使用的是针对绝对速度还是针对弹跳力的训练模式，都要注意使用尽可能快的动作训练速度，这会使健身爱好者加深对"用最可能快的速度释放最大力量"的认识，有助于爆发力的提升。在训练节奏的选择上，使用尽可能快的动作训练速度时，训练节奏便会由快到慢大幅度下滑，理论上讲第一组奔跑速度肯定是最快的，第二组及第三组的速度都会呈逐渐下滑趋势。

　　有的健身爱好者喜欢在爆发力训练中根据自身的弱点安排补强力量基础的力量训练，或改善动作技术的技术专项练习。进行与力量相关的练习时，训练节奏和训练速度的安排可以参考力量训练的安排。改善动作技术的技术专项练习，一般主要适合较快的动作速度，利于短时间内尽可能加强对动作技术的记忆。需要注意的是，这里较快的动作速度，指的并非绝对意义上最快的动作训练速度，因为要尽可能保持动作技术的稳定性。在训练节奏的把握上，你应使用较稳定的节奏，可以使你更加关注对动作技术的练习，加深对动作技术的记忆。千万不可只是盲目地重复练习，或者完成某种次数任务而机械地练习。

6. 柔韧性

对于以提升柔韧性为目标的健身爱好者而言，主动柔韧性与被动柔韧性训练所对应的训练速度或训练节奏是完全不同的。主动柔韧性训练的具体速度安排方法可以参照主动柔韧性训练在具体运动表现形式中相对应的选择方式。被动柔韧性练习时，因为改善被动柔韧性的训练动作往往是针对肌肉和韧带的拉伸练习，所以不适合使用过于快速的方式。如果你想提升柔韧性和增大身体的伸展幅度，那么应使用较慢的速度，逐步使身体达到最大伸展幅度，不仅有着突出效果，更安全可靠，不容易受伤。在训练节奏的把控上，因为整体训练速度较慢，所以比较好采用一个较平稳的训练节奏进行练习。

（十五）强度与容量调整办法

训练强度和训练容量不可能是恒定不变的，无论你是以什么目标设定的训练计划，每个动作所对应的负荷强度和整体训练容量都需要根据时间的推移进行相应的调整，否则不仅你的训练强度和运动能力无法得到根本的提升，甚至还容易产生较强的疲劳感，无法更好地管理身体疲劳。在一份训练计划中，随着时间的推移，你应根据身体变化及训练模式所对应的计划设计原理，逐渐增加负荷重量或训练容量，使整体训练难度变得更高，不断为自己设置新的挑战。

具体到每个动作的负荷增加比例及负荷增加时间节点，要参考每次训练的完成度及计划设计所参照的基本原理来调整。有的时候计划规定下周要每个动作重量+5千克，但是你这周的练习完成度较差，如果继续加重，而不顾及本周的训练完成质量，那么会使你的负荷增加变得很盲目。要注意的是，负荷增加的办法必须建立在科学且符合健身爱好者自身基本情况的前提下，决不能使用这周增加几公斤、下周增加几公斤这种所谓的"看状态"的负荷增加办法。虽然训练状态是很重要的，但是状态都是根据上一周的训练完成度且合理地饮食和休息创造出来的，绝对不是"听天由命"产生的。

容量的增加一般是因种种原因无法提高训练负荷时，只有通过继续提高训练容量来增加训练难度，或者由于训练模式自身特点的关系，对于较高容量的练习方式比较感兴趣而增加。在容量的增加策略上，要注意循序渐进，不要一味地追求高容量训练法。

当然，负荷和容量的调整并不是只有不断增加这一种办法。一些特殊的训练类型中，在增加一段时间负荷重量后，又进入一个短暂的负荷维持或降低阶段，这种方法有的是为了应对平台期的出现，也有的是为了更好地安排减载周，这需要根据不同的训练目标做具体的判断。当你在维持或适当降低训练负荷时，你应当适当增大训练容量，从而使训练难度不会大幅度降低。要注意的是，无论是什么训练类型，训练最大的魅力和价值在于对自己的不断挑战，你必须不断给自己设置新的困难，这样你的运动能力才可以得到不断提升。此外，要注意根据不同的训练目标调整其所对应的有氧练习的强度与容量，也要根据不同的训练模式做出对有氧练习强度和容量的增减。

1. 增肌或减脂

以增肌或减脂训练为目标的健身爱好者，在训练中应使用逐渐增加负荷的方法，无论计划周期多长都不需要降低或者维持负荷强度。若你进行了一段时间的训练后，肌肉力量的增长进入一个瓶颈期，或真正达到了一个较高的水平（这两种情况比较少见），此时可以选择维持负荷强度、适当增大训练容量的方法，以便更好地增肌或减脂。关于具体增加负荷的方法，可以从每一个训练组所使用的重量入手。增肌或减脂训练往往会进行较多组数、每组重复较多次数的练习方式，例如使用一个动作做 4 组、每组做 12 次的安排方法。如果第一周你使用的重量是 20 千克，在本周动作质量完成较好的前提下，可以在下一周根据自身的恢复情况选择加重到 22.5 千克或 25 千克，此时你有可能使用新的重量完成上周 4 组、每组 12 次的练习。但也有可能在第四组或某个阶段出现无法继续使用新重量的情况，例如在第三组练完后你明显地感觉到疲劳感的累积或动作的变形，无法再使用新重量完成第四组，此时可以使用上周的 20 千克或更轻的 17.5 千克进行替代练习，这种方法同样提高了你整体的训练强度（训练完成次数 × 重量的值变大）。而在下一周，你的目标自然变成使用 22.5 千克或 25 千克争取完成四组的全部练习。这里要注意以下两个问题。第一，两个周所使用的新旧重量不要幅度过大。使用杠铃时，2.5 千克已经可以成为一个明显的新重量；使用哑铃时，提高 1 千克都往往会比较难。刚接触增肌或减脂训练的健身爱好者对于训练重量的增加幅度不清楚，但有些经验的健身爱好者无论上周的完成质量如何，都不会在下一周大幅度提升训练负荷。进行孤立训练动作时，因为小肌肉群自身力量有限，所以新重量的增加要谨慎；进行复合训练动作时，因为大肌肉群自身力量可开发程度较高，并且每组重复练习的次数没有孤立训练那么高，所以新重量增加幅度可以大一点。第二，训练重量的增加建立在动作完成度较好的基础上。这里的动作完成度较好并非仅仅是使用规定重量完成目标计划内的训练组数和次数，更关键的是保证训练动作的标准性和对肌肉刺激的准确，这是增肌或减脂训练的核心，也是训练的根本出发点。如果你感觉这周训练时借力现象较明显，或者肌肉刺激的感受不强，那么在下周仍使用相同的训练负荷，不要盲目追求负荷重量的快速提升。在增肌或减脂训练中，你不需要适当降低和维持负荷，除非你进入了一定的平台期或疲劳期，否则你只需要在肌肉和动作允许的情况下，逐渐增加训练负荷即可。

当然，有的健身爱好者因健身房器械配重的受限，随着自身的力量增加，对某一固定训练器械的负荷重量选择余地小了。例如，有的背部力量较强的健身爱好者，在进行坐姿器械划船的 4 组、每组 15 次的重复练习时，即使把配重片完全加满，也可以比较轻松地完成练习。此时可以通过两个办法来"挑战"自己：一是缩短组间休息时间，同样可以提高训练负荷；二是提高训练容量，例如将之前的15次重复练习变为20次，或者将4组、每组15次的重复练习变为5组、每组15次的重复练习，甚至是进行超级组练习。力量基础不强者，可以使用增加训练组的方法，力量基础较强者可以使用增加组内重复练习次数或超级组的方式。

此外，对于增肌或减脂训练所对应的有氧练习，一般会选择较稳定的训练负荷。在增肌训练中进行有氧练习的目的仅仅是避免堆积过多的脂肪，所以没有必要额外提高有氧练习的整体强度，否则会加大能量消耗而不利于整体增肌。在进行减脂训练时，可以随着时间的推移逐渐增加有氧练习的负荷或整体容量，这有助于更多地消耗体内大量堆积的脂肪。需注意的是，减脂时有氧练习的负荷增加必须保证健身爱好者身体恢复不受影响，否则可以适当降低或维持有氧练习的强度。

2. 塑形

以塑形为目标的健身爱好者，要根据具体的训练方法来进行有关负荷和容量的管理。若使用常见的做组方法进行练习，在保证动作完成质量及肌肉力量允许的前提下，随着时间的推移逐渐增大训练强度或训练容量。若使用比较特殊的做组方法，例如超级组或金字塔组等方式进行练习，强度和容量则需要做出相应的改变：

在强度管理方面，因为超级组或金字塔组本身就没有组间休息时间，所以无法通过对组间休息时间的调整来增加训练负荷，只有增加训练动作使用的重量。你一定要在使用一个重量组合可以正常完成一个超级组练习后，再考虑适当逐步增加训练负荷。如果你在进行一个重量组合的超级组练习中某一个重量的某一组练习时需要适当喘几口气进行调整，这便意味着你没有完全掌握这个重量组合的超级组练习，就不要增加负荷。关于重量增加方法，你可以先从超级组中重量较大的一组开始，先增加它所使用的训练负荷，等它与后几组较轻的重量完全配合好时，再增加后面一组的重量。例如侧平举的超级组练习，第一组使用8千克，第二组使用6千克，第三组使用4千克，如果你需要增加训练负荷，那么先从第一组开始，例如使用9千克，然后继续使用第二组6千克和第三组4千克的练习。如果你可以优秀地完成上述训练安排，便可以继续增加负荷，变为第一组9千克、第二组7千克、第三组4千克这样新的组合，以此类推，再增加训练负荷时，三组所使用的不同重量就变为9千克、7千克、5千克。

在容量管理方面，超级组有较多组数，训练容量已经比普通的训练方式高很多，一般情况下不必增加超级组的训练容量。例如连续进行3组、每组12次的重复练习，你可一次性完成36次训练，增加训练容量至3组、每组15次即总共45次的训练却不会对你的塑形有特别明显的帮助，但水平极高的健美爱好者用这种方法可以使肌肉水平百尺竿头更进一步。

对于塑形训练所对应的有氧练习强度和容量调整策略，一般健美爱好者只需要维持较稳定的训练强度及容量即可。健美运动员对体脂率有较高标准的需求，可以在满足自身恢复能力的前提下，逐渐适当增大有氧训练的强度或训练容量。

3. 力量

以提高力量水平为目标的健身爱好者，对训练强度和训练容量的管理需要参考三大主要因素：

（1）周期性计划设定原理

进行力量训练时，对于训练强度和训练容量的管理要首先参考目标计划制订的基本原理，它决定专项训练所使用的训练强度和训练容量。线性训练计划和交叉型训练计划所采用的管理训练强度和训练容量的方法是各不相同的。

若你执行线性训练计划，每个阶段的训练强度及训练容量被提前安排好，你就沿着提前铺好的道路走，如果遇到阻碍，例如有一周的专项训练动作没有完成规定的组数或次数，那么你要完全跨越它的阻拦，即在下一周甚至再下一周完成之前规定重量所对应的组数和次数后，才可以调整训练负荷和训练容量。一般在线性计划的设定中，随着时间的推移逐渐增加训练负荷，即专项训练使用的重量逐渐加大，同时不断缩减训练容量（即专项训练使用的组数和次数整体是递减的），直到最后一周只使用一组一次的极限重量测试。

若你执行交叉型计划，经常会使用"预设极限法"来管理训练强度，这主要是为了解决训练的不同阶段力量水平不匹配：科学执行训练计划的过程中，你的力量水平应当是不断提升的，如果你在执行计划前便设定了第八周的目标重量，那么你所参照的只是你在执行计划前的极限成绩，与你执行了七周后力量的提升会不匹配，进而导致训练强度较低。如果你根据自身每周完成训练的情况，不断给自己新的"预设极限"，那么你每次的训练负荷几乎都可以完全符合现阶段自己的力量水平。在使用预设极限法时一定要注意合理地进行"新"极限的预设。比如刚接触力量训练的健身爱好者，深蹲和硬拉的成绩较低，可提升的空间较大，故新极限重量可以每两周增加5千克左右，然后根据新的极限重量选择合适的百分比，进行对应组数和次数的重复练习。力量基础较强的健身爱好者，已经具备超高的力量水平，可提升的空间较小，故新极限重量可以每两周甚至每四周增加2.5千克左右。要注意的是，这里的"新"的极限重量只是根据上一周专项训练的完成情况所预估的新重量，并不要求你必须在执行计划过程中真正将它举起来。当你选择使用"新"的极限重量时，请确保你之前的专项训练完成质量较高，没有出现他人辅助或动作姿势严重变形的现象，此时才可以使用"新"的极限重量所对应的正常做组练习时的重量。有的健身爱爱好者在使用预设极限法一段时间后，可能会无法继续完成"新"的极限重量所规定的计划要求，此时可以根据身体反应进行判断：如果身体没有任何疲劳感，意味着使用的"新"重量较大，或者力量增长速度没有达到"新"重量的要求，可以适当减小一点重量，然后在下周的训练中观察具体的完成情况；如果身体有严重的疲劳感或在下周的训练中呈现极差的力量状态，那么可以安排减载周，让身体得到充分的恢复。

此外，在线性计划中，有的时候也使用"预设极限法"，即在执行计划前预计自己可以提高三大项各多少千克的极限成绩，但相比交叉型计划中随时观察自身的状态而言，这种方法准确度较低，训练者必须具备极强的训练经验，或者有专业的教练指导或设计。使用交叉型计划中，容量是不断降低的，直到最后一周进行一组一次的极限力量测试。

（2）专项训练与辅助训练

专项训练动作与辅助训练动作所对应的训练强度和训练容量管理方式是完全不同的。

进行大重量的专项训练时，训练强度和训练容量可以根据使用线性计划还是交叉型计划的原理，参照前文提到的内容进行相应的安排。如果进行轻重量的专项训练，即目的在于熟悉动作技术，会运用交叉型计划，训练强度和训练容量交替使用，例如第一周进行大重量的深蹲练习和小重量的硬拉技术练习，在第二周便会交替变为小重量的深蹲技术练习和大重量的硬拉练习。进行辅助训练中的肌肉辅助练习时，可以参照增肌训练的策略，在身体条件允许的情况下逐步增加每个动作所使用的负荷，但必须建立在保证标准姿势的前提下。进行力量训练中的肌肉辅助练习时，目标是构建更多的肌肉，而不是举起多大的重量。

在训练容量的管理方面，健身爱好者不应随着时间的推移增大训练容量，而是维持较稳定的训练容量，甚至可以在计划的末尾阶段，即训练强度最高的时期内，适当缩减训练容量，以便以更好的状态冲击极限成绩。力量训练中的专项训练已经给身体带来疲劳，如果毫无顾忌地增大训练容量，那么会使肌肉恢复的速度严重放慢，不利于更好地完成接下来的专项训练安排。

（3）结合自身神经、肌肉、关节恢复能力

自身恢复能力在管理训练强度和训练容量时极易被忽略，很多健身爱好者渴望力量快速增长，所以很少估计自身的恢复情况，眼里只有不断地"加重量"，这种现象是十分危险的。即使你在大重量专项训练时很优秀地完成了既定训练计划的要求，但是在之后几天的休息时间内身体出现了明显的疲劳现象，此时便需要适当减小训练负荷，继续加重是十分危险的。你可以适当增大一点训练容量，这样可以避免在使用较轻重量进行练习时，整体的训练强度大幅度下降。

力量训练所需要的有氧练习强度及容量，要随着训练计划的推移不断减小。因为有氧练习的目的主要是对体重的管理，无论如何都不能影响力量训练本身，所以在计划的末段需要集中全力进行极限冲击时，你甚至可以停止有氧练习，让你的身体得到充分的恢复。

4. 耐力

希望提高耐力水平的健身爱好者，对训练强度和训练容量的管理要根据三大耐力训练类型进行不同的处理。

进行心肺耐力训练时，随着训练计划的推移要不断增大训练的整体容量，这比提高训练强度更容易具化训练内容，对提高心肺耐力水平有较大的帮助。训练强度要逐渐适应并配合新的训练容量。例如你之前习惯的是进行6千米的长跑，那么你的心率、速度都会有一个相对固定的标准，而距离增长至7千米时，你的心率和速度便要做出一定的变化。一般为了更好地完成训练，在初期都会适当降低一点速度和心率，逐渐适应了新的训练容量后，便可以提高心率和速度，让整体训练强度变高。故训练强度的调整其实是一个由高到低再到更高的过程。不过，要注意的是，这里提到的增大训练容量绝非堆砌无用的时间，一定是建立在满足基本训练强度基础之上的训练容量的增大。

进行速度耐力训练时，随着训练计划的推移要不断提高训练强度，即表现在不断释放出更高的速度，并尽可能长时间维持住。这点也是基于速度耐力本身的独特要求，即在尽可能长的时间内保持尽可能快的速度。因此，如果想更好地提高速度耐力水平，那么必须在训练强度上入手，随着自身能力的提升去使用更快的速度也就是更高的负荷进行练习。在训练容量方面，与心肺耐力训练相反，训练容量需要逐渐适应并配合新的训练强度。例如之前你习惯的是进行配速8的练习，可以保持这个速度进行2千米的奔跑，而你将配速提升至10时，你只能完成1.5千米的奔跑。这种现象是很正常的，你要在逐渐适应了新的训练负荷后，逐渐增大训练容量，可以逐步达到使用配速10进行2千米的奔跑。要注意的是，同时增大训练负荷和训练容量的方法难度极大，特别是在速度耐力训练这种较难、对于健身爱好者体能水平及恢复能力要求极高的训练模式中更是如此。

进行力量耐力训练时，如果你的目标是针对四大常见力量耐力的表现形式的练习，那么你应该随着训练计划的推移不断增大训练强度，这主要是为了迎合你的最主要目的，即尽快培养力量耐力训练时所需要的力量基础。你可以参照增肌或力量训练中的肌肉辅助练习，在身体允许及动作姿势标准的前提下，逐步增大使用的负荷重量。在训练容量的管理方面，我们建议你使用较稳定的训练容量，此时你的目的是尽快地培养力量基础，没有必要把过多的心思放在训练容量的增长上。如果你的目标是力量耐力的专项练习，那么要随着计划的执行，在力所能及的前提下，不断增大整体的训练容量。例如在进行循环训练时完成更多的循环次数，或者在每个循环训练中安排更多的动作数。在力量耐力训练时，不需要时刻注意增大整体训练的负荷，因为力量耐力训练包含的动作较多，每组完成的次数较高，几乎没有任何组间休息，是一种强度不低的训练模式，如果过多关注训练负荷重量的增加，那么动作次数过多容易导致无法完成练习。应随着自身力量耐力水平的不断提高，自然而然地增加训练负荷重量，不要急于求成。

对于耐力训练所需要的有氧练习训练强度及训练容量的安排，心肺耐力训练不需要安排有氧练习，而进行速度耐力和力量耐力训练时，因为二者本身对健身爱好者的消耗比较大，所以最好使用恒定强度的有氧练习。如果你在执行计划的过程中感到身体明显的疲劳，也可以缩短有氧练习的时间，进一步减小训练容量，甚至完全停止有氧练习。

5. 爆发力

因为爆发力的特点是在最短时间内用最快速度释放最大力量，所以进行爆发力专项训练时，几乎不存在主观上增大强度的可能性，每一次奔跑和跳跃都应当竭尽全力，没有任何保留。如果希望增大训练强度，那么可以缩短组间休息。不过，这可能会使身体没有完全恢复，影响具体的爆发力表现，因此一定要注意。在训练容量的管理上，要根据健身爱好者自身的神经和身体状态做判断。如果你在几组练习后跳跃高度或奔跑速度出现了明显下降，那么再继续进行练习是没有任何必要的，此时你应当立即停止训练，不过，要尽可能避免这种情况的出现，应充分合理地把控你的训练容量与自身水平的关系，不要出现训练容量忽高忽低的现象。

进行爆发力训练中有关提高力量水平的练习时，随着训练计划的推移，在优秀地完成计划要求并且身体状况允许的情况下，不断增大训练强度并减小训练容量。要注意的是，进行有关爆发力的力量训练中，若训练容量降低到一组一次这种极限重量，会影响快速发力能力，因此应将负荷提高到一个上限，并且保持恒定的训练容量进行练习。

进行爆发力训练中有关完善跑跳技术的专项练习时，因为训练的目标主要是奔跑或跳跃技术的提高，所以随着训练计划的推移应适当增大训练容量，训练强度则一般较稳定，否则神经较易产生疲劳而影响技术的练习。当然，进行技术专项训练中也可缩短组间休息时间，适当增大训练强度，有助于快速发力能力的提升。

此外，在爆发力训练所需要的有氧练习训练强度及训练容量的安排上，要注意爆发力训练模式的核心是绝对速度或弹跳力的提升，有氧练习仅仅是控制体重的一个辅助手段。如果你在有氧训练中安排较大的负荷或较高的训练容量，便无法在爆发力训练中保持最佳的神经、肌肉、关节状态，不利于运动能力的提升。因此，有氧练习时应维持较轻的训练负荷、合适且不需要太长身体恢复时间的训练容量。

6. 柔韧性

以提升柔韧性为目标的健身爱好者，进行主动柔韧性训练时，训练强度和训练容量可以参照主动柔韧性在具体运动中的表现类型进行相应安排。进行被动柔韧性训练时，训练强度一般指的是能够做到的最大伸展幅度，这并非主观意义上通过自己努力可以提高的。有的健身爱好者会让朋友帮助自己按压来强迫自身达到更大的伸展幅度，同时增大训练强度，这种方法的确在一定意义上有助于身体获得更大的伸展幅度，但是这对健身爱好者及辅助者对力量的把控有很高要求，业余健身爱好者在没有专业教练辅助的情况下不要使用这种方法。被动柔韧性的训练强度增加应当与自身的被动柔韧性提升程度相匹配，随着被动柔韧性水平的改善，再在训练中不断提高最大伸展幅度。在训练容量方面，被动柔韧性训练没有必要安排特别高的容量，一味地堆砌高组数或者每组保持太长的最大拉伸时间对被动柔韧性提升都没有特别明显的帮助，只需选择相应合适的训练容量，随着被动柔韧性水平的提高不断增大训练强度即可。过长的拉伸时间还有可能影响主动柔韧性表现形式，使身体丧失张力。

在柔韧性训练所需要的有氧练习训练强度及训练容量调整方法上，要注意此时有氧练习的目的是使身体热起来，在拉伸练习时身体尽快进入状态，因此一般只需要使用5～15分钟这种固定的训练容量进行持续的有氧练习即可。在训练强度方面，除非你因体脂过多导致柔韧性极差，可以逐渐增大训练强度，否则你只需要保持强度较低的有氧练习即可。

（十六）辅助

辅助是指在训练中利用他人的帮助，在身体已经明显力竭时继续完成规定的训练组数或次数。辅助可以在你尽量保证动作姿势标准的前提下，对肌肉或力量水平的刺激最大化，对训练是有一定帮助的。辅助同借力是两个不同的概念，借力一般指的是训练者通过身体晃动等方法代偿发力而完成规定的训练要求。一般来讲无论是什么训练模式，我们都不建议健身爱好者在练习时使用借力的方法，因为借力会导致训练目标出现偏差，甚至有可能产生受伤的风险。一些训练模式中利用辅助完成练习，需要参考健身爱好者的训练水平及不同的训练目标。此外，他人辅助不只有帮助你完成训练动作次数和组数要求的作用，在一些特殊的训练类型中有助于你更好地提升相关的运动能力。如果你使用的训练类型或具体训练环境不适合他人的辅助，那么你要考虑降低训练负荷甚至停止练习，具体的要根据不同的具体情况及训练类型决定。

1. 增肌或减脂

以增肌或减脂训练为目标的健身爱好者，如果需要使用辅助，那么请一定注意使用的具体时间节点。一是至少完成动作次数的80%后才可以寻求辅助。例如你进行一组12次的杠铃弯举训练，你独立进行9~10次以后才可以通过辅助完成剩下2~3次的练习。如果你还没有完成80%的重复练习，例如一组12次只练了6~7次就需要辅助了，那么这意味着你的训练负荷重量过大，即使使用辅助的方法完成练习也不会对肌肉的刺激有很好的效果，不利于增肌或减脂。二是要在独立完成70%~80%的组数练习后才可以寻求辅助。例如你要完成4组绳索臂屈伸练习，那么必须先独立进行3组规定次数练习后才可以在第4组使用辅助完成练习。如果你独立完成2组练习就需要辅助，那么应使用降重的方式完成后面两组的练习。

过分依靠辅助对于肌肉的刺激并没有太好的效果，因此我们不建议刚接触增肌或减脂训练的健身爱好者频繁使用辅助，寻找辅助容易产生一定的惰性，最好的方法应当是在训练初期培养自己的动作姿势及对动作负荷的感受。并且，我们也不赞成在复合训练动作中使用辅助，因为复合训练动作都是使用较大重量、针对大肌肉群的训练动作，例如杠铃或哑铃的卧推，如果训练中力量不足导致规定次数无法完成，那么身体容易失去对负荷的控制，使用辅助有可能会使身体受到伤害，此时应降重甚至完全停止练习。此外，降重要循序渐进，除非你感受到身体明显的疲劳，否则不要采用"断崖式"的重量调整。他人辅助时，避免他人提供过大的力量帮助，否则也容易使训练难度大幅度降低。

2. 塑形

以塑形为目标的健身爱好者，利用适当的辅助可以获得对肌肉的深层刺激。例如，在训练中利用他人的辅助加强在动作顶端肌肉收缩的程度及时间，给予目标肌群更充分的刺激，有利于局部肌肉分离度的改善；在哑铃飞鸟时他人作用于你的手臂进行对抗，加强胸大肌内侧的感受，对肌肉的生长有极大的帮助。无论是加强顶端收缩还是与他人对抗，都是塑形训练或高水平健美训练经常采用的方式，你无法独立完成练习，必须有好的训练搭档或教练辅助。这种方法不是在塑形训练者力竭时用来完成规次数和组数要求的，而是在训练时主动采用、用于对肌肉有更好的刺激，因此如果你的训练水平较低，那么很容易把这种加深对肌肉刺激的练习方式变为"借力"，从而影响它原本的意义和价值。当然，塑形训练时，也存在明显的力竭后寻求辅助的情况，此时要根据具体的训练方法选择辅助。如果你使用的是正常的训练组安排，可以正常独立进行80%的训练组数或80%的每组重复练习次数后，使用辅助完成练习。如果你使用的是超级组或金字塔组等进阶的练习方法，因为其训练容量较大且训练强度不低，你可能会经常力竭，此时可以选择在一次超级组（三组或三组以上的超级组）的最后一组或两组进行80%的规定次数练习后，再使用辅助完成规定的次数练习。例如你需要进行三个重量、每个重量完成15次的前平举练习，可以在第二个或第三个重量的第 13 次重复练习开始使用辅助。如果你无法独立完成 80% 的动作重复次数，或者在第一个超级组便需要朋友辅助，那么你适当降低其中一个或两个超级组的负荷，否则便失去了超级组练习的意义。

3. 力量

以提高力量水平为目标的健身爱好者，要根据力量训练的两大类型即专项训练和辅助训练的要求选择辅助。

进行专项训练时，一般不要使用他人辅助的方式，因为你的训练目标就是利用自己的力量尽可能举起更大的重量，利用他人的辅助会使你真正举起的重量变轻许多。有的健身爱好者认为在深蹲或者卧推的时候让他人扶一下杠铃，例如手只是搭在上面但不怎么用力，便不会起到多么大的助力，不会影响自己的训练效果。但要注意的是，只要你的杠铃或者你自己的身体被朋友接触或保护，朋友扶住杠铃时不仅分担走了一部分重量，还帮你稳定了杠铃，提高了你在练习时的稳定性。经常看到"好心人"会在你大重量练习比较困难时帮你扶一下并且表示没使劲，这其实对你的力量训练是没有太大积极作用的。当然，一些比较特殊的情况，例如你在动作接近完成时出现力竭现象，因有人帮你轻轻带一下完成最后一次或两次的练习，对力量提升没有太大负面作用。前面提及的不要让他人辅助，主要指的是动作开始或者刚发力的阶段，他人的辅助会明显降低大重量训练的难度。又如你在无法靠自己的力量举起杠铃时，例如卧推训练中，必须依靠朋友帮助你把杠铃放回去，否则你便会被杠铃压住，对肘关节、肩关节及相关肌肉群产生较大损害。因此，进行专项训练时，虽然大部分情况特别是极限力量的练习时完全不能借助辅助，但是有一部分特殊的情况，为了更好地保护身体，可以适当借助辅助来完成练习，例如卧推比赛时允许他人辅助扶铃对提高卧推成绩也是有帮助的。

进行辅助训练中有关肌肉辅助的练习时，在完成规定动作组数或次数 80% 后，可适当通过辅助来更好地完成练习。因为肌肉辅助训练往往安排在大重量的专项训练后，为了避免连续使用较大负荷对身体带来的疲劳累积，理论上我们建议健身爱好者最好还是合理地选择肌肉辅助训练的负荷重量，避免过多地依靠辅助来完成练习。在肌肉辅助训练中，有时会采用超级组或金字塔组等进阶训练法，以给予目标肌群更强的刺激，此时，可以通过辅助来加强对肌肉的顶峰收缩刺激，或者利用对抗发力的方法更好地寻找肌肉的感觉，以便构建高水平力量素质所必需的肌肉基础。进行辅助训练中有关专项辅助的练习时，无论目标是提升快速发力的速度训练还是解决专项动作中难点的技术训练，都不应当采用任何他人帮助的方式，因为这种训练方法所使用的负荷重量并不会很大。如果你采用将大重量的专项辅助训练替代大重量的专项训练方法，那么我们建议你可以使用有关专项训练时如何依靠他人辅助更好地完成训练或保护身体的方法。

4. 耐力

希望提高耐力水平的健身爱好者，进行有关速度耐力或心肺耐力训练时，因为这两项耐力类型的具体运动往往是奔跑或游泳练习，并且心肺水平或速度能力是几乎没有任何他人外力可以帮助提高的，所以没有任何可以寻找他人辅助的机会。如果你感觉到整体的训练负荷过高或者实在无法坚持，那么为了身体健康和安全，你应当立即停止训练，而不是继续勉强支撑，勉强支撑很容易使身体产生更加严重的伤病，对提高心肺耐力或速度耐力并没有太大的帮助。进行有关力量耐力的训练时，如果你的训练类型主要关注对基础力量水平的提高，那么使用辅助的方法可以参考力量训练的相关策略；如果你的训练类型是正常的力量耐力专项训练，因为力量耐力训练的整体负荷强度较大，并且会使用一定的重量，训练动作往往都是复合训练动作，所以一旦出现力竭现象，你只有通过短暂的休息和呼吸的调整继续完成规定动作，他人即使想给予你一定的帮助也会由于动作姿势的关系很难实现，并且容易使你的关节、韧带、肌肉面临极强的受伤风险。

5. 爆发力

希望提高爆发力水平的健身爱好者，无论是进行以提高绝对速度为目标还是以提升弹跳力为目标的爆发力训练，都不应当采用任何依靠辅助的方式完成练习。你跳不动的时候可以直接停止训练，如果你觉得自己缓几口气能恢复就短暂休息一下，让朋友辅助把你向上拖着去跳跃是很滑稽的。不过，有的健身爱好者会在进行爆发力训练中安排一些以提高基础力量水平为目标的练习，为爆发力的增长打下一定的力量基础，可以采用力量训练对他人辅助及使用的时间节点的选择。

6. 柔韧性

希望提高柔韧性水平的健身爱好者，若有足够的训练经验，对自身的柔韧性和最大幅度有很清楚的了解，可由专业的教练员帮助练习，轻易借助对训练一知半解的朋友给予压力来完成更大的伸展幅度会使韧带和关节产生伤病。

（十七）热身方法

健身爱好者在执行具体的训练计划前，面临一个很重要的问题——热身：让身体尽快热起来，有一个好的神经兴奋度和最佳的身体肌肉状态。热身需要按照具体步骤一步一步进行，绝对不是简单地活动几下关节，拉伸一下目标肌群，跳两下或者跑两步就达到要求的。训练或比赛中很有可能使用较大的重量或进行较快速的奔跑，所以必须进行充分的热身，将自身的肌肉、关节、力量、神经、动作记忆都全部"唤醒"，一旦有任何一部分处于休息或没有准备好的状态，便会直接影响运动表现。有的健身爱好者热身过于拖沓，或者说过于仔细，热身用了 30～40 分钟，此时身体不仅消耗了一定的能量，神经也会变得不兴奋，反而不利于正常的练习，这便是所谓的"热身过度"现象。因此，热身过程既不能时间太短，也不能出现热身过度，必须遵照一定的步骤和策略，让热身更加高效。虽然不同训练模式所对应的热身方式并不完全相同，但是在大体的热身步骤是基本相同的，有区别也往往在不同步骤的侧重度方面。一次科学有效的热身包含四大步骤：

① 肌肉/关节拉伸。这是静态热身的一种方式，即健身爱好者一般不需要位移，原地站立或仰卧，对肌肉、关节、韧带进行一定的拉伸，确保可以在练习时拥有最基本的身体伸展幅度，避免对身体柔韧性有要求的训练动作出现练习质量较差的现象。热身时，一定要先进行对肌肉、关节和韧带的拉伸，将肌肉及肢体的柔韧性充分激活，这是任何训练模式都必须具备的根本素质。进行肌肉/关节拉伸时，要注意避免拉伸的时间过长，一般一个最大身体伸展幅度的姿势只需要保持 10～15 秒即可，如果保持的时间太长也会让身体失去张力，不利于正常的训练。

② 力量激活。这是动态热身的一种方式。健身爱好者往往会使用一定的力量训练器械，针对自身在接下来的训练计划中所需要使用的主要肌肉群，安排一些简单、对关节压力较小的动作，将目标肌群的力量激活，有助于在训练计划执行时有更好的运动表现力。例如你的训练动作是折返跑，它对伸髋发力及踝关节周围的肌肉群都有一定的力量需求，热身应当安排臀屈伸、站姿提踵等针对上述肌肉群的训练动作以充分激活肌肉力量。需要注意的是，在力量激活过程中要注意遵循三大基础原则。第一，给关节和韧带的压力较小。这意味着使用固定器械或弹力带会是更好的选择，杠铃和哑铃会给关节和韧带一定的压力，不利于以最好的状态开始正式的训练。第二，合适的训练负荷。一般来讲，应用较轻的重量热身，不会感到肌肉有一定疲劳反应，目标只是让目标肌肉的力量激活，而不是让它们疲劳或者接受高强度的训练。合适的热身负荷会让你在做完训练后，感到肌肉充满活力而非疲劳感。除非你使用的是比较特殊的有关增肌或塑形的训练方法，否则千万不要在热身时出现严重肌肉充血的现象。第三，避免使用较高的训练容量。一般来讲，在进行力量激活的热身练习时，只应安排一个动作 2 组、每组 10～12 次的重复练习。如果使用 4～5 组或者每组 12 次以上的重复练习，热身就使用较大的容量，这明显不利于正常训练时的表现，导致能量被提前消耗，出现舍本逐末的问题。

③ 神经激活。这是动态热身的一种方式。激活神经的目的主要在于提升神经系统的兴奋性，以更好的状态开始正式的训练。正式的训练对于神经的要求是十分高的，无论是需要放慢速度、保持注意力的练习方式，还是需要释放爆发力、快速发力的练习方式，都必须对神经系统进行特殊的激活，这样才可以给予正式训练更好的运动表

现力。不对神经进行激活的话，你便无法充分募集肌肉或协调肢体的配合进行练习。在进行神经激活时，要注意两大问题。第一，快速或慢速发力。不是所有的训练模式都要求运用快速发力这种类型的神经募集能力，例如增肌或塑形训练时，为了更好地给予目标肌群刺激，会采用慢速控制发力的方式进行练习。因此，要根据不同的训练模式安排相应的练习动作。第二，循序渐进。使用快速发力进行神经激活的健身爱好者，刚开始热身时，神经系统的兴奋性最低，快速发力需要有一个节奏上的循序渐进，即由慢到快的方式。如果上来就用过于猛烈的快速发力，那么容易导致身体因神经没有完全准备好而产生受伤现象。

④动作激活（热身组）。动作激活是动态热身的一种，是十分特殊的热身方法，并不是所有的训练模式都会使用动作激活。一般的训练动作是不需要对动作预热的，面对将要开始的是难度较高的训练动作或者负荷极大的重量，才会安排针对性的动作激活。在动作激活时，主要采用热身组的方式进行练习，即使用目标动作进行多组数、负荷重量从轻到重、每组动作重复次数从多到少的方式进行练习。进行像心肺耐力的训练时，提前跑个400米对于正式组的练习不会有太大的影响，因为都是简单的奔跑，没有难度或者负荷强度上明显的变化，没必要安排对动作的激活。如果你使用大重量的深蹲练习，那么必须通过多个热身组，从较轻的重量一点点热身，让身体逐步适应重量。否则，即使你前面三个热身步骤都完成，直接从"0"重量就过渡到大重量的深蹲练习，是肯定会导致练习失败的，严重的还会使身体产生较严重的伤病。

这四个热身步骤是热身练习时必须按照顺序遵循的，只是在具体的练习中会根据采用的不同训练模式在不同步骤中有所侧重。

1. 增肌或减脂

以增肌或减脂训练为目标的健身爱好者，训练的核心目标是通过对肌肉进行刺激，搭配合理饮食及有氧练习的方式，使用大重量的复合训练动作及重量较轻的孤立训练动作轮番刺激目标肌群，使整体肌肉更好生长或燃烧多余的脂肪。因此，热身练习时，要将更多的侧重点放在对力量和神经的激活上。在进行力量激活时，可以根据当时要训练的目标肌群安排2～3个动作、每个动作进行1～2组、每组完成10～12次即可。你只要选择合适的负荷重量即可，即使使用到正式训练中的动作也不会对运动表现有太大影响。在进行神经激活时，为了使肌肉有更好的充血感受，采用较慢速的方式进行热身，例如使用有控制的杠铃弯举或较慢速的侧平举等。此外，需要注意的是，针对增肌或减脂训练的热身过程中，不要忽略对肌肉和关节的拉伸，拉伸练习对于提供更大行程的肌肉做功距离有重要的帮助，更好地刺激目标肌群。不过，拉伸训练动作本身并不会使用过大重量，并且都是较基础的肌肉力量训练，所以不需要安排特殊的动作激活。

2. 塑形

以塑形为目标的健身爱好者，训练的核心同样是针对肌肉进行刺激，因此热身方式可以按照增肌或减脂训练的侧重点安排。唯一需要注意的是，塑形训练对肌肉的刺激程度及强度明显高过增肌或减脂训练，经常会在训练的开始便带给你极强的对肌肉和力量的冲击，因此需要在热身时将肌肉、力量、神经充分唤醒，才可以以更好的状态迎接正式组的训练动作。

3. 力量

以提高力量水平为目标的健身爱好者，要根据训练日的主要目标不同安排相应的热身训练。

如果你训练日的目标是大重量的专项训练，那么热身时需要将注意力更多放在力量激活、神经激活及动作激活三方面上。在进行力量激活时，应将目标动作使用的主要肌群都进行1~2个动作、每个动作1~2组、每组10~12次的练习。例如，你进行卧推专项训练时，要将力量激活的重心放在肱三头肌、三角肌、胸大肌、背阔肌四个部位上，如果你需要借助腿驱动的辅助，那么还要适当激活股四头肌和臀大肌的力量。在具体的动作执行方法上，我们建议你采用将6~7个动作循环训练的方法，不休息或短间歇地从第一个做到最后一个，因为主要目标是激活肌肉力量，不会使用太大的负荷，不会对肌肉造成疲劳感，不会影响正常的大重量专项训练。使用循环训练的方法也是为了避免在热身时过多消耗身体的能量，使整个热身时间变得过长，从而影响专项训练时的注意力。在进行神经激活时，因为大重量专项训练对于健身爱好者的快速发力能力有极高要求，所以必须尽快唤醒神经兴奋，采用一些快速发力或爆发力的动作进行热身。当然，相关动作的挑选也需要参考当日三大项主项内容：在卧推训练日，可以使用快速俯卧撑的练习或借力推举的练习进行热身；在深蹲训练日，可以使用半蹲跳或收腹跳的方式进行热身；在硬拉训练日，可以使用高翻或高抓等爆发力训练动作。此时不需要安排太多的训练组数，一般挑选1~2个动作，每个动作2~3组，每组的重复次数练习可以根据你的疲劳和兴奋度决定。如果你做了4~5次的重复练习后，便感受到快速发力的感觉及强烈的神经兴奋，那么便不需要再继续进行更多无意义的重复次数练习，有助于更好地保留体力。在进行动作激活时，因为大重量专项训练的第一组正式组练习重量几乎都在极限重量的80%以上，所以必须使用热身组的方法，即选择较轻的重量，然后按照一定的百分比加重，规律性地逐渐热身到可以开始进行正式组练习。这里提到的热身组同正式组所使用的动作是完全一样的，例如今日需要进行的是大重量的深蹲练习时，那么热身组也要使用相同的深蹲动作，使用腿举是没有任何意义的。腿举对神经募集肌肉的要求与深蹲是完全不一样的，你无法做到直接的迁移转化。另外，进行深蹲热身组练习时，需要注意动作技术的一致性，即如果正式组使用的是低杠位深蹲，那么热身组就需要保持一致，不能使用高杠位深蹲，其余包括站距、握距甚至护具使用等也必须完全一致。有的健身爱好者喜欢在正式组或最后一组热身组时才全副武装，这种方法是不值得借鉴的。不过，有一种情况是可以在热身组和正式组时使用不同的深蹲方法的：当你的肘关节因低杠位产生剧烈疼痛时，可以在热身组时使用高杠练习，在最后 1～2 组热身组和正式组再使用低杠练习，这可以减少使用低杠的整体时间，避免长时间使用低杠位所导致的肘关节不适感。这种方法在比赛中也是很好的策略，可以使卧推时肘关节有一个较舒适的感觉。在具体热身组的重量负荷增长上，我们一般建议健身爱好者从空杠开始热身，然后逐渐加重至正式组目标重量的 50%，这个过程中进行的组数并不属于热身组，目的只是让肌肉、神经、关节对动作有个印象（如果健身爱好者极限重量较高，那么可以跳过空杠的阶段，直接从极限重量的 50% 开始）。热身组是从正式组目标重量的 50% 开始的，并按照逐步增加 10% 的方式，一直进行到最后一组使用正式组目标重量的 90%；相应的每组重复次数是由五次开始递减的，即 50%×5，60%×4，70%×3，80%×2，90%×1。这种方法适合极限力量较低或者需要在热身时进行多次数的重复练习才可以充分唤醒动作记忆的健身爱好者，会给予身体比较强的"踏实"的感觉，但也会在进行正式组练习前预先消耗一定的力量储备。力量水平较高的健身爱好者，可以采用较少的次数重复练习，例如在 50% 的目标重量时使用较多次数甚至超过 5 次的重复练习，但是在 60%、70%、80%、90% 这四组热身组练习时每组只需完成 1 次即可。这种方法可以在正式组前最大化减少力量基础的消耗，适合水平较高的健身爱好者，但对需要较多重复次数才可以唤醒动作记忆的健身爱好者并不适用，它会使正式组的第一组练习时因动作记忆没有被充分激活所导致的完成质量较差。

如果你训练日的目标是辅助训练，即针对速度能力或专项动作分阶段难点而安排的专项辅助训练，以及针对提升肌肉质量安排的肌肉辅助训练，那么你的具体热身步骤和侧重点需要根据不同的训练类型决定。进行专项辅助训练时，如果你在训练日的主要内容是速度训练，因为正式组使用的重量较轻，有时只为极限重量的 50%～65%，所以没有必要安排较多的热身组，并且极限重量 50% 的 50% 所对应的重量实在过低，为此安排特殊的热身组没有什么明显的意义。在热身训练中，一般只需要通过简单的正常加重，适当用目标动作进行 2～3 个不同的递增重量，每个重量做 1 组，每组做 1～3 次即可完成速度训练前对"热身组"的要求。在具体的热身侧重点方面，应当将热身的重心放在针对肌肉/关节的拉伸及神经激活上。因为速度训练最核心的要求便是在保证动作姿势标准的前提下尽可能快速地完成动作，所以必须将肌肉和关节在热身时充分活动开，否则便很容易出现肌肉或关节在快速的发力练习中拉伤的现象，这种情况极易出现在使用的训练负荷重量较小的情况下，因为健身爱好者会产生本能的懈怠。除此以外，激活神经也是在进行速度训练时十分重要的一环，因为你的训练目标就是快速发力，故在热身中也必须培养快速发力的神经记忆感觉，充分调动神经的兴奋性。你可以直接采用正式组的练习动作，从很轻的重量便开始进行最大速度的练习，这其实相当于把热身组直接包含在内，更加节省对身体能量的消耗。当然，也可以采用一些快速跳跃、奔跑甚至举重类的爆发力动作，这些也可以使你的神经变得十分兴奋。如果你在训练日的主要内容是解决动作分阶段难点，并且将侧重点主要放在神经募集能力训练或替代正常的专项训练动作，具体热身时可以参照三大项大重量专项训练提到的方法，将侧重点放在力量激活、神经激活及动作激活上。若你使用正常的专项辅助训练，或目标是培养动作技术，应将热身的侧重点放在肌肉/关节拉伸及力量激活上，因为此时使用的重量并不会特别大，所以不需要进行特殊的动作激活或热身组的安排，只需要将肌肉充分唤醒即可。有的专项辅助训练动作对节奏有特殊的需求，例如暂停深蹲要在深蹲最低点停顿一下，这需要注意对热身组采用同样的暂停方式进行深蹲练习，才更有助于快速进入状态。此外，个别专项辅助训练动作还会对身体柔韧性有较高的要求，例如在卧推时使用宽握距和较大的起桥幅度，你必须在热身时就针对目标肌肉和关节进行细致的拉伸，否则柔韧性达不到要求会直接影响专项辅助训练效果。在力量训练中，无论你的训练日核心内容是什么，是否会侧重对肌肉和关节的拉伸，你都不能在热身时忽略对肌肉和关节的基本拉伸，否则不仅会影响训练时的力量表现，同时力量训练时所使用负荷很容易给身体造成伤害。

4. 耐力

以提高耐力水平为目标的健身爱好者，具体热身的侧重点和方法需要根据三大不同的耐力类型进行具体安排。

进行心肺耐力训练时，因为训练方式主要是长距离的奔跑或游泳，所以需要在热身时将侧重点放在对肌肉/关节的拉伸及力量激活上。拉伸环节，可根据正式组训练所需要消耗的关节和肌肉群的不同，每个部位安排3～4个动作，每个动作拉伸2～3组，每组拉伸10～15秒。由于心肺耐力训练会进行长时间持续的奔跑练习，肌肉和关节的拉伸比重会比之前的几种训练模式高一些，这是为了长时间的持续有氧练习中更好地保护肌肉和关节的健康。在力量激活时，同样需要根据正式组训练所消耗的肌肉群不同，每个肌肉群安排2～3个动作，每个动作完成2～3组，每组完成15次重复练习。这里之所以会安排15次这种较高的次数练习，主要是因为心肺耐力训练需要肌肉力量的长时间持续发力，所以需要在热身时安排较高的容量，以使使肌肉更快进入状态。相关动作一般选择针对屈伸髋或屈伸膝肌肉的力量训练动作，它们是心肺耐力练习时最主要的力量来源。心肺耐力训练并不需要你短暂使用快速或慢速的发力节奏，它是一个逐渐进入训练节奏的过程，因此你不用在神经激活时消耗过多的能量，只需要安排1～2个将身体活动开的有位移的动作，例如高抬腿跑或变速跑，让身体进入运动状态即可。心肺耐力训练往往只有一个正式的训练动作，训练难度并不大，故没有必要安排单独的动作激活，一般都是神经激活完成便意味着整个热身练习的结束，随即便可以开始正式的练习。此外，需要注意的是，心肺耐力训练中会有关于呼吸的相关训练，如果呼吸的负重或抗阻力训练是第一个正式训练动作的话，那么你在神经激活完成后，需要用短暂的时间让身体休息，并充分调整呼吸节奏，进行"呼吸激活"，然后开始相关训练，如果没有这个步骤很容易使正式训练动作完成质量较差。

进行速度耐力训练时，因为训练同样会采用奔跑或骑行的练习方式，并且要求具备长时间维持高速度的能力，所以热身时要将侧重点放在肌肉/关节的拉伸及速度激活上。拉伸时要根据正式组训练所消耗的关节和肌肉群的不同，每个部位安排2～3个动作，每个动作进行2～3组，每组拉伸10～15秒的练习。这种方式比心肺耐力训练中的整体容量稍微偏小，目的是最大化节省进入速度耐力正式训练之前的能量消耗。速度耐力训练要求维持高水平速度的能力，虽然速度本身依赖一定的力量基础，但是这里还是要将热身侧重点放在速度激活上。力量激活时只需简单安排1～2个训练动作，每个动作练习10～12次即可。而在速度激活时，因为经常在正式组进行高速的耐力跑练习，所以在神经激活时不仅应调动起身体快速发力的能力，让神经变得十分兴奋，还应当安排必要的针对奔跑的一些技术动作，例如有关步伐、步频、变速跑的热身动作，对正式组的高速耐力跑练习会有十分重要的作用，以尽可能长时间维持高速。正式组的练习一般会采用逐渐进入高速度节奏中的方式，不会在训练刚开始便全力加速至最高速度然后保持（否则无法坚持多久）。因此可将有关动作的激活直接融入正常的正式组练习中。而其中有关奔跑技术动作的激活，提前在神经激活时已经完成。

进行力量耐力训练时，如果你以提升力量耐力进行力量基础练习，那么热身的具体侧重点和安排方式可以参考力量训练的相关策略。如果你进行力量耐力的专项练习，因为力量耐力需要长时间保持较高水平的力量，并且使用的大都为全身的复合训练动作，所以应将热身侧重点放在针对肌肉/关节的拉伸及力量激活上。进行肌肉/关节的拉伸时，要根据正式组训练所消耗的关节和肌肉群的不同，每个部位安排3～4个动作，每个动作进行3～4组，每组拉伸10～15秒的练习。这种方式比速度耐力及心肺耐力容量都要高一些，这与力量耐力训练使用较高的负荷重量有关，适当多做几组拉伸可以使肌肉和关节更加自如地应对大重量的练习，避免在力量耐力训练时受到损伤。在力量激活方面,可以采用力量耐力训练所使用的循环训练法进行热身,甚至可以直接使用负荷较小的重量进行按正式组的动作进行一次循环练习。只不过需要注意的是,这里一定要使用更轻的重量进行热身,否则会直接影响力量耐力正式组练习时的表现。因为力量耐力训练的目标只是尽可能将力量水平维持更长时间,并没有对训练动作速度有明显的要求,你可以使用较快速的练习,也可以适当控制动作的完成速度,只要这一切有助于你更长时间保持力量水平即可,所以不将太多的注意力放在神经激活上,甚至使用1组循环练习进行力量激活后,会直接跳过神经激活和动作激活这两个环节,适当休息几分钟,便开始当日的正式练习。

需要注意的是,在三大项耐力训练中,尽管具体的训练模式和训练方法各不相同,但都对呼吸能力有一定的要求。因此,无论执行什么训练方案,你都应当在正式的练习开始前,有一定的时间调整呼吸节奏,并且充分集中注意力,这样才是真正将热身完全做完。

5. 爆发力

以提高爆发力水平为目标的健身爱好者,无论使用的是提高绝对速度还是提升弹跳力的爆发力练习方式,都应当将热身的核心放在肌肉/关节的拉伸、力量激活及神经激活上。进行肌肉/关节拉伸时,对目标动作所需要的主要肌群和关节预热,可以使爆发力训练中有更好的身体运动幅度,有助于提升步幅或跳跃时身体的舒展程度,对提高爆发力水平有十分重要的帮助。一般来讲,因为爆发力训练是全身性的,很少会有局部爆发力,所以要安排针对全身各个主要部位的拉伸练习,每个部位安排2~3个动作、每个动作1~2组、每组10~15秒的拉伸练习。虽然这种安排方式会消耗较多的时间,但是你不能有任何的疏忽,一旦有一个部位没有充分活动开,它同样会直接影响你的爆发力表现。进行力量激活时,同样需要针对全身主要肌肉群,把上肢和下肢主要发力的肌肉群都进行预热。有的健身爱好者在弹跳力训练前的热身中只习惯针对下肢的肌肉群进行力量激活,不会安排对上肢的力量激活,这会导致跳跃过程中损失一部分上肢的力量辅助,从而影响弹跳高度。一般来讲,力量激活会安排每个部位1~2个训练动作、每个动作1~2组、每组8~10次的练习。此时使用的训练容量较小,为的是将更多的能量留到正式练习中。爆发力训练中要协调配合发力,而不是只关注某一个运动素质的表现,因此在神经激活方面也没必要安排过高的训练容量,选择1~2个有位移的训练动作及偏向力量的举重类的动作,每个动作进行2~3组,每组完成适当的次数,感觉已经进入训练状态,便可以停止热身,直接开始爆发力的正常练习。神经激活时没有每组完成次数的严格要求,具体的次数需要根据你的神经兴奋性来做判断。此外,需要注意的是,我们不建议在爆发力训练中使用动作激活的热身安排,因为最相关的动作激活练习方式就是正式训练的动作,运用爆发力时需要注意快速且全力发力，这也是前面三步热身着重培养的，所以此时进行有所保留的正式训练动作预热，很容易使千辛万苦培养的高兴奋性变得沉寂，不利于爆发力训练。

6. 柔韧性

以提高柔韧性水平为目标的健身爱好者，进行与主动柔韧性有关的热身练习时，可以参考主动柔韧性具体的表现形式，然后根据相应训练模式的特点进行具体的热身练习安排。进行与被动柔韧性有关的热身练习时，因为训练动作都是基础的拉伸练习，并不需要太强的神经兴奋或肌肉力量，所以不会将重心放在肌肉/拉伸练习、力量激活、神经激活及动作激活四个步骤中的任何一个上，要做的是通过适当有氧练习让身体充分活动起来，使拉伸练习时有更大的身体伸展幅度。

（十八）放松方法

一堂训练课有训练前充分的热身，相应地也应有训练结束后对身体的放松。结束一堂训练课后，你的身体会处于一个比较明显的疲惫状态，肌肉、关节、神经都受到了一定程度的消耗，如果不进行相关的放松和拉伸，那么不仅肌肉容易在之后的几天里出现较明显的酸痛，身体的柔韧性及神经的疲劳程度都会受到影响。健身爱好者要根据训练模式特点、身体疲劳的具体反映情况来安排和挑选放松方法。常见的放松方法：

① 针对关节和柔韧性的拉伸练习，主要是为了在练习结束后保持身体适当的柔韧性。如果不注意对柔韧性的练习，那么在像增肌训练这种模式中，会出现因肌肉体积增大所导致的柔韧性下降。

② 针对肌肉的局部按摩，主要是为了一定程度上解决身体的乳酸堆积情况。由于训练强度较大，乳酸在体内大量堆积会引起局部肌肉的酸痛。为了减少乳酸的影响，可以人工按摩来最大程度消除身体的疲劳，还可以为局部较紧张或者有轻微劳损的肌肉进行减压。我们建议你最好找专业的按摩师，如果身边实在没有擅长运动康复的专家，那么可以使用一些特殊的辅助工具。例如挤压类的道具泡沫轴，不仅可以延伸肌肉和肌腱，还能利用健身爱好者自身重量与泡沫轴的挤压舒缓筋膜，同时增加血液的流动和软组织循环。泡沫轴是人们较喜欢采用的放松方法，动作并不难，但不要使用泡沫轴对腰部进行挤压，否则容易导致脊柱变形，甚至出现更严重的腰部伤病。有的健身爱好者会使用筋膜枪替代人工按摩，随时随地在家中进行放松。筋膜枪每分钟可以产生数千次的震动，促进血液循环，同时有效消除人体因训练产生的肌肉疲劳。一定强度训练结束后，交感神经的过度兴奋造成肌肉在静态时依旧过于紧张，并且会出现筋膜粘连或受损，身体往往会出现一些不适反应，例如肌肉发僵或发硬。筋膜枪的

高频震荡作用可直接投至深层肌肉群，令目标肌肉群完全放松。买筋膜枪时一定要十分谨慎，筋膜枪的作用核心在它的转速频率，如果频率与你的需求不一致，那么等于花了"冤枉钱"。

③针对肌肉的冷水浴，主要利用肌肉与血管遇冷水收缩而使血液的乳酸和其他新陈代谢废物排出，从而恢复肌肉的活性。冷水浴还可以冷却大部分肌肉群，减少关节肿胀和抑制关节组织发炎。冷水浴的时间一般是3～5分钟，时间过短则对缓解炎症和肌肉恢复的重要作用便荡然无存，过长的冷水浴时间极易将身体冻伤。有的健身爱好者喜欢用温度极低的冷水甚至添加冰块进行冷水浴，如果对温度没有充分的把控且没采用一定的保护措施，那么很有可能冻伤。你使用温度稍微低点的冷水即可，没必要使用冰块这种较极端的方法。如果你想追求绝对的低温环境，那么可使用更加专业的冷疗舱，它的温度不仅比冷水浴要低很多，更加有利于关节和肌肉炎症的恢复。此外，你可以使用冷热水交替洗浴的方式，让新陈代谢速度加快，同冷水浴一样都是很优秀的促进身体恢复的方式。

④针对神经的睡眠，主要是指日常的睡眠和休息，它对神经系统的恢复是有重要帮助的。如果你在训练日前的一个晚上休息较差，那么你在训练时肯定会有昏昏欲睡或头脑发胀的感觉，这就是睡眠不足导致的神经疲劳。有的健身爱好者因为训练计划设置的容量和强度不合适，在执行计划的过程中出现了明显的神经疲劳现象，即自身力量基础并没有明显变化，但是极限力量或者爆发力水平明显滑落，此时可以通过睡眠的方式来让神经得到充分的养护。一般来讲，日常至少保证每天8小时的睡眠，也可以根据自身的训练强度适当拉长睡眠的时间，但一味地增加睡眠时间并不能完全解决神经疲劳的问题，要尽可能获得较长时间的深度睡眠才可以使神经系统处于较正常的状态。想获得较长时间的深度睡眠，你不能在当日的训练中使用远远超出自身极限的强度和容量，否则你的神经会变得极度脆弱，无法更好地进入深度睡眠状态；其次，每日保证规律的作息是保证深度睡眠的重要手段，如果你的作息极度不规律，半夜睡，凌晨一点半睡，那么即使你保证了每天8小时的睡眠时间，神经系统同样可能会出现疲劳感；还可以使用褪黑素等提高睡眠质量的营养补剂，只是褪黑素等营养补剂并不是对所有健身爱好者都有效果，有的还会产生负面作用。

上述几大重要恢复和放松的手段，并不是短暂的几分钟能见效的，甚至离开健身房回到家中还需要对身体持续保养，确保训练真正高效和安全。需注意的是，上述恢复和放松方式是每个健身爱好者都必须使用的，只是根据不同的训练模式特点有一定的侧重。

1. 增肌或减脂

以增肌或减脂训练为目标的健身爱好者，训练集中在对肌肉的刺激，训练后多使用针对柔韧性的拉伸练习及针对肌肉的局部按摩。拉伸练习可以帮助你很好地保持柔韧性，避免在肌肉增长的过程中柔韧性明显下降而导致增肌训练变得低效。针对目标肌群的局部按摩可以让乳酸堆积带来的疼痛感尽快消失，使身体恢复速度加快，尽快开始新一轮的训练。增肌或减脂训练不会使用极大的负荷，所以肌肉和关节不容易出现炎症或持续较长时间的肌肉疲劳，不必将大量的心思放在冷水浴上。增肌或减脂训练对神经系统的消耗并不大，健身爱好者只需要保证正常规律作息，足以在每次增肌或减脂训练中都保持不错的状态。在具体放松的执行上，一般在完成最后一个训练组后，让心跳逐渐慢下来，将紧绷的神经适当舒缓，间隔 5 分钟左右开始拉伸练习。拉伸动作要选择当日训练的目标肌群所需要的练习动作。当拉伸完成后，回家进行正常的饮食补充，使用筋膜枪或找他人按摩对训练的区域进行放松。

2. 塑形

以塑形训练为目标的健身爱好者，由于训练模式同增肌或减脂训练十分类似，所以尽可能参考增肌或减脂训练使用的放松方法，即主要将精力放在针对柔韧性的拉伸练习及针对肌肉的局部按摩。唯一需要注意的是，如果你的训练强度极高，或者在局部肌肉按摩后没什么明显的效果，那么可以适当多使用冷水浴，让肌肉得到尽快的放松。高强度的塑形训练对神经的唯一要求是尽可能长时间保持专注度，这样才可以给予目标肌群最精准的刺激，你只需要保持正常的睡眠即可，没有必要做太多特殊的放松安排。在具体放松的执行上，相关步骤可以参考增肌或减脂训练中用到的。

3. 力量

以提高力量水平为目标的健身爱好者，因为力量训练会使用极高的重量，对关节和神经都会造成巨大的压力，训练结束后的恢复和放松方式上要将重心放在针对肌肉、关节的冷水浴以及针对神经的睡眠上。

力量训练后要多使用冷水浴而不使用按摩，主要是因为前者不仅对肌肉恢复有帮助，更可以一定程度缓解大重量训练导致的关节和肌肉的炎症，而后者提供的主要还是对肌肉的恢复。如果你的整个身体并没有特别疲劳，只是局部的肌肉或关节有炎症等不适感，那么可以不采用冷水浴而是使用冰敷，将冰袋包裹住目标肌群或关节，同样可以起到恢复肌肉并适当缓解炎症的作用。不过，要注意的是，无论是使用冷水浴还是冰敷，都请记得准备一定的防护措施，避免出现身体被冻伤或着凉的情况而影响整体训练。睡眠同样是十分重要的一个恢复与放松措施，一名优秀的力量举运动员要有可以随时随地睡着的能力，这从侧面揭示睡眠对力量举及力量训练的重要性。大重量训练会使神经变得极度疲劳，如果你不注意在睡眠中得到长时间的充分恢复，那么神经疲劳逐步累积，进而影响到周期性训练计划中的表现。疲劳感能随着时间的推移而累积，随着计划的推移使用的重量负荷增大，这本来就会带来一定的疲劳累积，如果这种疲劳累积与没有足够睡眠所导致的疲劳累积叠加，那么便很容易产生较深的神经疲劳，不仅无法完成训练计划的要求，还有极高的受伤风险。我们建议健身爱好者在力量训练时最好一天睡 8～10 小时，不仅要保证 8 小时的夜间休息，最好在训练日当天练习前进行一个 1～2 小时的午休，让神经得到更彻底的放松。为了拥有更好的睡眠质量，还可以适当使用褪黑素。

在训练后恢复和放松的具体执行上，你结束最后一组练习后，间隔 5 分钟左右再开始对关节和肌肉进行拉伸。需注意的是，训练后你的关节和肌肉处于极度疲惫的状态，请千万记得拉伸的目的只是放松，不要过于用力去追求身体的伸展幅度，否则很容易受伤。回到家进行完饮食补充后，你可以进行冷水浴，将全身或局部浸泡在冷水中 3～5 分钟；也可以采用冰敷或者冷热水交替的方式来加速身体新陈代谢。有的健身爱好者会使用按摩进行肌肉的恢复，但因为力量训练的健身爱好者身体较厚并且肌肉量较多，所以请一定找专业的按摩师进行按摩，自我按摩会因力度不够、姿势别扭而使效果大打折扣。要注意氮泵或兴奋补剂的使用与睡眠有时间间隔要求，一般晚上 10 点睡觉，那么你下午 6 点以后就不要使用氮泵再进行训练，保持 4 小时的间隔，如果你对氮泵较敏感，那么间隔时间可以拉长一点，一定要以充分的休息为最重要的保障。

4. 耐力

以提高耐力水平为目标的健身爱好者，恢复与放松方式的安排策略需要根据三大不同的耐力训练类型做更加详细的判断。

心肺耐力训练时，长时间的奔跑或游泳会大量消耗肌肉及关节，并且对关节会造成一定的压力。因此在具体的恢复与放松方式选择上，可将注意力放在针对柔韧性的拉伸练习及针对肌肉、关节的冷水浴上。针对柔韧性的拉伸练习主要对奔跑或游泳主要消耗的部位进行拉伸，例如踝关节、膝关节、大腿与小腿的肌肉群、腰与下背部等，并注意避免过度用力的拉伸，否则会对原本已经比较疲劳的部位造成一定损伤。针对肌肉、关节的冷水浴可以放松训练所消耗的肌肉群，避免出现较长时间的乳酸堆积而影响正常的训练计划。这种方式比对肌肉进行局部的按摩更适合心肺耐力训练，它不仅可以缓解乳酸堆积现象，促使肌肉恢复，还可以一定程度上缓解因长时间奔跑所带来的对膝关节、踝关节及腰部的压力和炎症。在具体的恢复和放松方式执行上，可在心肺耐力练习结束后休息 5～10 分钟，让心率基本恢复正常后再开始对肌肉和关节进行拉伸。

速度耐力训练时，因为速度耐力训练要求健身爱好者必须具备一定维持速度的能力，而较高的奔跑速度又依赖一定的神经兴奋性，所以在相关练习结束后应当将恢复和放松的注意力放在针对柔韧性的拉伸练习及针对神经恢复的睡眠上。拉伸练习的方法也是对高速度耐力跑主要消耗的部位进行拉伸，例如踝关节、膝关节、大腿与小腿的肌肉群、腰与下背部等。针对神经恢复的睡眠是整体恢复过程中最重要的一环，要长时间的深度睡眠使神经充分休息，确保在下次训练中依旧可以使用较高的速度进行耐力跑。一般应在速度耐力训练的前一天进行8~10小时的休息，以带给身体充分的恢复。在具体的恢复和放松方式执行上，我们建议健身爱好者一定要尽可能保证规律的作息、确保睡眠时间，这样才有助于神经的恢复。

力量耐力训练时，如果你的训练侧重点是提升力量耐力所必备的肌肉力量基础，那么可以参照力量训练的恢复和放松方法，在保证身体健康的前提下快速恢复神经兴奋，有助于基础力量水平的提高。如果你的训练侧重点是力量耐力的专项训练，那么要把更多的重心放在针对柔韧性的拉伸练习及针对肌肉和关节的冷水浴上。这里使用针对柔韧性的拉伸，也是为了保证身体的柔韧性，并且在训练结束后给予身体肌肉群和关节一定的放松。拉伸练习的时间点选择，即在正常训练结束后休息5~10分钟，让心率基本恢复正常后再开始对肌肉和关节进行拉伸。使用冷水浴对肌肉和关节的恢复，主要目标是避免因力量耐力专项练习所导致的大量乳酸堆积以及对关节和肌肉的压力。如果你的肌肉疲劳感比较明显，那么可以局部按摩对肌肉更进一步地放松。力量耐力训练对神经的要求并不是非常高，因此只需要保证基本的睡眠质量即可，没有必要做过多特殊的安排。

5. 爆发力

以提高爆发力水平为目标的健身爱好者，无论是使用以提高绝对速度为目标的爆发力训练模式，还是以提升弹跳力为目标的爆发力训练模式，都会对神经有极大的消耗。在训练中，你必须保证神经系统处于极度的兴奋状态，这样才可以最大化调动全身肌肉的力量，并协调各部位肢体同时工作，以获得最大的爆发力表现，这对神经消耗极大，在日常的休息和放松时多注意对神经的保护。一般来讲，我们建议健身爱好者在爆发力训练前一日至少保证8~10小时的睡眠，并尽可能确保长时间的深度睡眠。如果有必要的话，你也可以在训练前进行短暂的午休，从而在爆发力训练时更加专注。当然，在非训练日当天也要尽可能保持与平时的作息习惯，不要出现入睡时间过晚或熬夜的现象，以确保爆发力训练时的运动表现。在爆发力训练中，绝对速度的奔跑练习和绝对高度的跳跃练习都会对你的膝关节、踝关节、髋关节带来较大的压力，特别是你进行连续起跳的练习或连续高抬腿跑的练习时，脚踝与膝盖会受到短时间内较高速度的持续冲击，因此在爆发力训练结束后注意对肌肉、关节的保养，例如使用冷水浴或局部冷敷的方式，以尽快促进肌肉恢复，解决乳酸堆积，并且最大程度降低关节和肌肉产生炎症等压力。当然，训练结束后的基础拉伸练习，也会一定程度上促进身体的恢复，并且保证身体的基本柔韧性，柔韧性在爆发力训练时同样有助于奔跑的步幅及跳跃时身体伸展度的增大，可以间接促进爆发力水平的提高。在具体的恢复和放松方法执行上，一般会在爆发力训练结束后5分钟左右先对肌肉和关节冰敷，第一时间降低关节和肌肉的炎症，减小爆发力训练这种相对"粗暴"的方式对关节和肌肉的压力。冰敷的时间不用太长，5~10分钟便已足够，冰敷时注意对关节和肌肉的保护，避免出现冻伤的情况。在结束冰敷后，便可以开始对肌肉和关节进行简单适度的拉伸，使肌肉和关节得到进一步的放松，保证基础的柔韧性水平。还要注意入睡与氮泵等提高兴奋性补剂使用的相隔时间，使用氮泵要与入睡至少相隔4小时，避免神经的过度兴奋所导致的睡眠质量变差而影响整个神经系统的恢复。

6. 柔韧性

以提升柔韧性为目标的健身爱好者，在进行主动柔韧性训练时，可以根据主动柔韧性在不同运动中的表现形式进行相应的恢复和放松。进行被动柔韧性训练时，由于被动柔韧性训练主要针对韧带和肌肉群的拉伸练习，因此不需要安排针对柔韧性的拉伸练习，避免造成重复训练导致的训练容量累积。被动柔韧性训练不会使用负荷重量，即使是通过自己或朋友辅助借力的方式达到的身体伸展幅度，对肌肉和关节也不会有明显的压力，更不会造成乳酸堆积的现象，因此不用安排局部肌肉的按摩或冷水浴等。被动柔韧性训练对神经的消耗并不大，你只需要保证正常的睡眠时间和规律即可。在具体的恢复和放松方法执行上，一般在柔韧性练习完成后，只需要正常调整好呼吸，放松注意力，不要让神经变得过度紧绷即可。

（十九）平台期

平台期指的是健身爱好者训练一段时间后，肌肉、力量水平等主要目标所对应的运动素质都没有得到明显提升，甚至还出现下降的现象。平台期的出现不仅意味着健身爱好者训练过去一段时间的努力都变得毫无意义，还可能潜伏着较大的伤病隐患。在实际训练过程中，健身爱好者训练都会多多少少地出现计划受阻或计划内安排的任务无法完成的现象，如果能够找到问题出现的原因并快速地解决便不会形成真正意义的平台期，如果无法尽快解决而长时间累积便会形成一个平台期。

① 平台期有什么特征？有的时候你因为疲劳或工作等关系，一次或两次训练计划无法很好完成，但只要身体或作息恢复正常便不会影响正常训练，这种情况不能算作平台期。平台期一般有两个重要的特征。第一，持续较长时间。这是指你执行完或接近执行完一份训练计划时，你的力量、肌肉或其他与该训练计划所需运动素质相关的能力没有明显的提升，那么这很大程度上意味着你进入了平台期。第二，相关的运动能力都没有明显的提升。例如进行力量训练时，可你的肌肉水平获得了明显的进步，但是力量成绩的涨幅不明显，这不能说你的训练进入了平台期。对于一些肌肉基础较

差的健身爱好者来讲，力量成绩的涨幅存在一个有量变到质变的过程。你的肌肉现在已经做到了充分的量变，但是发生质变可能还需要一定的时间，这种与力量水平相关的运动能力（肌肉水平）的提升并不意味着你真正地进入了平台期。

②出现平台期的原因有哪些？最容易发生的是在执行计划期间所出现的各种意外或对自身要求的降低，比如常见的伤病影响、身体疲劳的累积、工作和训练搭配时间的不规律、较差的饮食及营养摄入能力，都会影响训练计划的效果，导致健身爱好者进入平台期。如果你了解了有关训练计划的原理，具备了一定的制订或挑选计划的能力，而不是使用千篇一律或者根本不考虑你自身情况的训练计划，你认真执行完一份计划后，身体运动能力基本都会得到一定的提升，很少会出现计划本身导致的平台期。当然，除了训练计划的严重不匹配导致出现平台期外，平台期的出现还有可能与健身爱好者对计划中相关训练动作的不熟悉有关，此时，可以在训练中加入对动作本身姿势或技术的练习，一定程度上可以避免平台期的出现。

③平台期解决方案有哪些？我们建议健身爱好者要根据平台期出现的原因对症下药。盲目地改动作技术，或认为计划不好、不够优秀导致了平台期的出现，不仅你的平台期问题得不到尽快解决，甚至还会加长你被困在平台期的时间。出现因身体疲劳累积导致的平台期时，你可以完全停止1~2周的训练让肌肉和神经都得到彻底的恢复，如果你的疲劳程度较严重甚至可以休息更长的时间，尽管可能会使你的运动能力下降，但总好过严重的神经或肌肉疲劳所引发的伤病危害。如果你的疲劳程度较轻，那么可以继续保持训练，但是在1~2周的练习中使用较低的训练强度和训练容量。出现因身体关节或肌肉不适所导致的平台期时，你可以适当降低训练容量，并且使用对关节压力较小的器械进行练习，比如使用绳索或固定器械替代传统的杠铃、哑铃等自由重量进行练习，这个过程的长短可以根据肌肉或关节的不适程度来决定，如果不适感较轻可以进行1~2周的练习，如果不适感较重甚至可以停止训练一段时间，先将肌肉或关节的不适现象消除后再进行练习。出现因工作和训练搭配时间不规律所造成的平台期时，你可以适当延后训练，若在身体没有完全恢复或有工作严重干扰时进行训练，极容易无法很好地完成训练计划的要求。例如你周二要进行大重量的硬拉练习，而周一的工作使你的疲劳感十分强烈，并且没有休息好，如果继续按照原计划的时间进行练习，那么恐怕很难顺利地完成训练计划的要求，你可以顺序延后一天，即在周三进行原本周二要完成的大重量硬拉练习。此外，在执行一份训练计划前，我们建议健身爱好者充分掌握好动作姿势，并且确保自身足够的饮食及营养摄入，每日保证充足的睡眠，不要让这些因素导致你的身体进入平台期。

当然，你可以适当采用一些方式来预防平台期的到来，比如选择主动休息的方式使身体避免受到平台期的影响，一般采用减载周或彻底休息的方式，让神经、肌肉和关节都得到充分的休息。根据不同的训练目标所对应的训练模式特点，还可以有更加详细的预防和解决平台期出现的办法。

1. 增肌或减脂

增肌或减脂训练关注的是全身肌肉的增长或全身多余脂肪的消耗，所以理论上运动能力增长的空间是十分巨大的。无论是肌肉质量的改善还是所使用的肌肉训练动作力量的提高，都是训练者在训练计划执行的过程中所希望看到的。理论上讲，只要训练中注意动作姿势的标准性，保持对肌肉一定的刺激和充血感，那么肌肉便会一直持续生长，肌肉质量也会不断提高。减脂训练需要健身爱好者对饮食摄入具有一定的把控能力，并且适当注意有氧练习的强度，若不注意这些，就会出现身体脂肪含量长时间没有任何明显的变化，进入平台期。增肌和减脂训练很少会导致神经的严重疲劳，一般不会出现因神经疲劳所导致的平台期。虽然训练中使用较大重量的复合训练动作，但是整体的负荷重量不会特别高，对于关节和肌肉的压力不大，基本不会出现因关节和肌肉不适所产生的平台期。如果在执行计划的过程中遇到了工作和训练搭配不好的现象，只要不是完全没有时间训练或工作结束十分疲劳，那么你完全可以继续当日的训练安排，不用特意向后顺延训练日。

2. 塑形

塑形训练主要关注的是局部肌肉的增长以及质量的改善、分离度的提高，所以这种"精益求精"的训练模式所带来的运动能力增长空间并不大，无论是最根本的肌肉质量和形态的改善，还是每个训练组或超级组所使用的重量，训练者都很难在短时间内收获明显的变化。因此，即使你塑形训练一段时间后肌肉围度、肌肉形态、训练负荷都没有明显变化的情况，也并不能完全意味着你进入了训练的平台期。导致这种较长时间没有明显变化的原因并不一定是平台期或执行训练计划中出了一些问题，很大一部分因素在于训练模式自身的特点，即塑形训练本身难度极高，具体的运动能力的改善并不是一朝一夕就能够察觉的，与之相似的还有爆发力、速度耐力、力量耐力等。理论上讲，在没有任何客观因素干扰的情况下顺利执行完一份完整的塑形训练计划后，如果训练者的肌肉围度、肌肉质量及训练负荷都没有明显变化，那么可以认为进入了训练的平台期。如果训练者在计划执行完后有一些细微的变化，哪怕不明显，例如手臂的围度只增长了1厘米，那么也证明计划是有效的，只不过需要根据健身爱好者自身的情况做进一步的分析：对于手臂围度本来就较小的健身爱好者，1厘米的增长意味着训练计划或饮食营养比较低效，应当考虑在接下来的计划中做出改变；对于原本手臂围度就较大，例如46～48厘米，1厘米优质的手臂围度增长已经算是很明显的进步，根本不能认为训练进入平台期或计划低效。

如果证明训练计划的确比较低效或者确实进入了平台期，便需要根据相关原因寻找具体的解决方案。在塑形训练中，使用的负荷重量往往较轻，训练的目标主要是给予肌肉最强的刺激，往往不会对肌肉和关节造成太大的压力，更不会造成较长时间的不适感。虽然塑形训练中会使用较多的超级组等进阶训练法，整体强度较高，但是它们并不会给予神经过大压力，除非工作和生活中在训练以外的其他事情对身体负荷过高，否则一般不容易出现神经疲劳。真正导致塑形训练出现平台期的原因往往在于对动作或训练方法存在执行误区，这特别集中在一部分有一定训练经验的健身爱好者身上，他们比较习惯或依赖于固定的几个训练动作或训练方法，导致对相关肌肉群的刺激也是一成不变的。想让你的肌肉获得充分的增长，那么一定需要注意尽可能从多角度、用不同的训练动作去刺激它，才能够获得更大的生长空间，因此塑形训练计划的设计中，如果不注意隔一段时间换一次训练动作，只是从头到尾使用一成不变的练习方式，那么显然是不利于达成训练目标的。除此之外，塑形训练时不仅要注意避免肌肉养成对训练动作的依赖感，还要注意更加精确的训练动作姿势。塑形训练比增肌或减脂训练对肌肉的刺激感觉要求更高，必须将训练动作姿势做得更加标准，才可以带给目标肌群更强的刺激。

3. 力量

力量训练往往会使用极大的负荷，大部分针对三大项的动作练习都要求使用极限重量85%以上的重量，所以对神经的消耗是十分严重的。在执行一份周期性力量训练计划的过程中，因为训练模式较特殊，训练者不可避免地会出现神经疲劳的现象，这与速度耐力训练及爆发力训练相似。健身爱好者能够做到的便是对神经疲劳进行合理把控，将疲劳程度控制在一个固定时间内可以恢复的状况，例如一个周或两个周，从而不影响三大项专项训练的完成度。线性训练计划或交叉型训练计划一个重要的设计依据便是避免神经产生较严重的疲劳。神经的过度疲劳会直接导致健身爱好者进入较长时间的平台期，并且容易诱发一系列身体健康的问题。如果你不想神经出现过度疲劳，那么第一个要做的便是根据训练计划的加重策略循序渐进地提高训练强度，若经常不按计划要求去冲击自身的极限力量，不注意控制，放任下去，那么你很快便会进入长期的神经过度疲劳中。学生李某没有按照教练的训练计划每周合理地增加做组的负荷，而是每周去冲击深蹲和硬拉的极限重量，一个月的时间内他的深蹲和硬拉成绩各涨了20~30千克，但是使用这种办法5~6周时出现了神经的严重疲劳，他表示自己根本不想去健身房，在健身房看到了杠铃也丝毫没有训练的欲望。这种情况便是进入了严重的神经疲劳。教练只好给他安排整整一个月的休息时间，让他彻底远离健身房，使其神经对训练的排斥感下降，才能重新恢复练习。若神经疲劳程度不是十分严重，但疲劳程度已经足以使自己进入平台期（一般在没有任何其他情况影响时连续两次无法完成专项训练，且肌肉辅助训练的负荷没有变化，判定为出现神经疲劳所导致的平台期），可以采用减载周或直接停止训练休息1～2周的方法，具体要根据自身对疲劳感的感知来判断：如果你觉得不停止训练，一周的辅助训练便能够让身体休息好，那么你可以采用减载周的方法，否则还是采用直接休息的方式更为稳妥。

  因为使用较大负荷重量，所以力量训练对肌肉和关节会造成一定程度的不适感，这可能与你的错误动作和发力姿势有关，也可能与力量增长与关节强度不匹配有关，此时你需要停止一段时间的专项训练，或适当降低一定的练习重量，先培养正确的动作技术，否则这种身体的不适感同样会使你很快进入平台期。如果你存在自身恢复速度较慢、年龄较大或有陈旧性的伤病史等问题，那么要对训练计划中训练动作适当筛选，避免使用强度过大的训练方式，避免进入平台期。当然，在导致肌肉和关节不适感的众多原因中，训练的整体强度和负荷设计不恰当的概率较大，设计计划时应兼顾自身的能力与整体的训练难度，更好地避免平台期的出现。如果你已经进入平台期，那么适当停止训练一段时间，直到肌肉和关节没有明显的不适感后，再重新开始正常的练习。

  动作技术的不准确同样可以使你进入平台期，这点在增肌训练和力量训练中出现的概率较大。特别是在力量训练时，动作技术的不标准或错误的发力模式会使你无法充分发挥自身的力量水平，导致专项成绩出现长时间的停滞现象。对此，我们建议所有进行力量训练的健身爱好者，一定要在执行训练计划开始前充分规范自身的动作技术和发力方法；执行计划的过程中，一定不能出现因渴望使用更大的重量而使用错误代偿发力的现象，否则饮鸩止渴是不利于身体健康的，更不助于突破平台期。

  力量举比赛是划分不同的体重级别进行的，所以有的健身爱好者为了有一个更好的比赛成绩，会在平时的力量训练中采用控制体重的措施。虽然体重的增减与绝对力量成绩之间并没有特别直接的关联，但是有的时候控制体重的方法不正确，有可能导致力量训练进入平台期。健身爱好者要注意如何正确控制体重以及控制体重时训练计划怎样相应调整。如果你没有参加比赛的需求，那么除非自身体脂较多，否则不要在力量训练计划的执行中去额外管控体重。较低的脂肪含量反而容易在力量训练时出现拉伤的现象，因此只要不是过高的体脂含量，没有必要对体重进行特殊的处理。当然，有比赛需求的健身爱好者，必须适当控制体重，满足基本的体重级别的要求，并且有机会获得更好的成绩。这里需要注意的是，进行体重管理时，要适当降低整个计划的训练容量，避免身体产生更多的能量消耗（减重期间能量摄入本来就少）而直接影响训练状态。此外，在管理体重的过程中，一定要记得满足每日基本的碳水化合物摄入量。有的健身爱好者会在管理体重时大幅度降低甚至完全停止对碳水化合物的摄入，这对保持一定的力量水平显然是没有帮助的。如果因为错误管理体重而进入了平台期，那么你只需要恢复正常的饮食，重新采用正常的营养摄入，逐渐增大训练容量，便可以慢慢突破平台期。

力量训练不同于增肌或减脂训练，它不仅需要健身爱好者拥有较强的神经兴奋性，同时整体训练容量较高。如果你在训练日当天训练之外受到很多工作和生活中的事情影响，那么很难完成规定的训练计划要求。此时，你可以根据自身的情况适当推迟训练，或者选择减载周：若你感觉工作和生活对训练影响不大，那么只需要推迟一天训练，让自己有较自由的时间完成规定的训练计划即可；若你感觉工作和生活使自身变得疲惫不堪，则可以适当考虑停止训练一小段时间，以避免对关节和神经带来更加严重的伤害。

4. 耐力

以提高耐力水平为目标的健身爱好者，要根据三大耐力类型容易出现平台期的不同原因，寻找具体的解决办法。

若你使用的是心肺耐力训练模式，因为心肺耐力训练关注的主要是心肺功能、肺活量的提升，所以可提升空间还是较大的。一般来讲，健身爱好者不容易在心肺耐力训练中遇到平台期的阻碍，更大的障碍往往是因体能基础较差所致的训练初期完成练习较困难，应对方法是在训练初期适当降低整体训练的负荷和容量，不要一上来就给自己安排难以完成的训练任务。例如，若一名健身爱好者正常完成5千米跑都十分困难，应该先给自己设定"可以不休息正常完成5千米跑"的目标，而不应当在刚开始训练时便设定"25分钟完成5千米跑"这种难度较高的目标。后者只会使自己担心无法完成要求，在体能的分配上出现严重的问题，进而长期陷于无法完成计划要求的窘境。健身爱好者的训练水平逐步提高以后，也会逐渐面临相关运动能力提升缓慢甚至逐渐进入平台期的问题，此时可以采用多样化的手段进行有关心肺耐力的训练，例如之前采用的只是长距离的5千米（或10千米）跑，可以改用戴增加氧气摄入难度的训练面罩完成5千米（或10千米）跑，这样增加氧气摄入难度与长距离奔跑组合搭配，会更有利于突破平台期的限制。心肺耐力的较长时间持续练习虽然会明显消耗关节，但因为负荷只是自身的体重，并且速度对关节的冲击并不大，所以心肺耐力训练很少会出现因关节或肌肉不适感、较疲劳所导致的平台期。若你在练习时出现崴脚或拉伤的现象，就要彻底休息，而不是在伤病没完全治愈就匆忙重新开始练习。心肺耐力训练对于神经的消耗也并不高，你只需要保证最基本的作息习惯即可。如果日常生活或工作占用训练时间，也不必过于担心，因为20～30分钟的时间足够完成较高强度的心肺耐力训练，并且不需要什么特殊场所，只需要一身运动装备便可以随时随地开始练习，所以日常生活或工作的意外不会使训练产生平台期。

若你使用的是速度耐力训练模式，速度耐力本身便是较高难度的运动能力，练习时真正可提升的空间并不大。在分析与解决速度耐力训练出现的平台期时，一定要先判断是自身已经进入了平台期，还是仅仅是因为较高难度的训练模式所需的改变时间较长。一般来讲，你应在执行完一份完整的速度耐力训练计划后，再根据自身具体的速度耐力测试结果来判断是否进入平台期。如果在几个月的训练结束后你的成绩没有任何变化，那么这意味着你已经进入了平台期，你需要分析这种现象出现的原因是什么。如果在几个月的训练中你的速度耐力表现有提升，即使提高的幅度不明显，那么也意味着你的训练计划是有效果的，因为速度耐力经训练很少有大幅度进展。制订速度耐力训练计划时，请一定要注意合理安排整体的训练强度和训练容量，二者的过量安排容易使健身爱好者出现神经疲劳、关节和肌肉不适感等问题。如果你在训练中出现轻微神经疲劳的现象，那么可以进行一周的减载练习，例如使用强度和容量较低的心肺耐力训练模式。如果你已经出现了比较严重的神经疲劳，则需要考虑停止一段时间，具体的时间长短要根据自身的疲劳程度适当增减。如果你在训练中出现关节、肌肉不适所导致的平台期，那么应当果断停止训练。速度耐力训练的动作基本都会对关节和肌肉造成较强的持续冲击，并且往往都是有位移的高速奔跑。如果你感到关节、肌肉不适却"带伤训练"，会因为疼痛感不敢完全发力，还会使你的身体产生更严重的伤病。虽然速度耐力训练不需要特别长的练习时间，并且对训练场地没有特殊的要求，但是较忙碌的工作生活或突发事件同样会给神经带来疲劳感，同样可能被迫推迟训练日。如果你在当天感觉到身体或神经十分疲惫，那么可以将之后的训练计划全部顺延，千万不要出现为了完成训练计划的频率要求，将两天计划放在一天中练习这种缩短休息时间的现象。

  若你使用的是力量耐力训练模式，虽然力量耐力训练与速度耐力训练一样都有较高难度，但是力量耐力训练可以调节的负荷和容量范围很广，例如可以每个动作增加1千克的负荷，也可以每个动作的重复次数多做一次，有助于训练中不断突破自己。尽管如此，在实际的训练中还是会有部分健身爱好者进入平台期，其最核心的原因还是受自身力量水平限制，特别是对于刚接触力量耐力训练的健身爱好者，力量水平的不足会使力量耐力增长变得缓慢，这要根据自身的情况判断是否应当单独安排一个周期的训练计划，先以提升力量的基础水平为目标。如果你的力量基础较强，那么在力量耐力训练时要十分注意对关节健康程度及肌肉疲劳度的管理。力量耐力训练属于强度、容量都比较高的训练模式，训练动作往往都带来全身性的力量训练，所以会对肌肉带来较强的刺激。你必须让肌肉在休息日当天充分休息，否则肌肉累积的酸痛和疲劳会直接影响下一个训练日的表现。如果你感觉规定的休息日（如一天或两天）不足以使你完全恢复，那么你可以多休息一天，以避免身体持续疲劳所产生的平台期现象。即使这样，你在接下来的训练日完成练习后，发现规定的休息时间还是太少，那么你必须对训练计划的强度或者容量做出修改，并且考虑采用1个周停止训练的方式，因为此时你应该已经大概率进入平台期。力量耐力训练会给关节和韧带一定的压力，如果你在训练的过程中出现了因关节、韧带不适所造成的平台期现象，那么一定要立即停止训练，此时你的身体健康程度已经比较差，继续勉强训练有可能造成更加严重的危害。有一名学生，他在执行计划的过程中不小心伤了手腕，他认为手腕对于大部分需要下肢发力的力量耐力训练动作不是很重要，手腕也没有很疼，于是便选择继续坚持训练。但是在一次借力推举的训练中，因为手腕突然刺痛，导致他在上举杠铃的过程中直接扭伤了肩关节，完全休息了接近两个半月，才开始进行恢复训练。在执行训练计划的过程中，即使你没有进入平台期，也不要忽略对关节和韧带健康的重视程度，在训练中注意动作姿势和基本安全，在训练结束后一定要积极地恢复与放松，这样可尽力避免进入平台期。力量耐力训练虽然也会使用较高的训练负荷，并且造成一定的神经疲劳，但是这种疲劳感及所使用的负荷重量并不会特别高，除非你在执行计划的过程中采用了明显的借力的方法，否则一般不会出现因神经疲劳所导致的平台期。此外，力量耐力训练必须有特殊的健身房环境，甚至对杠铃和哑铃的配重有很精细的要求，如果你的健身房只有5千克、10千克、15千克、20千克这样大重量跨度的哑铃，那么在练习时你是很容易进入平台期的。如果你遇到工作或生活的事情影响练习，那么可以适当顺延一天，避免出现过大的训练频率所导致的平台期问题。

5. 爆发力

爆发力训练中的弹跳力训练及绝对速度训练都是难度极高的训练模式，它们不仅对健身爱好者的力量、速度基础都有一定的要求，甚至对健身爱好者的年龄、柔韧性、平衡力、协调性有较高的要求。一般来讲在30～32岁以后，百米运动员自身的成绩就会开始有明显的下降，而普通健身爱好者因为缺少系统训练，所以爆发力开始下降的年龄要再早一点。如果你的年龄较大，那么在训练时可提升的空间很小，并且极其容易走入平台期，却没有特别好的办法使你尽快走出平台期，唯一比较现实的做法是在进入平台期后，选择降低训练的强度或容量，再进行一段时间的练习。如果你没有伤病的影响，那么千万不要直接进入完全不练的休息阶段，爆发力对训练频率及对动作的记忆能力都是有较高要求的，完全不练只会让你对爆发力丧失记忆，从而更加无法突破平台期的限制。有关爆发力的训练动作往往都是极高速度的奔跑或用尽全力的起跳、连续起跳等，因此对于关节和韧带的压力是巨大的。爆发力训练与力量训练中的大重量专项训练一样，是对关节和韧带压力最大的两种训练模式。你在训练中注意对身体的保护，例如穿有减震的鞋子及佩戴护膝，更需在练习结束后有效地放松与保养，例如冰敷，这样才可以使你的关节和韧带减少伤病出现的可能性，避免进入平台期的现象。如果你因为关节和韧带的损伤已经进入了平台期，那么一定要完全停止训练。爆发力训练对关节和韧带的冲击是巨大的，因为有位移的关系，所以它对关节和韧带的冲击程度在一定意义上甚至超过大重量的力量训练。如果你在平台期还要勉强进行练习，那么很容易出现不可估量的伤病。爆发力训练并不会对肌肉造成太强的疲劳，它的训练动作一般都是自重的练习，在训练结束后只要及时放松与恢复，不会出现过于明显的肌肉疲劳。除非你在进行爆发力训练时安排单独的力量训练日，否则在执行计划时一般不会出现因肌肉疲劳所导致的平台期问题。即使出现了上述问题，也可以参照在力量训练时肌肉疲劳所致平台期的具体解决办法。由于爆发力训练对每一次练习都有必须"竭尽全力"的要求，这使得训练者在进行训练时会产生极强的神经消耗，训练者必须对神经疲劳有合理的把控，否则很容易出现因神经疲劳所导致的平台期现象。当你出现因神经疲劳所致的平台期时，最常见的解决办法便是停练1～2个周的爆发力专项训练，改为进行1～2周与爆发力具体表现形式有关的力量训练。例如以提高绝对速度为目标的健身爱好者可以用提升伸髋力量为主的力量训练替代，以提升弹跳力为目标的健身爱好者可以用提升伸膝力量为主的力量训练替代。若你在爆发力训练时因工作和生活的事情无法完成训练，最好还是在当天完成练习，因为爆发力训练并不需要太多的道具或特殊的训练环境，所以对你的影响没有那么高。但是，如果你当日的爆发力训练计划要求的是进行力量训练，那么将训练计划整体推迟一天。

6. 柔韧性

柔韧性是很特殊的运动能力，它对健身爱好者的身材和年龄有极高的要求，这二者也是极容易导致训练进入平台期的关键因素。如果你的身材较胖，那么一些上肢关节及臀部、髋关节的柔韧性比较难提高。当你进入平台期后，最有效的解决办法不是一味地继续加大柔韧性训练的容量或者强度，而应当从饮食和有氧训练入手，先将身体不必要的脂肪尽可能燃烧，将围度和体脂含量都训练到较正常的范围时，你的柔韧性水平自然会有突破。需要注意的是，在这个过程中你不能只练有氧训练或只控制饮食，相关的柔韧性训练是每日都不可缺的。年纪越小的时候开始训练柔韧性，见效速度也越快，效果也越明显。如果你30～40岁再开始对柔韧性进行训练，即使你的训练计划十分精确，也有可能因年龄的不匹配，使你进入平台期。如果你没有年龄或体脂的苦恼，那么在正常的柔韧性训练中，是不容易受到平台期影响的。在正常的柔韧性训练容量和强度执行的情况下，这种训练模式并不会给关节、肌肉、神经带来较大的压力，不会出现因肌肉疲劳、关节不适感或神经疲劳所导致的平台期现象。柔韧性训练可以在家中选择早上起床后和晚上睡觉前进行练习，这两个时间段也不可能受到工作或生活琐事的影响。有的健身爱好者会使用强度较大的柔韧性训练方式，比如让朋友对关节和韧带强力的按压或拉伸，这种方式有可能导致关节或韧带受伤，进而进入整个训练的平台期。在计划的执行中，如果你的关节或韧带有拉伸所致的不适感，应立即停止相关部位周围的拉伸练习，继续保持平日里对身体其他区域的柔韧性练习。

（二十）减载周

减载周指的是用比正常训练周较轻的训练负荷或较低的训练容量练习一段时间。这个时间范围可能只有一周，也可能会有两周或两周以上（较少见），具体的时间要根据健身爱好者自身的具体情况做判断。如果你的身体负担较大，需要恢复的时间较长，那么需要选择稍长的减载周。在减载周练习方法上，是选择降低训练强度还是调整训练容量也需要根据健身爱好者自身的情况及相对应的训练模式进行判断，有时只需要调整训练强度与训练容量中的一个，有时则需要同时降低训练强度与训练容量，甚至是采用完全休息的方式。减载周是很好地管理肌肉疲劳与神经疲劳的方法，它可以使健身爱好者避免进入平台期。此外，减载周也是突破平台期限制的很重要的解决方法，如果你刚进入平台期没多久，并且受平台期影响不明显，那么可以使用减载周的方式尽快突破平台期的限制。在减载周练习时，除了需要根据训练模式和自身的情况选择训练强度和训练容量，有的时候还需要使用比正常训练时不一样的训练动作或训练器械，以降低神经和肌肉的疲劳程度。

进入减载周之前，一定要进行充分的自我评估，即自己是否要马上进入减载周。判断方式主要有三个。第一，经过前一段时间的训练，你的神经、肌肉、关节都已经有比较明显的疲惫，要安排一定时间的减载周让身体得到充分的休息。第二，你在执行一周的训练计划时，因自身情况或客观突发事件导致训练计划完成质量较差。如果继续进行下一周的训练计划，按照训练计划设计的原理应是训练强度逐渐递增的，那么你无法完成计划的可能性很大。此时，你可以进行一定时间的减载周练习，安排相应强度或容量较低的训练计划，甚至再完全练一次上一周的训练计划都是可以的。第三，在执行完一份完整的训练计划后，健身爱好者一般会采用一定时间的减载周练习，让身体得到一定的放松，然后开始进行下一份新的训练计划。

1. 增肌或减脂

增肌或减脂训练不会使用较大重量的负荷，所以不会带给神经严重的疲劳感。这种训练模式对肌肉的刺激比较大，加之采用这种训练模式的健身爱好者接触健身训练的时间并不长，自身的恢复能力和营养摄入水平较低，故在执行计划时比较容易出现肌肉疲劳且长时间难以恢复的现象，从而引发平台期的出现。健身爱好者可以选择使用一周的减载周练习，在保持计划原有训练动作不变的情况下，每个动作适当减少1~2个训练组（若计划每个动作完成4组则可以只做3组，若计划每个动作大于5组则可以只做4组），每组适当减少2~5次重复练习（若计划每组小于12次则可以选择只做10次，若计划每组大于12次则可以选择只做12次）。需要注意的是，因为增肌或减脂训练安排的一些使用器械的训练动作，对关节的压力并不大，所以没有必要更换训练动作；在降低训练容量以后，可以保持原有的训练负荷，不用再做特殊的改变。这种减载周的设置是比较常见的方法，当然也可以根据健身爱好者自身的疲劳程度做相应的改变。例如，有的健身爱好者自身的疲劳感并不严重，但又没有办法在规定的休息日内完成肌肉的恢复，那么可以多休息1~2天，例如采用连续3个或4个完全休息日，然后继续执行正常的训练计划即可，这种方法的前提是健身爱好者对自身恢复情况掌握很清楚，并且整体肌肉疲劳度不十分严重。如果你在休息时出现诸如腿的酸痛都影响正常上下楼梯的现象，这显然不是连续用几个短暂的休息日便可以解除的疲劳，此时你应停止一段时间的肌肉力量训练，使用强度及容量较小的有氧练习进行替代。此外，增肌或减脂训练所使用的针对大肌肉群的复合训练动作会给关节和神经带来一定的压力，如果在减载周的练习中你感觉到它对身体带来不利影响，那么你可以去掉针对大肌肉群的复合训练动作，只保留原有计划中针对小肌肉群的孤立训练动作。

2. 塑形

塑形训练与增肌或减脂训练相同，同样是主要针对肌肉刺激的训练模式，但是塑形训练比增肌或减脂训练的整体强度更高，更容易使肌肉产生较明显的疲劳。在执行塑形训练计划中的减载周练习时，可以降低训练计划做组的难度，例如将超级组的练习变为容量相等但是强度较低的正常组练习。又如要使用三个重量递减的侧平举超级组练习时，计划每个重量要完成12次，总共做4组，如果你的身体进入了平台期或者必须运用减载周减轻疲劳，那么你可以使用正常的侧平举练习，即使用三个不同的重量分别完成4组各12次的训练，也就是进行12组练习，而不是使用超级组的方式将三个重量变为一组总共4组。在减载周训练时，不适合采用大幅度降低训练容量的办法，否则肌肉无法受到充分的刺激，不利于局部肌肉形态改善。如果在使用正常组，即降低整体训练负荷的方式进行减载周练习后，你没有感到明显的身体恢复加快、肌肉状态持续变好，那么可以完全休息一周再重新进行练习，若选择继续降低容量的方法没有太大的实际意义，会让你变成在使用一个"增肌或减脂训练计划"，与目标相去甚远。如果塑形训练给你的身体带来比较强烈的肌肉疲劳感，那么考虑塑形训练模式主要关注带给目标肌群最强充血感的原理，你很难通过短暂2~3天的额外休息便使肌肉完全恢复，因此还是使用正常的减载周练习方法，或者完全停止一周的练习。

3. 力量

力量训练中的专项训练会使用比较大的重量，甚至会使用接近或超过之前极限的重量，这会给健身爱好者的神经带来较强的疲劳，也是十分依赖健身爱好者神经的兴奋程度的。力量训练中的肌肉辅助训练不会使用较大的重量,但是它的目标主要在于对肌肉的刺激,有的时候也会因训练容量或训练强度的关系导致健身爱好者出现比较明显的肌肉疲劳。因此,在安排力量训练计划中的减载周练习时,一定要首先根据自身所处的具体疲劳类型进行判断。

如果你属于神经疲劳,那么可以进行1～2周只有固定器械训练动作的肌肉辅助练习,这期间不进行任何与三大项有关的训练,即使是较轻的专项辅助训练。此时,对训练动作也要进行一定的调整,要使用固定器械进行练习,而不要使用传统的杠铃或哑铃等自由重量进行练习,后者对神经会有一定程度的消耗,不利于神经在减载周的恢复。如果你的神经疲劳程度较严重,或者在进行了1～2周的减载练习后并没有明显的恢复,那么适当再进行1～2周的完全休息,即不进行任何的训练,只是保持日常较轻量的有氧练习和正常的作息。

若你属于肌肉疲劳,因为力量训练计划中会使用较大重量的专项训练,会对关节和韧带带来一定的压力,所以出现肌肉疲劳时一般也会伴随着关节和韧带受到较强的压力。此时,应当首先更替专项训练动作,在不取消专项训练的前提下,使用对关节和韧带压力较小的器械来替代深蹲、卧推、硬拉训练,这可以使关节和韧带得到一定程度的休息与恢复,并且不会出现因为直接取消三大项专项训练所导致的对动作的神经记忆下降。要注意的是,除非你的关节和韧带有十分明显的疼痛感,否则不要在减载周练习时停止对三大项的训练,因为你此时的疲劳感只是较多集中于肌肉而已,并没有出现无法进行三大项训练的神经疲劳,所以没有必要将专项训练完全停止。但是,为了保护关节和韧带的健康,你还是应当使用安全杠深蹲、瑞士杆卧推、环形杆硬拉这三种对关节和韧带压力较小的器械进行三大项的替代练习。其次,在减载周练习时,为了使肌肉更快恢复,应该适当减小整体的训练容量,特别是每组动作的重复次数,可以适当使用8～10次这种较小的次数,但是在减小训练容量的同时不要明显增大训练强度,还是使用之前训练的负荷重量,否则你的肌肉反而会出现更加严重的疲劳感,不利于整体的恢复。一般来讲,在针对肌肉疲劳所安排的减载周练习时也进行为期1～2周的持续练习,如果你在1～2周的减载练习后感觉肌肉疲劳感并没有明显消除,那么可以再额外进行1～2周的完全休息,彻底暂停训练计划。

4. 耐力

以提高耐力水平为目标的健身爱好者,减载周训练计划安排策略需要根据三大耐力的不同类型决定。

进行心肺耐力训练时,心肺耐力训练模式主要会带给肌肉、关节、韧带一定程度的疲劳感,它的整体训练强度并不大,不很容易产生神经疲劳。在进行减载周练习时,一般选择进行一周强度和容量较小的游泳训练,不仅可以使你维持一定的心肺耐力训练量，避免出现过多的脂肪堆积，还因为水下训练，对关节和韧带的压力较小，可以使已经产生疲劳的肌肉、关节、韧带获得一定的休息。如果健身爱好者本身不会游泳，那么可以使用压力较小的自行车进行替代练习。

进行速度耐力训练时，速度耐力训练模式主要会带给关节、韧带、神经一定程度的疲劳感，它的整体训练强度较大，容易产生神经疲劳，对肌肉所造成的疲劳感则不强。如果你在练习过程中神经疲劳，那么应当立即停止有关速度耐力的专项训练，若继续进行高速度的耐力跑练习会加重神经疲劳，不利于神经恢复。一般来讲，在减载周练习时将训练侧重点放在针对速度耐力所需要的力量素质提高及增强心肺耐力上，这样不仅可以提供速度耐力所需要的力量基础，还可以用较低的负荷和运动量进行"持续奔跑"。根据健身爱好者可根据神经疲劳程度选择进行一周还是多周的减载练习。如果在进行两周以上的减载练习后，你的神经还没有比较明显的恢复，那么应当立即停止训练，完全休息，让神经系统得到充分恢复。

进行力量耐力训练时，力量耐力训练模式会给肌肉、关节、韧带、神经都带来一定程度的疲劳：要求健身爱好者必须尽可能保持较长时间的高水平力量素质的运动能力，这便使神经、关节、韧带都受到一定程度的压力；训练动作往往都使用杠铃或哑铃等自由重量，整体训练容量较高，容易导致肌肉出现一定程度的疲劳现象。不过，疲劳感往往只会集中在某一方面，例如肌肉疲劳或神经疲劳，很少会同时遭遇肌肉疲劳和神经疲劳的双重影响。若你出现肌肉疲劳现象，应当在减载周降低整体训练容量，即在保持原计划安排动作的情况下，适当减少每组训练重复次数；如果肌肉疲劳稍重，那么不减少每组训练重复次数，直接减少一次循环练习次数即可。若你出现神经疲劳现象，应当在减载周降低整体训练强度，一般有三种选择：一是降低每个训练动作所使用的重量，这种方法适合关节、韧带有一定不适感的健身爱好者，通过降低重量使得本来已经比较疲惫的关节和韧带得到一定的解压；二是适当增加休息时间，这种方法适合关节、韧带较健康但是神经疲劳较明显的健身爱好者，通过练习中多休息一些时间适当降低整个训练计划的强度，从而给神经系统一定的恢复；三是改变训练计划方式，将不间断超级组的循环训练法变为一个一个正常分割开的训练组，这种方式也明显降低了整个计划的强度，有助于神经的恢复。在减载周持续时间方面，因力量耐力训练所导致的肌肉疲劳需要减载练习一个周，因力量耐力训练所导致的神经疲劳则需要减载练习两个周甚至以上。如果你的肌肉和神经都比较疲劳，并且关节和韧带有一定的疲劳感，那么可以完全休息，给身体一个充足的休养时间。

5. 爆发力

无论是针对绝对速度进行的绝对速度练习，还是针对弹跳力进行的跳跃练习，爆发力训练模式始终会对神经系统给予最大的压力，这个压力程度甚至要高过绝对力量训练给神经的压力程度。如果你在爆发力训练中遇到了明显的平台期问题，身体所产生的神经疲劳十分严重，那么应当果断停止训练，1~2周完全休息。因为爆发力训练不仅会对神经系统造成强烈的疲劳，更会对关节和韧带带来一定的压力，所以当你出现比较明显的神经疲劳时，你的关节和韧带也可能处于较脆弱的状态，若继续进行减量或者减强度的爆发力减载周练习是十分危险的，可能诱发更加严重的伤病。如果你的神经疲劳程度不十分明显，那么你可以将减载周的练习改为以力量训练为核心，即将训练重心放在目标爆发力表现形式所对应的力量训练上，使用对关节和韧带压力较小的动作，并选择较合适的负荷及容量进行1~2周的练习。这种方法可以在减载周同样保持对肌肉的刺激，并且不会继续造成明显的神经疲劳。当然，在使用这种办法时，请你一定确认自身的神经疲劳的具体程度。此外，爆发力训练虽然会关注一定的力量训练，但因为此时力量训练的目的主要是为爆发力提供足够的力量基础，并不需要使用多么高的训练强度或训练容量，所以肌肉自身的疲劳程度不会十分明显。

6. 柔韧性

以提升柔韧性为目标的健身爱好者，在正常情况下，柔韧性训练并不会出现明显的平台期，对肌肉、关节、神经也不会造成太大的压力。柔韧性训练能出现平台期，往往与过胖的身体姿态、年龄及身体受到外力的按压辅助所导致的疼痛有关。如果你的身体受到明显的伤病影响，那么完全停止训练，并且积极养伤。如果你受肥胖和脂肪的制约，那么可进行1~2周的减载周练习，将有氧训练加到减载周计划的核心位置，并且注意保持日常的柔韧性训练。

（二十一）辅助能力

一份优秀的健身训练计划不仅要考虑具体训练目标的具体练习方法安排，还不能忽略与具体运动能力提升相关的其他辅助运动能力的练习。比如有的健身爱好者在执行力量训练计划时会发现柔韧性或平衡能力较差，如果不加以改善，那么便会影响计划的完成度，甚至阻碍三大项力量水平的提高。在常见的几大训练模式中，柔韧性、平衡性、协调性是三种最常见的完成相关训练计划的必备辅助运动能力。在平时的训练中，要根据不同训练模式的特点，针对性地进行这三种辅助能力的练习。

① 柔韧性分为主动柔韧性与被动柔韧性。实际的训练中要先巩固基础的被动柔韧性水平，确保身体具备一定的伸展幅度，再将更多的注意力放在针对主动柔韧性的练习上，提升身体柔韧性在具体运动模式中的表现力，让柔韧性更具有"实战价值"。有的健身爱好者比较偏爱对被动柔韧性的练习，追求一个比较极端的身体伸展幅度。但是，被动柔韧性的具体运动表现形式并不常见，只有在瑜伽、普拉提等极其特殊的运动中起到一定的辅助作用。在大多数常见的运动模式中，主动柔韧性水平的高低才

会起到更为关键的辅助作用。

②平衡性指的是健身爱好者依靠自身的神经募集、力量、肌肉、柔韧性、协调性、肢体、重心等多方面因素共同保持身体平衡与稳定的能力。平衡性对运动表现力有极高的意义，运动过程中失去了平衡，那么力量、速度的表现力便无从谈起，因此要在一些特殊的训练模式中关注平衡性训练，甚至将它融入整个训练计划中。决定平衡性好坏的因素有许多。首先，观念的问题。认为平衡性就是身体的核心力量，这是一个普遍存在的错误观念。大多数健身爱好者认为核心力量指的是腰腹部用来保持躯干的重心稳定与平衡的力量。平衡性指的是保持整个身体和重心的平衡，其中不仅有腰腹部等核心肌群的贡献，四肢末端肌群及局部的小肌肉群都起着丝毫不弱于核心肌群的作用。因此，将核心力量简单理解为平衡性，进而出现训练平衡性就是训练核心力量的观点，对平衡性的提高显然是十分不利的。其次，重心问题。重心的正确与否主要受神经支配肢体能力的影响，神经支配肢体的能力越高，越有利于在运动中保持重心的稳定，相应的平衡性自然也就越好。平衡性在实际的训练中有两种主要表现形式：静态平衡与动态平衡。静态平衡指的是健身爱好者身体以某一固定姿势保持时间长短的能力。动态平衡指的主要是健身爱好者处于高速度或高力量输出状态下的身体平衡性。实际的训练中往往会安排大量针对静态平衡的训练，例如静蹲练习，但这对实际的运动表现力作用并不大，要将注意力放在针对动态平衡的训练上。根据训练目标选择针对性的动态平衡训练，才可以在高速度或高力量输出时有更好的身体稳定性，有助于提高速度或力量成绩。动态平衡能力的高低不仅受训练针对性安排的影响，与力量基础有关。如果你力量素质较差，那么在较高速度或较高力量输出时，你的身体好比一辆"没有刹车系统却在全力加速的跑车"。你必须确保具有一定的力量基础，这不仅对提高动态平衡能力有很大的帮助，还可以辅助静态平衡能力的提升。此外，柔韧性与协调性水平的高低也会影响平衡性，三者是相辅相成、相互促进的关系。有关平衡性的训练动作往往都要求健身爱好者具备一定水平的协调性和柔韧性，特别是协调性的高低更是直接决定平衡性训练动作完成质量好坏的关键。

③协调性，也称为配合性，指的是健身爱好者身体各部位肌肉、关节在神经系统的控制下，能够在正确的时机释放合理的力量、速度达到相关运动要求的能力。协调性越强，健身爱好者自身的平衡性、力量、速度等运动能力也就越强，相关动作发力姿势越顺畅。协调性对于健身爱好者完成目标训练模式的专项训练动作具有重要意义，特别是在力量训练、速度耐力训练、力量耐力训练、爆发力训练等技巧性较高的训练模式中，较好的协调性有助于健身爱好者尽快掌握该动作所要求的正确的技术与姿势。决定协调性高低的因素有许多。首先，最重要的便是平衡性，它与协调性的连接程度十分紧密，协调性的展现必须建立在平衡性基础之上。你一旦失去了平衡，那

么你的动作技术肯定会出现不协调的现象。其次，柔韧性的高低也会对协调性的发挥有一定影响。有些技术动作对柔韧性有一定要求，如果柔韧性较差，那么在动作技术的使用上便会受到一定的局限，出现不协调的现象。第三，专项动作的针对性训练也是决定协调性好坏的重要因素。实际训练中所需要的协调性主要体现在某一动作或技术上，因此要安排大量的针对某一动作或技术的专项训练，使协调性得到本质的提高。如果你只是简单练习协调性的基础训练动作，错过了针对性的专项技术训练，那么你的协调性也不会有真正意义上的提高。此外，耐力水平也是制约协调性水平的因素之一，特别是在速度耐力训练及力量耐力训练这两大对协调性有较强需求的耐力训练模式中。若你的耐力水平逐渐下降，也会逐渐丧失身体的协调性。

1. 增肌或减脂

增肌或减脂训练计划安排的练习几乎都是针对肌肉的较为简单的力量训练动作，并且所使用的大都为固定器械或自由重量，所以对健身爱好者三大重要辅助运动能力中的协调性和平衡性要求较低，但是要健身爱好者拥有较高的柔韧性基础，目标肌群的柔韧性越高，所能够获得的对肌肉的刺激程度也就越深。健身爱好者在进行增肌或减脂训练时，应当在日常的训练计划中加入每日对身体基础柔韧性的拉伸练习，即针对被动柔韧性的提高训练。因为在增肌或减脂训练中主动柔韧性主要以训练动作所刺激的目标肌群的柔韧性来展现，此时的被动柔韧性与主动柔韧性其实是同一概念，所以没必要进行额外的有关主动柔韧性的训练。在拉伸练习中，健身爱好者最好选择在训练前拉伸相关部位，使它们在训练中有一个好的运动幅度，在训练结束后再拉伸相关已经得到训练的部位，使它们的柔韧性有一个更好的保持，并且一定程度上放松相关肌肉群。增肌或减脂训练中不太会使用到协调性或平衡性的辅助，一些特殊的训练动作，例如不对称发力的箭步蹲，对健身爱好者在不对称发力情况下的身体协调性或平衡性还是有一定要求的。如果健身爱好者在练习时出现不协调或不平衡的现象，那么可以使用轻重量或徒手的箭步蹲练习，并且注意加强弱势一侧的腿部训练。

2. 塑形

塑形训练与增肌或减脂训练有很多相似之处，都是针对刺激肌肉为主的肌肉健美训练，都会使用大量的针对肌肉的固定器械及自由重量的训练动作，只不过相比增肌或减脂训练，塑形训练动作难度较大，并且对平衡性和协调性有更高的要求。例如，使用杠铃的深蹲练习会比使用固定器械的哈克深蹲要更加难以掌握平衡以及下蹲时肢体动作的协调性。如果你想提高这类特殊的平衡性，那么必须在平日养成尽量多使用杠铃或哑铃训练的习惯，让神经对杠铃或哑铃负重时的肢体协调及重心掌握具有较深记忆，这样在练习时动作更加稳定，对肌肉的刺激更加精确。如果你想提高塑形训练时所需要的协调性，那么必须多安排相关动作的轻重量练习，若刚开始接触训练动作时便通过自身的本能使用较大的力量，不仅容易养成错误的训练姿势，不利于协调性的提高，更会使你的训练目标偏移，不利于对目标肌群的刺激。当然，塑形训练同增肌或减脂训练一样，在练习的过程中也必须具备一定的柔韧性水平，这对肌肉的刺激程度更深，更加有利于实现训练目标。

3. 力量

力量训练不仅会使用针对肌肉的力量训练动作，还会进行针对三大项的专项训练动作，所以力量训练对健身爱好者自身的平衡性、柔韧性及协调性都有较高的要求，它们是获得高水平力量成绩的重要保证。

虽然力量训练中的三大项动作都是使用杠铃的对称发力练习，但是人体容易出现一侧肢体力量强过另外一侧的情况，所以练习时很容易出现身体的不平衡，特别是在使用接近极限重量的三大项专项训练中，这种不平衡的现象会加剧。为了更好地解决这种问题，你可以通过练习弱侧部位的肌肉力量，来尽快消除左右侧肌肉力量不均衡的现象。一般普遍采用非对称发力训练动作或单侧训练动作，例如针对改变左腿与右腿力量不均衡的训练动作可以采用箭步蹲或单腿的腿屈伸练习。箭步蹲为非对称发力，可以更好地培养腿部的平衡能力。并且，如果使用连续行走的箭步蹲，即箭步走练习，对健身爱好者整体的平衡能力要求更高，可以更好地提升平衡能力。单腿的腿屈伸练习则主要用于强化弱侧部位的肌肉力量，一般情况下适当增加弱侧部位的训练强度，缩减训练容量，从而更好地促进弱侧力量的提高。为了最大限度减小力量的不平衡，在强侧的单腿练习时，选择维持或降低强度同时增加训练容量的方式，让强侧腿"等待"弱侧腿力量的提升。

一些特殊训练动作中较小肌肉群力量的缺乏，也会使平衡性变得较差，例如深蹲训练时内收肌或臀中肌较差导致膝内扣或膝盖在蹲起时极度不稳定。导致这种现象出现的原因往往是健身爱好者训练时缺乏对内收肌或臀中肌的练习，它们的力量提高速度大幅落后于腿部或臀部力量的提高速度，虽然借大肌肉群力量可以举起这个重量，但是小肌肉群的薄弱使整体训练动作变得松散。这种情况是十分危险的，特别是进行到更大重量训练时，小肌肉群的薄弱早晚会导致试举失败。为了更好地避免这个问题的出现，我们首先要针对小肌肉群安排一定的肌肉力量训练动作，先从肌肉发展的最基本角度刺激小肌肉群能力的提升，例如安排内收和外展的固定器械针对内收肌和臀中肌进行补强练习。其次，如果只有孤立的肌肉辅助训练动作，缺乏在具体项目中的运用，那么对改善在深蹲时的身体不平衡没有太大帮助。孤立的肌肉辅助训练动作更多的是提高静态平衡的能力，必须在深蹲的具体练习中采用特定的方法来培养动态平衡的能力。一种方法是采用慢速深蹲的方式，即在下蹲和蹲起的过程中，都通过神经募集能力进行3～5秒的慢速控制练习。这种方法不仅可以解决膝盖内扣或严重的不稳定，还有助于解决重心前后不稳，是十分优质的适合深蹲的动态平衡训练法。另一种方法使用特殊材质的器械进行三大项的训练，同样会直接刺激动态平衡能力提高。例如，卧推训练时，可以使用竹子杠铃＋弹力带＋壶铃的练习方式，材质较软的杠铃及其两端通过弹力带连接壶铃可以对维持卧推练习时身体及杠铃稳定所需要的小肌肉群进行强化刺激，从而有利于动态平衡能力的提高。

四肢末端力量的不足也容易出现不平衡的现象。若你的手腕或小臂肌肉力量较差，卧推的过程中便会握不住杠铃，杠铃产生剧烈的抖动，从而引起上半身肘关节或肩关节的明显晃动。这种不平衡不仅十分危险，还会影响极限卧推成绩。想解决四肢末端力量对身体平衡性的限制，首先便需要从四肢末端力量训练入手。例如，针对手腕或小臂安排力量训练动作时，应当选择腕弯举、腕屈伸或正握杠铃弯举的方法，这三个动作可以分别提升手腕力量及小臂力量，有助于卧推训练时上半身平衡性更好。在日常的训练计划安排中，请千万不要忽略针对四肢末端的力量训练，例如手腕、小臂、小腿、脚踝等都是不容忽视的，它们对深蹲、卧推、硬拉时保持身体平衡性及整个动作的稳定都有十分重要的作用。

当然，健身爱好者还不能忽略最基本的三大项动作的姿势与技术问题。如果你练习时没有使用正确的姿势，导致相关重要肌群没有被充分募集和保持紧张，或者在练习的过程中出现了错误的技术表现，例如硬拉时颠倒了膝盖和髋关节锁定的先后顺序，那么都会导致身体或整个动作失去平衡性。三大项动作的姿势与技术的好坏依赖协调性的辅助。提高力量训练所需协调性的方法中，最直接也是最有效果的便是轻重量的慢速练习。例如慢速深蹲便是一个十分优秀的训练动作。在慢速练习的过程中，你可以充分感知动作姿势及发力顺序，最大限度规范相关动作与技术。提高力量训练所需协调性方法中，第二个是进行快速的速度训练。力量训练的核心目标是不断突破自己在力量专项上的成绩，而高水平的力量成绩必须建立在足够的爆发力基础之上。因此，在具体的大重量练习过程中可能某个阶段刻意采用慢速练习，但是在真正的发力阶段还是会采用最有效的快速发力。如果你只在相关协调性训练中练习了慢速发力的动作，而缺少快速发力的练习，那么你的协调性训练便不完整，并且习惯了慢速发力的方式有可能影响大重量训练时正常神经募集能力的发挥，不利于极限力量的提高。

进行三大项训练时，健身爱好者会使用一些较特殊的姿势来最大限度缩短做功距离，从而达到提高极限力量水平的目标。例如在硬拉时使用站距较宽的相扑硬拉，或者在卧推时使用握距较宽的宽握距卧推，这两种方式都可以最大限度减少在硬拉和卧推时的做功距离，比传统硬拉或握距较窄的正常卧推练习在理论上是可以举起更大重量的。但是，在实际的训练过程中，并非每个健身爱好者使用更宽的握距或站距进行练习时极限力量成绩都会比之前有明显的提高，其最大的原因便在于健身爱好者主动柔韧性的水平高低。如果你的主动柔韧性水平较差，那么使用较宽站距或者较宽握距时，因需更大伸展幅度，便会出现肌肉在动作发力过程中的无力感，即肌肉力量无法在身体处于较大伸展幅度时有充分的发挥。有的健身爱好者将训练的重心放在被动柔韧性训练上，进行过于频繁的拉伸练习，这种方法显然是错误的。拉伸练习的目的主要是放松肌肉、关节、韧带，保持基础的柔韧性，并不是为了提高在力量训练时所需要的主动柔韧性水平。每个身体结构正常的健身爱好者，都能够做到握得最宽或者站得最宽，这并不需要特殊的拉伸训练便可以做到，因此把注意力放在被动柔韧性训练上是没有任何意义的。你应该做的是先维持现有训练负荷重量，并通过逐渐加大握距或站距的方法来适应这个重量。当你达到可以运用希望的握距或站距进行现有训练负荷重量时，便可以适当提高训练负荷重量，从而更好地提升成绩，这种循序渐进的方法才是最适合提升主动柔韧性的训练方法，也是力量训练最需要的练习方式。柔韧性、协调性、平衡性这三大辅助能力对提高健身爱好者的力量成绩具有重要作用，有助于成为较高水平的健身爱好者，具有较高的三大项成绩。

4. 耐力

以提高耐力水平为目标的健身爱好者，练习时对柔韧性、协调性、平衡性的需求要根据耐力的三大不同类型决定。

若你使用的是心肺耐力训练模式，往往会使用较长距离的奔跑或游泳练习来提高心肺耐力水平。心肺耐力训练的整体强度并不高，使用的训练动作往往都是同人类与生俱来的能力相关的，所以对身体的柔韧性、协调性、平衡性要求并不高。只有在进行游泳训练时，因为水下的环境容易导致溺水的风险，所以需要你具有一定的肢体协调能力。你可以在陆地上进行划水动作练习，强化肢体协调性，避免划水时肢体配合不默契所导致的对训练的影响。

若你使用的是速度耐力训练模式，训练计划往往采用高速度耐力跑作为速度耐力训练的核心。这种练习方式对身体协调性和平衡性有较高的要求，如果你的协调性较差，那么在高速度奔跑的过程中摆臂与摆腿配合不默契，从而直接导致速度明显变慢。而较高的奔跑速度对身体平衡性也有严格要求，如果你的身体平衡能力较差，那么在高强度奔跑过程中便难以直线奔跑，不仅会影响维持速度的能力，还有可能导致伤病的出现。因此，在速度耐力训练的过程中应对身体的协调性和平衡性进行针对性练习：协调性练习时，可以使用高抬腿跑或变速跑等技术训练，培养上下肢的正确配合姿势；平衡性练习时，最直接的提高方式是在一次又一次的高速度耐力跑专项训练中提高对身体平衡的控制，但这种方法的整体见效速度较慢，并且对健身爱好者的训练经验有一定要求，最好在专项训练时安排一定量的与速度相关的维持身体稳定的核心力量训练，力量水平的提升对维持高速奔跑时的身体稳定度还是有十分积极作用的。速度耐力训练对柔韧性的需求不大，虽然相关的主动柔韧性越高，奔跑时便会拥有更大的步幅，对速度能力的提升有帮助，但是训练的目标始终是尽可能维持一定的速度水平，即运动表现力主要集中在耐力类型，而非追求绝对速度，因此速度耐力训练时关注过多有关柔韧性的练习是没有太大意义的。

若你使用的是力量耐力训练模式，力量耐力训练计划的内容主要以全身性的力量训练动作为主，对健身爱好者的柔韧性、协调性、平衡性都有较高的要求。如果你的主动柔韧性较差，那么在一些特殊的训练动作执行上便会显得异常困难。例如你进行高翻或高抓等力量训练动作时，腕关节的柔韧性会极大程度决定你能否顺利上翻或上抓杠铃。在解决柔韧性不足的办法中，最常见的是使用较轻的重量进行相关动作的练习，将目标主要放在培养动作姿势及提高主动柔韧性上。还可同时安排针对目标区域肌肉、关节、韧带的拉伸练习，从提高主动柔韧性与提高被动柔韧性两个角度双管齐下，解决柔韧性不足的问题。如果你的身体协调性较差，那么在力量训练动作的练习过程中，容易出现发力步骤或发力节奏的错误，不仅影响力量水平，还会存在较高的受伤风险。在解决协调性不足的办法中，最常见的是先根据你自身的情况，选择从较简单且比较符合你正常的身体本能的动作入手；其次，可以通过适当放慢动作练习节奏，先从较简单的慢速练习入手，培养正确的发力步骤和发力节奏，再逐步加快动作练习的速率，在较快速的练习中保持正确的发力习惯，避免手脚混乱，从而真正意义上提升协调性。如果你的身体平衡性较差，那么在一些较长做功距离的训练动作或者一些不对称发力动作中，身体会明显晃动或抖动。你可以通过使用非对称发力类的训练动作及较长位移内考验平衡性的力量训练动作进行练习。例如，箭步蹲作为非对称发力的代表性训练动作，对强化下肢的平衡能力有极高价值。如果箭步蹲不满足你的需求，那么可以使用保加利亚剪蹲这种升级版的箭步蹲训练动作。而较长位移内平衡性的最具代表性的训练动作就是支撑深蹲，这个动作是将杠铃放置在头顶正上方并保持手臂伸直，比普通的深蹲更能够提高平衡能力。

5. 爆发力

爆发力训练，无论是提升绝对速度还是提升弹跳能力，都对健身爱好者的神经有极强的要求，这意味着协调性高低是决定爆发力的最关键辅助因素。例如，双脚起跳对健身爱好者爆发力中基础力量水平要求较高，而单脚助跑起跳对健身爱好者爆发力中协调性有较高要求，理论上讲单脚助跑起跳比双脚起跳在一些球类运动中更加常见，所以如果有关弹跳力的协调性较差，那么便会导致弹跳力实用性受到较大影响。在具体的练习中，健身爱好者可以多安排跳跃类练习，例如助跑的单脚起跳或单脚持球起跳，从而辅助提升与弹跳力有关的身体协调性，更好地提高爆发力的水平。

爆发力训练对身体平衡性同样有较高的需求，这点主要体现在健身爱好者最大速度的奔跑及最高弹跳高度的跳跃过程中。身体平衡性越高，越有利于在高速奔跑中保持身体的稳定状态，从而一直处在尽可能笔直的奔跑轨迹上，有利于绝对速度的提高。身体平衡性越强，越有利于在跳跃的空中保持身体的稳定状态，使弹跳力充分释放在达到最高的弹跳高度上，不会出现因身体不平衡所导致的整个人在空中发生旋转而影响最高的弹跳高度的现象。在具体的练习中，因为爆发力用于奔跑和跳跃的体现形式主要依赖健身爱好者的速度和力量水平，所以可以通过提升力量素质，来确保有更好的身体平衡性。

此外，爆发力的训练对健身爱好者的身体柔韧性也有一定要求，这主要体现在奔跑的步幅及跳远时的身体舒展程度上。柔韧性越高的健身爱好者，在奔跑时便可以拥有更大的步幅，从而在 100 米或 50 米的比赛中拥有更好的成绩。柔韧性越高的健身爱好者，在跳远时可以拥有更大的身体伸展幅度，这比将整个身子在空中"缩"在一起显然更容易获得更远的跳跃距离。练习时要同时练习主动柔韧性与被动柔韧性，单纯的被动柔韧性拉伸练习不足以获得强有力的步幅和更有爆发力的身体舒展程度的。

6. 柔韧性

以提升柔韧性为目标的健身爱好者，练习时离不开协调性与平衡性的辅助，柔韧性、协调性、平衡性三者之间是相互辅助、相互协作、互相促进的。进行主动柔韧性训练时，柔韧性在具体运动中的表现能力受协调性与平衡性影响，二者能力的强大可以促使主动柔韧性有更加充分的表现。被动柔韧性的训练也同样离不开协调性和平衡性的辅助，在提升被动柔韧性的瑜伽或普拉提训练中，健身爱好者自身协调性与平衡性的好坏直接决定了是否可以完成相应体式动作，对提升被动柔韧性水平有直接促进作用。不过，需要注意的是，协调性与平衡性有助于提高柔韧性训练效率，柔韧性也会制约协调性和平衡性的水平，柔韧性较差往往会导致相关协调性或平衡性训练时完成质量较差。

（二十二）心态

心态不是训练计划中可以用组数或次数概念规定的一个环节，它反映每个健身爱好者的内心，并不像肌肉或力量水平那样可以通过外在或训练动作被直观观察到。健身爱好者可以通过针对性的训练动作和训练器械使运动能力变得更加出色，却很难通过具体的方法使内心变得更加强大。如果你没有一颗强大的心，那么在训练中便会遇到很多的阻碍，严重的时候可能会选择放弃或逃避。无论你训练中选择的是较容易上手的增肌训练、力量训练，还是要求更高的爆发力训练、柔韧性训练，你的训练水平和成绩都不会始终呈直线上涨趋势。你在执行训练计划的过程中会遇到这样或那样的挑战，一个又一个困难横亘在你面前，其中可能有训练计划安排错误或者执行训练不佳所导致的，也有可能跟你身体客观条件有关。但你要明白，热爱健身大都是因为健身可以使你变得更好，你只需要和自己相比，通过一次又一次的努力让自己变得比之前更好即可。每个健身爱好者的身体条件不同，自身的训练基础不同，能够达到的成绩或者可进步的空间肯定也不同。但是，先天的局限尽可永在，不屈的挑战却须臾不可或缺！当你制订完一份训练计划后，你需要做的便是根据计划的要求，一步一个脚印、脚踏实地地完成每一次训练课的要求，将每一个动作重复练习都做好，然后耐心等待你的变化！

四、训练计划与饮食搭配

训练计划与饮食计划必须互相搭配，运动目标的实现不仅要建立在合理地执行训练计划上，更需要饮食营养的辅助。不同训练目标所需要的饮食和营养摄入量不相同，如果你采用了错误的训练与饮食搭配，例如将减脂期的饮食计划运用到增肌训练中，那么显然不利于增肌，还会降低原本的运动能力。健身爱好者必须根据具体训练目标，确定相应的饮食和营养摄入量，以食物和运动补剂的营养元素可以更好地辅助运动能力的提升。

（一）饮食计划的组成

一份优秀的饮食计划其实就是教给健身爱好者"怎么吃"及"吃什么"，但是它的组成内容十分多样化，不是简单地罗列几种食物并标明克数和进食时间即可，它不仅要遵循基本营养元素的摄入原则，还需要结合健身爱好者自身基本的情况、消化与吸收的能力进行设计，让摄入的每一克蛋白质、每一克碳水化合物都可以充分帮助提高运动能力。饮食计划的很多细节也同样对"怎么吃"起至关重要的作用，例如训练目标及不同训练目标所对应的训练频率，这二者同热量、蛋白质、碳水化合物、脂肪的摄入量息息相关，健身爱好者需要充分结合前文曾经提到的训练计划，做出最适合自己的饮食摄入方案。此外，营养补充的时间、食物的来源及制作方法都是饮食计划中不容忽视的一环，营养补充必须有规律性，几个小时便将一天的食物都吃完显然不利于实现训练目标，食物的来源和制作方法要有一定的要求，不能用极其不健康的烹调手段去"浪费"食物的营养。

1. 基础情况

你在了解训练计划制订的主要方法后，在一些网站可适当选取适合自己的训练计划，但是饮食计划则是必须根据自己的情况去量身定制的，因为在这个世界上不可能有另一个人与你的身高、体重、年龄、性别、体脂率、消化吸收能力是完全一致的，所以照搬他人的饮食摄入计划是极不可取的。饮食摄入是有规可循的，即设计饮食计划时，参考基本的饮食摄入原则，再根据自身的训练目标、训练频率、消化与吸收能力决定适合自己的食物及其摄入量和摄入时间、是否需要采用健身补剂等具体问题。健身爱好者的基本饮食摄入原则：确定自己的基础代谢率。

基础代谢率（basal metabolic rate，BMR）指的是人体在清醒又极端安静的状态下，不受肌肉活动、环境温度、食物及精神紧张等影响时的能量代谢率。人们在基本的生理活动（即血液循环、呼吸及恒定的体温）时，每小时单位表面积最低消耗热量减去标准热量，其差值与标准热量的百分比，便是基础代谢率。BMR 是制订饮食计划的根本，先确定自身的 BMR 才可以结合个人的训练目标、训练频率等因素，判断每日所需摄入的总热量，再据此选择具体的蛋白质、脂肪及碳水化合物的摄入量，从而更具体选择食物或运动补剂。测定基础代谢率的方法有很多种。临床上专业的直接测热法：将健身爱好者置于一个特殊的监测环境中，收集健身爱好者在一定时间内（通过辐射、传导、对流及蒸发 4 个方面）发散的总热量，然后换算成单位时间的代谢量。这种检测方法要求健身爱好者检测时至少保持 12 个小时的空腹状态，头脑清醒，且不可以进行任何体力或脑力活动，检测结果相对精准，但是环境设备及检测手段过于专业，普通健身爱好者很难接触到，所以实践价值并不高。一般常结合健身爱好者的身高、年龄、体重、性别等因素用公式进行综合的推算，判断出基础代谢率，使用最多的是 Mifflin St Jeor 公式：

男性 BMR=10 × 体重（千克）+ 6.25 × 身高（厘米）– 5 × 年龄 + 5

女性 BMR=10 × 体重（千克）+ 6.25 × 身高（厘米）– 5 × 年龄 –161

例如，对于一名体重 100 千克、身高 185 厘米、年龄 25 岁的男性健身爱好者，其 BMR=10 × 100+6.25 × 185–5 × 25+5=2005。要注意的是，Mifflin St Jeor 公式虽然应用十分广泛，并且使用非常方便，但是它也存在一定的局限性，即没有充分考虑健身爱好者原本的体脂情况。比如同样是 100 千克重的两名健身爱好者，一名是刚刚接触健身没多久的纯业余爱好者，体脂率较高，而另外一名是健美爱好者，体脂率较低且腹肌分离度十分明显，如果不考虑他们各自的体脂情况，只根据身高、体重、年龄和性别去判断基础代谢率，那么显然会存在较大误差。人体内的脂肪含量对基础代谢的贡献并不大，真正起作用的还是肌肉和瘦体重。因此，如果你检测到体脂，再确定瘦体重，便可以使用 Katch-McArdle 公式进行更为准确的推算：

瘦体重 =[体重（千克）×（100– 体脂）]/100

BMR=370+（21.6 × 瘦体重千克数）

例如，一名体重 105 千克、体脂 30、刚接触健身的爱好者，先确定瘦体重为 [105 ×（100–30）]/100=73.5（千克），再根据公式算出 BMR=370+（21.6 × 73.5）

=1957.6；另一名体重同样是 105 千克、体脂只有 10 的健美运动员，先确定瘦体重为［105×（100-10）］/100=94.5（千克），再根据公式算出 BMR=370+（21.6×94.5）=2411.2。可见，对体脂不一样但体重相同的健身爱好者，他们的基础代谢率差距还是十分巨大的。

在确定了基础代谢率之后，可以根据自身的训练目标及训练频率推算出每日总能量消耗（tatal daily energy expenditure，TDEE），TDEE 对应的则是每天需要补充的热量总值。TDEE 要根据每人的 BMR 及不同训练模式所对应的训练强度和训练频率进行测定，获得 TDEE 的精确数值就可以分析蛋白质、脂肪和碳水化合物的具体摄入量（测定 TDEE 的方法见"确定训练频率"部分。）

2. 基础营养元素

蛋白质、脂肪、碳水化合物是饮食的三大最基本的营养元素。健身爱好者的饮食计划也可以说是每天对蛋白质、脂肪、碳水化合物摄入量的具体分配方案。这三大基础营养元素对运动能力都有一定重要帮助，是健身爱好者执行训练计划和饮食计划不能忽略的，忽略其中一种营养元素的摄入量，甚至完全排斥它，不仅不利于训练目标的实现，甚至会让身体受到损害。

（1）蛋白质

蛋白质是组成人体一切细胞、组织的重要成分，占人体重量的 16%～20%。它的种类有很多，性质和功能各异，由 20 多种氨基酸按不同比例组合而成，在体内不断进行代谢与更新。任何训练模式和运动能力都是建立在最基本的肌肉质量基础之上的，而合成肌肉的重要原料便是蛋白质，它承担着促进肌肉生长和修复的重要任务。训练结束后，肌肉会出现一定程度疲劳感，如果不注意补充足量的蛋白质，那么便有可能导致肌肉大量流失，从而大幅度降低原本训练计划的效果，甚至会导致运动能力不升反降。并且，由于训练过程中身体的糖分会被大量消耗，肌糖原及血糖都会有不同程度的下降，整个身体肌肉和神经都会有一定的疲劳感，及时补充蛋白质有助于恢复体力，修复肌肉，消除肌肉和神经的疲劳。尽管蛋白质的重要性不言而喻，但是在实际的营养和饮食摄入中，大部分健身爱好者依旧存在着比较严重的误区。其中最常见的便是对蛋白质摄入量的不确定，认为每天只要保持补充一定的肉、蛋、奶便可，没必要对具体的数量有太多的要求。实际上，每天的蛋白质摄入量是有严格要求的，必须根据现在的体重及执行的训练模式确定最精准的蛋白质摄入量。根据体重判断最基础的蛋白质摄入量，一般使用公式：

蛋白质基础摄入量（克）= 体重（千克）× 2.2 × 1.2（或 1.4）

例如一名体重 80 千克的健身爱好者，每日所需补充蛋白质的基础摄入量为 80×2.2×1.2=211（克）。当然，这并不意味着他每天补充 211 克蛋白质即可，还需要根据相应的训练模式作出更加详细的判断：进行增肌或塑形等偏向肌肉刺激的训练模式时，可以在此基础上适当增加一点蛋白质的摄入量，为肌肉的增长输送更多的养分；进行减脂或耐力等需要适当控制体重的训练模式时，则需要适当降低一点蛋白质的摄入量，从而使整体的热量摄入降低，更加有利于对体重的管理。

一般来讲，在对蛋白质摄入量不确定的问题上，大部分健身爱好者所犯的错误都是蛋白质摄入量偏低，原因在于对基础蛋白质摄入量不清楚，一名健身人士和一名普通成年男子对蛋白质的摄入是有明显区别的。当然，蛋白质摄入量偏低还同健身爱好者对蛋白质来源的把控较松散有关，这也是蛋白质补充的第二个误区。很多健身爱好者认为大豆类的植物蛋白对训练是同样有帮助的，因此补充很多豆制品，从而达到一定的蛋白质摄入量。需要注意的是，只有蛋白质来源为优质蛋白，对健身训练才真正有积极作用，它们的补充才能够被划入每日蛋白质的摄入量。一种食物所含蛋白质是优质蛋白，需要满足四个条件：一是所含的氨基酸品种齐全，人体所需的必要氨基酸缺一不可；二是所含氨基酸的比例平衡，接近人体所需，来自肉、蛋、奶、鱼等食物中的动物蛋白要优于大豆蛋白；三是容易被吸收，有的食物也富含所谓的"高蛋白"，但是很难被人体所吸收，更无法被运用到健身训练中；四是保留完全，有的烹调方式会极大程度破坏食物的蛋白质含量，例如油炸肉类会直接破坏掉肉类含有的蛋白质，摄入后对肌肉和训练的帮助不大。

（2）脂肪

脂肪存在于人体或动物的皮下组织及植物体中，是生物体的组成部分和储能物质。脂肪是参与人体活动的重要物质，它对于维持人体的体温及正常的代谢都具有重要作用。有的健身爱好者听到脂肪便认为是训练的"头号杀手"，从而想尽办法减少对脂肪的摄入。事实上，脂肪不仅不是训练的"头号杀手"，它甚至对训练还有比较重要的帮助，有利于实现健身目标。健身爱好者应当根据自身的情况及采用的训练模式对脂肪的摄入更合理地把控。

首先，脂肪对增长肌肉力量是有一定帮助的，它能够直接参与到骨骼肌的合成和代谢中。在极限力量训练时，维持一定的身体脂肪含量有助于保护韧带的健康，如果体脂较低，身体比较"干"，那么在大重量训练时便会有拉伤的风险。因此，如果只是一味地降低脂肪摄入含量或体脂率，那么在力量训练时反而是有危害的。脂肪对身体的恢复也是有重要帮助的，例如橄榄油等不饱和脂肪酸可以减少运动后的疲劳及降低关节和肌肉的炎症，在深度睡眠期间帮助肌肉、关节和神经进行更好的恢复。此外，脂肪在训练时还会提供一定的能量来源，如果体脂含量较低，那么执行较高容量的训练计划时会显得"力不从心"。在训练中消耗脂肪获取能量总比消耗肌肉获取能量更好。脂肪在增肌期间是十分重要的营养物质，它不仅能够提供能量来源，提高维生素吸收，还可以稳定荷尔蒙水平。

　　脂肪虽然有积极作用，但是也不能对它失去管控。就像补充蛋白质时，如果不对蛋白质摄入量进行控制，蛋白质摄入过多也会容易引发消化不良、整体热量摄入超标等问题；如果不对蛋白质来源进行控制，那么容易摄入"垃圾营养"。在脂肪摄入时，一定要避免摄入反式脂肪酸，它会升高体内的坏胆固醇水平，降低好的胆固醇水平，对人体的基本健康是十分不利的。常见的反式脂肪酸主要存在于人造奶油、蛋糕、饼干、油炸食品中。一般应从干果、牛油果等食物中摄入脂肪，不仅有利于基本健康，还有助于更好地执行训练计划。要根据自身不同的训练目标来判断脂肪摄入的具体量，使用增肌或减脂训练时对应的脂肪摄入量是各不相同的。当然，可以根据自身的 TDEE 对脂肪摄入有一个基础判断，具体公式如下：

$$脂肪摄入量（克）=（TDEE \times 0.2）/9$$

　　例如，一名 TDEE 为 2400 且需要减脂的健身爱好者，每日所需的脂肪摄入量为（2400×0.2）/9=53（克）。（具体的脂肪摄入来源见"食物选择"部分。）

　　（3）碳水化合物

　　食物中的碳水化合物主要分为两种，即人类可以吸收利用的有效碳水化合物（如单糖、多糖等）及人类不能消化的无效碳水化合物（如纤维素），这二者都是人体必需的物质。糖类化合物是一切生物体维持生命活动所需能量的主要来源，它可以为细胞提供能量。纤维素使人拥有更好的饱腹感，并且促进新陈代谢及更好地排便。很多健身爱好者对碳水化合物有一个错误的观念，即碳水化合物就是导致肥胖的罪魁祸首，还会使人嗜睡，不利于训练状态。事实上，热量过剩才是脂肪增加的罪魁祸首，只要我们合理把控碳水化合物的摄入量，那么身体不会堆积过多的脂肪。相反地，碳水化合物无论是对增肌还是对减脂都具有十分重要的作用。因此，我们应当合理看待碳水化合物的作用，将"不吃主食"作为减脂或控制体重的方法极其错误，尤其不应当存在于广大健身爱好者身上。

　　碳水化合物的具体摄入量要根据不同的训练目标来做详细的判断，一般减脂时要适当控制并降低碳水化合物的摄入量，增肌时则可以适当增加碳水化合物的摄入量。需要减脂的健身爱好者每日所需的碳水化合物摄入量可以参照以下公式：

$$蛋白质（克）=体重（千克）\times 2.2 \times 1.2（或 1.4）$$
$$碳水化合物（克）=[TDEE-蛋白质（克）\times 4)+（53 \times 9）]/4$$

　　一名 TDEE 为 2400 且需减脂、体重为 90 千克的健身爱好者，其蛋白质每日摄入量为 90×2.2×1.4=277（克），每天需要补充的碳水化合物为 [2400-（277×4)+（53×9）]/4=204（克）。（碳水化合物来源和选择方法见"食物选择"部分。）

　　除了蛋白质、脂肪、碳水化合物三大基础营养元素外，还有一些特殊的辅助营养元素，例如氨基酸、维生素、矿物质等，它们同样是不可或缺的营养物质，不仅对执行训练计划有很大的帮助，还可以促使训练结束后的身体恢复。这些特殊的营养元素在日常食物中含量并不是特别高，健身爱好者对这类营养物质有特殊的补充时间需求，所以经常采用运动补剂（见"补剂选择"部分）。

3. 确定训练目标

这里的训练目标是指将训练计划同营养饮食计划相结合，补充营养和能量以更快速促进训练计划的实现。一份饮食计划的核心主要就是根据需求合理分配每日所补充的蛋白质、脂肪及碳水化合物摄入量，三者会直接影响体重、肌肉及脂肪含量的变化，进而影响在执行训练计划的表现力。因此，确定训练计划以后，必须根据该训练计划对应的训练模式对体重、肌肉及脂肪含量的要求，来确定最合理的蛋白质、脂肪及碳水化合物摄入量。一般来讲，常见的训练模式对体重、肌肉及脂肪含量的要求主要有两大类：

（1）增加肌肉含量和肌肉力量、适当增长体重

在日常训练中，增肌训练模式与力量训练模式对于健身爱好者的肌肉含量和肌肉力量有一定的要求，较高的肌肉力量水平与肌肉质量是提升力量及增长肌肉围度的重要因素之一。一般来讲，追求肌肉质量和肌肉力量的最大化提高，体重也会得到一定程度的增长，即增肌或增加肌肉力量的训练和饮食计划会带来一定的体重增长。制订与增加肌肉含量和肌肉力量相关的饮食计划时，第一个要确定的便是健身爱好者每日所需摄入的总热量（TDEE）。TDEE是根据公式推导出来的基础代谢率（BMR）×每周训练频率或训练强度所对应的数值，综合得出的数字。具体的计算方法见后面"确定训练频率"。增肌或力量训练要将正常的TDEE数值提高到1.05～1.1倍。例如，一名正常TDEE值在3500的健身爱好者，使用增肌或力量训练模式时，为了更好地帮助肌肉或力量得到增长，要每天摄入3500×1.1=3850（卡）（合16090焦，1卡=4.18焦）的热量。

增肌或力量训练者采用这样的热量摄入方式持续营养补充，在保质保量完成训练计划的前提下，观察自身的肌肉力量或肌肉围度是否有一定程度的改善。健身爱好者因性别、训练基础的不同，对肌肉围度或肌肉力量的提高幅度以及所需要的时间也各不相同。为了保证饮食的合理与正确性，要了解肌肉增长的一般规律，这也是制订与增加肌肉含量和肌肉力量相关的饮食计划时第二个要确定的事情。对于男性健身爱好者来讲，科学合理的训练年限越长，肌肉增长也就变得越困难：刚接触增肌或力量训练的健身爱好者（科学有规律训练时间一年以下）每个月一般最多可以增长1%～1.5%体重的肌肉，有一定经验的健身爱好者（科学有规律训练时间在1～3年间）每个月一般最多可以增长0.5%～1%体重的肌肉，较高水平的健身爱好者（科学有规律训

练时间超过3年）每个月一般最多只可以增长0.25%～0.5%体重的肌肉。对于女性健身爱好者来讲，肌肉增长的速度与规律同男性健身爱好者类似，只不过在增长幅度上是等比例对半缩减的。女性健身爱好者增肌或力量训练时每日所需的热量总摄入量可增加200～300卡，有助于更好地实现自己的目标。如果采用科学的训练计划和饮食计划进行4年以上的持续练习，那么可以总共获得9～10千克肌肉的增长。刚接触增肌或力量训练的女性健身爱好者（科学有规律训练时间少于一年），每个月一般最多可以增长0.5%～0.75%体重的肌肉。有一定经验的女性健身爱好者（科学有规律训练时间在1～3年间），每个月一般最多可以增长0.25%～0.5%体重的肌肉。较高水平的女性健身爱好者（科学有规律训练时间超过3年），每个月一般最多可以增长0.125%～0.25%体重的肌肉。

（2）保持肌肉质量、降低脂肪含量及适当控制体重

在日常训练中，减脂训练模式、塑形训练模式与耐力训练模式对健身爱好者在保持一定肌肉含量和力量基础上，控制并降低身体的脂肪含量或体重有一定的要求。较低的体脂率或更加合适的体重有助于健身爱好者拥有更好的肌肉分离度，在心肺耐力、速度耐力及力量耐力等耐力训练模式中有更好的运动表现力。因此，执行相关训练计划时，在饮食方面要注意进行保证肌肉质量的减脂。一般来讲，将体内多余脂肪尽可能燃烧的过程中，体重也会得到一定程度的降低，即减脂、塑形与耐力等训练模式会带来一定的体重降低。健身爱好者在制订与减脂和体重控制相关的饮食计划时，第一个要确定的便是每日所需要的总热量（TDEE），然后根据减脂和控制体重的要求，将TDEE数值缩短至0.9倍。例如，一名正常TDEE值在3500的健身爱好者，减脂、塑形或耐力训练模式时，为了更好地燃烧不必要的脂肪或减少多余体重，每天需要摄入3500×0.9=3150（卡）热量。

健身爱好者采用这样的热量摄入方式持续进行一段时间的营养补充，在保质保量完成训练计划的前提下，观察自身的体脂率或体重是否有一定程度的降低。每个健身爱好者因性别、训练基础的不同，对体脂或体重的降低幅度及所需要的时间也各不相同。为了保证饮食的合理与正确性，要了解脂肪燃烧及体重降低的一般规律，这也是制订与降低多余体脂和多余体重相关的饮食计划时第二个要确定的事情。对于男性健身爱好者来讲，如果希望在保持肌肉质量、不影响训练的前提下燃烧多余的体脂，那么最好的方法便是选择较稳定的减脂速度。快速减脂只会让你在表面数字上更接近你的目标，事实上它会影响你的新陈代谢及身体成分的组成。燃烧脂肪并增加瘦体重是需要很长时间的。如果你在饮食摄入上大幅度控制热量补充，或者采用极其夸张的训练计划明显增强对热量的消耗，你的身体就会出现明显的热量匮乏的状态，此时你可能会被迫采用补充脂肪或者燃烧自身肌肉储备的方法来缓解热量匮乏的状态，会直接

导致你的肌肉含量和运动能力明显下降，不利于更好地实现与塑形、减脂或耐力相关的训练目标。一般来讲，最理想科学的方法是一周减掉0.9千克的脂肪，即一个月内总共消耗3.6千克多余的脂肪。如果你的体脂率较高，那么可以酌情考虑稍微加快一点消耗脂肪的速度。对于女性健身爱好者来讲，对体脂或体重的降低幅度同男性类似，应当确保每周的脂肪消耗速度在0.9千克以内。过快的体脂消耗或过低的热量摄入，容易使你的身体出现能量不足而影响原本正常的新陈代谢，并且通过这种方式达到目标体重而逐步恢复正常的饮食和生活时，你的体重会出现明显的反弹，这不仅不利于你达成原本的训练目标，还会危及最基本的身体健康。很多女性健身爱好者有节食或采用极端低热量摄入方式的习惯，这种现象是很危险的，不仅不适合有健身需求的爱好者，更加不适合大众普通人。

增肌训练模式与力量训练模式对健身爱好者在日常饮食中的增肌、增重有较强要求，而减脂训练模式、塑形训练模式及耐力训练模式则更加侧重于健身爱好者在日常饮食中有关减脂、减重的部分。以爆发力训练为目标或以改善柔韧性为目标的健身爱好者，因为这两种训练模式对体重、肌肉、体脂的要求比较特殊，所以要具体分析，不能一概而论。若你以提高爆发力水平为目标，如果导致你爆发力基础较差的主要原因是肌肉力量的欠缺，那么应当在饮食计划中安排更多与增肌、增重有关的内容；如果导致你爆发力基础较差的主要原因是技术不足或神经募集能力不够，那么应当在饮食计划中更加侧重减脂、减重，通过给身体进行减负的方式来间接促进爆发力水平的提高。需要注意的是，将饮食计划的侧重点放在减脂和减重上时，也不能采用极低热量摄入的方法。因为高水平的爆发力绝对不是通过较轻的体重来实现的，它对健身爱好者的肌肉力量有基本要求，采用极低热量摄入的方法有降低肌肉力量或减小肌肉含量的风险。若你以改善柔韧性为目标，身体多余的脂肪会在一定程度上影响身体柔韧性，因此你可以在相关训练计划的内容上更加倾向于减脂、减重。有的健身爱好者认为柔韧性对肌肉和力量水平没有什么要求，故为了更快减少体内多余脂肪对柔韧性的制约，会在饮食计划中采用极端的低热量法。事实上，无论是采用瑜伽或普拉提的被动柔韧性训练，还是针对具体运动表现力的主动柔韧性训练，柔韧性都是离不开一定的肌肉和力量水平的。我们应该做的不是采用快速极端的减脂方法，而是应当循序渐进地慢慢降低体内多余脂肪的含量。如果你进行柔韧性训练时体脂情况较正常，因为柔韧性训练本身不会带来多大的强度或容量，所以你没有必要进行针对性的有关增肌、增重或减脂、减重的饮食计划，只需采用最普通的饮食方案补充每日身体所需的正常热量即可。

4. 确定训练频率

每日热量总消耗（TDEE）是直接关系到健身爱好者每日所需要摄入的总热量

的关键，也是确定蛋白质、脂肪及碳水化合物三种营养元素如何具体分配的基础。TDEE 同基础代谢率（BMR）以及训练频率、训练强度、每天的工作或生活强度相关，要首先根据公式推算出自己的基础代谢率，再结合不同训练频率、训练强度以及每天的工作或生活具体情况所对应的系数，计算出准确的 TDEE。

TDEE 与训练频率的关系：保持正常的工作或生活状态，根本不进行健身训练时，TDEE=BMR×1.2；训练频率为每周 1～2 次时，TDEE=BMR×1.4；训练频率为每周 2～3 次时，TDEE=BMR×1.5；训练频率为每周 4～5 次时，TDEE=BMR×1.6；训练频率为每周 6～7 次时，TDEE=BMR×1.7；训练频率为每天 2 次时，TDEE=BMR×1.8。例如，一名基础代谢率为 2700、一周安排三次训练的健身爱好者，每日所需摄入的总热量为 2700×1.5=4050（卡）。

TDEE 也与训练模式所对应的整体训练强度有关。若采用增肌、减脂、塑形、心肺耐力训练等整体强度并不是很大的训练模式，健身爱好者的 TDEE 一般为 BMR 的 1.6 倍左右；若采用力量、爆发力、速度耐力、力量耐力等训练整体强度较大的训练模式，TDEE 一般为 BMR 的 1.7 倍。要注意的是，要根据训练的实际情况及身体状态变化，及时调整 TDEE 的大小。例如执行以减重或减脂为目的的饮食计划时，如果发现你的体重或体脂在较长的一段时间内不再变化，那么你便需要适当增大训练容量并且继续降低一定的 TDEE；执行以增重或增肌为目的的饮食计划时，如果发现你的体重或肌肉量在较长的时间内停滞不前，那么你便需要适当增大训练强度并且增长一定的 TDEE。其次，在整体训练强度极高的阶段，例如处于力量训练计划或爆发力训练计划的最后几周，根据计划的要求及相关运动能力增长的原理，要使用负荷极高或对身体消耗极大的训练方式，此时 TDEE 适当增长为 BMR 的 1.8 或 1.9 倍。此外，如果你只在平时进行与柔韧性有关的拉伸练习，并且对主动柔韧性的训练没有任何要求，那么你没有必要过多参照前文所提及的训练频率划分标准。虽然柔韧性训练需要每天完成 1～2 次练习，但是柔韧性训练的整体强度不高，如果采用类似每周 6～7 次训练或每天 2 次训练所对应的 TDEE 计算方法，那么便很容易导致热量摄入明显过剩。一般进行单纯的柔韧性训练时，每日的热量摄入应当维持在 BMR 的 1.2 倍左右即可。

此外，我们也不能忽略日常工作或生活对热量摄入多少的影响。如果你在日常工作对身体消耗较大，或从事工作量较高的职业，那么无论是采用增肌、增重的饮食方案还是使用减脂、减重的饮食方案，你的 TDEE 都需要在计算结果基础上适当提高一点，以避免热量补充不到位，日常的工作和生活预先消耗了大量的热量，导致明显的训练所需热量缺口。

5. 消化与吸收能力

消化与吸收能力是健身爱好者制订饮食计划时必须考虑的一个环节，它直接决定着选择什么样的食物、具体的营养摄入时间及食物的制作方法。健身爱好者能否快速消化并吸收所摄入的营养，对改善具体的运动能力是有决定性价值的。即使你的训练再刻苦，如果摄入的食物无法被身体很好消化吸收并利用，那么身体便会缺乏足够的养分和能量供给，之前完成的训练不再是提高运动能力，而变成了摧毁身体健康的方式。健身爱好者的消化与吸收能力各不相同，与先天因素有一定的关联，但是后天的一些习惯对消化与吸收能力的影响也是十分重要的。要想让自己的消化与吸收能力变得更出色，使身体在训练结束后可以最快速得到补充，那么你一定要遵循以下提高消化与吸收能力的九个基本原则：

（1）先天因素

先天因素是决定健身爱好者消化与吸收能力的重要因素。有的健身爱好者因为遗传等先天因素，肠胃功能比他人弱，导致消化与吸收能力较差，特别是在食物选择上，稍微带有刺激性的食物都会使其产生一定不良的反应，轻则导致消化吸收困难，重则导致腹泻等问题。胃肠功能先天较差的健身爱好者，在食物及补剂的选择方面要十分谨慎，严格遵守正常的饮食摄入规律，避免暴饮暴食或不注意饮食摄入时间的要求。一旦你的身体出现因消化吸收问题所导致的不适感，那么便很有可能导致体重或肌肉的大量流失，从而影响训练计划的执行。

（2）食物敏感性

人们的身体对食物是有敏感性的，这种对食物的敏感性因人而异，有的健身爱好者可能吃面条的消化吸收速度要快于吃米饭，也有人恰好相反，对食物的敏感性是与先天因素和后天的饮食习惯有关的。你可以根据自身的经验来判断自己对哪种食物有更好的吸收能力。若你摄入一种食物后，可以感受到它被快速消化，没有胀肚感或任何不良反应，便意味着你对这种食物的消化吸收速度较快。一般来讲，人们对日常饮食中较常摄入的食物会有更好的消化吸收速度，而对很少吃或从来没吃过的食物的消化吸收能力则较差。当然，这也要根据食物具体的种类及烹调特点进行分析：如果是容易消化吸收的流质食物，那么即使从来没有吃过，也不会有太困难的消化吸收的现象；一个人从来没有吃过很辣的食物，那么他在刚开始尝试一些较辣的食物时，很容易出现较强烈的胃肠消化系统的不适感。

（3）保持规律的饮食习惯

不规律的饮食习惯是导致很多健身爱好者原本健康的消化吸收功能变差的重要原因。很多健身爱好者在平日里很不注意正确规律地饮食，时而暴饮暴食，有时又少吃1~2顿正餐，这种现象在有减脂需求的女性健身爱好者身上较明显。我们要严格遵守饮食计划所规定的食物摄入量，不能因为某天"有胃口"就放肆吃喝，更不能因为某天身体比较"没状态"就懒得做饭、懒得进食。此外，规律性的饮食习惯不只是要求健身爱好者必须遵守计划安排的对蛋白质、脂肪及碳水化合物的摄入量，更要在规定的时间进行规定的饮食补充。例如早餐和午餐一定是分割开的，千万不能因起床时间较晚，就将早餐和午餐合并成一顿，变成早午餐，这种做法是十分不利于身体健康和训练计划执行的。正确的做法还是应当采用正确的饮食摄入时间，保持合理作息。规律性的饮食习惯不仅可以保护健康的胃肠功能，还有助于保持稳定的新陈代谢水平。

（4）保持一定热量摄入

一定的热量摄入对于保持身体的正常代谢水平是十分重要的，也是执行计划所必需的能量来源之一。有的健身爱好者在执行减脂或减重的饮食计划时，会将热量摄入控制在一个极低的数值，以便更快速地达到运动目标，这种方式是十分危险的。极低热量的摄入会使你代谢能力变差，当你达到运动目标而重新采用正常的饮食摄入方式后，之前极低热量的摄入习惯所导致的较差的代谢能力会使你的体脂和体重出现明显的反弹。我们并不反对健身爱好者在执行减脂或减重的饮食计划时适当降低一定的热量摄入，这也是应该遵循的原则，但是请一定要注意避免出现极低的热量摄入这种"饮鸩止渴"的行为。

（5）循序渐进调整热量摄入

刚接触正确的训练与饮食指导的健身爱好者，往往要较大幅度调整日常饮食方案，无论是根据增肌、增重的需求提高热量摄入，还是根据减脂、减重的需求降低热量摄入，都需要做出一定的针对性改变。这里要注意的是，无论你采用什么样的调整方式，请一定要循序渐进地调整热量摄入，不要在短时间内大幅度地增长或降低每日的热量总摄入，否则会使你的肠胃负担压力突然变得过大，有可能出现较明显的肠胃不适感。以每周为单位逐渐增加或减少热量摄入，这才是较正确的方法。

（6）选择健康食物

决定食物是否属于健康食物的最主要标准在于该食物的烹调方式是否健康。一些经常采用的烹调方式往往会存在一定的问题，如果用这些方式去烹调食物，便进食太多不健康的食物，从而容易导致胃肠消化吸收能力的下降，甚至出现一定的不适感。健身爱好者要避免摄入过多采用油炸、烟熏、高盐、高酱料等烹调方式制作的食物，例如炸鸡、烟熏腊肉等都不是十分健康的食物。如果你训练期间进食了大量此类的食物，那么你的胃肠消化吸收能力可能明显下降，也会更加容易堆积较多的脂肪。

（7）选择易消化、吸收食物

我们在具体的食物补充选择上，不仅要避免选择不健康的食物，还要注意选择易消化、吸收较快的食物。你可以根据自身对食物的敏感性先进行初步筛选，根据自身的情况及经验先确定容易消化吸收的食物。此外，一些食物本身含有较多的纤维素，具有一定的促进消化的作用，可以适当补充。例如酸奶含有丰富的乳酸，可以将奶中的乳糖分解为乳酸，胃肠道缺乏乳酸酶或喝牛奶容易腹泻的健身爱好者可以改用酸奶的方式促进身体的消化能力。苹果含有的纤维素也可以刺激胃肠蠕动，加速新陈代谢，有利于提高消化吸收能力。

（8）保持合理作息

合理作息不仅有助于身体、肌肉、神经得到充分的休息与恢复，还可以保持正常稳定的身体代谢，更加规律地执行饮食计划。如果你每天的睡觉时间不固定，便不会有一个稳定的饮食补充时间，相应地训练时间也会变得不固定，这对训练计划的执行和营养的补充都是十分不利的，容易导致你训练完成度较差。保持合理作息和充分的休息，是顺利执行训练计划和饮食计划的关键。

（9）合适的训练容量与训练强度

规律性的运动有助于提升身体的消化吸收能力，但是请一定要注意在运动时保持合理的训练容量与训练强度。这个问题不只是针对大众健身爱好者，正在执行相关训练计划的健身爱好者也要十分重视。有的训练计划存在训练强度或训练容量过高的问题，这会导致健身爱好者在执行计划时出现明显的不适应，在练习完成后身体出现较严重的疲劳感，这会直接导致食欲出现下降，热量摄入减少，无法很好地执行饮食计划。你要在计划设定时采用超负荷的原理，为自己设置一个又一个的挑战，但是负荷与容量要根据自身能力的提升速度决定，不能设定太多超出本身能力的要求。

6. 营养摄入时间

一份营养饮食计划除规定对蛋白质、脂肪及碳水化合物的分配量外，还会设定具体补充时间，即每顿餐的具体进食时间。先确定一天总共几次进食，这样才可以根据频率划分具体的进食时间。一般健身训练的营养饮食计划中，多采用"一日多餐"的方法，而不是大众所采用的"一日三餐"的方法。因为健身爱好者要配合自身训练计划，整体热量的摄入要高于普通大众，如果采用正常的"一日三餐"的方法，每一餐摄入的热量较高，要吃进去很多的食物，这会导致短时间内消化吸收速度较慢，容易导致脂肪的堆积。因此，在执行健身训练计划时，无论营养饮食计划侧重的是增肌、增重还是减脂、减重，都会将总的摄入量分成大于三餐的方式，例如每天补充4～5餐。此外，"一日多餐"的饮食摄入方式对于提高运动能力也是有较强帮助的。在执行训练计划时，身体在每天的每个时间都在进行恢复和生长，肌肉需要营养和能量的全天候持续供应。一些高水平的健美爱好者日常饮食甚至会每两个小时便进行一次营养补充，当然，这种方式对健身爱好者的消化吸收能力及对食物的要求都十分严格（见后面的"食物选择"部分）。一天中的几个饮食和营养摄入的重要时间节点，以及具体的补充细节：

（1）早餐

经过一晚的睡眠后，人们的身体会处于能量的极度缺乏状态，起床后会有比较明显的饥饿感。这时要吃一天当中的第一餐，补充一定的热量及蛋白质，从而使工作中有更好的身体状态。我们建议先进行对热量的补充，例如选择一些碳水化合物含量较高的食物，再进行蛋白质的补充，例如鸡蛋等富含蛋白质的食物。有的健身爱好者喜欢在早起后便立即补充蛋白质，因为担心肌肉在一晚的休息后会出现"流失"。这里要注意的是，早起后处于空腹状态，如果立刻补充大量蛋白质，便有可能使肠胃消化吸收能力降低，反而不利于对肌肉所需营养的补充。正确的做法还是应当先适当补充碳水化合物，给予身体一定的能量，让肠胃不会在没有能量的情况下进行高强度的工作。第一餐要吃好而不是吃得太饱。有的健身爱好者习惯在早餐吃得很多，这样食物和热量很难在一定的时间内被消耗，从而导致脂肪的堆积或影响正常的第二顿食物补充时间。因此，第一餐的热量补充要适当控制，应当做的是尽量全面补充所需的多种营养，例如碳水化合物、蛋白质、脂肪、维生素等。

（2）上午加餐

上午工作了一段时间后，早餐补充的能量和营养会被一定程度的吸收并利用，为了给肌肉持续的营养补充，一般会在早餐和午餐中间进行一次加餐。所选择的食物是能够被身体快速吸收的能量和蛋白质，可以使身体有更好的能量补充，又不会影响午餐。例如，选择香蕉、干果等对热量进行补充，选择蛋白棒或乳清蛋白粉等对蛋白质进行快速的补充。如果你选择的食物消化吸收速度较慢，那么较明显的饱腹感会直接影响正常的午餐摄入时间，一旦午餐的时间顺延，当日的训练时间及晚上入睡时间也会被推迟，从而直接打乱正常的作息习惯。上午加餐的具体时间最好是在早餐摄入后两个小时，这个时候已经可以将早餐食物充分消化吸收。如果在正常的工作状态下，你感觉到早餐食物并没有被充分吸收，那么你必须重新审视早餐摄入的食物及摄入量，会否影响消化吸收。

（3）午餐

午餐的时间节点一般是上午加餐后的两个小时。午餐要注意适当提高对碳水化合物的摄入。因为大多数健身爱好者会选择在下午或傍晚进行训练，所以午餐补充较多的碳水化合物会有利于身体储存更加充沛的能量。当然，碳水化合物的摄入要注意量的标准，不能将午餐之后所有的碳水化合物都放在午餐来补充，因为碳水化合物的过量摄入会导致困倦感，困倦感在中午这个特殊的时间段会被放大得更加明显，不利于下午或傍晚的训练有一个比较兴奋的状态。有的健身爱好者会在上午进行训练，他们需要在早餐时适当提高对碳水化合物的摄入，在午餐再补充较多的碳水化合物没有太多的实际价值。

（4）下午加餐

下午加餐的时间节点一般是午餐后的两个小时，主要是为了给身体较多的能量补充以准备随后的训练。因此，下午加餐的时间一般也是放在训练前的。有的健身爱好者会在午餐后不长时间开始训练，可以将训练前的下午加餐与训练后的营养补充整合为一餐，在训练结束后进行。下午加餐摄入的食物同上午加餐一样，也应该选择香蕉、干果、蛋白棒或乳清蛋白粉等容易被身体快速吸收的热量和蛋白质。如果训练前食物没有被完全消化吸收，那么在高强度的训练中肠胃会出现明显的不适感，甚至还会引发呕吐等身体不良反应，因此下午加餐要注意选择较少的量。

（5）训练中

执行健身训练计划过程中，身体储存的能量会被持续消耗，你要注意持续补充能量，否则不仅会直接使训练完成度大幅下降，运动表现力降低，还会使你出现严重的头晕、乏力等现象。我们一般选择一些常见的运动补剂，它们便于携带并且易于消化吸收。很少会补充正常的食物，有也是使用香蕉或蜂蜜这种极易于消化吸收的食物，从携带及摄入的方便程度考虑，这些食物还是没有运动补剂来得便捷，并且所包含的能量供应没有专业的运动补剂那么全面。

（6）训练后

高强度的训练后，身体需要能量的补充，首要的是蛋白质的补充，一般选择较快吸收的乳清蛋白粉或蛋白棒来使肌肉得到最及时的营养供给。一定要注意摄入量的问题。有的健身爱好者不管体重的大小，体重较轻却选择摄入较多的蛋白粉，这容易使热量摄入超标，过多蛋白质无法被身体充分吸收利用。并且，蛋白质摄入量要参考训练计划强度。如果你的训练计划强度较高，那么你必须适当多补充一些蛋白粉，只吃一勺或半勺显然无法满足肌肉的基本需求。此外，在训练后也要适当补充一些热量和碳水化合物来补充身体缺乏的能量，但一定要注意对量的控制，因为训练中会不间断地补充身体所需要的能量，所以训练后只需要适当补充即可，过多的热量补充不仅容易导致热量过剩，还会影响正常晚餐的补充。

（7）晚餐

晚餐是一天中的最后一顿饮食，因为离入睡时间相隔不长，所以具体的食物及量的摄入上需要严格控制，否则便会消化吸收速度较慢导致入睡时胃肠功能依旧承担着较大压力，这对身体的基本健康是十分不利的。

（8）睡前

理论上讲睡前是不宜再进行任何食物补充的，但有些特殊的运动补剂或酸奶等对消化吸收有帮助的食物，可以根据自己的需求进行补充。有的健身爱好者喜欢在睡前补充缓释蛋白粉（酪蛋白），认为这可以使身体在8~9个小时的睡眠中获得持续的蛋白质补充。虽然这种方法的确很有效果，但部分健身爱好者最好慎重选择，应当根据自身的消化吸收能力去判断：如果你的胃肠功能较好，那么你可以试着在睡前补充少量的缓释蛋白粉；如果你的胃肠功能一般，那么你最好还是让身体保持一个轻松正常的状态入睡。

7. 食物制作方法

食物的制作方法会直接影响它本身被消化吸收程度及原本的营养含量。即使再健康的食物，如果采取了不健康的烹饪方法，便会出现不易于消化吸收、容易导致脂肪堆积或对身体有害的现象，即"健康的食物"变成了"不健康的食物"。我们先了解不良的烹饪方法：

（1）油炸

炸鸡、炸肉等油炸食品含有极高的热量、油脂和氧化物质，容易导致人体堆积大量的脂肪，并且有较高的诱发高血脂、冠心病等生理疾病的可能性。油炸烹调食物的过程，会产生大量的致癌物质，这对身体的健康更是十分危险的。对于健身爱好者来讲，油炸食品是阻碍执行训练计划的绊脚石之一，它不仅危害身体健康，更会直接破坏食物含有的蛋白质、维生素等营养物质。以炸鸡为主要蛋白质摄入来源的健身爱好者，其运动能力的进步速度显然没有以水煮鸡肉为主要蛋白质摄入来源的健身爱好者快。

（2）腌制

腌肉等腌制类食物在制作过程中需要添加大量的盐，食用腌制品不仅会导致钠盐含量超标，容易造成肾脏负担加重，有较高的诱发高血压的风险，更会使身体的储水能力大幅度加强，导致体重超标现象的产生。腌制类食物在制作过程中还会产生大量的亚硝胺，是常见的致癌物质之一。腌制类食物中的高盐成分会严重损害胃肠道黏膜，不利于健身爱好者保持较正常的消化吸收能力。因此，健身爱好者在日常的饮食中，一定要杜绝腌制类食物的补充。

（3）加工肉

生活中随处可见的火腿肠是加工肉类食品的代表之一，火腿肠含有的亚硝酸盐是常见的致癌物质之一。有的火腿肠制作的过程中有可能添加防腐剂、增色剂等，容易使肝脏负担变得更重。为了增加火腿肠的口感，生产商在制作时还会添加大量的盐分，这与腌制类食物一样会导致身体的储水能力加强，出现体重超标现象，肾脏负担压力较大，并且会破坏原本健康的胃肠功能。虽然火腿肠是十分方便进食的蛋白质来源，但它的制作方式几乎将蛋白质破坏得所剩无几。健身爱好者可以选择正常纯肉制作的火腿当作较方便的蛋白质补充来源，而不是选择对健康有一定危害的火腿肠。

（4）速食品

方便面是最常见的速食品之一，它属于高盐、高脂肪食品。它较高的盐分含量会使得健身爱好者的身体储水能力加强，出现体重超标现象，肾脏负担压力较大，并且会破坏原本健康的胃肠功能。它含有的较多反式脂肪酸，则会损害心血管健康，导致脂肪的堆积。方便面虽然是快速补充碳水化合物和能量的来源，但是对身体健康及促进运动能力的提升方面，它远远不如香蕉、蜂蜜、增肌粉等较健康的食物和运动补剂。

（5）高盐

生活在我国北方或一些饮食口味较重城市的健身爱好者，日常饮食中会比较容易接触到盐分含量较高的食物。高盐的摄入会导致身体储水的能力明显加强，整个人的肌肉感觉变得不再坚硬，反而呈现臃肿或水肿感。原本消化吸收能力较正常的健身爱好者，较多的盐分摄入会破坏胃肠黏膜，导致消化吸收能力大幅度降低。我们并非要求大家在日常饮食中选择纯白水煮或清水烹调的方式，摄入合理量的盐分对身体健康是有一定帮助的，对训练中保持一个较好的状态及身体中一定的水分含量是具有重要价值的，特别是在耐力训练中，身体含有一定的水分对更好地完成训练计划是有积极意义的。我们要求的是大家要在日常饮食中选择合理的盐分摄入量，类似腌制食品、速食品等高盐含量的食物必须杜绝。

（6）高糖

一般糖分含量较高的食物，它的整体热量和脂肪含量都较高，例如最常见的奶油类制品，它的高热量、高糖量及高脂肪含量是导致人们体重暴涨的罪魁祸首。特别是空腹状态下进食高糖和高脂肪食物，可能会出现明显的胃肠反酸的症状，这便意味着胃肠功能受到了破坏，对食物的消化吸收能力会大幅度降低。日常饮食中摄入一定的糖分，有利于健身爱好者保持一个较好的心情，以更出色的状态完成训练计划。但是，一定要对糖分的摄入进行限制，过多糖分的摄入会使血糖和血脂升高，同时容易导致体内堆积大量的脂肪。

（7）罐头

罐头类食品也是比较常见的速食产品，它食用起来比较方便并且易于储藏。要注意的是，无论是肉类罐头还是水果罐头，其原本的蛋白质、维生素等营养物质几乎都遭到大量的破坏，蛋白质变性或维生素所剩无几。罐头类食品本身也属于比较难消化吸收的类型，加之营养成分已经被严重破坏，进食罐头对提高运动能力是没有任何帮助的。并且，罐头往往含有较高的糖分，它会导致热量摄入较高，体内容易堆积大量的脂肪，导致运动能力的下降。

（8）储存时间较长

每种食物根据自身的情况及储藏的环境不同，保质期长短也各不相同。理论意义上讲，只要食物还在正常的保质期内，那么食用便不会危害身体健康。但是对于健身爱好者来讲，储存时间较长的食物会变得不太新鲜，这会导致身体对它们的消化吸收速度变慢，虽然不会对身体健康造成明显的伤害，即使保质期内的食物也不算作"不健康食物"，用这种食材烹调不太合乎健身需求。在条件允许的前提下，最好购买新鲜的食材进行烹调。如果需要将食材放置在冰箱里冷藏一段时间，也请注意不要搁置太久。

（9）生食

生食一般指生吃鱼或肉的刺身，这并非严格意义上的不健康的烹调方式，但是它的确会让很多健身爱好者有肠胃的极大不适感。对于消化吸收能力较差的健身爱好者，生吃鱼或肉的刺身容易使肠胃受到一定的刺激。生食对食物原本的质量和新鲜度要求极高，如果你挑选购买时碰巧买到了不是很新鲜的食材，那么它会直接导致腹泻等严重不良的生理反应。健身爱好者平时保持较正常的饮食习惯，将食物烹调熟透，即使很想吃刺身也最好选择安全有保障的料理店。

（10）辛辣

很多健身爱好者喜欢较辛辣口感的食物，例如各种川菜、火锅等，这对胃肠功能正常且经常有吃辣习惯的人来讲比较正常。胃肠功能一般或者平时不大吃较辣食物的健身爱好者，辛辣食物容易导致胃肠受到较强烈的刺激，不仅影响对食物本身的消化吸收，还会导致不适的生理反应。口味过重的烹调方式，无论是高辣还是高盐都会对身体造成一定的负担。当然，不是说烹调过程中一点盐或辣椒都不能加，只是一定要注意把握合理的量。

了解清楚生活中不健康的烹调方式之后，总结出相对健康的食物制作方法：采用适量的油、盐等调味品，采用温度较正常的煎、炒、炖、煮、蒸的方式。既要避免在食物制作过程中加入大量的酱料等调味品，例如油、盐、酱油、各种酱等调味品的过量摄入都会导致盐、脂肪或糖的摄入过量，又要避免采用腌制、油炸、生食等烹调方式，避免对肠胃带来较强的刺激或者使食物中原本的营养物质变性而不利于身体健康。

8. 食物选择

设计饮食计划时，需要根据蛋白质、脂肪、碳水化合物的摄入量要求，以及自身对不同食物的消化吸收能力来选择具体的食物。食物的选择主要需遵循三个原则。第一，营养组成合理。选取一种食物时，首先要看其所含希望摄入的目标营养元素是否较丰富，例如补充蛋白质肯定要优先选择蛋白质含量较高的肉类。其次，不能只看目标营养元素的含量，还要看食物中其余营养的构成。例如，补充蛋白质时，如果食物同时含有较高的脂肪，那么即使蛋白质含量再高也不能选择，否则会在补充蛋白质的同时摄入了大量的脂肪，所以容易将"增肌"变成"增肥"。第二，自身易消化吸收。

有的食物的营养构成难以被快速消化吸收，或者必须同时摄入其他食材组合搭配才能够快速被身体吸收，这类食物不能列入饮食计划，因为它们不仅容易导致营养摄入过剩，还有可能导致制作成本较高。例如苹果这类含有一定纤维素的食物，不仅易吸收，还可以促进胃肠蠕动。当然，除了食物本身的特点，健身爱好者还需要根据自身对食物的敏感性来挑选较容易消化吸收的食物，有利于胃肠功能。第三，常见且制作成本合适。有些食物含有较多的目标营养成分，但是平时在超市等常见渠道很难买到，那么其实际可食用价值较低，不宜安排进饮食计划。其次，有的食物整体制作成本较高，例如鲍鱼、海参等"高蛋白"食物，将它们作为常见的蛋白质来源加入整个饮食计划中，那么无疑会导致整个训练、饮食及生活成本大幅度增加。

下面根据大众健身爱好者普遍的特点及食物自身的特性，推荐常见的蛋白质、脂肪、碳水化合物的补充来源：

（1）蛋白质来源

① 鸡肉。鸡肉含有的蛋白质比较丰富，并且容易被人体消化吸收。每100克鸡肉含有21.5克蛋白质、2.5克脂肪。鸡胸肉比其余部位的鸡肉脂肪含量更低，更加适合健身爱好者的饮食需求。鸡胸肉常用白水煮的方式进行烹调，不过其口感较差，难以下咽，可以用适量的酱料制作凉拌鸡丝等热量稍高但口感丰富的食材。要注意的是，炸鸡等常见的美味并不适合日常补充蛋白质，它不仅含有较高的热量和脂肪，鸡肉原有的蛋白质含量也被大量破坏。

② 瘦牛排，如牛里脊或菲力牛排。一些脂肪含量较高的肉眼牛排、西冷牛排或和牛等并不太适合加入健身爱好者的日常饮食计划中（需要根据健身爱好者的具体目标进行判断）。每100克牛肉含有20克蛋白质、2.3克脂肪。牛肉的整体蛋白质含量要高于猪肉，并且脂肪和胆固醇含量要少于猪肉，这也是为何我们推荐健身爱好者使用牛肉作为蛋白质的补充来源之一，而不推荐使用猪肉。牛肉还含有一定的维生素B_6，可以促进蛋白质的合成，有助于训练结束后对肌肉进行修补。牛肉中亚油酸的抗氧化效果可以对抗高强度力量训练造成的组织损伤，有助于保护肌肉。牛肉富含维生素B_{12}，它能够促进支链氨基酸的新陈代谢，以利于高强度或高容量训练时保持最佳状态。牛肉含有的锌、镁元素有助于蛋白质合成，促进肌肉生长，增强免疫系统，提高胰岛素的合成代谢效率。我们建议健身爱好者煎烤牛排，不过要注意尽量避免炭烤，否则会产生一定的致癌物质。胃肠功能较差的健身爱好者，制作牛排的过程中要尽量将牛排做得熟一点，以便于更好消化和吸收。

③ 三文鱼。三文鱼是极其适合健身爱好者的蛋白质补充来源之一，它含有较高的蛋白质含量，且容易被消化吸收。三文鱼含有丰富的不饱和脂肪酸，可以有效降低血脂和血胆固醇，能够有效预防心血管疾病。三文鱼还含有一定的虾青素，这是一种

十分强力的抗氧化剂，有利于更好保护肌肉，延长运动寿命。此外，三文鱼还含有一定的维生素D，它可以加强身体对钙质的吸收，有助于生长和发育。三文鱼的价格较高，如果将它作为补充蛋白质的主要来源，那么会导致整体训练和生活成本大幅度增加，因此可以将三文鱼作为蛋白质补充来源的一种，丰富饮食计划。尽管生吃三文鱼是十分美味的，但是一部分胃肠功能较差的健身爱好者生吃三文鱼会刺激肠胃，不利于身体的消化吸收，可以用少量的油香煎三文鱼。

④蛋清。鸡蛋的蛋白质一般存在于蛋清中，每100克蛋清一般含有10克左右的蛋白质和0.1克脂肪，蛋白质与脂肪搭配十分理想，可以作为健身爱好者补充蛋白质的主要来源。蛋清的烹调方式有很多种，常见的清蒸、油煎、清炒都是比较健康的烹调方式，并且口感较好，不会像白水煮鸡胸肉一样很难让人下咽。这里提到蛋清并不是意味着蛋黄就不能够食用，并不代表蛋黄对身体健康没有太大作用，或者应当在正常进食时将蛋黄扔掉。有的健身爱好者认为蛋黄会导致胆固醇升高，不应当在日常饮食中摄入超过两个以上的蛋黄，这种观点是十分错误的，只要你完善均衡地摄入身体所需的多种营养物质，并且保持一定的训练容量和训练强度，便不会出现血胆固醇较高的现象。

（2）脂肪来源

①橄榄油。橄榄油是由新鲜的油橄榄果实直接冷榨而成的，不经加热和化学处理，保留了天然营养成分，被认为是目前所发现的油脂中最适合人体营养的油脂。橄榄油富含丰富的单不饱和脂肪酸——油酸、维生素A、维生素B、维生素D及抗氧化物。单不饱和脂肪酸不仅可以给人供能，还能够调整人体血浆中高、低密度脂蛋白胆固醇的比例，能增加人体内好胆固醇的水平并且降低坏胆固醇水平，从而防止人体内胆固醇过量的现象。平时需要大量摄入肉类来满足身体对蛋白质需求的健身爱好者，会经常摄入胆固醇和饱和脂肪酸，如果用橄榄油做食用油，便可以有效降血脂，避免产生脂肪肝、高血压、冠心病等严重的生理疾病。

②牛油果，即鳄梨，是一种营养价值很高的水果，含多种维生素、丰富的脂肪和蛋白质、钾、钠、镁、钙等营养物质。牛油果可以有效地保护肝脏，果肉含糖量极低，仅为香蕉的20%。牛油果是天然的抗氧化剂，有助于保护肌肉，延长整体运动寿命。要注意的是，补充牛油果主要是为了摄入它健康且丰富的脂肪，不关心它的蛋白质含量或维生素含量究竟有多少。牛油果的制作方式很多种，无论是直接生吃还是将它作为沙拉、奶昔的原材料，都会充分保留它的营养价值并且带来美味的口感。

③腰果。腰果是一种常见的干果，营养十分丰富，其中脂肪含量达到47%、蛋白质含量21.2%、碳水化合物含量22.3%。腰果含有多种维生素和矿物质，具有抗氧化、防衰老、预防心血管疾病的作用。腰果含有的脂肪多为不饱和脂肪酸，其中油酸

可以降低体内坏胆固醇水平，防止胆固醇过量。腰果含有的维生素 B_1 可以补充体力、消除疲劳，有利于训练结束后尽快地恢复身体。一般干果店都有已经制作好可以食用的腰果，不过，有的腰果会添加一定的盐，这会导致盐分摄入过量。

④ 杏仁。杏仁也是一种常见的干果，具有丰富的营养价值，每 100 克杏仁含有 25 克左右的蛋白质、50 克左右的油脂及 15 克左右的碳水化合物。杏仁还含有钙、磷、铁、硒等多种矿物质，以及维生素 E、维生素 B_1、维生素 B_2、维生素 B_5、维生素 C。杏仁含有人体必需的多不饱和脂肪酸——亚油酸，所含有的健康的脂肪是健身训练所急需补充的。一般的干果店有售杏仁，但是，制作过程中会加入一定量的盐，挑选时一定要仔细观察。

⑤ 花生酱。花生酱不仅含有丰富的植物蛋白、脂肪，还富含维生素、盐酸、维生素 E 和多种矿物质。花生酱的脂肪含量较高，其中不饱和脂肪酸占 81%，它易被人体消化吸收，有降低胆固醇和降血脂的作用，可以很好地预防高血压、冠心病等生理疾病。花生酱的纤维含量较高，它不仅有助于消化吸收，还可以提升饱腹感，有助于日常饮食摄入中避免产生热量过剩的现象。健身爱好者一般在上午和下午两次加餐中食用花生酱，即用花生酱＋蛋白棒快速补充身体所需要的蛋白质、碳水化合物及热量，并且这两种食物都容易被消化吸收，不会影响正常的午餐或晚餐。你可以直接吃花生酱或者将它与别的食物搭配食用，口感较好，不会使你难以下咽。

（3）碳水化合物来源

① 白米饭。大米的营养十分丰富，碳水化合物占 75%，蛋白质占 7%～8%，脂肪占 1.3%～1.8%。大米含有丰富的维生素及有利于人体健康的微量元素，还含有较多的纤维素，容易被人体消化和吸收，容易带来一定的饱腹感。有的健身爱好者认为米饭并不是好的碳水化合物来源，属于"高 GI"食物（GI 指血糖指数，高 GI 食物的特点是使血糖快速提高，导致胃里的食物被快速消化，从而引发血糖快速降低，较短时间内又出现了明显的饥饿感）。事实上，米饭含有一定量的纤维素，它会给人带来一定的饱腹感，并不像其他高 GI 食物那样短时间内让人感到明显饥饿。米饭是很好的碳水化合物来源之一，只要控制好它的摄入量，便不会影响训练计划和饮食计划的正常执行。

② 红薯。红薯是一种营养全面而丰富的食品，含有蛋白质、脂肪、多糖、磷、钙、钾、胡萝卜素以及多种维生素。红薯的脂肪含量极低，一般只有 0.2% 左右，是其他食物很难相比的。红薯含有丰富的不饱和脂肪酸，对于保护身体健康有重要作用。红薯含有丰富的纤维素，不仅有利于促进消化吸收能力，还可以带来一定的饱腹感，避免热量摄入过剩。红薯可以阻止脂肪和胆固醇在肠内的吸取，分解体内的胆固醇，促进脂质的新陈代谢，故可以更加有效地抵制肥胖的产生。烤红薯很常见又美味，购买时要

注意，有的商家会为了增加烤红薯的口感加入大量的糖分。另外，不建议用红薯干作为碳水化合物的主要补充来源，因为整体热量较高，容易导致热量摄入过剩的现象。

③杧果。杧果含有的营养种类十分均衡，富含丰富的蛋白质、脂肪、糖类、粗纤维、叶酸、胡萝卜素等，这些都是人体必需的营养物质和成分。杧果中的胡萝卜素含量高达38%，可以直接在人体内转化成维生素A。杧果中的维生素C含量也很高，甚至比草莓、橙子等水果的含量还高，可以起到抗氧化的作用，延缓人体的衰老。杧果含有的粗纤维可以促进消化吸收能力，并且提供一定程度的饱腹感。

④香蕉。香蕉与杧果都是比较常见的水果，富含蛋白质、脂肪、碳水化合物、纤维、胡萝卜素、多种维生素以及钙、磷、铁等营养元素。香蕉含有大量的碳水化合物，可以为身体补充足够的能量。因为香蕉容易被人体所吸收，所以在训练时香蕉是很好的快速为身体供能的能量来源。香蕉含有一定的纤维素，可以加速人体的新陈代谢，带来较强的饱腹感，有助于避免出现热量摄入过剩的现象。香蕉适宜在训练中、训练后、上午和下午两次加餐中食用。

⑤全麦面包。全麦面包指的是没有去掉麸皮和麦胚的全麦面粉制作的面包，它的营养价值比普通的白面包更高，含有丰富的B族维生素、维生素E、粗纤维以及锌、钾等营养物质。全麦面包是很好的早餐食品之一，可以在刚睡醒时体内营养物质较匮乏的状态下及时补充人体所需的维生素、矿物质及能量，并且方便人体消化吸收。全麦面包会带来一定程度的饱腹感，有利于更好地控制整体热量的摄入。随着人类对营养了解的深入，近年来一种发芽谷物面包，即以西结面包开始逐渐进入健身爱好者的视野，它含有比普通面包更多的蛋白质、纤维、维生素和矿物质，如果你能够购买到这款面包，那么可以试一试它对你的身体的帮助和改善作用。

⑥燕麦。燕麦是早餐人们喜欢摄入的食物之一，它的热量较低并且含有丰富的膳食纤维，可以帮助消化吸收，促进新陈代谢，并且提高较强的饱腹感。一般早餐中会经常采用牛奶+燕麦的搭配，提供足够的能量。燕麦的种类比较多，有常见的老年人吃的燕麦，也有西式的类似饼干或玉米饼的燕麦，都可以作为早餐加入饮食计划中。特别是西式燕麦，可以直接用牛奶冲泡，烹调方式十分便捷。

⑦全麦意面。有的健身爱好者认为意面本身属于高GI食物，与白米饭一样。事实上，意面含有丰富的膳食纤维，会带来比较明显的饱腹感，并不是很多健身爱好者认为的导致身体肥胖的罪魁祸首。特别是全麦意面，比普通的意面更加适合健身爱好者的营养补充需求。意面的烹调方式很简单，一般用水煮开后加入适当的肉、蔬菜、酱料即可食用。虽然意面本身很健康，但是有的健身爱好者喜欢在烹调过程中加入一些用于提味的酱料，如果不注意控制酱料的添加量便会导致热量摄入超标，例如加入一定的番茄酱，因为番茄酱含糖量很高，如果加入太多便会导致热量摄入大幅度增加。

（二）补剂选择

众多健身爱好者的营养饮食计划，都会含有各种各样的运动补剂。使用运动补剂是为了更加方便地进行营养补充，添加多种运动所需的营养物质，使营养摄入更加全面均衡。运动补剂是每个对自己有严格要求的健身爱好者都可以使用的，特别是一些训练强度或训练容量较高的健身爱好者，运用运动补剂可使训练时有更好的运动状态，在训练结束后更快速地恢复身体。现介绍饮食计划中常见的三种运动补剂：蛋白粉、氨基酸、维生素。

1. 蛋白粉

蛋白粉中最常见的就是乳清蛋白粉，主要是从牛奶及鸡蛋中提取的蛋白质满足人体需求。乳清蛋白粉是市面上普及度最高的蛋白粉，也是性价比最高的蛋白粉。不过，乳清蛋白粉对存在乳糖不耐受的健身爱好者容易出现腹泻或消化吸收不良的现象。分离乳清蛋白粉可以避免乳糖不耐受的现象，它比普通蛋白粉贵一些，长期用作蛋白质补充来源会带来一定的经济压力。蛋白粉还有一类缓慢释放蛋白质供人体吸收，即以酪蛋白为主的缓释蛋白粉，较适合在加餐或临睡前服用，可以在人们长时间不摄入食物时依旧获得蛋白质的补充。此外，水解蛋白粉也是比较常见的一类蛋白粉，不过它存在使人肠胃不适的可能性。

蛋白粉的摄入时间一般集中在三个时间点。第一，早餐时。健身爱好者经过一晚上的休息，身体比较缺乏蛋白质的摄入，可以选择快速易吸收的乳清蛋白粉，让身体迅速补充蛋白质。一般早餐时补充一勺蛋白粉即可，无须过多补充。如果你在睡前已经补充了缓释蛋白粉，那么早餐时只吃富含蛋白质的食物，不用再补充蛋白粉。早餐补充蛋白粉时一定要注意避免空腹服用，否则胃肠容易出现不适的情况。第二，训练后。训练后身体需要快速补充蛋白质以促进肌肉的生长发育，应选择吸收速度较快的乳清蛋白粉或分离乳清蛋白粉，具体的用量要根据健身爱好者整体饮食计划中对蛋白质的摄入量要求，以及饮食计划中其余蛋白质来源的分配比进行计算。一般来讲，健身爱好者用1勺或2勺，体重级别极高的健身爱好者会用3勺或以上。一定要注意不要在练完后立刻补充，而是应当休息10分钟左右，因为力量训练会使血液大量涌入肌肉中，刚练完就选择补充蛋白粉很容易出现消化吸收的不适应。不过，近年来也有的观点认为应当在训练结束前10分钟补充蛋白粉，持这种观点的科学家认为训练会产生肌肉充血现象，此时补蛋白粉可以更好地将营养物质输送到肌肉中，但实际操作起来，有的健身爱好者能够得到一定的帮助，也有的健身爱好者容易产生反胃等不适感。因此，具体的补充时间还是要根据每个人不同的情况进行调整。第三，睡前。有的健身爱好者，特别是以增肌或塑形为目标的健美爱好者，为了身体在7~8小时的睡眠时间内持续获得蛋白质的补充，睡前服用0.5～1勺缓释蛋白粉。要注意的是，如果你在晚餐后感觉消化吸收并不好，便没必要在睡前补充缓释蛋白粉，否则会让你的胃肠在睡眠时承担更重的压力，不利于消化吸收和新陈代谢。此外，有的健身爱好者会选择在上午或下午的加餐中食用蛋白粉，也可以利用工作时间快速补充身体所需的蛋白质，只不过一定要拿捏好蛋白质的整体摄入量，不要出现蛋白质摄入过剩的现象。要注意的是，以上所提到的一勺一般指一份，有的品牌的蛋白粉配用的勺子较小，使用说明上会表明一份是两勺。

蛋白棒是蛋白质的一种零食形式，与其类似的还有蛋白威化、蛋白饼干等。它们非常便于携带，适合在工作时食用，不像蛋白粉要一份一份提前装好或者在杯子里冲好。蛋白棒十分适合在上午或下午加餐时食用，有的健身爱好者也会在训练前吃一根来使身体获得一定的蛋白质和能量补充，以便在训练时有更好的表现。训练结束后一般不使用蛋白棒作为蛋白质的补充来源，因为在训练后人体对蛋白质的需求是快速且大量的，而一根蛋白棒的蛋白质含量比一勺蛋白粉要低一些，含有的热量也更高，使用蛋白棒容易导致蛋白质摄入不足量、热量摄入过剩的现象。

2. 氨基酸

富含氨基酸的运动补剂主要有两种，一种是较方便食用的氨基酸胶囊，另一种是吸收效果更好的氨基酸粉。氨基酸胶囊携带容易，可以在训练前、中、后都快速地补充身体所需要的氨基酸，并且不用喝掉大量的水，防止在训练中出现不适感。但是，氨基酸胶囊比氨基酸粉的氨基酸含量和种类较少，吸收效果也没有氨基酸粉更加出色。科学研究表明，健身爱好者在训练前对氨基酸的需求量，根据不同的训练类型最多的能够达到7克，这显然是胶囊无法满足的。氨基酸粉唯一的局限性就是食用不太方便，并且在训练结束后同时还需要补充蛋白粉，容易被迫喝掉大量的水，影响正常的晚餐。根据氨基酸补剂的构成，氨基酸类补剂分为两大类：第一类是全谱氨基酸，包含人体所有需要摄入的氨基酸，补充效果更加全面且均衡；第二类是支链氨基酸，它的作用和价值在于避免肌肉流失，促进肌肉生长发育。

氨基酸的摄入时间主要分为三种情况：训练前、训练中及训练后。训练前补充氨基酸的目的是预防肌肉的流失，确保训练时更好的身体状态。训练中补充氨基酸的目的是给身体提供持续的能量供给，使健身爱好者尽可能全程始终保持注意力的高度集中，发挥最强的运动表现力。训练后补充氨基酸同样可以预防肌肉流失，并且加速身体对蛋白质的吸收和利用，促进肌肉的生长发育。健身爱好者可以选择在三个时间点都补充氨基酸，确保肌肉始终在最佳的状态下。当然，有的健身爱好者在训练后食用的蛋白粉也含有一定量的氨基酸，可以只在训练前和训练中补充氨基酸。氨基酸的摄入量可以根据不同品牌的氨基酸所标注的，一般在每个时间点补充1份氨基酸粉或数粒氨基酸胶囊。

3. 维生素

（1）维生素类补剂

维生素类补剂主要分为两大类。第一类是以补充某一维生素为主的单一维生素补剂，比如常见的维生素B片、维生素C片等。一般主要针对维生素B或维生素C的补充。一般来讲，若健身爱好者出现单一维生素摄入缺乏，最常见的原因是跟饮食计划缺少对蔬菜或水果的摄入有关。第二类是以补充多种维生素为主的复合维生素补剂，其含有多种维生素及矿物质，有助于健身爱好者完成高强度或高容量的训练计划，对提升运动能力有很好的帮助。

如果你选择单一维生素补剂，可以在午餐和晚餐的任何一顿中随餐服用，摄入量遵循补剂的包装说明。如果你选择复合维生素补剂，可以在训练前服用，这有助于你拥有更好的运动表现力，更加自如地应对高强度或高容量的训练计划；也可以在训练结束后服用，以利于尽可能保持身体的免疫力。在摄入量方面，应当参照不同品牌的相关说明。

（2）蔬菜中的维生素

如果只靠维生素类补剂来摄入维生素，丝毫不在饮食计划中安排水果或蔬菜，那是十分危险并且错误的。健身爱好者一定不能出现日常饮食不吃蔬菜或水果的情况，要了解富含维生素的水果或蔬菜选择食用：

① 花椰菜。花椰菜是比较常见的一种蔬菜，它的维生素含量非常丰富，特别是富含的维生素C可以提升健身爱好者的免疫力，有利于身体的生长发育，有助于肝脏解毒。花椰菜是类黄酮含量最多的食物之一，它能够阻止胆固醇氧化。花椰菜中的糖分和脂肪含量很低，100克花椰菜只能提供20～30千卡的热量，不会使人产生热量摄入过剩的现象。花椰菜含有大量的膳食纤维，有助于促进身体的消化吸收能力，提供一定的饱腹感。花椰菜的常见做法有很多种，只要不在烹调的过程中加入大量的油、糖分和盐分含量较高的酱料，那么花椰菜是健身训练不可或缺的重要营养来源之一。

② 洋葱。洋葱可以刺激消化腺分泌，有助于肠胃功能健康，促进身体的消化吸收能力。洋葱可以有效地清除体内的氧自由基，增强新陈代谢能力。并且，洋葱中的蒜素有一定的提神作用，可以使人提高注意力、消除疲劳。洋葱还可以防癌抗癌，增强细胞活力。清炒洋葱是比较常见的做法，有的健身爱好者可能无法接受洋葱的气味，但是洋葱对健身的作用是不能忽略的。

③ 胡萝卜。胡萝卜含有大量的胡萝卜素，在人体可转化为维生素A，它是骨骼生长发育所必需的物质，有助于增强身体的免疫力。胡萝卜含有一定的植物纤维，可以加强肠道的蠕动，有助于提升消化吸收能力，提供一定的饱腹感。胡萝卜可以洗净

后制作沙拉直接食用，也可以与其他食材一起炖、炒，是十分健康的食物。

④西红柿。西红柿含有一定的纤维素，可以促进肠胃蠕动，加速身体的消化吸收能力，降低血清胆固醇。西红柿也含有胡萝卜素等多种维生素，是健身爱好者所必需的维生素摄入来源之一。西红柿的制作也是十分容易的，你可以将它与鸡蛋一起清炒，也可以将它切开制作沙拉凉拌。不过，需要注意的是，有的健身爱好者喜欢吃糖拌西红柿，若不注意对糖量的控制，便有可能导致热量摄入超标。

⑤紫甘蓝。紫甘蓝含有丰富的维生素C、维生素E、维生素B、花青素及纤维素。它可以有效提高身体的免疫力，适当减轻训练所产生的关节疼痛的症状。紫甘蓝含有的花青素是人体常见的抗氧化物质之一，它可以清除体内的自由基，有利于延长运动寿命。紫甘蓝中的纤维素含量十分丰富，它可以有效增加人体的饱腹感，促进胃肠蠕动，加速身体的消化吸收能力。此外，紫甘蓝含有丰富的铁元素，可以提高血液中氧气的含量，有助于身体对脂肪的燃烧。紫甘蓝可以与西红柿、胡萝卜等拌在一起食用。唯一需要注意的是，使用沙拉蔬菜或水果时，请尽量选择拌橄榄油，而不是拌沙拉酱或蛋黄酱等热量、脂肪含量、糖分含量更高的酱料，否则容易导致热量摄入过剩的现象。

⑥卷心菜。卷心菜含有丰富的维生素C、维生素B_1、叶酸、钾等营养物质，可以增强抵抗力和免疫力，有助于健身爱好者增强体质。卷心菜中的维生素C及胡萝卜素的含量较高，具有很强的抗氧化及抗衰老的作用。此外，卷心菜的热量也较低，这是健身爱好者在饮食计划安排时不可忽视的。卷心菜的做法有很多种，常见的有清炒或与其他食材炖煮。烹调的过程中要注意避免使用过高的温度或加入大量的酱油，否则会破坏卷心菜中的营养成分，并且导致盐分摄入过高，不利于执行训练计划时保持体重。

（三）饮食计划与训练计划搭配案例

制订饮食计划前，先要确定训练目标，然后根据不同训练目标所对应的不同训练频率、训练强度、训练容量，结合自身的情况选择出适合自己的频率、训练强度、训练容量，制作一份科学有效的健身训练计划。在此基础上，根据健身训练计划的相关要求以及容量、频率、强度的特点，结合自身的体脂含量，设定每日热量总消耗，再对蛋白质、脂肪、碳水化合物的摄入量进行更具体的分配。当然，在基础饮食摄入的基础上，也要考虑训练计划的强度和容量是否需要额外补充运动补剂，并将它加入整体的饮食计划中。

现列举一份训练计划与饮食计划搭配的实例。计划设定者是一名男性健身爱好者，身高180厘米，体重83千克，体脂含量14%；目的是基础的增肌训练，希望肌肉围度和肌肉量更好地提升；整体的训练容量与训练强度较适中，每周进行 5 次训练，整个计划持续 8 周。

1. **饮食计划**

首先根据公式计算他的瘦体重、BMR 和 TDEE。

瘦体重 =［83 ×（100–14）］/100=71.4（千克）。

BMR=370+（21.6 × 71.4）=1912。

每周的训练频率为 5 次，所以 TDEE=BMR × 1.6=3060 卡。

为了更好地增肌，他可以采用 1.05 ~ 1.1 倍 TDEE 进行热量总摄入，即每日摄入总热量 3213 ~ 3366 卡，可以根据情况在这个区间内增减。

根据他的增肌需求，将他每日所需蛋白质、脂肪、碳水化合物按照相关公式计算出：

蛋白质：体重（千克）× 2.2 × 1.2=220（克）。

脂肪：（每日摄入总热量 × 0.25）/9=89 ~ 93（克）。

碳水化合物：（每日摄入总热量 – 每日蛋白质摄入总热量 – 每日脂肪摄入总热量）/4=［（3213 ~ 3366）–220 × 4–（89 ~ 93）× 9］/4=383 ~ 412（克）。

运动补剂建议：如果全部的蛋白质来源都是鸡肉，那么他一天要摄入 1.1 千克左右的鸡肉，这要以他完全吸收鸡肉中的蛋白质为前提。这个输入量是比较夸张的，执行上会比较困难。因此，他可以每日摄入 500 克左右的鸡肉，剩下的蛋白质可以通过 2 ~ 3 勺蛋白粉及 2 ~ 3 根蛋白棒来补充。增肌训练的整体强度不很高，一般情况下只需要在训练前补充氨基酸即可，训练中可以直接补充运动饮料来满足身体对电解质、能量的需求。增肌训练结束后对氨基酸的需求会非常高，氨基酸可以帮助尽快修复肌肉，促进肌肉的生长和发育，因此他可以在训练结束后补充一定量的支链氨基酸以满足身体的需求。

2. **增肌训练计划**

时间		动作	组数	次数	休息时间
第 1 ~ 4 周	周一 / 腿部训练日	深蹲	4	12	60 秒
		腿屈伸	4	12	60 秒
		腿弯举	4	12	60 秒
		坐姿提踵	4	20	45 秒
		站姿提踵	4	20	45 秒
	周二 / 胸部训练日	卧推	4	12	60 秒
		俯卧撑	4	力竭次数	45 秒
		上斜哑铃卧推	4	12	60 秒

(续表)

时间		动作	组数	次数	休息时间
第5~8周		哑铃飞鸟	4	20	45秒
		绳索夹胸	4	20	45秒
	周三/休息日				
	周四/肩部训练日	实力推	4	12	45秒
		阿诺德推举	4	12	45秒
		侧平举	4	20	45秒
		俯身侧平举	4	20	45秒
		前平举	4	20	45秒
	周五/背部训练日	引体向上	4	力竭次数	60秒
		硬拉	4	12	60秒
		T杠划船	4	12	60秒
		坐姿绳索划船	4	12	60秒
		哑铃划船	4	20	60秒
	周六/手臂训练日	哑铃集中弯举	4	12	45秒
		哑铃俯身臂屈伸	4	12	45秒
		正握弯举	4	12	45秒
		绳索臂屈伸	4	12	45秒
		锤式弯举	4	12	45秒
		直杠臂屈伸	4	12	45秒
		杠铃弯举+仰卧杠铃臂屈伸超级组	4	12	无休息
	周日/休息日				
	周一/腿部训练日	深蹲	4	10	60秒
		腿屈伸	4	10	60秒
		腿弯举	4	10	60秒
		腿举	4	12	60秒
		杠铃箭步蹲	4	12	45秒
		站姿提踵	4	20	45秒
	周二/胸部+肱三头肌训练日	卧推	6	10	
		哑铃卧推	4	12	60秒
		哑铃上斜卧推	4	12	60秒
		哑铃飞鸟	4	20	60秒

（续表）

时间	动作	组数	次数	休息时间
	绳索夹胸	4	20	60秒
	双杠	4	力竭次数	60秒
	绳索臂屈伸	4	15	45秒
	俯身哑铃臂屈伸	4	15	45秒
周三/休息日				
周四/背部+肱二头肌训练日	引体向上	6	力竭次数	60秒
	杠铃划船	4	15	60秒
	坐姿绳索划船	4	15	45秒
	高位下拉	4	15	45秒
	哑铃弯举	4	20	45秒
	哑铃绳索弯举	4	20	45秒
	锤式弯举	4	20	45秒
周五/肩部训练日	实力推	6	10	45秒
	阿诺德推举	4	12	45秒
	哑铃推举	4	12	45秒
	哑铃侧平举+哑铃前平举超级组	4	12	无休息
	哑铃俯身侧平举	4	12	45秒
	杠铃耸肩	4	12	45秒
周六/手臂训练日	哑铃弯举+哑铃俯身臂屈伸超级组	4	12	无休息
	杠铃弯举+杠铃仰卧臂屈伸超级组	4	12	无休息
	锤式弯举+绳索臂屈伸	4	12	无休息
	哑铃集中弯举+窄距俯卧撑	4	12+窄距俯卧撑力竭次数	无休息
周日/休息日				

3. 训练计划分析

第一，这份以增肌为核心的训练计划以四个周为单位分为2个阶段。前四周整体训练强度和训练容量并不高。健身爱好者经过一段时间的训练，身体的适应能力和肌肉水平得到一定的提高，在后四周中计划的整体强度有一定的提高，特别是一些像深蹲、卧推的复合训练动作使用次数更少、重量更大、组间休息时间不变这种强度更大的安排策略。在训练容量方面，后四周没有明显改变第一阶段的训练容量，比较趋于正常，只是在胸部和背部训练日，为了提高手臂肌肉的训练频率，将肱三头肌和肱二头肌分别与胸部和背部的训练动作相结合，整体的训练容量比第一阶段高。

第二，整个计划的训练频率安排是比较常见的增肌训练计划类型，即每周针对不同部位的肌肉群只进行一次充分的训练，主要目的在于最彻底地刺激目标肌群，使肌肉得到充分的生长。在第二阶段，提高了手臂肌肉群的训练频率，将原本一周一次训练改为一周两次训练。因为手臂肌肉的恢复较容易，所以可以适当提高针对手臂的训练频率，更有助于局部肌肉的生长。

第三，整个计划的训练难度不很高，没有安排过多很难执行的训练动作，所安排的动作都可在一般健身房用相关器械进行练习。这份计划不要求健身爱好者有很好的训练基础，刚接触增肌训练的健身爱好者也可以使用。随着训练计划的推移，健身爱好者的力量和肌肉水平也会得到提升，因此第二个阶段的手臂训练日中安排了有一定难度的超级组训练，所有的训练动作都由肱二头肌和肱三头肌的超级组练习组成，这需要健身爱好者拥有一定的力量和肌肉基础，相信经历了第一阶段的练习一定可以比较从容应对。此外，第二阶段一定程度增加了深蹲、卧推的训练重量，将第一阶段的4组12次改为4组10次，并且组间休息保持不变，这对健身爱好者的肌肉和力量有较高的要求。不过，尽管训练计划的完成难度是随着时间的推移而递增的，但只要合理地为自己设置挑战目标，并且正常完成每一次训练计划，注重饮食营养的摄入，便可以跨过一个又一个的挑战。运动能力增长的核心秘诀便在于为自己设置一个又一个的挑战，让自己不断完成"超负荷"的训练。

第四，这份计划的针对性还是比较强的，特别是在组间休息的安排上，在大肌肉群的最后1～2个器械训练动作时，选择了45秒这种较短的组间休息，这可以帮助健身爱好者在整个训练课的末尾继续保持较强的肌肉充血感，不会因训练即将结束而放松精神和注意力，从而导致肌肉充血明显下降，训练课末尾段的训练动作完成较差。并且，对一些特殊部位根据肌肉的相关特性做了特殊的安排。例如在进行肩部训练时，因为三角肌本身属于羽状肌，其肌肉耐力较差，对高次数的训练比较敏感，所以使用较高的20次的每组重复次数，并且休息的时间一般在45秒左右，这足以给三角肌极强的充血感。此外，训练计划安排了深蹲、卧推、硬拉这些针对腿部肌肉、胸部肌肉、背部肌肉等大肌肉群的复合训练动作，可以尽快获得整体肌肉生长的效果，有利于大肌肉群围度和厚度的提升。深蹲、卧推、硬拉的练习还可以提升一定的力量，为日后执行强度更高的训练计划打下坚实的基础。

第五，这份增肌计划的训练动作主要以器械为主，健身爱好者在训练时目标肌肉群的感受比较好，有助于解决刚开始进行增肌训练时，因为动作姿势不准确或使用过多自由重量所导致的肌肉充血感较差、肌肉受刺激不明显的现象。

第六，这份训练计划第二个阶段比第一个阶段整体强度大，所以饮食计划也需要进行一定的调整。如果只是保持八周一样的营养摄入，那么在强度已经大幅度提高的第二阶段便会感受到明显的力不从心或身体恢复较慢的现象。根据前面对这名健身爱好者每日摄入总热量的计算，他每日摄入总热量为 3 213 ～ 3 366 卡。那么，他可以在训练的第一个阶段摄入 3 200 卡热量，再在训练的第二个阶段摄入 3 400 卡热量。这种随着训练难度升级所进行的营养饮食摄入的调整，可以帮助他获得更好的运动表现力，加速身体的恢复，缓解肌肉的疲劳。

五、如何选择一份好的训练计划

健身爱好者了解了健身训练中常见的训练模式类型及其对应的一份健身训练计划所包含的全方位细节，便对训练计划的构成有了全面且比较清晰的了解。不过，如何选择一份好的训练计划，特别是没有办法请教练为自己制订计划的健身爱好者，仅仅了解计划的构成还是不够的，必须了解判断一份训练计划优劣的七大重要因素。

这里应先提醒一点，即除非训练计划出现原则性错误，或计划制订者对训练知识和计划内容一窍不通，否则训练计划本身并没有绝对的优劣，有的只是是否适合各人的情况。因此，你判断一份训练计划是好的训练计划，其实主要是结合自己的情况来判断这份训练计划适合自己。这也是为什么理论上讲你才是自己最好的教练和计划制订者，因为不会有任何人比你更清楚自己的现状及在训练和营养补充过程中的感受。但是，大多数健身爱好者受限于有关训练知识和计划制订原理的了解不足，无法根据自己的情况来制订训练计划。希望每个健身爱好者通过阅读本书充分掌握计划和训练的相关知识，无论是自己设计训练计划，还是与教练沟通一起挑选适合自身的训练计划，都能够做出最正确的选择。

（一）是否有周期性

无论你的训练目标是什么，在制订训练计划时你必须做到有章可依、有据可循，否则这份训练计划便是没有灵魂的，不会带给你真正意义上的提高。是否具有周期性是挑选或设计训练计划必须考虑的首要问题。执行 12 周或 16 周的训练计划时，你的训练水平和运动能力在正常情况下会随着时间的推移而得到提升，需根据实际的情况对训练计划的内容作出及时的调整，使得训练计划可以有更强的实时性。一般根据自己的弱点及提高运动能力的具体要求，将一份 8 周或 16 周的计划划分成几个不同的阶段周期，在每个不同的阶段周期内为自己设定目标，然后通过实现不同周期的目标，兑现整个训练计划的目标。周期性原理的核心是为运动目标的达成提供具体的阶段周期划分方法，为不同阶段周期设定目标，进而整合所有阶段周期的训练成果，达到实现整体周期目标的愿望。

阶段周期的划分方法及相关阶段目标的设置，需要根据健身爱好者选择的不同训练模式来决定。例如，健身爱好者若执行增肌或减脂、塑形等与肌肉关系较大的训练模式，周期性原理的内容要多参考各部位肌肉的不同类型及其适合的训练方法；执行力量训练模式时，周期性原理的内容需要更多参照力量的增长原理；执行耐力训练模式时，周期性原理的内容需要根据不同的耐力表现类型进行划分；执行爆发力训练时，周期性原理的内容则需要围绕爆发力的增长特点来决定（见第二章内容）。

（二）疲劳管理是否得当

健身爱好者执行训练计划时，为了运动能力的提升而不断增加训练难度，挑战训练能力，因此训练结束后总会产生一定的肌肉疲劳或神经疲劳。肌肉疲劳是比较常见的，特别是在针对肌肉的增肌或减脂训练、塑形训练及特殊的力量训练中，肌肉疲劳、乳酸堆积明显的现象是很普遍的。肌肉疲劳一般会伴随一定程度的关节疲劳，即关节受到训练负荷产生的酸痛或乏力感。肌肉疲劳和关节疲劳都不是十分重度的疲劳现象，正常情况下1～2周的适当休息或减载练习便可以充分恢复。神经疲劳是不希望遇到的疲劳，经常使用大重量的力量训练及爆发力训练的健身爱好者一旦出现了神经疲劳，那么对相关运动能力的表现是毁灭的，甚至会丧失训练和运动的欲望。并且，神经疲劳比肌肉疲劳需更长的时间进行恢复，可能会导致运动能力不进反退。

因此，训练计划中对疲劳管理的把控便成为除了周期性原理以外第二重要的决定因素，健身爱好者要根据自身的情况合理地把握训练强度和训练容量。如果你的训练负荷过高，那么疲劳感的累积会大幅度增加。但如果你的训练负荷过轻，那么又会在一定程度上丧失对训练的记忆，不利于运动能力的提高。在判断你的疲劳管理是否得当时，你一定要将训练计划的容量、强度与自身的情况相结合。强度越大或容量越大的训练计划，越有可能使你出现较疲劳的现象。一旦你没法在足够的时间内恢复肌肉与神经，便会直接影响接下来训练计划的执行。例如你执行硬拉训练，希望在一周内完成两次硬拉训练，那么一定要做好对身体的疲劳管理，若产生疲劳影响到训练计划完成度，则要适当推迟第二次硬拉训练的时间，从而打乱训练作息。如果你想更好地管理肌肉疲劳或神经疲劳，最好的解决办法便是选择正确的休息时机及负荷增加时机。如果你无法合理地安排一周中的训练日与休息日，产生身体疲劳，这显然是没有做好肌肉的疲劳管理。正确的休息时机对应着训练负荷增加的时机，出现神经疲劳的一个重要原因便是盲目增加训练负荷。健身爱好者必须确保自身已经完全适应现阶段的容量和强度且可以较正常地完成，才可以适当增加训练负荷或训练容量，盲目改变原有的负荷或容量只会导致神经疲劳的出现。此外，疲劳管理也跟健身爱好者的训练水平有关，水平越高的健身爱好者影响其计划容量和强度的变量也越多，制订训练计划时要考虑的疲劳管理也更加复杂。但在实际训练中不能因为担心疲劳过度而只进行很简单的"养生训练"，一个认真的健身爱好者一定要走出训练的"舒适圈"。

（三）是否会设置挑战

为了使目标运动能力和训练水平持续提升，健身爱好者必须在计划中设置连续的挑战，这些挑战可能是更高的负荷，也可能是更大的容量，这可以根据不同训练模式的需求特点决定。如果你在训练中从来不设置挑战，整个训练计划没有任何的提高整体训练难度的预想，那么你的运动能力会停滞不前。例如，一名渴望塑形的健美爱好者，使用一定重量进行肌肉力量训练时，因为肌肉增长、训练水平提高，会逐渐适应之前的重量，直至可以很轻松地完成它，此时必须逐渐增加重量或组数与次数，才可以让肌肉得到更进一步的改善。

在计划中设置挑战，最常见的是对使用的负荷重量即训练强度进行调整，尤其是使用力量训练模式、爆发力训练模式时。负荷重量的增加需要参考身体恢复情况及力量或爆发力的增长情况，不能够仅凭猜测或者想象去设计负荷重量增加的比例，但是，在力量训练和爆发力训练中还是有基本的"加重策略"可以参考的（见第二章内容）。一般先参照力量训练和爆发力训练中的"加重策略"，在训练计划的最初阶段安排每个阶段周期的训练强度，然后结合执行训练计划的实际情况，观察是否要在每个阶段周期内对原本的计划安排进行调整。

增加训练容量更加适合使用增肌或减脂训练模式、塑形训练模式或耐力训练模式的健身爱好者。这三大类训练模式对于强度或负荷的要求并不大：增肌、减脂、塑形训练模式主要是针对肌肉的刺激，过度追求使用重量的大小反而使肌肉刺激感变得较差，不利于肌肉生长和发育；耐力训练模式中的心肺耐力、速度耐力及力量耐力三大不同类型都考验耐力水平，虽然在速度耐力和力量耐力的表现中，力量水平的高低会对运动能力有一定的影响，但是归根结底运动能力的高低还是要看耐力水平，而耐力水平高恰恰与较大的训练容量的特点比较一致。增加训练容量时，要首先判断恢复能力是否足够，较大的训练容量会一定程度拉长身体的恢复时间，疲劳管理不恰当便会导致训练计划的安排和执行变得十分混乱。并且，增加训练容量不意味着要大幅度降低训练强度。有的健身爱好者不具备增加训练容量的能力，只能够通过大幅度降低训练强度，例如拉长组间休息时间或动作间休息时间来勉强完成较大的训练容量，这是不能提升运动能力的，失去了提高训练容量的意义。其次，要根据训练模式的特点来安排不同的训练容量调整方式。例如在增肌训练中调整训练容量时，必须参考每个肌肉的不同特点以及现阶段的训练水平和力量水平，通过提高次数或组数的方法循序渐进地提高整体的训练容量。

因此，一份适合自己的训练计划，应在不同阶段安排了不同的挑战，整体的训练强度或训练容量会随着计划的推进而发生变化，如果没有上述安排，那么意味着训练计划本身出现了原则性的错误。要注意的是，这里的训练强度或训练容量的提高是指训练者执行训练计划前无法完成的强度和容量。例如，对于深蹲极限是120千克的健身爱好者，80%的极限重量（96千克）、90%的极限重量（108千克）都是他在训练计划开始前所能够完成的强度，如果计划安排在两个阶段周期分别执行80%（96千克）和90%（108千克）的重量练习，这并不是整体训练强度得到了提高，分别执行80%（98千克）和90%（110千克）这种增加的重量才是真正提高了训练强度。此外，并不是所有的训练模式都应严格遵守前述的提高训练强度或训练容量的划分标准，在个别训练模式的特殊环节内，例如健身爱好者在执行力量训练计划时出现肌肉发育较差的现象，此时应适当提高训练容量以更好地补足肌肉层面的弱点，而不是根据划分标准一味地增加训练强度。

（四）是否有针对性

一份好的训练计划一定是有针对性的，这个针对性体现在健身爱好者的基本情况和弱点上，也体现在训练模式特点上。因此，你在判断一份训练计划是否适合自己时，一定要观察训练计划的设置是否参考了你的基本情况和弱点。弱点指的主要是相关运动能力的不足，积极地改正弱点有助于解决训练时的问题，可以更好地提升相关运动能力。参考健身爱好者的基本情况，指的主要是在编写计划时要考虑健身爱好者的身高、体重、身材比例、年龄、伤病史等因素对训练内容选取的影响。例如，膝关节有伤病史的健身爱好者，安排针对提高弹跳力的训练动作时，一定要避免使用对膝关节有较强冲击力的动作，比如跳深；膝关节较健康并且年龄较小的健身爱好者，跳深则又是很好的提升弹跳力的训练动作。

训练计划的针对性强弱还体现在计划内容与训练模式的关联上，一份优秀的训练计划，它的内容肯定是完全围绕提升具体的运动能力而设置的，相关的动作、组数、次数甚至休息时间都是根据训练模式的特点而挑选出来的。如果一份训练计划内容与你想提升的运动能力之间出现南辕北辙的现象，那么这份计划显然是不具备针对性的，它不会给你的运动能力提升带来任何的帮助。训练时为了确保计划的内容设置更具针对性，最有用的方式便是参照该训练模式所对应的周期性原理，它可以保证计划内容安排不出错。当然，也有更直接的办法，即在训练计划中适当多安排目标运动能力相关的训练动作，这种方法适合应用在目标为比较单一或固定的运动能力上，像深蹲、卧推、硬拉某一项的力量极限，或绝对速度、弹跳力的成绩。例如，对于目标是提升卧推极限力量的健身爱好者，最直接也是最有用的方法自然是进行大重量的卧推训练，如果训练计划安排了大量的针对胸部、三角肌、肱三头肌的肌肉力量训练，缺乏针对卧推的专项动作的大重量练习，那么卧推力量是不会有真正提升的，虽然胸部、三角肌、肱三头肌都是卧推时主要发力的肌肉群，但孤立地训练这三个肌肉的力量不足以迁移到具体的卧推运动中，这种现象便是训练计划内容的针对性不强。当然，有的教练在编写卧推训练计划时，会考虑到健身爱好者自身弱点，例如肱三头肌肌肉力量明显不足，安排一定的肱三头肌力量训练，但是这并不意味着肱三头肌的力量训练要作为训练计划的核心，卧推的专项练习才是真正的训练核心。

（五）是否可以解决问题

一份优秀的健身训练计划必须能够解决相关运动能力的弱点。健身爱好者只有发现自己的弱点，并且将它们一个一个解决，运动能力才可以得到本质的提升。这要求健身爱好者在制订训练计划前先分析自己，将自身的弱点全部找出来，并根据情况的紧急程度按照顺序一个一个解决。

使用增肌、减脂、塑形等关注肌肉发展的训练模式的健身爱好者，可以从镜子里看到身体形态的优缺点，很直观地找到较薄弱的肌肉区域，然后在训练计划中做出相关的安排。当然，也可以根据训练时肌肉受刺激程度来找出对较薄弱的肌肉区域。例如你针对某一个区域的肌肉进行了大量的训练，但是该肌肉本身受刺激感及充血感并不强，那么很大程度上意味着你该区域的肌肉较薄弱，不能很好地感受到刺激。这种方法也有助于你无法通过镜子看到身体后侧的肌肉群形态时，依旧可以找出较薄弱的区域。需要注意的是，进行增肌或减脂训练时，应当将身体所有薄弱的区域都找出来，哪怕有4~5个薄弱肌群，也要针对它们安排相应的训练；在进行塑形训练时，为了更好地达到塑形的相关效果，只会在较薄弱的肌群中找寻1~2个最薄弱的肌肉群进行优先练习。

使用力量训练模式的健身爱好者，可以用视频记录三大项动作，再仔细分析自己在大重量训练时的动作姿势、发力模式、是否存在粘滞点等问题。其中，动作姿势的标准性是第一位的。如果你的动作姿势不正确，便需要先安排培养正确动作姿势的相关练习。如果你的姿势正确，但是发力模式不是最佳发力模式，那么为了更好地拥有较高水平的力量，要优先纠正发力模式。如果你的发力模式和动作姿势都没有问题，那么可以根据是否存在粘滞点（即动作的阶段性难点）进行分析，通过视频记录的方式找寻自己薄弱的发力阶段。对阶段性难点，应当按照动作练习的顺序依次解决：深

1 训练计划构成

蹲和卧推中，出杠阶段是整个训练动作的第一个阶段，出杠完成得不顺利会直接影响正常发力；在深蹲、卧推、硬拉中，启动阶段是三大项训练都比较困难的阶段，是很多健身爱好者在力量练习时都容易出现问题的阶段。

使用耐力训练模式的健身爱好者，应将目光主要放在基础体能水平上。大部分耐力水平较差的健身爱好者，都是缺乏系统的体能训练导致体能状况较差，从而无法拥有基础的耐力水平。其次，肺活量的高低对健身爱好者在耐力训练时的表现力有一定影响，安排相对应的解决问题方案时也要注意自身肺活量水平。此外，在力量耐力训练模式和速度耐力训练模式中，基础的力量和速度水平是决定力量耐力和速度耐力高低的基础因素。如果你在训练中不受基础体能和肺活量水平的影响，那么你最好将注意力放在提升自身力量和速度水平上，这有利于提升力量耐力和速度耐力的水平。

使用爆发力训练模式的健身爱好者，应将目光主要放在爆发力专项训练及技术训练上。一般爆发力较差的健身爱好者主要存在的问题，就是缺少专项的爆发力训练或没有掌握专业的跑、跳的发力方式。这两个问题在解决的顺序上没有先后，可以在编写训练计划时将爆发力专项训练和技术训练同时放在比较核心的位置上，这两种训练可以起到互相补充、互相促进的作用。经常进行跑、跳等爆发力训练的健身爱好者，可能会面临力量水平不足的问题，即无法达到高水平爆发力所要求的力量水平，应当把力量训练放在整个计划的核心位置。

使用柔韧性训练模式的健身爱好者，应将目光主要放在体脂率上。体脂率较高的健身爱好者一般都不会拥有较高的柔韧性水平，因为体脂率较高所导致的肥胖会限制拉伸练习动作时的身体伸展幅度。柔韧性与健身爱好者的日常训练习惯及年龄、性别有更密切的关系，但是这些问题很难解决或无法解决，因此还是将目光放在体脂率上。如果你的体脂率正常，那么你只需要保持正常的柔韧性训练即可，随着时间的推移，你的柔韧性水平一定会慢慢得到改善的。

要注意的是，不仅制订训练计划时要参考自身原始的问题及弱点，在执行计划的过程中，随着自身水平的变化，还要及时发现需要立刻解决的新问题，并适当调整计划的内容，优先解决新出现的问题。例如，你在执行以提高深蹲成绩为目标的训练计划，为解决启动能力较差的问题计划安排了大量针对性的训练方案，你进行了一段时间的练习后，启动能力得到了加强，但是后半程的锁定能力开始逐渐拖后腿，此时需要调整训练计划的内容，将原本解决启动能力较差的训练方案变更为主要解决后半程锁定能力的训练方案。你在挑选或制订训练计划时，一定要先看计划内容的安排是根据你存在的问题而定，侧重点集中在优先解决问题最大的环节上，以及随着时间的推移，训练计划对你的新问题能够及时给出相应的解决方案。

（六）是否参照日常工作与生活

设计一份训练计划时，每个训练日与休息日都需要根据自己的工作和生活情况进行选择。经历了一天高强度的工作，身心俱疲后，还要开始高强度或高容量的训练，不仅会因身体和神经的疲劳无法很好地完成训练计划的要求，甚至会出现身体受伤。因此，必须合理地安排，避免在训练日当天还要经历高强度的工作，保持一个精力充沛的状态进入训练。理论上讲，除非你的工作性质十分特殊，一般应能提前了解一周有哪几天会有比较烦琐的工作，设定训练计划时可将强度较大的训练绕开这几天。在较忙的几个工作日，可以根据训练计划的需求适当安排强度或容量较小的训练日，甚至直接安排休息日都是可以的。不要忽视工作和生活中所带来的疲劳感，它们会直接影响你的身体状态和运动表现力，工作使整个人累得"快散架"时，你再集中精力进行训练，显然是很不健康的。

实际生活中肯定会有无法预计的情况出现，例如临时的加班或身体突然的不适感，这些出人意料的事情会阻碍训练计划的执行，此时要根据自己的情况判断是否继续当天的训练。如果身体不适感不明显，甚至不会影响训练，那么在当天稍微推迟一下训练的时间，例如训练前小憩一下，让神经和身体得到一定的放松后再进行训练。如果你的不适感比较严重，那么要向后推迟1~2天的时间，再完成原本应当完成的训练计划，具体推迟的时间需要根据身体的恢复情况来决定。身体不适比较多地出现在睡眠不好的健身爱好者身上，糟糕的睡眠质量会影响第二天的训练状态，需要向后推迟一天，将原本的训练日改为休息日，先获得优质且充分的睡眠。

到外地出差时，训练场所的变更会导致有一些训练计划无法执行，从而影响整体训练计划的进度。此时，要对相应的计划安排和执行进行一定的调整。最理想的方式当然是在出差的城市找到可以支持你完成训练的健身房，只不过这种概率并不高。确定无法在出差城市按照训练计划的内容进行练习时，一般有两种应对措施：提前超量训练，减载训练。提前超量训练指的是大幅度增加出发前一个训练日的整体训练容量，这样身体得到比平日更深的训练感，在出差期间可以完全不用训练，让身体在这个阶段进行恢复即可。不过，这种方法的使用环境极其有限。首先，你必须确定自己对训练容量的提升是合情合理的，不能大幅度提升训练容量到一个你根本无法完成的层面，否则会使身体产生过度疲劳，有可能导致平台期的出现。其次，出差的时间不能过长，一般来讲三天是最长的时间限制。因为在三天的时间内身体是可以充分完成恢复的，如果你停练超过三天，便会导致身体出现缺乏训练的现象，不利于后续训练计划的执行。正因如此，提前超量训练的应用范围较小，故在大多数情况下更倾向于使用减载训练的方式。因为减载训练一般使用的都是常见的固定器械或基础的体能训练，不会对训练场所有特殊的要求，只要出差的城市有健身房，你便不用担心减载训练。你根据不同训练模式对减载训练的安排特点，在出差期间安排一定的减载练习，等出差结束后再回到正常的训练计划中。这种安排方式最大的好处在于可以让身体和神经得到一定的恢复，又可以保持一定的训练，不会出现缺乏训练的现象，更加适合出差时间较长的健身爱好者。

为了避免工作和生活对训练的长期影响，有值夜班要求、全日工作都比较忙碌或者有生理期的女性健身爱好者，必须调整训练时间。有值夜班要求的健身爱好者，不要将强度较高的训练日放在刚下夜班的当天，因为这天的身体和神经都会比较疲劳，不适合使用较大的重量或过高的负荷进行练习。一般在值完夜班之后会有一个休息日，可将高强度的训练放在这个休息日。因为值夜班的日子和休息的日子几乎都是固定不变的，所以可以保持较规律的训练。全日工作都比较忙碌的健身爱好者，可以将训练的时间放在早上起床后，一整天的工作开始前。因为整日的工作后比较疲劳，甚至下午较晚或深夜才结束工作，所以没有办法在工作结束后训练，只能将训练的时间放在早上。这种安排本身存在一定的局限性：早上训练比在下午或晚上训练会缺少一次以上的食物摄入，从而导致身体储备的能量较少；在早上训练时神经不兴奋，使用力量训练或爆发力训练等对神经兴奋要求较高的训练模式时，无法很好地完成计划要求。这部分训练者可以在保证睡眠质量和睡眠时间的情况下，适当早点起床，并且在训练前争取保持两次营养的摄入，不仅可以解决能量储备较少的问题，还可以通过拉长起床与训练之间的时间使神经逐渐进入训练状态。生理期的女性健身爱好者，需要根据生理期调整训练计划，避免将有关下肢的大重量或高容量训练放在生理期刚开始的几天，否则会由于生理期的疼痛无法很好地完成与下肢有关的训练。这里所指的与下肢有关的训练不只是增肌、塑形、力量训练，高强度的耐力训练或爆发力训练同样不适合在生理期的初期。生理期一般是相对固定的，因此最好的安排方式还是在最虚弱也是最疼痛的生理期初期完全休息，不要安排任何训练。如果生理期周期并不固定，便无法在训练计划设定时提前安排，那么应临时调整计划，根据身体的反应选择休息并向后顺延训练日或采用主要依靠上肢的训练动作进行练习。依靠上肢的训练动作仅仅适用于执行增肌、塑形或力量训练模式，如果使用爆发力训练模式只能安排休息日，因为爆发力训练不存在只依靠上肢的训练。

有的健身爱好者很反感生活或工作的意外影响计划的执行，但工作和生活都是比健身训练更加重要的事情，只要在训练计划的编写时提前考虑到相应的解决方案，那么临时发生的一次或两次意外并不会对训练有太大的影响。

（七）是否与饮食相结合

训练计划必须与饮食计划相结合，好的饮食计划可以促进完成训练计划，训练计划中有关训练频率、训练强度的设置也会直接影响饮食计划中对热量、蛋白质、脂肪、碳水化合物的摄入及分配。这也提示找一名专业教练的重要性，教练员需要根据你的情况去为你安排训练计划，然后根据训练计划的内容为你安排针对性的饮食方案。如果你只是从网络上查找那些广为流传的训练计划，那么你必须自己根据训练计划的内容来设计饮食方案。并不是所有健身爱好者都具备一定的自我编写饮食方案的能力的，大部分健身爱好者都没有在执行训练计划的同时进行针对性的饮食营养的补充。饮食不到位会直接导致训练效果较差，与高水平健身爱好者的差距就会越拉越大。因此，你在判断一份训练计划是否足够"优秀"时，请一定不要忽略与它相关的饮食计划是否同样适合你。

第二章 训练计划原理

增肌或减脂训练、塑形训练、力量训练、耐力训练、爆发力训练及柔韧性训练这六大训练模式都有各自对应的提高原理。你在编写训练计划时，除了要考虑自身的情况外，所有计划内容都必须建立在不同训练模式所对应的提高原理基础上，训练计划原理确保训练计划内容做到真正的"有法可依、有理可循"。训练计划原理是制订一份训练计划的核心，如果你对不同训练模式所对应的提高原理有错误的理解，那么进行相关训练时必定进入误区，触犯原则性的错误。因此，对于更好地学习训练计划的制订方法，或判断训练计划本身是否可以帮助自己，最重要任务便是了解不同训练模式所对应的训练计划原理。训练计划原理的构成与训练模式的特点有关，有的需要健身爱好者完全遵循客观规律，有的则需要健身爱好者更多发挥主观能动性。

一、肌肉训练原理

增肌、减脂、塑形都是关注肌肉的训练模式，它们用不同的方法对肌肉进行不同程度的刺激，以达到各自具体的目标。若你对全身肌肉进行增肌练习，应使用较多的复合动作，使得整个身体的肌肉量得到较明显的提高；应加大热量的摄入，充分促进肌肉的生长发育。若你针对脂肪堆积比较严重或日常活动比较少的肌肉群进行减脂练习，应多使用孤立动作，使得缺少活动的肌肉群可以有更好的锻炼效果，燃烧不必要的脂肪；应减少热量的摄入，充分促进多余脂肪的燃烧。若你对局部进行塑形训练，应将复合动作与孤立动作相结合，使得局部肌肉的围度或分离度有明显的改善，应将整个饮食计划做得更加精细，增长更多有质量的肌肉。肌肉训练的提高原理主要由三部分构成：视觉，充血，不同部位训练原理。

（一）视觉

肌肉健美训练，或者说关注肌肉质量的运动——健美运动，归根结底是一门视觉艺术。肌肉健美训练的目的是让整个身材变得更加健美、体形更加好看，在这个过程中会获得足够的肌肉围度、明显的肌肉分离度及各部位肌肉群协调的比例。因此，肌肉训练的最终目的是让自己的身材和肌肉变得更加好看，肌肉围度或分离度等都只是这个训练过程的附属品。有的健身爱好者在进行肌肉训练的过程中，只关注局部肌肉的围度或分离度，太多的心思放在手臂肌肉的围度或肱二头肌的肌峰是否明显上，这便进入了肌肉训练的一个误区，针对整个身材的优化才是肌肉训练的核心。当然，在追求身材更完美的道路上，首先要知道身体哪个部位的肌肉群存在弱点，以及弱点具体体现在哪个方面。

判断身体哪个部位的肌肉群存在弱点最好的也是最直接的方法便是视觉法，即通过镜子直接观察身体各个部位肌肉群的发育程度。如果你整体看上去比较瘦小，那么意味着你缺乏相关的肌肉训练，你需要对全身的肌肉进行增肌训练，从而获得一定的围度。如果你局部有脂肪堆积较明显的现象，例如腹肌不明显，那么意味着你平时对腹部的练习较少，你需要适当进行针对腹部的减脂训练，让腹部肌肉得到一定的运动。如果你的上肢肌肉形态比较发达，但是腿部肌肉比较一般，那么意味着你平日里对腿部肌肉及上肢肌肉的训练比例安排不合理，你需要针对腿部肌肉进行一定的塑形训练，使腿部肌肉得到更好的强化。

观察了不同区域的肌肉情况后，要评判有问题肌肉群的具体不足之处。在健美比赛的评判标准里，肌肉围度、肌肉分离度、整体肌肉的协调性、肌肉的饱满度及肌肉的硬度都是比较关键的评判标准。

肌肉围度不难理解。你的股四头肌是否足够粗壮，大腿围的数字是最明显的标志之一。增长肌肉围度是肌肉健美训练中比较容易解决的一个方面。

肌肉分离度指的是一个肌肉群中不同肌束的分离程度。例如观察一名三角肌分离度较高的健身爱好者，你能够肉眼看出他的三角肌前束、中束、后束之间有明显的像是用刀划一样的"分割现象"。肌肉分离度是肌肉训练中较难的一个方面，健身爱好者必须具备高水平的肌肉健美训练能力才可以获得一定优秀的肌肉分离度。

整体肌肉的协调性指的是健身爱好者整体肌肉是否协调。例如最常见的上肢肌肉发达程度与下肢肌肉发达程度是否一致，如果这两大肌肉群出现明显的不一致，从视觉上给人以明显的"畸形感"。当然，肌肉的协调性指的不仅仅是大肌肉群在整体上的协调性，两个相邻肌肉群的发育程度不同也会带来明显的肌肉不协调的现象，例如肱二头肌与肱三头肌、胸部肌群与背部肌群、股四头肌与腘绳肌等。在训练时必须做到对肌肉练习的全面性，不能出现只练大腿前侧、忽略大腿后侧的现象。肌肉的协调性有一部分来源于健身爱好者先天身体结构比例，那些身体结构比例和骨架比较有优势的健身爱好者在练习时自然会比普通的健身爱好者更容易获得比较协调的肌肉发展，而身体结构比例较差的健身爱好者则需要付出比常人更多的努力，并且在训练时注意根据自己的身体结构做出最恰当的选择。尽管先天的身体结构比例是十分重要的因素之一，但是不能忽略最基本的训练，即使你的身体结构比例再好，在训练中如果不注意合理安排不同肌肉群的训练量，也会逐渐出现发育不平衡的现象。

肌肉的饱满度指的是一个肌肉群的整体轮廓饱满程度，这与目标肌肉群的所有肌束是否得到足够的训练有关。例如在三角肌的训练中，有很多健身爱好者只练到了三角肌的前束与中束，对后束的练习效果较差，这样整个三角肌看上去不够饱满，或者说整体肌肉的视觉效果并不立体。肌肉的饱满与否同肌肉的围度并没有太直接的关系，主要还是同健身爱好者对肌肉的训练是否全面有关。例如，一部分力量训练爱好者的实际围度甚至比一些肌肉训练爱好者还要大，但是在整体的视觉看上去，他们的肌肉饱满和肌肉的立体感则没有肌肉训练爱好者优秀，甚至会出现肌肉围度要"小于"肌肉训练爱好者的错觉。肌肉饱满是肌肉训练中难度较高的一个方面，它要求健身爱好者必须对目标肌群最全面地刺激。

肌肉的硬度指的是用力绷紧相关肌肉群时，视觉上给人的"坚硬感"。坚硬的肌肉会给人一种岩石般锋利的视觉感，不会出现软绵绵或比较水肿的视觉效果。如果你想提高肌肉的硬度，那么必须在训练中提升目标肌肉群的力量，不能只是采用负荷较小的重量。当然，肌肉的"坚硬"程度还与皮下脂肪的含量有关，如果目标肌群处有较多的脂肪，那么视觉上会给人以较明显的"水肿"感觉。因此，在提高肌肉硬度时，除了要关注肌肉的力量水平，还不能忽略对体脂的管理。肌肉的硬度也是肌肉训练中整体难度较高的一个方面，它对健身爱好者的训练年限和训练水平都有较高的要求。

如果你想让肌肉变得更加发达，身材变得更好，那么你必须先用视觉法找出身上存在问题的肌肉有哪些，以及它们具体的弱点在哪里，才能够在训练计划的设计上有的放矢。视觉法也是整个肌肉训练提高原理必须遵循的第一个方法，所有的训练计划安排都应当建立在视觉法带来的结论上。

（二）充血

充血，即很多健身爱好者很喜欢提到的一个名词"泵感"，指的是进行肌肉训练时，大量的血液涌向目标肌肉，从而导致目标肌肉膨胀，整个围度和轮廓看上去大了一圈的现象。尽管有的健身爱好者认为充血效果的好坏并不能代表目标肌群得到了足够的刺激，但是，只要目标肌群得到了针对性的锻炼，那必定会产生一定的泵感，也就是充血效果。充血效果的高低是衡量肌肉训练是否有效的重要标准之一，它的意义要远高于其他关于判断肌肉训练是否有效的标准，如"动作姿势的准确性""训练时是否念动一致"等。并不是说这些观点是完全错误的，每个健身爱好者应明白一个逻辑关系，即只要你的动作姿势标准并且在训练时"念动一致"，那么你的目标肌群肯定会出现比较强的泵感。因此，在训练的过程中尽可能追求泵感是肌肉训练增长原理的核心内容，无法想象一次从头到尾都没有肌肉充血感的训练会是多么的糟糕。

决定肌肉充血强烈与否的因素有很多种，首当其冲的便是动作姿势的标准性。如果你的动作姿势不标准，比如练习的过程中出现很多借力的现象，导致不相干的肌肉群大量参与到练习中，那么你的肌肉充血效果自然不会很强。因此，进行肌肉训练的过程中，务必确保每一个动作姿势都足够标准。如果你的力量衰退明显，无法继续完成练习，那么你可以根据具体情况让朋友帮忙，保证动作姿势不变的情况下继续完成训练；如果不用朋友帮助，那么应立即停止训练，任何自身晃动借力的方式都是没有意义的。

决定肌肉充血强烈与否的第二个因素是目标动作所使用的负荷重量。如果你使用的负荷重量过大，例如一个重量你只能够完成4～5次的训练，那么在具体的练习时你会因为力量不足出现比较明显的借力。这也是要使用一组可以完成10～12次以上练习的重量进行肌肉训练的原因，较低重复次数所对应的重量更加适合力量训练。当然，你选择的重量不是只能够完成一组10～12次以上练习的重量，而是要完成多组10～12次以上的练习，这样才可以给目标肌群充分的刺激，如果你第一组练习完后便无法使用相同重量进行第二组练习，那么你选择的重量偏大，对保证动作姿势的标准性没有任何价值。肌肉训练时一定要选择合适的重量，重量超标不仅不会对肌肉生长带来太多帮助，还会导致动作姿势容易借力，无法获得较强的肌肉泵感。

决定肌肉充血强烈与否的第三个因素便是"念动一致"。所谓的念动一致，指的是进行肌肉训练时需要将整个注意力放在使用目标肌肉群的力量去完成训练，而不仅仅是单纯地关注做完一个又一个的训练动作。如果练习时只是机械地重复训练，那么很有可能出现借力的现象，这个借力现象往往并不明显，很难通过动作姿势进行判断。而将注意力充分放在目标肌肉的运动上，通过目标肌肉的生理功能特点就可感知每一个训练动作的进行。例如，肱二头肌有一个生理功能是带动小臂上升，因此进行杠铃弯举时，你要将注意力放在肱二头肌发力带动小臂上升这个过程，而不是使用一切办法将杠铃举上来即可，后者很容易使你的身体有轻微的晃动借力，从而影响整个训练的效果。这便要求每个健身爱好者必须对常见肌肉群的主要生理功能有一定的了解，才可以更好地做到"念动一致"，获得更强烈的肌肉泵感。

决定肌肉充血强烈与否的第四个因素是休息时间的长短。组间休息和动作间休息的长短不仅决定了整个训练计划的强度与容量，还会带来肌肉充血感的强弱不同。理论上讲，在动作姿势标准、使用负荷重量合理等前提下，组间休息的时间越短，肌肉泵感往往越强烈。这也是高强度的肌肉训练中安排超级组练习法的原因，它通过完全无组间休息的方式使得目标肌肉群得到最强烈的刺激和泵感。当然，不是说所有动作在练习时都应当使用无组间休息的超级组练习方法，要根据自己的情况去做出针对性的判断。如果你的训练水平和身体恢复能力一般，那么在训练中频繁使用超级组会让你的身体快速力竭，不利于保证基本的训练容量，对肌肉的生长发育同样没有太大的帮助。此外，对一些较大肌肉群的训练中，例如股四头肌或背阔肌，频繁地使用大幅度缩减组间休息时间会产生较强的不适感，出现使用的负荷重量大幅度下降的情况，这不利于保证训练的基本强度，对肌肉的生长发育也没有积极作用。因此，训练时要选择合理的组间休息时间，在一些小肌肉群的训练或者恢复能力比较出色的前提下，适当缩减组间休息时间，这会给目标肌肉带来更好的充血效果。

  决定肌肉充血强烈与否的第五个因素是具体的训练方法。提升肌肉泵感的训练方法不只有超级组一种，常见的训练方法还有金字塔组、递减组、力竭组等，都可以很好地促进肌肉充血的效果。超级组是最常见的方法之一，一般用两个不同的训练动作，通过第一个动作预先消耗可能借力的肌肉的力量，再用第二个动作强化刺激目标肌肉，这种方法也被称为"预疲劳法"。例如你先进行一组杠铃弯举，预先消耗肱二头肌的力量，然后在不休息的情况下立刻开始高位下拉，这样一来你便不用担心针对背部肌肉群的高位下拉练习时肱二头肌会借力，因为它的力量已经在之前的杠铃弯举练习时被一定程度的消耗掉。这种方法主要适合对自身动作准确性有一定担忧的健身爱好者。金字塔组是超级组的一种变形，只使用一个动作，很少使用两个不同的动作进行金字塔组的练习。金字塔组需要选取多个不同的重量，先从轻重量组开始练习，随着组数的递增，训练负荷重量递增、训练次数递减，直至加到当次计划所要使用的最大重量，然后训练负荷重量递减、训练次数递增，直至第一组开始时使用的重量和次数为止。这期间没有任何明显的组间休息时间，目标肌肉群可以得到十分强烈的泵感。这种方法要求健身爱好者必须具备一定的肌肉力量基础，否则不足以支撑对同一个动作多个不同重量的持续练习。递减组与金字塔组类似，可以被看作削减了一半的金字塔组，即它只有负荷重量从重到轻的过程，没有从轻到重的过程。其次，递减组一般只对重量递减，不会对训练次数进行递增的安排，这要求选择负荷重量时必须更精细。递减组与金字塔组一样，也是针对一个动作的练习方法，很少使用多个不同的动作进行递减组的练习。递减组的适用范围比较广，肌肉力量较一般的健身爱好者也可以使用，它不像金字塔组那样对肌肉力量有较高的要求。力竭组指的是使用一个固定的负荷重量，在每组练习时不会提前安排预计完成的训练次数，而是根据肌肉在每一组的真实情况进行完全力竭的练习。理论上讲，进行力竭练习时，只要你的动作姿势标准，不出现借力的现象，那么每组的练习次数应当呈递减趋势，除非其中某一组没有力竭，否则绝不可能呈现任何递增的趋势。徒手类的肌肉训练动作往往采用力竭组，例如俯卧撑、双杠、引体向上等训练动作使用力竭组会比规定次数更有肌肉泵感。力竭组对健身爱好者的训练水平要求极高。你必须首先做到不欺骗自己，不能因为懒惰便告诉自己"我已经力竭"而实际上却远远没有力竭。其次，你的目标是力竭而不是做的次数越多越好，如果你为了追求更多的训练次数而使用借力或朋友辅助的办法，那么你的训练质量会大打折扣，多余的训练次数是没有任何价值的。你的目标是让自己彻底力竭即可，至于是10次还是8次训练后产生力竭都没有任何区别。每个健身爱好者自身的肌肉特性是不一样的，肌耐力比较好的健身爱好者只有较多的重复次数才会有力竭感，爆发力比较好的健身爱好者可能简单几次的重复练习便会无法再坚持。此外，在使用力竭组时一定要注意安全，不要为了追求彻底的力竭而忽略对肌肉和关节的基本保护，如果出现肌肉或韧带的拉伤，那么对肌肉的生长发育是十分不利的，会严重影响训练进度。

　　决定肌肉充血强烈与否的最后一个因素是特定营养的补充。一些特定的运动补剂可以增强肌肉泵感的，其中最常见的便是氮泵（pre-workout）。氮泵是十分强效的训练前补剂，一般包含肌酸、精氨酸、咖啡因等物质，它可以增加肌肉的泵感，扩张血管，增加训练时的注意力。不过，使用氮泵时有一些问题是不能忽略的。例如要在空腹状态下摄入氮泵，不能在刚吃完饭或食物没完全消化的时候补充氮泵，否则会影响氮泵的效果。空腹状态一般是吃完饭后两个小时。其次，根据每个人的特点不同及不同品牌氮泵的成分不同，在补充氮泵后未必一定会出现十分兴奋的状态。有的健身爱好者会将神经是否兴奋作为判断氮泵"真假"的标准之一，实际上氮泵所带来的兴奋程度主要与健身爱好者自身对咖啡因的敏感度及氮泵中咖啡因的含量有关。此外，氮泵也会带来一定的"负面影响"，例如部分健身爱好者会出现肠胃不适或头痛的现象，睡眠质量较差的健身爱好者可能会过于兴奋而出现睡眠质量更加糟糕的现象。为了尽可能减少氮泵对睡眠的影响，要确保使用氮泵的时间与入睡时间要至少相隔四个小时。

（三）不同部位训练原理

1. 胸部肌群

　　进行胸部肌群训练，主要会针对胸大肌、胸小肌、前锯肌。胸部肌群的强壮程度一定意义上代表着健身爱好者整个上肢肌肉的强壮程度，因此很多健身爱好者都比较喜欢锻炼这个部位。由于胸部神经分布比较密集，因此在训练时比较容易产生泵感。此外，胸部肌群的力量水平对上肢力量的提升也是十分重要的，在卧推的发力中扮演着比较重要的角色。

　　不过，有的健身爱好者在胸部肌群训练时会走入一定的误区，集中体现在对胸大肌不同区域进行孤立训练的效果较差，忽视对胸小肌、前锯肌的训练，这些都会影响整体胸部肌群的塑造效果。

（1）胸部肌群的构成及基本功能

① 胸大肌，起点位于锁骨部、胸肋部和腹部，止于肱骨大结节嵴，肌腹呈扇形。胸大肌可使手臂向前伸，这在投掷类运动中会起到明显的作用。胸大肌可以与三角肌协同将手臂向上抬起，各种仰卧或坐姿向上推动负荷的动作都需要胸大肌的力量。胸大肌分为三部分，胸大肌上束位于锁骨处，胸大肌中束位于胸骨中段，胸大肌下束则位于胸骨下端及上腹部。

② 胸小肌，位于胸大肌深面，为三角形扁肌，起自第3~5肋骨的前面及肋间肌表面的筋膜，止于肩胛骨的喙突。胸小肌可以提肩胛骨向前、向下。当肩胛骨固定时，胸小肌可以起到上提肋骨的作用。胸小肌对稳定肩膀有着重要的意义，虽然它的体积较小，一般健身爱好者不会过多注意对它的训练，但是胸小肌不够发达会使很多卧推重量较大的健身爱好者出现疼痛感。胸小肌肌腱炎的痛感很容易与肩关节的疼痛相混淆。

③ 前锯肌，是胸上肢肌之一，贴附在胸廓侧壁表面，以肌齿起自第1~9肋骨，至于肩胛骨的脊柱缘。前锯肌可以帮助手臂向上抬、向前推及旋转。因为位置特殊，很多健身爱好者在胸部肌群训练时并不会有过多留意前锯肌，认为这个肌肉应当是在背部肌群训练时才练到的，而在背部肌群训练时又不会安排针对性的训练，导致前锯肌发育迟缓。

（2）胸部肌群的训练要素

① 合理选择训练重量。有的健身爱好者认为胸部肌群是人体较大的肌肉群，使用较大的重量进行训练对肌肉的增长是有好处的。复合训练动作对胸部肌群特别是胸大肌的生长的确有一定的帮助，但是有的复合动作使用较大的重量，反而会使胸大肌受刺激的效果明显下降，例如最常见的卧推训练。事实上，卧推对发展强壮的胸大肌的确是有很大帮助的，但是不同身体结构的健身爱好者对卧推的感受不一样。有研究表明，手臂较短的健身爱好者使用卧推训练时胸部肌群的活跃度要比三角肌高30%，而手臂较长的健身爱好者使用卧推训练时三角肌的活跃度更高。因此，并不是说卧推不适合强化胸部肌群，而是对不同身体结构的健身爱好者有不同的反应。手臂较短的健身爱好者在卧推时使用较大的重量练习，自然是没有太多问题的。手臂较长的健身爱好者在卧推时使用更大的重量不断地练习，只会让三角肌受到的刺激越来越超过胸部肌群，从而失去了这个动作对胸部肌群的塑造价值。

② 精准刺激胸上束。理论上讲，胸大肌的运动是整体收缩并非局部收缩。实际训练中，有很多健身爱好者的胸大肌中束和胸大肌下束都十分强壮，胸大肌上束却稍显薄弱。有的健身爱好者使用了大量的需要上斜训练椅配合的动作，但是收效甚微，其最主要的原因在于使用上斜训练椅并不意味着胸上束就能够得到刺激，特别是使用

双手同时练习时，三角肌会自然向前伸出直接承担胸上束所负责的上升功能。如果平时的训练中较多使用上斜训练椅＋双手同时练习的方式，那么很有可能三角肌受到的刺激远高于胸上束，因此要寻找其他可以精准刺激胸上束的训练方法。一般主要选取两种方式：最简单的一种是使用单臂进行训练，可以依旧使用上斜类的训练动作，只不过改为单臂，会更好地刺激胸上束；第二种是使用滑轮进行练习，它比传统的杠铃和哑铃对刺激胸上束有更好的作用，握住滑轮的位置越靠近头部，刺激胸大肌的位置也就越靠上。

③ 胸内侧与双手位置。使用普通的杠铃或器械进行胸部肌群训练时，胸大肌外侧更容易受到刺激，而因为动作姿势的特殊，有的健身爱好者的胸大肌内侧欠发达。这里的胸大肌内侧不只是胸大肌中束的内侧，还包括胸大肌上束及胸大肌下束的内侧，即内侧是指整个胸大肌的内侧而非某一个区域。解决胸大肌内侧薄弱的最直接的方法便是缩短双手的距离。例如在使用杠铃进行卧推训练时，较宽握距的卧推会对胸大肌外侧有很强的刺激，而窄距卧推可集中刺激胸大肌内侧的肌肉。当然，要注意握距并非刻意无限缩近，要根据身体结构进行更为细致的判断。例如手臂较长的健身爱好者，过窄的握距同样不利于胸大肌的训练，还会给腕关节一定的不适感。这部分健身爱好者可以进行绳索夹胸练习，在动作的最顶端将双手在身体前侧交叉，这种"双手位置最近"的方法可以使胸大肌内侧获得最强的刺激。当然，若使用单臂训练的方法，便不需要过多关注双手位置。因为单臂绳索夹胸训练时不存在另一只手限制自己向内运动的问题，所以可以使一侧胸大肌的内侧获得最大的训练幅度，使肌肉充分收缩，胸大肌内侧获得最强的充血效果。

④ 肘关节打开角度。在力量训练时，为了追求更大的卧推重量，使肱三头肌释放更多的力量，并且在杠铃下降时可以更好地募集上背部的力量使杠铃和整个身体稳定，健身爱好者常将肘关节向内夹，虽然有利于提升卧推的重量，但是对胸大肌没有太明显的刺激效果。在增肌或塑形训练中，使用卧推时将肘关节更多地打开，才可以使胸大肌变得更加活跃。当然，这种方法不适合所有人。有的健身爱好者在杠铃卧推时将肘关节打开角度过大容易导致胸外侧和肩关节的不适感，此时可以改用哑铃卧推，哑铃卧推中肘关节打开角度较大对胸外侧和肩关节的压力较小。

⑤ 杠铃、哑铃、器械、史密斯机的优缺点。

使用杠铃进行卧推类的训练动作，可以使用较大的重量，对体积较大的肌肉群的增长会有较好的促进作用。杠铃卧推还会一定程度提高上肢力量水平，有助于其他训练动作的练习时使用更大的重量，使肌肉受到的刺激更强。但是，杠铃卧推类的训练动作也存在一定的局限性，对健身爱好者的身体结构要求较高。如果你的手臂较短或胸廓较厚，那么卧推时不会获得特别大的运动幅度，对胸肌的刺激有限。如果你的手臂较长，那么卧推时反而会给三角肌更多的刺激。此外，杠铃不像哑铃或滑轮，使用卧推类训练动作时，双手无法靠得很近，会导致胸大肌内侧的肌肉发展受到限制。

使用哑铃进行胸部训练动作有很多优势。例如使用哑铃时双手靠得更近，对胸大肌内侧的刺激效果更好。其次，使用哑铃进行训练时胸部不会受到使用杠铃时杠铃对胸部触碰产生的阻碍，胸大肌可受到充分的拉伸，对肌肉的增长有效果。此外，使用哑铃进行训练时，双手和肘关节是十分自由的，有多种不同握法及姿势，这些都是杠铃类训练动作无法提供的。当然，哑铃类的胸部训练动作也并非是完全没有缺点的。例如哑铃虽然可以使胸肌受到充分拉伸，但如果不注意胸部拉伸的幅度，有可能使肩关节、胸肌肌腱或者肱二头肌受到损伤。其次，使用较大重量的哑铃进行训练时，面临将哑铃拿起再放到地上的问题，这有可能损伤腕关节或肘关节。并且，使用的哑铃重量越大，身体练习的幅度也就越小，这会限制胸大肌的拉伸与收缩。此外，使用哑铃训练带来的双臂的独立性需要健身爱好者拥有一定的平衡能力，刚接触训练的健身爱好者很容易出现训练轨迹的偏差或左右侧推起方式的不平衡。

使用器械进行胸部肌群的训练，没有使用哑铃要担心的拿起及放下的问题，只是握住并放回器械把手。其次，器械还拥有与哑铃一样的运动幅度，并且因为器械的结构，即使使用很大的重量进行练习，运动幅度也不会像哑铃训练时出现缩减的现象。此外，器械训练最大的价值在于它预先设计好的运动轨迹可以更加精确地刺激胸部肌群，也没有哑铃或杠铃等自由重量练习时对身体平衡能力的担忧。当然，器械训练也有它自身的局限性。例如器械对健身爱好者的身体结构要求极高，无法满足所有身体结构的健身爱好者。若你手臂长度不适合或身高不适合，该器械对胸部的刺激效果也会被大幅度削弱，而健身房中你总会遇到那么几个不适合你的身体结构的器械。其次，使用器械进行练习时，是直接从静止状态开始发力的，不像哑铃和杠铃训练时有一个预先的离心下降的过程，这便导致第一次的重复练习难度极高，使人产生训练负荷与自身实际情况不相符的感觉。

如果健身房没有合适的胸部训练器械，那么可以使用史密斯机。史密斯机不需要任何朋友的帮助，也拥有像哑铃和杠铃训练中预先离心的过程。史密斯机比较安全，你感觉到力竭时可以直接将杠铃挂在相应高度的位置上，不会像器械或哑铃训练时因力竭而直接扔掉负荷而受伤。当然，史密斯机也有一定的局限性，比如它的整个运动轨迹是直线的，导致肩部在训练时受到较大的压力。

杠铃、哑铃、器械及史密斯机都可以使胸部肌群得到强化，只是它们各自的特点所适用的群体不同，健身爱好者要根据自身的情况选取合适的器材。

⑥ 合适的训练幅度。使用卧推类训练动作，无论是平板卧推还是上斜卧推，很多健身爱好者认为一定要将杠铃触胸，否则便失去了这个动作的价值。事实上，这种

训练方法更加适合力量训练，对胸部肌肉群的塑造效果并不高。卧推类训练最合适的训练幅度应根据健身爱好者的身体结构判断：如果手臂较短，的确需要让杠铃触胸，否则练习时肱三头肌会受到较强的刺激；如果手臂较长，那么将杠铃触胸只会让三角肌受到更大的刺激，这点在进行上斜卧推、平板卧推及下斜卧推训练时都是一样的。手臂较长的健身爱好者，只将杠铃下降到离胸口 3～5 厘米的高度便可以正常推起，也可以在杠铃上包裹一层垫子，使用加厚杠铃并缩小做功距离的方式，这些都可以使胸部肌群受到更好的刺激。

⑦ 弹力带的价值。使用弹力带进行杠铃卧推类的训练动作相比单纯使用杠铃练习，对胸部肌群的刺激效果更加显著。有研究表明，只使用杠铃进行卧推训练时，在杠铃下降的离心阶段胸大肌的活跃程度要比推起的过程中大概减小 30%。其原因在于胸大肌在杠铃离心下降阶段不需要释放较多的力量。使用弹力带可以加大离心阶段使用的负荷，对提升胸大肌有较好的帮助，还可以在推起阶段强化肱三头肌的肌肉。

⑧ 不稳定训练。使用卧推类训练动作时，可以使用特殊材质的杠铃进行不稳定的卧推训练。最常见的竹子杠铃，它的材质较软，在它的两端通过弹力带向下各拴住一个壶铃，整个杠铃很容易晃动，使得健身爱好者卧推时很难掌握身体的平衡，甚至出现身体的明显抖动。这种不稳定的训练对提升胸部肌群是有一定帮助的，能更多募集到胸小肌的力量，从而更好地稳定住身体和杠铃；还可以加强对胸大肌发力的感受，提升整个胸部肌群之间的协调配合能力。在训练时要注意避免快速推起，否则不仅容易因杠铃较不稳定导致受伤，也不利于对胸部肌群的塑造。

⑨ 预疲劳法与超级组。针对胸部肌群的练习，整体训练难度并不高，孤立胸部肌群发力的感觉也较容易寻找，但是还是有一部分健身爱好者容易出现肱三头肌或三角肌发力感受超过胸部肌群的现象。为了更好地解决这个问题，要在练习的过程中安排针对性的预疲劳法及超级组练习，从而更好地加强对胸部肌群的孤立刺激效果，使胸部肌群的泵感最大化。在预疲劳法的使用方式中，最常见的是先进行一个肱三头肌或三角肌的训练动作，然后不休息直接进行胸部肌群的训练动作。至于优先选择肱三头肌还是三角肌的训练动作，需要根据该动作容易借力的肌肉群部位入手。例如，卧推的预疲劳训练，因为卧推会比较多地借助三角肌前束的力量，那就在卧推训练前安排一个前平举的练习。在超级组的使用方法中，最常见的是将自由重量与固定器械相结合，先通过自由重量大量消耗胸部肌群及其他容易借力的肌群的力量，再使用固定器械针对胸部肌群进行更加精准和深层次的刺激。例如先使用杠铃上斜卧推，然后不休息直接进行针对上胸的绳索夹胸练习。当然，有的健身爱好者也会在计划安排时使用杠铃+哑铃的组合，例如先使用杠铃上斜卧推，然后不休息直接进行上斜哑铃卧推，也是一种比较常见的超级组练习方式。

⑩ 精细划分胸大肌的不同区域。胸大肌分为胸上束、胸中束、胸下束三大部分，每个部分还可更细致分为上、中、下不同区域，还存在胸大肌内侧、胸大肌外侧这两个重要的区域。因此，在胸大肌训练时要精细划分，才可以使肌肉立体感更强，肌肉更加饱满。对胸大肌不同细小区域，要安排针对性的训练动作。例如在上斜器械卧推训练中，最正常坐姿时，训练会更加针对胸上束的中部；坐得比较靠前时，上半身倾斜角度会更大，训练会更加针对胸上束的上部；坐在更靠上的位置时，训练会更加针对胸上束的下部。如果做下斜器械卧推，也会有类似的刺激效果。平行于地面进行绳索夹胸训练时，胸中束的中部会受到较强的刺激，稍微调高或调低一点训练的角度就会给胸中束上部或下部更强的刺激。使用杠铃卧推训练时，握距越宽，训练效果会更加集中在胸大肌外侧；握距越窄，训练效果则会更加集中在胸大肌内侧。刚接触肌肉健美训练的健身爱好者，不必过多关注这些训练细节，以免忽略了训练的本质；较高水平的健身爱好者，关注这些细节有助于雕刻胸大肌。

（3）胸部肌群的常见训练误区

① 错误的训练轨迹。有关胸部肌群的训练误区中，较为常见的是训练轨迹的偏差。这个问题在针对胸上束的训练中尤为明显，有很多健身爱好者在进行上斜哑铃卧推或上斜器械卧推时，哑铃或器械并没有沿着锁骨的方向上下运动，而是沿着胸中束甚至更靠下的位置运动，这便导致胸上束很难感受到较强的刺激，而胸中束会受到一定的锻炼。类似的现象还体现在下斜类的训练动作中，有的健身爱好者在使用下斜哑铃或杠铃卧推时，杠铃触碰胸中束而不是胸下束，这便导致下胸肌肉质量不会有任何明显的提升。健身爱好者千万不可认为训练只是简单地向上或向下发力即可，训练轨迹必须十分精确，一点偏差都会带来肌肉刺激位置的巨大不同。

② 上斜卧推等同于上胸训练。若干健身爱好者认为，上斜卧推等同于上胸训练，只要练了上斜卧推，胸上束肌肉便会有一定的强化。上斜卧推是比较挑身体结构的。有很多健身爱好者在练习时会感受到三角肌更明显的发力，那么对他们来讲上斜卧推便不是一个好的训练动作，他们可以使用单臂轮流举起哑铃进行哑铃的上斜交替卧推，这种单臂训练的方法可以解决在双手同时练习时三角肌参与过多的问题。当然，他们也可以使用绳索夹胸这种适合所有健身爱好者的训练方式，只需要注意在进行夹胸训练时，一定要让双手手臂尽量向头部的位置运动，这样才可以给胸上束最强的刺激。

③ 肘关节的屈伸变化。使用卧推类的训练动作，因为要推起杠铃，所以必然会出现肘关节的屈伸。不过，这并不意味着所有的胸大肌训练都有肘关节屈伸，有些训练动作中如果出现肘关节明显的屈伸，便会导致训练目标的偏移。例如绳索夹胸或哑铃飞鸟的训练中，有很多健身爱好者双手较靠近时出现了肘关节的屈伸，认为这样胸

大肌内侧受到更好的刺激，事实上这种只会使肱三头肌借力较多，反而容易影响胸大肌内侧的感受。其次，在进行仰卧哑铃上拉的训练中，如果健身爱好者出现肘关节的明显屈伸，那么针对胸大肌的训练动作便会变成针对肱三头肌的仰卧哑铃臂屈伸，这对胸大肌的锻炼效果毫无疑问是糟糕的。

④ 错误的绳索夹胸角度。有部分健身爱好者进行绳索夹胸时使用了错误的角度，不太清楚向上、水平或向下夹胸，跪姿，以及不同滑轮高度的夹胸训练对胸大肌的刺激有什么不同。夹胸类的训练可以使用手臂在肚子下方到头部之间任何区域进行练习，从多个角度刺激胸大肌：双手的位置越高，训练会更加刺激胸上束的肌肉；双手的位置越低，则越会刺激胸下束；双手的位置与地面平行，训练主要刺激胸中束。跪姿训练时，训练目标依旧是胸上束，只不过比正常的站姿练习可以给胸上束更多的刺激。有的健身爱好者会调整滑轮的高度进行练习，其中比较常见的是使用低滑轮进行向上的夹胸练习，认为这种方式也可以刺激到胸上束的肌肉。低滑轮的练习对上胸肌肉确实有一定的刺激，但是对一部分健身爱好者来讲，这个动作会让他们更多感受到三角肌的发力。若三角肌发力过多，可以将双臂的练习改为单臂的练习，就会使胸上束有更好的发力感。在使用绳索夹胸类训练时，为了获得更好的训练效果，你要在每个动作重复练习时确保双臂交叉，而不仅仅是让双臂相触碰；最好保持手臂的微屈，手臂过于伸直有可能损伤肱二头肌，手臂过度弯曲便会减轻胸肌所受到的刺激。

⑤ 每组改变训练角度或双手位置。有部分健身爱好者在进行器械或绳索类训练时，喜欢在一组训练中经常改变不同的训练角度或双手间的距离，例如在器械卧推时先做几次宽握再做几次窄握，在绳索夹胸时先向上夹胸再向下夹胸，认为这种方法可以提高训练效率，使肌肉更快地生长。事实上，这种方法是比较片面的，在训练时频繁地更换训练角度或双手的位置，不仅无法保持足够的专注度，无法使目标肌群受到更精确的刺激，还会导致肌肉容易因频繁更换训练方式而受伤。

⑥ 迷信俯卧撑练习。俯卧撑是一个不错的训练动作，可以使胸部肌群以及三角肌、肱三头肌都得到一定的刺激：使用双手向前或向外撑住地面训练，胸部会受到更好的刺激；使用双手向内撑住地面训练，肱三头肌会得到更好的练习。双手间距越宽，胸部肌群的拉伸也就越大，练习会更多针对胸外侧；双手间距越窄，练习也就更针对胸内侧和肱三头肌。不过，俯卧撑不是一个很好的训练胸大肌的动作，它会比较明显地刺激前锯肌，并且手臂较长的健身爱好者练俯卧撑的效果并不好。因此，如果只是希望用俯卧撑练习来强化胸大肌，那么很容易走入训练的误区。

⑦ 仰卧直臂上拉的姿势。哑铃的仰卧直臂上拉是很好的针对胸部肌群的训练动作，特别是使用低滑轮的绳索替代哑铃进行训练，胸大肌的收缩阶段可以获得更大的运动幅度，这对胸大肌的塑造是十分有价值的。但是，有的健身爱好者使用了错误的

动作姿势，训练中没有感觉到明显的胸部肌群的运动，更多的泵感反而集中在背部肌群和肱三头肌。其最直接原因是健身爱好者的手臂弯曲过于明显，使重量更多作用在背部肌群上，胸部所受到的锻炼越来越弱。仰卧直臂上拉这种极其容易做错的训练动作，重量增加的过快会影响训练效果，因此日常练习时应该更多关注次数的提高而不是重量的增加。

2. 斜方肌

（1）斜方肌的构成及基本功能

斜方肌位于颈部和背部的皮下，一侧呈三角形，左右两侧相合变成一个斜方形。斜方肌将肩带股与颅底和椎骨连在一起，起悬吊肩带骨的作用。虽然斜方肌的整体体积不很大，却是标志人体上肢肌肉是否强壮的重要肌肉之一。粗壮的斜方肌会给人一定的视觉冲击力，它与强壮的三角肌配合会显得整个人的肩膀和上肢十分强壮。当然，如果三角肌欠发达或肩膀较窄，那么粗壮的斜方肌也会给人一种很不美观的感觉。斜方肌不仅在肌肉健美方面有着重要意义，在力量训练、搏击训练等训练模式中也起到举足轻重的作用。斜方肌总共分为三部分：斜方肌上部，近固定时上部肌纤维收缩，使肩胛骨上提、上回旋、后缩，主要用于抬升手臂；斜方肌中部，近固定时中部肌纤维收缩，使肩胛骨后缩、上回旋，主要同菱形肌一起使肩胛骨互相靠近；斜方肌下部，近固定时下部肌纤维收缩，使肩胛骨下降、上回旋，放下手臂时起到一定的作用。

（2）斜方肌的训练要素

① 均衡训练斜方肌上部与斜方肌下部。一定要均衡练习斜方肌上部和斜方肌下部，这对整体的肌肉围度和肌肉饱满度十分重要，而且斜方肌下部对固定和保护肩关节起重要作用。如果有关斜方肌下部的练习较少，或者说斜方肌上部与斜方肌下部出现严重的力量失衡，那么便会直接导致三角肌受到伤病影响，因此必须针对斜方肌下部进行一定的特殊练习。

② 多角度刺激。进行耸肩类训练时可以使用多个不同的角度刺激斜方肌的生长。例如最简单的办法是改变双手的握距：握距较窄时，斜方肌的收缩感会更加强烈，但是肌肉收缩阶段的运动幅度被适当缩小；使用较宽握距时，斜方肌靠下的位置会受到更多的刺激。当然，还可以使用哑铃多角度刺激斜方肌：先使哑铃位于身体后侧进行练习，再换成双手对握哑铃于身体两侧进行练习，最后是最常见的哑铃位于身体前侧进行耸肩训练。

③ 使用自由重量、史密斯机或器械进行耸肩练习。

一般情况下健身爱好者使用最多的是自由重量的训练，即使用哑铃或杠铃进行练习。使用杠铃耸肩更多一些，它不仅可以使用较大的重量，同时更加稳定，有利于寻找更好的肌肉刺激感。但是，杠铃也有一定的局限性，即在训练的过程中杠铃会前后摆动，使斜方肌受刺激的程度降低。

使用史密斯机不会出现杠铃的前后摆动，它可以直接更加精确地刺激斜方肌。当然，史密斯机自身也存在着一定的问题，比如针对斜方肌下部的练习时，很难给目标肌群较强的刺激。

哑铃耸肩在一些肌肉健美训练计划中是比较常见的，它比杠铃带给斜方肌更长的做功距离，使肌肉受到的刺激更深。越重的哑铃越难掌握平衡，并且握力的有限制约使用较大重量的哑铃，因此使用大重量哑铃进行耸肩训练比较低效。

耸肩训练比较推崇的是使用器械。器械几乎结合了杠铃、哑铃和史密斯机的优势，并且没有什么明显的不足，它可以给斜方肌提供所需要的最精准的运动轨迹。将杠铃放在身前身后，都无法带给斜方肌最精准的运动轨迹。使用哑铃可以对握沿着身体向上运动，但是因为哑铃自身形状，向上耸肩时哑铃会出现不自觉地与大腿外侧摩擦的现象。一般的耸肩器械都有横、竖两个把手，便于使用不同的握法和不同的角度对斜方肌进行训练，在提供多角度刺激的同时可以使用大重量进行练习。此外，器械使用简单，并且不会产生体力的多余浪费，这点在大重量训练时是十分重要的。不像使用杠铃，健身爱好者要将杠铃从架子上拿起来再后退，进行一个类似力量训练时的"出杠阶段"，导致力量受到损耗，影响耸肩练习的完成度。并且，有一些特殊的耸肩训练器械，可以提供极大的运动幅度，斜方肌下部也可以得到比较强烈的刺激。一些健身房若没配备斜方肌训练器械，可以使用六角杠铃（环形杆）代替，可起到器械的作用。

④ 适当使用大重量训练。健身爱好者应使用较大的重量进行有关斜方肌的训练，例如使用大重量的耸肩练习可对斜方肌的发育起到较好的推进作用。斜方肌是极其容易感受到疲劳的肌群，一旦出现明显的灼烧感或过度充血的现象，会使人无法继续练习，因此可使用大重量进行组数较少的练习。大重量的练习不仅使斜方肌得到加强，还可以提升肩膀、胸部肌群、背部肌群及手臂的力量，只是这种方式容易出现借力过于明显的现象，如何适当借力又不过分借力导致斜方肌受刺激程度降低是一个需要逐渐掌握的技巧。

（3）斜方肌的常见训练误区

① 错误的手臂姿势。进行斜方肌训练时有的健身爱好者在上提杠铃的过程中，手臂有明显弯曲，这便是借力过度，并非是可以提升斜方肌肌肉质量的借力小技巧。手臂明显弯曲不仅容易使肱二头肌参与到训练中，降低斜方肌受到刺激的程度，还有可能使肱二头肌受到损伤。向上提拉杠铃时，一定要注意在最初发力的过程中保持手臂伸直，将杠铃上拉到一定的高度后，为了继续向上抬高肩膀，使斜方肌得到更多的刺激，手臂可以适当弯曲，这种借力的小技巧反而对斜方肌的发展有促进作用。当然，这种小技巧不适合在大重量耸肩时使用，适用于能够稳定控制的重量练习。

② 斜方肌发展失衡。有很多健身爱好者在练习斜方肌时只将注意力放在斜方肌上部，使得斜方肌上部明显强于其他两个区域的肌肉。斜方肌发展失衡会导致肩关节不适等一系列问题，因此安排训练计划时一定不能忽略对斜方肌中部和斜方肌下部的练习。在刺激斜方肌中部的训练中，可以将弹力带或绳索把手固定在与胸口齐平的位置，然后双手握住弹力带或把手的两端，利用斜方肌中部的力量使两侧肩胛骨向中间靠近，这种方法与绳索面拉练习的姿势比较类似，只不过绳索面拉训练时需要手臂有明显的弯曲，而这个动作的大小臂的夹角几乎是不变的，可以极大强化斜方肌中部。在刺激斜方肌下部的训练动作中，最常见的是农夫行走，它不仅可以刺激斜方肌下部的肌肉，还有助于提高握力水平，在力量训练时也是十分不错的辅助训练动作。

③ 错误的腿部姿势。进行耸肩训练时腿部屈伸，同样是借力过度的表现，不是对斜方肌发展有促进作用的借力技巧。有的健身爱好者因为使用的杠铃重量过大，所以在练习时通过大腿屈伸或踮脚的方式借力，减低杠铃在最低点向上运动一刹那对斜方肌的力量要求，这会使得原本针对斜方肌的训练变成了提升小腿肌群的"提踵练习"，显然与训练目标是背道而驰的。此外，有的健身爱好者在耸肩训练时还会使用腰背部晃动的方式借力，这会减小杠铃上升的幅度，从而使得斜方肌所受到的刺激明显减弱，对腰背部健康也是十分不利的。

④ 制约三角肌发展。斜方肌本身在生理活动中是不会明显影响三角肌的运动的，因此也不存在制约三角肌生长的可能性。但是，在实际的三角肌训练中，有很多健身爱好者都出现了借助斜方肌发力的姿势，这与他们三角肌力量不足而被迫借力，或对标准动作姿势的掌握不佳有关。斜方肌会控制肩带骨进行运动，只要三角肌训练时注意避免肩带骨的明显上升、下降或后缩，那么斜方肌的参与度便会大大减小。为了更加降低斜方肌参与的可能性，可以使用预疲劳法，先练习一组斜方肌的训练动作，消耗斜方肌的大部分力量，然后不休息立刻进行有关三角肌的练习，将斜方肌借力的可能性降至最低。

3. 三角肌

（1）三角肌的构成及基本功能

三角肌的整体形状呈三角形，位于肩部皮下，从前、后及外侧包裹着整个肩关节，是一块多羽状肌，它可以使手臂朝各个方向运动。三角肌总共分为三部分：三角肌前束，起自锁骨外侧半，负责将手臂向上抬起；三角肌中束，起自肩峰，负责将手臂向两侧抬起；三角肌后束，起自肩冈，负责将手臂向后伸。三角肌对整个肩部及上肢肌肉的形态起着重要的决定作用。很多健身爱好在进行三角肌训练时找不到真正有效的方法，甚至走入了很多的误区，这与三角肌的肌肉特点及功能有关，稍不注意便会出现训练刺激点偏差的情况。三角肌在体能训练与力量训练中也扮演着十分重要的角色,甚至对一些下肢主要发力的训练动作也会释放一定的力量。

(2)三角肌的训练要素

① 注意增大肩部宽度。肩部的宽窄与锁骨长度有关,锁骨越长,肩膀也就越宽。锁骨天生较窄的健身爱好者,没有办法拉长锁骨,唯一能够使肩部变宽的方法便是尽量提升三角肌的肌肉质量,而最直接有效的办法便是对三角肌中束进行练习。虽然三角肌中束的练习难度并不高,但一定要注意将三角肌中束放在整个训练计划的优先地位上,如果在一次训练的末尾进行有关三角肌中束的练习,那么会因力量消耗过大导致中束受刺激度变弱。具体训练方法中,首先要遵循的是孤立刺激的原则。对三角肌中束,过大的重量所带来的刺激效果并没有使用较轻重量进行孤立训练好,过大的重量会在练习时更多依赖三角肌前束或斜方肌的力量,从而使三角肌中束的泵感大大减弱。其次,如果你的三角肌中束较薄弱,或者斜方肌容易借力,那么应使用单侧进行练习,例如侧平举的单侧练习时,斜方肌便很难借力,还有助于训练中更加集中注意力。此外,你还可以使用递减超级组的方式,即使用三个不同的重量,按照重量从大到小进行不间断的超级组练习,可以使三角肌中束获得最强的刺激效果,有利于三角肌中束肌肉的发展。

② 均衡训练三角肌的各个部位。有很多健身爱好者进行有关三角肌的训练时,将太多的注意力放在三角肌中束和三角肌前束上,对三角肌后束缺少针对性的练习。并且,三角肌后束位于身体的后侧,很难通过镜子直接观察到,也容易使人注意不到它与三角肌前束和三角肌中束发展的失衡。要避免三角肌后束发育速度较慢的现象,那么首先要重视它的存在,不能在训练容量或训练强度上比三角肌中束和三角肌前束有明显的偏差。其次,要注意三角肌后束练习时的发力习惯和动作姿势。例如有的健身爱好者为了举起更大的重量会习惯性借力,这便导致三角肌后束的发力感明显弱于肱三头肌、斜方肌甚至背部肌群。这个问题在背部比较发达的健身爱好者身上体现更为明显,他们的背部肌群过于强壮时,会比较习惯于用背部肌群的发力代替原本三角肌后束的职责,从而使得三角肌后束的发育程度明显落后。解决这个问题最简单的办法是使用轻的重量,可以使原本薄弱落后的肌群有明显的刺激感。对三角肌后束进行更加精细的划分,有助于针对性训练让三角肌后束变得更加饱满。三角肌后束细分为三部分:三角肌后束前部(三角肌中束与后束的连接点)、三角肌后束中部、三角肌后束后部。针对三角肌后束前部,使用上半身略微向前倾斜20°左右的侧平举练习,会比传统的身体直立侧平举更加刺激三角肌中束靠后及三角肌后束靠前的部分(图1);训练时注意使小拇指略微朝上,而非使用所有手指完全与地面平行的姿势,这对三角肌中束与后束的连接点的刺激更加有帮助(图2)。针对三角肌后束中部,可以使用拳眼向上并沿身体与身体平行向后并向上举起手臂的方法。针对三角肌后束后

部，可以使用大臂外旋，不仅可以刺激三角肌后束，还有助于冈下肌的生长（图3）。在三角肌后束的训练方法上，在训练计划中适当增大对三角肌后束的训练频率，那么对解决三角肌后束较薄弱是比较有积极作用的。在训练计划中将三角肌后束的三个区域进行分割练习：在第一个训练日安排针对三角肌后束前部的练习，休息1~2日后安排针对三角肌后束中部的练习，再休息1~2日后安排针对三角肌后束后部的练习。在训练组数和训练次数的选择上，因为三角肌后束体积较小，如果使用预疲劳法或超级组进行练习，那么十分有利于三角肌后束肌肉生长。较好的预疲劳搭配组合是背部训练动作+三角肌后束训练动作。例如先练习一组杠铃或器械划船，消耗掉背部肌

图1

图2

图3

群大部分的力量，然后不休息立刻进行有关三角肌后束的练习，因为三角肌后束训练时背部肌群比较容易借力，所以先消耗背部肌肉的力量有助于更好地刺激三角肌后束。

③ 精细划分三角肌的各个区域。既然三角肌后束可以细分，三角肌前束和三角肌中束同样也可以按照这种方式细致地划分：三角肌前束前部、三角肌前束中部、三角肌前束后部，三角肌中束前部、三角肌中束中部、三角肌中束后部。这样，三角肌其实是可以分出九个不同的区域的。如果只针对前、中、后三大部分进行基础的练习，忽略了对细分区域练习，那么三角肌便无法呈现十分饱满、立体的感觉。这些是教科书没有提及过的内容，却在肌肉健美训练中真实存在。很多健身爱好者在练习时只会用最正常的前平举、侧平举和俯身侧平举进行练习，这种方法只能够练习到三角肌前束中部、三角肌中束中部及三角肌后束中部的肌肉。其实，健身爱好者可以对手臂运动角度的控制来精准刺激三角肌不同细分区域，比如使用单臂的动作来感受上述九个区域的存在。相比正常的单臂前平举，将手臂向胸部内侧举起，可以刺激到三角肌前束的前部（图4）。将手臂相对正常前平举朝身体外侧打开一点，便能够刺激到三角肌前束的后部。进行单臂的侧平举练习时，手臂稍微向体前移动的侧平举主要刺激的部位是三角肌中束的前部，而手臂稍微向后侧移动的侧平举主要刺激的部位是三角肌中束的后部。使用单臂对握哑铃的姿势进行垂直向后伸手臂的练习时，三角肌后束的中部会受到明显的刺激（图5），而向外打开一点手臂并向后伸直则可以练习到三角肌后束的前部（图6），向内收一点手臂并向后伸直更多的是练习三角肌后束的后部（图7）。如果你在平时的训练中从来没有注意过这些细分的区域，那么你可以按照上述方法，使用单臂哑铃从三角肌前束前部开始，不间断地依次向身体的后方举起哑铃，直到三角肌后束的后部，这可以帮助你充分感受到三角肌九个细分区域的存在。

图4

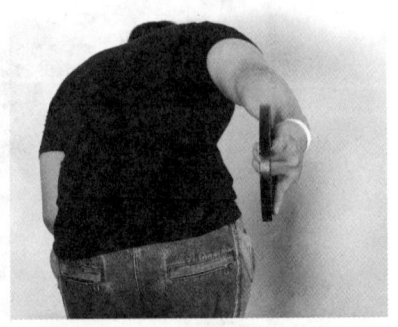

图5

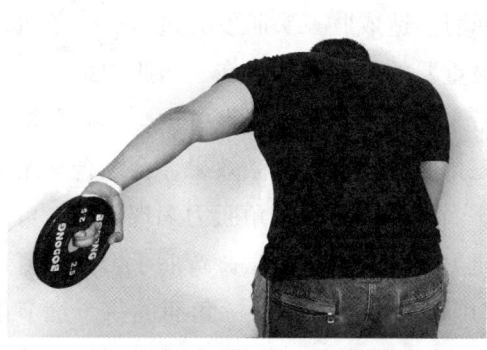
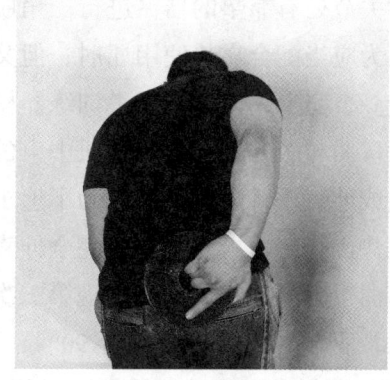

图6　　　　　　　　　　　　　　　　图7

设计训练计划时，一定需要注意结合自身三角肌的欠发达区域进行针对性的动作挑选，不能仅仅关注前、中、后这样大的区域，还要注意更加细微的问题，从而在动作的练习角度上再进行更有针对性的选择。

　　④ 必不可少的超级组。三角肌是羽状肌，这种肌肉类型的特点是力量很大，进行较高次数的练习时容易出现耐力不足。因此，针对三角肌的这一特点，安排较大的训练容量，使用超级组、递减组、金字塔组等训练方法，那么对三角肌的生长会有很好的促进作用。刚接触肌肉健美训练的健身爱好者，肌肉耐力较差，并不适宜安排超级组的练习，可以使用较高重复次数，例如每组由正常的完成12～15次重复练习提高到每组完成20～25次重复练习，不仅可以尽快获得一定的肌肉耐力，还可以一定程度上促进三角肌的生长。

　　⑤ 弯曲还是伸直手臂。健身爱好者在前平举、侧平举、俯身侧平举的训练时往往会遇到一个问题，即需要伸直手臂还是保持手臂的弯曲状态进行练习。有的健身爱好者认为在练习时应当使用手臂伸直的状态，这可以保证三角肌受到最强的刺激，可以避免肱三头肌的借力；也有的健身爱好者认为适当保持手臂弯曲的状态，有利于三角肌有更好的泵感，并且可以使用更大的重量。事实上，对这个问题要辩证看待。首先，三角肌，特别是三角肌的后束，从来都不会单独运动，都是与肱三头肌的长头一起配合做功的。因此，如果你的肱三头肌过于强壮，那么在三角肌后束的练习中，轻微的手臂弯曲都很容易使肱三头肌代替三角肌后束进行发力。在侧平举与前平举训练时同样如此，手臂弯曲的幅度越大，肱三头肌的发力就越明显，三角肌受到的刺激也就越小。其次，器械与手臂弯曲之间也有着一定的关联，有的器械必须使手臂伸直，否则三角肌很难得到锻炼，例如反向飞鸟的练习便是如此，必须确保手臂伸直才可以给予三角肌后束最大的刺激，任何弯曲手臂都不会带来同样的刺激效果。但是，使用一些

在肘关节处有靠垫的器械进行三角肌的训练，例如器械的侧平举训练，有的健身爱好者认为应当配合靠垫使用屈肘，但又担心屈肘会造成肱三头肌发力过多、三角肌训练较少。事实上，使用侧平举训练器械时，最重要的是确保肱骨在三角肌中束的位置，手臂弯曲与否并不会对三角肌中束的训练带来困扰。在实际的训练中，不必严格区分弯曲或伸直手臂进行训练，为了追求带给三角肌最强烈的刺激效果，会综合采用这两种姿势进行练习：先使手臂完全伸直练习，当出现第一次三角肌力竭现象后，可以适当弯曲手臂继续练习，当出现第二次三角肌力竭现象后，再微微弯曲手臂并重复这个办法，直至大小臂夹角接近90°，这可以确保一组训练中将三角肌的每个细节都进行充分的刺激。不过，需要注意的是，不可以使用从大小臂接近90°开始，然后直到手臂完全伸直的方式练习，这种方法会使肱三头肌获得更多的刺激，对三角肌没有太大的帮助。

⑥ 单侧还是两侧训练。健身爱好者在侧平举、前平举等训练时容易遇到一个问题：同时举起两侧手臂还是轮流举起单侧手臂进行练习？这主要取决于你自身在训练时对三角肌和斜方肌的感受程度：如果你可以很好地感受三角肌的发力，那么使用两侧同时练习；如果你对斜方肌发力有更好的感觉，那么使用单侧轮流交替练习的方式。单侧训练除了可以更好地感受到三角肌的活跃外，比两侧训练还可以使用更大的重量。并且，单侧训练便于倾斜上半身，这可以创造更多的角度，有利于刺激三角肌不同区域中偏上和偏下位置的肌肉。

⑦ 根据动作选择绳索、哑铃、杠铃或器械。由于三角肌训练容易走入误区，所以对具体训练器材要根据三角肌的具体训练动作做出最准确的选择。

进行推举类训练，可以有器械推举、哑铃推举、杠铃推举和史密斯推举四种选择。使用杠铃推举时，无论是颈前推举还是颈后推举，杠铃都会使身体出现明显的不适感：颈前推举时，要极大幅度地向后弯曲腰背部，这会给腰背部带来一定的酸痛；颈后推举时，杠铃又会过度地拉伸肩关节，容易使肩膀受到损伤。并且，杠铃的局限性还在于它无法提供像哑铃推举那样更大的运动幅度，对三角肌的刺激也就较小。杠铃推举在力量训练及力量耐力训练中都是很优质的训练动作，但是在肌肉健美训练中，对发展三角肌的贡献并不大。使用哑铃推举时，肩关节会更加舒适，不会出现明显的不适感，整体的运动轨迹十分有利于三角肌前束的生长；还可以有不同的握法，在举起的过程中还可以旋转，这便给予三角肌更多角度的刺激。但是，哑铃容易使训练者在肌肉接近力竭的时候出现不平衡的现象，将哑铃从地上拿起来再翻到肩上会消耗大量的力量，这些都是哑铃推举的不足之处。使用器械推举是较好的选择方法，除了一些很少见的、运动轨迹不正确的推举类器械外，大多数器械都可以复制哑铃推举时完美的训练轨迹，并且不会出现肌肉接近力竭时平衡力较差的现象；可以放心使用较重的负荷，不会像哑铃那样需要很费力从地上拿起来，更有助于保存力量用于三角肌的训练。如果健身房没有专业的推举类器械，可以使用史密斯机替代，它同样可以使用较大的重量，并且获得较好的运动轨迹。但进行史密斯颈前或颈后推举时，同杠铃推举一样会出现身体的不适感。推举类的训练动作没有太大的难度，其中要注意的是器械或自由重量的下降幅度，对于柔韧性较差、锁骨较窄、肩胛骨活动性较差或前臂较长的健身爱好者，如果下降的幅度较大，对肩关节和三角肌是十分危险的。此外，为了拥有更好的肌肉泵感，每次推举时一定要避免完全伸直手臂，这样可以使肌肉获得持续较强烈的刺激（完全伸直手臂会使肱三头肌获得更强的刺激）。

使用前平举练习时，一般很少使用杠铃或器械：杠铃前平举会极大程度缩减三角肌前束的运动幅度，而且只能使用双手正握或反握的握法对三角肌前束的刺激较差；市面上很少有针对前平举的固定器械，大部分刺激三角肌前束的器械都是针对卧推或推举设计的。在前平举练习时较多使用的是哑铃前平举或绳索前平举：哑铃前平举，可以使用双手对握的姿势，这对肩膀较窄或三角肌前束孤立训练感较差的健身爱好者是非常好的训练方法；绳索前平举通过滑轮的帮助可以拥有更加流畅的阻力，并且加大对关节的保护。

使用侧平举练习时，一般会使用哑铃、器械或绳索。使用哑铃是最普遍的侧平举练习方式，但是它对三角肌中束的刺激效果并不好，训练全程无法获得比较好的刺激。例如在刚举起哑铃的一段距离内，冈上肌会释放更多的力量，而不是借助三角肌的力量，这对三角肌的生长显然是没有帮助的。并且，上举哑铃的过程中，手臂抬得越高，三角肌中束起的作用就越小，但是在这个时候身体受到的阻力最大，这种不平衡性对三角肌中束的提升十分不利。使用绳索侧平举的训练，可以获得与发力向相反的阻力，这对三角肌的提升是十分有帮助的。并且，通过调整滑轮的位置，将滑轮放在膝盖处，这便解决了哑铃训练初期三角肌中束无法明显主动发力的问题，大大降低冈上肌的参与度。如果将滑轮放在较低的位置，那么三角肌中束便无法帮助将绳索向外侧举起。此外，有研究表明，绳索侧平举比哑铃侧平举可以获得多45°的运动幅度，这使得肌肉有更好的生长空间。但是，绳索侧平举也并非没有不足之处，例如两侧同时举起手臂的侧平举训练时，运动幅度受到一定的限制，此时只能选择单侧轮流举起手臂的练习方式。使用器械侧平举练习，正确轨迹的器械可以提供正确的阻力，使三角肌中束受到精准的锻炼。有的器械有两个手臂挡板，可以进行屈肘的练习，给目标肌群更好的收缩效果。并且，使用器械进行侧平举，手臂几乎不会出现任何明显的晃动，这可极大程度避免借力现象的出现。当然，器械侧平举也存在着一些不足之处。其中，最常见的是好的轨迹的器械少见，有些器械带来的阻力并不是来源于身体两侧的，反而是来自地面的，这对三角肌中束的提升没有帮助。其次，器械侧平举比绳索侧平举的运动幅度小，对三角肌中束的刺激程度较小。并且，因为器械的结构，对健身爱好者的身材高矮及锁骨长短都有一定的要求。此外，器械侧平举只能够刺激三角肌中束中部，无法像哑铃和绳索那样可以刺激到三角肌中束的前、中、后三个区域，即使调整上半身的姿势也无法做到。在侧平举训练中，以上三种器材都有各自的优缺点，训练中不应只选择一种，而应交替使用这三种器材，以带给三角肌中束最好的刺激效果。

使用俯身侧平举练习时，常选择哑铃、绳索和器械。哑铃俯身侧平举时，因为双手很难在训练过程的最低点交叉，所以三角肌后束会缺少拉伸。事实上，三角肌后束是很容易被拉伸的，但是使用哑铃却不行，导致整个训练的运动幅度明显缩小。其次，哑铃俯身侧平举所带来的阻力与发力方向并不一致，哑铃举得越高，三角肌后束受到的刺激越小，身体对重量的感觉反而越大。俯身绳索侧平举时，哑铃俯身侧平举中容易出现的问题，在这里反而成为优势。使用单臂进行俯身绳索侧平举时，三角肌后束可以获得很好的拉伸，从而获得极大的运动幅度，有利于三角肌后束的发展。其次，训练时三角肌后束受到的阻力与发力方向完全一致，这会使目标肌群获得更好的泵感。器械俯身侧平举时，不会像哑铃或绳索那样大幅度俯身向下、腰背部没有明显支撑的情况下练习，可以避免脊柱产生的不适感。其次，器械比哑铃拥有更大的运动幅度，可以使肌肉获得更好的刺激。不过，器械也存在着一定的局限性，健身房中俯身侧平举的器械不常见，有的器械还存在着轨迹设计上的偏差，给目标肌群的运动幅度同绳索是一样的。因此，在俯身侧平举的器材选择上，更应使用绳索。

⑧ 多种训练角度。三角肌训练要注意制造更多不同的训练角度，使肌肉变得更加饱满，三角肌看上去更加立体，更像一个"虎头肌"。三角肌训练时可以调整身体的倾斜角度或负荷举起的高度，来刺激不同区域肌肉的上、中、下三部。三角肌的九个小区域在练习时还可以分为上、中、下三种不同的角度。例如，当将哑铃举至与地面平行的高度，主要刺激的是三角肌前束的中部；握住一个位于身体后侧的绳索把手进行半程的前平举练习，主要刺激的是三角肌前束靠下的部分（图8）；将哑铃举至头顶，三角肌前束的上部会受到更好的练习（图9）；这便是使用不同的负荷举起高度带给三角肌前束不同角度的训练。类似的方法可用于侧平举：使用正常的站姿侧平举，三角肌中束的中部会更多受到练习；身体朝另外一侧倾斜同时举起同侧手臂的半程侧平举练习，三角肌中束的下部会受到更多的刺激（图10）；保持这个姿势继续向上举至接近头顶位置，三角肌中束靠上的部位则是最主要的训练目标（图11）。这不仅调整了负荷举起的高度，还使用了不同的身体倾斜角度，既使三角肌训练不再单调，还可以带给肌肉全方位的刺激。

2　训练计划原理

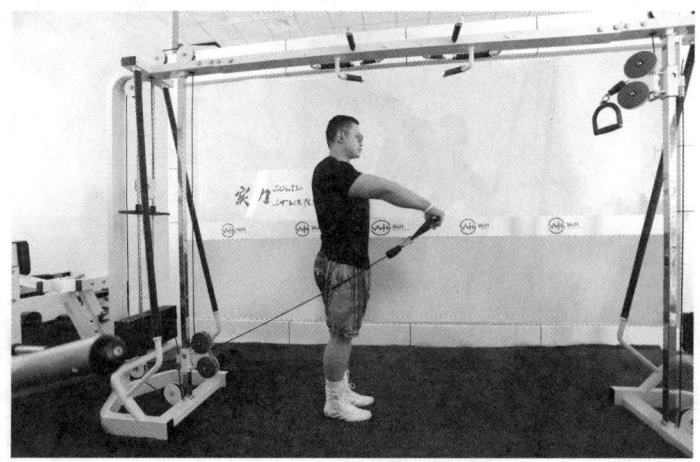

图 8

图 9

图 10

图 11

（3）三角肌的常见训练误区

① 过度训练三角肌前束。有的健身爱好者将训练重心和过多的内容放在三角肌前束的练习上。这里并不是说三角肌前束不重要或者没有太高的训练价值，而是因为卧推训练时三角肌前束很容易被练到，特别是卧推重量较大的健身爱好者三角肌前束一般不会较差，若安排大量的训练不仅容易导致三角肌中束与三角肌后束被忽略，还容易使三角肌前束训练过度。除非你的三角肌前束较差或者卧推水平实在过低，否则只需要正常的三角肌前束的练习即可，应当将训练重心放在容易薄弱的三角肌中束和三角肌后束上。

② 三角肌训练顺序错误。有很多健身爱好者在设计三角肌训练计划时喜欢第一个训练动作选择推举，或者简单地按照前束—中束—后束的顺序，这种方法是存在一定误区的。三角肌前束发育较差的现象比较少见，一般三角肌前束较差都意味着三角肌中束和三角肌后束可能更差，三角肌中束和三角肌后束比较发达但三角肌前束较差的现象十分罕见。因此，在一堂训练课的刚开始，状态和力量水平最好，进行一个强势肌群的练习，对发展弱势肌群及均衡肌肉形态是十分不利的。应根据自身的需求和真正的薄弱点做出针对性的选择，三角肌哪些区域较薄弱，就可以按照它们的薄弱程度从最高到最低按顺序训练。希望增大肩膀宽度的健身爱好者，先进行三角肌中束的练习，再进行有关三角肌后束和三角肌前束的练习。希望肩膀更加饱满或立体的健身爱好者，先针对三角肌后束展开训练，再进行有关三角肌中束和三角肌前束的练习。有的教练认为优先训练三角肌前束会使力量明显削弱，从而在三角肌中束和三角肌后束比较容易犯错的动作练习时尽可能避免借力现象。事实上，三角肌前束对其他区域的借力影响并不大，表面上三角肌前束的借力被限制其实是三角肌前束训练削弱了肱

三头肌的练习，所以在三角肌中束和三角肌后束训练时便不容易借力。如果使用肱三头肌+肩部训练的预疲劳法，也会达到同样的效果。因此，不必严格规定一定要先进行三角肌前束训练，要根据自身的情况选择最合适的训练顺序。

③三角肌后束训练较少。很多健身爱好者不太关注三角肌后束的练习，是因为三角肌后束位于身体后侧，很难通过镜子直接观察到，并且三角肌后束对训练动作的精准度要求较高，稍微有偏差便容易导致肱三头肌或背阔肌的训练刺激感高于三角肌后束，从而出现训练目标的偏移。解决这个问题最直接的办法：在训练中想办法先使肱三头肌或背阔肌消耗一定的力量，避免它们过多借力；确保动作的标准性，并在训练计划设计时将三角肌后束放在整个训练计划的首位。

④三角肌与斜方肌发展失衡。一些锁骨较窄的健身爱好者在进行三角肌的练习时，斜方肌会一定程度阻碍三角肌的力量释放，如果他们的斜方肌比三角肌强壮不少，那么三角肌很难得到有效刺激。解决这个问题最好的办法便是注意削减对斜方肌的训练安排，必要时直接停止斜方肌的训练。当然，这种情况只是在锁骨较窄的健身爱好者身上容易出现，即使锁骨长度正常者，如果斜方肌过于强壮，那么对三角肌的提升也是很不好的。

⑤错误的借力姿势。如果你使用的哑铃重量过大，明显超出了你的三角肌的力量范围，那么在练习时你会不由自主地借力，比如踮脚或腰背前后晃动将哑铃"甩"上去，这不仅对三角肌没有任何的帮助，还有可能损伤腰背部。此外，有些使用哑铃推举或杠铃推举的健身爱好者，在使用较大负荷时，负荷会强迫他们的上半身大幅度后仰并给脊柱较强的压迫感，即使推起负荷很轻松也很难避免这个问题，这种"借力姿势"并非有意为之，但同样会对身体健康造成危害。

⑥斜方肌参与过多。有的健身爱好者在前平举、侧平举或俯身侧平举的训练时出现斜方肌借力，这在使用较轻重量时都不易察觉，其原因与肌肉力量没有太大的关系，同他们对动作姿势掌握不标准或基本的肌肉功能了解不清晰有关。斜方肌可以控制肩带骨移动，在练习时你要十分留意胸骨和锁骨位置的变化，如果出现了明显的上升、下降、前伸或后缩的现象，便意味着你的斜方肌明显地发力，这会极大程度削减三角肌受到的刺激。你可以先从徒手的练习开始，将动作姿势充分掌握后再一点一点地上重量。如果你担心做得不够标准，可以让同伴在身后用双手适当控制住你的斜方肌，避免它过多发力。

⑦迷恋大重量训练。三角肌训练容易出现误区，特别是三角肌的中束和后束都比较容易出现发育迟缓的现象，在这种情况下坚持使用较大的重量进行训练，对弥补弱势肌群是十分不利的。有的健身爱好者将弱势肌群归因于平时的训练量较小，跟训练时肌肉的感知能力或训练动作姿势没有太大的关系。事实上，训练量或训练频率较

低很容易导致该部位肌肉募集较差，神经系统缺乏对这个动作姿势和肌肉发力感的记忆，因此使用大重量训练来弥补弱势肌群是十分费力不讨好的行为。其次，三角肌没有明显弱势肌肉的健身爱好者也不需要特别迷恋使用大重量进行推举练习。事实上，大重量的推举可以带给三角肌更大重量的刺激，但是整个动作力臂较短；绳索前平举类使用的重量较轻，但是力臂较长。因此，这两种训练方式带给三角肌本身的刺激并没有太大的差别，唯一的区别在于大重量杠铃或哑铃可能会使训练者无法掌握平衡，从而降低三角肌的刺激效果。

4. 背阔肌

（1）背阔肌的构成及基本功能

背阔肌位于腰背部和胸部后外侧皮下，整体肌肉呈直角三角形，起于第 7～12 胸椎及全部腰椎棘突，骶正中嵴，止于肱骨小结节嵴。近固定时，背阔肌可以使肱骨后伸、旋内、内收，远固定时可以拉躯干向上臂靠拢。背阔肌是人体十分重要的大肌肉群之一，不仅对"倒三角"的身材有着重要的决定作用，还在常见的力量训练、力量耐力训练等多种训练种模式中扮演者重要的角色。

（2）背阔肌的训练要素

① 保证背阔肌正常发展。虽然背阔肌是十分重要的大肌肉群，练习时也要注意避免背阔肌过度训练。有很多健身爱好者关注背阔肌，在计划中会安排过多与背阔肌有关的训练内容，导致背阔肌过度强壮，这会使得身体背部的大圆肌的活动受到限制，特别是在一些大圆肌的训练动作中大圆肌很难感受到较好的训练感觉，除非使用比较极端的手段将大圆肌彻底孤立出来，否则大圆肌便会发育迟缓。因此，背阔肌训练也要注意安排适当的训练强度与训练容量。

② 合理使用大重量进行练习。使用较大重量的复合训练动作对背阔肌的增长会有不小的帮助，特别是适当使用较大重量的硬拉和较大重量的划船练习时，这种增长现象会更加明显。但是，大重量的训练也存在着一定的危险性，对肌肉的生长不是有百利而无一害。较大的重量对发展较差的肌肉群不是很好的训练方法，因为重量过大，原本训练感受较差的肌肉群更加无法充分地感受刺激。并且，如果你的硬拉或划船姿势不标准，那么大重量的练习会使你的腰部或脊柱受到损伤，无法对背阔肌的增长带来任何帮助。因此，在设计背阔肌的训练计划时，请一定要考虑自身水平和背阔肌的发展程度。

③ 针对背阔肌下部进行练习。背阔肌下部，这个区域不仅是很多健身爱好者容易忽略的，甚至一些较高水平的肌肉健美爱好者都很难找到明显发力感。其最主要的原因还是对动作姿势及肌肉功能了解不够彻底。很多健身爱好者都明白背阔肌的上部在哪里，但是对背阔肌下部的位置不清晰，认为背阔肌是从中背开始的，不知道更靠

下的位置还有背阔肌的存在，这便导致了在训练动作的选择上较容易产生偏差。并且，有的健身爱好者背阔肌较短，关注背阔肌下部的练习便成为整个背阔肌训练的重中之重，这是弥补背阔肌薄弱的最好的办法。

最常见的练习方法便是采用哑铃旋转单臂划船或绳索旋转单臂划船（图12），因为使用单臂练习比双臂同时练习可以有更大的做功距离，更好地刺激到背阔肌下部。哑铃旋转单臂划船存在一定的危险系数，除非使用较轻的重量，否则对身体关节的损伤便是潜在不确定的，而使用较轻的重量对背阔肌的练习效果会差不少。使用绳索进行旋转单臂划船的练习是很不错的选择，绳索可有精准的训练轨迹，使肌肉受到准确的刺激。为了提升对背阔肌下部的练习效果，还可以在单臂练习时上半身适当旋转，将刺激的目标更多转移到背阔肌下部。

图12

其次，可以使用高滑轮侧弯举进行练习（图13），即将身体左侧的滑轮位置调高，右手握住身体左侧的滑轮，在保持身体不晃动的前提下向右下方拉动绳索至右侧上半身有明显的挤压感，完成右侧的训练后再换成左侧交替练习。这种方法对使用旋转练习时身体脊柱有不适感的健身爱好者是十分友好的，并且可以训练背阔肌下部，不会影响正常的训练效果。有的健身爱好者在绳索旋转训练时难掌握上半身具体旋转的时间节点及旋转幅度，使用高滑轮侧弯举较简单易上手。

图13

此外，还可以使用单杠侧弯举的方式进行练习（图14）：双手握住单杠，双腿蜷起呈直角且并拢，利用背阔肌下部的力量将双腿向左侧后方举起，然后向右侧后方举起，重复练习。这种方法可以训练到背阔肌的最下部，是使用绳索旋转单臂划船或高滑轮侧弯举所无法做到的，后两个动作都只能训练到背阔肌下部，但无法训练到背阔肌最下端的部分。不过，因为借自重训练，单杠侧弯举的整体练习难度极大，并非所有健身爱好者都能够掌握自如，如果对训练动作姿势及发力方法掌握不正确，那么便会出现腹斜肌受到的训练远高于背阔肌下部的现象。

图14

④ 不同握距的影响。安排训练计划时需要注意安排不同握距的训练动作，对背阔肌的全面发展有很好的帮助。大多数健身爱好者为了追求背阔肌的宽度可能会使用较多宽握距的练习，但是这种方法对背阔肌本身的训练幅度并不是特别大。如果你在训练时出现背阔肌较薄弱或背阔肌发力感不明显的问题，那么应使用窄握的方式，给你的背阔肌带来最大的训练幅度，使它获得充分的生长。

⑤ 不同身体角度的影响。安排训练计划时需要根据自身的情况对训练动作中上半身的角度进行具体的调整。使用高位下拉练习时，上半身直立，对背阔肌下部、背阔肌外部及大圆肌的锻炼效果更强，使背部的宽度得到一定的增大。如果上半身越往后仰，便会给背阔肌上部、斜方肌下部及竖脊肌明显的刺激。使用划船类练习时，最好的方法是使上半身与地面保持45°左右夹角，具体的角度需要根据健身爱好者的身高及上半身长度决定。如果上半身与地面接近平行，那么腰背部容易受到很大的负担，对腰背部健康是十分不利的，并且很容易使身体出现借力。如果上半身与地面的角度大于45°，那么划船训练会变成硬拉训练，导致整个动作的发力点及训练刺激的区域出现明显的偏差。千万不要小看这些不起眼的角度的变化，它们对背阔肌的生长有着十分重要的作用。

⑥ 单侧还是双侧练习。在背部训练中健身爱好者有疑问：在下拉或划船类的练习时，该使用单侧的单臂训练还是使用双臂同时发力的双侧练习？有的教练认为双臂同时发力可以更好地锻炼肌肉发力的平衡性，并且双侧练习所使用的总重量肯定大于单侧练习。双臂同时发力较适合以提高力量水平为目标的健身爱好者，而对肌肉健美训练者没有更好的肌肉感受。单侧练习允许更大的运动幅度，可以更好地感受肌肉的

发力感，并且对于一侧肌肉来讲，单侧训练所使用的重量其实是高于双侧训练的，这些因素都决定了单侧训练在大多数情况下对肌肉的生长效果要高于双侧训练。

⑦ 必不可少的孤立训练动作。背阔肌是较大的肌肉群，使用复合训练动作对它的生长会有不错的帮助，但是对于大部分刚接触肌肉健美训练或背阔肌较薄弱的健身爱好者来讲，背阔肌的孤立训练动作是必不可少的，它有助于目标肌群获得更好的刺激和泵感，对神经分布较分散、较难感受到充血的背阔肌是十分有帮助的。大重量的复合训练虽然可以帮助背阔肌中部或上部肌肉生长，但是对位置靠下部位的作用则是微乎其微的。背阔肌下部过于薄弱，不仅是很多刚接触肌肉健美训练的爱好者容易出现的，也同样是拥有一定肌肉基础的有经验的爱好者常出现的，解决办法只能是选择针对性的孤立训练动作而非复合训练动作。

（3）背阔肌的常见训练误区

① 背阔肌变宽或变厚=背部变宽或变厚。很多健身爱好者在安排背部训练计划时，容易将背阔肌与背部画等号，这在对背部整体肌肉形态的塑造上体现得尤为明显。背部指的是包含背阔肌、斜方肌、菱形肌、大圆肌、小圆肌、冈下肌等肌肉群的大区域，而背阔肌仅仅是其中的一部分。进行与背部有关的肌肉健美训练时，会面临如何使背部增宽或者如何使背部变厚的问题，不少健身爱好者便将此直接理解为背阔肌变宽和背阔肌变厚，甚至会得出宽握的训练动作可以增大背部宽度、对握或窄握的动作可以增大背部厚度的结论。事实上，增大背部宽度练习时，优先训练背阔肌和大圆肌，这比单纯发展背阔肌效果更好，训练的过程中背部肌肉也会有变厚的趋势，只不过这个变厚是向背的外部扩张的；增大背部厚度练习时，常将注意力放在竖脊肌、斜方肌和菱形肌上，这三部分肌肉的生长都属于变厚或向后发展，不会向身体两侧发展。因此，简单地将背阔肌的训练等同于背部宽度或厚度的训练，那么对真正目标的达成显然是没有任何帮助的，背阔肌训练不能同时增大背部的宽度或厚度。背部较宽但整体肌肉厚度较薄的健身爱好者应当将注意力放在斜方肌下部、冈下肌及竖脊肌的训练上，这比单纯的对握器械划船更加全面有效。背部厚度较大但宽度不足的健身爱好者要将训练的重心主要集中在背阔肌和大圆肌上。如果你对肌肉的发力方式或发力感知不好，可以通过基本的运动姿势挑选训练动作：训练时你的肘关节出现向下并向外打开的姿势，这较有利于背阔肌和大圆肌的发展；训练时肘关节出现比较明显的向后移的姿势，这更有利于斜方肌和竖脊肌的发展。

② 错误的热身方法。背阔肌训练前的热身过程中，有很多健身爱好者只习惯于进行针对背阔肌的拉伸练习或相关肌肉训练动作的轻重量简单热身，对肱三头肌及肘关节的热身并不十分关注。事实上，肱三头肌的长头在背阔肌训练时会起到一定的协助作用，如果不进行针对肘关节和肱三头肌的热身，那么肘关节和肱三头肌便会存在

着较大的受伤风险,这在背阔肌训练动作的大重量练习时体现得更为明显,有的健身爱好者会立刻感受到肘部的不适,有的就健身爱好者直到胸部或肱三头肌训练时才发现。除此之外,背阔肌的热身练习时,也要适当关注对肱二头肌和前臂肌肉的热身,这两个部位在背阔肌训练时也会扮演着重要的角色,只不过它们并没有肱三头肌那么容易被忽略。

③ 手臂过度伸展。有的健身爱好者在背阔肌训练特别是下拉类的练习过程中很容易手臂过度伸展,总希望在每次下拉杠铃前都将手臂完全伸直或者在每次引体向上时都将身体拉至最大的高度。事实上,这种方法并非适合所有人。如果你的手臂较短,这种方法会给你的背阔肌带来更大的运动幅度。如果你的手臂较长,这种训练方法会使背阔肌无法感受到充分的刺激,更多地刺激手臂肌群,甚至会在一定环境下较多刺激到斜方肌。因此,在背阔肌训练时不加思考地过分伸直手臂是很严重的错误,你需要的是让肌肉感受到更好的充血感,让它们得到充分的锻炼,并不一定要追求最大的做功距离,你也不需要参加标准的引体向上比赛,你的目标只是提高背阔肌的肌肉水平。

④ 身体倾斜角度导致的借力与伤害。划船训练时如果上半身与地面的夹角大于45°,那么对背阔肌的刺激效果是很差的,划船的动作做成了杠铃硬拉而失去它原本的价值。如果划船时使用过小的角度,便很容易腿部屈伸进行借力,那么训练几乎丧失对整个背部肌群的提升作用。以较小身体倾斜角度练习的健身爱好者往往腰背部不适,导致他们在进行身体倾斜角度较大的练习时腰背部会感受到明显的牵扯感或胀痛感,应当使用较轻的重量或先停止练习,对伤痛进行适当的治疗,而不是在明明有不适感的情况下仍使用大重量进行练习(一般使用较大的重量时身体倾斜角度较小),以免对身体造成二次损伤。有的健身爱好者在练习时上半身几乎与地面平行,认为这种方式无法使腿部明显地借力,对背阔肌的提升有更大的帮助。事实上,上半身与地面平行,并非所有健身爱好者都可以达到腰背部保持中立位的较强柔韧性,大部分健身爱好者都会弓起腰背部,这种划船练习对身体健康毫无疑问是很糟糕的。即使柔韧性能够达标的健身爱好者,也应使用哑铃或器械进行俯身划船,而不是使用杠铃,后者同样会在身体倾斜角度较大的练习中给腰背部较明显的压力。有的健身爱好者会趴在一个平板训练椅上进行杠铃划船,有的教练将这个动作称为"海豹划船",认为这个动作可以在腰背部得到训练椅支撑的情况下,给背阔肌比较舒服的刺激。虽然这种观点理论上是成立的,但是对于塑造肌肉而言,这种方法所带来的运动幅度缩减不小,整体对肌肉的提升效果也并不是十分突出。

⑤ 握力对训练的影响。背阔肌的训练计划中,常见到下拉类及划船类等需要健身爱好者释放大量握力的训练动作。即使背部力量充足,但握力较弱,同样会影响训

练效果，这点在高次数的背阔肌训练组中体现得很明显：使用15～20次一组的高位下拉，如果只是使用正常的训练方式，那么因握力弱双手较容易出现预先疲劳，无法拉动器械，虽然背阔肌还有比较多的剩余力量却无法继续训练，这种"心有余而力不足"的现象对任何肌肉群的发展都是很不好的。这个问题在引体向上这种自重训练时体现更加明显，健身爱好者明明背部还处于比较兴奋的状态，但因为握力不足不得不放弃训练，背阔肌无法受到充分的深度刺激。导致这个现象的原因：背阔肌训练时对手臂肌群的消耗较多，而手臂肌群属于较小的肌肉群，在力量耐力方面比背阔肌要弱一些；一些下拉类器械的把手较粗，有的甚至比正常的杠铃还要粗不少，这增加了双手抓握的困难程度。为了解决这个问题，避免在训练时握力训练效果强于背阔肌训练效果，在与背阔肌有关的训练动作中可使用助力带，这种方法可以极大程度保留握力，从而使背阔肌获得最充分的刺激。不过，如果你是力量训练爱好者，那么在训练中要适当使用助力带，避免对助力带形成依赖而影响在硬拉训练时的握力表现。

⑥错误的硬拉训练方法。有很多健身爱好者在有关背阔肌的练习中会安排硬拉这个比较偏向力量训练的动作，肌肉健美训练者对此有不同观点：有的人认为硬拉可以给背阔肌比较强的练习，训练计划中应该有安排；也有的人认为硬拉虽然可以训练到背阔肌，但是整体发力最主要的肌肉群还是在下肢，并且这个动作十分危险，容易使腰背部受到损伤；还有的人持比较中立的意见，认为可以对硬拉进行改动，例如使用半程硬拉，那么不仅可以提高背部发力的比例，还可以保护身体健康。这些观点都是有一定道理的，健身爱好者在针对硬拉训练时的确不应该简单地用练或不练去判断，而是应当从怎么练的角度去思考硬拉训练对背阔肌的价值。很多健身爱好者在硬拉训练时因使用了错误的训练方法才导致一些伤病的产生，硬拉这个动作本身是不会有任何伤病危害的，只是因为它的训练难度较高，有的健身爱好者没有充分掌握正确的硬拉训练技巧便得出"硬拉会导致身体受伤"这样的结论。

为了避免硬拉训练时可能的"受伤隐患"，健身爱好者可以根据情况在使用重量、训练动作和频次方面采取一些针对性的措施。例如：手臂较短的健身爱好者，不要使用杠铃在膝盖或膝盖往上位置的半程硬拉，否则容易使股四头肌发挥更大的主导作用，对背阔肌的提升较差；应将杠铃放在小腿中上部进行半程硬拉，这个动作可以帮助健身爱好者"拉长手臂"，从而避免因手臂较短被迫使用较低臀位进行训练所导致的腰背部压力过大的问题。手臂较长的健身爱好者不要使用过大的重量进行练习，因为训练目标是提高背阔肌的肌肉水平而不是像力量举运动员那样要拉起更大的重量，因此使用较轻的重量可以使背阔肌有更好的发力感。有的健身爱好者盲目追求使用大重量进行硬拉，导致训练主要刺激的区域集中在腘绳肌、臀大肌上，对背阔肌反而没有什么明显的感受。此外，在训练动作的执行上，要注意避免在硬拉锁定时出现上半身大幅度的后仰。有的健身爱好者认为这种办法可以对腰骶部肌肉产生挤压刺激感，从而使背阔肌下沿得到更好的训练。这种方法虽然对肌肉有一定的刺激效果，但会给脊柱巨大的压力，对脊柱的健康毫无疑问是十分危险的。因此，你只要正常完成锁定即可，没有必要进行上半身的过度后仰。在训练计划的安排方面，不要过于频繁地训练硬拉，即使使用的重量较轻，它带给你的疲劳感也不是高位下拉这种相对孤立的训练动作可以比拟的。你可以隔一周安排一次硬拉，这样便可以在避免疲劳的情况下，充分利用硬拉的优势辅助背阔肌的生长。

⑦ 反握的危险性。有很多健身爱好者喜欢在背部训练时使用反握的姿势，认为反握的训练可以提高整个训练动作对背阔肌的刺激幅度，并且肱二头肌的力量有助于使用更大的重量，对肌肉的刺激效果也较好，因此在下拉类和划船类训练时多使用反握。事实上，进行下拉训练时，整个手臂的力量都会参与到训练中，并不是只有肱二头肌进行练习，并且反握不是可以使用最大重量的握法，真正能够使用最大重量进行练习的握法是双手对握；反握的姿势对肱二头肌是十分危险的，特别是当下拉或划船的重量较大时，肱二头肌会出现比较严重的受伤风险；此外，反握对健身爱好者的身体结构及器械有一定的要求，例如旋后肌比较发达的健身爱好者便不适合使用反握直杠的训练，必须使用 EZ 杠（曲杆杠铃）或曲杠进行练习。因此，在日常训练中，最好还是根据自己的需求选择使用对握或正握的方式。

5. 大圆肌

（1）大圆肌的构成及基本功能

大圆肌位于小圆肌下侧，其下缘为背阔肌上缘所遮盖，起于肩胛骨下角背面，肌束向外上方集中，止于肱骨小结节嵴。大圆肌的主要作用是使肩关节旋内、肩关节内收及适当的肩关节后伸。大圆肌是构成背部肌群的十分重要的肌肉之一，它的功能与背阔肌类似。健身爱好者在实际的训练中经常出现背阔肌与大圆肌发展不均衡的现象，因此要注意对大圆肌的训练，避免背部肌肉出现凹陷而影响整体肌肉的强壮感。

（2）大圆肌的训练要素

① 不要将大圆肌与背阔肌混淆。大圆肌与背阔肌这两块肌肉的位置很接近，并且很多训练动作都会同时刺激大圆肌和背阔肌。因此，在设计训练计划时一定要根据大圆肌的生理功能，尽可能选择以大臂内旋类的训练为主（图15），这样才可以给大圆肌最强的刺激，同时不会使背阔肌出现"帮助"大圆肌发力的现象。有很多健身爱好者将大圆肌"默认"为背阔肌的小跟班，认为只要将背阔肌训练到位，那么大圆肌便不用再进行过多的训练。事实上，并非所有的背阔肌训练动作都可以练到大圆肌，如果不注意区分这两大不同的肌肉区域，那么便会出现大圆肌发展迟缓的问题。

② 采用孤立训练而不是复合训练。在安排大圆肌训练计划时，一定要避免安排

图 15

复合训练动作，或者说复合训练动作的安排必须有特定的训练环境。一些复合性较高的大圆肌训练动作都会不可避免地使用到背阔肌的力量，背阔肌较强壮的训练者还会出现背阔肌完全替代大圆肌发力的现象，将大圆肌需要释放的力量一起发挥出来，从而直接使大圆肌缺乏足够的刺激。这种现象体现得最为明显的代表便是高位下拉训练。在训练时尽可能将大圆肌彻底孤立出来，将它的发力与背阔肌的发力分割，这样才可以促进大圆肌的生长。

③ 善于使用超级组练习。大圆肌训练时不适合安排复合性较高的训练动作，以免使背阔肌替代大圆肌发力。实际的训练中可以使用超级组来解决这一问题，例如先进行较为复合的高位下拉的训练，大量消耗背阔肌的力量，然后不休息直接进行更加孤立的大臂内旋训练。这种方法可以在确保最精准刺激大圆肌的同时，通过高位下拉给大圆肌一定重量负荷的刺激，这对肌肉的生长是十分有帮助的。

④ 适当使用高频训练。在设计大圆肌训练计划时，要考虑应该将它放到哪个训练日中，是放到正常的背部肌群的训练日，还是需要使用单独的大圆肌训练日。我们建议健身爱好者除非大圆肌十分薄弱，否则没有必要单独安排大圆肌的训练日。因为大圆肌的整体体积并不大，且训练动作多多少少都会与背阔肌有一定关联，单独安排训练日容易造成背阔肌的恢复较差或训练完成度不佳的情况。如果想更快地解决大圆肌稍微薄弱的问题，可以适当频繁地练习大圆肌，除了正常的背部训练日的练习外，还可以在肩部训练日的热身训练或正常的肩部动作练习结束后安排 4 ~ 5 组针对大圆肌的训练。大圆肌本身体积较小，在训练容量和训练强度不是很高的情况下进行适当的高频率训练对它的恢复是没有负面影响的。大圆肌难练的主要问题在于它的发力感不好寻找，很容易错误地使用背阔肌进行练习，因此使用高频训练可更好地培养对大

圆肌的募集能力。

⑤较高训练容量。即使使用孤立动作进行大圆肌的训练，你也未必可以很好找到大圆肌的发力感，特别是使用大臂内旋这种平时几乎不会使用的训练方式时，肌肉的发力感和泵感更加难以寻找。因此，设计训练计划时要每组有较高的重复次数，例如一组完成20～25次，才可更好地寻找大圆肌的存在感，低于15次不足以充分唤醒沉睡的大圆肌。

⑥使用器械进行练习。大圆肌训练时尽量安排固定器械的训练动作，特别是使用绳索滑轮进行大臂内旋，可以使大圆肌沿着最正确的轨迹和阻力进行运动。有的健身爱好者喜欢使用哑铃进行大臂内旋的训练，这虽然可以提供一定的重量和阻力，但是整体的阻力方向与大圆肌所希望受到的方向并不一致，大臂内旋是水平方向的发力，而哑铃却会带来无法忽略的重力的影响。

（3）大圆肌的常见训练误区

①大圆肌与背阔肌明显不协调。大圆肌与背阔肌必须平衡协调发展，否则对背部肌肉的整体视觉和发展都是十分不利的。在实际的训练中，往往大圆肌发育明显落后于背阔肌，主要是因为这两个肌肉的位置过于临近，如果没有很好的募集肌肉的能力，便会出现错误的肌肉发力现象，从而导致大圆肌明显落后于背阔肌。对此现象，健身爱好者一定要在训练计划中及时作出回应，放任自流对肌肉的整体发展显然是很不好的。

②无法控制好肘关节的位置。有的健身爱好者即使使用较孤立的大臂内旋的训练动作，也会出现训练刺激感无法集中在大圆肌上的现象。其原因主要在于健身爱好者在训练时容易出现肘关节位置的明显移动。如果你在进行大臂内旋的练习时，出现了明显的肘关节上下或前后的移动，那么你的三角肌、斜方肌等部位便会受到明显的刺激，而大圆肌根本无法获得应有的训练效果。因此，如果你想让孤立训练动作的效果不被白白浪费，最佳的办法便是在练习时尽可能控制住肘关节。有的健身爱好者可能在站姿练习时无法很好地控制身体的位置变化，可以使用侧卧大臂内旋的方式进行练习，这更容易保持身体的稳定。

③使用较大的重量。有的健身爱好者喜欢使用大重量进行练习，特别是较大重量的高位下拉训练。如果大圆肌较差，那么最好不要使用高位下拉的方式，否则会使背阔肌承担全部的发力职责。只有使用特殊的超级组训练法，那允许使用高位下拉进行练习。因此，单纯的大重量的高位下拉对大圆肌的生长是没有太多帮助的，不过这并不妨碍在背部肌群的训练日中安排这个动作，因为背阔肌也是背部肌群极为重要的肌肉群之一。

6. 冈下肌

（1）冈下肌的构成及基本功能

冈下肌位于冈下窝及肩背部，起自冈下窝的内侧半，部分肌纤维向外上方移为短而扁的肌腱，经关节囊的后方参与肩袖的构成，止于肱骨大结节，与冈上肌、小圆肌、肩胛下肌一起组成肩袖，并紧紧地包裹着三角肌的关节。没有这些肌肉的保护，手臂在运动时便随时可能脱臼。冈下肌可以使手臂旋转，在大重量卧推训练时保护关节稳定，并且对背部的整体肌肉形态具有一定的帮助。这是一个无论在大重量的力量训练还是肌肉健美训练中都十分重要的肌肉群。

（2）冈下肌的训练要素

① 训练计划安排方法。在有关冈下肌的肌肉训练原理中，第一个需要注意的问题便是如何安排冈下肌的训练时间。因为冈下肌位于身体后侧并且体积较小，很多健身爱好者会将它与大圆肌一起看待，不会在训练计划中安排单独的冈下肌训练日，将冈下肌放在背部训练日。事实上，这种做法并不完全正确。可以将冈下肌与背部训练的动作放在一起进行，但是背部训练动作与冈下肌的练习之间并没有太明显的关联，也可以将冈下肌同肩部训练日或胸部训练日结合在一起进行。冈下肌恢复能力较好并且体积较小，在训练计划的安排上可以有很多的灵活性，可以安排在任何一个训练日的规定动作结束后，也可以安排在胸部、肩部、背部及手臂训练日的热身练习中。在执行力量训练中的减载训练计划的健身爱好者，也可以将冈下肌的训练动作加入整个减载计划中，这对身体肌肉、神经及关节的恢复都是十分有帮助的。

② 较高的训练容量。冈下肌是平时训练中很难感受到的肌肉，这点同大圆肌类似，特别是在重量较高的练习时，冈下肌几乎不会有任何存在感。要使训练中对冈下肌有更好的感受，可以使用较高的训练容量，例如每组进行20次以上，不仅可以使冈下肌得到很好的锻炼，还有助于逐渐掌握募集冈下肌的能力，对日后长远的训练发展都是十分有帮助的。当然，也可以使用超级组，它可以帮助你在无法继续增加单一组的最大重复次数时，一定程度提高你的训练容量。

③ 较轻的训练重量。在冈下肌的练习中使用较大的训练重量并没有任何的帮助，甚至会带来不必要的负面作用，其中最典型的便是丧失对冈下肌的募集感，直接影响肌肉训练原本的效果。其次，使用大重量训练时，不可避免地使用较小的运动幅度，这对肌肉的整体生长没有任何帮助。并且，较大的重量会使手臂处于比较危险的拉伸位置，有可能引发手臂的伤痛。此外，当训练重量较大时，肩关节也会处于极度不稳定的状态，非常容易导致肩袖的伤病。使用较轻的重量进行训练，不仅可以使肌肉受到更好的刺激，也有利于保持整个身体的健康。

④ 单侧训练的效果更好。对冈下肌或其他较薄弱并且很难有明显泵感的肌肉群来讲，单侧训练是必须采用的，它可以使目标肌群有更加清晰的充血感。在进行冈下肌训练时，一次只收缩一边冈下肌，比同时收缩两边的冈下肌更容易找到对肌肉的刺激感，孤立训练的效果也会更好。你可以用另外一只手掌握身体的平衡，辅助整个训练的顺利进行。

⑤ 超级组、递减组、预疲劳法。设计冈下肌训练计划时可使用较多的超级组训练法，例如常见的使用多个重量进行不休息、重量递减的递减组练习，或者使用预疲劳法将比较容易借力的肌肉群（例如三角肌后束）进行一定的力量消耗，不休息再进行冈下肌的训练，这可以更好地孤立冈下肌。超级组的训练方法可以带来一定的强度及极高的训练容量，比较适合冈下肌练习，但是一定要注意结合自身的情况，如果你刚接触训练或者冈下肌十分薄弱、力量基础较差，那么使用超级组的训练方法反而容易弄伤肩袖。

⑥ 动作姿势的标准性。常见的冈下肌训练一般以大臂外旋的练习为主，这与大圆肌练习的大臂内旋正好相反。练习时要保持动作姿势标准，避免肘关节上下或前后移动，否则会使刺激目标转移到肱三头肌上，对冈下肌的发育没有任何的帮助。如果你在练习时感觉很难保持肘关节的稳定，那么你可以使用卧姿，一定程度上更加稳定肘关节。

⑦ 合适的训练频率。冈下肌体积较小，并且整体的训练容量及所使用的重量都不高，因此很多健身爱好者认为冈下肌属于比较容易恢复的肌肉，从而在训练计划中安排较高的频率。冈下肌的确不需要很长时间的恢复，但是它本身比较脆弱，训练冈下肌的目的是保护它，过高的训练频率不仅对保持冈下肌的健康没有太多的帮助，还有可能使冈下肌出现更加严重的劳损现象，不利于整个肩袖的健康和稳定。

⑧ 多使用绳索而不是哑铃。编排冈下肌的训练计划时，一定注意不要安排哑铃类的训练动作。有的健身爱好者喜欢使用哑铃大臂外旋，这种方法可以带给肌肉一定的重量刺激，但是哑铃所带来的阻力几乎完全垂直于地面，这完全不符合冈下肌的需求，并且较大的重量容易使肩关节不稳定，从而有损伤肩袖的可能。

（3）冈下肌的常见训练误区

① 冈下肌等同于背部训练。很多健身爱好者认为冈下肌是背部肌群的一部分，从而在背部训练日安排冈下肌的训练，或认为很多背部训练动作都会刺激到冈下肌，最典型的是认为引体向上或划船类训练时冈下肌会受到比较明显的刺激。事实上，这种观点是十分错误的。虽然我们的肩关节在引体向上或划船类训练时会出现一定幅度的旋转，同时带动冈下肌移动，但是这对冈下肌所需要的刺激和运动幅度是远远不够的。尽管冈下肌位于身体后侧背部，但是不能将它与正常的背部肌群训练相混淆，而

背部的复合训练动作也不能够对冈下肌带来明显的刺激。

② 借力明显。大臂外旋对冈下肌进行训练时，一定要注意保持肘关节的稳定，否则便会导致训练目标的偏移，还会有损伤肩袖的危险。在实际训练中，大臂外旋训练中的借力现象是十分常见的，这与使用的重量较大有关，与使用哑铃这种不容易控制关节并募集肌肉的器材有关，更与健身爱好者对训练动作本身不熟悉有关。最佳的解决办法是使用较轻重量的绳索训练，不仅重量小不容易借力，还可以找寻更好的肌肉发力感。

③ 训练频率过高。有的健身爱好者特别是力量训练爱好者，明白肩袖对力量水平的重要性，便在训练计划中安排较多的冈下肌练习。所有针对冈下肌的训练都是为了保护它的健康，而不是让它举起多么大的重量。如果你在训练计划安排了较高频的练习（有的健身爱好者甚至会在一周每个训练日都安排一定的冈下肌训练动作），那么容易导致冈下肌与肩峰摩擦过多，不利于整个肩袖的基本健康。选择一周1~2次的训练，足以保证冈下肌所需要的训练量。

7. 腹部肌群

（1）腹部肌群的构成及基本功能

腹部肌群由四个部分组成，分别是腹直肌、腹外斜肌、腹内斜肌、腹横肌。腹部肌群的收缩使躯干弯曲及旋转，一定程度上防止骨盆前倾。腹部肌群对保护整个脊柱与骨盆的健康都有着十分重要的作用。薄弱的腹部肌群有可能会导致腰背伤痛。

腹直肌位于腹前壁正中线的两旁，居腹直肌鞘中，上宽下窄，起自耻骨联合和耻骨嵴，肌束向上止于胸骨剑突和第5、7肋软骨的前面。上固定时，两侧收缩，使骨盆后倾。下固定时，一侧收缩，使脊柱向同侧屈；两侧收缩，使脊柱屈，还可降肋呼气。

腹外斜肌位于腹前外侧壁浅层，肌纤维由外上向前内下斜行。起自第5~12肋骨外侧面，止于髂嵴、耻骨结节及白线，其腱膜参与构成腹直肌鞘前壁。上固定时，两侧收缩，使骨盆后倾。下固定时，一侧收缩，使脊柱向同侧侧屈和向内对侧回旋；两侧收缩，可使脊柱屈及降肋呼气。

腹内斜肌位于腹外斜肌深面，肌纤维由后外下向前内上斜行，起自胸腰筋膜、髂嵴和腹股沟韧带外侧，止于第10~12肋骨下缘和白线，其腱膜参与构成腹直肌鞘前、后壁。上固定时，两侧收缩，使骨盆后倾。下固定时，一侧收缩，使脊柱向同侧屈和回旋；两侧收缩，使脊柱屈。

腹横肌位于腹内斜肌深面，肌纤维横向分布，起自第7~12肋骨内面、胸腰筋膜、髂嵴和腹股沟韧带外侧，止于白线。其腱膜参与构成腹直肌鞘后壁。具有维持腹压的功能。

（2）腹部肌群的训练要素

① 提升腹肌分离度。提升腹肌分离度是腹部训练时要关注的最重要问题，分离度清晰的"巧克力腹肌"是很多肌肉健美爱好者一直追逐的目标。关于提升腹肌分离度的方法，健身爱好者最容易走入认识误区，最常见的便是认为分离度明显的腹肌必须依靠严格的饮食计划才能够获得，如果对饮食控制不到位，再高强度的训练计划也没有用。关于这个观点要辩证看待和分析。对于没有太多训练经验的健身爱好者甚至不锻炼的大众而言，除非饮食控制极其严格，体脂含量极低，否则根本不可能拥有比较清晰的腹肌分离度。因为脂肪会优先堆积在平常不运动的部位，如果不进行训练，那么腹部自然脂肪较多，一点点脂肪便会将腹肌掩盖，因此必须拥有极低的体脂含量才可以呈现清晰的腹肌分离度。对于经常进行腹肌训练的健身爱好者，腹部脂肪堆积的情况便不会出现。医学研究表明肌肉收缩时可以从覆盖的脂肪里获得一部分力量，因此经常进行腹肌训练的健身爱好者，适当高一点的体脂率同样不会影响腹肌分离度。当然，这并不意味着经常进行腹肌训练的健身爱好者可以无限制地饮食，若摄入过多的热量或垃圾食品，那么再多的训练量对于任何人都是没有帮助的。只要坚持基本的饮食摄入、选择训练动作正确、训练容量与训练强度负荷满足提升腹肌分离度的要求、标准地执行每一个训练动作，那么很有可能获得清晰的"巧克力腹肌"。

② 强化下腹部训练。提升腹肌分离度的训练中，最容易出现问题或者最容易堆积脂肪的便是下腹部肌群。很多健身爱好者对下腹部肌群的动作选择及练习方法都存在较大的问题，导致原本比较容易堆积脂肪的下腹部更加发育滞后。在腹部肌群的训练动作中，所有举起上半身的训练动作都主要刺激上腹部的肌群，而所有抬起骨盆的训练动作都会刺激下腹部肌群。换言之，使用卷腹类训练动作时，上腹部更容易得到刺激；想提高下腹部的肌肉质量，那么必须安排举腿类的训练动作。很多健身爱好者训练时缺少举腿类训练动作，从而导致下腹部肌群无法受到足够的锻炼。其次，下腹部肌群属于神经系统比较难募集的一个区域，这点与大圆肌和冈下肌比较类似，下腹部的肌肉体积较小，离髋关节及大腿较近。很多健身爱好者在进行举腿训练时使用屈髋肌群的力量替代下腹部肌肉的力量进行发力，这便导致了腹肌发展的严重滞后性，因此设计训练计划时，一定需要根据这个问题安排孤立性极强的训练动作，使下腹部可以受到很好的刺激。此外，因为下腹部的训练动作多为抬起腿部的练习，对健身爱好者的体重和基础力量水平要求较高，体重较大或者从来没有进行过下腹部的训练，那么很可能连一次举腿都无法完成，此时可以使用屈腿或者单腿举腿，或者适当减小腿部抬高的幅度，从而降低整个训练的难度。

③ 适当使用一定的负荷。腹肌有一定的力量水平对发展下肢的肌肉群及提高专项的力量水平都是十分有帮助的，因此应适当使用一定的重量进行腹肌练习。例如，

训练计划中，安排杠铃片卷腹或哑铃卷腹等针对上腹部的训练，安排负重举腿针对下腹部的训练，安排药球或实心球转体卷腹等针对腹外斜肌与腹内斜肌的训练。不过，需要注意的是，使用负荷重量进行腹肌训练必须建立在具有一定的腹部训练基础上。如果健身爱好者腹肌缺乏足够的力量，那么使用负荷重量进行练习便会使训练目标更多转移到屈髋肌群上，严重的还会有损伤腰椎和脊柱健康的可能性。

④ 徒手训练的重要性。在腹肌训练中徒手训练是相当重要的练习方式，适合几乎所有水平的健身爱好者，对刚接触腹肌训练的人更是必须采用的。徒手训练只通过自身的体重，在不借助任何器材的辅助下便可以完成对上腹部、下腹部、腹外斜肌及腹内斜肌的全面刺激，还可以确保较高的训练强度，更好地孤立目标肌群，避免身体其余部位借力，这对于肌肉的整体发展效果更佳。

⑤ 尽量孤立训练。因为腹肌所处的特殊位置，腹肌训练中将每个区域完全进行孤立训练是很困难的，特别是针对下腹部这种本身容易发展滞后的肌肉群，即使动作姿势标准，也很难做到只刺激下腹部肌群，只有尽量将其孤立进行练习。例如，在悬垂举腿的下腹部训练中，要握住单杠，可能导致注意力会被握力分散，从而影响下腹部的训练效果。此时可以使用助力带，减少握力对下腹部肌肉训练的影响。或者在热身训练时适当安排一些与屈髋肌群有关的训练动作，使得屈髋肌群的力量被明显削弱，从而减少它在腹肌训练时的参与度，最大化腹肌的训练效果。

⑥ 4∶3∶3比例。安排腹部肌群训练时可以使用4∶3∶3的比例分配每个区域的训练容量，有助于合理地安排训练计划。4∶3∶3的比例指的是在设计训练计划时，安排40%针对下腹部的训练，安排30%针对上腹部的训练，安排30%针对腹外斜肌和腹内斜肌的训练。这种分配方式根据腹部不同区域肌肉的重要性设定更加有效的训练计划，能够帮助绝大部分的健身爱好者优化自己的腹肌形态。当然，这种安排比例也需要针对每个人的情况进行调整。例如有的健身爱好者腹外斜肌和腹内斜肌较差，脂肪堆积较多，那么要将40%分配给针对腹外斜肌和腹内斜肌的训练。

⑦ 较高的训练容量。如果你希望带给腹部肌群最强的刺激，使腹部肌肉可以得到最大的发展，那么在每个训练组的重复次数安排上使用较高的容量，一般要进行每组25次以上的重复练习。当然，这种方法并非适合所有人。体重较大或刚刚接触腹肌训练的健身爱好者，每组都完成25次以上显然是十分困难的，可以适当使用力竭组的方式，即在每组不规定具体的次数，而是让自己每组都做到完全无法再完成下一次重复练习为止。在使用力竭组练习时，请一定注意保持正确的动作姿势，不要为了追求更多的重复次数而忽略基本的动作姿势，否则对肌肉的发展没有任何帮助。如果健身爱好者的腹肌训练基础较一般，也可以使用固定次数的练习方式，但是一定要注意每组选择12~15次以上较高的训练容量。

⑧ 训练频率与训练计划搭配。设计训练计划时需要考虑每周的腹肌训练频率问题。在很多肌肉健美训练计划中，有的会针对腹肌每天都训练，有的会每隔几天练一次。一般来讲，如果你想让腹肌有针对性的强化提高，那么必须至少一周两次的训练频率。如果你拥有一定的腹肌训练基础，或者有健美健身类比赛的需求，那么你可以每天都进行腹肌的训练，不过要注意每天只进行一个腹部区域的肌肉训练，例如在周一和周四进行上腹部训练，在周二和周五进行下腹部训练，在周三和周六进行腹外斜肌和腹内斜肌的训练，可以更加细致、立体地打造腹部肌肉形态，还可以避免过度训练。

⑨ 标准的动作姿势。腹肌训练对动作姿势标准性的要求十分严格。所有肌肉群中，腹肌是对动作姿势要求最严谨的肌肉群之一，任何轻微的借力或发力方式的错误都会直接导致腹肌训练效率降低。健身爱好者无法掌握标准的动作，除了与肌肉募集能力较差有关外，还与自身的体重及脂肪基础含量有一定的关联。身体其他部位肌肉的训练同脂肪和体重的关系并不密切，但在腹肌训练中，如果你的体重超标，那么会直接影响你的动作姿势的标准性。因此，部分健身爱好者在针对腹肌训练前可以先安排有氧练习为主的减脂训练，先将不必要的体重和体脂适当降低，再开始腹部肌群训练，这样才会有更好的收获。

⑩ 保持持续的呼吸。在肌肉健美训练中，为了更好地募集肌肉力量完成动作练习，会在发力过程中闭气，否则呼吸会直接降低肌肉力量，从而影响整个动作的完成度，降低肌肉得到的刺激效果。但是，在腹肌训练中，发力过程闭气会一定程度影响腹肌训练效果，因为闭气会把对腹部的压力转向腰后侧，卷腹训练时会出现训练十分不流畅甚至很难将身体卷起足够高度的现象。最好的方法是在发力卷腹的过程中始终保持轻轻地呼气，这种持续的呼吸方式可以使腹部有更好的刺激感受，同时保证上半身可以被正常卷起。

⑪ 腹外斜肌与腹内斜肌对身材的影响。下腹部是腹部肌群中较难训练到的肌肉群，应格外关注，但是也不能忽略有关腹外斜肌和腹内斜肌的训练，这两个区域对整体身材有着重要的影响。很多不经常锻炼的人腰粗或腰两侧较为臃肿，整个身材呈葫芦形，这是腹外斜肌和腹内斜肌训练较少使腰两侧变得十分肥胖。旋转上半身的训练动作是解决这两个区域肌肉发展落后的绝佳方法。此外，上腹部较差的现象并不常见，少有健身爱好者会出现下腹部与侧腹部较好但上腹部堆积过多脂肪的现象。如果你的上腹部较差，那么你的下腹部和侧腹部可能会堆积更多的脂肪。这也是 4∶3∶3 比例中不会将上腹部训练安排 40% 比例的原因。

⑫ 单侧训练的重要性。设计腹部训练计划时需要注意安排一定量的单侧训练，特别是刚刚接触腹肌训练、腹部基础力量较差的健身爱好者，单侧训练可以更好地找

到腹肌的发力感同时不会带来较高的训练难度。具有一定训练经验的健身爱好者可以根据自身的情况选择，同样可以利用单侧训练的优势完成更高的训练容量或训练强度，从而带给肌肉比双侧同时练习无法提供的刺激。不过，并非所有训练动作都可以进行单侧训练，例如仰卧举腿练习时，单侧腿训练容易使腰背部出现不适感，因此不应使用单侧的方式。

（3）腹部肌群的常见训练误区

① 腹肌对称性。有的健身爱好者在腹肌训练时会追求腹肌的左右对称性，认为左右不对称的腹肌不美观或者训练不到位。事实上，你进行再多的有关单侧腹肌的训练，也很难解决腹肌不对称的问题。腹肌左右两侧的形态是否对称，主要取决于先天条件，后天即使安排各种角度、各种姿势的练习，对于平衡左右侧腹肌形态也是收效甚微的。

② 绝非仅有美学价值。很多健身爱好者认为腹肌最大的价值便是分离度明显的腹肌可以给人很健美的视觉感，它最大的意义是整体肌肉变得"美观"，其余位置的肌肉再发达，一旦腹肌较差，那么也会影响整体肌肉的美观。事实上，腹肌除了可以使人显得更加健美以外，还有很多重要的价值，大部分健身爱好者都是因为忽略了这些重要的价值才会出现对腹肌训练不关注的误区。首先，腹肌力量对力量训练是十分重要的，如果你不专注对腹肌的训练，那么深蹲训练时，大腿所释放的力量无法充分传递到杠铃上，从而导致整个蹲起的速度较慢。其次，腹肌对整个脊柱有着很好的稳定作用，所以腹肌越发达，在复合训练动作中的表现也就越好。此外，优秀的腹肌对更好地提升下肢肌群及三角肌是有十分重要的促进作用的。

③ 背部弯曲对腹肌的影响。背部弯曲对腹肌训练是十分危险的。背部弯曲得越明显，腹部就会越向前突出，导致整体的肌肉美观度大幅度下降，并且不利于身体的基本健康。腰背部弯曲的最主要原因与竖脊肌或脊柱过于紧张有关，因此要对竖脊肌和脊柱进行拉伸，从而一定程度提升它们的灵活性。其次，要注意降低有关屈髋肌群的训练量，因为屈髋肌群较强壮时，腰背部也会明显弯曲，不利于正常腹肌训练的进行。

④ 卷腹等同于仰卧起坐。有的健身爱好者在进行上腹部的训练动作时，容易将卷腹做成仰卧起坐。事实上，这是两个完全不一样的训练动作，在腹肌训练中也不存在卷腹与仰卧起坐可以互通或互相转化的可能性。卷腹，指的一般是卷起上半身至肩胛骨离开地面的腹部训练动作。而仰卧起坐一般则是需要将整个上半身完全卷起，训练幅度比卷腹更大，并且刺激的区域也完全不一样。普通的仰卧卷腹可以练习到上腹部的肌肉。很多健身爱好者认为仰卧起坐可以更多地刺激到下腹部的肌肉，这个观点是十分错误的。下腹部的训练动作一般都以抬起骨盆为主，而仰卧起坐根本不存在抬

起骨盆的现象。仰卧起坐有着与卷腹类似的前半程动作，但是它的后半程对腹部没有任何帮助，还容易导致腰背部出现伤病。仰卧起坐相比卷腹还需要健身爱好者拥有更高的力量水平，因此对提升腹部肌肉是一个费力不讨好的训练动作。训练时要更多安排卷腹训练，仰卧起坐更加适合一些特定的体能训练并且需要配合较专业的靠垫。

⑤头部过于后仰。有的健身爱好者在进行卷腹类训练时，可能会因为腹肌力量不足或体力不支导致头部过于后仰，而且对这种姿势不太留意，认为是正常的身体反应。事实上，腹部训练时头部的明显后仰，会导致腹肌比较放松，不会出现较明显的肌肉收缩，对肌肉的训练效果也较差。

⑥腰背部弓起。有很多健身爱好者在进行腹部训练时，腰背部会非常明显反弓或严重弓起，这对腰背部及脊柱的健康都是十分危险的。腹部训练时一定要使脊柱保持在正常的中立位上。虽然弓起腰背部很容易给你更多的力量，有助于完成更多次数的腹部训练，但是在这种不健康的腰背部姿势环境中，练习越多或使用的重量越高，腰背部及脊柱健康受到的威胁越大。

⑦固定双脚。有的健身爱好者喜欢在进行卷腹类训练时固定自己的双脚，比如让同伴抓住他的双脚，或者双脚勾住一个架子。这种方式可以在训练时获得更多的力量，有助于完成更多次数的腹部重复练习，但是，这种训练方法是十分错误的！将双脚固定住后，你很容易借助屈髋肌群的力量进行练习，髋关节周围及大腿前侧的肌肉群会大量参与到训练中，甚至完全替代腹肌。因为在卷腹类训练时双腿常容易乱晃，有的健身爱好者认为固定双脚可以控制好双腿，使动作更加稳定，对腹肌的刺激更好。只可惜，虽然身体被固定，却导致不该发力的肌肉群参与到练习。使用双脚掌相对并将小腿侧面尽量接触地面的方式进行卷腹，便可以在稳定双腿及整个动作的基础上，使腹肌受到最强的刺激。

⑧错误的哑铃体侧屈训练。使用哑铃或绳索的体侧屈是很多教练都会在设计训练计划中安排的内容，可以给腹外斜肌和腹内斜肌极强的刺激。但是，在具体的训练中，有很多健身爱好者都出现了极其严重的错误姿势，即双手各拿一只哑铃，然后左右来回地晃动身体，这不仅容易借用身体摇摆的惯性进行发力，对刺激腹外斜肌和腹内斜肌效果较差，也会使脊柱受到过多无意义的压力，对脊柱的健康也是十分不利的。最佳的方式还是手拿一只哑铃，然后向身体另一侧倾斜，当一侧训练完后再交换哑铃位置练习另一侧。

⑨缺乏针对性训练。有的健身爱好者在编写训练计划时会缺少或故意不安排与腹肌有关的训练，尤其是"增肌"及力量健身爱好者。有的健身爱好者担心腹肌的训练会影响增肌效果，甚至"掉肌肉"。事实上这种担心是十分多余的，腹肌训练本身也是肌肉健美训练中的一种，并非高容量或高强度的有氧训练，不会消耗大量的热量，

更不会出现"掉肌肉"的现象。在进行增肌训练中，安排腹肌的训练是十分必要的，在较多热量摄入的前提下，如果腹部不进行适当强度的运动，那么很容易堆积脂肪。而一些力量健身爱好者认为力量训练时的深蹲、硬拉及一些有关背部的肌肉辅助训练都可以对腹肌有多多少少的间接刺激，因此没必要在训练计划中安排过多有关腹肌的练习。事实上，优秀的腹肌力量对更大程度提高深蹲、硬拉等力量训练的成绩有十分重要的帮助，一名不断追求突破的力量训练爱好者更不能缺乏对腹肌的针对性训练。

⑩ 下斜卷腹的实际价值。很多健身爱好者在安排腹部训练计划时会较多选择下斜卷腹这个动作，认为下斜卷腹对下腹部的肌肉有一定促进作用，并且借助下斜训练椅，举腿类训练难度较低。事实上，下斜卷腹虽然可以刺激上腹部稍微偏下的位置，但是对下腹部的刺激程度远远没有举腿类训练高，对肌肉的提升效果也会差不少。并且，下斜卷腹训练易使健身爱好者用双腿勾住椅子挡板进行训练，固定双脚会使屈髋肌群更多地参与到训练中，这对腹肌的训练效果会有极大的影响。此外，练习下斜卷腹时只需要将肩胛骨抬离训练椅即可，并不需要完全抬起上半身至与地面垂直，后者不仅做很多无用功，对腹肌刺激没有什么帮助，还容易使腰背反弓，影响身体健康。

8. 肱二头肌

（1）肱二头肌的构成及基本功能

肱二头肌位于上臂前侧，呈梭形，分为长头和短头两部分。长头起自肩胛骨盂上结节，短头起自肩胛骨喙突，止于桡骨粗隆和前臂筋膜。近固定时，使肩关节屈、肘关节屈和外旋。远固定时，使上臂向前臂靠拢。

肱肌位于肱二头肌的下半部深层，起自肱骨前面下半部分，止于尺骨粗隆和冠突。近固定时，使肘关节屈。远固定时，使上臂向前臂靠拢。

（2）肱二头肌的训练要素

① 找出发展弱势的部分。肱二头肌的长头和短头两部分，训练中很难保持发力平衡，往往其中一部分发展较迟缓，因此要在进行肱二头肌训练前先确定自己是长头还是短头发展较慢，然后进行针对性的补强练习。肱二头肌的长头和短头都有可能发展缓慢，并不存在哪个较容易练到、哪个又比较容易忽略的现象。发展缓慢的部分，跟健身爱好者的身体结构及较长时间的训练习惯有关。

② 多角度训练肱二头肌。训练时一定要注意多角度对肱二头肌的练习，一般会选择使用肱二头肌位置在胸前或胸后两个角度。使用肱二头肌位于胸后方，肱二头肌长头会受到更多的练习。使用肱二头肌位于胸前方，肱二头肌短头会受到较强的刺激。有的健身爱好者或教练员认为肱二头肌还存在更多的训练角度，但事实上除了上述两个角度，其余的"训练角度"对肱二头肌都不会有明显的帮助。

③ 正确的手臂姿势。肱二头肌训练时要注意保持正确的手臂姿势，这不仅对肌

肉的刺激有更好的帮助,还可以保护肌腱和韧带的健康。有部分教练认为肱二头肌训练时,必须将手臂完全伸直,这种方式可以带给肌肉最大的运动幅度,并且使得肱二头肌得到很好拉伸。事实上,你使用反握并且手臂伸直训练,肱二头肌会处在极易受伤的位置,甚至会使肱二头肌撕裂,特别是使用较大重量进行反握训练时,伸直手臂是十分危险的。健身爱好者应当在训练时始终保持肌肉的紧张状态,不要出现手臂明显放松或伸直的现象,当然也不应使用较小的运动幅度或者使手臂出现较明显的弯曲,否则对肱二头肌的提升自然是没明显帮助的。我们只是建议健身爱好者不要使用过于极端的方法,尽管这种方法的确流传比较广泛。

④ 选择合适的器械。杠铃弯举是比较常见的刺激肱二头肌的训练动作,几乎没有一份有关肱二头肌的训练计划不安排杠铃弯举。在开始训练前,要根据身体结构选择合适的杠铃。一部分手臂结构较特殊的健身爱好者,使用直杠进行反握弯举时会出现肘关节和腕关节的明显不适,应使用曲杠,它可以使整个手臂处于最舒适的状态。

⑤ 孤立训练与复合训练。关于肱二头肌的复合训练动作不多,训练计划安排的动作大都是孤立训练动作,即使是杠铃弯举等常见的可以使用较大重量的训练方法也都属于孤立训练动作范畴。真正意义上主要刺激到肱二头肌的复合训练动作只有一个,即反握引体向上。这个动作不仅可以给肱二头肌强烈的刺激,还可以带给背部肌群一定强度的练习。反握引体向上虽然可以刺激多个肌肉群,并且满足肱二头肌生长所需要的刺激,但也要注意根据自己的情况选用。肱二头肌力量较差或体重较大的健身爱好者,反握引体向上可能过于困难,甚至无法完成1~2次的重复练习,最好还是选择孤立训练动作。有些健身爱好者虽然拥有足够的力量水平,但是因为手臂结构的限制,在进行正常直杠的反握引体向上训练时会感受到强烈的不适,所以需要替换弯曲的单杠,才可以避免肘关节或腕关节出现损伤。

⑥ 离心慢速训练。肱二头肌训练时,一定要注意选择正确的训练节奏。全程保持一个匀速进行训练,对肱二头肌的生长并不好。应该在离心阶段保持慢速的节奏,可以使肱二头肌受到强烈且快速的泵感。在杠铃下放阶段,可以根据自身的力量情况选择保持3秒还是5秒的匀速下放杠铃并慢慢将手臂伸开。如果你的肌肉力量基础较差,那么选择3秒,否则选择更多的时间。在举起杠铃的阶段,只需要保持正常的速度即可,没有必要采用特别快速的方式,否则容易因追求速度而导致动作姿势变形。如果想在训练中对动作节奏有更好的控制,那么必须使用较轻的重量。

⑦ 顶峰收缩。当一个动作进行到最高点时,保持1~3秒姿势及身体位置不变,感受目标肌群所受到充分刺激的方式称为顶峰收缩。这几乎是所有肌肉健美训练动作必须遵循的练习法则,在肱二头肌训练时显得更加重要。顶峰收缩可以对肱二头肌进行最彻底的刺激,并对培养肱二头肌的肌峰清晰度有十分重要的帮助。顶峰收缩+

离心慢速训练是执行肱二头肌训练动作必须注意遵循的两大法则，做好这两条，你的肱二头肌必定会得到强烈的刺激。

⑧ 必不可少的肱肌训练。肱肌是设计肱二头肌训练计划时必须关注的一个环节。很多健身爱好者的训练计划都缺乏肱肌的训练，有可能导致左右手臂粗细度差别较大。肱肌的单侧训练可很好地弥补左右侧手臂围度差距，对存在左右侧手臂失衡的健身爱好者是必不可少的训练动作。并且，肱肌的强壮程度对肱二头肌及手臂的整体围度都是有很大促进作用的，虽然肱肌的体积并不大，但是缺乏针对肱肌的训练会使得手臂围度无法获得真正的突破。常见的肱肌训练动作一般以锤式弯举为主，这是一个可以很好地感受到肱肌运动的练习方式。有的健身爱好者习惯使用低滑轮肱肌弯举或高滑轮双臂弯举，但是这两个动作有时候并不能提供比较强烈的肱肌刺激感受，并且容易出现肩关节受损的现象。

⑨ 必不可少的超级组练习。安排肱二头肌训练计划时，超级组可以使肱二头肌获得更强烈的刺激，也可以提高整个手臂的训练效率和训练强度，必不可少。安排方法主要有两种。最常见的是选择两个不同的动作进行不休息的超级组练习：使用屈肘较大的体后弯举+杠铃位于胸前的体前弯举，以肱二头肌训练最需要的两个角度给肌肉全面的刺激；或者使用哑铃弯举+牧师椅哑铃弯举的组合，先使用一定的重量消耗肱二头肌，再使用稍微固定训练轨迹对肱二头肌刺激更精准的牧师椅进行哑铃弯举练习，便可给目标肌群最深度的刺激。另一个安排方法是使用一个肱二头肌训练动作与一个肱三头肌训练动作搭配超级组，可以使整个手臂训练日的效率及强度大大提高，对肌肉的整体生长及手臂围度的强化有重要意义。

⑩ 标准的动作姿势。进行肱二头肌训练时一定要注意保持动作姿势的标准性。有关肱二头肌的训练动作十分容易出现明显姿势错误，这与健身爱好者对肘关节、腰部等身体部位的控制不佳有关，也同盲目追求大重量的弯举有密不可分的关联。

（3）肱二头肌的常见训练误区

① 缺乏必要的小臂外旋。肱二头肌有使大臂外旋的作用。因此，肱二头肌训练时也要使用小臂外旋的动作，而不是仅将大臂与小臂相靠拢这一种功能，这样才可以给予肱二头肌最全面的练习。很多健身爱好者在设计肱二头肌训练计划时，都缺乏使用小臂外旋进行练习的肱二头肌动作，只是在进行无休止的普通弯举练习。要使刺激较单一的动作变成全面刺激肱二头肌的训练动作，可以在普通弯举的基础上进行简单的修改：使用哑铃进行左右交替的单臂弯举，将哑铃上举至接近最高点时，利用肱二头肌的力量将小臂向外旋直至最大程度，然后停留1~3秒进行顶峰收缩，下降哑铃回到训练初始姿势，如此重复练习，这比普通的哑铃弯举可以使肱二头肌获得更全面的刺激。有的教练建议可以尝试宽握距的杠铃弯举，认为这种方法也可以使小臂有一

定的外旋，从而带给肱二头肌更强的刺激。事实上，这种方法容易使手臂关节产生一定的不适感，并且小臂的外旋幅度并不十分明显，因此不是一个很好的选择。

②忽略对肱二头肌长头的训练。肱二头肌训练中，长头和短头都有可能训练不到位，刚接触训练的健身爱好者更容易忽略对肱二头肌长头的练习。这与健身爱好者对肱二头肌长头的功能理解不全面有关，也与太过注意保持动作姿势标准性有关。对于肱二头肌的训练，一般要求尽量保持肘关节的稳定，如果肘关节乱晃，其余部位肌肉便会代偿发力，从而影响肱二头肌的训练效果。但是，当训练目标是肱二头肌长头时，要主动地屈肘将杠铃或哑铃继续上举至接近头部的位置，这不但不会影响肱二头肌训练，还有利于刺激肱二头肌的长头。在安排肱二头肌训练计划时，一定不能只安排完全固定肘关节或只练习短头的训练动作，否则手臂会"凹"进去一块，从而影响整体肌肉的健美视觉。

③肘关节的不正确位置。有很多健身爱好者在进行肱二头肌短头训练时，会出现明显的肘关节前后或上下的晃动，这种方法会使肩膀、背部及前臂刺激感更明显，无法带给肱二头肌过多的刺激。因此，除非是进行必须抬起肘关节的肱二头肌长头训练，否则请一定要将肘关节稳稳夹紧并保持在身体两侧，必要的时候也可以使用牧师椅弯举来强迫固定肘关节，或者使用肱二头肌托板，将它挂在脖子上，从而稳定肘关节。

④身体的借力。有很多健身爱好者进行肱二头肌的长头或短头训练时，会明显地依靠上半身前后晃动将杠铃或哑铃"甩"上来，甚至会利用腿部的力量踮脚进行借力，这些都是十分不正确的训练姿势，不仅对肱二头肌的训练没有任何帮助，还有可能使腰背部受损，影响身体的健康。如果说肘关节的位置不正确是因为健身爱好者对肘关节的位置重要性不关注，那么身体的借力则主要是健身爱好者使用较大重量进行训练所导致的。肱二头肌训练时使用杠铃这种较大负荷器材，但这并不意味着可以使用极高的负荷，例如进行一组只能完成5~6次的训练，对肌肉生长没有太大帮助，还有可能在进行反握类的弯举训练时拉伤肱二头肌肌腱。训练时一定要注意对重量的选择，一定要做到"宁轻勿假"，这才是肌肉生长的关键。如果你使用较轻重量进行弯举时也出现身体不自觉的晃动，那么你可以倚着墙壁，能一定程度避免身体的晃动。

⑤错误的握法。有很多健身爱好者在进行肱二头肌训练时，会选择正握、反握或对握多种不同的握法，甚至在一次训练计划中会频繁地更换握法。事实上，上述三种握法并非都适合肱二头肌的训练，有的可以带给肱二头肌很好的刺激，有的却会限制肱二头肌的收缩。反握时，肱二头肌可以获得较好的刺激及较理想的运动幅度。对握时，肱二头肌的收缩会受到一定的限制，肱肌会得到更多的锻炼，这也是为何使用对握的锤式弯举的训练目标主要集中在肱肌而非肱二头肌。正握时，肱二头肌同样会

受到明显的限制，肱桡肌可以受到更好的刺激。因此，在练习时主要应关注反握，对握和正握对肱二头肌的生长都没有太大的贡献。

9. 肱三头肌

（1）肱三头肌的构成及基本功能

肱三头肌由三部分构成，分别是肱三头肌内侧头、肱三头肌外侧头及肱三头肌长头。长头起自肩胛骨的盂下结节，外侧头起自肱骨体后面桡神经沟外上方，内侧头起自桡神经沟内下方，止于尺骨鹰嘴。近固定时，使肘关节伸，长头还可以使肩关节伸。远固定时，使上臂在肘关节处伸。肱三头肌的主要作用是控制肘关节的伸展，是人体所有肌肉群中极其重要的一部分，对增大健身爱好者手臂整体的肌肉围度有重要作用，肱三头肌的体积比肱二头肌与肱肌加起来还要大，在一些竞技球类运动及力量训练中都扮演着极其重要的角色。

（2）肱三头肌的训练要素

① 均衡训练肱三头肌的三部分。设计训练计划时，一定要注意均衡训练肱三头肌三个头，每个头的训练容量和训练动作要合理分配。在实际训练中，很多健身爱好者的外侧头或长头发展较缓慢。外侧头是十分重要的一部分，锁骨较窄的健身爱好者拥有发达的外侧头可给人以宽厚感，发达的外侧头还可以提升肱三头肌与三角肌之间的分离度。安排训练计划时，要使用手臂沿身体两侧进行的大量训练，例如绳索臂屈伸或直杆臂屈伸等，可以很好地刺激外侧头同时避免长头的过多参与。训练长头时，可以将肘关节抬高至头部，进行颈后的绳索臂屈伸，这可以充分拉伸长头同时避免外侧头的过多参与。

② 双手的姿势对肱三头肌的影响。肱三头肌训练时，双手姿势的不同对肱三头肌的刺激也会有明显的区别。若训练时双手活动灵活，活动范围不受限，肱三头肌外侧头可以得到最强的刺激。例如进行绳索臂屈伸时，手腕可以将绳索向外侧拉，这对提升肱三头肌外侧头是十分有帮助的。如果使用杠铃进行练习，那么双手会被杠铃明显控制住，只能保持双手正握这样一种姿势，因此使用杠铃的窄距卧推、仰卧杠铃臂屈伸等训练动作对肱三头肌外侧头的刺激较差。要注意的是，使用普通的直杆配合大飞鸟机进行直杆臂屈伸训练时，双手同样会出现不太灵活并导致肱三头肌外侧头受刺激较小的问题，可以使用呈三角形的特殊形状的"直杆"，便可以解决双手姿势较固定的问题。

③ 孤立训练动作与复合训练动作。与肱二头肌训练一样，设计肱三头肌训练计划时同样需注意孤立训练动作与复合训练动作搭配使用。肱二头肌训练中反握引体向上是唯一可以真正带给肱二头肌明显刺激的复合训练动作，而肱三头肌的训练中，复合训练动作较多，其中窄距卧推、双杠臂屈伸都是十分常见的。设计训练计划时加入

一定量的窄距卧推或双杠臂屈伸的训练，可以使用较大的重量负荷，并且整体难度比臂屈伸类的孤立训练动作要高不少，这些都十分有利于肌肉生长。窄距卧推和双杠臂屈伸都会给胸大肌、三角肌一定的刺激，特别是双杠臂屈伸练习，对肱三头肌反而不会有太明显的感受，因此一定要注意复合训练动作的整体容量，不要出现明显高过孤立训练动作的容量或影响肱三头肌的训练感受的问题。

④ 选择合适的杠铃。窄距卧推或杠铃类的颈后臂屈伸、仰卧臂屈伸都是很常见的肱三头肌训练动作，经常出现在训练计划中。在进行相关练习之前，一定要根据身体结构选择合适的杠铃。有的健身爱好者因为手臂结构特殊，使用直杆训练时往往会感受到手腕或肘关节的明显不适，此时应该使用曲杆，才可以更加专注对肱三头肌的训练。不过，要注意的是，使用曲杆进行窄距卧推时，因为曲杆的特殊结构，很难使用较大的重量进行练习。

⑤ 保持足够的运动幅度。肱三头肌的臂屈伸类训练时，最需要注意的便是保证足够的运动幅度，这甚至比单纯保持正确的身体姿势、避免肘部和身体的晃动还要重要。实际的训练中，大部分健身爱好者都存在手臂屈伸幅度较小的问题。例如，在经典的绳索臂屈伸或直杆臂屈伸训练中，很多健身爱好者都只是在手臂伸直后将前臂上抬至刚刚与地面平行便开始下一次练习，根本没有使大小臂夹角变得小于90°，这种类似"给轮胎打气"的幅度是无法满足肱三头肌的生长的。

⑥ 保持正确的身体姿势。肱三头肌的训练时，需要注意保持正确的身体姿势，不要因盲目追求大重量导致借力过多。这点不仅仅体现在常见的臂屈伸类训练动作上，在窄距卧推或双杠练习时，有的健身爱好者通过杠铃或身体下降的惯性来迫使自己完成更大重量或更多次数的练习，这使得原本就属于复合训练动作、一定程度上借助三角肌和胸大肌进行发力的窄距卧推和双杠练习对肱三头肌的刺激进一步减弱，甚至全部借助三角肌或胸大肌发力，根本不利于肱三头肌的生长。

⑦ 使用绳索、哑铃、杠铃、自重还是器械。挑选肱三头肌的训练动作时，需要注意对训练器材的选择。绳索、哑铃、杠铃、自重或器械练习都是十分常见的训练方式，各有优缺点及适合的使用环境和训练人群。

绳索一般都在孤立性极强的训练动作中使用，例如绳索臂屈伸或绳索+直杆的臂屈伸、颈后臂屈伸等。绳索练习可以使肱三头肌的三个头都得到较强的刺激，并且有利于刚接触肌肉健美训练的爱好者更好地找到肱三头肌的发力感。如果你的训练经验不多，或者你希望给肱三头肌更加精细的雕琢，那么使用绳索进行练习是很好的选择。

哑铃可以带给肌肉一定的重量刺激感，并且与绳索一样双手可比较灵活地练习，对肱三头肌的内侧头和外侧头都有很好的促进作用。使用哑铃也可以进行颈后哑铃臂屈伸的训练，由于重量较大的哑铃一般体积较大，这会导致在练习时产生较多不便，会影响肱三头肌长头的练习。并且，哑铃比其余训练器材容易出现身体的不平衡，刚接触肌肉健美训练的爱好者使用哑铃练习容易导致身体受伤。哑铃比较适合有一定训练经验的健身爱好者，单臂的哑铃类练习对肱三头肌的刺激也是十分强烈的。

使用杠铃进行肱三头肌练习，最常见的便是窄距卧推或仰卧、坐姿的颈后杠铃臂屈伸。杠铃可以使用较大的负荷重量，对肌肉的生长有一定的作用，但是对健身爱好者募集肱三头肌的能力要求高。如果你无法很好地募集肱三头肌，那么在大重量窄距卧推训练中便无法感受到肱三头肌的存在。此外，大重量的颈后杠铃臂屈伸是比较危险的，容易使肘关节和肩关节受到损伤，练习时一定要注意选择合适的重量及把握动作姿势的标准性。

使用自身体重进行肱三头肌练习时，一般常见的方式是双杠练习或窄距俯卧撑。在设计肱三头肌训练计划时，通常会将这两种动作同绳索、哑铃、杠铃或器械的肱三头肌训练动作结合为超级组，先使用一定的重量消耗肱三头肌的整体力量水平，再使用自重给肱三头肌最彻底的刺激。当然，这种方法是建立在健身爱好者具备一定力量水平的基础之上的，力量较差或体重较大的健身爱好者往往很难完成自身体重的多次练习。使用窄距俯卧撑练习时需要注意身体结构，如果你的手臂和手腕关节允许，那么使用两手四指并拢、虎口相对、拇指和食指接触的钻石俯卧撑可以带给肱三头肌更强的刺激。但如果你的身体结构不允许，还是使用正常的双手内侧相对且双手向前的方式进行窄距俯卧撑练习。

器械可以完成很多别的训练器材无法完成的单臂训练，可以给身体的弱势肌群很大的帮助，以便更好地平衡左右手臂的肱三头肌肌肉。最常见的便是使用器械进行单臂的双杠练习，这是自重训练时几乎不可能做到的。这种方式不仅有助于补强弱侧的肌肉力量，还可以在单臂练习时更好地感受到肱三头肌的存在，是刚接触肌肉健美训练的健身爱好者也可以使用的方法。

⑧ 停顿式发力。进行肱二头肌的训练时要注意在离心阶段进行慢速的控制，而在肱三头肌训练时整体的训练节奏则正好相反，要在手臂伸展阶段注意使用较慢速的方式，这可以使肱三头肌有更好的充血感。慢速练习不是在伸展的整个过程都使用的，否则可能导致借力现象。所谓的慢速发力，指的是使用停顿式发力的方法在手臂伸展阶段的两个或三个点进行短暂的停顿，保持一定的收缩，然后将手臂几乎完全伸直。健身爱好者可以根据身体结构特点选择安排两个或三个停顿点，手臂较长者可以安排多个停顿点，手臂较短者可以只安排一个或两个停顿点。停顿式发力可以带给肱三头肌更强烈的泵感，这种方式对股四头肌也有一定的促进作用。

⑨ 必不可少的超级组练习。安排肱三头肌训练计划时，同样不能忽略使用超级

组，超级组可以使肱三头肌获得更强烈的刺激，同时提高整个手臂的训练效率和训练强度。针对肱三头肌的超级组主要有两种安排方法：最常见的便是选择两个不同的动作进行不休息的超级组练习，例如使用绳索臂屈伸＋颈后臂屈伸，可以在一个超级组中同时练到肱三头肌的三头，或者先安排一个绳索、自由重量或器械的训练动作，消耗肱三头肌的整体力量，再使用自重练习的方式给肌肉更深层次的刺激；二是一个肱三头肌训练动作与一个肱二头肌训练动作搭配成超级组的练习方法，可以使整个手臂训练日的效率及强度大大提高，对肌肉的整体生长及手臂围度的变化有重要意义。

（3）肱三头肌的常见训练误区

①大量的窄距卧推训练。不可否认窄距卧推是可以刺激肱三头肌的，虽然窄距卧推同时会带给胸大肌和三角肌前束一定的刺激，但是它依旧是练习肱三头肌不错的动作。这里提到的有关窄距卧推的误区，并非是指训练计划安排了窄距卧推的练习，而是指很多健身爱好者设计计划时，将窄距卧推的位置摆得过于重要，第一个动作都是窄距卧推的训练，并且会安排大量的练习，这种安排方式并不符合肌肉健美训练的特点，更像是为了提升卧推锁定能力而安排的专项辅助训练。如果你选择用大量的窄距卧推来训练肱三头肌，那么肌肉不可能受到全方位的刺激，并且大量的窄距卧推会消耗你的力量及神经募集能力，这会直接影响后续孤立训练动作的训练质量。你应该根据自身的特点，将最饱满的精神与力量状态留给最薄弱的区域，将这些区域放在整个训练计划的重要位置或第一个动作进行练习。例如外侧头较差的健身爱好者可以先安排绳索臂屈伸的训练，而长头较长的健身爱好者则可以先使用颈后臂屈伸的练习。除非你使用窄距卧推＋某个长头或外侧头动作的预疲劳练习方法，否则在训练计划的开端单纯进行窄距卧推对肌肉更加全面的生长并没有太大的实际意义。

②手臂过度伸直。有很多健身爱好者在进行臂屈伸类训练时喜欢将手臂完全伸直，认为这可以给肌肉最大的运动幅度。这种想法是没有任何错误的，但是手臂过度伸直有可能使关节和肌肉产生一定的不适感，容易导致伤病的出现，并且容易使目标肌群放松，无法保持肌肉的持续收缩。其实将手臂伸展至接近伸直的位置即可，这不仅不会明显影响运动幅度，对关节和肌肉也是十分友好的。不过，在部分肱三头肌训练动作中，要将手臂完全伸直，这同样是出于安全角度考虑的。进行窄距卧推或双杠练习时，如果不完全伸直手臂而是持续保持肌肉的收缩，那么会给肘关节和肩关节较大的压力，使用较大的负荷重量时很容易导致快速力竭，从而影响身体的健康。因此，如果你使用窄距卧推或双杠练习，除非你可以完成很多次数的重复练习，否则最好每次完全伸直手臂再进行重复练习。

③肘关节晃动不稳定。肘关节晃动不稳定是肱三头肌常见的错误训练姿势类型之一，最明显的表现为臂屈伸类训练时肘关节明显地向上抬起。其原因是健身爱好者

使用的重量较大，超出自身的肱三头肌力量水平，从而向上抬起肘关节借助肩膀或背部的力量进行练习。解决这个问题最直接的办法是使用较合适的重量，并且全程注意向身体夹紧双肘，保持肘关节的稳定不晃动，必要的时候可以让同伴从身后扣住你的肘关节，避免它出现明显的晃动。肱三头肌练习时没有肱二头肌那种可以锁死肘关节的托板进行辅助，只能依靠神经对肘关节的控制进行标准的练习。

④ 身体明显借力。身体明显借力是肱三头肌练习常见的错误姿势类型之一，最明显的表现为臂屈伸类训练时通过上半身大幅度前倾或腿部下蹲的方式进行借力。其原因同样是因为健身爱好者使用的重量较大，超出自身的肱三头肌力量水平，从而借助腿部或背部的力量进行练习。解决方法同样还是需要使用较轻的重量，并且注意上半身较直立，腿部保持伸直不要有任何的屈膝借力的行为，只依靠肱三头肌的肌肉力量进行练习。有的健身爱好者在进行双杠练习或窄距卧推练习时也会借助身体晃动靠惯性借力，这对肌肉的生长也是没有帮助的。应当在练习时保持身体的稳定性，这对肌肉增长、保持身体健康都是十分有利的。

⑤ 错误的训练强度与训练容量。有很多健身爱好者在自己设计肱三头肌的训练计划时容易出现明显错误的训练强度与训练容量，比较注意追求训练动作所使用的重量，对每组的次数不是特别关注，这便导致了整个计划的训练强度较高，但是训练容量较低。这种现象具体表现为训练计划安排较多的复合训练动作，例如窄距卧推、双杠练习等。如果你在肱三头肌复合训练时过于追求重量，那么你的三角肌和胸大肌肯定会受到一定的刺激，这不仅对肱三头肌的生长没有太大的帮助，还会影响三角肌和胸大肌的正常训练安排，容易出现过度的肌肉疲劳。此外，大重量的窄距卧推或负重双练习还会加大肘关节受到的压力，如果肘关节出现明显的不适感，便会使肱三头肌训练效率大幅度下降，甚至会影响背部、胸部及三角肌的正常练习。

10. 前臂肌群

（1）前臂肌群的构成及基本功能

前臂肌群包含的肌肉数量较多，并且它们的构成、具体位置及名词较复杂，很多都是多关节的肌肉。这里主要关注前臂肌群中三个比较常见的肌肉，分别为肱桡肌、桡侧腕屈肌及尺侧腕伸肌。

肱桡肌位于前臂肌群的最外侧皮下，近固定时可以使前臂屈，远固定时可以使上臂向前靠拢，起自肱骨外上髁上方，止于桡骨茎突。

桡侧腕屈肌起自肱骨内上髁和尺骨鹰嘴，止于第二掌骨近端。正握杠铃时，它可以辅助举起杠铃和手臂。

尺侧腕伸肌起自肱骨外上髁、前臂筋膜和尺骨后缘，向下移行为长腱，经伸肌支持带止于第五掌骨底后面。它负责伸展腕关节，反握杠铃时辅助举起杠铃和手臂。

（2）前臂肌群的训练要素

①前臂的重要训练价值。前臂肌群是十分重要的肌群，虽然它的体积较小且属于"四肢末端"的肌肉，对整体的肌肉健美形态并没有决定性的影响，但是，手臂、肩部、胸部及背部训练动作中，前臂肌群都会有一定的参与，前臂肌群的强壮程度甚至直接决定了一些上肢肌肉训练动作能否比较标准地完成，对上肢整体肌肉群的发展有十分重要的辅助作用。并且，深蹲、卧推、硬拉等力量训练时，前臂的肌肉力量也是影响极限成绩大小的重要因素，特别是在卧推训练中，前臂力量是否强大会直接影响卧推时身体及杠铃的稳定度。如果你的前臂力量较薄弱，那么在训练时便会出现三角肌、肱三头肌、胸大肌、背阔肌等肌肉力量无法通过前臂传递到杠铃上的现象，从而降低极限卧推成绩。因此，在制订训练计划时请一定不要忽略前臂肌群的练习，千万不能有"上肢肌群的训练动作一般都需要前臂肌群发力，故不需要进行特殊练习"的观点，必须针对前臂肌群进行单独的强化练习。

②均衡训练前臂屈肌与前臂伸肌。肱二头肌训练或背部肌群训练时，前臂屈肌会受到比较强的刺激，但是前臂的伸肌不会有任何明显的发力感。如果计划内不做针对前臂伸肌的特殊训练安排，前臂伸肌便会出现明显落后前臂屈肌的肌肉发展失衡现象，这不仅从视觉上会影响肌肉健美的效果，还有可能使前臂感受到一定的疼痛。除非你平时缺少对肱二头肌或背部肌群的练习，否则你的前臂屈肌不需要在计划中进行特殊的安排。

③选择合适的杠铃。前臂肌群训练时，需要像肱二头肌和肱三头肌训练一样关注对杠铃的选择。手臂结构较特殊的健身爱好者不应使用直杆，直杆会使手臂、肘关节或腕关节出现一定程度的不适感，而应使用曲杆，可以使手臂不用饱受杠铃的折磨。

④保持稳定的动作姿势。进行有关前臂肌群的训练时，会经常安排正握杠铃弯举或正握哑铃弯举，这可以很好地强化肱桡肌，对提升整个前臂的粗壮程度有着重要的帮助。在练习正握杠铃弯举及肱二头肌的反握杠铃弯举时都比较容易出现动作姿势不稳定的问题，使肱桡肌训练变成对三角肌或斜方肌刺激较多的练习，产生训练目标的偏差。因此，在练习时要像肱二头肌训练一样尽量保持身体的稳定，避免出现无意义的晃动。

⑤训练安排。设计前臂肌群的训练计划时，需要注意训练频率、训练强度及训练容量的安排。很多健身爱好者对前臂肌群这类极小体积的肌肉群的训练安排不十分清楚，比较容易产生训练过量或训练不到位的现象。不必把前臂肌群放在单独的训练日，一般是将它与手臂肌群的正常训练放在一天，或者在背部训练日结束之后安排1~2个针对前臂肌群的练习动作。前臂肌群较薄弱者一周需要进行两次前臂肌群的

训练，肌肉恢复能力较强或有掰手腕等特殊需求的健身爱好者可以安排两次以上的训练。有关前臂肌群的训练计划一定要注意使用合适的训练强度及较高的训练容量。强度过高容易使腕关节受到损伤，或者严重拉长手腕休息的时间，打乱整个训练计划的部署；训练容量较低则无法给前臂肌群充分的刺激，注意安排较高次数，一般在15～20次以上。

⑥不要忽略腕部屈伸肌。桡侧腕屈肌与尺侧腕伸肌同属于前臂肌群，有的健身爱好者因为名字的领会将它们直接归为腕部肌肉群，又因为手腕过于渺小直接忽视它们的存在。事实上，桡侧腕屈肌与尺侧腕伸肌不仅对上半身肌群的练习是十分重要的，也是肌肉健美训练和力量训练中比较容易受伤的部位。因此，前臂肌群的训练计划中要加入腕弯举和腕屈伸的练习，这对提高肌肉水平及保护关节健康都是十分有帮助的。

（3）前臂肌群的常见训练误区

①前臂肌群与肱二头肌发育不均衡。进行前臂肌群训练时一定要注意前臂肌群与肱二头肌均衡发展的问题。过于强壮的前臂肌群会影响肱二头肌发展，并且在练习时会出现前臂肌群替代肱二头肌发力的现象，从而大幅度降低肱二头肌受到的刺激。一般只需正常调整好前臂肌群与肱二头肌的训练比例，那么二者发育不平衡的问题便可以得到快速的解决。

②肱桡肌缺乏训练。很多健身爱好者会忽略对肱桡肌的训练，认为所有的肱二头肌训练动作都可以使肱桡肌得到或多或少的练习，因此没有必要安排单独的练习动作。事实上，如果你不针对肱桡肌安排特殊的训练动作，便会影响肱二头肌的整体强壮程度。肱桡肌可以提升肱二头肌下部，可以使肱二头肌看来更加强壮；优秀的肱桡肌还可以一定程度保护肱二头肌的安全，避免肱二头肌受到拉伤的影响。肱桡肌最常见的训练方法是使用正握的方式进行杠铃或哑铃的弯举，手臂结构较特殊的健身爱好者可以使用曲杆或哑铃进行练习。有的健身爱好者认为将杠铃举至与地面平行的半程反握杠铃弯举同样对肱桡肌有一定的刺激作用，事实上这种方法带来的刺激主要集中在肱二头肌而非肱桡肌。

③使用过大的重量。很多健身爱好者在练习前臂肌群时会使用较大的重量，例如有的人会使用接近100千克的重量进行腕弯举练习。事实上，这种方法对腕关节本身的健康是十分有害的。进行腕弯举和腕屈伸练习时，腕关节原本就处于没有支撑的位置，极大重量的练习毫无疑问会使腕关节随时处于受伤危险的边缘。训练桡侧腕屈肌及尺侧腕伸肌的目的主要是强化前臂及保护腕关节，并不是举起多么大的重量，因此使用超乎常理的负荷是没有意义的。虽然有的腕力运动员或掰手腕爱好者对自身的"腕力"有一定要求，可能会在训练计划中安排一定重量的针对桡侧腕屈肌和尺侧腕

伸肌的练习，但是这一切也是建立在健身爱好者训练经验十足、对自身能力了解十分清楚的基础上的。

④ 身体明显晃动。上半身或肘关节在练习时明显地前后或上下晃动，是针对肱桡肌的正握杠铃或哑铃弯举时容易出现的最典型的错误姿势。练习时要时刻注意夹紧肘关节及保持上半身的稳定，选择合适的重量，这样才可以给肌肉最精准的刺激，也有利于保护腕关节的健康。

⑤ 过于追求最大的训练幅度。进行腕弯举或腕屈伸的训练时，一定要注意根据自身腕关节的柔韧性选择合适的训练幅度。有的健身爱好者不顾自身柔韧性较差的情况，每次练习都将手腕充分伸展或充分弯曲，这很容易使得腕关节处于较强的受伤风险下。并且，腕弯举或腕屈伸训练时，一般会使用一定的重量，这不仅增加了腕关节的受伤风险，也加大了腕关节一旦受伤可能产生的伤病严重程度，甚至会直接影响整个上半身肌肉群的正常练习。

11. 股四头肌

（1）股四头肌的构成及基本功能

股四头肌共由四个头组成，分别是股直肌、股中肌、股内侧肌及股外侧肌。股直肌起自髂前下棘，股中肌起自股骨体前面，股内侧肌起自股骨粗线内侧唇，而股外侧肌起自股骨粗线外侧唇，它们四个头合并成一条肌腱，包绕髌骨，向下形成髌韧带，止于胫骨粗隆。近固定时，股直肌可使髋关节屈，整体收缩使膝关节伸，而远固定时则使大腿在膝关节处伸，维持人体直立姿势。股四头肌是人体中体积最大的肌肉群，它的肌肉发达程度对人体下肢及全身的肌肉发育都起着重要作用。股四头肌较差会使得健身爱好者出现"头重脚轻"的体型，影响整体肌肉健美的视觉。股四头肌不仅在力量训练、耐力训练及爆发力训练等多种训练模式中都占有举足轻重的地位，日常生活中也决定着人们的行走、奔跑和跳跃，可以被称为人体所有肌肉群中最重要、实用性最强的肌肉群。

（2）股四头肌的训练要素

① 合理把握深蹲与身材的关系。深蹲是针对下肢肌肉群的极佳训练动作，也是力量训练、爆发力训练等多种训练模式都必须练习的动作，甚至有着"动作之王"的美称。很多健身爱好者和教练员认为：杠铃深蹲是必须练习的动作，特别是使用大重量深蹲更可以使股四头肌获得最强烈的刺激；深蹲不需要任何特殊的器材，只需要最常见的杠铃和杠铃片，这些每个健身房都有。这个观点是十分正确的，只是在具体的执行上，健身爱好者需要根据身材特点选择不同的深蹲方法，才可以将深蹲对腿部的刺激最大化，同时避免受到伤病的影响。对于深蹲练习时上半身较竖直的健身爱好者，所用杠铃的重量都集中在股四头肌上，这种现象毫无疑问对肌肉生长是十分有帮助

的，也不会出现明显的不适感。但是，对于深蹲练习时上半身较前倾的健身爱好者，由于身体姿势的变化，一部分重量作用在臀部和腰部，导致腰椎与整个脊柱都在承受较大的压力，身体便处于比较明显的受伤边缘。深蹲练习时上半身是否比较竖直，主要同健身爱好者的身材、上半身长度及股骨长度有关：身高越高，在深蹲时上半身前倾越多；上半身越长，在深蹲练习时越容易保持竖直；股骨越长，股四头肌在深蹲时所受到的刺激也就越容易被削弱，腰部更容易处于受伤风险中。深蹲训练时需要根据身体结构做出相应的调整，采用不同的方法。例如股骨较短的健身爱好者，深蹲练习时可以放心地使用较深的下蹲幅度。股骨较长的健身爱好者，应使用最适合自己的深蹲幅度，当感受到上半身和大腿之间的角度突然发生明显改变，即上半身开始大幅度前倾时，便需要立即停止下蹲，而不是像股骨较短的健身爱好者追求最大的下蹲幅度，否则容易使刺激目标发生偏移，并且对身体健康十分不利。此外，使用杠铃位置较低的低杠位深蹲所带来的上半身前倾，与上述问题不是一个概念。

②单侧练习的价值。尽管股四头肌并非很难感受到泵感的肌肉群，但是同样不能忽略单侧练习的价值，它不仅有助于弥补弱侧肌群，对更好地发展股四头肌及力量的提升都十分有帮助。一侧股四头肌发展较滞后的健身爱好者，可以使用单侧腿屈伸，更好地练习较弱侧的肌肉，获得单侧肌肉更好的充血感。并且，单侧腿屈伸的练习也有助于强化股内侧肌和股外侧肌，相比双腿同时练习，单腿练习可获得更大的运动幅度。腿部力量不平衡或力量基础较差的健身爱好者，不对称发力的哑铃箭步蹲或使用杠铃进行保加利亚剪蹲都是很优秀的选择，它们可以弥补左右侧腿部力量的不平衡，更加有利于腿部整体力量水平的提升。

③保持肌肉持续紧张。股四头肌训练时要注意保持肌肉的持续紧张，这样可以带给股四头肌更加强烈的持续刺激，对肌肉的生长发育更有帮助。例如，在进行腿屈伸或腿举训练时，不完全伸直双腿带给腿部的泵感，要强于每次都伸直双腿喘口气再练习。当然，这种方法并非适用于所有的股四头肌训练动作，对于一些下蹲类的练习，如杠铃深蹲、前蹲、哈克深蹲等，如果持续地不完全站直身体进行练习，那么膝关节和腰椎容易受到较强的持续压力，特别是在使用较大的重量时，这种压力很容易转化为严重的伤病。并且，在下蹲类训练时不完全站直还会给呼吸增加考验，会提高练习的失败率。所以，下蹲类训练时，特别是使用大重量时，应当每次站直身体调整好呼吸后再进行练习。

④双脚姿势对腿部训练的影响。股四头肌训练时，双脚的姿势不同对股四头肌及整个腿部肌群的刺激也会不同。通常会使用不同的双脚站距，调整双脚在一些固定器械的摆放位置，对不同区域肌肉进行刺激。使用腿举进行练习时，如果双脚放于平台下方（图16），股四头肌会受到更强的刺激；如果双脚放于平台的上方（图

17），则臀部和腘绳肌会受到更明显的泵感；如果将双脚分开（图18），那么内收肌会得到一定的练习；如果将双脚较为靠拢（图19），还是股四头肌会得到更多的刺激。使用下蹲类训练时，如果双脚间的站距较宽或者双脚脚尖打开幅度较大，那么臀大肌也会受到比较强烈的刺激，这会一定程度降低股四头肌所受到的刺激；如果双脚间的站距较窄，那么股四头肌可以得到最强烈的刺激。在具体的双脚姿势选择中，健身爱好者需根据身体情况进行选择。有的健身爱好者柔韧性较差，在使用窄站距的深蹲练习时容易出现身体不稳定的现象，这对膝关节的健康显然是不利的。

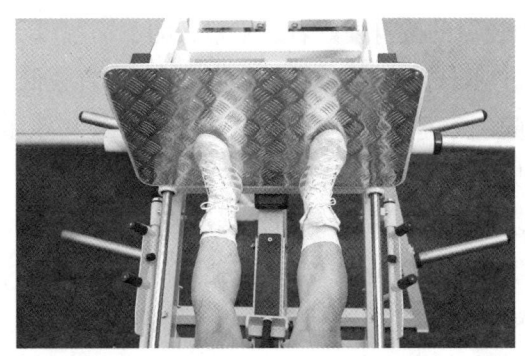

图16

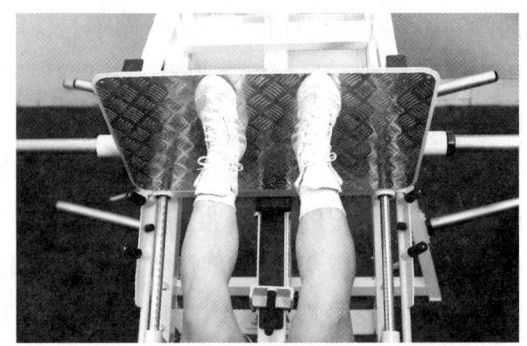

图17

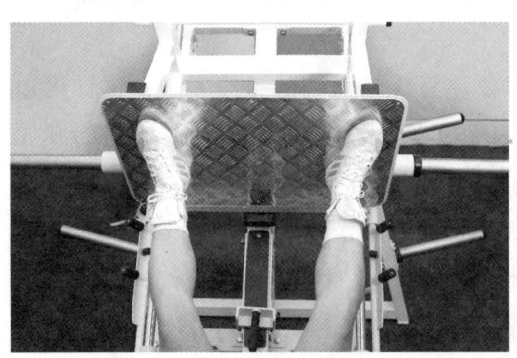

图18

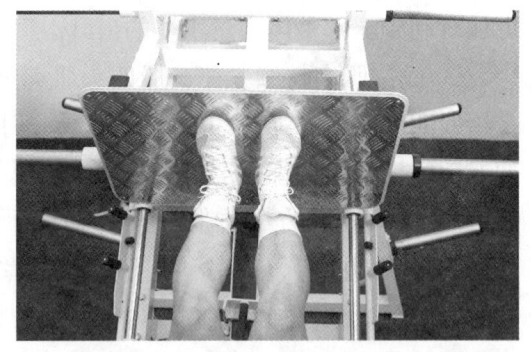

图19

⑤停顿式发力。股四头肌与肱三头肌都十分适合停顿式发力，即在腿部伸展阶段的两个或三个点进行短暂的停顿，保持一定的顶峰收缩，然后将腿部继续伸直。健身爱好者可以根据身体结构特点选择安排两个或三个停顿点，腿部较长者可以安排多个停顿点，腿部较短者可以只安排一个或两个停顿点。需要注意的是，停顿式发力一般适合在非下蹲类的器械训练动作中进行，例如腿屈伸、腿举练习等。虽然哈克深蹲

也属于器械训练的一种，但是它属于下蹲类训练，如果采用停顿式发力，那么对膝关节会造成强大的压力，容易使髌骨产生强烈的不适感。

⑥ 找寻股直肌的发力感。股直肌是股四头肌训练中不可忽视的一个部分，它不仅有助于增大腿部肌肉的整体围度，还可以使股四头肌的分离度更加明显。股直肌的训练本身难度并不大，对健身爱好者的力量要求并不高，但是它对神经募集能力的要求较高，募集肌肉能力较差的健身爱好者无法有很好的收缩感。常见的股直肌训练动作主要以使用哑铃或杠铃片的站姿屈髋训练及使用自身体重的挺髋蹲、sissy squat 为主。练习时要将更多的注意力放在屈髋上，这样才可以获得更好的有关股直肌的发力感；如果将大部分注意力放在屈膝或膝关节的伸展上，那么挺髋蹲与正常的深蹲动作没有任何区别，自然无法感受到股直肌的明显发力。要得到更好的股直肌发力感，可以使用预疲劳的方法，先安排腿屈伸的训练，一定程度消耗股四头肌的力量，不休息再进行站姿屈髋或挺髋蹲的练习。如果你所在健身房有比较特殊的腿屈伸训练器械，即座椅靠背可以大幅度向后调节的腿屈伸，也可以只使用它对股直肌练习，这带给股直肌的刺激效果并不弱于超级组或预疲劳法。只不过要注意的是，一定要将椅背尽量向后调，使上半身明显向后仰，才可以更多地刺激到股直肌。

⑦ 哈克深蹲的重要性。哈克深蹲是股四头肌训练必不可少的一个动作，对杠铃深蹲训练中因身体结构比较挣扎的健身爱好者，哈克深蹲是更加优秀的选择。哈克深蹲不用像普通杠铃深蹲那样需要出杠和回杠，可以节省一大部分体力；也不存在因为自由重量对身体平衡造成一定压力，器械的辅助可以在哈克深蹲训练时将更多的注意力放在腿部肌肉的练习上。并且，哈克深蹲不会像杠铃深蹲那样对脊柱和腰背部造成明显的压力，更加有利于保持身体的健康。哈克深蹲还可以提供比杠铃深蹲更大的下蹲幅度，几乎所有身材的健身爱好者都可以使用哈克深蹲完成正常的下蹲。此外，如果你在练习时感到动作姿势严重变形，或者力量不足以继续蹲起，那么会有挡板帮你停住器械架子，避免身体受到损伤。在杠铃深蹲时你会很难扔掉杠铃，在扔掉杠铃的一瞬间你的颈部或腰背部很容易受到损伤。因此，杠铃深蹲训练中比较挣扎的健身爱好者可以考虑使用哈克深蹲进行训练，只需要采用正常的站姿，股四头肌便可以受到较强的刺激。如果你的膝关节存在一定的不适感，那么可以试着向前站一点，这可以使器械对股四头肌的压力分摊一部分到腘绳肌和臀大肌。

⑧ 强化股内侧肌与股外侧肌的方法。对于较高水平的肌肉健美爱好者来讲，股内侧肌与股外侧肌的发达程度对整个股四头肌的分离度有着十分重要的影响。如果股内侧肌和股外侧肌发展滞后，双腿便会呈现萝卜型，对整体肌肉的健美有重要的打击。为了改变这一问题，使股四头肌的分离度更加明显，可以安排特殊的强化股内侧肌与股外侧肌的训练动作。例如在腿屈伸练习中腿部伸直的最高点，将脚尖和膝盖同时向

外打开或向内扣，然后保持顶峰收缩，便可以给股内侧肌和股外侧肌更加强烈的刺激。有的健身爱好者也会使用单腿进行练习，但是容易因器械与身材不合适受到一定的阻碍。

⑨复合训练动作与孤立训练动作。设计训练计划时，一定要注意合理分配股四头肌的复合训练动作与孤立训练动作的数量。股四头肌是十分依赖复合训练动作及一定重量负荷的肌肉群，杠铃深蹲、哈克深蹲等训练动作可以给股四头肌强烈的刺激，一般也被放在整个计划的第一个动作。如果你选择将孤立训练动作作为整个训练计划的核心，便会导致整个计划的容量变得极高，因为孤立训练动作使用较轻的重量是无法带给体积较大的股四头肌全面、充分且深度的刺激的。必须通过较大重量的复合训练动作，先给股四头肌一定的轰炸，再使用孤立训练动作对股四头肌的弱势区域或发展不均衡的一侧肌肉进行补强练习和更加精细的雕琢。

⑩训练强度与训练容量。股四头肌需要一定的训练强度。对体积较大的肌肉群，较低的训练强度是无法做到全面、充分且深度的刺激的，有关股四头肌的训练容量却让很多健身爱好者犹豫不决。除非你是训练水平极高的健美运动员，否则较高的训练容量带来大量的有关神经、肌肉及能量的消耗，会使得身体进入过度疲劳的状态。股四头肌训练时最好选择高强度、中低容量的搭配，多利用大重量、超级组等训练方法提高整体的肌肉训练效率，这样不仅不会使身体过度疲劳，还可以做到对肌肉的全面刺激。

（3）股四头肌的常见训练误区

①过多关注上半身肌肉。在肌肉健美训练中，有很多刚接触训练的健身爱好者比较抵触腿部训练，一提到股四头肌或腘绳肌的训练，都觉得过于辛苦并且整体肌肉发展的见效速度太慢，也没有上肢肌肉的训练那么被人关注。觉得腿部肌肉不好练，基本都是因为训练方法不对或整个训练计划的强度太低，不足以带给腿部肌肉一定的刺激。腿部的股四头肌与腘绳肌是必须练习的肌肉群，它们不仅在力量训练、爆发力训练等多种训练模式中起着重要的作用，对选择其余的训练类型有铺垫作用，还会影响整个身体肌肉的美观和健康。试想一下，"头重脚轻"的视觉感肯定是无法跟"健美"两个字画等号的。一个健身爱好者上肢肌肉群练得较发达，在薄弱下肢陪衬下只会显得十分畸形。并且，上肢肌肉过于发达会使得上半身的重量明显增加，相应地，膝关节所承受的压力变得更大，如果不关注保护膝关节的股四头肌与腘绳肌的训练，那么膝关节便会存在极大的受伤风险。此外，一些上肢肌肉训练动作也需要一定的腿部力量来完成，例如杠铃划船、杠铃硬拉等训练必须有一定的腿部力量做支撑。因此，在肌肉健美训练中，千万不能出现过多关注上半身肌肉，从而导致上半身肌肉与下半身肌肉发展严重失衡的现象。

② 近膝关节处肌肉薄弱。很多健身爱好者在进行股四头肌训练中，靠上的部位比较容易练到，不会出现发展滞后的问题，但是股四头肌的下部容易出现比较严重的发展失衡，使得整个股四头肌和大腿变成萝卜型，极其影响肌肉的美观。想纠正这个问题，仅仅安排针对近膝处的股内侧肌和股外侧肌的训练是不够的，还要一定程度削减内收肌的练习。经科学研究表明，内收肌过于强壮会一定程度影响股四头肌下部的发育。

③ 错误的股直肌训练方法。最适合股直肌的训练动作是屈髋类的练习，无论是挺髋蹲还是站姿屈髋都是以屈髋为主的训练动作，也是股直肌最需要的刺激方式。在实际训练中，有很多健身爱好者对膝关节屈伸过多或将注意力主要放在臀部，导致训练动作刺激的目标由股直肌更多地转移到股内侧肌、股外侧肌或臀大肌上，不利于股直肌的生长。为了更好地感受股直肌的发力及避免错误的训练姿势，你可以将一只手放在大腿前侧，触摸感受肌肉的运动，帮助寻找肌肉的感觉。

④ 错误的史密斯深蹲姿势。史密斯深蹲是不错的训练动作，它可以一定程度缓解脊柱和上背部肌肉所受到的压力，将更多的注意力集中在股四头肌的练习上。在实际的训练中，有很多健身爱好者将普通杠铃深蹲的姿势运用在史密斯深蹲中，在杠铃深蹲下降过程出现的身体自然前倾的姿势，在史密斯这种固定器械的限制下会导致脊柱弯曲，从而直接危害整个身体的健康。正确的史密斯深蹲姿势应当是将双脚靠前站，使整个脊柱与地面保持接近垂直的状态，那么在练习时不仅背部不会受到太大的压力，还可以避免膝盖超过脚尖，使膝关节有更加舒适的训练感受。

⑤ 盲目使用大重量训练。股四头肌必须使用一定重量才可以获得较强刺激，较大的重量对肌肉的生长也是十分有好处的。但实际训练中一定要注意对重量的选择，不要盲目追求过大的重量而导致整个深蹲训练动作姿势的变化。例如，有的健身爱好者在使用大重量深蹲练习时，会因为重量过大产生重心前倾或上背部弯曲的现象，使得股四头肌受到的刺激被明显削弱，并且影响身体的健康。有的健身爱好者在使用大重量训练时会使用低杠深蹲的方式，虽然可以完成更大的重量，但是它更适合力量举训练，可以募集上背部、臀部及腘绳肌的更多力量，而对股四头肌的刺激并不十分强烈。因此，股四头肌的训练时一定要注意选择合适的重量，最理想的是选择8RM（一般为极限重量的70%～75%）左右的重量，而不是使用5RM（一般为极限重量的85%）以内甚至极限重量这种极高的负荷。

⑥ 膝关节超过脚尖。关于在深蹲训练时膝关节是否可以超过脚尖，很多健身爱好者或教练员都存在争论。有的人认为只要膝关节和脚尖的方向一致，那么适当超过脚尖对膝关节并不会有太大的影响。也有人认为只要膝关节超过脚尖，髌骨及膝关节的韧带便会受到极强的压力，不利于整个关节的健康。对这个问题要辩证对待。如果

膝关节有陈旧性的伤病或者已经有酸痛感，那么一定要避免膝关节超过脚尖，否则的确会给膝关节带来一定的不适感。但是，这种情况还要结合健身爱好者的身体结构进一步判断：如果身高较矮或股骨较短，那么使用这种方式没有任何问题；如果身高较高或股骨较长，那么避免膝关节超过脚尖很容易导致下蹲幅度过浅，同样有可能出现负荷重量过多集中在髌骨上的问题，不利于膝关节健康，这部分健身爱好者最好使用哈克深蹲等器械进行股四头肌的练习。如果膝关节没有陈旧性的伤病或任何不适感，那么在使用标准深蹲姿势的前提下，膝关节适当超过脚尖不会对膝关节有明显的损伤，但是要注意膝关节超过脚尖的幅度，如果上半身前倾明显，身体重心出现了明显的前移，那么膝盖便会大幅度超过脚尖，同样会使髌骨或韧带受到严重的损伤。

⑦膝关节与脚尖的发力方向错误。深蹲训练时要保持膝关节与脚尖发力方向一致，如果膝关节与脚尖发力方向不一致，不仅会影响腿部肌肉的力量使用，还会有极高的扭伤膝关节的风险。不仅在深蹲训练时，在腿举、哈克深蹲等器械训练中也要注意保持膝关节与脚尖发力方向的一致。下蹲类训练动作中不要将双脚脚尖完全竖直向前，因为下蹲时膝盖会自然向两侧打开，如果脚尖完全竖直，那么在蹲下去的过程中必定会出现脚尖与膝关节发力方向不一致。最好的解决办法便是保持脚尖向两侧适当打开，但是也要注意打开的幅度，如果打开幅度过大，同样会出现由于膝关节无法过大幅度打开而导致的膝关节与脚尖发力方向不一致。

12. 腘绳肌

（1）腘绳肌的构成及基本功能

腘绳肌分为半腱肌、半膜肌及股二头肌三大部分，半腱肌和半膜肌位于大腿后内侧，半膜肌在半腱肌深层。半腱肌下半为腱，半膜肌上半为腱膜。它们起自坐骨结节，半腱肌止于胫骨上端内侧，半膜肌止于胫骨内侧髁后面。近固定时，可以使膝关节屈和内旋，还可使髋关节伸。远固定时，与股二头肌相同。股二头肌位于大腿后侧浅层，有长头和短头两部分。长头起自坐骨结节，短头起自股骨粗线外侧唇下半部，止于腓骨头。近固定时，它可以使膝关节屈和外旋，长头还可以使髋关节伸。远固定时，两侧收缩，使大腿在膝关节处屈，当小腿伸直时使骨盆后倾。腘绳肌肌群是人体十分重要的肌肉群，它与股四头肌是强壮的下肢肌肉群的代表，对整体肌肉的健美有重要的意义。有的健身爱好者忽略对腘绳肌的练习，只关注股四头肌，便会使得大腿肌肉出现"凹陷"，影响整体肌肉的立体感。腘绳肌肌群在力量训练、爆发力训练中同样扮演着十分重要的角色，它的力量水平有助于三大项具体成绩及爆发力的提高。此外，腘绳肌与股四头肌都可以保护膝关节的健康，避免膝盖受到伤病的影响。

（2）腘绳肌的训练要素

①合理安排训练顺序。有很多健身爱好者认为股四头肌的复合训练动作是可以

一定程度刺激到腘绳肌的，因此在腿部训练日的计划中，会习惯性地第一个安排针对股四头肌的复合训练动作。这种方法不是完全错误的，但是更适合腘绳肌发展正常的健身爱好者，腘绳肌发展滞后的训练者在腿部训练日的计划中应当首先安排针对腘绳肌的训练动作。不过，这种方法容易使之后的股四头肌训练中丧失一定的力量，特别是在深蹲训练时还容易造成腘绳肌的损伤。因此，如果选择先训练腘绳肌，那么要留意对股四头肌的动作选择及使用较合适的重量，轻重量的股四头肌孤立训练比传统复合训练动作更受人欢迎。也有的教练员会在安排腿部训练日计划时，在两个股四头肌训练动作中安排一个腘绳肌的训练动作，这种方法虽然可以很好地平衡股四头肌与腘绳肌受到的刺激比例，却容易导致整堂训练课的时间被严重拉长，训练容量被大幅度提高，并不适合刚接触腿部训练的健身爱好者。当然，有的腿部训练计划，为了更好地提升腘绳肌的训练效果，会将腘绳肌与小腿肌群单独放在一个训练日，不过这会导致其余部位肌肉的训练频率受到影响。因此，如何选择合适的腘绳肌训练顺序及其具体时间安排，健身爱好者需要根据自身对腘绳肌的需求程度及训练水平决定。

② 注意运动幅度。在腘绳肌肌群训练动作中，要时刻注意运动幅度的问题，这不仅包括每个训练动作要尽量在身体条件允许的情况下做全程练习，在训练动作的选择上还要挑选那些幅度较大的训练动作。例如，使用直腿硬拉或早安式训练时，腘绳肌肌群便可以获得最大的运动幅度，这对整体肌肉的提升有着十分重要的帮助。这里更应使用直腿硬拉进行练习，因为早安式是将杠铃扛在上背部的训练动作，它会使上背部肌肉更加明显地参与到训练中，从而影响腘绳肌肌群受到的刺激强度。当然，在腘绳肌训练中，为了使用一定的重量孤立刺激腘绳肌，较多使用箭步蹲或腿弯举，训练时要注意保持动作的幅度不受重量的影响。有的健身爱好者为了使用较大的重量，腿弯举时小腿不敢完全下放，或箭步蹲时腿迈开的幅度较小，这些都会极大程度缩小腘绳肌练习的幅度，对肌肉的生长没有太大的帮助。

③ 选择合适的腿弯举角度。腿弯举是十分经典的腘绳肌训练动作。每个健身房都有腿弯举训练器械，它有着很好的训练轨迹，对不易感受到腘绳肌发力的健身爱好者是很好的帮手。常见的腿弯举一般有三种不同的角度，分别为坐姿、俯卧和站姿。这三种不同的角度各有优势与局限性，分别对应着不同的训练群体，这是设计或挑选训练计划时必须提前考虑到的。

使用坐姿腿弯举训练时，可以使用特殊的晃动身体的方式，这可以使整个腘绳肌得到更好的刺激。很多健身爱好者只会选择传统的将上半身紧贴座椅靠背的方式，其实在向下并向后屈腿的过程中上半身可以向前倾斜45°，要伸直双腿时便向后倾斜身体，这种特殊的方法可以更好地感受到腘绳肌的发力感，并且对近臀部的腘绳肌与臀部肌肉有一定的刺激。不过，坐姿腿弯举也有一定的局限性，即如果只采用传统的姿势进行练习，没有向前并向后倾斜这种晃动身体的变化，那么在腘绳肌收缩过程中，背部会不可避免地出现弯曲的现象，从而影响整个脊柱的健康。

使用俯卧腿弯举训练，可以比较容易地给腘绳肌肌群明显的刺激，不过需要注意的细节也较多。例如，训练时一定要确保脚尖尽可能向上伸直，而不要将脚尖钩向膝盖，后者虽然可以举起更大的重量，却会导致小腿肌肉力量大量参与到训练中，从而影响整个腘绳肌的训练效果。在训练时一定要注意避免腰背部弯曲，否则会导致脊柱和腰椎受到极大的损伤。俯卧腿弯举也存在一定的不足之处，最典型的是它的挡板位置及整个器械的尺寸不一定与健身爱好者的身材相符合，身材高大或者矮小的健身爱好者在进行俯卧腿弯举训练时会出现比较强烈的不适感。

使用站姿腿弯举训练时，安全性比前二者更高，不会对腰背部产生过多的受伤隐患，整体难度更低。但是，站姿腿弯举对强壮腘绳肌的效果没有前两种突出，它更像提升募集腘绳肌能力的器械。站姿腿弯举训练时可以很自如地使用单腿练习，这是坐姿腿弯举和俯卧腿弯举都无法完成的，有助于更好地感知肌肉的发力。

④脚尖方向与不同的刺激区域。腘绳肌训练时，可以通过调整脚尖方向，刺激腘绳肌不同的区域。例如，在进行腿弯举训练时，可将双脚脚尖朝外，更有助于提升股二头肌。如果将双脚脚尖朝内，那么半腱肌和半膜肌会受到更多的刺激。不过，要注意的是，在进行直腿硬拉或杠铃硬拉等非器械类训练时，将脚尖内扣进行练习会有损膝关节的健康。

⑤慢速离心练习。在离心阶段慢速控制下放或伸展腿部可以给腘绳肌更加强烈的泵感，这点与肱二头肌训练的情况是一样的。需要注意的是，在离心阶段不仅要注意慢速控制下放，还要注意保持匀速。有的健身爱好者会使用先快后慢的方式，这种方式无论采用多么慢的速度，对提升肌肉的刺激感都没有太大实质帮助。此外，在离心阶段还可以使用增大阻力的方式，这种方法同样可以给腘绳肌十分强烈的泵感，只不过需要训练伙伴在腿部伸展的过程中向相反方向推动负荷重量，这样可以增大在离心阶段受到的阻力，从而有助于腘绳肌更好生长。使用这种方法时，一定要注意保持动作姿势的标准性，并且这必须建立在健身爱好者拥有较高力量水平基础之上。

⑥单侧练习。腘绳肌不是十分容易感受到发力感的肌肉群，特别是在一些腿弯举类的训练中，因为姿势不正确，小腿肌群或腰背部肌群感受的刺激程度可能超过腘绳肌，这对肌肉的生长是十分不利的。为了避免这种现象，可以使用单侧练习，使神经可以充分募集单侧腘绳肌的肌肉，更好地感知发力感和泵感。最常见的还是使用腿弯举、箭步蹲的方式。有的健身爱好者会试图使用单腿硬拉的方式，但是这种方式会消耗大量的神经募集能力用于保持身体的平衡，从而影响对腘绳肌的感知能力，并不有利于肌肉的生长。

⑦ 较高训练容量。健身爱好者可以使用较高的训练容量来增强自身对腘绳肌的发力感及泵感，一般使用每组 15~20 次或者以上的方式。水平较高的健身爱好者也可以使用超级组的方式，例如最常见的一个复合训练动作＋一个孤立训练动作的搭配，可以给腘绳肌肌群最全面且深度的刺激。比如先进行直腿硬拉，大量消耗腘绳肌的基础力量，再使用腿弯举进行针对腘绳肌的深度刺激。

⑧ 动作姿势的标准性。腘绳肌的训练动作极容易出现错误的训练姿势，最常见的是在腿弯举训练时通过上半身的大幅度晃动来举起更大的重量，或者是借助小腿的力量来帮助腘绳肌发力，这些都会影响腘绳肌所受到的刺激强度，不利于肌肉的整体生长。此外，动作姿势的标准性不仅仅指的是使用正确的姿势，还包括正确的幅度。有很多健身爱好者在直腿硬拉或早安式练习时容易因自身柔韧性较差导致运动幅度明显缩水，这同样是不利于肌肉生长的。

（3）腘绳肌的常见训练误区

① 缺乏针对性的腘绳肌练习。对股四头肌的复合训练动作都会多多少少地刺激到腘绳肌，无论是腿举还是深蹲练习，腘绳肌都能够从中得到轻微的强化。但是，这并不是不安排腘绳肌训练的借口。如果你只依靠股四头肌复合训练动作对腘绳肌的刺激，从来不在计划中安排单独的针对腘绳肌的练习，那么长此以往你对腘绳肌的募集能力便会大幅度衰减，腘绳肌的整体肌肉发展也会明显落后于股四头肌，进而导致在复合训练动作中因腘绳肌力量较差导致无法完成训练或无法继续增大训练强度。因此，虽然整个大腿的训练动作应当被整体性看待，并且只会在训练计划中安排腿部训练日，很少会单独安排股四头肌训练日和腘绳肌训练日，但是针对腘绳肌的单独的练习是必不可少的。

② 盲目使用大重量。盲目使用大重量的情况主要集中在硬拉类训练中。无论是屈腿的传统硬拉还是直腿硬拉对腘绳肌都拥有较强的刺激，很多健身爱好者因为希望通过大重量给肌肉较强的刺激，所以会出现盲目追求大重量硬拉的现象，这不会提高腘绳肌受到的刺激强度，反而会将刺激的重心一部分由腘绳肌分摊到臀大肌、竖脊肌及上背部肌群上，降低腘绳肌受到的刺激强度。并且，大重量硬拉对腰背部及脊柱的健康都有着较大的威胁，如果因为盲目使用大重量导致脊柱或腰背受损，那么不仅仅会影响腘绳肌和股四头肌的训练，甚至会严重影响上肢肌肉群的训练计划，从而打乱整个肌肉健美训练的部署。使用大重量或极限重量进行硬拉是力量训练爱好者应该做的事情，肌肉健美爱好者训练的核心始终围绕如何带给肌肉更强烈的刺激及如何使肌肉更快速生长。你可以使用 8RM（极限重量的 70%~80%）的重量进行练习，没有必要使用 5RM（极限重量的 85%）以上的重量进行练习。

③ 腰背部代偿发力。腰部代偿发力是腘绳肌的错误训练行为，它主要体现在腿弯举类的训练中，容易导致腰背部和脊柱受到损伤，同时不利于腘绳肌的锻炼。进行坐姿腿弯举或俯卧腿弯举训练时，比较容易出现腰背部弯曲借力的代偿现象，此时要注意选择较轻的重量，而不是在腰背部饱受一定压力影响下继续勉强练习。进行站姿腿弯举训练时，因为器械结构与动作姿势的约束，腰背部不容易弯曲，只要控制住上半身，避免上半身出现前后的晃动借力，那么腰背部便可以处于较安全的状态。

④ 无视柔韧性水平。有很多健身爱好者在进行直腿硬拉、传统硬拉、早安式及箭步蹲训练时容易无视自身被动柔韧性水平，使用错误的训练姿势或训练幅度，这不仅对肌肉的生长没有任何帮助，对腰椎及整个脊柱的健康都有十分严重的影响。很多健身爱好者在练习时因为髋关节、腘绳肌及臀大肌柔韧性受限，会将腰背部弓起进行直腿硬拉、传统硬拉或早安式的练习，在箭步蹲训练时也可能出现髋关节柔韧性较差所导致的无法迈开腿部的现象，这种错误的姿势是十分危险的！有的健身爱好者为了避免糟糕的训练姿势，会在腰背部弓起前便开始重复练习，或者使用较窄步伐的箭步蹲练习，这种幅度明显缩水的半程训练对腘绳肌的提高是没有明显帮助的，在箭步蹲练习时甚至会因步伐较窄导致的训练目标由腘绳肌转为股四头肌。健身爱好者在选择训练计划时，一定要充分考虑自身的被动柔韧性水平。如果你的柔韧性较差，那么最好选择腿弯举类这种有器械辅助的训练动作，它对柔韧性高低没有明显的要求，可以使你更加自由地练习。

13. 内收肌肌群

（1）内收肌肌群的构成及基本功能

内收肌肌群主要包括大收肌、长收肌、短收肌及耻骨肌。内收肌肌群在人们行走、站立、跑动等基本生理活动时都起着重要的作用，可以使大腿肌肉群看上去更加强壮发达，有利于整体肌肉健美水平的提升。在力量训练、爆发力训练中，内收肌肌群的力量大小同样扮演着十分重要的角色。此外，内收肌肌群还有利于保护骨盆健康。

大收肌位于大腿内侧深层，起自坐骨结节、坐骨支和耻骨下支，止于股骨粗线内侧唇上 2/3 及股骨内上髁。近固定时，它可以使髋关节内收、伸和外旋；远固定时，两侧收缩，使骨盆后倾。

长收肌位于耻骨肌内侧，起自耻骨上支外面，止于股骨粗线内侧唇中部。近固定时，使髋关节内收、外旋和屈；远固定时，两侧收缩，使骨盆前倾。

短收肌位于耻骨肌和长收肌深层，起自耻骨下支外面，止于股骨粗线上部。近固定时，使髋关节内收、外旋和屈；远固定时，两侧收缩，使骨盆前倾。

耻骨肌，位于大腿内侧上部浅层，起自耻骨上支，止于股骨粗线内侧唇上部。近固定时，使髋关节内收、外旋和屈；远固定时，两侧收缩，使骨盆前倾。

（2）内收肌肌群的训练要素

① 必不可少的髋内收动作。内收肌肌群最明显的一个功能是使髋关节内收，因此，如果想提高内收肌肌群的水平，那么在训练计划中最应当安排的便是髋关节内收的训练动作。比较常用的有内收肌训练器，它是一种很多健身房都会配备的器械，也有的健身爱好者会把它当成"夹腿"训练器。它通过器械的特殊设计，可给内收肌肌群比较强烈的刺激，适合刚接触训练的健身爱好者使用。已经拥有一定力量水平的健身爱好者，可以将双脚分别固定于大飞鸟的绳索两端进行绳索内收的练习，这对力量水平有一定要求，在训练姿势上也较难掌握。

② 保证足够的训练幅度。内收肌训练时必须保持足够的训练幅度。例如用内收肌训练器时，双腿必须向外打开到一定的程度再向内夹，而不是仅打开一点便向内夹，后者会使大腿肌肉的力量更多参与到训练中，反而影响内收肌的发育。如果双腿打开较大的训练幅度时感觉无法使用较大的重量，要立刻减轻重量，避免拉伤内收肌肌群及韧带。

③ 谨慎使用较大的训练重量。内收肌训练时一定要谨慎使用较大的训练重量，否则容易使双腿打开幅度较大的姿势中失去对重量的控制，有可能导致肌肉或韧带的拉伤。内收肌肌群一旦出现伤病，会影响整个下肢肌肉的训练，并且对基本日常生活造成较大的影响。

④ 训练计划安排方法。因为内收肌肌群不是较大的肌肉群，所以很少会在训练计划中单独安排内收肌训练日，最常见的安排方法还是将它与腿部肌肉的练习放在一个训练日。一般安排1~2个针对内收肌肌群的孤立训练动作或复合训练动作，这足以满足内收肌肌群所需要的基本训练量。

⑤ 必不可少的超级组练习。安排内收肌肌群训练时也会使用超级组，以提高整个训练的效率。不过，很少会安排两个内收肌肌群的训练动作进行超级组练习，一般选择一个内收肌肌群的训练动作与一个髂腰肌与臀中肌训练动作相结合的方式，例如最常见的髋内收+髋外展的超级组。也可以使用能够调节大腿挡板位置的内收肌训练器进行髋内收和髋外展的超级组，这种器械大部分健身房中都有。

⑥ 使用较高的训练容量。内收肌肌群是需要较高的训练容量才有很好的泵感和发力感的肌肉群，因此做组训练时最好每组15~20次或以上，这样可以内收肌肌群感受到更明显的刺激，有利于肌肉的整体生长。

（3）内收肌肌群的常见训练误区

① 忽略对内收肌肌群的练习。很多健身爱好者在肌肉健美训练计划的设计中，不安排对内收肌肌群的练习，认为一些宽站距的硬拉或深蹲训练便可以刺激到内收肌

肌群。特殊的硬拉和深蹲姿势对内收肌肌群的锻炼效果的确不容忽视，但是若身体其余主要肌肉群都得到明显发展而内收肌肌群发展滞后，不仅影响整体肌肉的美观，还会限制股四头肌或腘绳肌训练中使用更高的训练强度。不必在训练计划中安排大量的内收肌肌群的练习，因此不会消耗过多的精力，只需进行正常的练习并确保肌肉发展不滞后即可。

② 过大的训练频率。有的健身爱好者在内收肌肌群发展滞后时会采用较大的训练频率，例如隔一天进行一次练习，这种方式对快速补强内收肌肌群并没有明显的帮助，反而容易造成肌肉恢复速度较慢及肌肉的损伤。内收肌肌群不像前臂肌群一样拥有较快的恢复能力，高密度的训练随时有可能使肌肉出现拉伤的风险。

③ 训练计划主要以复合训练动作为主。有的健身爱好者喜欢采用特殊的深蹲或硬拉来"练习"内收肌肌群，这种复合训练动作对内收肌肌群的刺激度是十分有限的，大部分的刺激点还是集中在股四头肌、腘绳肌及臀大肌等大肌肉群。如果你希望补强较薄弱的内收肌肌群，那么还是使用较孤立的训练动作。

④ 忽略自身柔韧性水平。有很多健身爱好者忽略自身髋关节及内收肌肌群柔韧性的水平，强迫自己进行最大幅度的练习，这对内收肌肌群的肌肉及关节韧带都是十分危险的。如果你的主动柔韧性水平较差，可以使用较轻的重量进行练习。如果你的被动柔韧性水平较差，那么应先进行有关柔韧性的训练，不急于立刻开始针对内收肌肌群的练习，以避免伤病的产生。

⑤ 错误的发力方式。很多健身爱好者在使用大腿内收肌训练器时，更多依靠股四头肌的力量进行练习，没有充分募集内收肌肌群的力量，使得内收肌处于休息的状态。要更好地感受到内收肌肌群的发力，可以使用较轻的重量，在练习时将双手放在内收肌肌群上感受肌肉的运动，以更好地寻找正确的肌肉发力感。如果你觉得这种方法不能感受到内收肌肌群的运动，那么可以使用瑜伽球进行静态发力的髋内收练习，用内收肌肌群的力量用力向内夹瑜伽球，可以充分感受到内收肌肌群的运动。

14. 臀部肌群

（1）臀部肌群的构成及基本功能

臀部肌群主要由臀大肌、臀中肌、臀小肌三部分组成，是人体十分重要的肌肉群之一。其肌肉的发达程度对健身爱好者整体肌肉的健美有重要影响，并且在爆发力训练及力量训练中，臀部力量更起着核心作用。

臀大肌位于骨盆后外侧、臀部皮下，起自髂骨翼外面及骶、尾骨背面，止于股骨臀肌粗隆和髂胫束。近固定时，使髋关节伸和外旋，上部肌纤维收缩可使髋关节外展，下部可使髋关节内收。远固定时，一侧收缩使骨盆转向对侧，两侧收缩使骨盆后倾。

臀中肌位于髂骨翼外面、臀大肌深层，起自髂骨翼外面，止于股骨大转子。近固定时，使髋关节外展，前部使髋关节屈和内旋，后部使髋关节伸和外旋。远固定时，一侧收缩使骨盆向同侧倾，两侧前部肌纤维收缩使骨盆前倾，后部肌纤维收缩使骨盆后倾。

臀小肌位于髂骨翼外面、臀中肌深层，起自髂骨翼外面，止于股骨大转子。近固定时，使髋关节外展，前部使髋关节屈和内旋，后部使髋关节伸和外旋。远固定时，一侧收缩使骨盆向同侧倾，两侧前部肌纤维收缩使骨盆前倾，后部肌纤维收缩使骨盆后倾。

（2）臀部肌群的训练要素

① 感知臀部肌肉发力感。臀部肌群训练时最需要关注的便是如何获得臀部肌肉的发力感及泵感，这是很多臀部肌群较薄弱的健身爱好者容易出现的最大问题。健身爱好者对臀部肌肉缺乏足够的关注，会导致在练习时出现腿部肌肉和腰背部肌肉替代臀部肌肉发力的现象，这便会影响臀部肌肉的整体锻炼效果。最好的解决办法是使用单侧的臀部孤立训练动作，例如向后摆腿的臀屈伸训练，它可以帮助找寻臀部肌肉的发力感。

② 孤立训练动作与复合训练动作。设计臀部肌群训练计划时，需要注意将孤立训练动作与复合训练动作相结合。大多数臀部肌群发展滞后的健身爱好者，使用孤立训练动作可以给肌肉很好的发力感及泵感，但是如果希望肌肉获得一定的增长，还是应当安排使用一定重量的复合训练动作，例如常见的杠铃深蹲或杠铃硬拉。需要注意的是，为了使腿部肌肉得到更好的刺激，深蹲和硬拉练习时需要采用较宽的站距。

③ 训练计划安排。健身爱好者设计肌肉健美训练计划时要留意对臀部肌群训练动作的安排，且需根据自身的情况及目标来决定。例如，希望臀部肌群有进一步提升、水平较高的健美爱好者，可以在训练计划中为臀部单独安排一个训练日；刚接触健身训练的爱好者，应将臀部肌肉的练习与正常腿部肌肉的练习放在一个训练日。

④ 柔韧性训练。臀部肌群及髋关节的柔韧性对使臀部肌肉得到更好的练习有着十分重要的帮助。良好的柔韧性有助于训练时采用更大的运动幅度，对肌肉的生长十分有益。特别是使用对身体柔韧性有一定要求的训练动作，例如臀桥，如果柔韧性较差，便会出现肌肉运动幅度极小的现象，从而影响整个训练的效果。并且，较高的柔韧性水平也可以一定程度上保护关节、肌肉和韧带的健康。

⑤ 训练强度与训练容量选择。在设计臀部训练计划时，要注意选择合适的训练强度与训练容量。虽然可以使用一定重量的复合训练动作，但是因为较难感受臀部肌肉的发力感与泵感，还应更多地选择强度较小但是训练容量较大的安排方法，例如每个训练组用15～20次。

⑥ 谨慎使用压力较大的动作。因为臀部与髋关节和腰骶部的位置比较接近，所

以在挑选训练动作时要谨慎使用对身体压力较大的训练动作，即使这部分训练动作对臀部肌群的提升十分有帮助。最典型的例子便是使用杠铃的臀冲或臀桥，为了带给臀部肌肉较强的刺激，达到更大的运动幅度，有可能在训练中用力向上顶起身体以至于脊柱明显超伸，这会给关节特别大的压力，不利于整个身体的健康及肌肉的发展。当然，如果你能够很好地掌握这种训练动作，控制好自己的动作幅度，也可以将它们放在正常的臀部训练计划中。

（3）臀部肌群的常见训练误区

① 腰部反弓。有的健身爱好者在使用臀桥、硬拉、臀屈伸等臀部训练动作时，为了追求更好的"翘臀"的效果，会强迫自己使用腰部明显反弓的姿势进行练习。这种现象在女性健身爱好者中体现得尤为突出，她们认为这种方式更有利于塑造臀型。事实上，这种方法对整体的臀部肌肉塑造没有明显的效果，它只会使骨盆处于不正常的位置上，并且带给脊柱过大不必要的压力。如果在使用一定重量的硬拉训练中使用这种错误的姿势，甚至有可能直接损伤腰背部。正确的方法是臀部肌群训练时保持正常的脊柱中立位即可。真正让你得到训练的是臀部肌肉的发力及标准的动作姿势，而非通过"撅起屁股"的方式。

② 使用过大重量。臀部肌群训练时必须使用一定强度进行复合动作练习，这对肌肉的整体生长也是十分有帮助的。但是，在臀部肌群训练时使用过大的重量，不仅不会对肌肉生长提供帮助，还极其容易使身体受伤，从而影响整个计划的实施。例如，有的健身爱好者使用接近极限重量的硬拉进行练习，或者使用 200～300 千克的臀桥进行大重量、低次数的训练，这些方式对强化刺激臀部肌群没有任何的帮助，还会使身体处于较大的受伤风险中。

③ 错误的发力感。有些健身爱好者在进行臀部肌群训练时会出现错误的发力感，常见的主要表现形式为依靠腿部肌肉或腰背部肌肉力量进行发力。例如在相扑硬拉中，很多健身爱好者将发力的重心放在上背部肌群上，这会使得原本应当得到较强刺激的臀大肌处于比较明显的休息状态。执行每一个臀部肌群的训练动作前，都要仔细思考在这个训练动作中应当采用的发力方式及募集的肌肉群是什么，千万不能有"我只要进行站距较宽的相扑硬拉，那么我的臀部肌群便会受到刺激"的观点，训练动作刺激的肌肉区域不同与你的不同发力方式之间还是有密切关联的。

15. 小腿肌群

（1）小腿肌群的构成及基本功能

小腿肌群由胫骨前肌和小腿三头肌组成。

胫骨前肌位于小腿前外侧浅层，起自胫骨体外侧的上 2/3，止于内侧楔骨内和第一跖骨底。近固定时，它可以使踝关节伸、内翻。远固定时，它可以使小腿在踝关节处伸，维持足弓。

小腿三头肌由腓肠肌内侧头、腓肠肌外侧头和比目鱼肌组成，位于小腿后部。腓肠肌内侧头起自股骨内，腓肠肌外侧头起自外上髁，比目鱼肌起自胫骨和腓骨后上部，止于跟结节。近固定时，它们可以使踝关节屈，腓肠肌还可以使膝关节屈；远固定时，可使小腿在踝关节处屈，协助膝关节伸并维持人体直立。

小腿肌群与前臂肌群同属"四肢末端肌群"，体积虽小，但是在整体的肌肉健美训练及多种训练模式中都占有重要地位。薄弱的小腿肌群会影响股四头肌与腘绳肌的正常训练，导致整个下半身肌肉的发展迟缓。小腿肌肉的力量在奔跑、跳跃等爆发力或耐力训练、硬拉、深蹲等力量训练中起着重要的作用。

（2）小腿肌群的训练要素

① 肌腱长短对训练的影响。肌肉长短与肌腱长短对小腿肌群的肌肉健美训练有着十分重要的影响，这也是安排训练计划时必须考虑到的环节。正是这个影响的存在，有的健身爱好者不怎么练小腿肌肉，依旧有着发达的小腿肌群，而有的健身爱好者安排了一定的训练，小腿肌群却始终没有明显进步。一般来讲，小腿肌肉越长，肌腱越短，小腿肌群的肌肉健美训练见效也就越明显；小腿肌肉越短，小腿肌群的肌肉健美训练也就越难见效；这种现象是肌肉健美训练中所独有的。在奔跑或跳跃的爆发力训练中，这种情况则正好相反，小腿肌腱越长，就越能获得更明显的提升。因此，如果你希望提升小腿肌群的肌肉质量，同时你的小腿肌肉较短，那么必须注意增大小腿肌群在训练计划中所占的比例。

② 均衡训练内侧与外侧。安排小腿肌群的训练计划时，需要注意均衡练习腓肠肌内侧头和腓肠肌外侧头。有很多健身爱好者容易出现小腿的内外侧发展不均衡的现象，这往往都跟训练计划的安排有关。可以通过调整提踵训练时脚尖打开或内扣的姿势，刺激强化腓肠肌内侧头与腓肠肌外侧头，使它们得到更好的均衡练习。

③ 增大训练幅度。针对小腿肌群的练习时，一定要注意适当增大训练幅度，否则小腿肌群无法受到最充分的刺激。例如，有的健身爱好者进行提踵练习是站在平地上，这只会使得小腿肌群得到很小一部分的刺激，无法带给肌肉全方位的锻炼。最好的方法是根据小腿及踝关节的柔韧性选择合适高度的台阶，脚后跟悬空进行练习，这样可以获得更大的训练幅度，对小腿肌群的刺激效果更好。

④ 单侧训练。用于其他薄弱部位肌肉的单侧训练法在小腿肌群练习时同样适用，对强化小腿肌肉的泵感及发力感是有十分明显帮助的，并且可以一定程度上改善左右侧小腿肌肉发展不协调。有的健身爱好者认为小腿肌肉训练时要注意更多使用不同的站距或脚尖朝向，这种方法虽然对提高小腿肌肉水平同样有帮助，但是更加适合有一定训练经验的健身爱好者，帮助提高小腿肌群的分离度。刚接触训练的健身爱好者使

用单侧训练，更有助于提升对肌肉的整体募集能力，有助于肌肉的生长。此外，力量水平或平衡能力较差的健身爱好者，单侧的训练容易出现身体晃动不稳定，应使用徒手的方式，而不是使用另外一只手扶住一个物体保持平衡的方式，后者容易影响单侧小腿肌群的发力感受。

⑤较大训练容量。小腿肌群是需要较大训练容量才可以获得一定发展的肌肉群。训练时一般需要安排每组20～25次或者以上，甚至使用不同重量递减的递减组，同样可以保证较大的训练容量，这便导致了必须使用较轻的重量，否则不足以支撑完成较大的训练容量。刚接触训练的健身爱好者，由于小腿力量水平较差，可以在训练计划中安排徒手的提踵练习。大重量训练对发展小腿肌肉是没有太多帮助的，并且会导致训练幅度严重缩水，影响肌肉的生长。

⑥提高柔韧性水平。日常柔韧性训练中，千万不能忽略对小腿柔韧性和踝关节柔韧性的练习。较好的小腿和踝关节的柔韧性在提踵练习时可获得更大的运动幅度，并且一定程度上加速小腿肌肉疲劳的恢复，这些对肌肉的生长都是十分重要的。

⑦不可忽视的提踵训练。提踵类训练是常见的针对小腿肌群的训练方式，最常见的动作有驴式提踵、站姿提踵及坐姿提踵。站姿提踵和坐姿提踵练习在一般健身房中都能找到相应的器械，刚接触训练的健身爱好者也可以使用徒手练习。驴式提踵则需要使用专业的器械，一般健身房往往不配备。你可以使用45°的腿举倒蹬（图20）或水平方向的

图20

腿举，这两个方式可以比较好地模仿驴式提踵。驴式提踵可以说是针对小腿肌群最有效的训练动作，它会使小腿肌群受到最理想的刺激。在练习时，一定要确保负荷重量是压在髋关节而非脊柱上的，否则便容易导致脊柱或腰背部受损。

（3）小腿肌群的常见训练误区

①腿部伸直进行练习。很多教练员在指导健身爱好者训练时都提过，一定要保持腿部完全伸直，膝关节弯曲越明显越会使得肌肉力量受到影响，从而降低肌肉受到的刺激，容易使得整个训练目标转移到比目鱼肌上。双腿弯曲至大小腿呈90°时，腓肠肌只轻微参与脚的拉伸，主要的练习都是由比目鱼肌完成的，而伸直双腿时腓肠肌会积极参与做功。事实上，训练时可以保持膝关节适当弯曲，轻微的膝关节弯曲便导致腓肠肌不发力是不存在的。并且，如果保持膝关节完全伸直状态，那么在进行提踵类训练时身体会前后晃动，这对膝关节及腰部的健康都是十分危险的。因此，在站

姿提踵类的训练时，一定要保持膝关节轻微弯曲。

② 比目鱼肌与腓肠肌混淆。比目鱼肌与腓肠肌不容易混淆，但还是有很多健身爱好者弄不清楚它们分别对应的训练动作。双腿较伸直进行练习，例如驴式提踵、站姿提踵，都会着重刺激腓肠肌。双腿弯曲至大小腿呈90°，例如坐姿提踵，则更有助于提升比目鱼肌。

③ 忽略反向提踵练习。反向提踵练习对提升胫骨前肌是十分有帮助的，这也是很多健身爱好者比较容易忽略的一个部位。大多数人都将小腿肌群的训练重心放在了腓肠肌和比目鱼肌上，却忽略了位于身体前侧的胫骨前肌。可以将脚后跟垫高、脚尖悬空向上钩起进行反向提踵的练习，这可以使胫骨前肌得到较强烈的刺激。

④ 过快的动作速率。因为与小腿肌群有关的训练动作往往会安排较多的重复次数，所以很容易感受到强烈的肌肉灼烧感和疲劳感。有很多健身爱好者为了降低训练的难度，便会使用较快的动作速率进行练习，这种方法对肌肉生长是十分不利的！过快的动作速率不仅容易借助过多身体惯性的力量进行练习，降低小腿肌群的发力比例，还会一定程度上缩小整体训练幅度，从而影响肌肉的生长效果。练习时应使用正常或较慢一些的动作速率，确保每一次重复练习都达到足够的运动幅度要求，并且使小腿肌群感受到充分刺激。

二、力量训练原理

（一）肌肉力量

进行深蹲、卧推、硬拉时，力量来源只可能是肌肉，肌肉释放的力量帮助我们完成每一次的试举。关节稳定性及关节强度在力量训练时的重要性不可忽视，但是在实际的试举中，不存在关节或骨骼主动发力的可能性，它们绝非我们完成一次又一次大重量试举的力量来源。可以强化关节附近的肌肉来使关节更健康，在大重量训练时更稳定，从而间接提高力量水平，但绝对不应将训练重心放在关节和骨骼上这种舍本逐末的行为。

如果你想提升三大项的极限力量，那么整体的肌肉质量便是基础中的基础。你必须拥有足够强壮有力的肌肉，否则便无法获取足够高的力量专项水平。虽然肌肉围度与力量水平不成正比，但是让一个手臂围度小于30厘米的运动员推起200千克的杠铃显然是不切实际的。很多健身爱好者在力量训练时只关注三大项的专项训练，却忽视了最基础的针对性的肌肉练习。你必须明白一个问题：深蹲、卧推、硬拉的目的是增长力量，它们对肌肉的刺激效果并不好。如果你想肌肉充分生长，进而帮助自己在三大项训练时使用更大的重量，那么你必须进行专项的肌肉训练，即力量训练计划中的"肌肉辅助训练动作"。

现举一个直观的例子来体现肌肉对力量水平的重要影响。A 和 B 两名运动员，都可以在深蹲时募集 40% 的腿部肌肉力量，A 的腿部肌肉是 30 千克，B 的腿部肌肉是 25 千克。A 可以在深蹲训练时使用 12 千克的肌肉发力，B 因为腿部肌肉较少只能使用 10 千克的肌肉发力，这便造成了 A 和 B 在深蹲极限重量上的差距，这个差距可能是 5 千克，也可能是 10 千克，具体要看运动员身材及技术水平。这个例子说明，肌肉质量对一个力量训练爱好者来讲是最基本的，对体重级别较小的健身爱好者更是如此。有不少体重级别较小的健身爱好者因为身材的优势，在三大项训练时做功距离较短，往往具备一个不错的三大项基础力量水平，有的甚至不输给体重大很多的健身爱好者。但是这些健身爱好者不能因为先天的优势就忽略了基本的肌肉训练，否则便会处于一个长期无法提高的瓶颈期。例如很多身材优势明显的健身爱好者具备不错的硬拉成绩，但是因为忽略对肌肉的训练，不仅硬拉成绩无法有更好的突破，还会影响深蹲和卧推的水平。而有丰富健美或肌肉训练经验的健身爱好者，没有身材上明显的优势，但是在卧推类很考验肌肉质量的动作中，往往具备不弱于力量训练爱好者的水平。

所以，如果你想提升极限力量，请务必关注最基本的有关肌肉质量的训练。下面我们根据深蹲、卧推、硬拉所使用的肌肉群不同，详细讲解不同肌肉群在三大项训练时的作用及主要价值。很多健身爱好者在三大项动作对肌肉的使用上有着较多的误区。例如硬拉时真正发力的主要肌肉群是后侧链肌肉，而非身体前侧的股四头肌，而很多健身爱好者将硬拉力量差归结为腿部力量不足或深蹲成绩太差，事实上这二者间没有明显的关联。因此，了解力量训练的增长原理时必须充分了解三大项动作对身体不同肌肉群的使用。

1. 深蹲

深蹲分为高杠深蹲和低杠深蹲两种不同的方法。不同杠位的深蹲方式所运用的肌肉群也各不相同，高杠深蹲对股四头肌的使用更多，而低杠深蹲更依赖后侧链肌群的帮助。

（1）高杠深蹲

① 股四头肌。无论使用的是高杠位深蹲还是低杠位深蹲，最主要发力肌群都是股四头肌。如果想提升深蹲的极限力量，对股四头肌的针对性训练是必不可少的。腿举、腿屈伸、前蹲、较小步幅的箭步蹲等都是刺激股四头肌很好的肌肉辅助训练动作。

② 臀部肌群。高杠位深蹲对臀大肌、臀中肌等臀部肌肉群的力量有很高要求。如果健身爱好者的臀部力量较差，在深蹲蹲起的过程中很容易将臀部过早地向上抬起，从而借助腰背部力量发力，这容易使腰部和背部受到严重的损伤。此外，臀中肌

力量较差有可能导致蹲起时膝盖明显内扣，对保持膝关节的健康是十分不利的。臀桥、臀屈伸、较大幅度的箭步蹲、髋外展等动作都是刺激臀部肌群很好的肌肉辅助训练动作。

③ 腘绳肌。腘绳肌在高杠位深蹲时不是发力的主要核心，但是下蹲过程中也需要腘绳肌的力量来保持整个下蹲的速度及身体的平稳性，所以腘绳肌同样是不能忽视的肌肉群。不同角度的腿弯举、直腿硬拉、较大幅度的箭步蹲等动作都可以使腘绳肌得到一定强度的锻炼。

④ 内收肌肌群。如果内收肌力量较差，在深蹲训练时便有可能出现膝盖内扣的现象，这不仅会出现力量流失，还容易使膝关节受到损伤。可以使用专门的器械进行针对内收肌的肌肉辅助训练。

⑤ 背部肌群。高杠位深蹲时杠铃放置的位置靠上，所以对健身爱好者上背部的力量有较强的要求。如果上背部力量不足，在蹲起时上半身很容易大幅度前倾，这不仅容易使大重量的深蹲试举失败，还有可能使腰椎受到严重的损伤。针对背阔肌、菱形肌、斜方肌的肌肉辅助训练动作是训练计划必须安排的。

⑥ 核心肌群。核心肌群对蹲起和下蹲没有直接的发力贡献，但是它在大重量深蹲时对保持躯干和重心的稳定性有极高的贡献，这个稳定性是完成大重量深蹲的重要因素之一。如果深蹲过程中出现了躯干明显的晃动或重心的不稳定，这等同于直接宣告深蹲试举失败。一般在训练中应选择针对核心肌群稳定性与力量提升的训练动作，例如支撑深蹲、负重的平板支撑、早安式等。

（2）低杠深蹲

① 股四头肌。股四头肌在低杠深蹲时发力比例没有高杠深蹲时那么大，但是股四头肌始终是最主要的发力肌群。高杠深蹲时采用的腿举、腿屈伸、前蹲、较小步幅的箭步蹲等训练动作，同样可以在与低杠深蹲有关的股四头肌肌肉辅助训练时使用。

② 后侧链肌群。低杠位深蹲时会使用更多的屈髋与伸髋的力量，并且杠铃位置更靠下，上半身的前倾幅度比高杠位更明显，所以背部肌群、臀部肌群及腘绳肌所组成的后侧链肌群的力量便成为决定低杠深蹲成绩的关键。很多经常使用高杠深蹲的健身爱好者在更换低杠深蹲后没有太明显的成绩变化，甚至没有之前高杠蹲的高，其原因往往在于他们后侧链肌肉力量较差。刚开始进行力量训练的健身爱好者，往往比较关注大腿前侧的肌肉训练，对身体后侧、无法在镜子里看到的部位的肌肉缺乏一定练习。有关臀部肌群、背部肌群及腘绳肌的肌肉辅助训练动作都可以用在低杠位深蹲的肌肉辅助练习上。

③ 内收肌肌群。大多数健身爱好者在进行低杠位深蹲时会采用宽站距，这可以最大限度缩短做功距离。但是，这种方式对健身爱好者内收肌的力量有较高的要求，

需要安排一定量的器械练习。

④ 核心肌群。低杠位深蹲时上半身前倾更加明显，负荷对整个躯干和核心肌群的压力是巨大的，所以除了必须拥有较强的背部肌肉力量外，也必须拥有一定的核心肌肉力量。在进行与低杠位深蹲有关的肌肉辅助训练时，要适当使用支撑深蹲、早安式、负重平板支撑等核心肌群训练动作。

2. 卧推

（1）胸部肌群

胸部肌群在卧推中具有一定的重要性，但并非推起杠铃阶段最大或最重要的力量来源。特别是在力量举卧推比赛中，当你必须将杠铃停顿在胸口时，你的胸部力量会受到极大程度的削弱。不过，胸部肌群还是有一定价值的，比如在卧推的全程练习中，胸部肌群的力量有助于更好地卧推，胸部较大的整体围度也有助于减小杠铃移动距离。此外，若胸部外侧肌群的力量强，可以使用较宽的握距，这更进一步减小杠铃的移动距离，从而推起更大的重量。哑铃飞鸟、绳索夹胸、哑铃卧推、器械卧推等都是十分优秀的胸部肌肉辅助训练动作。

（2）三角肌/三角肌前束

三角肌前束在卧推的推起阶段扮演着举足轻重的角色，在需要杠铃停顿的力量举比赛中的贡献更大。你必须拥有一个强壮的三角肌，否则你很困难将杠铃推离胸口，从而直接影响后半程的锁定能力。前平举是针对三角肌的肌肉辅助训练很好的动作，可以使用哑铃或杠铃、单手交替练习或双手同时练习的方式进行侧平举训练。也可以选择杠铃或哑铃的坐姿推举，这是提升三角肌力量十分优秀的训练动作。三角肌训练时，可以通过预疲劳法将有可能辅助三角肌发力的肱三头肌进行提前消耗，再进行针对性的三角肌训练，这样会收获更好的效果。

（3）肱三头肌

肱三头肌在卧推推起的后半程，即大小臂夹角大于90°直到完全伸直时是最重要的发力来源。在卧推时身材越高、手臂越长的健身爱好者对肱三头肌力量的需求也就越高，肱三头肌力量不足便会出现锁定困难的现象。绳索臂屈伸、直杠臂屈伸、各种角度的哑铃臂屈伸、双杠、窄距俯卧撑等都是很好的肱三头肌肌肉辅助训练动作。

（4）背部肌群

上背部肌群在卧推时扮演着不可思议的角色。如果你的上背肌肉力量较差，或者在卧推时无法充分募集上背的力量，杠铃下降过程中会十分不稳定，杠铃在触胸和触胸推起的一刹那整个肩背部不稳定，这两种现象会导致无法保持足够的身体张力，在推起的过程中三角肌的力量无法被充分作用在杠铃上，出现严重的力量流失。为了解决这个问题，首先要将上背部肌群充分激活，保持局部肌肉的充分紧张，在杠铃下降的过程中想象在做高位下拉，将杠铃直接拉向自己，这样可以充分募集到上背部的肌肉。其次，必须安排坐姿器械划船、面拉、高位下拉、耸肩等可以刺激到上背部肌群的肌肉辅助训练动作。

（5）腕关节肌群

在卧推训练时腕屈肌及腕伸肌往往不容易被察觉到，但是当你的手腕出现伤病时，你便能发现腕部肌群对卧推的重要性。即使你的肱三头肌或三角肌力量再大，手腕一旦受伤，你便无法将上肢的力量充分释放在推起杠铃上，还有可能出现整个身体的晃动和不稳定。可以正握杠铃弯举进行练习，强化腕部肌群的力量。要注意的是，腕部肌群对卧推成绩并不起十分重要的决定影响，它无法像肱三头肌、三角肌等肌群那样可以直接影响卧推成绩，训练的目的主要是补强弱点。因此，只需要在训练计划时注意安排相关的练习即可，没必要将它放到训练计划中比较靠前的位置优先练习。

3. 硬拉

硬拉分为传统硬拉及相扑硬拉，这两种硬拉对身体各部位肌肉群的需求是大致相同的，但是因为姿势不同，一些肌肉群的发力比例存在着一定的区别。

（1）传统硬拉

① 腘绳肌。腘绳肌是传统硬拉的核心发力肌群之一，在启动阶段具有重要作用。在硬拉训练时很多健身爱好者往往只关注股四头肌，对腘绳肌并没有过多的练习，使得硬拉成绩较低。可以选择腿弯举、直腿硬拉等刺激腘绳肌的肌肉辅助训练动作，以便更好地提升腘绳肌的肌肉力量。

② 背部及核心肌群。虽然硬拉是以髋关节伸展为主的训练动作，但是因为手握杠铃，所以上背部的整体肌肉力量大小同样是硬拉中不可忽视的力量来源。即使你的髋关节周围的力量再强大，只要你的背部肌肉力量不足，便会因自身力量与杠铃重量之间的差距较大，无法保持一个正常的背部姿势，从而直接影响正常的启动速度和锁定速度。在传统硬拉时，上半身与地面夹角比相扑硬拉更小，上半身倾斜角度更大，所以对背部力量的要求极高。如果你的背部力量较差，那么不仅会影响硬拉成绩，更容易诱发腰背部的伤病。可以用硬拉式划船、高位下拉、器械划船、面拉等肌肉辅助训练动作提升背部肌群的力量。此外，核心肌群及脊柱周围的深层肌群在硬拉时起稳定身体、保护躯干的作用，可以使用山羊挺身、直腿硬拉等肌肉辅助动作进行练习。

③ 臀部肌群。臀部肌群是传统硬拉的核心发力肌群之一，是硬拉锁定阶段的最主要力量来源。如果你的臀部力量较差，那么你在锁定杠铃时便会出现吃力感，甚至有可能出现蹬腿借力的现象，导致整个硬拉试举失败。可以选择臀屈伸或步幅较大的箭步蹲等刺激臀部肌肉的辅助训练动作。不过，硬拉练习时不应安排过多臀桥的练习，

否则可能因疲劳导致腰椎及腰骶部受损。

④斜方肌。这里我们将斜方肌从上背部肌群中拿出来单独讲解，是由于斜方肌在硬拉时有着特殊的意义。尽管硬拉不是依靠上肢肌肉发力的动作，但是如果你的斜方肌提供的向上的拉力不足，那么无法帮助你将杠铃拉至一个足够利用臀部力量完成锁定的位置。如果你用一个重量无法完成基本的耸肩练习，那么你根本不可能使用这个重量完成硬拉试举。很多健身爱好者担心训练斜方肌会导致脖子变粗、斜方肌隆起不美观等现象，如果因此而选择不训练斜方肌，那么硬拉成绩也不会得到真正大幅度的提高。

⑤股四头肌。股四头肌在传统硬拉的启动阶段会释放一定的力量，但是它并非整个硬拉过程中最大的发力来源。如果你将它作为平时肌肉辅助训练的核心，那么你的硬拉训练便会陷入困境。股四头肌的强弱与硬拉成绩的高低并没有太直接的关系，深蹲成绩的高低与硬拉成绩的高低也没有任何关联。可以在传统硬拉的肌肉辅助训练动作中安排针对股四头肌的腿举或腿屈伸等，但不要忘记股四头肌始终不是与硬拉有关的肌肉辅助训练的核心。

（2）相扑硬拉

①腘绳肌。腘绳肌在相扑硬拉中的贡献没有在传统硬拉中那么大，但它同样是训练中必须着重加强的肌肉。直腿硬拉、腿弯举等有关腘绳肌的肌肉辅助训练动作可以更快速地提升相关的肌肉力量。

②臀部肌群。臀部肌群是相扑硬拉中最主要的发力肌群之一，在相扑硬拉的启动阶段提供了十分重要的力量支持。并且，因为相扑硬拉使用的站距较宽，所以硬拉时对臀部力量的需求变得更加突出。在相关的肌肉辅助训练中，必须安排臀屈伸、髋外展等训练动作，以充分满足相扑硬拉时对臀部力量的需求。

③背部及核心肌群。相扑硬拉时上半身比较直立，上半身前倾幅度没有传统硬拉时那么大，所以背部及核心肌群在相扑硬拉时不需要释放特别高的力量去伸展背部及维持躯干的稳定性。传统硬拉采用的背部及核心肌群的肌肉辅助训练动作，同样适用于相扑硬拉的训练。

④内收肌肌群。相扑硬拉站距较宽，所以对内收肌力量的要求远远高于传统硬拉，传统硬拉几乎不需要内收肌释放太多的力量。如果你的内收肌力量不足，便无法保证膝关节与脚尖的发力方向在一条直线上，从而直接影响硬拉成绩。在进行内收肌肌肉辅助训练时，有的健身爱好者认为应该安排针对性的器械训练动作，有的健身爱好者则认为练习相扑硬拉的过程中内收肌已经得到了一定的训练，不需要再进行额外的练习。对此，健身爱好者可以根据自身的情况来安排。如果你的相扑硬拉极限成绩低于体重的2倍，或者你在硬拉时出现明显的膝关节与脚尖发力方向不一致的现象，那么

必须在训练计划中安排针对内收肌的器械训练。

⑤股四头肌。"股四头肌对相扑硬拉十分重要"是一个长期存在于很多力量训练爱好者心中的误区，认为如果股四头肌力量不足，便会导致相扑硬拉在离地阶段十分困难。事实上，股四头肌与相扑硬拉之间关系应当这样理解：因为相扑硬拉时双脚站距较宽，所以股四头肌处于发力较困难的位置，加上股四头肌力量较差，便会导致原本较难发力的肌肉更加没有足够的力量可以使用，进而导致相扑硬拉离地困难或相扑硬拉的成绩较差。因此，只需要确保股四头肌力量水平足够即可，并不需要在相扑硬拉训练时安排大量的针对股四头肌的训练。

不清楚不同动作对各大肌肉群的运用，便无法在训练计划中做出相对应的安排。但是，仅仅知道这些还不能设计力量训练所需要的肌肉辅助训练，还需要知道肌肉辅助训练必须遵循的基本原理。

4. 肌肉辅助训练基本原理

肌肉辅助训练必须遵循一定基本原理。了解肌肉辅助训练的基本原理，可在设计训练计划时更有针对性地安排动作练习的顺序、训练组数及训练次数。如果你不了解肌肉辅助训练的原理，只是在健身房随便找个器械或哑铃进行几组肌肉训练，那么对你的肌肉质量改善及最终力量水平提高都是没有任何帮助的。

（1）与主项训练相结合

这是最基本也是最核心的原理之一。肌肉辅助训练可以提升肌肉的整体水平，获得一个不错的肌肉基础，但是并不意味着它可以超越深蹲、卧推、硬拉三个主项的训练地位，否则便会出现舍本逐末的问题，即计划对目标能力（力量）的关注度不高、针对性不强（训练重心都在肌肉练习上）。设计肌肉辅助训练的内容时，第一个要注意的是不能影响主项训练。每个训练日都应当将三大项的主项训练作为第一个动作，并且，当日的肌肉辅助训练动作必须同当日的主项训练有关。比如，有的健身爱好者在深蹲练训练日当天安排毫无关联的肱二头肌或肱三头肌的肌肉辅助训练，这对提高深蹲成绩是毫无意义的，它们不会参与到深蹲训练中，只会浪费自己的能量。

（2）疲劳管理

安排肌肉辅助训练的内容时，一定要注意相关动作对身体肌肉、关节、神经所产生的疲劳程度，做好整体的疲劳管理，避免出现严重的肌肉疲劳或神经疲劳。肌肉辅助训练动作的选择要十分谨慎，有的肌肉辅助训练动作同主项训练动作结合容易导致身体过度疲劳。例如深蹲的专项训练完成后便进行前蹲的肌肉辅助训练，膝关节和腰背部几乎没有得到很好休息，会使关节受到持续的压力，从而导致关节、韧带的劳损或不适感。合理的解决方案有两种：一种是在专项训练后选择对关节压力较小的孤立训练动作或固定器械的训练动作；另外一种是依旧使用前蹲进行练习，但是要选择小重量、多次数的方式。

（3）充血与泵感

肌肉辅助训练的核心始终是尽可能带给目标肌肉群最强的充血效果与泵感。肌肉辅助训练时没有必要去关心训练负荷的重量，这是三大项专项训练时才应该关心的。因此，每组应当完成10～20次，要十分谨慎选择每组6～8次甚至更少的训练次数。选择每组15～20次，可以使深层肌肉群特别是一些耐力较好或肌肉训练感不强的部位得到较强的刺激和增长。选择每组10～12次，可以在刺激肌肉生长的同时带给目标肌肉群一定的力量水平的提高。健身爱好者在练习时都应当采用最标准的动作姿势，千万不能因追求使用的重量而过度借力。要谨记一点：肌肉辅助训练的目的和核心始终都是帮助构建更多的肌肉，补强弱势肌肉群的力量，并非像三大项的专项训练那样必须不断举起更大的重量。

（4）多使用固定器械

固定器械固定了整个动作的运动轨迹，使训练者在训练时不容易出现借力或动作姿势不正确的现象，因此固定器械理论意义上比哑铃和杠铃能更好提升肌肉力量。但是，固定器械也并非适合所有健身爱好者。固定器械大都有配重的限制及不同阶梯增长的配重设置，有的水平较高的健身爱好者即使将配重完全插满也未必可对肌肉带来足够的刺激，一些刚接触训练的健身爱好者可能使用这个重量觉得很轻，而使用下一个重量便觉得很重。不过，对于大多数健身爱好者而言，只要配重设置合理的固定器械都是提升肌肉力量的好的训练伙伴。固定器械比杠铃或哑铃等自由训练重量对关节和韧带的压力较小，更有利于训练时保持身体的健康。

（5）弹力带或自重训练

训练器械有限的健身爱好者，使用弹力带和自重训练有助于肌肉辅助训练获得尽可能高的强度，可安排大量的力竭组练习，在某个自重训练动作或使用某个阻力的弹力带练习时做到力竭次数。水平比较高的健身爱好者，在肌肉辅助训练时，为了加深对目标肌肉群的刺激效果，选择两个针对同一目标肌肉群的相似的训练动作进行超级组练习，第一个动作使用器械、哑铃或杠铃练习，第二个动作则需要使用弹力带或自重训练。例如为了提升肱三头肌的肌肉力量，可以选择绳索臂屈伸+弹力带臂屈伸的超级组，也可以选择绳索臂屈伸+钻石俯卧撑，这两种方式都可以给予肱三头肌更彻底的刺激，唯一需要注意的是在使用自重训练（钻石俯卧撑）时要进行力竭次数的练习，在绳索臂屈伸训练时还是使用固定的训练次数。使用弹力带与自重训练带来的肌肉刺激感在一定程度上甚至比器械训练的感觉还要好，是不能忽略的优秀的训练方法。

(6)适当使用超级组训练法

为了使肌肉辅助训练更加高效，在编写训练计划时可以根据自身的情况适当安排超级组。这种方法本身的训练强度较大，对健身爱好者的能量消耗较少，是十分符合增肌训练原理（摄入大于消耗）的高效训练法。它不会使你在每堂训练课浪费过多的时间，能够尽可能精简你的训练计划。超级组训练方法对健身爱好者的水平要求极高，特别是根据力量训练原理，必须在专项训练完成后才可以开始使用超级组的肌肉辅助训练。如果你没有足够的肌肉力量基础，是不足以支撑你在大重量的专项训练后还可以保质保量地完成超级组的肌肉辅助训练的，一旦出现力量不足所导致的动作姿势走形，也就失去了肌肉辅助训练原本的意义。设计肌肉辅助训练的超级组搭配时，一般从训练效率或训练效果两个层面思考。如果你的目标是提高训练的效率，那么在肌肉辅助训练时可将两个需要练习的不同肌肉群放在一起进行超级组练习。例如今天的肌肉辅助训练中有肱三头肌和三角肌的训练安排，便可以先练一个肱三头肌的训练动作，然后不休息再练一个三角肌训练动作，并在整个训练日都按照这样的组合方式进行练习，这会大大提高训练效率。如果你的目标是使肌肉辅助训练有更好的效果，那么针对一个部位选择两个不同训练动作来安排超级组，例如绳索臂屈伸 + 弹力带臂屈伸的组合，可以使肱三头肌受到更加强烈的刺激，肌肉泵感更强。

(7)合理把控训练容量与训练强度

每个健身爱好者都应当根据自身的情况来选择最适合自己的训练容量与训练强度，在设计计划时一味地给采用过高的训练强度或训练容量是无法提升肌肉力量的，更不能给三大项力量的提升带来直接的帮助。在编写训练计划时根据自身训练前的状况设定一个训练容量与训练强度，执行训练计划后，你要根据每周实际身体反应及训练完成度对训练容量与训练强度进行调整：如果每次训练完成得都很轻松，并且身体没有不良的反应，可以适当同时增大训练容量与训练强度；如果每次训练都可以正常完成，并且身体没有不良的反应，可以适当增大训练强度并保持原有的训练容量；如果每次训练都较难完成，并且身体没有不良的反应，可以适当保持训练强度并略微增大训练容量；如果每次训练都较难完成，并且身体有一定不良的反应，可以适当降低训练强度并保持训练容量；如果难以完成训练计划的要求，便需要降低训练的强度与训练容量。

刚接触力量训练的健身爱好者不宜在训练计划的最开始使用较大训练容量，否则很容易因训练容量过大导致对身体能量的过多消耗。再加上饮食摄入存在问题，那么对整体肌肉的生长发育是十分不利的。刚接触力量训练的健身爱好者在训练计划的初期也不应设置太高的训练负荷重量或训练强度，贸然使用大重量或高强度很容易导致身体受伤，可以随着训练计划的推移及自身力量水平的提高不断调整训练负荷或训练强度。有一定力量训练经验的健身爱好者，要注意增大训练的强度与容量，在执行训练计划的过程中不断设置一个又一个的挑战，如果习惯了一成不变的训练强度与训练容量，那么肌肉便永远不会变得更加强壮。特别是那些平时只关注三大项的专项训练、比较忽视肌肉基础练习的健身爱好者，必须增大训练容量和训练强度，否则便会出现力量增长的平台期。要知道，在没有足够肌肉力量支撑的前提下，一味地训练三大项的专项动作对力量的增长是没有太大帮助的。力量水平较高的健身爱好者，可以适当降低训练容量，依旧保持同样或稍低一点的训练强度，其目的在于将更多的精力放在三大项的专项训练上，避免过多的肌肉辅助训练带来的肌肉疲劳，因为高水平的健身爱好者已经具备不错的肌肉力量基础，将训练重心放在三大项的专项训练上更有助于突破极限力量水平。设计肌肉辅助训练的内容安排时，对整体训练强度和训练容量的合理管理，是力量增长原理的重要内容之一，也是做好疲劳管理的关键。

（8）特殊强化

如果你的某一部位肌肉十分薄弱且急需强化，在安排肌肉辅助训练计划内容时为它单独安排一个训练日，比如你的背部肌肉群力量较差，你可在一个合适的时间单独安排一个背部训练日，当日所有动作都围绕提升背部力量而制定。当然，也可以使用较高频的方法来提升背部的肌肉力量，例如在卧推训练日和硬拉训练日都安排一定量的背部肌肉辅助训练。这里要注意的是，如果你使用高频训练大肌肉群，那么一定要注意将整体的训练容量减半后平均分配到两个不同的训练日。例如在单独的背部肌肉辅助训练日中安排6个动作、每个动作5组的肌肉辅助训练，如果使用高频的方法，那么在硬拉和卧推两个不同的训练日要分别安排3个动作、每个动作5组的背部肌肉辅助训练。如果你使用高频训练小肌肉群，例如肱三头肌、三角肌等，便无须对半削减训练容量，只需要在每个训练日的专项训练后安排稍微小一点的训练容量即可。

（9）训练动作数

设计肌肉辅助训练计划时，动作数量的挑选是十分重要的，它会直接影响到训练容量。训练动作数量的选择主要参考两种情况：一是计划单独安排一个肌肉辅助训练日，二是选择高频的方法在一周两个专项训练日的专项练习结束后安排对应的肌肉辅助训练。如果计划单独安排一个肌肉辅助训练日，那么可以适当参照肌肉力量训练的方法，一般选择5～6个动作进行针对性的练习。如果计划使用高频的方法，首先要注意训练日的选取必须与肌肉辅助训练的内容相关，例如你的目标肌群是肱三头肌，只有卧推才会比较多地运用到肱三头肌，那么肱三头肌肌肉辅助训练必须安排在两个卧推训练日进行练习。其次，肱三头肌肌肉辅助训练时，请一定确定不要影响正常的卧推专项训练或卧推专项辅助训练，一定要将你的肌肉辅助训练内容安排在上述两种专项训练之后进行，否则便会出现训练针对性不强的问题。最后，在使用高频的方法时，每个训练日的训练容量是整体减半的，会根据肌肉群的大小及重要性变为每个训练日只练习2～3个训练动作。

（二）神经募集能力

肌肉质量与肌肉力量的高低是决定身体力量大小的基本因素，直接决定着身体力量水平的下限，即在最糟糕的情况下（健身爱好者缺乏神经募集能力及技术能力）拥有的三大项成绩。肌肉质量与肌肉力量是无法决定身体力量上限的，强大的肌肉质量与肌肉力量水平只能够使身体拥有一个中等的力量水平。如果想在三项成绩上有更大的突破，那么你必须有足够的神经募集能力，能够尽可能调动身体所有可以参与做功的肌肉群与关节协调发力，从而获得超越常人的力量。

神经系统的募集能力，也就是神经系统募集肌肉做功的能力。尽可能多地调动身体的肌肉力量参与到三大项动作的快速发力上是神经募集能力高的表现。举个例子：A和B两名运动员的腿部肌肉都重20千克。A可以调动其中40%的肌肉参与到深蹲训练中，也就是8千克；B的神经募集能力较强，可以调动其中60%的肌肉参与到深蹲训练中，也就是12千克。这说明B在进行深蹲训练时可以比A多募集4千克的肌肉参与到深蹲中。这4千克的差距所导致的深蹲成绩的不同还要看每个人的身材、做功距离及技术水平：如果二者的这些因素相差不大，那么他们的深蹲成绩不会有特别明显的差距；如果二者的这些因素存在一定距离，比如B的优于A，那么B的深蹲成绩会远远高于A。提高力量水平的最理想方式是在训练时做到双管齐下，通过肌肉辅助训练不断提升肌肉质量，打牢力量基础，再同时进行针对神经募集能力的专项训练来提升神经募集能力及爆发力，这便可以使已经充分生长的肌肉更多地参与到具体的发力上，整体训练的迁移性和针对性变得极高。当然，在具体的训练计划安排中也可以不采用双管齐下的办法，可以根据自身的情况做更有针对性的安排。例如肌肉基础较差的健身爱好者应当将注意力更多地放在先提升肌肉力量基础上，已经具备一定的肌肉力量的健身爱好者要适当缩小训练计划中肌肉辅助训练所占的比例，更多关注针对提升神经募集能力的训练上。

在提升神经募集能力的多种训练方式里，最基本也是最核心的还是三大项的专项训练及解决三大项动作阶段难点的专项辅助训练。如果你的目标是提高力量水平，那么你必定安排大量的针对三大项动作的大重量练习。如果你的目标是提高深蹲成绩，那么最直接的方式显然是多使用大重量的深蹲。虽然腿举、哈克深蹲等动作跟深蹲的发力方式有些类似，并且对腿部肌肉有较强的刺激，但是整体训练的针对性上还是与深蹲相差不少的。比如你想学会开车，只有驾驶真正的车辆才可以提高驾驶技术，任何模拟类的赛车游戏都不具备太强的针对性和迁移性。在合理管理疲劳的前提下，适当多安排一些三大项的大重量专项练习可以很好地提升神经募集能力，强化神经系统对使用大重量进行深蹲、卧推、硬拉时募集肌肉及协调全身各个关节、肢体进行发力的记忆。此外，针对三大项动作阶段难点的专项辅助训练也是提升神经募集能力很好的训练方法。有的健身爱好者在深蹲、卧推、硬拉的不同阶段会出现粘滞的现象，例如卧推时前半程启动阶段的启动能力较差，这会直接影响卧推成绩，其原因是健身爱好者在这个动作阶段无法更好地募集可以参与做功的肌肉释放力量，或所需要的肌肉力量较差。如果你的问题是具体的肌肉力量较差，那么可以通过使用大重量的专项辅助训练和肌肉辅助训练相结合的方式，来提升在某个阶段难点时的肌肉力量，大重量的专项辅助训练可以强化在某个阶段难点的发力感觉，而肌肉辅助训练不断强化肌肉力量基础。如果你的问题是在某个阶段无法更好地募集肌肉，那么安排较轻重量的专项辅助训练可以更好地提升相关动作的发力能力，有助于解决动作不同阶段的粘滞点。此外，神经募集能力除了募集肌肉更多地参与做功、协调肢体与关节配合做出正确的动作姿势外，它还要求身体快速释放力量。你出现动作粘滞点时，你的整体动作速度肯定会有明显的下降，为了更好地解决这个问题，要在训练时注意安排使用轻重量的专项辅助训练动作，从而更好地提升快速发力能力。

如果说肌肉力量水平是力量训练增长原理的基础，那么神经募集能力则是力量训练增长原理的核心。如果你的训练只关注提升肌肉力量、肌肉围度，那么你在三大项的动作姿势上便会变得越来越僵硬和生疏，特别是在大重量训练时更易出现动作姿势变形很明显的现象。这也是为什么健美运动员可以有世界上最好的肌肉质量，但是三大项的绝对成绩始终没有同级别力量举运动员高。忽视对神经募集能力的训练，或者不改变原本错误的训练模式，这只会导致你的力量无法获得真正的提升。下面介绍提升神经募集能力的训练方法。

1. 专项训练

如果有人拿100万元和赌你一个月增长30千克的极限深蹲成绩，那么你首先想到的绝对不是做股四头肌或臀大肌的肌肉辅助训练，即使它们对深蹲的重要性再大，你依旧会恨不得每天都进行深蹲的专项训练。专项训练是要遵循一定原理的，不能盲目提高专项训练的频率，否则不仅神经募集能力无法得到充分的提升，还会有可能导致神经疲劳现象的出现。

（1）合理安排专项训练频率

你必须确保专项训练的合理频率，一周每天都进行深蹲、卧推或硬拉显然是不切实际的，不仅你的肌肉和关节恢复不过来，你的神经也会出现明显的疲劳。在安排力量训练的频率时，首先要考虑目标是同时提高三大项的力量水平还是只针对其中一项或两项的力量成绩的提高。如果你的目标是只提高深蹲、卧推、硬拉中一项的成绩，你可以适当使用一周2～3次的频率，这2～3次的训练中不能完全安排大重量的专项训练，可以使用专项训练+专项辅助训练或速度训练的组合方式，这样不仅可以避免身体疲劳，还可以全面强化针对某一项的神经募集能力的练习。如果你的目标是提高深蹲、卧推、硬拉中两项的成绩，那么无论你使用的是什么周期性增长原理，每项安排的频率最好控制在每周2次，2次训练的具体内容可以是专项训练+专项辅助训练或专项训练+速度训练的方式。如果你的目标是同时提高深蹲、卧推、硬拉三项的成绩，你应根据训练计划周期性增长原理的不同，安排不同的训练频率。

（2）疲劳管理

在进行神经募集能力的训练中，疲劳管理是十分重要的一个环节。如果你的疲劳管理处理不当，很有可能遇到十分严重的神经疲劳现象，使你完全丧失对训练的欲望，并且几乎无法募集肌肉力量进行大重量的专项训练。导致神经疲劳的原因主要与设计计划时对大重量专项训练的训练容量、训练强度和训练频率安排有误有密切关联。神经疲劳不是一个短期训练导致的现象，不会因为一周的过量训练就产生，它的出现往往是一个长期累积的结果。这也就是说在出现神经疲劳前，身体肌肉、关节、神经往往会有一定的前兆反应。例如，你进行大重量专项训练时连续2～3周无法完成规定训练要求，此时很有可能是神经比较疲劳无法充分募集肌肉力量并且保持精神专注。又如，进行中等重量的专项训练或使用偏轻重量进行热身时，动作完成速度明显比之前慢，这同样有可能是神经疲劳导致的速度能力明显下降。再如，训练前感觉到对训练欲望大幅度降低，或者根本没有心思训练，训练时注意力较差，这些都是神经疲劳的明显表现。出现上述现象时，如果不及时解决，神经疲劳的前兆就会逐渐变成真正的疲劳，并且随着时间的推移逐步加重。在神经疲劳前期或神经疲劳前兆产生时及时采取相应的措施，会大大减少神经疲劳的影响，可以根据情况选择完全休息或减载：如果你已经有神经疲劳的现象，那么最好完全休息1～2周，不要做任何的肌肉训练或专项训练；如果你只是有神经疲劳的前兆反应，可以停止1周左右的专项训练，只进行速度训练或肌肉辅助训练，降低整体训练的强度与容量。

（3）训练动作数

专项训练一般只选择一个动作。例如，深蹲训练日只安排大重量的深蹲练习，一般情况下不会配合大重量的硬拉或卧推训练。这种安排方式的主要目的在于让当天的训练内容尽可能纯粹，获得有关深蹲的最全面的增长。

（4）训练组数与次数

专项训练时动作的组数与次数安排需要根据使用的不同的力量周期性增长原理决定。虽然大部分情况下针对专项训练安排的组数较少，每组重复练习的次数也只在5次以内，但是有的周期性增长原理（例如线性增长原理）会在计划的初期安排较高次数的专项练习。

（5）专项训练搭配

一般一个训练日只进行深蹲、卧推、硬拉中一项的训练。在有些比较特殊的训练计划中，根据计划所采用的力量周期性增长原理不同，有的时候会将两项或三项动作同时放在一个训练日，只不过这种情况极其少见，并且对专项训练的负荷和容量选择也要十分谨慎。

2. 专项辅助训练

在深蹲、卧推、硬拉的具体动作执行上，很容易因神经募集能力较弱或阶段性力量水平不足所导致的在动作的某个阶段出现粘滞点。健身爱好者应在安排一定肌肉辅助训练提升肌肉力量的同时，增加针对改善动作发力和阶段性力量水平提高的专项辅助训练。专项辅助训练一般使用深蹲、卧推、硬拉的变形动作，有的会使用与深蹲、卧推、硬拉相似的动作，也有的会使用特殊器械或特殊做功距离的专项练习。专项辅助训练的目的是解决三大项动作的难点。设计力量训练增长原理中有关专项辅助训练的计划时，我们必须充分了解三大项动作不同阶段的难点及相应的解决办法。

（1）深蹲出杠阶段

深蹲的出杠阶段指的是训练者扛好杠铃并用力将杠铃带出深蹲架，然后向后退直到完全站稳，并调整好站距、脚尖朝向等身体姿势的过程。这是整个深蹲动作的第一步，也是最重要的一个阶段。很多健身爱好者都认为深蹲的启动阶段才是最重要的。事实上，如果你做不好第一步的出杠，或者在出杠的过程中浪费了太多的体力，那么在下蹲前已经消耗了巨大的力量储备，你的深蹲成绩注定不会提高。出杠过程越简单省力，对深蹲成绩的提高越有帮助。在一些力量举比赛中，深蹲环节会使用Monolift深蹲架，你只需将杠铃扛起即可，它会直接撤掉勾住杠铃的钩子，使你可以在不用后退的情况下直接开始进行下蹲，这显然比一般的出杠过程更有利于蹲起大重量。

①分析深蹲出杠能力差的原因。在现实训练中，有很多健身爱好者存在着深蹲出杠能力较差的问题，导致这种现象的原因主要有七点：

第一，出杠的动作姿势存在较大问题。出杠时要保持身体充分紧张，特别是上背部、斜方肌等与杠铃直接接触的部位。在柔韧性允许的前提下，尽可能双手握得更近，这可以使上背部肌肉群更好地被激活。确定身体充分紧张后，才可以发力将杠铃带离深蹲架。

第二，双脚的站位不当。如果你采用的是双脚前后站立出杠，那么在出杠的一瞬间杠铃肯定会朝身体一侧倾斜，容易导致上背部变得不再十分紧张，不利于正常的深蹲。应采用比较正常的双脚平行站立的出杠方式。

第三，杠铃的高度不当。如果杠铃在深蹲架的位置较高，那么你出杠时不可避免地稍踮起脚，这会导致你的出杠变得十分不稳定，身体容易晃动。如果你的杠铃在深蹲架的位置较低，那么出杠时就必须完成一个类似半蹲的动作，这会预先消耗你的腿部力量，同样对深蹲的成绩会有一定影响。因此，选择杠铃合适的高度对解决出杠难的问题是有重要帮助的。

第四，坏习惯。有很多健身爱好者在扛出杠铃并向后退的过程中会有很多坏习惯，例如迈了太多的小碎步，这会导致力量无意义的消耗。一般来讲，正常的后退过程只需要3步左右即可。还有的健身爱好者在后退及后退完毕站稳的时候会出现身体的左摇右晃，这会导致原本十分紧张的身体变得松散，不利于深蹲。

第五，低头。有的健身爱好者在深蹲出杠的过程中会有很不好的低头习惯，这里的低头不只是在向后退的过程中为了看清双脚的位置所出现的低头，有的使用低杠深蹲的健身爱好者在刚出杠的一刹那就已经保持低头的姿势。进行深蹲的过程中，无论你使用的是什么杠位的深蹲都不能低头，低头会使你的上背部变得不再紧张甚至会含胸，从而诱发更多更加严重的问题。需要观察双脚的位置，可以利用眼睛余光，而没有必要完全把头低下去。可能在最开始你会对这种方式很不适应，但是你必须一点一点熟悉并习惯它，否则你的深蹲成绩一定会受到极大的限制。

第六，核心力量较差。核心力量较差是出杠的过程中出现左摇右晃或整个脊柱感觉压力较大的原因。不稳定会使得重心出现偏差，从而影响身体对肌肉的募集及接下来整个深蹲动作的发力模式。脊柱压力感觉较大会使得神经产生对重量的抗拒感，影响接下来深蹲时正常做动作的能力，有可能导致不敢下蹲或下蹲节奏紊乱。要安排针对性的提高核心力量的训练动作才能够使出杠变得更加稳定，只不过这里要注意的是，单纯安排核心肌群的肌肉力量训练动作并不能很好地提升出杠对核心力量的要求，要根据出杠阶段的特点安排针对性的与神经募集能力相关的训练动作。

第七，小腿及踝关节力量较差。四肢末端的肌肉力量在力量训练时是十分重要的，小腿或前臂肌肉力量较差会导致卧推或深蹲的出杠阶段出现明显的支撑不稳定的现象，从而导致出杠能力较差。不仅要安排针对性的出杠训练，更需要模拟出杠时小腿肌肉力量的使用情况进行针对性的肌肉力量训练。

② 提升出杠能力。提升出杠能力的训练方式有很多种。其中，最直接有效的便是使用重量较大的出杠训练，即使用深蹲极限重量或不超过110%的深蹲极限重量，只是将杠铃扛出来并后退到正常要深蹲的位置，调整好双脚站姿即可，并不需要进行任何下蹲。这种方法不仅可以最纯粹地模拟深蹲的出杠阶段，训练转化性和针对性极高，还可以训练核心力量以及小腿、踝关节力量在出杠阶段的运用和募集能力。当然，也可以使用较轻的重量，例如使用极限深蹲重量的60%～70%，主要用来处理在保持正常身体与头部姿势时双脚站位和低头问题，这可以帮助健身爱好者尽快改掉低头

的习惯。应将出杠训练放在单独的深蹲辅助训练日，一般可以安排 5~8 组练习。如果你的计划中并没有单独的深蹲辅助训练日，也可以放在深蹲专项训练日的大重量深蹲练习结束后进行，需要注意的是一定不要使用超过极限重量 10% 的负荷，否则会带来极大的受伤风险。有的教练也喜欢将它安排在深蹲专项训练日，放在大重量深蹲的专项练习前进行训练，即先用出杠方式完成几组练习，再重新减轻重量进行深蹲专项练习的热身，认为这种方法可以通过重量上前后差距比较大的方式，给神经系统一定的"欺骗"，误认为重量变"轻"了许多。这种做法的实际效果是受很多人质疑的，除非你在大重量出杠训练结束后直接进行稍轻一点的大重量深蹲专项练习，否则只是重新减轻重量进行深蹲热身的方法会使得所谓的神经"欺骗"不复存在。而如果直接减轻一点重量便立即进行深蹲专项练习，便存在一定程度上因缺乏动作热身所导致的受伤风险。这种方法较适合水平极高且在出杠训练前就已经进行一定深蹲专项练习热身的专业运动员，对普通力量训练爱好者不是很好的选择。

此外，要针对小腿和踝关节的肌肉力量进行适当的强化练习，这对提升出杠阶段的能力是有很大帮助的。一般常选择杠铃提踵和哑铃农夫走来提升小腿和踝关节的肌肉力量。其中，杠铃提踵是很直接的针对小腿肌肉的肌肉辅助训练，可以刺激平时训练中没有过多关注的小腿肌肉群。哑铃农夫走的目的则主要是提升踝关节和小腿肌肉力量在行走时的运用和募集能力，这点与出杠时对小腿和踝关节肌肉力量的运用和募集是十分相似的，具有较高的训练针对性和迁移性。使用哑铃农夫走还可以提高握力水平，这点对硬拉所需要的握力会有一定的帮助。杠铃提踵训练时，可以采用传统的 3~4 组、每组 10~12 次的肌肉力量训练方法；使用哑铃农夫走时，一般会选择 3~4 组、每组 50~100 米的方式。

（2）深蹲离心阶段

深蹲的离心阶段指的是完成出杠后，屈膝打破平衡下蹲直至达到标准深蹲幅度的过程。如果你在深蹲离心阶段出现粘滞点或力量不足的现象，那么最明显的结果就是影响你在下蹲过程中身体的稳定度或动作姿势的发力节奏不正确，从而直接使你在蹲起的时候有明显的无力感。大重量的深蹲都是建立在平稳且具备张力的离心下蹲基础上的，不管你是快速的下蹲还是有控制的慢速下蹲，你都必须始终保持好的动作发力节奏及身体的稳定性，不能出现动作发力节奏忽快忽慢或在下蹲时身体明显的颤抖、摇晃感。快速的下蹲并不是毫无准备的"自由落体"式下蹲，而有控制的慢速下蹲也绝对不是恐惧重量所产生的不敢下蹲。快速或慢速的下蹲都是建立在神经主动募集肌肉力量并作出相关控制的基础之上的，这两种方式各有优点和局限性。快速下蹲，不会在下蹲过程中浪费太多的时间，可以使蹲起过程中有更好的力量储备；更容易在蹲起过程中寻找肌肉的牵张反射能力，有助于更好地突破启动阶段的粘滞点。但是，快速下蹲对较大重量的深蹲练习或者关节稳定性较差的健身爱好者，容易出现很明显的不适应以及在蹲起时因下蹲速度过快所导致的身体动作姿势严重变形。慢速下蹲，会更有助于下蹲时保持身体的张力，在蹲起时预先保持神经对这个重量的控制，不至于出现明显的动作姿势变形；还可以更好地控制下蹲的幅度，不会像快速下蹲时容易因下蹲速度过快导致对深蹲幅度控制不力而蹲得过深，从而影响深蹲极限重量。但是，慢速下蹲会使下蹲过程浪费太多的力量储备和呼吸能力。特别是下蹲时一定是处于闭气的过程，这个过程如果持续太久便会导致蹲起的时候气息不足，这对完成大重量深蹲很不利。并且，慢速下蹲的方式不容易健身爱好者寻找肌肉的牵张反射能力，甚至可能在蹲到合适的深蹲幅度后发力较缓慢，不利于突破深蹲启动阶段的粘滞点。健身爱好者可以根据自身的情况选择其中一种方式，但切记不可以一个阶段用快速下蹲、另外一个阶段再用慢速下蹲进行训练，否则会使神经募集能力产生错乱。

① 分析深蹲离心阶段出现粘滞点的原因。导致深蹲离心阶段出现粘滞点的原因主要有五个：

第一，下蹲时的重心错误。有的健身爱好者无法区分正确的低杠深蹲与高杠深蹲下蹲时重心的不同，觉得这两种姿势的深蹲重心是完全一样的。事实上，高杠深蹲会更多借助身体前侧的股四头肌的力量，所以高杠深蹲的重心比低杠深蹲要偏前一点；低杠深蹲比高杠深蹲会更多借助身体后侧链肌群的力量，所以重心要更加靠后一些。有很多健身爱好者在低杠深蹲时重心比较靠前，这就容易使整个身体在下蹲过程中严重不稳定，从而影响深蹲离心阶段的表现。一定要充分掌握正确的深蹲姿势所对应的重心位置，并且尽量避免在低杠深蹲时穿脚后跟垫高的深蹲鞋（举重鞋），举重鞋会使大多数健身爱好者在低杠深蹲时重心明显前倾，不利于掌握较好的重心位置。

第二，屈膝与屈髋的节奏错误。有很多健身爱好者不明白深蹲时屈膝和屈髋的节奏及先后顺序问题，认为低杠位和高杠位深蹲有各自不同的屈膝和屈髋节奏及发力顺序。事实上，这种观点是十分错误的，这也导致了一部分健身爱好者在深蹲的离心过程中身体不稳定，还比较容易导致下蹲时的重心出现偏差，进而导致整个深蹲试举的失败。屈膝与屈髋的节奏及发力顺序应当为：无论使用的是低杠位还是高杠位，在深蹲时始终都是先屈膝再屈髋的。只有先屈膝打破平衡才可以带给你顺畅的下蹲，先屈髋会使你的身体重心明显前倾，容易导致试举失败。有的健身爱好者认为低杠位深蹲时应该呈现同时屈膝屈髋的姿势，这种想法不是客观存在的，在低杠位依旧是先屈膝，只不过因为低杠位深蹲需要更大的屈髋幅度及后侧链肌群的力量供应，所以屈膝后很快就连接屈髋的动作，给人一个"同时屈膝屈髋"的假象。高杠位深蹲时，因为屈髋的幅度远没有低杠位深蹲那么大，所以在屈膝并带动一段下蹲距离后才会有明显的屈髋。需要注意的是，虽然深蹲时需要先屈膝，但无论使用的是什么深蹲姿势，都不能只依靠屈膝下蹲，否则会使身体重心全部集中在膝关节，不仅不利于大重量的试举，还对膝关节的健康有严重的损害。

第三，屈髋与屈膝肌群力量较差。屈髋肌群与屈膝肌群的肌肉力量较差也是导致深蹲离心阶段问题较大的重要因素之一。负责屈髋的阔筋膜张肌、股直肌、缝匠肌等，与负责屈膝的股二头肌、半腱肌、半膜肌等，都是日常训练中就需要着重关注的肌肉群，必须将其纳入正常的肌肉辅助训练的安排中。这些肌肉群也是很多健身爱好者在日常深蹲训练时比较忽视的部位，只关注对股四头肌、臀大肌的训练，对缝匠肌、股二头肌等肌群缺乏针对性的训练安排，训练容量与训练强度都较低。此外，还需要安排一些特殊的训练动作，例如使用慢速控制的离心下蹲方法，加强离心阶段对屈膝与屈髋肌群力量的募集能力，这会更有助于提升离心下蹲阶段的表现力。

第四，核心力量较差。核心力量较差不仅会影响出杠阶段的表现，导致出杠时"步履蹒跚"或身体晃动明显，同样会使离心下蹲的过程中出现身体抖动，这会影响整个身体的张力及稳定性，不利于在蹲起时有更加集中的力量输出。与提升出杠阶段所需核心力量的方法一样，离心阶段也不应该安排核心肌肉群的过多力量训练，否则对提升下蹲过程中的身体稳定性帮助不大，应当从提升下蹲过程中神经募集核心肌群力量的能力入手，并且最好是使用更加考验身体平衡性的训练动作进行强化练习。

第五，心理恐惧。有的健身爱好者在进行大重量深蹲练习，特别是在试图超越自己之前的深蹲极限重量时，会对新的重量产生心理恐惧，从而导致在下蹲过程中出现动作的变形或下蹲节奏的变化，例如之前是快速下蹲，现在因害怕而变成慢速下蹲，导致整个深蹲试举的失败。这个心理问题是十分严重的，是很难通过特殊的训练动作或训练计划修改能解决的。有的健身爱好者在使用自己极限重量时还有比较不错的表现，并且蹲起的过程并不困难，但是仅仅在极限重量上加了 2.5 千克或 5 千克，便出现了严重的动作姿势变形。理论意义上讲，如果你在之前的重量完成得比较顺畅，那么再加 2.5 千克或 5 千克原则上是不可能使你出现明显的动作变形的，导致这种情况出现的根本原因还是心里产生的恐惧感。力量训练是勇敢者的训练方式，需要在训练的过程中一次又一次挑战并突破自己的极限，这也是选择力量训练的初衷。当然，并不是说所有人都有可能去挑战世界纪录，你应该做的是和自己比较，只有挑战并突破自己才是进行力量训练的意义所在。因此，健身爱好者在进行大重量试举前都尽量保持专注，将注意力完全放在接下来要做的动作姿势上，确保每个环节都做得万无一失，即使失败了也没关系，下次做好充分的准备，等力量有明显提升后再来挑战。

② 提升深蹲离心阶段能力。解决深蹲过程中离心阶段能力较差的方法主要有四种：

第一，首选需要加入训练计划的，便是确定离心下蹲节奏。可以选择快速的离心下蹲，也可以选择慢速的离心下蹲，甚至有的健身爱好者会使用先慢后快的离心下蹲，这些不同节奏的离心下蹲都是可以的。你要确定的是选择其中一个针对性神经募集能力的练习，不能选择多种不同的离心下蹲节奏，否则会使神经募集产生混乱。不同的离心下蹲节奏所对应的针对性神经募集能力训练不同。使用较快离心下蹲节奏的健身爱好者，可以使用弹力带深蹲的方式进行练习。因为弹力带有弹性，下蹲的一刹那会产生快速明显的形变，这在一定程度上会加速下蹲，所以对培养快速离心下蹲时神经募集肌肉的能力有很大帮助。并且，因为弹力带有阻力，出杠的过程中扛在身上的重量是比下蹲过程中更重的，这同样有利于锻炼出杠能力。使用较慢离心下蹲节奏的健身爱好者可以使用慢速离心下蹲的方式进行练习。一般会使用3~5秒的匀速下蹲，通过对下蹲动作较慢速的控制，提升慢速下蹲时神经募集肌肉的能力。此外，慢速离心下蹲的练习还有助于培养在深蹲过程中动作姿势的标准性，对避免膝关节内扣也是有一定帮助的。可以使用自身极限深蹲重量的50%~60%进行5组、每组重复5次的练习。使用先慢后快离心下蹲节奏的健身爱好者，最好使用绑膝进行练习。绑膝坚硬且较富有弹性，刚屈膝下蹲的过程中能适当控制速度，过快屈膝会因绑膝坚硬而无法下蹲，所以比较适合采用先慢后快下蹲节奏的健身爱好者，有助于提升神经募集肌肉的能力。当然，日常习惯使用套膝进行深蹲训练的健身爱好者，在最初使用绑膝的阶段会产生一定的不适应，最好使用自身极限重量80%左右的负荷进行练习。使用绑膝的方法还可以更好地寻找标准的深蹲幅度，避免过深的幅度所导致的无意义的力量浪费。需要注意的是，先快后慢的离心下蹲节奏是不存在的。因为深蹲蹲起的启动阶段必须释放快速强大的爆发力，先快后慢的下蹲节奏会在接近启动阶段时因速度较慢而丧失爆发力，不利于完成大重量的深蹲试举。

第二，避免对重心的干扰。在实际训练中一些不好的习惯会对深蹲时的重心产生干扰，从而影响正常的离心下蹲。最常见的便是使用举重鞋（深蹲鞋）进行低杠位深蹲，脚后跟高导致重心大幅度前倾，无法将重心保持在正常的身体中后侧。除极个别身体条件比较特殊的健身爱好者外，大部分人使用举重鞋进行低杠深蹲都会出现上述情况，这对深蹲的离心下蹲阶段是十分不利的。其次，有的健身爱好者使用了先屈髋这种错误的方式，导致在屈髋的一刹那重心大幅度前倾，重量几乎全部积压在腰背部，不仅对保持正常的身体重心没有任何好处，还有可能使腰背部受到损伤。

第三，屈髋与屈膝肌群的力量训练。应安排一些针对股直肌、缝匠肌、股二头肌、半腱肌、半膜肌等肌肉群的肌肉辅助训练。例如常见的直腿硬拉、腿弯举、腿屈伸等训练动作，都可以使目标肌群的肌肉力量得到一定强化。可以每个动作安排4~5组，每组使用12~15次重复练习。

第四，有关核心肌群的神经募集训练。比较常见的负重卷腹、平板支撑等针对核心肌群的肌肉辅助训练，对提升下蹲过程中身体的稳定性及神经募集能力没有太大的帮助。核心肌群与屈膝与屈髋肌群不同：后者是明显的肌肉力量不足导致在离心下蹲阶段出现困难，只需安排肌肉辅助训练动作即可；前者则与身体的平衡能力关系更大，如果只安排负重卷腹或平板支撑这种对平衡能力要求较小的训练动作，那么对相关神经募集能力的刺激是远远不够的。杠铃支撑深蹲是一个很优秀的与举重相关的训练动作，它不仅采用了与深蹲极其相似的姿势，并且杠铃被伸直举过头顶进行下蹲，对健身爱好者的身体平衡能力要求极高，是一个针对性及迁移性都极强的训练动作。如果你在支撑深蹲练习时能采用较慢的下蹲速度，那么有助于神经对肌肉力量的募集及对肢体动作的协调。不过，支撑深蹲的练习难度极高，健身爱好者在训练初期不要使用太大重量，避免产生无谓的伤病，一般选择合适的重量进行3～4组、每组8～12次的重复练习。

　　健身爱好者应将与离心深蹲相关的训练动作安排在深蹲的专项辅助训练日，其中涉及神经募集能力练习的慢速离心深蹲、弹力带深蹲或支撑深蹲应作为整个计划的第一训练动作，而屈膝与屈髋肌群的肌肉辅助训练则要在第一个动作练习结束后进行。可以选择慢速离心深蹲（或弹力带深蹲）＋支撑深蹲的组合，因为相关动作不会使用太大的重量，所以可以在一个训练日安排两个针对神经募集能力的练习。如果你所使用的周期性计划没安排深蹲辅助训练日，那么在深蹲专项训练日的大重量练习完成后，再根据自身的情况选择提升下蹲阶段神经募集能力的训练动作。因为大重量的深蹲练习已经预先消耗了大部分力量和神经注意力，所以这种安排的目的主要在于保持身体对动作节奏的记忆，无法像单独的深蹲专项辅助训练对离心下蹲的能力有更好的提升。需要注意的是，慢速离心深蹲和弹力带深蹲这两种下蹲节奏不同，不可同时练习。有的健身爱好者因为在深蹲的锁定阶段出现粘滞点，希望使用弹力带在蹲起的过程中不断施加总重量，所以会同时安排弹力带深蹲提升锁定阶段的能力。这种方法是不可取的，它容易使下蹲节奏混乱。应针对这两个阶段的难点分期练习，即先针对离心下蹲阶段的问题安排慢速的离心深蹲，解决了下蹲难的问题后，再进入针对深蹲锁定阶段能力的提升上，安排弹力带深蹲的练习。

　　（3）深蹲启动阶段

　　深蹲启动阶段指的是从深蹲幅度的最低点开始，一直蹲起到大小腿夹角在90°～100°之间的过程。很多健身爱好者和专业教练都认为深蹲启动阶段是深蹲最重要的一个阶段，如果在这个阶段出现粘滞点或浪费了太多的时间和精力，便会直接导致深蹲试举失败或后半程的锁定阶段出现困难。蹲到幅度以后，应尽快蹲起，避免因启动速度较慢导致的力量不足或动作变形等，而有很多健身爱好者在蹲到幅度后突然会有明显的速度放慢的趋势。深蹲启动阶段不仅考验基础力量水平，更加考验神经募集能力及快速发力能力。我们不仅要做好启动阶段之前的出杠与离心下蹲阶段，更要针对神经募集能力以及肌肉力量水平进行一定强度与容量的练习。

① 深蹲启动阶段出现粘滞点的因素主要有七种。

第一，出杠与离心下蹲阶段浪费了过多力量储备。这点是导致深蹲启动阶段出现粘滞的首要因素。很多健身爱好者都是因为不正确的出杠习惯，或过于慢速、不稳定的下蹲导致启动阶段没有充分的力量和速度，从而出现粘滞。理论上讲，越平稳快速的出杠及下蹲，越有助于蹲起的过程中将全身的力量毫无保留地释放。必须注意解决出杠阶段及离心下蹲阶段的问题，尽可能以一个好的状态进入深蹲的启动阶段。

第二，幅度把握不当。有很多健身爱好者在深蹲训练时对具体深蹲幅度掌握不当，导致从下蹲接近深蹲幅度至达到幅度后蹲起的这个阶段发力较慢，这会使启动阶段丧失速度能力，不利于突破启动阶段的粘滞点。健身爱好者对具体下蹲的幅度缺乏相关的记忆，不敢在快接近深蹲幅度时较快速下蹲，担心由此带来过深的深蹲幅度导致力量浪费，只能放慢下蹲速度让自己"感受"到真正标准的幅度，而这个"感受"的慢速过程注定了蹲起的一刹那不会有太强烈的爆发力表现。

第三，缺乏相关神经募集能力训练。有的健身爱好者在启动阶段会因神经募集能力较差无法充分募集肌肉进行发力，找不到具体的发力感。此时，应针对深蹲启动阶段神经募集能力的提升，根据神经募集能力具体的弱点和需求的不同，安排相应的专项辅助训练动作。

第四，缺乏针对性的速度训练。最好是在蹲起的时候能够拥有快速发力的能力，尽量减少启动一刹那的速度损耗，有助于突破启动阶段粘滞点。

第五，缺乏爆发力训练。有的健身爱好者认为爆发力训练与速度训练是一样的。这里的爆发力训练主要是指健身爱好者使用一些特殊的爆发力训练动作，有助于培养深蹲启动阶段的整体发力感及提升神经募集能力，与速度训练并非一样的内容。

第六，缺乏肌肉力量基础。肌肉力量的不足，特别是股四头肌、臀大肌力量的缺失，会使得深蹲的启动阶段出现明显的粘滞点。应安排一些针对性的肌肉辅助训练动作，并且注意避免选择的动作对膝关节或腰椎的压力较大，这样不仅可以提升肌肉力量基础，还可以避免关节和神经过度疲劳。

第七，重心丢失。如果你在蹲起的过程中出现明显的身体重心的变化，就会导致启动阶段出现明显的粘滞点。在蹲起过程中身体重心明显变化的原因：先抬屁股所导致的重心前倾，没有完全挺胸或上背未收紧所导致的重心前倾，以及低杠蹲起时腰反弓明显所导致的重心后移等。

② 解决深蹲启动阶段能力较差的方法主要有六种。

第一，出杠和离心下蹲阶段尽量节省力量消耗。越快速、越平稳的出杠及下蹲可以最大程度保留力量储备，不仅蹲起时可以有更全力的表现，还有利于保持蹲起过程中整个身体的平稳性及张力。请在确保你已经没有出杠和离心下蹲阶段的问题后，再进行与启动阶段有关的训练。

第二，精确掌握深蹲幅度。如果你希望更精准地掌握深蹲幅度，尽量减小不必要的做功距离，并且避免因控制幅度所带来的下蹲及蹲起过慢的问题，那么要针对精确深蹲幅度安排大量的专项辅助训练，加强身体的记忆。掌握精确深蹲幅度的办法，第一个是大量且高密度的深蹲专项训练，不断培养对幅度的记忆。这种方法的迁移性很高，直接使用深蹲这个动作，但是针对性并不高，无法单独强化对深蹲幅度的把控能力，并且较高的训练频率容易使身体产生疲劳。因此，很多教练会为学员选择第二个方法，即箱式深蹲：根据下蹲的最标准幅度来选择合适高度的箱子，然后用正常的下蹲节奏蹲坐在箱子上，停留一秒钟再蹲起。利用这种方法可以借助箱子掌握最精准的深蹲幅度，一定程度上又提升启动阶段的神经募集能力。稍显不足的是高度合适及材质较为坚硬的木箱不好找，皮质等软包材料的箱子不合适。一般选择极限深蹲重量的70%左右，进行3~4组、每组6~8次的练习。

第三，神经募集能力练习。提升深蹲启动阶段的神经募集能力的最好办法是蹲到最低幅度时，使用某些特殊办法消除下蹲过程带来的牵张反射，使神经尽可能只募集负责启动的肌肉力量参与做功。箱式深蹲是一个可以很好提升深蹲启动阶段神经募集能力的训练方式，训练者坐在箱子上，停顿一秒钟再蹲起，便直接消除了下蹲所带来的惯性。但是，箱式深蹲本身也存在着一定的局限性，因为坐在箱子上的时候，箱子会对身体有明显的支撑力，而正常的深蹲过程中，在深蹲幅度的最低点是根本不可能感受到任何支撑力的，所以箱式深蹲在提升启动阶段神经募集能力方面的贡献是有限的。可以选择使用暂停深蹲（间歇深蹲）的方式，即像正常深蹲那样下蹲，只不过在蹲到最低点时停1秒左右，然后正常蹲起，这种方法的针对性及迁移性极强，消除了下蹲带来的惯性及肌肉的牵张反射，更有助于提升"静止"状态下神经募集肌肉的能力。训练时一般采用周期性计划的相关原理，每周循序渐进地增加暂停深蹲的重量，从而更好地提升神经募集能力。当然，也可以使用较轻的重量，例如极限深蹲重量的50%~65%，进行3~5组、每组3~5次的练习，可以很好地增强对动作姿势和发力感的记忆。此外，也可以使用启动深蹲的练习方式，即将杠铃放在深蹲架的保护杆上，并根据自身的深蹲幅度调整好杠铃的高度，然后蹲下去扛住杠铃直接完成蹲起。启动深蹲比暂停深蹲更加"静止"，对提升神经募集能力有更直接的效果和帮助，但是启动深蹲容易使借助腰背力量将杠铃"顶起来"而不是"蹲起来"。正因如此，刚接触力量训练的健身爱好者不宜使用这种练习方式。一般使用极限深蹲重量的70%～80%，进行4～10组、每组1次的练习。

第四，速度深蹲训练。可以使用极限深蹲重量的50%～70%进行多组数、次数较少的速度深蹲训练，在保证动作姿势标准的情况下尽可能快速地完成深蹲，使用较短的组间休息时间更有利于速度能力的提升。

第五，爆发力训练。一些与爆发力有关的体能训练动作可以提升深蹲启动阶段的神经募集能力，有助于找到更好的发力感。可以采用蛙跳、高翻、高抓等田径或举重类的体能训练动作进行练习。如果使用蛙跳练习法，可以规定目标距离进行多组数的练习，例如总共进行4组蛙跳，每组30～50米。如果使用高翻或高抓的举重训练法，可以使用较轻的重量进行多次数的重复练习，因为此时的目标是培养发力感，并非举起多大的重量，所以没有必要使用较高负荷。蛙跳、高翻、高抓都与深蹲启动阶段时下肢发力的方式类似，是很好的专项辅助训练动作。唯一存在局限性的是，蛙跳要求健身爱好者本身没有严重的膝关节伤病史，而高翻和高抓则要求健身爱好者必须具备基础正确的举重技术，这两点都会限制一部分健身爱好者将这三个动作纳入训练计划中。

第六，下肢肌肉力量训练。在深蹲的启动阶段股四头肌与臀大肌是主要的力量来源，所以必须确保这两大肌肉群具备足够的力量基础水平，否则即使神经募集能力再优秀，如果没有足够的肌肉力量供神经募集，也不会拥有强大的启动能力。训练中应安排针对性的提升股四头肌与臀大肌的肌肉辅助训练动作，例如腿举、腿屈伸、臀屈伸、哈克深蹲等。健身爱好者不应过多使用臀桥或前蹲等对腰椎和膝关节有较大压力的训练动作，特别是在正常的大重量深蹲练习结束后使用这类训练动作，会使原本比较疲劳的关节容易出现受伤的风险。

健身爱好者最好将改善启动能力的专项辅助训练动作放在深蹲专项辅助训练日，使用周期性原理循序渐进地增加暂停深蹲所使用的重量，有助于提升深蹲启动阶段的神经募集能力。也可以在深蹲专项辅助训练日安排速度深蹲，着重提升启动阶段快速发力的能力。如果你的训练计划中没有单独的深蹲专项辅助训练日，那么可以在深蹲训练日的大重量深蹲专项练习结束后，使用较轻的重量进行暂停深蹲的做组训练，例如使用极限深蹲重量50%～65%的负荷进行3～5组、每组3～5次的暂停深蹲，这有助于培养暂停深蹲的动作姿势记忆及整体的发力感。当然，你也可以在大重量深蹲专项练习结束后安排启动深蹲，这同样对强化身体在启动阶段的发力感有十分重要的帮助。不过，在大重量深蹲练习后安排速度深蹲并不是一个好的选择，因为大重量深蹲会强烈消耗速度能力及神经兴奋性，此时再进行速度训练对速度能力的提升是很有限的。一般在深蹲辅助训练日安排蛙跳，而非在深蹲训练日的大重量深蹲练习结束后，后者会使得膝关节在随后的蛙跳训练中再次受到强烈的冲击，对维持膝关节健康十分不利。有的健身爱好者习惯将蛙跳训练放在休息日进行，如果整体的训练强度和训练容量不高，并且健身爱好者肌肉恢复能力也比较强，这是一个不错的选择。高抓、高翻等举重类的训练动作可以安排在深蹲训练日或深蹲辅助训练日，这两个动作并不需要使用太大的训练重量，主要在于培养健身爱好者的发力感，因此可以放在任何一个深蹲类的训练日进行练习。

（4）深蹲锁定阶段

深蹲锁定阶段，即蹲起至大小腿夹角为90°~100°后直到完全蹲起至膝关节、髋关节都完成锁定并伸直的过程。在深蹲的锁定阶段出现粘滞点的概率不是很高，除非训练者在前面的三个环节浪费了太多的体力。若你使用绑膝进行深蹲，因为绑膝独特的材质会在深蹲启动时提供一定的"助推力"，但在后半程便无法提供太大帮助，所以你会在一定程度上出现后半程粘滞的现象。

① 深蹲锁定阶段困难的原因有三个。

第一，前面三个阶段浪费了过多的体力。在深蹲锁定阶段遇到困难的大部分健身爱好者在出杠、下蹲及启动三个阶段浪费了太多的体力，以至于身体在深蹲的锁定阶段已经完全没有力量储备去正常地完成动作。启动阶段消耗大量的体力是最为常见的现象。健身爱好者必须充分提升出杠能力、下蹲能力及启动能力，从源头上杜绝锁定阶段困难的问题。

第二，做功距离较长。使用高杠进行深蹲的健身爱好者，其整体的做功距离比低杠更长，因此在锁定阶段遇到困难的可能性也更高。健身爱好者不是不应使用低杠深蹲，只是注意高杠深蹲对锁定阶段的影响是这个动作自身就存在的。个子高、腿长的健身爱好者，无论使用高杠还是低杠，整体的做功幅度都会比其他人更长，就必须具备比其他人更好的神经募集能力和肌肉力量基础，否则较长的做功距离会导致锁定变得极度困难。这点与手臂较长的健身爱好者进行卧推练习及手臂较短的健身爱好者进行硬拉练习所出现的锁定阶段困难的原理是一致的。

第三，股四头肌肌肉力量弱。如果你的身材较高并且腿较长，那么你在深蹲时的做功距离会比其他人更长，这也导致你必须拥有比其他人更好的股四头肌的肌肉力量，否则在锁定时便会失去最重要的力量来源。手臂较长的健身爱好者，与卧推锁定阶段需要更加依赖肱三头肌的原理是一致的，要在训练中根据自己锁定困难的问题安排针对股四头肌的肌肉辅助训练动作。

② 解决深蹲锁定阶段困难的方法有三个。

第一，从源头上杜绝。健身爱好者必须确保自己拥有足够的出杠能力、下蹲能力及启动能力，特别是在深蹲的启动阶段动作是否顺畅对深蹲锁定阶段更有直接影响。

第二，增大做功距离。可以使用比之前深蹲幅度更大的幅度进行练习，越深的幅度会使做功距离变得越长，这点对身材较高、腿较长的健身爱好者是将整体训练难度提升到最高的做法，同时对锁定能力的提升也是最直接的。并且，这种方法除了可以增大做功距离、帮助提升锁定能力以外，还加大了启动阶段的难度，不仅可以一定程度上提升启动能力，还可以从启动困难进而导致锁定困难的角度有助于提升深蹲的锁定能力。可以直接使用新的深蹲幅度进行大重量的专项练习，唯一需要注意的是适当调轻一点深蹲极限的重量。不过，在使用较深幅度进行练习前，请一定要先判断身体结构是否允许使用这种幅度，有的健身爱好者在较深幅度时会遭受腰骶部关节的压力和疼痛。

第三，改变阻力。改变阻力来解决在深蹲锁定阶段的困难的方法，即随着向上蹲起接近锁定位置，身上的重量逐渐加大。这必须使用特殊的训练器械进行辅助。弹力带和铁链是很好的辅助工具：随着向上蹲起，弹力带的阻力逐渐增大，而附着在杠铃上的重量也在慢慢加大；铁链也会随着向上蹲起逐渐离开地面，整个铁链的重量会全部附着在杠铃上。一般会使用弹力带或铁链进行3～5组、每组3～5次的练习，选择极限深蹲重量的50%～70%，然后根据个人特点选择合适重量的弹力带和铁链。不过，一定要注意弹力带/铁链+杠铃片+杠铃的总重量不要超过深蹲极限重量。弹力带深蹲也是一个提升出杠能力不错的训练动作。要将弹力带深蹲对提升出杠能力和锁定能力两种不同的训练方法分割看待，不要将二者混淆。此外，有的健身爱好者认为半程深蹲可以使用很大的重量，无论是从针对性（做功区域与锁定区域相同）还是增大重量的角度，半程深蹲都是提升锁定能力很好的动作。事实上这种观点是十分错误的。半程深蹲与正常深蹲的蹲起到锁定阶段的发力模式及力量基础的消耗是完全不一样的，因此即使在蹲到半程的位置暂停1～2秒加大力量消耗，整体上的力量消耗远远没有正常深蹲高，它忽略了导致锁定困难的最重要的力量消耗阶段——深蹲幅度最低点的启动阶段。并且，使用半程深蹲时，因为姿势很容易出现屈髋幅度的不足，所以导致身体的重心及杠铃的重量几乎都压在膝关节上，使膝关节磨损严重，不利于关节、韧带的健康。因此，解决深蹲锁定困难不应使用半程深蹲。

在相关训练计划的安排方面，如果使用更大的深蹲幅度，那么直接将它替代原有的幅度并进行正常的大重量深蹲专项练习即可。唯一需要注意的是，使用了更大的深蹲幅度后，深蹲极限重量会比之前的低一些，因此在设定计划时也要注意适当调整训练的重量。如果使用改变阻力的训练方法，那么可以将它放在正常的大重量深蹲专项练习结束后，或者将它放在单独的深蹲专项辅助训练日：前者在大重量深蹲练习结束后身体大量力量储备已经消耗的情况下进行训练，对培养整体的锁定时动作的记忆和发力感有很大的帮助；后者因不受任何其他训练动作的预先影响，可以更好地提升身体在锁定阶段的神经募集能力。

（5）卧推出杠阶段

卧推的出杠阶段，即发力向上举起杠铃离开卧推架并向前平移杠铃至准备屈肘下放杠铃位置的过程。同深蹲时的出杠阶段一样，卧推时出杠的好坏直接决定着卧推试举重量的大小。如果出杠表现较差，便会直接导致肩背无法充分收紧，出现明显的晃动。出杠的过程中不仅要尽可能节省体力消耗，还要尽可能地保持身体的稳定。卧推与深蹲不同，在卧推训练时可以通过朋友的帮助出杠，朋友可以站在卧推架的后面帮助将杠铃从卧推架上"拿"出来，这是卧推比赛同样允许的，只不过在深蹲比赛中不能依靠保护者的帮助出杠。因此，只要你的朋友与你的配合默契，由他帮助你出杠使你尽可能节省体力，而你自己只需要做到保持身体的充分紧张和稳定即可。

① 卧推出杠阶段出现粘滞点的原因主要有三个。

第一，辅助出杠方法不对。你需要一个有经验的朋友来帮你出杠，而不是随便找个人帮你把杠铃"拿"出来。正确的辅助出杠的方式是让你的朋友先帮你把杠铃从卧推架上垂直向上提（注意此时不要让朋友用太多的力，你自己也必须使用一定的力量，否则当他松手后你会突然间感到大重量猛烈地压向你的手腕，这不仅对神经是一个较强的冲击，更会在一定程度上影响你的上背部及肩部的紧张感），接着让朋友帮你把杠铃水平前移至你准备开始卧推的位置（在这个过程内，他需要使用更多的力量帮助你将杠铃前移，而不是你自己发力去做一个类似杠铃直臂下压的动作，否则会使你的肩部和背部无法保持张力。一定要确保朋友已经帮你把杠铃送到正确的位置后再松手，如果出现任何前后位置的偏差，便会导致你的身体变得更加晃动和不稳定）。需注意的是，正常的辅助出杠方法一定是先将杠铃垂直向上提然后水平前移，坚决不可以直接将杠铃向斜上方带出至即将开始卧推的位置，后者弧线的错误出杠轨迹是很多健身爱好者在实际训练中都会遇到的。

第二，卧推准备姿势不当。很多健身爱好者在出杠的过程中出现手腕或身体的剧烈晃动，最主要原因是准备阶段的姿势动作有误。准备将杠铃带出卧推架时，一定要确保肩背已经充分收紧，这个紧张感必须十分强烈，它可以保证杠铃离开卧推架后肩背依旧保持很强的收紧程度。并且，为了保持肩背收紧的感觉，一定要让朋友帮助出杠，坚决不可以自己出杠，否则会在向上发力出杠的一瞬间丧失肩背的张力。此外，手腕的姿势也是很重要的，应维持手腕中立位的基本姿势，避免出现杠铃明显将手腕压"弯"的情况，否则会使出杠的过程中手腕受到强大的压力，不利于保持整体杠铃的稳定。

第三，肌肉力量明显欠缺。如果腕关节、小臂肌群的肌肉力量较差，那么即使出杠时使用包裹性和硬度较强的力量举护腕，其对身体的稳定性的帮助也是极其有限的。必须安排针对性的训练动作提升手腕及小臂肌肉群的肌肉力量，这不仅在出杠过程中可获得比较稳定的姿势，同样有利于卧推的离心阶段及卧推向上推起的过程中保持动作姿势的稳定，有助于完成更大重量的试举。

②解决出杠阶段的困难。为了更好地解决出杠阶段遇到的困难，你要在平时训练中尽可能寻找或培养一个好的训练伙伴，你们逐渐默契，他了解你最真实的需求，让他帮助你出杠，这是解决出杠阶段困难最直接的办法。当然，这种办法并不能够很好地解决卧推出杠时力量不足及准备姿势不当的问题，需要安排针对性的出杠训练进行精准"打击"。可以使用不超过自身卧推极限重量110%的负荷，在做好所有的准备姿势后出杠并保持10~20秒的静止，然后将杠铃放回至卧推架。这种方法可以培养正确的动作姿势。如果你的动作姿势不正确，那么出杠后你会感觉到肩背极大的晃动和对杠铃失去控制。同时，这种方法还可以增大肌肉力量，这种静态支撑的练习对提升手腕及小臂肌肉群力量的针对性和迁移性效果甚至更好于孤立刺激这两块肌肉的肌肉辅助训练动作。需要注意的是，感觉到支撑力不足时，应该直接将杠铃放回卧推架，而不要继续勉强硬撑着，否则会对手腕健康产生重要影响。当训练伙伴帮助完成出杠后，他便可以立刻松开杠铃，整个静态支撑的环节需要靠你个人的力量进行练习，一般使用3~5组，每组1次，每次持续10~20秒。此外，还可以在训练中加入针对手腕和前臂肌肉群的肌肉辅助训练动作，对练习过程中身体的平衡能力有重要的帮助。腕屈伸、腕弯举、正握杠铃弯举、前半程的杠铃弯举等都是提升手腕及前臂肌肉群力量很好的肌肉辅助训练动作，可以使目标肌肉群得到极大程度的强化，提供足够的肌肉力量基础，一般每个动作做3~4组，每组进行10~12次。

健身爱好者应将出杠训练放在卧推专项辅助训练日，而不要放在卧推专项训练日进行练习。如果将出杠训练放在大重量卧推前进行，会使卧推大重量训练效果变得较差。如果将出杠训练放在大重量卧推练习后，便会存在因疲劳导致腕关节处于较大的受伤风险中。卧推专项辅助训练时，由于整体训练强度不很高，因此安排出杠练习不会对计划内容或身体健康有太大的影响。其次，如果出杠能力较差，那么一定要在卧推专项辅助训练日安排与手腕、前臂肌肉群有关的肌肉辅助训练动作，最大程度提升出杠所需要的肌肉力量来源。此外，在常见的训练计划设定方法里，较少有一周只安排一个卧推训练日的情况，大都是卧推专项训练日+卧推专项辅助训练日这种一周两练的组合。如果你的计划中只有一个卧推大重量训练日的安排，那么将出杠的练习放在与卧推没有关系的其余训练日中，避免出杠训练与卧推大重量训练搭配导致的问题。

（6）卧推离心阶段

卧推的离心阶段，指的是完成出杠后下降杠铃直至杠铃触胸停稳为止的过程。

卧推的离心阶段是一个十分重要的环节，它不仅会影响整个卧推中身体的稳定性及杠铃的轨迹，还与卧推比赛时的判罚标准有密切关系。在卧推比赛中，运动员必须将杠铃完全停稳在胸口后，听到裁判的口令才可以推起杠铃，而裁判给出推起口令的快慢则是根据杠铃是否在胸口停稳决定的。如果你在卧推的离心阶段能力足够强大，那么杠铃会稳稳地停在你的胸口，裁判也会立刻给出推起的口令。而如果你在卧推的离心阶段遇到了一定的麻烦，杠铃便会在胸口出现明显的晃动和不稳定，裁判也迟迟不会给出推起的口令。口令给出得越快，对运动员推起杠铃是越有好处的。如果裁判长达四五秒都不给出推起的口令，那么运动员想完成最后的试举显然是很困难的。拥有一个好的卧推离心阶段的能力，对提高卧推成绩，特别是在比赛中有更加出色的成绩是十分关键的。

处理卧推离心阶段的问题，与深蹲面临的问题一样，一定要掌握合适的发力节奏及离心下放杠铃的标准姿势。你可以选择快速下放杠铃的节奏，也可以选择有控制、慢速下放杠铃的节奏，但是一定要注意避免出现混乱的发力节奏，不要在选择了快速下放的方式后还在平时的训练里进行过多的慢速控制的练习，否则会使你的神经产生对动作和发力模式的记忆混乱，不利于解决卧推离心阶段遇到的问题。快速下放杠铃和慢速下放杠铃对卧推是有着不同的优缺点的。快速下放杠铃有助于减少离心阶段的体力消耗，可以更好地储备力量将其全部作用在推起阶段。但是，过快的下放节奏有可能使肩背部承受较大的压力和冲击，导致杠铃无法立刻在胸前停稳。慢速下放杠铃更有助于神经系统在下降过程中更好地募集肌肉力量，避免过快的下降导致杠铃无法停稳的问题。不过，慢速下放的节奏会使得离心阶段消耗大量的力量储备，并且长时间处于无氧呼吸的状态，这对完成最后的试举显然是十分不利的。选择哪种下放节奏是需要健身爱好者根据自身的情况进行判断，无论是快速还是慢速的下放都是建立在神经募集能力主动调整速度的基础之上的。不能因害怕重量产生的被迫放慢速度或毫无准备的直接将杠铃"自由落体式"地砸到胸上，这两种毫无神经募集能力的表现对解决卧推离心阶段的问题是没有任何帮助的。

① 导致卧推离心阶段出现较多问题的原因主要有四种。

第一，下放杠铃的姿势不对。这是导致很多健身爱好者卧推离心阶段出现问题的主要原因之一。大部分习惯健美式卧推的健身爱好者，在下放杠铃时肘关节打开过多，这会使得杠铃的重量完全压在肩膀及胸外侧，上肢在杠铃下降过程中受到极大的压力，杠铃重量会把身体直接"压扁"。正确的姿势是在下放杠铃的阶段将上背部和肩关节完全收紧，将肘关节适当向身体的方向夹紧，利用背部的力量将杠铃从上方"拉"下来，这样不仅可以很好地控制杠铃下降的速度，还可以使肩膀和胸外侧所受压力大大减小，背部变成主要承受重量的部位。很多健身爱好者在卧推的离心阶段呈现身体被动"等待"杠铃砸下来的姿势,根本没有主动地利用背部的力量将杠铃拉下来的意图,这便是在离心阶段显得十分吃力的症结所在。如果想解决这个问题,必须安排大量培养下放杠铃的动作姿势的练习。

第二,缺乏神经募集能力。无论是快速还是慢速的下放节奏,都是建立在健身爱好者自身神经募集能力基础之上的,即通过神经的募集能力主动对动作速度做出或快或慢的调整。首先根据自身的情况选择使用较快速还是较慢速的下放节奏,然后根据不同的节奏特点选择针对性的提升神经募集能力的练习。需要注意的是,卧推与深蹲不同,需要在胸口停稳杠铃,等待裁判的口令后才能推起,因此卧推不能像深蹲的离心阶段采用先慢后快的方式,否则会导致无法在胸口尽快地停稳杠铃。

第三,关节伤病。肩关节、肘关节都属于比较脆弱、易受伤的关节,有的健身爱好者因为关节疼痛或不适感,在杠铃下放时"不敢下",导致整个卧推离心阶段的速度被严重放慢,从而影响后续推起的力量表现。关节有伤病或不适感的健身爱好者应当先就医,将关节和韧带的不适感明显消除后再进行卧推的训练。如果你的身体已经没有伤病或不适感,那么可以试着慢慢加快一点下放杠铃的速度,让整个身体逐渐适应。

第四,肌肉力量薄弱。虽然卧推离心过程需要尽量募集上背部的肌肉力量,而非只依靠三角肌和胸大肌的力量,但是如果三角肌、胸大肌等肌肉力量过于薄弱,那么同样会在大重量卧推时出现离心阶段困难的现象。在训练计划中应安排针对胸大肌、三角肌及上背部肌肉群的肌肉辅助训练动作,提供在卧推离心阶段必需的肌肉力量基础。

② 解决卧推离心困难的方法主要有四个。

第一,掌握背部发力技巧。在卧推下放杠铃的过程中,你必须依靠上背部的力量主动将杠铃"拉"下来,而不是任由杠铃"砸"向自己。这种发力感可以帮助你更多地募集到上背部的肌肉力量,一定程度上解决卧推离心困难的问题,但是这种发力感十分特殊,必须通过针对性的方法进行练习,否则很难真正培养出用背部"卧推"的能力。一般常见的方法主要有两种。第一种是使用速度卧推的训练方法,使用极限卧推重量50%～70%左右的负荷,快速、不在胸口停顿地卧推练习。这种方法可以在轻重量的帮助下,逐渐培养在杠铃下降阶段使用背部发力的感觉。第二种方法是在卧推训练前使用高位下拉或面拉等模仿背部卧推发力感觉的肌肉辅助训练动作进行练习,使神经预先有相似的发力记忆,然后进行卧推的专项训练。不过,这种方法在卧推时有背部肌肉力量的预先损耗,因此这种方法不应用在大重量卧推训练上,最好与速度卧推相结合,放在卧推辅助训练日。并且,面拉、高位下拉时注意使用较轻的重量即可,避免背部肌肉提前产生肌肉充血而影响其在卧推时的正常发力。此外,使用徒手的反向划船训练，虽然与卧推时背部发力的感觉类似，但是它的发力方式是将身体拉向杠铃，而非将杠铃拉向身体，因此使用这种方法对提升背部发力技巧并没有太多的迁移效果。

　　第二，离心慢速卧推。离心慢速卧推不仅有助于掌握卧推离心阶段的动作姿势，还可以提升慢速下放节奏中的神经募集能力。如果下放杠铃的过程中有任何不标准的姿势，例如肩关节、背部等没有充分收紧，那么使用较慢的离心下放速度时这种现象会被放大得十分明显，能够感觉到身体的不适或肢体及杠铃明显的晃动。因此，离心慢速卧推有助于很好地掌握杠铃在下降过程中动作姿势的标准性。其次，离心慢速卧推还非常适合杠铃下降节奏较慢的健身爱好者，有助于提升离心阶段的神经募集能力。不过需要注意的是，在安排离心慢速卧推的训练时一定要明确训练目的是什么，如果目标是改善离心阶段动作姿势的标准性，但是卧推时杠铃下降速度又比较快，那么使用太多离心慢速卧推容易使神经募集能力产生混乱。此外，一定要注意离心慢速卧推是建立在主动控制速度的基础之上。有的健身爱好者在卧推时会不敢下放杠铃，其原因除了健身爱好者自身关节、韧带的不适感及肌肉力量较差外，还跟健身爱好者卧推时的热身习惯有关。理论上讲，在力量训练的热身时，消耗的力量越少对正常的大重量训练越有帮助，因此使用较少的热身组和每组重复次数对健身爱好者推起大重量是有帮助的。比如你的目标是完成140千克的卧推，在试举前会用120千克进行热身，为了更好地节省体力以便冲击140千克卧推，最佳的选择是只推一次120千克即可，推2~3次有可能消耗大量力量，从而导致140千克的试举失败。不过，这种方法并非适合所有人，有的健身爱好者需要比较多次数的热身才能够有更好的状态进入极限重量的试举中，这一点跟他之前的热身习惯有关，也跟他自身的肌肉和神经募集能力的特点有关。他需要用120千克完成一组2~3次的练习后，才可以充分激活神经募集能力和注意力。如果他只推一次120千克，便有可能因神经没有被充分募集产生不敢下放杠铃等问题。使用离心慢速卧推时，一般使用极限卧推重量的50%~70%，进行3~5组、每组3~5次、每次使用3~5秒匀速下放杠铃的方式进行练习。

　　第三，加速卧推。使用正常的卧推姿势进行练习，要注意适当加快杠铃下降的速度，并且在杠铃触胸停稳后再向上推起杠铃。这种方法主要是为了适应在快速下降这种节奏中神经系统募集肌肉力量的能力，要在保持动作姿势标准的情况下做到尽可能快速。但始终注意这必须以动作姿势标准为前提，任何以牺牲动作姿势标准所换来的速度都是没有任何意义的，不仅对提升快速下降杠铃的能力没有帮助，还会使关节受到损伤。并且，要注意下降杠铃时并非一味地追求快速，在杠铃接近胸口时要适当轻微减速，这样可以很好地将杠铃在胸口停稳，有助于卧推比赛有更好的表现。此外，还可以配合弹力带进行卧推，因为弹力带的拉力，杠铃被快速"压"下去，这对提升快速下放的能力是有一定帮助的。不过，要注意的是弹力带卧推同样对解决卧推锁定困难有帮助，将它放入训练计划时，一定要考虑出发点是什么，不要将离心阶段和锁定阶段二者混淆。一般使用卧推极限重量的50%～70%，进行3～5组、每组3～5次的练习。

第四，肌肉辅助训练。训练计划应安排足够的肌肉辅助训练动作，例如针对三角肌的前平举、哑铃推举，针对胸大肌的绳索夹胸、蝴蝶机夹胸，针对上背部肌肉群的高位下拉、面拉，这些动作都是制订训练计划需要考虑的，一般进行每个动作4～5组、每组12～15次的练习。

（7）卧推启动阶段

卧推的启动阶段指的是当杠铃在胸口停稳后直至杠铃向上推起至大小臂夹角大于90°的过程。有的健身爱好者因为使用的握距较长并且手臂较短，可能会出现杠铃在触胸时大小臂夹角依旧大于90°的现象，此时卧推的启动阶段指的主要是杠铃刚离开胸口的过程。卧推中最容易出现粘滞点的阶段便是卧推的启动阶段，特别是在卧推比赛中，因为需要将杠铃放在胸口停稳后等待裁判口令才可以推起，运动员无法在几乎"静止"的状态下将杠铃快速推起到一定的高度，从而出现卧推试举的失败。出现这种情况的原因：一是杠铃必须在胸口停留一定的时间，健身爱好者很容易无法长时间闭气导致力量溃散；二是杠铃停稳后身体丧失了之前在离心下放杠铃阶段的初速度，很难借助惯性力或深蹲时的"牵张反射"。卧推的停顿使得很多健身爱好者在某个重量试举时较轻松，但是加重2.5千克或5千克便无法完成试举。必须安排针对性的训练来解决卧推启动阶段困难的问题，否则卧推成绩不可能有明显的提高。

① 导致卧推启动阶段困难的原因主要有六个。

第一，肩背部没有完全收紧，身体丧失张力。卧推训练时必须保持全程肩背部完全收紧，并且尽可能募集更多的上背部肌肉参与到卧推中。如果杠铃触胸后肩背部没有收紧或比较松散，会使得向上推起杠铃时肩关节处于极度不稳定的状态。肩关节本身就是灵活性较强的关节，在卧推训练时很容易受到大重量的冲击产生不稳定或晃动，这也是必须完全收紧肩背部进行卧推的原因所在。肩关节的不稳定会使得卧推的启动阶段出现明显的分力，不利于完成大重量的试举。

第二，上肢肌肉群力量较差。肩部三角肌前束、胸大肌等上肢肌肉群会在启动阶段释放巨大的力量，拥有足够的上肢肌肉力量基础才可以通过神经募集应用在卧推的启动阶段。真正要提升的是神经在启动阶段的募集肌肉和肢体的能力，也必须确保拥有足够的肌肉力量基础，否则即使神经募集能力再强，也不会展现足够强大的卧推启动能力。

第三，不好的训练习惯。很多健身爱好者在日常的卧推训练时经常借助杠铃下降的初速度，通过"反弹"向上推起，有明显的借力。这种坏习惯对有比赛需求的健身爱好者更是十分不利的，它会使神经养成习惯性的借力记忆，无法在短时间内适应杠铃必须在胸口停稳时如何募集肌肉力量进行做功。并且，杠铃在胸口停稳的状态下，呼吸方式及呼吸时间长短也会发生变化，这同样会影响卧推启动能力。

第四，缺乏神经募集能力的专项练习。训练中应安排一定量的针对神经募集能力的迁移性、针对性较高的练习，例如使用在胸口停顿的方式（暂停卧推）替代习惯的触胸就推起的方式进行卧推大重量练习，只不过在这种情况下使用的重量要比之前的极限重量略微轻一点。其次，有很多健身爱好者在启动阶段遇到困难时，真正感到无力的点并非杠铃在胸口的位置，而是杠铃在向上推起刚离开胸口后的某个位置，具体的位置要根据自身的情况去做判断。在这种情况下，使用传统的暂停卧推训练是没有太大帮助的，它对解决在胸口出现粘滞点的现象有较大贡献，可以根据具体的粘滞点位置选择相应的更加特殊的训练方法。

第五，缺乏速度。启动阶段发力的速度越快，对避免产生启动困难的现象也就越有帮助。这点与深蹲启动阶段一样，快速发力的习惯有助于很好地渡过这个关口。

第六，出杠与离心下降阶段浪费体力过多。如果出杠和离心下降杠铃的阶段浪费了过多的体力，或者消耗了较多的时间，便会导致杠铃停在胸口时身体处于氧气储备较差的情况，并且会消耗大量的肌肉力量，很容易产生卧推启动阶段困难的问题。出杠阶段因为有训练伙伴帮助出杠，真正耽误的时间或体力不会特别多，时间和体力主要耗费在杠铃下降的阶段，特别是喜欢较慢速下放杠铃的健身爱好者很容易出现这种情况。当你的杠铃下降速度过慢时，你很难保证自己之前吸入的氧气可以持续供应给你的身体，而一旦气息不足，杠铃在胸口时必须换气，而大重量卧推时换气就极有可能直接降低力量输出，导致卧推试举的失败。

② 解决卧推启动阶段困难的方法主要有五个。

第一，适当加快杠铃下降速度。健身爱好者可以使用比正常杠铃下降速度稍慢一点的方式度过杠铃的离心阶段，但不应使用过慢的节奏，否则会导致下降阶段耗费大量的力量储备，并且最重要的是拉长身体处于无氧状态的时间，这一点与杠铃必须在胸口停留相叠加极容易导致卧推在启动阶段失败。最直接的解决办法便是安排较轻的重量，逐渐适应稍微提速后的杠铃下降，使神经及肌肉、肢体都慢慢适应更大的重量，直至可以使用之前过慢的节奏所使用的同等重量进行练习。

第二，肩背部及整个身体充分紧张，保持张力。如果你想避免卧推的启动阶段出现过于明显的粘滞点，特别是解决因肩背部没有充分收紧导致的发力分散，那么最有效的办法便是保持肩背部及整个身体的充分紧张，主动激活上背部的力量，利用神经募集能力控制并主动将杠铃拉向身体，这会使杠铃在胸口停得更稳，并且耗费的时间较少，很快可以听到裁判推起的口令，从而有利于卧推启动阶段的表现。此外，不仅要保持肩背部的紧张，还要保持整个下肢的稳定，比如双脚、臀部分别充分紧贴地面与卧推凳，避免双腿较大幅度的晃动及臀部明显抬离卧推凳，否则会导致杠铃在胸口出现明显的不稳定现象，不利于更加快速地将其推离胸口。

第三，针对性的肌肉辅助训练。要针对胸大肌、三角肌前束等在卧推启动阶段释放较大力量的肌肉安排辅助训练，常见的坐姿推胸、绳索夹胸、坐姿推举、实力推等训练动作都是提升目标肌群肌肉力量十分优秀的训练动作，一般每个动作进行3～4组、每组安排10～12次的重复练习。在一份力量训练计划中，针对每个需要提高的肌肉群应安排1～2个训练动作。

第四，神经募集能力针对性的训练。如果你想尽可能提升在卧推启动阶段时身体的神经募集能力，那么最直接也是最有效的方式就是进行暂停卧推的练习，并且将它替代之前习惯的触胸即起的方式加入正常的卧推训练中。不需要在胸口停留过久的时间，只需要杠铃在胸口明显停稳后便可以推起杠铃。这种方法主要适合粘滞点位置位于胸口的健身爱好者。在实际训练中，依旧有很多健身爱好者的粘滞点位于杠铃刚离开胸口的某个位置，具体的位置因身体结构和肌肉力量强弱程度而不同。此时，需要使用针对性的Spoto卧推或木板卧推进行练习：Spoto卧推，通过自身对粘滞点位置的掌握，选择将杠铃下降至那个位置暂停1秒左右的时间，再向上推起杠铃；木板卧推，使用厚度合适的木板（图21），将它放在胸口的位置，杠铃下降至木板后停留1秒左右的时间，再继续向上推起杠铃。这两种方式各有好处和局限性。对于Spoto卧推而言，它充分模拟了杠铃持续给予身体重量压力时的训练环境，这对提升

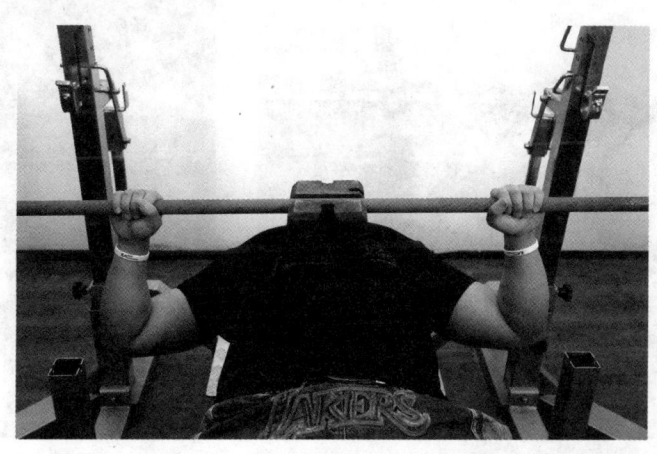

图21

卧推启动阶段的神经募集能力具有重要作用。不过，Spoto 卧推容易让健身爱好者在暂停位置因暂停导致肘关节打开，这种情况比较容易体现在动作姿势不扎实或刚开始接触力量训练的健身爱好者身上。木板卧推虽然不会有太多可能导致肘关节打开，但是杠铃与木板的接触实际上营造了杠铃的重量被木板分散掉一部分的训练环境，这与实际训练时卧推启动阶段遇到困难的训练环境是不一致的，相对 Spoto 卧推的效果要差一些。并且，除非有极其专业的训练设备，否则你必须借助训练伙伴的帮助才可以完成木板卧推的练习。此外，还可以通过增加卧推启动阶段的发力困难程度来提升神经募集能力，只不过这种方法对健身爱好者的训练经验要求较高，刚接触力量训练的健身爱好者容易养成不好的发力习惯。这种方法是使用抬脚卧推（图 22）或地板卧推（图 23），将脚抬起或放在地面进行卧推，使肩背部处于一个完全无法收紧的状态，如果在肩背部无法收紧甚至处于最松散情况下都可以获得较好的启动能力，那么收紧肩背部后便会有更加优秀的力量表现。这种设想并没有原则上的错误，只是对刚接触力量训练的健身爱好者，如果养成了不收紧肩背部的发力习惯，那么对日后的动作姿势培养毫无疑问是十分困难的。并且，如果你的手臂较短，也不适合进行地板卧推，较短的手臂会使你的地板卧推变成半程卧推，把训练的重心变成提升卧推锁定阶段的神经募集能力，这与训练初衷是完全相反的。在训练计划的设计时，无论是暂停卧推、Spoto 卧推还是木板卧推，都可以使用周期性原理的方式每周逐步增加重量，地板卧推或抬脚卧推较习惯使用每个动作完成 3～4 组、每组完成 10～12 次的方式。

第五，速度训练。训练计划中应安排重量较轻的速度训练，特别是较快速完成暂停卧推，可以很大程度上提升卧推启动阶段的能力。需要注意的是，如果你习惯较慢

图 22

图 23

的杠铃下降速度，在下降时依旧保持之前的节奏习惯，只需要在推起时注意尽可能快速发力即可。

在安排提升启动能力的训练计划内容时，一般会将暂停卧推、Spoto卧推或木板卧推按照周期性原理每周逐渐增加重量，替代之前触胸即起的卧推姿势加入卧推专项训练日的大重量卧推专项训练中。地板卧推和抬脚卧推是常放在卧推专项辅助训练日，这不会太多影响肌肉与神经的恢复，不会在大重量的卧推训练结束后依旧对关节造成明显的压力。如果你需要在训练计划中安排速度训练，也可将它放在单独的卧推辅助训练日，大重量的卧推专项训练会明显消耗神经募集能力，不利于在练习结束后继续安排针对提高速度能力的训练。

（8）卧推锁定阶段

卧推锁定阶段指的是向上推起杠铃至大小臂夹角大于90°时直至最后完全推起至手臂伸直并完成锁定的过程。在实际训练中，有很多健身爱好者将杠铃已经上举至大小臂夹角接近130°～145°甚至更大，但是始终无法完成完全伸直手臂并锁定，导致卧推试举功亏一篑。这与健身爱好者不同部位的肌肉力量强弱有关，同神经募集能力有关，也同身材结构有关，这些都集中表现为锁定能力较差。要根据具体的情况进行分析，找出自身在卧推锁定阶段遇到困难的原因。

① 导致卧推锁定阶段出现问题的原因有四个。

第一，离心及启动阶段速度较慢。同深蹲锁定阶段遇到问题时的情况类似，如果离心下降杠铃及启动这两个最容易浪费体力的阶段消耗了太多的时间，自然会在卧推锁定阶段几乎"精疲力尽"，很容易遇到锁定困难的问题。

第二，整体做功距离过长。这点主要体现在手臂较长或者使用握距较窄的健身爱好者身上。手臂较长在硬拉中是很明显的优势，可以减小做功距离，但是在卧推中便成了严重阻碍卧推成绩提高的因素，不仅使整个卧推过程中做功距离比其他人多出不少，更会在启动阶段出现大小臂夹角过小的问题，使得肩部要比其他人释放更多的力量才足以将杠铃推离胸口，而推起的速度稍慢则对后面的锁定阶段显然是十分不利的。握距越宽，做功距离越小，因此使用较窄握距的健身爱好者也会面临做功距离较长的问题。握距的宽窄跟每个健身爱好者的臂展及选择有关，也跟自身不同肌肉群的强壮程度有密不可分的关联。有的健身爱好者肩部的力量较差，如果使用较宽的握距，那么很容易导致肩部发力能力更加薄弱，因此会选择使用较窄的握距。

第三，缺乏神经募集能力训练。如果在日常的卧推训练中缺少有关在锁定阶段神经募集能力的训练，自然很容易在锁定时出现力量募集较差的现象。有的健身爱好者认为在卧推锁定阶段不需要安排神经募集能力的练习，因为卧推锁定阶段与深蹲锁定阶段类似，都属于不太容易出现粘滞点的区域。事实上，这种想法是十分错误的。卧推锁定阶段虽然与深蹲锁定阶段都在后半程，但是卧推训练时杠铃要在胸口停稳后才可以推起，这是深蹲训练所没有的，也正是这个不同点导致卧推的锁定阶段更容易出现粘滞点。必须安排针对神经募集能力的训练，特别是对手臂较长的健身爱好者，针对性的专项辅助训练更是必不可少的。

第四，肌肉力量较差。如果肱三头肌力量较差，那么在卧推锁定阶段（主要依赖肱三头肌发力），很容易出现明显的粘滞点。想要避免锁定困难对卧推成绩的影响，最基本的便是拥有足够的肱三头肌肌肉力量。手臂较长的健身爱好者，因为做功距离较长，必须具备比其他人更强的肱三头肌肌肉力量，相关的肱三头肌训练是训练计划中必不可少的。

② 解决卧推锁定阶段困难的方法主要有四种。

第一，强化离心下降杠铃阶段与启动阶段的能力。如果在离心下降杠铃和启动这两个阶段浪费了太多的体力，身体处于较长时间的无氧状态，这会极大程度影响锁定时的力量表现。解决这个问题的最简单办法便是强化上述两个阶段的能力，不要在这两个阶段出现任何明显的粘滞点，并且在卧推启动这个难度最大的阶段一定要做到越快推起越好。

第二，加长做功距离。无论你的手臂长度较长、普通还是偏短，在卧推训练时使用加长做功距离的"卧推变形动作"，对提升锁定能力都有十分明显的帮助。特别是手臂较长的健身爱好者，如果在增大了做功距离之后依旧有比较不错的卧推锁定能力，那么重新采用正常卧推时会发现锁定能力得到了明显的强化。平时会比较多采用窄距卧推或上斜卧推的方式来增大卧推的做功距离，这两个特殊的动作可将手臂"变长"。窄距卧推不仅会增大卧推的做功距离，还对肱三头肌的力量有明显的提高作用。上斜卧推训练时，要注意将杠铃下落在锁骨或上胸的位置，若将杠铃下降至平板卧推时的位置，便导致整个做功距离被缩短，失去了上斜卧推原本的价值。其次，上斜卧推还可以提升上胸及肩部的力量，对肩部或启动能力较差的健身爱好者也会起到一定的作用。在设计相关训练计划时，较多使用周期性原理的方法逐渐增加窄推的重量，甚至将窄推替换普通的卧推放入卧推专项训练日的大重量卧推练习中。当然，也有的健身爱好者喜欢将窄推放在卧推专项辅助训练日，使用3~4组、每组10~12次的方法来更多提升肱三头肌的肌肉力量。上斜卧推则更多在卧推专项训练日的大重量卧推练习完成后进行，一般会使用重量较轻的3~4组、每组10~15次的方式。

第三，改变阻力。可以使用弹力带或铁链卧推的方法，在杠铃逐渐上升至锁定阶段的过程中，依靠弹力带的弹性与铁链离开地面产生的阻力变化，提升锁定阶段神经募集肌肉及肢体协调的能力。这点与使用弹力带或铁链深蹲的原理一样，可以很好地提升神经募集的能力。唯一存在局限性的是长度或重量合适的铁链不好找，一般使用弹力带卧推更多一些。弹力带卧推还可以提升卧推出杠阶段及卧推离心下降杠铃阶段的能力，一般使用极限卧推重量的50% ~ 70%+合适重量的弹力带或铁链，进行3 ~ 5组、每组3 ~ 5次的练习。

第四，肌肉辅助训练。为了解决肱三头肌肌肉力量较差的问题，设计肌肉辅助训练的内容时应安排一些针对肱三头肌肌肉力量的训练动作，例如窄推便是很不错的选择，它不仅可以提升肱三头肌的力量，还是采用卧推的动作，迁移性和针对性都较高。当然，也可以选择一些较孤立的训练动作，例如绳索臂屈伸、直杠臂屈伸、仰卧杠铃/哑铃臂屈伸、双杠/钻石俯卧撑等，对肌肉的刺激效果更好。使用器械或自由重量进行练习时，可以安排4 ~ 5组、每组12 ~ 15次的练习；使用自身体重进行练习时，可以安排3 ~ 4组、每组力竭次数的练习。需要注意的是，肱三头肌为小肌肉群，如果训练时多安排一些针对肱三头肌动作的超级组，那么对肱三头肌的肌肉力量会有更好的提升效果。此外，与深蹲训练类似，半程卧推与半程深蹲对提升动作锁定阶段同样没有太大帮助，并且容易使健身爱好者养成错误的发力习惯。

设计与卧推锁定训练相关的计划时，如果你的问题主要在肱三头肌的肌肉力量不足，手臂长度正常或较短，可将重心主要放在针对肱三头肌肌肉力量的训练及通过改变阻力提升神经募集能力上。与肱三头肌有关的训练可以放在卧推专项训练日或卧推专项辅助训练日，而改变阻力的弹力带或铁链卧推则只能放在卧推专项辅助训练日。如果你受困于手臂长度而导致的卧推锁定较难，你可以将窄推替代正常的卧推姿势加入卧推专项训练日中，用周期性原理的方法循序渐进增加每周窄推的训练重量。并且，在卧推专项辅助训练日可以加入同样增加卧推做功距离的上斜卧推进行练习，只不过没有必要每周都使用较高的重量，可以采用中等重量、较高次数和组数。

（9）硬拉启动阶段

硬拉启动阶段指的就是发力向上拉杠铃直至杠铃片完全离开地面的过程。这个过程耗费的时间越短，证明硬拉启动能力越强，对提升硬拉成绩也更有帮助。硬拉的启动阶段是整个硬拉动作中最重要的一个阶段！启动能力不足会产生糟糕的多米诺骨牌效应，导致中段、锁定阶段甚至握力都出现严重的问题。如果你想拥有一个强大的硬拉成绩，那么你的启动能力一定不能拖后腿，并且启动越强对整体成绩的提高也越有帮助。

① 导致硬拉启动阶段出现问题的原因主要有五个。

第一，手臂较短。虽然手臂较短的健身爱好者在卧推时拥有得天独厚的优势，但是在硬拉训练中，准备硬拉时臀的位置比其他人要更低一些，这种特殊的臀位会在硬拉时无法很好地感受到腘绳肌及臀大肌的力量，并且需要股四头肌释放更多的力量才可以将杠铃拉起。更准确地说，对于手臂较短的健身爱好者，他们的硬拉看起来更像一个"深蹲",发力的过程中容易出现错误的集中在身体前侧的发力模式。这些重因素中每一个都不利于硬拉启动阶段获得快速的发力能力,叠加在一起便导致了手臂较短的健身爱好者在硬拉启动阶段容易遇到粘滞点,除非使用的硬拉重量远低于深蹲重量(当硬拉重量远低于深蹲重量时,即使出现发力模式的错误也不会产生太过明显的启动粘滞点)。

第二,错误的发力模式。这种现象一般出现在平时硬拉训练频率较低或对硬拉姿势掌握不牢固的健身爱好者身上,错误地使用了依靠身体前侧肌肉力量的发力模式,即在硬拉的启动阶段将全部的注意力都放在股四头肌上,运用类似深蹲的方式将杠铃"蹲"起来而不是真正拉起来。硬拉启动阶段正确的发力模式中虽然有股四头肌的参与,但是更多的力量来源还是与后侧链肌肉群(腘绳肌、臀大肌、上背部肌群)有关。如果发力模式错误,便会直接减缓杠铃离开地面的速度,导致启动阶段粘滞点的出现。

第三,速度能力较差。与卧推和深蹲不同,硬拉没有一个预先离心下降杠铃的阶段及出杠的阶段,第一个要做的便是启动阶段,这样,健身爱好者自身速度能力或者爆发力的高低直接影响着是否可以以最快的速度度过硬拉的启动阶段。有很多健身爱好者在日常训练中没有针对速度能力的特殊练习,便在启动阶段无法快速释放自己的力量。并且,有的健身爱好者担心硬拉会伤害到腰部,在大重量试举时变得恐惧,导致发力速度更加放慢,这样一来便更加容易在启动阶段遇到困难。

第四,肌肉力量不足。腘绳肌、臀大肌、上背部肌群所组成的后侧链肌肉力量较差也是导致启动阶段速度过慢的原因之一。上背部肌群的训练是很多健身爱好者平时比较忽略的,认为硬拉始终是以下肢为主的训练动作,没必要过多关注上肢的肌肉群。事实上,因为硬拉时要双手抓住杠铃,上背部的力量要将杠铃带离地面,还要克服重力的影响,所以一旦上背部力量不足便会直接导致在启动阶段身体被杠铃和重力向地面拉,而不是主动将它们向上拉,这不仅不利于快速度过启动阶段,还有可能使背部姿势明显变形,不利于身体的健康。

第五,中下背弯曲借力。中下背弯曲借力其实是可以"提升"硬拉的启动能力的,有很多健身爱好者使用中下背弯曲借力的方式可以在启动阶段拥有"强大的爆发力",但是这种方式会极大程度损害腰椎健康,是十分不理智的饮鸩止渴的行为。尽管在极限重量硬拉时,健身爱好者因为重量较大甚至超过自己的极限力量,有时会不可避免地出现中下背轻微的拱起现象,但这绝对不是在启动阶段本能地使用弯曲中下背借力方式的借口,这会直接影响运动寿命。并且,弯曲中下背还会使背部明显丧失张力,在需要背部进行锁定的硬拉锁定阶段会出现无法避免的锁定困难。

②解决硬拉启动阶段困难的方法主要有八种。

第一,找到合适的重心和发力模式。无论你使用的是传统硬拉还是相扑硬拉,最合理的重心都应当是在脚的中后方，相扑硬拉的重心一般更加靠后一点，主要集中在脚后跟附近的位置。找到合适的重心后，便可以比较正确地找到具体的发力模式。传统硬拉中启动阶段主要依赖腘绳肌、上背部肌群、臀大肌及股四头肌的发挥，虽然发力主要集中在后侧链，但是因为硬拉的姿势，股四头肌也会释放一定的能量。相扑硬拉中启动阶段则主要依靠臀大肌、腘绳肌的力量，因为站距较宽，股四头肌很难真正发挥太大的作用，上背部肌群因为上半身较直立也不会起到特别大的帮助。根据所使用的硬拉姿势的不同，找到合适的重心并掌握正确的发力模式是解决硬拉启动困难的主要方式之一。

第二，降低臀位。手臂较长的健身爱好者在启动阶段相对不会遇到太大的阻碍，但是这仅是相对手臂较短的健身爱好者而言，任何人都存在启动阶段能力较差的可能性。如果想解决这个棘手的问题，那么最简单的办法便是降低臀位，即垫高自己进行硬拉的超程硬拉。如果使用低臀位进行超程硬拉时可以拥有较快的启动能力，那么理论上使用正常的臀位进行硬拉时，启动的速度会变得更快。健身爱好者可根据手臂长度选择不同的垫高高度：手臂较长的健身爱好者，一般会选择 7.5 厘米左右的高度，如果垫高较小，不能带来明显的考验；手臂较短的健身爱好者，一般会选择 2.5～5 厘米的高度，如果垫高较大，甚至无法用一个正常的姿势完成硬拉，对提升启动能力自然也就没有任何帮助。可以将超程硬拉替代正常的硬拉练习，使用周期性原理循序渐进地增加每周超程硬拉的重量，用来提升启动阶段的能力。当然，也可以使用正常硬拉极限重量 50%～65% 的负荷，进行 3 组、每组 5 次的训练，用来提升启动阶段的神经募集能力。需要注意的是，在降低臀位时一定要降低臀位，不能使用正常高度硬拉时的臀位，否则容易使腰背部出现明显的不适感。并且，在使用超程硬拉前你一定确保自身不存在任何对正常臀位姿势掌握不确定的问题，如果你不清楚自身正常硬拉时的臀位，那么使用超程硬拉反而会出现更多问题。其次，超程硬拉只适合在传统硬拉中使用，不能够使用超程的相扑硬拉练习，否则髋关节容易受到明显的损伤，反而会降低相扑硬拉的重量。相扑硬拉因为较宽的站距，使得股四头肌参与做功的比例被大幅度缩减，本身便会出现启动较困难的问题。因此，使用任何降低臀位的方式对提高相扑硬拉的启动速度都没有太明显的帮助。除了掌握合适的重心、正确的发力模式、提升爆发力及相关肌肉力量外，可以提升相扑硬拉启动能力的最有效动作便是在平时安排传统硬拉的练习，并且要将传统硬拉与平时习惯的相扑硬拉交错开，适当使用较大的重量进行练习。

第三，速度硬拉训练。在训练计划中安排一定的速度硬拉练习，可以很好地提升硬拉启动阶段神经快速募集肌肉力量的能力。无论你使用的是传统硬拉还是相扑硬拉，都可以在硬拉辅助训练日安排速度硬拉的练习。唯一需要注意的是，进行速度硬拉时一定要注意保持动作姿势的标准性，千万不能够因盲目追求速度而弯曲中下背，否则不仅对提升硬拉启动阶段神经快速募集肌肉力量的能力没有帮助，还有可能损伤腰部健康。

第四，肌肉辅助训练。需要安排针对腘绳肌、臀大肌、股四头肌、上背部肌群的肌肉辅助训练动作。可以选择像腿弯举、臀屈伸、腿屈伸、高位下拉、器械划船等较孤立的训练动作，给目标肌群最强的充血感受，每个动作进行4~5组，每组完成12~15次。也可以选择像直腿硬拉、腿举、杠铃划船等复合训练动作，给目标肌群更好的发力感和肌肉力量的提高，每个动作进行3~4组，每组完成10次左右。

第五，充分募集上背部肌肉力量。如果你的上背部肌肉力量不足，那么在启动阶段杠铃和重力会将你"拉向"地面，从而直接导致硬拉启动阶段出现强烈的粘滞点，因此必须重视提升上背部肌肉力量的训练。不过，仅仅拥有足够的力量还是不够的，必须学会怎么募集上背部的肌肉力量并将它运用在硬拉的启动阶段发力中。其中除了超程硬拉、速度硬拉等神经募集能力的训练外，还要调整动作姿势，在硬拉发力前充分将肘关节尽可能向后旋带动上背部保持充分的紧张，这样才可以使上背部在启动阶段能够释放最大的力量。如果你没有主动使上背部保持紧张，那么在发力向上拉起杠铃的一瞬间，上背部便会出现明显的形变，即使你拥有再强大的上背部肌肉力量，也无法真正作用在杠铃上。此外，双手的握法也会对硬拉时上背部的张力有一定的影响。如果你使用的是双手正握或双手锁握的方式，那么它会带给你比双手一正一反的正反握更好的上背部紧张感，使你的上背部保持更好的张力。

第六，选择合适的站距。无论传统硬拉还是相扑硬拉，都需要使用适合自己的站距，虽然过于夸张或极端的站距有时能够给予硬拉成绩一定的帮助。使用传统硬拉时，最合适的站距是你能够双脚起跳最高高度时的站距，也称为"跳跃式站距"。有的健身爱好者因为身材过于高大或腰围较粗，在使用跳跃式站距时会弯不下腰摸不到杠铃，则必须改用较宽的站距。这里要注意的是，使用较宽站距进行传统硬拉时，启动阶段的速度肯定没有正常跳跃式站距快。因此，除非你是身材极其特殊、体重级别很大的力量举运动员或大力士运动员，否则最好还是通过适当的减脂训练将体脂和腰围降低，使用正常的跳跃式站距才可以为快速硬拉启动阶段创造便利条件。使用相扑硬拉时，有的健身爱好者喜欢使用特别宽甚至双脚最外侧都要接触到杠铃片内侧的最大站距进行硬拉，认为这种方式可以最大限度减小做功距离，从而提高硬拉成绩。这种想法在理论上并没有错误，特别是对于手臂较长的健身爱好者，使用这种方法比较类似于手臂较短的健身爱好者在卧推时使用最大握距一样，都可以将整个动作的做功距离减到最小。但是，人体的主动柔韧性是有限的，站距达到了一定宽度后主动柔韧性不足，便不会拥有较高水平的力量，反而出现了启动的粘滞点。并且，过宽的站距会更大程度削减股四头肌的参与程度，同样会导致启动困难。使用相扑硬拉的健身爱好者，一定要根据自身的主动柔韧性水平寻找合适的站距，而不是一味地追求最小的做功距离。

第七，避免过多体力的浪费。硬拉不像深蹲和卧推那样在启动发力前需要经过离心下降杠铃和出杠两个阶段，硬拉是直接将杠铃拉起的动作，即使在比赛中也不需要听裁判给出的任何口令。理论意义上，硬拉在启动阶段应不存在任何力量浪费的情况，但是有很多健身爱好者在准备硬拉的过程中耽误了太长的时间，不仅导致力量浪费，还极大程度消耗神经兴奋性。这里的准备过程指的主要是屈膝下蹲握住杠铃直至发力向上拉起的过程，很多人会习惯性地以一个半蹲的姿势下进行过多的调整，例如调整站距、握距、呼吸方式甚至做好神经准备等，都会消耗一部分的时间。而在这个时间内身体都是保持在一个半蹲或浅蹲的姿势，摄入氧气的能力有一定程度的降低，这不仅容易使膝关节周围的肌肉群被预先消耗，还会影响呼吸能力，从而导致硬拉启动阶段速度较慢。因此，在准备过程中要尽可能又快又准，不仅整个动作准备过程较快，又不会因速度较快导致的握距或站距的偏差而要二次调整浪费更多时间。有的健身爱好者习惯在身体站直的情况下充分吸气，然后俯身下去直接握住杠铃就拉起，不再做任何多余的调整。理论上讲这种准备过程显然是最快速的，却存在很大的问题，即它只适合平时习惯这样硬拉的健身爱好者，其他人哪怕是水平较高的健身爱好者，如果没有这样的硬拉前准备习惯，那么直接进行硬拉明显会使神经无法做好充分的准备，不仅肌肉力量募集效果不佳，还有可能造成腰背部的损伤。当然，你可以使用较轻的重量来让神经和肌肉一点点适应这种准备方式，但是这需要一个较长的适应过程，最好根据自身的情况去权衡。正常情况下，你的极限硬拉成绩越高，你适应这种准备方式的时间也越长。

第八，使用硬拉杆进行练习。日常所见的力量举杆一般是29毫米粗、220厘米长、材质较为坚硬的杠铃，即使是很大的重量（300～400千克），力量举杆在硬拉练习时也不会出现明显的弯曲形变。但如果你使用的是硬拉杆，即27毫米粗、230厘米长的杠铃，它的材质弹性极高，当重量达到一定程度（一般接近300千克的重量）后，向上拉起杠铃的过程中能够看到杠铃杆发生明显的弯曲形变，这会使靠近内侧的杠铃片在外侧杠铃片几乎纹丝不动的前提下被先拉离地面，这十分有利于突破启动阶段的粘滞点。并且，杠铃杆弯曲产生的形变，相当于手臂自动"拉长"了一段，对硬拉成绩的提高也是十分有帮助的。使用相扑硬拉时，由于站距靠外，双手握距更靠内，在大重量硬拉时杠铃的形变会比传统硬拉更明显一点。如果你不需要参加力量举比赛，或者你所参加的力量举比赛是使用硬拉杆的话，那么在日常训练中使用硬拉杆来替代普通的力量举杆，不仅对提高硬拉启动速度有帮助，较为弹性的材质也会给身体更好的保护。不过，并非任何健身爱好者在使用硬拉杆后都会出现硬拉成绩的提高。有的健身爱好者认为使用力量举杆练习、直到比赛前再换硬拉杆有助于成绩的提高。事实上，虽然使用硬拉杆硬拉相对力量举杆更有利一些，但并没有任何数据表明这两种不同材质的杠铃对硬拉成绩有多少具体的影响。使用硬拉杆时，上肢在发力向上拉起杠铃时需要对杠铃施加更大的力才会让杠铃产生明显的形变，这种力量的运用必须通过一定的训练才能逐渐熟练，临时突然更换杠铃并不会明显提高成绩。

在具体的有关启动能力的计划安排方面，针对超程硬拉的最佳安排方式是将它替代正常的传统硬拉，作为硬拉专项训练日大重量硬拉练习时的动作，使用周期性原理每周逐渐增加超程硬拉的重量，这不仅有助于通过降低臀位提升启动能力，还对硬拉的锁定阶段及整个硬拉的成绩提高都有帮助。当然，如果你在一周有两个硬拉训练日的安排，也可以将超程硬拉放在硬拉的专项辅助训练日，使用较轻的重量提升你在硬拉启动阶段的神经募集能力。与硬拉启动相关的肌肉辅助训练动作一般会放在大重量硬拉专项训练结束后，或放在硬拉专项辅助训练日进行。因为后侧链肌肉力量是很多健身爱好者会比较疏忽的，所以有的力量基础薄弱的健身爱好者也会单独安排一个后侧链肌肉辅助训练日。一般习惯将硬拉的速度训练放在硬拉的专项辅助训练日，这个训练日会变得更像一个速度硬拉训练日，可以在这一天同时安排针对性的肌肉辅助训练动作进行组合练习。

（10）硬拉中段阶段

硬拉中段，即杠铃片完全离开地面后直至杠铃杆上升至膝盖位置的过程。如果你使用的是相扑硬拉，因为相扑硬拉做功距离比传统硬拉要短一些，所以几乎不存在硬拉中段较困难的现象。如果你在相扑硬拉训练时有粘滞点的感觉，那么基本可以确定是你在启动阶段浪费了太多的精力，并非硬拉中段出现了什么问题。如果你使用的是传统硬拉，可能出现中段粘滞点，尽管它比启动阶段和锁定阶段带来的阻碍并没有太大，但依旧不能忽略对它的练习。

① 导致硬拉中段困难的原因主要有三个。

第一，硬拉姿势不标准。很多健身爱好者在使用传统硬拉训练时，因背部力量不足或对硬拉姿势掌握不正确，在拉起杠铃的过程中上背部明显拱起，杠铃行进到小腿中上段位置时，上背部很难承受杠铃的重量和重力的双重影响，出现速度明显放慢的现象。有的健身爱好者认为只要臀部和腿部力量足够强大，即使上背部力量较差，也可以渡过这个难关。这种观点不能说是完全错误的，对于硬拉重量不特别高或手臂较长的健身爱好者，这的确是可以实现的。但是如果你的硬拉重量极高，例如超过270千克，并且手臂较短，整体做功距离较长，那么不标准的硬拉姿势或背部力量的不足便会导致杠铃卡在小腿的中上段。

第二，启动阶段速度过慢。如果你在启动阶段浪费了过多的力量，并且启动阶段速度较慢，那么当杠铃行进到小腿中上段时的确可能会出现明显的粘滞感。这个问题也是很多健身爱好者在相扑硬拉时感觉硬拉中段较难的原因，相扑硬拉因为做功距离较小，除非对手臂极短的健身爱好者，否则并不存在硬拉中段困难。但如果你在启动阶段浪费了太长的时间，那么也容易出现硬拉中段困难的现象。

第三，发力模式不正确。如果你在传统硬拉或相扑硬拉时习惯使用身体前侧发力，例如将主要的发力重心集中在股四头肌而不是后侧链肌群上，那么在拉起杠铃的过程中比较容易遇到硬拉中段困难的现象。这种情况在举重运动员使用力量举的硬拉中会体现得十分明显。你必须掌握正确的发力模式，否则即使身体前侧的力量再强大，也不足以带给你较快的速度。

② 解决硬拉中段困难的方法主要有三个。

第一，停顿硬拉。停顿硬拉，即使用传统硬拉将杠铃上拉至小腿中上段出现粘滞点的位置，保持 1~2 秒的停留，然后继续向上拉完成锁定。很多健身爱好者或教练员认为停顿硬拉是解决硬拉中段困难很好的动作，但事实上这个动作的适用范围并不广。特别是对于那些硬拉成绩较高的健身爱好者，这个动作甚至有可能使腰椎受到严重的损害。使用较大的重量进行停顿硬拉时，腰背部在杠铃停顿的位置会受到极其强大的压力，这十分容易造成身体受伤。如果使用停顿硬拉的重量较轻，腰背部在停顿的位置所受到的压力还可以勉强承受，但是重量过轻会影响训练效果。有的力量举教练认为硬拉与卧推和深蹲不同，它是一个很连贯的动作，如果在中段进行停顿硬拉，有可能会破坏健身爱好者完整的硬拉节奏，并且导致启动阶段都不敢快速拉起杠铃，不利于硬拉成绩的提高。停顿硬拉对缺少一定训练经验的健身爱好者的确存在一定的局限性，但如果将它用作对硬拉姿势的纠正，那么它不仅适合所有水平的健身爱好者，更加有利于刚接触力量训练的健身爱好者快速掌握正确的硬拉姿势。因为即使使用的重量较轻，在运用错误的动作姿势（例如背部弯曲拱起发力）时，你依旧能够感受到背部明显的不适，所以停顿硬拉可以随时提醒你动作是否正确。一般使用极限硬拉重量的 60%~70%，进行 3~4 组、每组 2~3 次的练习。要注意的是，没有必要在停顿硬拉中进行高次数的练习，否则会导致腰背部出现较大的压力。此外，相扑硬拉不适合使用停顿的方式进行练习，如果你的相扑硬拉出现中段困难，还是应当将注意力放在加快相扑硬拉启动能力上。

第二，加强启动阶段的能力。如果你在启动阶段浪费了过多的体力，那么在硬拉中段便很有可能会遇到一定的阻碍。特别是在相扑硬拉这种启动阶段本身就具备较高难度的硬拉练习时，更需要关注对启动能力的提升。传统硬拉对相扑硬拉启动能力的提升，以及超程硬拉对传统硬拉启动能力的提升，都是解决硬拉中段困难可以采纳的。

第三，掌握正确的发力模式。普通的大众健身爱好者，掌握正确的发力模式并不难，可以在计划中安排重量较轻的传统硬拉或相扑硬拉的速度训练即可。而长期使用"错误"发力模式的健身爱好者或运动员，例如经常会使用举重类训练动作的举重爱好者、CrossFit 爱好者、举重运动员等，纠正"错误"发力模式就比较麻烦。受举重类训练动作的影响，他们不仅会将注意力放在身体前侧的肌肉上，上拉杠铃的过程中使用较低的臀位，还会穿着容易导致重心靠前的举重鞋，这些条件都使得他们在使用力量举的硬拉方式时容易遇到启动或中段困难。如果想解决这个问题，一定要脱掉举重鞋，使用正常的平底鞋，并且学会找到腘绳肌、臀大肌、上背部肌群都十分紧张的臀位，而不是使用之前较低的、股四头肌感觉更强烈的臀位，这样才可以慢慢掌握正确的发力模式。

对于大部分健身爱好者来讲，只要启动能力足够强，那么当杠铃行进到中段时是几乎不可能遇到粘滞点的。如果你担心这个位置出现粘滞点，可以使用超程硬拉，它不仅可以提升启动能力，又因为拉长了整个硬拉的做功距离，所以会加大硬拉中段的难度。可以针对提升硬拉启动能力的训练计划安排超程硬拉的方法一样，做出相应的规划和部署。如果你的发力模式不正确，或者动作姿势有严重的错误，那么可以使用停顿硬拉，把它放在硬拉专项训练日的大重量硬拉训练之后，在有关硬拉的力量和神经募集能力都被一定程度消耗的情况下，可以加深对标准动作姿势的感知和记忆。

（11）硬拉锁定阶段

硬拉锁定阶段，指的是杠铃从膝盖开始向上直至髋关节、膝关节及肩背部全部完成伸直锁定的过程。硬拉锁定阶段也是很多健身爱好者容易出现粘滞点的阶段，与启动阶段都是硬拉中经常遇到问题的环节，更是在硬拉比赛中很多运动员容易被吹罚犯规的环节。

① 导致硬拉锁定阶段困难的原因主要有八个。

第一，锁定技术不合理。有的健身爱好者在杠铃到达膝盖位置时继续利用上肢的力量向上拉杠铃，这种错误的锁定技术会使上肢力量承受极大的考验。你可以利用上肢的力量完成 100~200 千克的锁定，但如果仅仅依靠上肢肌肉的力量完成 300 千克以上的锁定毫无疑问是很困难的。并且，这种错误的技术也会加大硬拉的做功距离，进行无意义的继续向上拉杠铃的发力。正确的硬拉锁定技术是当杠铃到达膝盖高度后，在保持上半身足够张力的情况下利用伸髋力量，使臀部主动靠近杠铃的同时，上背部发力伸展肩背完成髋关节和肩背的锁定。正确的锁定技术不仅可以使伸髋力量参与到锁定中，避免只依赖上肢肌肉力量锁定的糟糕现象，还可以减小一定的做功距离，有利于硬拉成绩的提高。

第二，动作姿势错误。硬拉启动阶段，如果你弯曲背部借力，例如使用"乌龟拉"

的姿势，那么无论是在传统硬拉还是相扑硬拉的锁定阶段，你很难充分募集背部的力量去完成锁定，这对完成大重量硬拉毫无疑问是不可能的。背部力量可开发的程度及自身力量的上限是远远没有腿部和臀部力量大的，每个力量训练爱好者的腿部及臀部的力量都应当高于背部的力量。虽然在使用较轻重量的练习时，乌龟拉的方式不会导致锁定困难，但是使用的重量较大且无法只依靠背部力量完成锁定时，你便只能够依靠腿部的多次屈伸将杠铃利用"蹭腿借力"的方式完成锁定。这种方法不仅十分错误，也是硬拉比赛明令禁止的。你的膝盖的角度只可以从小变到大，但绝对不能出现从小变到大再变小，再变到大这种二次屈伸发力的现象。硬拉启动阶段弯曲背部借力的危害，在锁定阶段体现得更为明显。只要你在硬拉的过程中出现明显的弯曲背部借力的姿势，那么你几乎不可避免地会在锁定阶段出现粘滞点。此外，相扑硬拉做功距离较短，只要健身爱好者保持正常的腰背部姿势，那么在锁定阶段是不会出现明显的粘滞点的。

第三，启动能力较差。若你在杠铃离地阶段浪费了大量的时间及力量，你在锁定阶段毫无疑问会遇到强大的阻碍。硬拉同深蹲、卧推一样，在启动阶段浪费过多的力量毫无疑问会直接提高锁定时的难度。因此，遇到锁定困难时，你要首先判断导致这个现象的原因，如果跟你的启动能力较差有关，并且没有任何动作姿势、发力技巧及力量水平的问题，那么你应当将注意力放在提升启动能力的训练上，当启动能力提升后，你在锁定阶段遇到的问题也会迎刃而解。

第四，握力不足。握力不足不是导致锁定阶段出现问题的比较重要的因素，甚至可以说是八个原因中重要性最低的。除非你在整个硬拉的过程中耗费的时间过长，导致你的握力无法继续支撑你完成锁定，否则很难会出现只因握力不足导致的锁定困难。如果你是因启动阶段或中段困难所导致的握力储备不足，那么你需要将注意力放在提升这两段发力能力上。如果你是因为握力的绝对力量不足所导致的锁定失败，那么你便需要安排针对性的训练动作。

第五，锁定阶段神经募集能力较差。这个问题在锁定技术不合理的健身爱好者身上体现得更加明显。必须具备足够的神经募集能力才可以在锁定阶段尽量募集能够做出贡献的肌肉参与锁定，你必须在硬拉专项辅助训练中安排可以提高锁定阶段神经募集能力的训练动作，这样不仅可以募集更多的肌肉力量，还有助于培养对正确锁定技术的动作记忆。

第六，肌肉力量不足。锁定阶段要更多依靠伸髋肌群及上背部肌肉群的力量，如果这两大肌肉群的力量基础不足，那么在锁定阶段便会出现明显的粘滞点。上背部肌肉群的训练是很多肌肉力量不足的健身爱好者在之前的训练计划中容易忽略的内容，上背部的肌肉群不仅有最常见的背阔肌，大圆肌、小圆肌、斜方肌等都在锁定时起到或多或少的作用。如果训练计划中缺少对上背部肌肉群的全面刺激，那么肌肉力量不足的现象依旧会出现。

第七，手臂较短。手臂较短的健身爱好者不仅要在硬拉的启动阶段使用较低的臀位而对硬拉的启动能力有很大的阻碍，同时在硬拉的锁定阶段会出现因做功距离过长所导致的锁定困难。这点与手臂较长的健身爱好者在卧推锁定阶段容易遇到粘滞点是一样的道理，都是健身爱好者身体结构决定的。只能通过安排针对性的训练来尽力避免在锁定阶段受到过多的阻碍。

第八，锁定节奏错误。有的健身爱好者认为在相扑硬拉和传统硬拉时，正确的身体锁定节奏是膝关节、髋关节、肩背同时锁定。事实上，这种锁定节奏是十分错误的，很多健身爱好者因为这种锁定节奏不仅出现锁定困难，更有可能因膝关节、髋关节同时锁定出现的"杠铃蹭腿"的错误姿势，这在硬拉比赛中是很容易被判罚犯规的。正确的锁定节奏应当是在相扑硬拉和传统硬拉的练习过程中，当杠铃上升至接近或到达膝关节时，提前利用伸膝力量完成膝关节的锁定，然后在杠铃继续上升至超过膝关节后，利用伸髋力量及上背部肌肉群的力量完成髋关节与肩背部的锁定。至于锁定膝关节的位置是在杠铃接近膝关节还是杠铃到达膝关节则需要根据健身爱好者的身体结构进行具体的判断，判断的标准是伸膝完成膝关节锁定时重心不会明显前倾，腰背部不会有明显的牵扯感及压力感。如果你过早完成了膝关节的锁定，例如在杠铃一离地就试图进行伸膝锁定，那么你的重心会明显前倾，并且给予腰背部巨大压力，这个现象在使用传统硬拉时会表现得十分明显。一般来讲，对于手臂较长的健身爱好者，他们在硬拉完成全部锁定时的杠铃位置更靠近地面，所以他们伸膝锁定的位置也要比手臂较短的健身爱好者更早一点。

② 解决锁定困难的方法主要有八个。

第一，掌握正确锁定技巧与节奏。健身爱好者必须掌握正确的锁定技巧，以及膝关节、髋关节、肩背的不同锁定顺序。如果还是使用错误的依赖上背发力的方式进行锁定，或者使用膝关节、髋关节、肩背同时锁定的错误节奏，那么无论你的启动能力、神经募集能力及肌肉力量多么强大，在锁定阶段依旧会遇到粘滞点的阻碍。可以使用较轻重量进行速度硬拉的训练，可以很好地磨炼正确的锁定技巧及锁定节奏。

第二，提升启动能力。如果你的启动能力较差，那么在锁定阶段自然会遇到明显的粘滞点。使用相扑硬拉的健身爱好者，在训练计划中适当加入传统硬拉，它可以使启动能力更快速地提升。使用传统硬拉的健身爱好者，更应使用超程硬拉，这个动作不仅可以在低臀位的练习中逐步提升启动能力，还由于拉长了整个硬拉动作的做功距离，对提升硬拉锁定能力也有十分突出的帮助。一般情况下会将超程硬拉替代传统硬拉，根据周期性原理在大重量硬拉训练日安排专项练习，并每周循序渐进增加负荷。

第三，握力训练。握力不足不是硬拉中比较难克服的问题，并没有启动能力或基本的肌肉力量水平不足对硬拉的整体影响那么大，但是很多健身爱好者在进行极限重量试举或硬拉比赛中，经常会出现握力不足的现象。其最直接的原因是启动阶段和中段消耗了太多的体力，从而出现握力供应不足，导致杠铃在手中明显滑动。解决这个问题的最简单方法便是尽可能提升硬拉启动阶段及中段的能力。其次，有的健身爱好者在训练时长期使用助力带，这同样会使握力受到一定的制约。助力带本身的价值主要在于提高高次数硬拉练习时的握力水平，对提升极限硬拉时的握力并没有太大帮助。刚接触硬拉训练的健身爱好者，如果在没有培养好徒手硬拉的神经募集能力及握力使用前，就过多地使用助力带进行练习，那么同样会影响大重量硬拉时的握力。错误涂抹镁粉或错误的握法同样是导致握力不足的原因，有很多健身爱好者在涂抹镁粉是只是随便将手一抹便准备开始硬拉，这显然是十分不可取的。涂抹镁粉的正确方式是将整个手掌包括手指最前端及虎口等位置都充分涂抹均匀，才可以确保双手拥有最好的防滑效果，可以将原本的握力水平最大化。有的健身爱好者认为涂抹镁粉是"作弊"的行为，事实上镁粉对于握力本身的提升并不明显，它只是提供很好的防滑效果，确保握力水平可以有充分的发挥。如果你自身握力不足，那么镁粉擦得再厚也不会对你提拉杠铃有任何帮助。在提升握力的训练方法中，最简单的是在背部肌肉辅助训练动作中使用徒手进行练习，特别是一些下拉类或引体向上的训练动作中，虽然徒手练习比使用助力带会降低所使用的重量，但是它对握力的提升却是助力带无法比拟的。训练时应当采用较高的训练容量，例如进行 4～5 组、每组 15～20 次的重复练习，或者在引体向上这类自重训练中每组都争取做到力竭次数，有助于握力的提升。此外，也可以安排对握力要求更高的硬拉训练进行针对性、迁移性更高的练习，可以更好地提升硬拉时握力的表现，例如使用更粗的杠铃进行传统硬拉或相扑硬拉。注意，这里所说的更粗的杠铃绝非是使用力量举杆替代硬拉杆，2 毫米的区别虽然会有一定影响，但对握力的要求不会变得特别高。可以找寻特殊的 50 毫米粗的杠铃进行练习，这对握力水平是有很高要求的。当然，如果你身边没有这种专业的杠铃，那么可以使用毛巾包裹杠铃，然后硬拉。

第四，肌肉辅助训练动作。在硬拉的锁定阶段，上背部肌肉群及伸髋肌肉群会释放大量的力量来帮助完成锁定。要在训练计划中加入针对上背部肌肉力量的杠铃耸肩、高位下拉、杠铃划船、坐姿划船等训练动作，每个动作安排 4～5 组，每组安排 12～15 次的重复练习；加入针对伸髋肌肉力量的直腿硬拉、臀桥、臀屈伸、臀冲等训练动作，每个动作安排 4～5 组，每组安排 12～15 次的重复练习。

第五，加长做功距离。如果你在更长的做功距离时有不错的锁定能力，那么在使用正常做功距离的硬拉训练时便会有十分出色的锁定表现，因此可以使用加长做功距离的方式进行改善锁定困难的神经募集能力训练。最常见的是超程硬拉，这是一个几乎在启动阶段、中段及锁定阶段都具有积极作用的训练动作。这个动作唯一的局限性在于只可以用在传统硬拉训练上，相扑硬拉无法使用这种方法。此外，可使用宽握硬拉（宽拉）或直腿硬拉，这两个动作同样可以加长整个硬拉动作的做功距离。宽拉更加适合背部力量不足的健身爱好者，它不仅有助于提升锁定能力，还会对背部力量有不错的提高。直腿硬拉则适合伸髋力量较差的健身爱好者，它在提升锁定能力的同时，还可以很大程度改善伸髋力量不足的问题。只不过直腿硬拉对健身爱好者自身的柔韧性要求较高。如果没有一定的被动柔韧性，可能会弯腰进行直腿硬拉，这是十分危险的。有的健身爱好者可能会在保持腰背部中立位的前提下，适当屈腿以解决被动柔韧性不足的问题，但这样一来直腿硬拉对锁定的帮助会被削减。被动柔韧性较差的健身爱好者可以使用宽拉替代直腿硬拉。一般来讲，在进行直腿硬拉或宽拉训练时，也可以使用周期性原理循序渐进地增加每周训练的重量，将它替代正常的传统硬拉安排在大重量的硬拉专项训练日。当然，有的教练也会在设计计划时，将直腿硬拉或宽拉放在硬拉专项辅助训练日，安排3～4组、每组8～12次的练习。

第六，改变阻力。使用铁链或弹力带改变杠铃上升过程中的阻力，是提升硬拉锁定能力的重要方法之一，它与直腿硬拉、超程硬拉及宽拉都是针对神经募集能力十分优秀的练习方法。因为硬拉的整体做功距离没有深蹲和卧推那么长，所以一般使用弹力带而不是铁链进行硬拉。无论是使用传统硬拉还是相扑硬拉的健身爱好者，都可以使用弹力带硬拉提升锁定能力。特别是使用传统硬拉的健身爱好者，如果使用弹力带超程硬拉，可以真正做到只用一个动作练习便可以提高硬拉全部阶段难点。只不过，这种方法对健身爱好者的训练姿势标准性及硬拉成绩有较高的要求。如果你的硬拉水平较低，那么使用这种方法容易弄伤自己。通常也会使用周期性原理，每周循序渐进地增加弹力带硬拉或弹力带超程硬拉的重量，并将它替代正常的硬拉姿势加入大重量的硬拉专项训练日。

第七，培养正确姿势。需要培养正确的硬拉姿势，即使使用接近极限重量或极限重量进行练习，也要尽可能保证动作姿势的标准性。有很多健身爱好者希望使用所谓的"圆背硬拉"，在不弯曲中下背的前提下，积极使用上背弯曲的方式"增长"臂展，并试图在启动阶段得到更大的帮助。事实上，这种想法是十分片面的。在上背部已经明显弯曲的情况下，上背部已经失去了张力和力量募集，根据硬拉姿势的特点及人体本能的反应，中下背会自然而然地出现弯曲借力的代偿反应。因此，"在不弯曲中下背的前提下"这句话一开始就出现了错误。有的健身爱好者是因为观察高水平硬拉运动员的姿势才得出"圆背硬拉"的观点的，事实上很多高水平运动员之所以会给人一个圆背的感觉，其实更多是因为他们上背部肌肉比较发达，在视频里观看会有一种背是圆形的感觉。并且，即使是高水平的运动员，在使用极大重量进行硬拉时，也会不可避免地出现背部轻微弯曲的现象，这是力量不足所产生的代偿现象，并非运动员主动弯曲发力所导致的。如果健身爱好者在练习时将这种"本能反应"理解为应当学习的"技术"，那么对身体健康毫无疑问是灾难性的。

第八，半程硬拉无法解决问题。半程硬拉，即选择使用架子或箱子将杠铃放在膝盖处或膝盖上方进行硬拉。很多健身爱好者认为半程硬拉是可以提升锁定能力的，因为使用半程硬拉时做功距离会变小，由此可以使用比正常硬拉极限高不少的重量进行做组练习。例如，对于硬拉极限是 200 千克的健身爱好者，他们的半程硬拉甚至可以做到 220～230 千克，这种现象在相扑硬拉时体现得更为明显。很多健身爱好者由此认为，使用更大的重量有助于提升锁定能力，半程硬拉是很好的提升锁定能力的训练动作。事实上，这种观点是十分错误的！半程硬拉对提升锁定能力不仅没有帮助，还会起到负面作用！如果说半程硬拉对硬拉极限成绩的增长有作用，那么唯一的价值仅仅体现在比正常硬拉极限更大的重量可以使握力水平得到一定的提高。半程硬拉之所以没有太大的实际效果，是因为其发力环境及发力模式同正常硬拉时所遇到的情况不一样，它并不像正常硬拉时需要预先经过启动阶段及中段对力量和神经募集能力的消耗，并且在发力模式上更多的是通过股四头肌的力量将杠铃"蹲"或者"蹭"上来，而非利用伸髋的力量完成锁定，这不仅与正常硬拉的发力模式没有任何相似之处，还有可能养成错误的"蹭腿借力"和膝关节、髋关节同时锁定的错误节奏的习惯。特别是对于使用相扑硬拉的健身爱好者更是如此，相扑硬拉比传统硬拉本身做功距离便短不少，如果再通过这种方式进行更短的半程硬拉训练，那么对真实成绩的提高是没有太多实际价值的。如果你十分想进行半程硬拉练习，那么可以将杠铃放在小腿中部这个不是太高的位置，便不会影响正常的膝关节锁定顺序。但是在大多数情况下，还是不建议健身爱好者在卧推、深蹲以及硬拉中使用这类半程训练动作。

在针对提升锁定能力的计划安排方面，如果你的计划中每周只有一个硬拉训练日，那么应将提升锁定能力的神经募集能力的训练动作放在当日，替代正常的硬拉姿势进行大重量的练习。如果一周有两个硬拉训练日，那么最好将提升锁定能力的神经募集能力的训练动作放在硬拉专项辅助训练日。与硬拉锁定能力相关的肌肉辅助训练动作，可以分别放在两个训练日的硬拉类训练结束后进行。

3.速度训练

无论在提升深蹲、卧推还是硬拉的神经募集能力训练中，速度训练都是十分重要的一个选择，在训练计划的设定中甚至会安排单独的速度训练日。有的健身爱好者认为速度训练属于专项辅助训练的一种，事实上速度训练不仅可以解决三大项动作分阶段的粘滞点，还可以提升爆发力及培养动作姿势的标准性，后两点是专项辅助训练很难做到的。速度训练与提升极限重量时神经募集能力的大重量专项训练、解决三大项动作分阶段粘滞点的专项辅助训练，称为三大最常见的提升神经募集能力的训练方法。

（1）速度训练的意义

① 提升爆发力。毫无疑问，速度训练的名字便决定了它最强大的一个属性：这是一种尽可能使用最快速发力的训练方式。这点与爆发力训练模式的特点十分吻合，三大项速度训练最主要的目的便是追求最快的动作完成速度，如果能 1 秒完成这次硬拉试举，就不要拖成 1.2 秒去完成。并且，进行速度训练时也会使用一定的负荷重量，并不像有的"爆发力训练"那样只是使用很轻的负荷重量，这种方式所做到的快速发力是根本无法满足爆发力需求的。爆发力的要求是不仅要最快速发力，还必须释放一定的力量水平。如果你使用 1 秒完成一次 60 千克的卧推练习，那么你的爆发力显然要弱于同样使用 1 秒但可以完成一次 90 千克卧推练习的健身爱好者。爆发力对三大项动作的极限成绩提高是十分有帮助的，可以利用越少的时间完成同一个重量的练习，这意味着极限重量其实也在慢慢得到提高。这也是一种很好的间接检测三大项极限重量的方法。例如对于极限深蹲重量是 200 千克的健身爱好者，从屈膝一刹那开始到完全蹲起完成锁定的过程总共耗费 3 秒钟，经过一段时间的训练后，他同样使用 200 千克的重量进行深蹲练习，但是发现总共只耗费了 2.7 秒钟，比之前的试举快了 0.3 秒，那么基本可以推定该健身爱好者的深蹲极限重量已经有了一定的提高。在三大项的大重量练习时保持尽可能快速的发力是十分重要的。有研究表明：无论是深蹲、卧推还是硬拉训练，健身爱好者在无装备（没有装备背心或绑膝等强力装备）训练的情况下，最多只能够保持 4 秒左右的无氧状态。换句话讲，如果在 4 秒的时间内没有完成一个动作的试举，那么大概率意味着这个重量的试举失败，因为你几乎不可能在大重量练习的过程中进行呼吸或换气。所以，提高速度能力和爆发力水平也是在提高极限重量。

② 解决粘滞点。速度训练有利于解决三大项动作启动阶段中的粘滞点，特别是在对启动能力要求更高的卧推和硬拉训练中，安排一定的速度训练可以快速地度过较困难的启动阶段。力量训练的核心在于不断举起新的更大的重量，而启动阶段一旦出现问题，那么不仅会直接导致启动阶段动作失败，还会因启动阶段消耗的体力和时间过多，从而在后面的锁定阶段再一次出现粘滞点，容易导致动作的失败。很多健身爱好者在启动阶段出现困难的原因往往是跟爆发力水平较差或在启动阶段不知道如何募集肌肉力量有关，而这两点都是速度训练比较擅长解决的。使用比大重量专项训练较轻的负荷，培养动作几乎静止阶段的快速发力能力，对提高爆发力水平是具有重要帮助的。并且，较轻的重量更加有利于感受肌肉的募集及找寻正确的发力感。

③ 保持动作姿势的标准性。培养三大项动作姿势标准性最好的方法就是速度训练。速度训练使用的重量较轻，方便动作姿势不正确或者对发力模式掌握不牢固的健身爱好者打磨基础，不会像较大的重量本身容易导致健身爱好者的动作姿势走形或进行错误的代偿借力。并且，速度训练对健身爱好者动作的完成速度有较高的要求，这点与大重量训练时快速完成试举有助于极限重量的提高是完全吻合的。很多健身爱好者在培养动作姿势的训练中都忽略了对速度的要求，便导致了使用较大重量训练时，身体会因为没有关于在较快速发力的环境中保持动作姿势标准性的记忆，从而导致动作的严重走样。一定要明白，使用较慢速的方式完成标准的三大项动作并不难，但是在最快速发力的同时还保持动作姿势的标准性，这不仅仅难度更大，同时更是提高极限力量水平的关键。

（2）速度训练的方法

① 负荷重量。无论是深蹲、卧推还是硬拉的速度训练，都会使用目标动作极限重量的45%～70%进行练习。具体训练负荷的选择可以采用每周循序渐进增加重量的方式，例如第一周和第二周都使用极限重量的45%的负荷，然后每两周增加5%的负荷，直至第十一周和第十二周使用极限重量的70%的负荷。如果使用的重量低于极限重量的45%，会导致整个动作的负荷重量过轻，不满足爆发力对力量的基本要求。如果使用的重量高于极限重量的70%，会导致整个动作的负荷重量过高，不利于培养快速发力的能力，并且会对神经和肌肉造成一定的疲劳感，影响正常的大重量专项训练。

② 训练组数。如果你想提升速度能力，那么你必须安排较多的组数，只是简简单单安排2～3组或3～4组是不能够快速培养对速度能力的记忆的。一般会采用6～12组，具体的组数与每个速度训练日所使用的负荷重量有关：使用极限重量的45%这种较低的负荷时，要安排10～12组这种较多的组数，避免出现训练容量与训练强度过低的问题；使用极限重量的70%这种较高的负荷时，只能安排6组左右较少的组数，避免出现训练容量与训练强度过高的问题。

③ 训练次数。如果你想提升速度能力，那么一定注意不能在每个训练组安排较多的重复次数，因为你的目的是保证每个动作都用尽可能快的速度完成，而不是像肌肉辅助训练那样进行较多次数的重复练习，使身体感到肌肉酸胀或泵感，所以每组安排较少的重复次数有助于提升速度能力。一般次数选择范围集中在1～3次这个区间内，它需要同你的训练组数及使用的负荷重量进行搭配，使用的训练负荷较大时一般每组重复练习的次数较少，而使用的训练负荷较轻时每组重复练习次数多一点。

④ 组间休息时间。严格把握组间休息的时间是保证速度训练质量及效果的重要条件。因为整体使用的训练重量并不高，每组所需要完成的次数也不多，所以不会给

身体造成太明显的疲劳。如果你在这种情况下依旧使用较长的组间休息时间，那么会导致整个训练变得过于简单，对速度能力的提升是没有太大帮助的。需要使用的是比普通训练方式更短的组间休息时间，这样可以使速度能力随着训练的进行被明显地消耗，在这种情况下每一次都竭尽全力地争取快速完成，这对速度能力的提升是十分有帮助的。一般来讲，在速度训练时每组只会休息30秒左右的时间。

（3）速度训练的注意事项

① 速度水平。速度训练中需要注意的第一个也是最重要的问题，便是确保每个训练组中每一次训练时都尽力发挥最大的速度，没有快速发力的表现则速度训练也就失去了灵魂和它原本的价值。在正式训练前充分热身，使神经处于比较兴奋的状态，在每次练习前都想好接下来要做的动作与姿势，这些都对保持快速发力有重要的帮助。

② 动作姿势。动作姿势的标准性是不能忽视的，虽然训练时追求尽可能地快速发力，但并不意味着这可以牺牲动作姿势标准。有很多健身爱好者因为使用的负荷重量较轻，所以在速度训练时会盲目追求快速发力导致动作严重变形，例如在速度硬拉训练中使用乌龟拉的姿势进行"快速发力"。要明白的是，速度训练的核心始终是要在保证动作姿势标准的前提下，尽可能快速地完成动作。动作姿势的标准性不仅对速度训练十分重要，在任何训练模式下，动作姿势不标准所带来的力量、速度都是没有太多实际意义的。

③ 发力模式。速度训练时不仅要保持标准的动作姿势，还要使用正确的发力模式。例如，有的健身爱好者在卧推训练时使用弹胸或臀部抬起借力的错误发力模式，这种方法虽然会比正常的卧推发力模式更快速地推起杠铃，但是这与卧推动作的本质要求是完全背道而驰的。并且，使用弹胸或臀部抬起的方式在大重量训练时是十分危险的，它不仅容易使身体受伤，还可能因发力模式错误，杠铃在推起过程中出现轨迹的偏差及发力的松散。在硬拉训练时使用前侧肌肉群主导发力，在深蹲训练时使用臀部抬起或腰背部顶杠铃发力，这些错误的发力模式都会影响速度训练的效果。

④ 休息时间。速度训练的组间休息一般要控制在30秒左右。一定要注意对时间的把控，30秒的休息时间是很短暂的，它不够休息的时候玩手机或者聊天，超时会降低整体训练效率。如果你在30秒的休息结束后感到身体有明显的疲劳感，或者在训练时出现速度的大幅度降低，那么你应当立即停止训练，并且降低训练计划中下次速度训练的训练强度与训练容量。

（4）速度训练计划的安排方法

① 单独速度训练日。如果训练计划设定时针对某一个动作在一周中会安排两个训练日，那么可以使用专项训练日＋速度训练日的组合方法。在单独的速度训练日中，使用周期性原理循序渐进地增加每周的重量，一份常见的速度周期性训练计划如表所

示。在完成相应动作的速度训练后，再安排一些针对性的肌肉辅助训练动作，提升相关动作所需要的肌肉力量。

速度周期性训练计划表

时间	重量	组数	次数	休息时间
第一周	45%	12	2	30 秒
第二周	45%	11	3	30 秒
第三周	50%	10	2	30 秒
第四周	50%	10	3	30 秒
第五周	55%	9	2	30 秒
第六周	55%	9	3	30 秒
第七周	60%	8	2	30 秒
第八周	60%	8	3	30 秒
第九周	65%	7	1	30～45 秒
第十周	65%	7	2	30～45 秒
第十一周	70%	6	1	30～45 秒
第十二周	70%	6	2	30～45 秒

② 与专项训练日结合。如果训练计划中每周只有针对一个动作的一个训练日，那么只能将速度训练放在大重量专项训练结束后进行，不能使速度训练的优先级超过更重要的大重量专项训练。这种安排方式比较适合使用线性增长原理的健身爱好者，适当降低速度训练的强度与容量，避免与大重量专项训练产生严重的疲劳感。使用交叉型增长原理的健身爱好者，在正常的单数训练周只进行大重量专项训练＋肌肉辅助训练的安排，而在双数训练周使用速度训练＋肌肉辅助训练的方式，同样可以提升速度能力。

（三）技术能力

力量训练原理的三大要素中，肌肉力量水平是最基本的，它决定着力量水平的下限，没有足够的肌肉力量是不可能拥有较高的三大项力量成绩的。强度大的神经募集能力可以更多地募集肌肉力量做功，使用正确的发力方式可更省力地举起更大的重量，它决定着力量水平的上限。但是，如果你想使三大项成绩有更进一步的突破，或者真正达到超越常人的水平，那么必须在力量训练计划中安排针对技术能力的训练。专项技术能力的高低是力量训练原理三大要素中唯一可以使你收达到"精益求精"效果的要素。

有的健身爱好者习惯将技术能力同神经募集能力合到一起进行练习。事实上，神经募集能力训练更多的是提升健身爱好者使用标准姿势尽量募集肌肉力量、快速发力以及保持身体协调平衡的能力，而技术能力则主要是提升健身爱好者根据身体结构及肌肉力量强壮程度所使用的提高力量水平的三大项特殊技术的运用能力。动作姿势是有正确与错误之分的，但是技术并没有严格意义上的对与错，只有是否适合健身爱好者自身的情况与需求。例如，在硬拉时使用预拉可以更好地提升启动阶段的爆发力，但是这种技术不适合习惯在硬拉启动过程中保持身体比较稳定的健身爱好者。健身爱好者在刚开始接触力量训练时不应将注意力放在优化动作技术细节上，应放在肌肉力量训练、提升神经募集能力的专项辅助训练及速度训练上，这对提高极限成绩更有帮助。针对性的技术能力训练必须建立在一定力量基础之上，大部分刚接触力量训练的健身爱好者的极限卧推成绩还没有超过自身 1 倍体重的重量，深蹲或硬拉也远没有达到自身体重的 1.5～2 倍，就盲目进行所谓的技术修改和优化也是没有任何意义的。技术能力的强化对力量水平的提高作用只有在力量基础达到一定层面后才能够看出。在训练中使用的绝对重量较轻时，你只需要使用正确的动作姿势及肌肉力量便可以完成试举，根本不需要什么特殊的技术能力。

动作姿势的标准是技术能力训练的重要前提。还没有掌握最正确的、最适宜的三大项动作姿势时，你根本不可能分辨到底什么技术是适合你的，什么技术又会影响你的发力。要知道，所有的技术能力训练都要根据自身情况微调标准动作姿势。比如，调整相扑硬拉的站距这一动作技术细节，目的是通过调整站距来获得更好的发力感或更快的杠铃片离地速度，这是必须保证动作姿势标准的前提下才可以进行的。如果你在调整站距的过程中出现了错误的臀位或腰背部姿势，那么即使你找到了更好的发力感也不属于技术的优化，而是动作技术的全面退化。

针对技术能力的训练整体见效速度较慢，希望短时间内就对技术动作进行比较明显的修改和优化是十分困难的。一个动作技术的姿势掌握不会耗费太长的时间，但是将新的动作技术直接运用在提升极限力量方面，那便需要一个较长的过程。毕竟，技术能力训练的目的是提升自身的极限力量，如果你的新的动作技术无法提升你的极限力量，那么意味着你还没有充分纯熟掌握这个动作技术，或者它本身就不适合你的身体结构。一般来讲，一项技术的调整是需要 12～16 周的时间才能够充分掌握的。

已经具有较强训练经验，并且三大项中的某一项已经拥有十分优秀成绩的健身爱好者，针对性的技术能力训练是必不可少的！这部分健身爱好者的肌肉力量及神经募集能力可继续开发的程度比较有限，提升力量的最好办法便是优化动作技术细节，根据身体结构、肌肉力量强弱的不同区域和神经募集能力的特点，找寻更加适合自身发力的动作技术。

1. 技术训练的基本原则

安排技术训练是有一定原则和规律可循的，并非直接改一个新技术便继续使用之前的训练方法或提高训练频率即可。想让动作技术有更快速的优化效果，对力量提升有更直接的帮助，那么必须严格遵守五大基本原则：固定姿势、周期计划、辅助工具、重量递增及极限检测。

（1）固定姿势

固定姿势是技术训练需要遵守的第一个基本原则，也是最重要的基本原则。新技术动作跟之前固有的方式肯定是完全不同的，在训练初期往往会出现很强的不适感，因此有很多健身爱好者便决定对新技术动作再次调整，或者直接改回使用之前的技术动作。新技术动作的掌握不是一蹴而就的，它更有助于募集肌肉力量，这便导致了神经因为募集肌肉力量的增多而出现一定的疲劳感，甚至导致使用的训练负荷变轻。在技术动作调整的最开始阶段是必须经历一个阵痛期的，需要给神经充分的时间让它慢慢适应。在开始新的技术动作训练前，你要充分评估它是否适合自己，觉得没问题后便可以开始一段时间的针对性训练。有的健身爱好者只是某天突然有想法要改技术动作，没有多加考虑便立刻安排了一份所谓的"训练计划"，练了几次觉得力量水平没有明显提高便直接放弃，这种做法显然是很不负责任的。确定了一个新的动作技术以后，必须认真使用这种方法训练足够的时间，不能轻易地放弃或者再换新的技术动作。

（2）周期计划

要调整技术动作，一定要安排一个12～16周的计划来进行针对性的训练，让身体和神经充分熟悉新的技术动作，并将它真正用在力量水平的提高上。4～8周的时间是不足以将一个新技术完全融入神经和肌肉的记忆中的，更无法提高具体的力量成绩。很多健身爱好者在调整技术动作时，往往不会只调整一个动作，经常同时对深蹲、卧推、硬拉的多个技术细节进行修改，这在某种程度上相当于"从零开始"进行力量训练。

（3）辅助工具

在优化技术动作的训练时，可以使用一些特殊的辅助工具，以更好地掌握新的技术动作。例如，在卧推的离心阶段使用背部的力量将杠铃"拉向"身体这个发力感，很多健身爱好者都无法很好地感受到，虽然有的健身爱好者可以使用较轻的重量、利用慢速离心卧推的方法来试着掌握这种技术，但这对训练者对动作的感悟能力及训练经验有一定的要求。为了提高技术训练的效率，你可以使用卧推弹弓，它不仅可以帮你寻找背部发力感，还有助于培养正确的卧推姿势，并且从使用更重的负荷角度提升你卧推锁定阶段的能力及肱三头肌的肌肉力量。

（4）重量递增

重量递增是使用周期计划改善动作技术的重要原因之一。你必须通过由轻到重递增每周训练重量的方法来不断让自己熟悉新的动作技术。直接使用之前训练时所使用的大重量与新的动作技术磨合，不仅很容易导致试举失败，还有可能使身体在神经系统不适应的情况下出现受伤的现象。最理想的训练方式是先从45%极限重量开始，利用多组数、低次数、短间歇的速度训练，先逐步适应新的动作技术，然后逐步增加训练重量，根据周期性原理将速度训练变为正常的大重量专项训练，直至可以使用新的动作技术完成比之前更高的极限重量。

（5）极限检测

极限检测是整个技术训练中最具决定性的一个环节！经过3～4个月的技术训练后，你的新技术动作是否已经同自身的神经募集能力完全融为一体，将直接体现在最关键的极限重量检测上。如果你在3～4个月的技术训练后极限力量没多少提升，甚至不升反降，那么毫无疑问宣告你整个技术训练的失败。如果你的训练计划在编排上没有明显的问题，并且计划安排的内容都比较顺利完成，那么不可能存在新的极限重量检测失败的情况。因为你是随着计划的推移逐渐增加负荷重量的，除非你遇到伤病的影响，否则你的力量水平一定会得到一定程度的提高。如果在刚开始使用轻重量的计划初期就无法完成训练要求，那么你要重新认真审视一遍，新的动作技术可能与你的情况不匹配。例如，较宽的握距需要健身爱好者拥有较强的肩部肌肉力量，如果你肩部肌肉力量较差，那么较宽握距这种新的技术动作反而会影响你的力量成绩的提高，此时你可以适当缩短握距，或者先将训练的注意力放在对肩部肌肉力量的提升上。

任何技术动作的调整都离不开上面的五个原则，这是安排针对性训练计划必须遵守的。具体到如何优化三大项的动作技术细节，每一个健身爱好者要根据自身情况进行判断。这也是为何每个健身爱好者最好拥有一名了解自己且负责的教练的原因，他可以根据你的情况为你提出最适宜的技术动作优化建议，并在技术训练的过程中不断帮助你完善动作和发力技巧。下面讲解三大项动作中一些常见的发力技巧和技术细节，它们会帮助你的三大项有更好的神经募集能力，有助于提升极限力量的水平。当然，这些小技巧和技术细节未必适合正在阅读这本书的你，你需要根据自身的情况去判断它们与自身的匹配度。如果你没有教练的指导，那么可以先选择其中你觉得合适的方法练习几个周，并且在每次专项训练时都拍摄多个角度的视频，平时可以通过视频来观察你的发力感、动作模式及速度能力是否比之前有了明显的提升。此外，一定要记得在技术训练时保持足够的耐心，无论是多么优秀或多么适合你的技术动作，都很难使你在短时间获得力量成绩的巨大提高。

2. 深蹲技术动作精进

如果你希望自己的深蹲成绩可以有更明显的提高，那么技术动作上要关注两大问题：如何使用合理的技术动作进行更稳定的深蹲，如何使用特殊的技术动作寻找低杠深蹲时的爆发力。力量训练中速度有其重要性，但是这并不意味着要在牺牲动作稳定的基础上盲目追求快速发力。深蹲作为一个较长做功距离的动作，很容易因为身体晃动不稳定，在蹲起的过程中出现重心的偏移，特别是较快速下蹲更加明显。使用极大重量进行深蹲的健身爱好者，必须掌握可以使身体及重心保持稳定的技巧。其次，使用高杠深蹲时，在深蹲的启动阶段多会借助股四头肌的牵张反射为自己提供强大的爆发力，从而完成大重量的试举。但是在低杠深蹲时，很多健身爱好者很难找到腘绳肌的牵张反射，从而在深蹲的启动阶段丧失了足够的速度，影响深蹲试举重量。此时，需要找寻更好地募集腘绳肌牵张反射的特殊技术动作。

（1）握距尽可能小

在身体柔韧性允许的情况下，握杠时选择尽可能小的握距，这可以充分夹紧你的上背部，使上背部整体的张力及肌肉募集都处于较理想的状态，这是人体先天生理结构所决定的。双手握距较宽时，即使你有意地收紧上背部，其带来的肌肉募集及张力感也不会有小握距那么强烈。不过，要注意这一切都是建立在身体柔韧性允许的情况下。如果你的上肢被动柔韧性较差，那当你握得很近的时候，你的肘关节会有很强烈的不适感，严重的会直接影响你的卧推训练，这在手臂较长的健身爱好者身上体现得更为明显。握距较小可以提升深蹲时上背部的张力及肌肉募集能力，这对保持在深蹲过程中上背部的中立位姿势是具有重要帮助的。如果负责扛杠铃的上背部在深蹲时出现了松软的现象，那么杠铃的重量会使身体重心大幅度前移或出现明显不稳定的现象，从而影响整个深蹲动作的进行。

（2）手掌中下部握住杠铃

使用低杠位深蹲时，因为杠铃的位置更加靠下，所以手腕往往会有一定的不适感，并且会受到较强的压力。此时，如果你握杠铃的方法不对，那么不仅会加重腕关节的不适，导致腕关节受损，严重的还可能引发杠铃滑落或上半身明显抖动，这些都不利于大重量深蹲试举。正确的方法是让手掌中下部接近拇指肚的位置握住杠铃，这可以极大程度减小手腕受到的压力，并且有利于保持杠铃稳定。很多健身爱好者在练习时习惯用手掌中部或手掌中上部握住杠铃，这在低杠深蹲时会感受到腕关节极强的不适感，不利于上背部保持充分的张力。

（3）严格控制出杠步数

正确的出杠步数一般是扛起杠铃后走 2～3 步，这是最有利于避免多余力量损失的范围，哪怕超出这个范围 1 步也会使你的力量出现无意义的耗损，不利于之后的深蹲练习。如果你想把出杠步数控制在 2~3 步这个范围内，那么你一定要注意使用合理的步幅，迈得过大就必须多走几步进行调整，迈得过小又无法走到人与深蹲架保持合适距离的位置。很多有绑膝深蹲的力量举比赛中，运动员可以使用不出杠的 monolift 深蹲架进行比赛，这极大程度节省了运动员下蹲前的力量消耗。因此，使用正常深蹲架的健身爱好者，在正常范围内使用越少的步数完成出杠，对后面的深蹲试举就越有帮助。

（4）用髋关节出杠

很多健身爱好者在深蹲出杠的时候喜欢做一个四分之三深蹲，或者做一个浅蹲来将杠铃扛出深蹲架，这种方法会在一定程度上消耗股四头肌的力量，对后面的深蹲练习是十分不利的。你可以将杠铃调到高一点的位置，在扛杠铃时双脚站的位置稍微靠前一点，利用伸髋的力量将杠铃"端出来"，这便可以帮助你最大程度节省股四头肌的力量，不会使这个深蹲训练时最主要的发力肌群在深蹲开始前有明显的力量流失。唯一需要注意的是，要选择合适的杠铃高度。有的健身爱好者将杠铃放的位置过高，在出杠时要踮脚，这反而会使身体变得不稳定。

（5）套膝或绑膝涂抹镁粉

力量举比赛分为使用套膝深蹲和使用绑膝深蹲两种不同规则的比赛，这两种护具都可以对膝关节起到包裹与保护作用，可以使膝关节变得更稳定，绑膝深蹲对健身爱好者动作稳定性的提升更明显。使用这两种护具时，可以在套膝内侧或绑膝上涂抹镁粉，增大腿部与护具之间的摩擦力，在深蹲过程中不容易出现套膝或绑膝滑动的现象，进一步提升身体的稳定性。要注意的是，并非使用码数较小的套膝或借助朋友的力量将绑膝完全绑紧就可以 100% 避免护具滑动。进行大重量深蹲时，训练者释放的力量及杠铃的重量会明显地向外撑套膝或绑膝，有可能会产生轻微的滑动并逐步累积成大的滑动。如果在护具和膝关节上都涂抹镁粉，可以将这种轻微滑动现象出现的概率降到最低。

（6）上背部涂抹镁粉

与在套膝或绑膝上涂抹镁粉的原理一致，在上背部涂抹镁粉是为了避免杠铃在上背部滑落。杠铃滑落会使上背部无法收紧，严重的还会诱发肘关节的伤势及造成身体重心的偏移，这在使用低杠位深蹲时比较容易出现。有的健身爱好者在衣服与杠铃接触的位置，以及杠铃上涂抹镁粉来增大摩擦力，确保杠铃不会出现任何明显的滑动。有的健身爱好者还会穿带有特殊防滑条的 T 恤进行深蹲，防滑条的粘性可增大身体与杠铃的摩擦力，从而使上背部与杠铃之间变得更加密实。

（7）注意呼吸节奏

呼吸节奏在力量举的三大项训练中是十分重要的一环，也是改善技术动作必须注意的一个方面。在深蹲时最理想的呼吸节奏当然是吸满气立刻下蹲，这样可以避免身体浪费多余的力量。不过，因为深蹲比赛中运动员的下蹲是必须听到裁判口令开始的，所以出杠站稳后只进行一次呼吸便下蹲的节奏显然是不现实的。我们建议比赛者在身体完全收紧并且已经扛好杠铃时先进行一次呼吸，然后闭气并将杠铃带离深蹲架，向后走到准备下蹲的位置时再进行一次呼吸。此时，一定要确保身体已经完全站稳，身体处于站直状态，否则裁判是不会给出深蹲的口令的。在等待口令的过程中可以进行多次呼吸，避免出现闭气等待裁判给出口令的现象。听到口令后，便立刻再吸满一次气，然后立即下蹲，千万不能出现吸满气后等待几秒钟再下蹲的情况，因为无氧状态下的时间越长，大重量试举就越容易失败。在下蹲直到蹲起的过程中，一定要注意利用腹式呼吸的方法充分收紧身体，并且全程保持闭气，这样才可以有更好的力量表现。此外，一定要使用"短、快、足"的较为快速的吸气方式，使用大口、慢速的深呼吸容易使刚刚收紧的上背部变得松弛。

（8）选择平底鞋

低杠深蹲训练时最好选择平底鞋，特别是对股骨较长或无法找到腘绳肌牵张反射的健身爱好者，平底鞋比举重鞋更好。举重鞋后跟被垫高，会更有助于身体前侧发力，这对后侧链大量参与做功的低杠深蹲显然是不利的，更难找到低杠位深蹲时的后侧链发力感及腘绳肌的牵张反射。此外，如果股骨较长，穿举重鞋深蹲时上半身前倾较明显，会给腰背部带来比较强大的压力，容易使重心明显偏前，而穿平底鞋则可以一定程度上缓解这一问题。不过，在实际比赛中，有的运动员在低杠深蹲时穿举重鞋，具体的感受和选择还是要看运动员自身的情况。对大部分健身爱好者而言，穿平底鞋进行低杠深蹲会是更好的选择。

（9）寻找腘绳肌牵张反射

使用高杠深蹲的健身爱好者习惯用股四头肌的牵张反射，在深蹲的最低点给自己一定的爆发力和"助推力"。刚接触力量训练的健身爱好者最好不用这种方法，这种方法可能使膝关节产生较强烈的不适感。使用低杠深蹲的健身爱好者，使用股四头肌的牵张反射会使整体重心明显前移，与低杠深蹲需要募集更多后侧链肌群的本质相反，无助于提升启动阶段的能力。在低杠深蹲时要使用腘绳肌的牵张反射，以便在蹲到最低点时可以获得一定的"助推力"。可以将重心放在足中后部，较慢速离心控制下蹲，在接近深蹲幅度的最低点时适当加速并完成蹲起的方式来感受腘绳肌的牵张反射。这种方法可以很好地掌握后侧链肌群的发力感，并且在深蹲的启动阶段拥有较强的爆发力。

3. 卧推技术动作精进

卧推的技术动作是很多健身爱好者都比较喜欢钻研的，大多把注意力放在三个问题上：如何更稳定地卧推，如何在启动阶段获得更强的爆发力，如何最大限度减小做功距离。卧推也是一个需要在平稳中追求速度的动作，你必须确保身体充分稳定，不能出现明显的乱晃或抖动，否则不仅对身体各部位力量的统一发力不是一件好事，更会使你的杠铃在胸口停留过多的时间，迟迟听不到裁判给出推起的口令，不利于完成大重量的试举。其次，卧推需要在胸口停稳后听到裁判的口令再推起，这是力量举三大项中唯一一个客观因素影响的发力不连贯的动作，健身爱好者在听到口令推起前处于完全静止的状态，没有任何杠铃下降的惯性可利用，如何在启动阶段获得更强的爆发力也是决定卧推成绩的关键。此外，卧推对做功距离的依赖程度要远远高于另外两个项目，当使用极大幅度的起桥姿势及最宽的握距进行训练时，加上手臂长度较短，那么几乎可以获得一个"零做功距离"的卧推，只需稍微屈肘，杠铃便可以直接触碰到胸部，使得卧推成绩的提高比其他人有极强的天然优势。

（1）最大握距

使用最大握距，可以最小化卧推做功距离，最大程度减小卧推后半程的难度。其中，日本握的握法又在最大握距基础上将手掌继续向外打开握住杠铃，进一步缩小卧推的做功距离。不过，这种方式对健身爱好者的手腕可能会带来一定不适感，并且需要配合较高的起桥高度，健身爱好者不必一定使用这种特殊的握法。同样地，最大握距也并非每个健身爱好者都使用，它对肩部及胸外侧肌肉的力量有较高的要求。

（2）手掌中下部握住杠铃

与深蹲时类似，卧推也要将杠铃握在手掌中下部。有的健身爱好者会更多地将杠铃握在手掌中部或手掌中上部，这会使得腕关节出现极其明显的不适感，导致无法很好地握住杠铃，出现杠铃明显的晃动及手臂或肩膀的抖动，从而直接影响大重量卧推试举。在深蹲训练时，握法虽然会影响上背的支撑效果，但是整个动作的发力核心还是在下肢，而卧推中所有上肢肌肉释放的力量都必须通过手腕与手掌传递到杠铃上，如果手腕出现任何不稳定或不适感，那么对整体力量的传递毫无疑问是十分糟糕的。

（3）把护腕绑得更高

尽管有的力量举比赛规则不允许将力量举护腕包裹住手掌的大部分，只允许包裹住腕关节，但是你可以在规则允许的范围内尽可能将护腕绑得更靠上，这会有助于你在握住杠铃时获得一个强有力的支撑感。因为大重量会给手掌在竖直方向上极强的压力，如果只是将护腕绑在腕关节上，而不是适当地包裹住手掌下部，那么手腕便会缺少一定的支撑，不利于将上肢肌肉的力量更加集中地释放在推起杠铃上。你还可以在护腕内侧和手腕上都涂抹镁粉，这有助于在护腕佩带得更靠上时不会滑落。

（4）上背部涂抹镁粉

在卧推时可以在上背部及卧推凳上涂抹镁粉，保证上背部有更好的张力和紧张感,更好地停稳杠铃,充分募集上背部的肌肉力量,并且在推起杠铃的一刹那可以拥有较强的爆发力。有的健身爱好者会在卧推凳上绑弹力带或者铺一个瑜伽垫,也可以增大上背部与卧推凳之间的摩擦力,更加稳定地卧推。此外,也可以穿有特殊防滑条的T恤进行卧推训练,只不过在力量举比赛中这种T恤是禁止穿的。

（5）使用卧推弹弓

卧推弹弓是一个辅助你培养正确卧推姿势的工具,它可以在杠铃离心下降阶段及启动阶段确保你的发力及上半身姿势处于最佳位置。你可以根据自己的卧推水平选择弹力不等的卧推弹弓,如果你的卧推成绩较差,那么最好选择材质较软的弹弓。此外,卧推弹弓还可以帮助你找寻并培养将杠铃拉向身体的发力感,逐渐养成募集背部力量卧推的习惯。

（6）将杠铃拉向身体

健身爱好者一定要在杠铃离心下降的过程中,逐渐养成利用背部力量将杠铃拉向自己的发力习惯,这会最大程度减小肩膀所受到的压力,有利于上背部收紧,稳定整个杠铃和上半身的肢体,同时有助于手臂较长的健身爱好者不会在卧推触胸时出现明显的三角肌受压过大的感觉。可以在平时的训练中使用卧推弹弓,也可以在正常的卧推训练时使用卧推训练＋高位下拉或面拉的组合,有利于发力相似的背部肌肉辅助训练动作培养相关动作的神经记忆。

（7）从后面进杠

大部分健身爱好者都会采用从卧推架的前方进杠。有的先双脚踩地再躺到卧推凳上,也有的人先躺到卧推凳上、收紧上背部再双脚踩地,这两种方式没有本质的区别。如果你的目标是获得最大的起桥高度,那么不要使用这两种方式,你应该尝试从卧推架的后面进杠,具体的方法:先将双脚踩的位置固定住,然后双手握住杠铃并调整好握距,握紧杠铃并直接将身体从杠铃后方和下方穿过,最后将上半身充分向上拉伸,将胸椎的活动度提高到最大限度,最后躺到卧推凳上。一般来讲,大多数健身爱好者用这种方式比前两种可以获得更高的起桥高度。

（8）使用瑜伽垫或泡沫轴

健身爱好者可以将瑜伽垫卷起或者使用粗细合适的泡沫轴垫在上背部下方,然后躺到卧推凳上进行练习,这是一种比较简单有效地提高卧推起桥高度及提升卧推所需主动柔韧性的练习方法。但是,在进行这种练习前,请一定要将上背部充分活动开,并且选择粗细合适的泡沫轴或瑜伽砖,否则很容易使关节或韧带受到损伤。此外,有的健身爱好者错误地将瑜伽砖或泡沫轴放在腰部或腰骶部下方,认为"卧推起桥的高度＝卧推时腰部向上顶起的高度",这种观点是十分错误的。卧推时杠铃需要接触到下胸或乳头处,而这个位置对应的是中上背,只有提高中上背向上抬起的高度才有助于缩小整个卧推的做功距离,这也是起桥的目的所在。所以,向上顶起腰部时,杠铃并不会下降到腹部,这对缩小卧推的做功距离没有任何帮助,还可能导致腰部有明显的不适感。

(9)收紧上背

收紧上背部对卧推的价值要远高于深蹲。在卧推中如果上背部没有充分收紧,那么会带来一系列严重的负面影响,常见的如离心阶段十分吃力、杠铃在胸口无法停稳、推起过程中发力轨迹不统一等。如果希望最大程度收紧上背部,那么除了使用镁粉、弹力带、防滑T恤等辅助工具外,还可以从自身的技术动作上入手,比如减少出杠后上背部晃动或身体来回扭动,否则会使已经收紧的上背部立刻松掉。其次,最好找一个训练伙伴帮助出杠,若自己出杠,在向上发力的一刹那上背部便已经无法再保持收紧的状态。此外,还可以双手握住卧推架两端的柱子,来回向内夹紧挤压上背,并确保肩关节已经充分锁死来达到上背部的最佳紧张感。

(10)使用举重鞋

有的力量举比赛是不允许脚后跟离开地面的,它要求在卧推的全程中,全脚掌必须始终接触地面并且不能有明显的移动。如果使用材质较软或鞋底呈流线型的鞋子,那么在大重量卧推时便有可能出现足部的移动,或者给裁判一种因为鞋子形状带来的"脚后跟离开地面"的假象。为了避免这种现象对卧推成绩的影响,可以穿举重鞋。举重鞋底很平,并且材质很坚硬,不会出现任何足部移动的视觉假象。此外,举重鞋比平常鞋子更高,这可以使柔韧性较差的健身爱好者有一个更好的起桥高度,并且在卧推的启动阶段可以借助举重鞋的帮助找到更好的腿部驱动感。

(11)注意呼吸节奏

卧推时的正确呼吸节奏:你充分收紧身体,完全准备好后进行一次呼吸,然后闭气并发力将杠铃从卧推架带到准备要屈肘下落的点,进行正常的呼吸并等待裁判给出开始卧推的口令,当听到口令后,你可以再进行一次呼吸立即屈肘下放杠铃。在杠铃下放的过程中,要尽可能挺胸,利用背部与胸部的力量让胸部去迎接杠铃,而不是让杠铃砸向胸部。在卧推的全程中,即使是杠铃在胸部停留等候裁判推起口令时也要注意保持闭气,千万不能换气,否则便会直接使肩背部完全松掉,不仅影响卧推的启动能力,还有可能使肩关节受到损伤。

(12)正确的卧推轨迹

正确的卧推轨迹近似一条直线,而非斜线或者弧线。很多健身爱好者在卧推时受腿部驱动的影响,误认为当杠铃推起时杠铃的轨迹应当是一条斜向上并向后的斜线,这种理解是十分错误的!这种观念认为腿驱动会带来一个从腿部到身体方向的助推力,这个力会直接带动杠铃向后,因此在推起杠铃时他们朝头部的方向推杠铃。事实上，这种行为是十分危险的，它不仅会使肩背部极易受到损伤，诱发较严重的伤病，还会极大限度拉长做功距离，不利于大重量卧推的试举。不可否认，完成推起后需要回杠，会使整体杠铃做功轨迹不是一条标准的直线，但是如果你的做功轨迹是一条倾斜度很大的斜线，或者主动采用将杠铃朝"头部或脸部"推起的方法，那么这对卧推成绩的提高是没有帮助的。健身爱好者之所以会使用错误的卧推轨迹，除了腿驱动带来的"假象"外，最大的原因是杠铃开始下降的位置与杠铃触胸的位置不在一条直线上。很多健身爱好者在出杠后没有将杠铃带到即将触胸位置的正上方便直接开始卧推，自然会出现一条斜线的轨迹，不仅不利于举起更大的重量，更会给肩关节一定不适感。此外，杠铃触胸的位置太靠下也是导致卧推轨迹偏差的原因之一，有的健身爱好者甚至直接将杠铃放到上腹部，这在力量举比赛中是完全禁止的。

（13）合理对待"掰杠"技术

有的健身爱好者听说过掰杠技术的价值，即在卧推训练时利用手臂的力量想象把杠铃"掰断"，这样可以最大程度激活肱三头肌的力量。但事实上，掰杠技术并不是没有任何局限性的。如果你在训练时将过多的注意力放在"掰断"杠铃上，那么会一定程度上忽略对背部紧张感的感受能力，而上背部在卧推中的重要性毫无疑问是要高过肱三头肌的。此外，如果在卧推时过于追求"掰杠"，便会明显地将肘关节向内夹紧，虽然为了更好地运用肱三头肌的力量及保护胸部和肩部的健康，不能将肘关节明显打开，但是将肘关节过分向内夹紧反而会导致肩部发力感被削弱，不利于极限重量的提高。

（14）感受腿部驱动

腿部驱动技术是卧推中最难掌握的环节。很多健身爱好者将腿部驱动不小心做成了"臀部驱动"，出现臀部离开卧推凳这种明显不正确的发力姿势。正确的腿部驱动方法是让身体感受到双脚向前侧踩地发力产生的力量反馈，而非双脚向下蹬地的发力感，后者会使臀部向上抬起，这与腿驱动是没有任何关联的。你可以让伙伴按住自己的股四头肌，然后利用腿驱动的方式对抗他的双手进行卧推，从而一点点感受到正确的腿驱动的方法。真正的腿驱动所带来的并不是臀部向上抬起，而是股四头肌给人一种"向上抬起"的感觉。

4. 硬拉技术动作精进

硬拉没有离心下降杠铃阶段，直接在静止状态下对抗杠铃重量及自身重力，所以与硬拉有关的技术动作细节都显得十分重要，任何一个细微的偏差都会导致拉起杠铃的过程中变得异常费力。硬拉的众多技术动作细节中有两个焦点：如何尽快将杠铃带离地面，如何尽快完成锁定。在硬拉的启动阶段中，健身爱好者容易因发力模式错误或呼吸节奏不正确等导致离地过于困难，甚至离地阶段直接失败。修改硬拉技术时，找到更好的后侧链发力感，调整并保持正确的呼吸节奏，避免身体太多的力量被提前透支，是完成快速启动的重要因素。其次，在硬拉训练中，有很多不完善的技术动作会使健身爱好者锁定阶段容易遇到困难，其中有硬拉姿势不正确，也有对硬拉技术动作理解不到位，不会充分募集全身的肌肉力量进行发力。此情况下，应调整技术动作避免锁定阶段"费力不讨好"，还可以灵活借用比赛允许的工具来提高试举的极限重量。

（1）注意呼吸节奏

呼吸节奏的把握对冲击硬拉极限重量的成功率是十分重要的！这一点在硬拉训练时的价值要远远高于卧推和深蹲训练。有很多健身爱好者呼吸节奏错误，例如闭气时间过长，即在正式发力拉起杠铃前许久闭气，到真正发力时氧气供应不足导致力量大幅度衰退，无法完成试举，即使可以勉强将杠铃带离地面，也会因气息不足导致杠铃卡在中段或无法完成锁定。因此，硬拉训练时一定要在真正发力前一刹那再完全吸满气并开始闭气，半蹲状态下本身摄入氧气的能力就有限，一旦闭气时间较长，大重量的硬拉试举毫无疑问很容易失败。当然，有的健身爱好者为了尽可能缩短闭气的时间及避免半蹲状态下对氧气摄入能力的影响，在站直的状态便充分吸气，然后立刻俯身蹲下去握住杠铃并发力拉起。虽然这种方法可以解决上述两个问题，但是它对神经募集能力及对这种技术动作的掌握能力有极高的要求，大部分健身爱好者在使用这种技术动作的前期会因缺少足够的准备时间导致腰背部没有保持充分的紧张，动作姿势严重变形。不是不提倡使用这种训练方法，只是在使用这种技术动作练习时，一定要从轻重量开始，并且时刻不要忘记保持动作姿势的标准性。

（2）预蹲或预拉发力

硬拉是一个几乎从完全静止状态开始发力的动作，无法像深蹲或卧推那样有预先离心下降杠铃带来的力量或动能的积蓄，在启动阶段很容易遇到杠铃片离地较慢的问题。有的健身爱好者试图通过多次的预蹲或预拉，给自己力量和动能的积蓄，以期获得更快启动的能力。这种技术动作的确可以提升硬拉的启动能力，你可以根据自己的习惯选择一次或多次的预蹲或预拉发力，不仅可以在预蹲或预拉的过程中更好地找到适合臀位，还可以极大程度解决启动困难的问题，是相扑硬拉和传统硬拉练习中都可以使用的技术动作。唯一需要注意的是，无论预蹲或预拉的速度是快还是慢，都需要注意在动作执行过程中保持身体的紧张。有的健身爱好者盲目追求这种技术动作所带来的爆发力，身体松散及臀位发生明显位置变化，这些都会极大程度影响硬拉的启动能力。此外，在完成最后一次预蹲或预拉的同时，要立刻闭气并发力将杠铃拉起，若闭气停留几秒钟再发力硬拉，便导致氧气和力量被无意义消耗，不利于大重量硬拉的试举。

（3）手肘夹紧

手肘夹紧是帮助你找寻上背部发力感的很好的动作技术。在硬拉发力的一刹那，肘关节向后转并充分夹紧，可更好地激活上背部力量，这对提升硬拉启动阶段的稳定性及在整个硬拉过程中保持腰背部姿势的稳定性有重要价值。不过要注意的是，如果你使用的是双手正反握的握法，那么反手一侧的上背部肌肉会出现力量募集稍微欠缺的情况。解决这个问题的最好办法还是双手正握并且锁握，这样不仅可以使你避免杠铃在手中的滑动，还可以使你均衡募集身体两侧上背部的肌肉力量。

（4）积极伸髋

很多健身爱好者在硬拉锁定阶段出现困难，主要是不会使用正确的锁定技术。如果你在杠铃已经超过膝关节后还依靠上肢（比如斜方肌和手臂）的力量继续上拉杠铃完成锁定，那么肯定会出现锁定极其困难的现象。特别是在上半身前倾角度较大的传统硬拉中，试图在杠铃超过膝关节后继续借助上肢力量完成锁定，会给腰背部巨大压力，容易导致腰背部姿势的变形。正确的锁定技巧是杠铃到达膝关节后便立即将臀部向前送，利用伸髋力量积极向前送髋完成锁定。如果没有髋关节的主动伸展，而只是单纯依靠手臂将杠铃继续向上拉，那么不仅会导致做功距离变长，还会增大髋关节锁定的难度。学习这种技术动作时一定要记住一个核心的问题：无论是在传统硬拉还是相扑硬拉，杠铃锁定的最佳办法都是让身体主动靠近杠铃，而不是将杠铃沿着竖直方向继续向上提拉。

（5）滚动杠铃

滚动杠铃的目的是解决因硬拉启动阶段的困难：将杠铃放在离身体有一定距离的前方，然后俯身握住杠铃并将杠铃拉向自己，当杠铃滚动至脚中部时发力向上拉起杠铃，这种方法主要是借助杠铃滚动的初速度给启动阶段一定的爆发力。有的教练认为这种方法的实际应用性不高，因为杠铃的初速度是水平方向的，与竖直方向拉起杠铃需要的初速度方向不同，所以对启动能力没有太大的帮助。虽然滚动杠铃的初速度方向不是竖直的，但根据合成法则，也会增大上拉的速度，与完全静止的杠铃状态不同。并且，使用普通的方法硬拉时，因为杠铃离身体距离近，膝关节和小腿的屈伸受限，导致股四头肌的力量无法充分释放，而滚动杠铃时，杠铃离膝关节和小腿较远，可充分运用股四头肌的力量，整体上看还是有助于提升启动能力的。要注意的是，将杠铃拉向自己的过程中一定要注意屈膝屈髋与杠铃位置的配合：若杠铃已经和小腿完全接触，还没有屈膝屈髋，便会使硬拉变成一个直腿硬拉，进而影响整体的训练成绩；当然也不能过早屈膝屈髋，否则会导致后侧链肌群无法保持充分的紧张，同样影响硬拉的重量。这是一个难度极高的技术动作，需要长时间打磨才可以掌握。此外，大级别或腰围较粗的健身爱好者，使用传统硬拉时往往由于腰围过大只能完全蹲下去，无法找到一个后侧链较紧张的合适的臀位，而使用滚动杠铃的技术可以很好地解决这个问题，更好地发挥后侧链肌群的力量。

（6）拉弯杠铃

硬拉时身体真正发力的肌群是后侧链肌群，手臂或上肢过多发力都是舍本逐末的行为。但是，使用弹性较大的硬拉杆时，如果杠铃拉起的一瞬间注意更多利用上肢包括斜方肌的力量将杠铃拉出明显的形变，那么一定程度上有助于提高硬拉成绩。正确的技术使用方法：先将杠铃拉弯，然后立刻释放全部的力量将杠铃拉离地面。这种方法在相扑硬拉中会有更大的帮助，它可以缩短做功距离并且一定程度上解决相扑硬拉启动困难的问题。当然，如果你用的是力量举杆或者普通的举重杆，那么拉弯杠铃的小技巧便难以实现。

（7）把腰带戴高

正确的硬拉姿势不会让腰骶部承受较大压力，腰背部的压力主要集中在中背及上背部，因此没有必要将腰带扎得过于靠下，过于靠下无法给腰背部带来真正的保护和支撑。有很多健身爱好者习惯将腰带扎在下腹部甚至更靠下的位置，不能够充分包裹背部。正确的方法是腰带的位置稍微靠上点，一般在肚脐靠上一点，可给背部强大的支撑与保护。一开始健身爱好者会觉得卡，不舒服或无法充分吸气，不过这不会持续太长时间，逐渐就会熟悉这种感觉。有的健身爱好者还会把腰带戴得更高，例如扎在上腹部，这种方法在杠铃接近锁定时辅助背部进行伸展，有助于更好地完成锁定，不过，这对健身爱好者的训练姿势标准性有极其严格的要求。有的健身爱好者因为腰带佩戴得过高，中下背没有任何明显包裹感，所以在发力硬拉的一刹那中下背会弯曲，即呈现"乌龟拉"，这对腰部是十分危险的。

（8）涂抹爽身粉

硬拉时要在手上和脚底涂抹镁粉，可牢牢地握住杠铃，并且在使用相扑硬拉时不会双脚向外侧打滑。硬拉时其实还需要在身体的大腿前侧和内侧涂抹爽身粉，这在使用传统硬拉或相扑硬拉的过程中可减小杠铃与大腿的摩擦力，从而有助于提升锁定能力。

（四）线性增长

线性增长原理是力量增长原理中最常见的类型之一，它是采用不同阶段对应不同训练模块的方法，提升健身爱好者力量增长所需要的肌肉力量、力量耐力、爆发力及极限力量水平。顾名思义，线性增长，即整体重量及训练强度都是随着时间的推移而逐步递增的，训练容量则随着时间的推移逐步递减。线性增长原理是应用极为广泛的力量增长原理，它对单项或多项成绩的提高都有着重要的帮助。线性训练计划也是十分常见的力量训练计划类型之一。

1. 基本构成

（1）阶段划分

线性增长训练计划一般分为3~4个阶段，具体的时间长度可根据整体训练计划的长度划分。一般整个训练计划的长度不应超过16周，并且每个阶段最好进行4周的持续练习。因此，如果使用3个阶段，那么整个训练计划的长度应当是12周；如果使用4个阶段，那么整个训练计划的长度应当是16周。12周的安排方式更适合具有一定训练经验或力量基础的健身爱好者，他们不需要过于细致的模块化练习，过长的时间反而加大他们完成训练计划的难度，容易被生活或工作等不确定因素所打扰。16周的安排方式则更适合刚开始进行力量训练的健身爱好者，其肌肉力量及爆发力等水平较低，需要在计划设定时安排较为细致的模块化练习，以确保全方位提高力量水平。

（2）模块划分

围绕线性训练计划各阶段的具体训练目标健身计划可包括增肌训练模块、力量储备模块、力量强化模块和极限力量模块。较高水平的健身爱好者设计训练计划时可以去掉增肌训练模块，即将训练计划设为力量储备模块、力量强化模块、极限力量模块三大部分。

①增肌训练模块。在这个阶段训练计划的内容应完全围绕提高基础的肌肉力量水平及强化三大项的基础动作技术而设定，专项训练动作一般选择每组重复训练8~10次，每个动作完成3~4组。这种方法对极限力量的提升没有太明显的帮助，却可以通过三大项动作的练习获得一定肌肉质量的提升，这是大重量、低次数练习所无法做到的。并且，在此基础之上，较高动作重复次数的练习还可以强化对三大项基础动作技术的掌握，这对刚接触力量训练的健身爱好者十分适用。

②力量储备模块。在这个阶段训练计划的内容应主要围绕提高力量耐力水平及解决三大项动作阶段性难点而设定，专项训练动作一般会选择每组重复训练5次左右，每个动作完成5~6组。这种方法可以提高一定的力量耐力水平，特别是对使用较大重量练习的力量耐力有很大的提升作用。可以使用解决动作阶段性难点的专项辅助训练动作替代普通的三大项训练动作，例如以解决硬拉启动困难的超程硬拉替代普通硬拉，以解决卧推锁定困难的弹力带卧推替代普通卧推，以解决深蹲离心困难的离心慢速深蹲替代普通深蹲，此时训练的目标不再仅仅针对提高力量耐力水平，而转变为主要解决三大项动作的阶段性难点。

③力量强化模块。这个阶段训练计划的内容应主要围绕进一步提高力量水平及筛查自身在较高负荷强度训练下的动作姿势标准性而设定，专项训练动作一般会选择

每组重复训练3次左右，每个动作完成3~5组。这种方法可以进一步提高三大项的力量水平，可以将力量储备模块所积攒的力量耐力更好地转化为极限力量的提升，对在最后的极限力量模块充分"引爆"状态有着十分重要的帮助。此外，在这个阶段要留意观察自身的动作姿势在较大重量的影响下是否还可以保持足够的正确与标准。如果动作姿势不理想或走形比较严重，那么要考虑对计划作出一些调整。

④极限力量模块。这个阶段训练计划的内容应主要围绕彻底"引爆"自身极限力量水平而设定，专项训练动作一般会选择一组只重复1~3次，每个动作只完成1~2组。这种方法可以彻底"引爆"自身的极限力量成绩，对冲击新的极限重量或有竞技比赛需求的健身爱好者是十分有帮助的。当然，有的健身爱好者或教练员会依旧在这个阶段使用解决三大项动作阶段性难点的专项辅助训练动作替代传统的三大项训练动作来设计训练计划，这种案例不十分常见，它主要适合在三大项动作某一个动作阶段有十分严重缺陷、必须立刻给予解决否则便会影响整个动作训练的健身爱好者。

训练模块一般以周为单位，每个训练模块都需要4周才可以确保这个模块安排的目标的实现。如果时间低于4周，便有可能出现训练不到位，对力量水平提高不全面。如果时间多于4周，虽然可以使整个计划的安排进一步精细，却会使得整个计划变得过久，容易加大工作或生活等不确定因素对执行训练计划的影响。此外，有的教练员在安排线性训练计划时会以天为单位划分训练模块，例如在一周或八天的时间内，将3~4个模块采用隔天训练的方式进行划分：

第一天	第二天	第三天	第四天	第五天	第六天	第七天	第八天
力量储备模块	休息日	力量强化模块	休息日	极限力量模块	休息日	休息日	力量储备模块（新一周）
增肌训练模块	休息日	力量储备模块	休息日	力量强化模块	休息日	极限力量模块	休息日

这种以天为单位对训练模块的划分主要适合提高三大项中某一项成绩的健身爱好者。如果你的目标是同时提高两项或三大项的成绩，还是应当使用最常见的以周为单位的划分方法。一份线性训练计划包含12周或16周。其中，12周或16周是大周期，大周期的目的只有一个，即提高三大项成绩的力量水平；每个阶段及每个训练模块则是小周期，小周期的目标则是提高极限力量所需要的不同因素的水平。

（3）重量百分比

线性计划中三大项动作重量百分比的使用主要是根据计划的不同阶段及不同模块决定的。线性计划的每个模块都有不一样的训练目标，而这个训练目标所对应的训练动作组数、每组重复次数及重量百分比都是不一样的。因此，重量百分比一定要结合不同的训练模块做出选择。此外，重量百分比也同使用的加重策略有关。力量训练计划中的加重策略一般分为两种：最常见的是每周根据训练完成度及力量变化不断增加重量，这对健身爱好者对自身情况的了解程度要求极高，一般比较适合水平较高或有专业教练指导的健身爱好者；另一种是使用预设极限法进行加重，即在第一周训练开始前，结合现有的力量水平、训练计划的周期长度、营养与体重管理的水平等多重因素为自己"预设"一个新的极限重量。因此，各模块挑选三大项动作的重量百分比时要参考两种不同的加重策略。

① 增肌训练模块实施阶段，三大项练习一般使用的是3~4组、每组重复8~10次的方式。如果使用普通的加重策略，重量百分比为原极限重量的70%左右，具体可以根据健身爱好者的肌肉力量及耐力水平进行调整。如果使用预设极限法的加重策略，重量百分比为预设极限重量的60%左右，同样可以根据健身爱好者自身的情况进行调整。

② 力量储备模块实施阶段，三大项练习一般使用的是5~6组、每组重复5次左右的方式。如果使用普通的加重策略，重量百分比为原极限重量的80%左右，具体可以根据健身爱好者的肌肉力量及耐力水平进行调整。如果使用预设极限法的加重策略，重量百分比为预设极限重量的70%左右，同样可以根据健身爱好者自身的情况进行调整。

③ 力量强化模块实施阶段，三大项练习一般使用的是3~5组、每组重复3次的方式。如果使用普通的加重策略，重量百分比为原极限重量的90%左右，即使健身爱好者肌肉力量和力量耐力水平不同，一般这个重量百分比不会有太明显的浮动。如果使用预设极限法的加重策略，重量百分比为预设极限重量的80%左右。

④ 极限力量模块实施阶段，三大项练习一般使用的是1~2组、每组重复1~3次的方式。如果使用普通的加重策略，重量百分比为原极限重量的95%以上，甚至超过之前的极限重量，与力量强化模块一样，这个重量百分比不会由于健身爱好者肌肉力量和力量耐力水平不同而有明显浮动。如果使用预设极限法的加重策略，重量百分比为预设极限重量的90%左右。

（4）辅助搭配原则

设计线性训练计划时，不仅要考虑三大项动作的组数、次数及使用重量百分比的安排，还要考虑辅助训练动作的搭配方法，以及辅助训练动作的组数、次数、使用重量百分比及是否加重的问题。力量训练所需要的辅助训练动作主要分为两大类：提升肌肉力量的肌肉辅助训练动作，解决三大项动作阶段性难点的专项辅助训练动作。在设计线性训练计划时，若为了更快解决问题较大的动作阶段性难点，会使用专项辅助训练动作替代三大项专项训练动作，此时只需要关注肌肉辅助训练动作即可；如果使用正常的三大项专项训练动作,那么还需要在关注肌肉辅助训练动作的同时留意专项辅助训练动作的安排。

① 增肌训练模块实施阶段,主要目标是提升肌肉质量及对三大项基础动作姿势的掌握熟练度,所以一般很少安排专项辅助训练动作,训练计划的内容只会围绕三大项专项训练动作及肌肉辅助训练动作展开。在安排肌肉辅助训练的内容时,要根据每个训练日对应的三大项具体动作所主要依赖的肌肉群挑选辅助动作。例如在深蹲训练日,深蹲对下肢肌肉群要求较大,辅助训练动作应当主要围绕下肢肌肉群的训练;在硬拉训练日,硬拉对下肢肌肉群及背部肌肉群要求较大,辅助训练动作应当注意兼顾下肢肌肉群和背部肌肉群的训练;在卧推训练日,卧推主要依靠上肢肌肉群,辅助训练动作也应当集中在上肢肌肉群的训练。为了使肌肉生长更具效率,在这个阶段一般会安排较高的训练容量,例如每个肌肉辅助训练动作进行 4~5 组,每组进行 12~15 次。当然,针对一些特殊的肌肉群,也可以参考超级组训练法或 15~20 次更高容量的练习方式。在重量选择方面,应当以带给肌肉最强充血感并且可以保证标准动作姿势的重量为宜。

② 力量储备模块实施阶段,主要目标是提高力量耐力水平及解决三大项动作阶段性的难点,因此会安排一定的专项辅助训练动作。在每个训练日安排三大项具体动作所需要的专项辅助训练动作,一般只会安排一个动作,每个动作完成 3~5 组,每组完成 3~5 次。在重量百分比的选择上,一般会使用正常三大项动作极限重量的 50%~60%。要注意的是,这里的极限重量是正常三大项动作的极限重量,若错误地使用专项辅助训练动作的极限重量就会影响整个计划的执行。此外,要根据每个训练日对应的三大项具体动作所主要依赖的肌肉群,挑选肌肉辅助训练动作,方法同增肌训练模块的一样,只不过在训练容量方面要稍微变动,因为在力量储备模块增加了专项辅助训练动作,导致整个计划的训练容量的增大,所以为了均衡训练计划的整体容量,避免过度训练,要适当减小肌肉辅助训练的容量,例如将每个动作进行 4~5 组、每组进行 12~15 次变为每个动作进行 3~4 组、每组进行 12~15 次。同样地,也可以使用超级组让整个训练变得更加高效。在重量选择方面,还是以带给肌肉最强充血感并且可以保证标准动作姿势的重量为宜。

③ 力量强化模块实施阶段,主要目标是进一步提高力量水平及筛查较高负荷强度训练下的动作姿势是否标准。要在每个训练日安排三大项具体动作所需要的专项辅助训练动作,一般只会安排一个动作,每个动作完成 3~5 组,每组完成 3~5 次。重量百分比的选择,相比力量储备模块要更高一些,一般为正常三大项动作极限重量的 60%~70%(部分健身爱好者可以根据实际情况适当减小重量为极限重量的 65%)。要注意的是,这里的极限重量是正常三大项动作的极限重量,若错误地

使用专项辅助训练动作的极限重量就会影响整个计划的执行。此外，要根据每个训练日对应的三大项具体动作所主要依赖的肌肉群，挑选肌肉辅助训练动作，方法同增肌训练模块及力量储备模块的一样，只不过在训练容量方面要有所削减，将每个动作进行 3 ~ 4 组、每组 12 ~ 15 次变为每个动作进行 3 ~ 4 组、每组 10 ~ 12 次。在这个阶段不应使用较多的超级组，因为整个专项训练与专项辅助训练所带来的强度已经较高，再使用较高强度的超级组训练法容易出现过度疲劳。在重量选择方面，还是以带给肌肉最强充血感并且可以保证标准动作姿势的重量为宜。

④ 极限力量模块实施阶段，主要目标是彻底"引爆"自身极限力量水平，训练计划的所有内容都应当为创造更好的挑战极限力量的身体肌肉及神经状态而设计，因此不会再安排专项辅助训练动作，避免它对健身爱好者神经、关节及韧带的消耗，保证在冲刺极限力量时有一个 100% 的最佳状态。但是，要在训练计划中安排一定的肌肉辅助训练动作，主要目的是保持身体一定的活跃程度。如果计划中只安排针对极限力量的三大项练习，没有任何肌肉辅助训练动作，便容易使肌肉处于休息的状态，对保持最佳的身体状态同样没有帮助。唯一要注意的便是选择较低训练容量及较低训练强度，例如在力量强化模块使用的每个动作进行 3 ~ 4 组、每组 10 ~ 12 次可以变更为每个动作进行 2 ~ 3 组、每组 10 ~ 12 次。在重量选择方面，尽量使用较轻、不会使肌肉出现较明显或长久疲劳的重量，因为目标只是让肌肉保持一定的活跃程度，不要追求特别明显的充血效果。

（5）赛前调整

线性训练计划可用于准备力量举比赛，直接用一份线性计划备赛是可行的，只不过要适当拉长整个训练计划的周期，并且将三个或四个不同的训练模块划分为赛季期与非赛季期，以便更好地根据比赛的竞技需求及力量生长的多种因素进行更加系统且具有针对性的练习。

① 使用三个模块时，训练计划一般会安排 12 周。健身爱好者应将前两个模块（即力量储备模块和力量强化模块）放在非赛季期，此时体重往往比比赛时稍微高一点，对力量的提升也更有帮助；将原本 4 周的长度分别延长一个周，即总共 10 周的时间练习。最后的极限力量模块应当在赛季期时使用，还是采用 4 周的长度。因为在赛季期不仅面临调整神经和身体肌肉的状态，避免长时间大重量训练对神经的损耗，以致比赛时不兴奋或神经募集能力较差，更重要的是在赛季期大多数情况下还要减体重，体重的降低也会在一定程度上影响力量水平以及神经和身体肌肉的恢复，所以保持原有的时间长度不变。在力量提升模块的最后一个周，一般情况下会去尝试一个新的极限重量，来突破自己之前的三大项极限。但是，这种方法并不适合有比赛需求的健身爱好者，他们需要将 100% 的状态保留到比赛中，而不是提前在训练中"浪费"。可

以在最后一个周尝试比赛时要完成的第一次和第二次试举的重量，具体的重量应该为目标极限重量的93%和96%。这种安排的原因在于避免比赛前大量消耗神经、关节和肌肉，并且通过使用一定重量的动作完成度来判断自身真正的极限重量大概在多少，这会有助于比赛时有更好的发挥。最后一周的训练计划必须与比赛日之间保留一周的空余时间，目的是更好地调整肌肉、神经及关节的状态。在这周内不会进行任何三大项的训练，只会在比赛开始前三天以上的时间内进行少量的肌肉辅助训练；要注意避免使用较大的重量，不要使肌肉产生较疲劳或乳酸堆积明显，否则同样会影响比赛状态。

②使用四个模块时，训练计划一般会安排16周。不会延长任何一个模块的时间，因为16周的时间已经很长，再延长时间会导致整个训练计划的不确定因素太多，不利于备赛。健身爱好者应将前三个模块（即增肌训练模块、力量储备模块、力量强化模块）全部放在非赛季期，这对力量的整体提升及在极限力量模块时的力量表现都是十分有帮助的。有的健身爱好者会将力量强化模块与极限力量模块放在赛季期，但是使用线性计划时，赛季期的整体时间不宜太久，否则控制体重的较长时间段内，面临强度几乎直线上升的挑战，这会使整体神经和关节都承受较大的压力，不仅不利于比赛时的发挥，甚至容易出现拉伤等较严重的伤病。与之前三个模块的划分方式一样，在最后一个周的训练中尝试比赛时要完成的第一次和第二次试举的重量，具体的重量还是目标极限重量的93%和96%。最后一周的训练计划同样需要与比赛日之间保留一周的空余时间，并在比赛开始前三天以上的时间内进行少量的肌肉辅助训练，在比赛开始前三天内则不要再安排任何训练，让身体充分休息。重量使用方面，同样需要避免使用较大的重量，不要出现任何肌肉较疲劳或乳酸堆积明显的现象。

（6）减载与平台期处理

线性训练计划使用的是训练强度及负荷重量逐渐递增的方式，带给神经、肌肉及关节的压力也是逐步增大的。如果执行训练计划的过程中，因伤病、工作和生活突发情况影响使训练完成度较差，营养饮食水平较低导致身体状态比较疲劳或整个人不兴奋，那么极有可能促使平台期的出现。训练经验不足的健身爱好者，可能很难控制好营养饮食水平，或每次训练课的完成度不高，导致三大项成绩的进步受平台期的阻碍。具有一定训练基础的健身爱好者，也有可能受到工作和生活突发情况的影响，同样受困于平台期。为了避免平台期的出现或者尽可能远离平台期的影响，健身爱好者需要学会灵活将减载周与线性训练计划搭配的方法。

在减载周，健身爱好者一般都是根据具体情况进行1~2周的训练强度与训练容量较低的肌肉辅助训练，从而避免大重量的三大项训练对神经和关节的压力。在线性训练计划的设计中，健身爱好者应根据自己的具体情况在某两个不同的训练模块间安排一周的减载练习,一般会选择在力量储备模块与力量强化模块、力量强化模块与极限力量模块之间各安排一周的减载练习。因为增肌训练模块使用的三大项动作重量较小,对神经和关节不会产生特别大的压力,所以不会在增肌训练模块与力量储备模块之间安排减载周。你设计训练计划时可直接将减载周加入计划内容中,也可以先不写入减载周的安排,而是根据每周训练结束之后的感觉选择是否要在下一周进入减载周。如果你感觉到这周练完后整个身体十分疲劳,或者这个周的专项训练时完成得很艰难,那么要在下一周进入减载周。此外,健身爱好者无论在力量强化模块的最后一周是否感受到身体疲劳,为了在极限力量模块有更好的表现,避免连续两个较高强度的训练模块带来的疲劳,给身体充分的恢复,一般应在这两个训练模块间安排一周的休息时间,从而以最佳状态冲刺新极限。

2. 适用项目

线性训练计划可用于提高单项或多项成绩。若你以天为长度单位进行模块划分,对单项成绩的提高有着十分明显的帮助。最常见的如 Smolov 深蹲训练计划,便是在每周的 4 个训练日分别安排较高训练容量、力量储备、爆发力、极限力量四个不同的模块,这种较高频率且每个训练日目的非常明确的安排方式对短时间内提高单项成绩是十分有帮助的。只不过这种安排方式不得不将训练日全部用来提升练习某个固定的项目成绩,甚至没有办法安排其余两个项目的练习。这种情况在设计提高单项深蹲或单项硬拉成绩的线性训练计划时体现得更为突出,任何一个项目练习后,几乎没有体力再去支撑另外一个项目的练习。如果你的目标是提高单项卧推成绩,虽然在计划中可以安排少量的深蹲或硬拉训练,但是由于神经无法支撑过量训练,无法使用较大的重量进行深蹲或硬拉的练习,在这种情况下能够做到的也仅仅是争取维持这两个项目的极限重量不会有太明显的退步。因此,使用线性训练计划提高单项成绩对目标是参加比赛的健身爱好者是十分不划算的,特别是全神贯注于训练卧推时,提高的成绩可能都没深蹲和硬拉加起来退步的成绩多,会出现总成绩退步的现象。

若你以正常的周为长度单位进行模块划分,线性训练计划可以同时提高三大项成绩,只不过三大项成绩的提高幅度主要跟健身爱好者现阶段水平及相应的提升空间有关。例如,有的健身爱好者硬拉成绩比较好,那么一定在硬拉训练方面有独特的优势,这个优势可能是身材比例的优势,也可能是对动作和发力模式掌握更熟练的优势,其硬拉提升空间自然也大一些。有的健身爱好者卧推成绩极低,除了健康原因外,最主要因素还是与卧推相关的训练太少,如果能够及时弥补这个空缺,卧推成绩也可以得到比较明显的提高。同时提高三大项的成绩可以使训练者在竞技比赛中有更强的竞争力,使三大项成绩相对均衡。不过,这种安排方式也存在一定的弊端,即整个计划的最后阶段,也就是强度最高的极限力量模块,要在一个周内同时完成极高重量的深蹲、卧推、硬拉，这对健身爱好者的恢复能力有着极高要求。并且，这种情况对健身爱好者的三大项极限成绩也有一定的要求。极限成绩较高者不适合使用这种方式，因为较高的极限成绩对应百分比的重量也是相当高的，而人体关节和神经所能承担的重量毕竟是有限的，水平越高的健身爱好者越需要注意对肌肉和神经的疲劳管理及灵活运用减载周练习。

3. 适用群体

线性训练计划适合各个不同训练水平的健身爱好者，无论刚接触力量训练还是具有较高力量水平的健身爱好者，都能够从中得到一定的收获。对于刚接触力量训练的健身爱好者，使用线性训练计划可以从提升肌肉力量及改善神经募集能力两方面全面认识力量训练，打下一个坚实的基础。有的教练员认为水平较低的健身爱好者在刚接触力量训练时，使用模块划分的方式容易降低力量提高效率，划分模块甚至不如简单使用"5×5"练习增长得快，这种观点不能说是错误的，至少在力量提升的速度方面，划分模块确实不如直接简单粗暴地使用较大重量的训练方法来得快。但是，除了有较长时间肌肉健美训练经验的健身爱好者，所有刚接触力量训练的健身爱好者肌肉力量基础必定都较薄弱，如果不在力量训练的初期通过计划安排了解肌肉力量对三大项成绩的重要性，而只是追求一时的成绩高低，盲目上重量，反而有可能导致对力量训练的整体理解产生偏差，虽然训练初期的力量水平得到了明显的提高，却会明显压制未来成绩提高的上限空间，这对一名真正热爱力量训练的健身爱好者毫无疑问是很糟糕的。对于有一定训练经验的健身爱好者，线性训练计划中的力量储备模块和力量强化模块可以帮助他们更好地巩固动作姿势，不断打牢力量基础，帮助他们更加科学有效、循序渐进地增加每次练习所使用的重量。有很多健身爱好者因为有了1～2年的训练经验，认为自己对动作和重量掌握得比较透彻，有的时候就不遵循力量增长的客观规律，盲目增大三大项练习所使用的重量，甚至频繁冲击极限，这不仅容易造成多次挑战的失败，还有可能影响身体健康。因此，对于有一定训练经验的健身爱好者，力量储备模块和力量强化模块是十分合适的安排方式。有较高力量水平的健身爱好者，在使用线性训练计划时可能会面临一个困扰，即在训练的最后阶段要在一个周内同时完成大重量的深蹲、卧推、硬拉，虽然自身的恢复能力较强，但是重量上升到一定程度以后对人体骨骼、关节、神经的压力都会临近极限，而力量水平再强也无法突破人类极限。不过，这个问题在体重较大的健身爱好者身上会减弱一些，因为他们有较高的脂肪含量，一定程度上可避免肌肉因大重量产生的拉伤。

4. 加重策略

力量计划中的加重策略一般分为两种：最常见的是每周根据训练完成度及力量变化来不断增加重量，这种方法对健身爱好者对自身情况的了解程度要求极高，一般比较适合水平较高或有专业教练员指导的健身爱好者；另外一种方法是使用预设极限法进行加重，即在第一周训练开始前，健身爱好者便结合现有的力量水平、训练计划的周期长度、营养与体重管理的水平等多重因素为自己"预设"一个新的极限重量。因为线性训练计划在初期使用的三大项训练一般为高容量、中低强度的练习，本身完成难度不低，并且在训练初期力量不会有太明显的提升，所以很难在初期对三大项训练过多加重，一般在力量强化模块及极限力量模块练习时根据自身的具体情况适当增加三大项的练习重量。

若使用最普通的加重策略，应根据当周训练的完成度、身体肌肉和神经的疲劳程度、下周的预定目标进行适当加重。若你感觉当周训练完成较轻松，身体肌肉和神经并没有明显疲劳，相对下周的目标难度并不高，可以在下周练习重量的基础上增加 2.5～5 千克。如果你感觉当周的训练完成度、身体肌肉和神经的疲劳程度、下周的预定目标都比较符合目前自身的能力，那么应当按照既定的计划继续练习。但是，如果你感觉到整体训练难度较大，甚至不确定下周的三大项练习能否完成，对自己明显不自信，便要考虑是否进入减载周的练习。有的教练员在加重时会参考健身爱好者在三大项动作练习时的 RPE 情况，这是一种很好的判断方式，只不过它并不是最全面的判断方式，还需要结合身体的疲劳状况及营养饮食摄入水平等多方面因素综合判断，这样才可以做到最正确的加重。有的时候宁愿一直不增加三大项的练习重量，也不希望盲目增加重量导致身体受伤。

若使用预设极限法，一般会预设极限成绩可以在 12～16 周内提升 5%～20%，具体的数值需要根据力量水平、计划时间长短、三大项的具体项目以及恢复能力进行判断。例如，对于水平极高的健身爱好者，他们的深蹲或硬拉成绩已经在 300 千克以上，如果可以在 16 周内提升 5% 的极限重量，那么意味着能够获得 15 千克的进步，这毫无疑问是十分优秀的成绩。对于刚接触力量训练的健身爱好者，虽然他们的深蹲或硬拉成绩可能只有 100 千克，不过因为力量基础较低、增长空间巨大等，甚至会在 12 周的训练时间内提升 20% 的极限重量，即提高 20 千克的深蹲或硬拉极限成绩。此外，对于卧推训练来讲，有的极限成绩在 200 千克的健身爱好者，可能 12～16 周练习后成绩还无法提高 5%，其原因不一定是健身爱好者不努力，或者训练计划不适合他们，最主要的因素与卧推的整体进步空间比深蹲和硬拉小有关。此时，可以使用保守点的预设极限法来增加重量，也可以只使用最普通的加重策略。理论上讲，当恢复能力一致时，三大项成绩越低，预设极限时便可以使用高一点的重量。而三大项成绩越高，预设极限则需要注意适当调整。一旦确定好了三大项的"新"极限重量，便可以在训练计划中提前安排出未来数周的练习内容。当然，随着计划的执行，也要根据完成度来判断是否要进行重量的降低调整。

(五)交叉型增长

交叉型增长原理是力量增长原理中常见的类型之一。它是采用每两个周或每两个训练日轮流训练大重量的三大项训练及小重量的专项辅助训练的安排方法,不仅可以使健身爱好者对神经、肌肉、关节进行合理的疲劳管理,还有助于解决三大项动作的阶段性难点,提升神经募集能力,有助于极限力量的提升。交叉型训练计划,也称作波浪形训练计划,比较适用于提高多项成绩,对拥有一定肌肉力量基础、可以熟练掌握三大项的动作技术及发力模式、大重量训练时神经募集能力较差或爆发力较差的健身爱好者,以及三大项成绩较高的高水平健身爱好者,都是十分不错的选择。

1. 基本构成

(1)阶段与模块

与线性训练计划类似,交叉型训练计划一般也会持续12~16周的时间,不过在此期间内不像线性训练计划那样有3~4个模块的明显划分。交叉型训练计划从第一周到最后一周都是按照每两周交替上升或每两个训练日交替上升的方式安排的,不会有某个特殊的阶段,也不会有不同阶段或小周期的训练目标。整个计划是一个整体,它的目标只有一个,即提升三大项或两项的极限重量目标。因此,可从每两周交替上升及每两个训练日交替上升这两种不同的方式了解交叉型训练计划的构成。

①每两周交替上升,比较适合三大项成绩同时提高的练习。每两周重量交替上升安排的目的主要是避免在线性训练计划时,在同一周进行大重量深蹲和硬拉训练的局限性。可以在单数周进行大重量深蹲+大重量卧推的训练,同时安排轻重量的解决硬拉动作阶段性难点的专项辅助训练,而在双数周交替为大重量的硬拉训练,同时安排轻重量的解决深蹲与卧推动作阶段性难点的专项辅助训练。健身爱好者可只进行上述三个训练日的练习,也可再单独安排一个针对全身肌肉力量的肌肉辅助训练日,具体的情况要根据自己的需求及恢复能力做具体的选择。

②每两个训练日交替上升,比较适合提高深蹲+卧推或硬拉+卧推成绩的健身爱好者。每两个训练日重量交替上升,可以使两项成绩提高更快,整体训练计划的周期被适当缩小。如果你的目标是提高硬拉+卧推的成绩,可在每个周的前两个训练日安排大重量的硬拉训练日+轻重量的解决卧推动作阶段性难点的专项辅助训练日,在后两个训练日则交替安排轻重量的解决硬拉动作阶段性难点的专项辅助训练日+大重量的卧推训练日,不会再安排其余单独的训练日。

(2)重量百分比

在选择交叉型训练计划所使用的重量百分比时,使用每两周交替上升或使用每两个训练日交替上升对重量百分比的影响不大,专项训练及专项辅助训练所使用的重量百分比都是在一个区间范围内随着时间的推移而逐步上升的。唯一需要注意的是,因为在每两周的训练计划或每两个训练日的计划中会交替使用大重量与轻重量的三大项训练,所以只在两个周或两个训练日内观察使用的重量,其实是呈波浪形递增而非线性递增的,但是在整个大周期,也就是从第一周到第十六周的重量选择上来看,专项训练及专项辅助训练分别使用的重量百分比肯定是线性递增的。

三大项训练的专项训练一般会从极限重量的80%~85%开始,每两周逐步递增,直至在最后一周使用极限重量的97%~99%。健身爱好者在这个过程中可使用预设极限法的加重策略,只不过因为在交叉型训练计划的第一周便使用了较高的重量百分比,所以无法像在线性训练计划中使用的预设极限法那样给自己设定一个"新"的极限重量。这里所使用的预设极限法,指的是随着训练的推移,结合自身每两周或每两个相同专项训练日的具体表现、营养饮食摄入水平、身体恢复能力等因素,为自己在下一次的大重量训练日增加2.5~5千克的极限重量,然后利用新的极限重量换算百分比安排练习。当然,健身爱好者也可以根据自身的情况选择较小的加重幅度,例如只加1.25千克左右,或使用较大的加重幅度,例如加重5~10千克,这建立在对完成新重量有十足把握的基础之上。我们可以举一个具体的例子:

一名健身爱好者的硬拉极限是200千克,在第一周他需要使用85%的重量完成5次硬拉训练,即170千克完成5次。原本在第三周的训练计划中,他需要使用87%的重量完成4次的硬拉训练,即174~175千克完成4次,但是经过第一周的大重量专项硬拉训练及第二周的轻重量硬拉专项辅助训练后,他觉得自己可以很轻松地将174~175千克拉起4次,那么他可以为自己预设极限硬拉增长5千克,即第三周的训练计划要变成(200+5)千克×87%即177.5~178千克完成4次。

三大项训练的专项辅助训练或速度训练一般会从正常三大项极限重量的45%~50%开始,每两周逐步递增,直至在最后一周使用正常三大项极限重量的70%左右。要注意的是,这里的极限重量百分比是正常三大项极限重量的百分比,而非专项辅助训练极限重量的百分比。在专项辅助训练的过程中,你应谨慎使用预设极限法的加重策略,因为你的目标是提升速度能力或解决三大项动作阶段性的难点,如果重量增长过快,可能会降低你举起重量的速度,或专项辅助训练中感觉过于疲劳,不利于整体极限重量的增长。

(3)辅助搭配原则

交叉型训练计划也会安排针对性的肌肉辅助训练与专项辅助训练动作,其中肌肉辅助训练动作的挑选、组数、次数及使用的重量百分比主要参考当天训练的内容进行具体的安排。在大重量硬拉训练日,最主要的核心要求便是完成大重量的硬拉训练,此时专项训练的强度较高、训练容量较低,肌肉辅助训练便可以针对硬拉所需肌肉群

（例如腘绳肌、上背部肌群、臀大肌等部位）使用一些强度较低、训练容量较大的方法，可以适当选择对肌肉刺激性更强的孤立训练动作，而不是使用过多的复合训练动作，每个动作安排4~5组、每组12~15次，对特殊部位的肌肉群可以安排15~20次这种较高的容量。在轻重量深蹲专项辅助训练日，与深蹲有关的训练强度较低、训练容量较大，肌肉辅助训练便可以针对深蹲所需肌肉群（例如股四头肌、腘绳肌、臀大肌等部位）使用一些强度稍高、训练容量较小的方法，可以适当选择一些对关节压力较小的复合训练动作，每个动作安排3~4组、每组8~10次。当然，如果你的肌肉力量基础较好，也可以使用超级组，这种强度较高的高效方式与专项辅助训练日是十分搭配的，比较符合交叉型训练计划的前段，如果是在整个计划的后段（12周计划中的第9~12周或16周计划中的第13~16周），无论是大重量训练日还是轻重量训练日，都不应再安排强度较高或训练容量较大的肌肉辅助训练，因为在这个阶段内三大项练习所使用的重量极高，必须避免由于肌肉辅助训练所导致的神经、肌肉或关节的疲劳。

一般很少在大重量训练日当天搭配专项辅助训练动作，根据交叉型计划的特点，只会在下一周的专项辅助训练日进行单独的安排，可以根据自身的需求选择使用提升速度能力的训练方法或者使用解决三大项动作阶段性难点的训练方法。

（4）赛前调整

交叉型训练计划十分适合用来准备一次比赛。它使用交叉练习深蹲、卧推、硬拉大重量的方式，可以使训练者在比赛前有一个比较好的神经和身体状态。不过，为了在比赛时有更好的发挥和表现，应在比赛日之前一个周的时间停止有关三大项的训练，只是偶尔在比赛开始前三天以上的时间进行轻量的肌肉训练或体适能训练，目的是使身体保持比较正常的运动状态。因为交叉型训练计划的末段不会像线性训练计划那样在同一周安排大重量的深蹲、卧推、硬拉训练，而是使用两个周交替练习的"错峰训练法"，所以对健身爱好者的神经、肌肉及关节的压力较小，健身爱好者可以正常走完训练计划，不用像线性训练计划时最后只使用比赛时第一把或第二把的试举重量，无法使用真正的极限力量。此外，交叉型训练计划会使用特殊的预设极限法加重策略，这会使得训练者用做组的方式突破自己之前的极限重量。例如你在训练最开始的极限卧推成绩是120千克，随着训练的推移，在交叉型训练计划的末段你可能会使用120千克完成2~3次的卧推训练，这种方法比直接去冲击125千克或130千克有更高的成功率，并且对身体的压力较小。在交叉型训练计划的最后一周，一般使用新极限重量的97%~99%进行练习，如无意外，这个重量应该已经明显超过训练计划开始前的重量，但是依旧不属于健身爱好者自身真正的极限重量，因此这种安排方式使训练者对即将到来的比赛有一个更好的预判，有助于取得更好的名次。

（5）减载与平台期处理

交叉型训练计划使用的训练强度及负荷重量是整体递增的，但是与线性训练计划不同，交叉型训练计划在每一次增长负荷重量后都会经历一个较轻重量的训练周，虽然这个训练周内还会练习与三大项有关的专项辅助训练，但是整体重量百分比较小，甚至可以将它看作线性训练计划中为了避免疲劳累积过多所安排的减载周练习，并且交叉型训练计划的"减载周"安排还是十分规律的，无论是深蹲、卧推还是硬拉都会使用隔一周进行一次轻重量训练周的练习。因此，交叉型训练计划本身便给健身爱好者一定的"减载"与调整，一般就不需在训练计划中再安排单独的减载周练习。

不过，尽管交叉型训练计划整体有利于疲劳管理，但是在实际训练中有的健身爱好者也会遇到平台期，主要原因是新一周增加的"新极限重量"过大。如果出现这种情况，健身爱好者应当立即将极限重量调回至增加前的重量，并且在下一周的训练中试着完成上次未完成的专项训练内容。例如，某健身爱好者的深蹲极限为 200 千克，本周他已经完成 4 次 90% 的极限重量（即 180 千克）的训练，需要在下一次训练时使用 92% 的极限重量完成 3 次深蹲，本周他认为自己完成得还算是比较轻松（实际已经有点困难），于是他便使用预设极限法将下一次大重量深蹲的"新"极限重量增加 5 千克（实际只能增加 2.5 千克或不变），做组的重量变为 205 千克 ×92%=188 千克，完成 3 次，结果他在训练时只能够完成 2 次，无法完成计划规定的内容。此时，他需要做的便是在下一次的深蹲大重量训练中依旧使用 92% 的极限重量完成 3 次，但是需要将极限重量由 205 千克调整为 200 千克，做组的重量也减为 184 千克。如果他可以顺利完成 3 次深蹲练习，那么在下一次深蹲大重量训练时便可以继续提高重量百分比；如果他依旧没有完成 3 次深蹲，便需要考虑是否出现了因伤病、疲劳、营养摄入不佳等问题所导致的平台期。

2. 适用项目

交叉型训练计划最大的优势在于它对神经疲劳和肌肉疲劳的管理做得十分到位，这便意味着它是十分适合同时提高两项或三项成绩的训练计划，健身爱好者在练习时并不会因为强度和重量的递增而感到过于疲惫、无法恢复。交叉型训练计划本身便给健身爱好者留出了在每两次大重量训练间一个星期的轻重量训练，使健身爱好者可以得到充分的恢复。交叉型训练计划也可以用于提高单项成绩，只不过效果比线性训练计划稍微差点，因为交叉型训练计划两周才会安排一次大重量的训练，这与线性训练计划每周都会有大重量训练相比，频率变得较低，而单项训练一般不用太多考虑疲劳的问题，所以如果频率较低，那么单项成绩的提高速度也是较慢的。因此，并非交叉型训练计划不能够提高单项成绩，只是相比提高两项或三项成绩时的贡献，用交叉型训练计划提高单项成绩所带来的收益是较低的，并且提高效果没有线性训练计划好。

3. 适用群体

有的人认为交叉型训练计划比较适合训练经验丰富的健身爱好者，对刚接触力量训练的健身爱好者，较低频的大重量专项训练对掌握动作技术、完善动作发力模式是十分不利的，它会使健身爱好者"忘记"大重量训练时的动作及力量使用方法。这种观点在一定意义上是正确的。如果你对动作技术及发力模式掌握得不牢固，那么应使用线性训练计划，因为线性训练计划每周都会进行大重量的专项练习，在训练计划总长度相同的情况下，它的频率是交叉型训练计划的2倍。但是，如果你对三大项的动作技术及发力模式掌握得比较牢固，那么即使训练年限不是特别长，也可以使用交叉型训练计划。这里并没有一个准确的年份多少划分，划分的主要依据是动作技术及发力模式的掌握是否牢固。其次，交叉型训练计划不会安排较多的训练组数，很多时候都是使用一组进行力竭练习，这对刺激神经募集能力是十分有帮助的；并且整个训练计划的初期便会使用较大的重量百分比，不需像线性训练计划那样先进入一个强度与重量较低的增肌训练模块或力量储备模块。因此，如果你的爆发力比较欠缺或神经募集能力较差，那么交叉型训练计划是更好的选择，无论是使用的重量百分比还是单独安排专项辅助训练日、速度训练日等方面，它都是你的最佳训练计划。此外，三大项成绩较高的健身爱好者，使用交叉型训练计划便不会有在线性训练计划的末段所遇到的苦恼，即面临同一周必须完成大重量的深蹲、卧推、硬拉练习，可以使身体肌肉、关节与神经受到较小的压力。当然，在实际训练中，无论是使用交叉增长原理为依据演变的训练计划的健身爱好者，还是使用线性增长原理为依据演变的计划的健身爱好者，都存在水平相当高的案例，健身爱好者还是要根据具体的情况去选择。有的健身爱好者在低频训练时确实不会有明显的力量提升，较高频率的训练反而有助于他们突破自己的极限。

4. 加重策略

交叉型训练计划只会使用预设极限法的加重策略，不会像线性训练计划那样还可以参考普通的加重策略。不过，因为在交叉型训练计划的第一周便使用了较大的重量百分比，所以无法像在线性训练计划中使用的预设极限法那样给自己设定一个"新"的极限重量。这里所使用的预设极限法，指的是随着训练的推移，结合自身每两周或每两个相同专项训练日的具体表现、营养饮食摄入水平、身体恢复能力等因素，为自己在下一次的大重量训练日增加2.5～5千克的极限重量，然后利用新的极限重量换算百分比进行练习。当然，也可以根据自身的情况选择较小的加重幅度，例如只加1.25千克左右，或使用较大的加重幅度，例如加重5～10千克，只不过这必须建立在对完成新重量有十足把握的基础之上。现举一个具体的例子：

一名健身爱好者的硬拉极限是 200 千克，在第一周他需要使用 85% 的重量完成 5 次硬拉训练，对应的便是 170 千克完成 5 次。原本在第三周的训练计划中，他要使用 87% 的重量完成 4 次硬拉，对应的便是 174 ~ 175 千克完成 4 次。但是，在经过第一周的大重量专项硬拉训练及第二周的轻重量硬拉专项辅助训练后，他觉得自己可以很轻松地将 174 ~ 175 千克拉起 4 次，那么此时他可以为自己预设极限硬拉增长 5 千克，即第三周的训练计划要变成（200+5）千克 × 87% 即 177.5 ~ 178 千克完成 4 次。

三、耐力训练原理

（一）心肺耐力训练原理

1. 心肺耐力与有氧训练的关系

（1）什么是心肺耐力

在人的日常生活中，基本运动都需要氧气，器官和肌肉只有获取到足够的热能，才可以支持人体的基础活动。其中，肺是摄入氧气的器官，肺活量水平的高低决定着每次呼吸摄入氧气量的多少，而摄入氧气量与人的具体运动表现力是息息相关的。肺吸入氧气后，还需要心脏通过血液循环系统将氧气输送到全身各个器官和肌肉中，强大的心脏泵血能力会让身体的各个器官和肌肉及时得到氧气的供给。心肺耐力，指的便是长时间心脏泵血与肺部吸入氧气结合，供给人体运动的能力。心肺耐力在很多训练模式中都具有一定重要的作用。例如在高容量的肌肉健美训练中，心肺耐力较差会使肌肉耐力水平相应降低。在力量训练中，如果肺活量较小，那么在极限重量试举时便无法维持尽可能长时间的无氧呼吸状态。此外，速度耐力与力量耐力必须建立在强大的心肺耐力基础之上，它们对速度的快慢及力量的高低有要求。若只是使用较低强度的速度或力量进行耐力练习，主导因素并非速度耐力或力量耐力，而是基本的心肺耐力。因此，希望提高速度耐力或力量耐力水平的健身爱好者，必须先通过心肺耐力的考验，才可以进入正式的速度耐力或力量耐力训练中。提升心肺耐力最好的方法便是通过训练提升心脏泵血能力及肺活量水平，最有效的训练方法便是各种有氧训练。有很多健身爱好者对有氧训练的理解存在误区，不清楚到底什么样的训练方式属于有氧训练，因此需要先了解清楚有氧训练的判断标准。

（2）判断有氧训练的标准

有氧训练指的是持续训练 15 分钟以上，强度维持在心跳每分钟 120 ~ 150 次，整个训练过程都保持持续有氧呼吸方式的全身训练。很多健身爱好者在有氧训练时都容易走入训练方式的误区，比如只追求训练时间的拉长，每次训练 40 ~ 50 分钟甚至以上，却忽略了对整体训练强度的要求，导致训练强度较低，反而无法提供有氧训练真正有价值的帮助。其次，有的健身爱好者在选择有氧训练时，训练强度严重超过自身能力所承受的范畴，这会将一次有氧训练变为无氧练习。例如，有的健身爱好者因为腿部力量或心肺功能较差，在强度极高的动感单车练习中，心率大幅度升高，甚至无法正常完成训练。因此，判断有氧训练方式，最主要的核心还是看训练强度，健身爱好者一般不会只练习5～10分钟。如果因为强度过高导致训练时间较短，那么应当立即减轻训练强度或换其他的有氧训练。一般常见的有氧训练方法主要包括强度适宜的游泳、长跑、椭圆机、单车、楼梯机、滑雪机等。时下比较流行的HIIT高强度间歇训练与CrossFit训练不属于严格意义上的有氧训练，它们会使用一定的重量，并且对健身爱好者的速度有一定的要求，是将力量耐力、心肺耐力及速度耐力三种不同耐力模式混合在一起的新型训练方法。它们在训练中会使健身爱好者进入一段时间的有氧呼吸状态，也会因为强度较高使健身爱好者进入一段时间的无氧呼吸状态，因此不能以简单的有氧训练定义这两种训练方式。

（3）有氧训练对心肺耐力的帮助

有氧训练本身就属于长距离的耐久训练，主要使健身爱好者长时间或长距离持续练习，有人也将其称为"心肺功能训练"。判断有氧训练的最重要标准便是训练的整体强度，其直接表现为健身爱好者在训练时的心率处于120～150次/分钟，在这个心率范围内血液可以供给心肌足够的氧气。有氧训练可以使人体心血管系统更有效、快速地把氧气传输到身体每一个部位，心脏功能变得更加强大，因此最适合提升心肺功能。心肺功能得到明显的改善后，心肺耐力水平自然也会得到提高。

2. 心肺耐力的提高方法

（1）增加练习距离

增加练习距离，即较长距离持续运动的有氧训练，可提升心肺耐力。常见的主要方式有长距离的奔跑、椭圆机、单车，都是十分适合以较长距离为强度设定标准的有氧训练。如果以训练时间为限制，那么容易导致训练强度无法达到有氧训练的基本要求。

奔跑是人类与生俱来的本能，不需要进行特殊的学习，只要关节和肌肉没有任何损伤，便可以进行不受限制的奔跑。对于有提升速度耐力需求的健身爱好者，长跑也是十分不错的打基础的训练方法。不过，要注意的是，这里提到的长跑指的是室外正常的奔跑，不是在健身房使用跑步机的练习，后者因为跑带的带动，即使不用尽全力奔跑，跑带的转动速度及转动距离也不会受到影响，因此会出现假象奔跑。现在有一种新型的无动力跑步机，依靠健身爱好者自身的奔跑带动跑带转动，不会出现假象奔跑，但是该器械训练难度极大，大部分健身爱好者都难以短时间内学会，甚至还有可能导致较高的受伤风险。在长跑练习时，要注意穿舒适的鞋子，避免对脚踝及膝关节造成不必要的损伤。

椭圆机是健身房常见的有氧训练器械，它对健身爱好者的膝关节及踝关节的健康有很好的保护效果，可以一定程度减小长距离奔跑对脚踝和膝盖的压力。并且，椭圆机是非常简单易上手的训练器械，不需要花费时间立刻就能学会，更不需要教练的指导，只要学会操作椭圆机上一些按钮的设置即可。

单车也是比较简单易上手的训练器械。不过健身爱好者不应使用健身房的动感单车，它对健身爱好者的身材要求比较苛刻，并且在整体设计上对人体的腰背部存在着一定的压力，故不适合进行较长时间的练习。健身爱好者应在室外选择正常的单车进行练习，虽然相比固定的动感单车，正常的单车对健身爱好者平衡能力有要求，但不会骑单车者不需花太长的时间便可以熟练地使用它。要注意的是，这里的正常单车一般是指山地车或公路车，如果使用共享单车，同样会面临动感单车存在的问题。如果找不到合适的室外骑行的单车，可以使用健身房中的磁控单车，这类器械一般对腰背部是有一定支撑和保护的。

（2）增加练习时间

增加练习时间，即使用较长时间持续运动的有氧训练，可提升心肺耐力。常见的主要方式有规定时间的游泳、滑雪机、划船机、登山机。这四种训练方式比前面提到的三种训练方式，对健身爱好者的心肺耐力、肌肉耐力等多种身体素质都有较高的要求，可以通过规定较长的练习时间以确定训练强度。

游泳是十分优秀的训练方法，它特殊的水下训练环境可以使人体关节处于最舒适的状态，这是椭圆机等有氧器械都无法比拟的。游泳可以提高新陈代谢水平，促进血液循环，对改善心血管系统及提升心脏功能都是十分有帮助的。其次，水的密度比空气大许多，胸腔和腹腔在水中会受到更大的压力，呼吸肌需要释放更多的力量进行呼吸，这会带来肺活量的提升。当然使用游泳训练，首先得学会游泳，有的健身爱好者惧怕水下环境，便不会使用这种训练方式。

滑雪机、划船机、登山机是时下比较流行的新型有氧器械，可模拟滑雪、划船及登山运动，提高心肺耐力水平。这种训练方法不仅可以使有氧训练更加有趣味，跑步和游泳稍显枯燥，还可以间接使肌肉耐力及力量耐力水平得到一定的提高，训练更加全面且高效。但是，这种训练方法也存在一定的局限性，即这三种器械对应的都是全身性运动，而很多健身爱好者没有接触过，因此训练姿势会存在一定的问题。健身爱好者必须经过教练员的专业指导，充分掌握这三种器械后才可以进行有氧训练，否则错误的训练姿势会使有氧训练变成针对个别肌肉群的健美训练。

（3）提高氧气摄入难度

提高氧气摄入难度也是提高心肺耐力水平的一个重要方法，它分为使用提高氧气摄入难度的有氧训练、使用特殊训练器材进行呼吸练习两种方法。提高氧气摄入难度的有氧训练主要是游泳练习，水下的特殊环境使得氧气摄入难度要远远高于地面训练。折返跑也会提高氧气摄入的难度，但是它的整体训练强度较高，对提升速度耐力的帮助要多过提升心肺耐力。可以提升心肺耐力的特殊训练器材主要有两种。一种为通过借鉴抗阻力训练原理设计的呼吸训练器，可以通过调整不同的阻力来提升呼吸肌的能力，从而使肺活量得到提高。使用呼吸训练器时，可以采用肌肉健美训练所采用的做组训练的方法，例如一次训练3～4组，每组完成8～10次呼吸。另外一种则是阻氧面罩，通过降低氧气的摄入量，模拟高原训练的特殊环境，提高肺活量。可以直接佩带阻氧面罩进行长跑、椭圆机、滑雪机等练习，使得原有的训练方式难度更大，同时效率更高。这种方式要求健身爱好者必须具备一定的心肺耐力水平，否则很容易出现训练强度过高的现象，反而不利于心肺耐力的提升。此外，健身爱好者也可以将哑铃或杠铃片放在胸上或腹部进行负重胸式呼吸或腹式呼吸的练习，这对提升呼吸能力也是有一定帮助的，同样可以采用3～4组、每组完成8～10次甚至12次呼吸的方式进行练习。

（二）速度耐力训练原理

1. 速度耐力、绝对速度、心肺耐力的不同

速度耐力指的是长时间维持一种较高速度表现力的能力，这种速度表现力可以体现为奔跑、游泳或骑行等，在实际训练中是十分常见的。例如，在规定时间内完成尽可能多次数的折返跑，或规定距离内尽可能快速完成的折返跑，都是速度耐力水平的展现。这与绝对速度及心肺耐力是完全不同的表现形式。绝对速度更接近于爆发力，最典型的代表是极短的50米、100米跑。心肺耐力则是相对于速度耐力更长时间的表现，例如5 000米、10 000米跑。速度耐力则是介于二者之间，折返跑、400米、800米、1 500米跑等都需要健身爱好者同时拥有速度与耐力两种运动能力，即速度耐力水平必须高，否则便无法取得较好的成绩。速度耐力的练习难度在一定程度上比绝对速度和心肺耐力要大，它需要兼容速度和耐力这两种几乎完全相反的训练类型。

2. 影响速度耐力的因素

速度耐力需要健身爱好者兼容速度与耐力水平，因此，基础的速度能力与心肺耐力水平都是影响速度耐力高低的重要因素。如果基础速度较差，那么便不具备维持高速度的能力，只能够用较低的速度，这便导致速度耐力变成与正常的"心肺耐力"训练没有什么区别的训练类型。训练时要注意对基础速度的练习，一切与速度水平有关的训练都是要注意的，这也是练习速度耐力的重要前提。心肺功能的强弱对速度耐力水平也是有重要影响的，只不过在这里对心肺功能的要求更高，需要在较高训练强度

下依旧拥有极佳的心脏泵血能力及氧气摄入能力。其中，氧气摄入能力的高低除了与肺活量有关外，在高速度奔跑下还需要熟练掌握正确的呼吸技巧及平稳的呼吸节奏，练习时呼吸紊乱就会直接降低速度耐力水平。

3. 速度耐力的提高方法

基础的速度能力与心肺耐力水平都是影响速度耐力高低的重要因素，如果针对提升这两大能力为目标来设定训练计划，那么速度耐力一定会取得比较明显的进步。健身爱好者需要先确定自己的基础速度能力是否足够。如果运动速度较慢，那么必须根据具体的运动表现形式，优先提高速度水平。例如，以奔跑为主的速度耐力训练时，需要提高高速奔跑的能力，这一点不仅需要多安排高速跑、变速跑、冲刺跑等练习，还需要关注自身与奔跑有关的肌肉力量是否足够支撑较高速度的奔跑。如果肌肉力量没有问题，便可以进行奔跑类的速度训练，争取使奔跑速度尽快达标。如果肌肉力量有一定不足，便需要先进行有关具体部位肌肉力量的练习。在解决完基础的速度能力问题后，可以关注心肺功能的提升。这里要注意的是，心肺功能的提升方式与心肺耐力训练有一定的互通之处，只不过在具体的实施上要注意，针对提升速度耐力训练所需要的心肺功能练习必须满足速度耐力的本质，即长时间维持较高速度的能力。例如，可以选择在水下进行速度耐力训练，使用强度与速度合适的快速游泳练习。此外，不要忘记锻炼呼吸技巧，这点对发挥速度耐力可以有更好的帮助，可以采用阻氧面罩或呼吸训练器等特殊器械，有助于提升心肺功能及呼吸技巧。

当基础速度能力与心肺耐力都得到一定的提升后，便可以使用综合的训练方法来提升具体的速度耐力。例如，使用阻氧面罩进行400米、800米或1 500米跑的训练，这不仅有助于维持尽可能快的奔跑速度，同时对提升心肺功能有重要帮助。

4. 速度耐力训练的注意事项

（1）不要忽略基础

进行速度耐力训练时一定不能忽略对基础运动能力的练习，包括基本的速度训练及针对相关肌肉的力量训练，否则速度耐力水平会受到比较大的影响。特别是刚接触速度耐力训练的健身爱好者，必须先具备一定的速度水平才可以开始速度耐力的专项练习，避免将速度耐力训练与心肺耐力训练相混淆。速度与力量水平较强但是耐力基础较差的健身爱好者，也需要先进行一定的针对心肺耐力的有氧训练，才可以逐步进入速度耐力训练的模式中。如果只依靠自身的速度基础，忽略对耐力的练习，那么很容易使训练模式变为爆发力训练。

（2）注意选择合适的强度

速度耐力训练模式本身便是强度较高的训练模式，它不仅要求健身爱好者具备较强的速度水平，还必须有足够的耐力将这个速度水平保持足够长的时间，这使得速度耐力训练与力量耐力训练的整体训练强度变得特别高。健身爱好者使用这两种训练模式前，必须确保自身已经拥有足够强大的身体素质，贸然练习容易导致身体出现严重的不适感。即使健身爱好者认为自己可以进行速度耐力训练或力量耐力训练，在安排或挑选训练计划时，也一定要注意合理运用循序渐进增加训练强度的方法，若一上来"认为"自己可以完成一个较高的训练强度，结果练习到一半便无法继续，这不仅是训练的失败，还有可能导致身体伤病的产生。

（3）创造特殊环境

水下训练对提升速度耐力训练时运用呼吸的能力有很大的帮助。游泳对提高奔跑的速度耐力水平存在一定迁移性较差的现象，但是它对呼吸能力的帮助会使得正常的速度耐力训练时有更好的运动表现。此外，在条件允许的情况下，可以选择在海拔较高的地方，这种特殊的环境对提高速度耐力水平有重要的帮助。很多国家的足球队都会在大型比赛开始前，去高原地区进行训练以储备充分的体能。足球项目最需要的也是速度耐力，球员们在一次一次的全场或半场的防守、进攻中都需要频繁高速地奔跑，在高原地区使用高速跑的练习方法可以强化球员的速度耐力水平。

（三）力量耐力训练原理

1. 力量耐力、肌肉耐力、极限力量的区别

力量耐力、肌肉耐力、极限力量是三个比较容易混淆的概念。极限力量一般出现在力量训练中，代表着使用最大重量完成一个动作的能力，使用的重量越高，极限力量水平也就越强。肌肉耐力一般出现在肌肉健美训练中，使用较高的每组重复次数或超级组、递减组等高训练容量方法进行练习时，肌肉耐力越强，动作的完成质量也就越高。肌肉耐力训练使用的重量较轻，其目的主要是改善肌肉质量，因此较轻的重量有助于更好地感受肌肉泵感。力量耐力是力量与耐力的结合，它要求健身爱好者必须使用较高的重量进行尽可能长时间的练习，CrossFit训练中很多杠铃类为主的WOD便需要强大力量耐力做支撑。力量耐力与速度耐力一样都属于难度极高的训练模式，健身爱好者在练习时必须具备一定的心肺耐力及肌肉力量基础。搏击类运动是对力量耐力水平要求最高的竞技运动，每个运动员需要在所有的回合中都尽可能保持较强的击打力量。

2. 影响力量耐力的因素

力量耐力需要健身爱好者兼容力量与速度水平，因此，基础的肌肉力量与心肺耐力水平都是影响力量耐力高低的重要因素。如果基础力量较差，不具备维持较高力量释放的能力，只能使用较轻的重量进行练习，这便导致力量耐力训练变成与肌肉耐力训练没有什么区别的训练类型。训练时需要注意对基础力量的练习，一切与力量水平

有关的训练都是要注意的，这也是练习力量耐力的前提。其次，要想拥有较高的力量水平，除了要更多肌肉力量训练外，也需要安排一些提升力量使用技巧的神经募集能力训练，在训练中可以募集更多的肌肉，从而有更好的力量表现。心肺功能的强弱对力量耐力水平也有重要影响，健身爱好者需要在较高训练强度下依旧拥有极佳的心脏泵血能力及氧气摄入能力。

3. 提升力量耐力的训练方法

基础的肌肉力量与心肺耐力水平都是影响力量耐力高低的重要因素，如果以提升这两大能力为目标来设定训练计划，那么力量耐力一定会取得比较明显的进步。健身爱好者需要先确定自己的肌肉力量是否足够。如果力量基础较薄弱，便必须根据具体的薄弱表现，优先提升区域肌肉力量。例如，上肢力量较差时，需要进行针对上肢肌肉群的力量练习；如果下肢力量较差，便必须安排提升下肢肌肉群的力量练习。在解决完基础的肌肉力量问题后，可以将重心放在提升发力技巧的神经募集能力训练上。最好的训练方式是使用对身体协调性及平衡性要求较多的动作，更加习惯于募集身体各部位的肌肉同时参与练习，对力量耐力的提升有重要的帮助。一般这种训练动作都是以全身协调配合快速发力为主的。接下来，可以着重关注心肺功能的提升。这里要注意的是，心肺功能的提升方式与心肺耐力训练有一定的互通之处，只不过在具体的实施上要注意，针对提升力量耐力训练所需要的心肺功能练习必须满足力量耐力的本质，即长时间维持较高力量输出的能力。例如，使用较大重量进行两个不同动作的超级组练习。

肌肉力量与心肺耐力水平都得到一定的提升后，便可以使用综合的训练方法来提升具体的力量耐力。例如，使用多个针对全身力量或上肢、下肢肌肉力量的训练动作，进行完全无休息的超级组练习，这种循环训练法对提升力量耐力有着重要的帮助。

四、爆发力训练原理

（一）绝对速度训练原理

1. 绝对速度表现形式

绝对速度指的是健身爱好者可以达到最高速度的能力，一般指奔跑的绝对速度。当然，在短距离游泳或场地自行车运动中也有绝对速度表现的时刻，最常见的还是在各种短距离的竞赛中，例如50米、60米、100米、200米等。绝对速度不仅仅只是出现最高速度的那一刻，而是需要以最高速度持续一段时间，这样的绝对速度对健身爱好者在具体运动中的表现才有帮助价值。

2. 影响绝对速度的因素

绝对速度受多种因素影响。奔跑达到绝对速度以前，必定会经历一个加速度的过程，加速能力的强弱对健身爱好者绝对速度能力的高低有着重要影响。如果加速能力较差，需要较长时间将速度提高至最高的绝对速度，这必定会使速度及力量有大量的流失，进而导致整体的绝对速度必定不会是一个特别高的数值。因此，如果你想拥有极高的绝对速度能力，那么你必须拥有一个极佳的加速能力，可以用最节省的方式使用力量和速度，尽快达到最高的速度。其次，与奔跑有关的屈髋与伸髋肌群的力量同样是决定绝对速度高低的重要因素。很多健身爱好者认为要想跑得快必须多训练伸膝或屈膝肌群的力量，但事实上奔跑主要依靠髋关节周围的力量，强大的屈髋与伸髋力量可以使人更加快速有力地奔跑。除了髋关节周围的肌肉群外，核心肌群与上肢肌群也对绝对速度的高低有着一定的影响。高速度奔跑时，身体很容易因为较高速度的冲击产生重心的偏移，影响绝对速度。这个问题是所有没有经历过专业速度训练的健身爱好者都会发生的，最直接的表现便是身体不稳定、奔跑的时候没办法跑直线。如果你想跑得更快，那么必须依靠上肢挥臂的力量，它不仅可以与下肢相结合使身体更加协调，还可以借助挥臂的力量提高绝对速度。此外，高水平的短跑运动员不仅有很大的肌肉力量、加速度和启动速度，还拥有最顶尖的奔跑技术。必须在绝对速度训练中安排专项的技术训练，有助于奔跑的步频、步幅达到最佳的状态。有的健身爱好者拥有较强的肌肉力量与加速能力，但依然会出现最高速度不能令人满意的情况，这主要与两个原因有关：最有可能的便是缺乏一定水平的奔跑技术，当逐渐提高到最高速度时，因技术缺乏导致步幅或步频混乱，从而影响最高速度；也有可能是无氧能力较差，在接近最高速度时因为体内的氧气含量不足，出现无法达到最高速反而开始逐渐降速的现象。

3. 绝对速度的训练方法

（1）启动速度与加速度训练

如果你想拥有较高水平的绝对速度，那么必须先拥有一个不错的启动速度及加速度，它们可以使你在达到最高速度前充分保留自己的力量和速度，将二者完全运用在最高速度的奔跑上。因此，如果你的启动速度与加速度较差，应先从提高启动速度的30米跑及提高加速度的加速跑、变速跑开始练起，这是绝对速度训练的先决条件，你必须满足这一条件才可以进行绝对速度的训练，否则启动与加速较慢的问题会一直限制你的绝对速度水平。

（2）伸髋与屈髋力量训练

伸髋与屈髋肌群的力量水平对绝对速度有着十分重要的影响。非专业短跑运动员的健身爱好者，专项技术水平没有达到很专业的情况下，由肌肉力量的高低很容易直接区分出绝对速度的快慢。可以在训练计划中安排一个专门提升肌肉力量的力量训练日，使用对提升屈髋力量及臀部肌肉力量有帮助的训练动作。同时，为了避免力量训练中欠缺爆发力的提升，还可以在力量训练日当天安排一定的额外的爆发力训练动作，例如蛙跳、高翻、高抓等训练。不过，要注意力量训练的整体容量及强度，避免出现过度疲劳或明显的肌肉酸痛而影响正常的绝对速度训练。

（3）专项技术训练

奔跑技术好坏对绝对速度的影响是十分重要的。如果想拥有较高的绝对速度，那么必须对自己的步频及步幅进行特殊的训练，使神经将技术动作充分记住，那么一些特殊的步伐训练及高抬腿跑要安排在训练计划中。其次，逐渐加速到最高速的过程中，身体也会保持比较特殊的前倾姿势，这有助于更快速提高奔跑的速度，因此专项技术训练时也不能忽略对奔跑姿势的练习。此外，如果要提高的绝对速度是场地自行车、短道速滑或足球比赛中带球跑的绝对速度，那么还必须进行与骑行、滑冰及带球跑有关的专项技术训练。

（4）绝对速度训练

如果想提高绝对速度的水平，必须进行针对性的绝对速度训练。例如，希望提高绝对速度来获得更好的100米跑成绩的健身爱好者，必须在训练计划中每个周的最佳状态下进行100米跑的专项训练，这是最终决定绝对速度能力高低的重要因素。前面安排有关启动速度、加速度、伸髋与屈髋力量、专项技术的训练都服务于绝对速度，都是帮助提高绝对速度的。因此，必须进行专项的绝对速度训练，才可以使已经提高的辅助绝对速度的运动能力充分转化为对绝对速度的提高。在训练时应根据自己的训练水平安排合适的组数与次数，避免大量无意义的低速奔跑，这种堆砌训练容量的行为对提升绝对速度能力是没有任何帮助的。

（5）呼吸能力训练

达到绝对速度时，人体肯定处于无氧呼吸的状态，这意味着健身爱好者的呼吸能力或者说肺活量的水平对绝对速度也是十分重要的。如果你的呼吸能力较差，在启动及加速的过程中很容易出现氧气量不足的现象，从而导致无法达到较高的绝对速度。可以参照心肺耐力训练中提升呼吸能力的训练方法，将它们安排在绝对速度训练中。不过，要注意的是一定要慎重使用阻氧面罩，在极高速度的奔跑中阻氧面罩会使你产生强烈的不适感，使用前一定要充分判断自身的训练水平。

4. 绝对速度训练的注意事项

（1）注意强度与容量

在设计绝对速度训练计划时，健身爱好者一定要根据具体训练水平安排合适的训练强度或训练容量。如果健身爱好者在执行计划时出现了绝对速度的"断崖式"下降，便需要立刻停止训练,而不是为了完成固定的训练组数强迫自己继续训练。绝对速度的"断崖式"下降意味着健身爱好者的神经募集能力、爆发力、肌肉力量及呼吸能力大幅度下降,体力流失明显,此时继续勉强训练很容易使身体受伤,甚至发生更加严重的损害。健身爱好者训练的目的是不断地提高绝对速度,爆发力训练的核心也是尽可能在短时间内释放最大的力量,已经无法再在短时间内释放出多少力量时,继续训练是不会提高绝对速度的,这与肌肉健美训练时将目标肌群完全"练透"是两种类型。

(2)不要进行完全分化训练

除非你的启动速度或加速度极差,直接影响到你的绝对速度水平,否则不应将上述五种提高绝对速度的训练方法分化练习。如果你的启动速度与加速度真的对绝对速度水平有较大影响,那么你需要先进行有关启动速度或加速度的训练,等这两块明显的短板补齐之后,再进行绝对速度的训练。除此之外,哪怕你存在力量水平的明显缺失,也不应进行分化训练。先提高力量水平再进行绝对速度训练是十分低效的,因为提升力量的目的是提高绝对速度,如果进行分化训练,那么在后期还存在着力量与速度的直接转化问题。并且,绝对速度训练可以间接提升屈髋与伸髋力量,因此单独进行力量的分化训练是没有太明显意义的。剩下的呼吸能力训练与技术训练更不必多说,它们只有配合绝对速度的训练才会发挥真正的作用。

(3)使用合适的装备

即使非专业的短跑运动员,依旧需要使用合适的装备进行绝对速度的训练。如果你只是穿着篮球鞋或平板鞋,奔跑时便会损失一部分力量与速度,并且有可能养成错误的奔跑发力习惯,这对绝对速度是没有任何帮助的。有的健身爱好者认为先穿比较难发力的鞋子进行一段时间训练,再使用专业的跑鞋便会获得很大的速度提高。事实上,这种想法过于乐观,若你不熟悉跑鞋,是不会在短时间内学会使用它的,更不存在穿跑鞋与较困难发力的鞋的奔跑能力的迁移与转化。有的健身爱好者会穿着负重的背心或脚上绑沙袋进行练习,认为拆掉这些东西以后,身体会有一种"身轻如燕"的感觉,从而获得较大的速度提高。事实上,这种方法不仅对绝对速度没有任何帮助,还可能导致奔跑时出现错误的身体姿势,影响步频与步伐,进而降低绝对速度。如果你希望使用增大身体奔跑阻力的方法来提高绝对速度,可以使用阻力伞,它可以带来较强的阻力,奔跑速度越快阻力越大,并且不会影响正常的奔跑姿势。但是,阻力伞对健身爱好者的训练水平要求极高,并非所有健身爱好者都可以使用。

(二)弹跳力训练原理

1. 水平方向与竖直方向的弹跳力

水平方向弹跳力的释放,具体的表现形式为跳远。水平方向上弹跳力越强,落地位置距离起跳点也就越远。常见的跳远类型有立定跳远、助跑跳远及三级跳等。水平方向弹跳力一般主要体现在跳远类的比赛中，其余运动项目或训练模式中没有太多的表现。竖直方向弹跳力的释放，具体的表现形式为跳高。竖直方向上弹跳力越强，跳起后离地面也就越高。常见的跳高类型有原地纵跳、助跑纵跳、助跑单脚跳等。竖直方向弹跳力一般主要体现在跳高类比赛、篮球、排球等需要较高弹跳高度的运动项目中。虽然跳远能力与跳高能力都属于弹跳力，但是这两种弹跳力的训练方法是截然不同的。弹跳力训练前需要先判断清楚需要提升的弹跳力类型，再进行针对性的练习，错误地将跳远训练运用在跳高训练上，那么对跳高能力是不会有明显提升的。

2.影响弹跳力的因素

影响跳远能力与跳高能力的因素有许多，其中最主要的便是具体的弹跳技术能力。跳远或跳高训练时，是否使用助跑、使用多少步助跑、起跳一瞬间的力量来源、助跑及空中身体的姿势等弹跳技术都是决定弹跳力高低的关键因素。无论是跳高还是跳远，有助跑的起跳方式肯定要比无助跑获得更好的弹跳力。有的健身爱好者在实际训练中却会出现无助跑比有助跑跳得更高的情况，其原因在于对使用助跑进行跳跃没有太多的神经募集能力，导致在有助跑时跳跃技术极差，反而影响弹跳力的发挥。其次，相关肌肉力量水平的高低也会影响着弹跳力。例如屈膝与伸膝、屈髋与伸髋的力量都会影响着弹跳力，弹跳力训练中要安排一定的针对性的力量训练，提高相关肌肉力量水平。不过，你不需要在训练中过于追求极限力量的提升，因为你的目标更应当是提升相关肌肉快速发力的能力。具体弹跳力表现形式的专项练习也是影响弹跳力高低的重要因素。只有跳跃技术及跳跃所需要的力量基础还不够，还需要通过具体的跳远或跳高练习来使弹跳力有更好的表现。例如，有的健身爱好者徒手起跳能够摸到很高的高度，但是手握住篮球向上起跳时几乎忘记怎么跳跃，这便是缺乏专项练习所致。无论是跳远还是跳高，身体都需要在空中保持一定的时间，而此时体重便成为影响弹跳力的又一个因素。合理地把控体重与弹跳力之间的关系，并不是说体重越轻就越容易跳得高，但是体重过大确实对弹跳力有不可忽视的影响。有的健身爱好者认为橄榄球运动员就是将较大体重与弹跳力完美结合的例子，但事实上橄榄球运动员的身体素质在运动员中属于优中选优，以他们为案例来训练普通的健身爱好者显然是不切实际的。弹跳力使用过程中身体在空中有一段时间，所以人体的协调性与平衡性也对弹跳力水平有一定的影响。特别是助跑单脚起跳时，有很多健身爱好者因协调性较差导致根本不会单脚起跳，这便是协调性影响弹跳力的最直接表现。此外，在跳远训练时，为了获得更好的跳远成绩，会在助跑阶段全力奔跑以接近绝对速度，因此启动速度、加速度水平对助跑跳远有着十分重要的意义，速度越快越有机会获得更好的跳远成绩。

3. 弹跳力的训练方法

（1）原地纵跳

要提升跳高能力，原地纵跳是第一种训练方法，它可以帮助健身爱好者快速掌握跳升的技巧，对身体协调性与平衡性要求较低。原地纵跳也可以一定程度提高肌肉力量水平，对希望使用助跑纵跳的健身爱好者是必不可少的练习方式。

（2）助跑纵跳

助跑纵跳是有助跑辅助的原地纵跳，它利用助跑的速度及惯性，借助双脚起跳的发力模式达到最大弹跳高度。使用双脚起跳，无论是对肌肉力量使用的比例还是弹跳的高度都要高于助跑单脚跳。但实际训练中有很多健身爱好者的助跑单脚跳要高于助跑纵跳，特别是在跳高比赛中几乎没有人使用助跑纵跳，原因：健身爱好者在向上跳的过程中还要向前跳一定距离，故而会使用单脚起跳的方式；助跑双脚起跳是无法向前跳出一定距离的，更不用说在跳高这种特殊的运动项目上，两只脚前后过杠更有利于跳出更高高度。如果你希望使自己离地的高度尽可能高，或者希望摸到更高的高度，那么多进行助跑纵跳是十分有帮助的。

（3）助跑单脚跳

助跑单脚跳主要用于跳高类比赛或篮球比赛中，它虽然不能带来最大的摸高高度或弹跳高度，但是它的实用性更强。特别是在篮球比赛中，助跑单脚跳比助跑纵跳可以有更快速的起跳反应，有利于运动员快对手一步达到足够的高度，无论是进攻还是防守都十分有利。如果你有很特殊的竞技需求，可以在训练中安排助跑单脚跳；如果用于排球运动这类经常使用双脚起跳的运动项目，助跑单脚跳训练便没有太大的意义。

（4）跳深

跳深指的是从一个较高高度的箱子跳下，在双脚接触地面的一刹那不做任何停留，立刻向上跳到另外一个高度的箱子上。跳深训练对提升健身爱好者的纵跳能力是十分有帮助的，但是它对膝关节也有着一定的损伤，有膝关节陈旧伤病史的健身爱好者最好不要安排跳深训练。

（5）立定跳远

有的健身爱好者训练弹跳力的目的是提升立定跳远的能力，那么必须安排针对性的立定跳远专项训练，可以逐步提升身体在立定跳远时对肌肉力量及肢体关节的运用能力。其次，立定跳远对培养基础的跳远能力也是有一定帮助的，特别是对如何在空中保持更好的姿势，从而提高跳远成绩，有很大意义。

（6）步频与步法训练

只要使用助跑跳远或助跑跳高，那么无论是使用单脚起跳还是双脚起跳，都必须进行一定的步频与步法训练，这样才可以使助跑真正发挥作用，能够直接作用在弹跳力的提升上。助跑跳远或三级跳远训练都对具体的起跳点有明显的要求，所以健身爱好者更加需要对步频与步法进行特殊的强化训练，否则不仅会助跑软绵无力，对跳远成绩没有帮助，更有可能踩错起跳的踏板位置，出现犯规。

（7）肌肉力量训练

伸膝与屈膝力量、伸髋与屈髋力量对提升弹跳力是十分有帮助的，弹跳力训练时应安排相应的深蹲、硬拉等力量训练。在选择训练动作时，要注意根据弹跳力的需求进行针对性的选择。例如，无论是提升跳高能力还是跳远能力，都需要使用传统硬拉，使用相扑硬拉对提升弹跳力是没有什么帮助的，它与弹跳力是完全不同的发力形式。其次，进行深蹲训练时也需要注意下蹲幅度最好与纵跳时的预蹲幅度相似，即使用浅蹲或半蹲的方式，而不是使用力量训练要求的髋关节低于膝关节的幅度，后者虽然对提高力量水平有绝对的帮助，但是并不符合纵跳时屈膝的角度，容易导致训练迁移性与转化效果较差的问题。

（8）举重类训练

高翻、高抓、借力挺等举重训练动作同原地纵跳的发力模式及整个动作模式都有比较高的相似之处。训练中可加入这些举重类的训练，目的是帮助神经更好地记忆与纵跳相似的发力感，从而提升纵跳时对肌肉力量及肢体关节的支配能力，提高弹跳力成绩。不必使用较大的重量进行训练，或者进行全程的抓举与挺举练习，否则对提升弹跳力没有太多的帮助。

（9）负重训练

健身爱好者可以在弹跳力训练时使用一定的负重，例如最简单的双手持球纵跳，或者哑铃半蹲跳、杠铃半蹲跳，都是提升弹跳力的负重训练方法。这里要再次提及，穿戴负重背心或沙袋绑住小腿对提升弹跳力都没有太大积极作用，反而会导致跳跃姿势错误，容易使弹跳力水平不进反退。

（10）专项训练

训练弹跳力的目标一定是在具体的运动中有更好的表现，因此弹跳力训练时一定要结合目标进行专项训练。例如，有的健身爱好者的目标是打篮球，那么必须安排一定的持球跳跃的训练，毕竟在篮球比赛中运动员是需要将球运在手上的。有的健身爱好者的目标是打排球或者羽毛球，需要跳到足够高的高度，但有的时候并不是跳得越高越好，盲目的弹跳反而可能击打球的高度不理想，导致击球的速度不快或效果不好。此时，要使用排球或羽毛球进行有击打的跳跃训练，这样才可以使弹跳力有真正的用武之处。

4. 弹跳力训练的注意事项

（1）选择合适的装备

与绝对速度训练一样，弹跳力训练时也必须注意使用合适的装备。无论是膝关节与踝关节是否有伤病史或不适感，健身爱好者在进行训练时都最好穿戴专业的训练鞋，佩带护膝与护踝，因为弹跳力训练时膝关节与踝关节会面临较高的扭伤风险。如果你仗着比较年轻，没受过什么明显伤病，便不多加保护进行训练，那么对身体健康显然是很不利的，短时间内或许不会有明显的变化，但是长时间下去容易导致关节的慢性伤病。

（2）注意热身及疲劳管理

弹跳力训练对健身爱好者的关节压力较大，所以练习时一定要注意提前充分热身，避免在练习时出现因爆发力过大或冲击力过猛所导致的关节、肌肉或韧带的损伤。其次，训练结束后也要注意进行疲劳管理及对关节的保护，可以冰敷膝关节和踝关节，快速减缓关节和肌肉所受到的压力，使身体尽快地恢复。

（3）注意对体重的合理管控

虽然体重与弹跳力水平并没有太直接的关联，但是多余无用的体重对弹跳力是有明显负作用的。背负着较多的脂肪负担跳跃也无法有"身轻如燕"的感觉，对体重的合理管控是必需的，希望增加更多的瘦体重，对运动没有帮助的多余脂肪是必须燃烧掉的。

（4）注意选择合适的训练强度与训练容量

弹跳力训练虽然没有绝对速度训练的强度那么高，但是依旧会存在训练强度或训练容量过高导致身体受到严重损伤的风险。如果健身爱好者在执行计划时出现了弹跳高度的"断崖式"下降，便需要立刻停止训练，而不是为了完成固定的训练组数强迫自己继续训练。弹跳高度的"断崖式"下降意味着健身爱好者的神经募集能力、爆发力、肌肉力量及关节稳定性大幅度下降，体力流失明显，此时继续勉强训练很容易使关节与韧带受伤，甚至发生更加严重的损害。健身爱好者训练的目的是不断地提高弹跳高度，爆发力训练的核心也是尽可能在短时间内释放最大的力量，已经无法再在短时间内释放出多少力量时，继续训练是不会提高弹跳高度的，这与肌肉健美训练时需要将目标肌群完全"练透"是两种类型。

五、柔韧性训练原理

（一）主动柔韧性训练原理

1. 判断具体训练模式对柔韧性的需求

主动柔韧性必须建立在具体训练模式或运动表现力基础之上，如果只是单纯追求身体最大的伸展幅度或柔韧性，便与被动柔韧性没有什么明显的区别。需要主动柔韧性的训练模式或运动表现力几乎都与力量离不开，例如爆发力训练或力量训练都需要身体在较大伸展幅度的情况下依然拥有很高的力量水平，但是具体训练模式对柔韧性在力量方面的需求还是有细节差别的，例如，奔跑时需要主动柔韧性帮你提供更大、更有力量的步幅，力量训练时则需要主动柔韧性在专项动作的较大幅度时还能够拥有很高的力量水平。因此，主动柔韧性训练时，必须先根据具体训练模式和运动表现力的特点，以及它们对柔韧性的需求做出正确的判断，才能够选择合理的训练方法。

2. 为具体训练模式服务

确定了不同训练模式或运动表现力对主动柔韧性的需求后，便需要根据这个需求为具体的训练模式服务，做出针对性的训练方法部署。肌肉健美训练时，肌肉健美练习对主动柔韧性的要求其实也就是对被动柔韧性的要求，身体正常的伸展幅度越大，对肌肉健美的训练效果也就越好，因此需要根据肌肉区域的不同进行单独的拉伸练习。力量训练时，极限力量水平对主动柔韧性的要求主要体现在使用特殊动作训练时身体依旧可以保持最大的力量输出，例如主动柔韧性较差的健身爱好者便无法在站距最大的相扑硬拉中依旧有很强的力量表现，只能被迫缩近站距，这便使得相扑硬拉可以最小化做功距离的优势被一定程度限制，因此需要采用特殊的方法进行针对性练习。耐力训练时，心肺耐力训练对主动柔韧性并没有特殊的要求，只需要保持最正常的被动柔韧性水平即可，而速度耐力训练与力量耐力训练对主动柔韧性的要求可以分别参考爆发力训练与力量训练。爆发力训练时，爆发力对主动柔韧性的要求主要集中在奔跑时的步幅、较大步幅时拥有的力量与速度表现，跳跃时髋关节的活动度以及力量与速度的表现，因此需要根据这两个特点安排专项的技术与柔韧性结合的练习。

3. 必要的重量刺激

几乎所有常见的训练模式或运动表现力都对使用主动柔韧性时力量水平的表现有较大的要求，训练中要根据这个特点安排必要的重量刺激，才可以使主动柔韧性的水平得到更好的提高，使它更符合具体训练模式或运动表现力的要求。例如，力量训练中，要在身体达到最大柔韧性时使用一定的重量进行练习，这样才可以使主动柔韧性有更好的力量表现。当然，也可以在肌肉健美训练所需要的基础拉伸练习中，通过在最大幅度保持拉伸时进行肌肉的对抗，给主动柔韧性一定的强度刺激。例如，在进行股四头肌的站姿拉伸训练时，握住一只脚踝并屈腿向后拉伸，利用股四头肌的力试图将腿部伸展，利用一定的肌肉对抗提升主动柔韧性。

4. 在专项练习中提升主动柔韧性

既然主动柔韧性需要为具体的训练模式或运动表现力服务，那么在专项练习中进行提升主动柔韧性的练习，将它与正常的专项练习结合进行，显然是最好的选择。例如，力量训练时，通过使用较轻的重量再循序渐进增加重量的方式，不断适应较宽站距的深蹲、较宽握距的卧推、较高起桥高度的卧推以及较宽站距的相扑硬拉中对力量的使用及肌肉的募集，从而可以不断使用做功距离更短同时更省力的方式进行练习，有助于提高三大项的极限成绩。爆发力训练时，通过使用较快速的高抬腿跑，提升在更大步幅、更快步频时的速度和力量的表现，可以用更快速、步幅更大、更有力的方式进行省时省力的奔跑，有利于提高极限速度。

（二）被动柔韧性训练原理

1. 被动柔韧性训练方法

（1）肩部拉伸训练

① 三角肌前束拉伸练习（图24）。

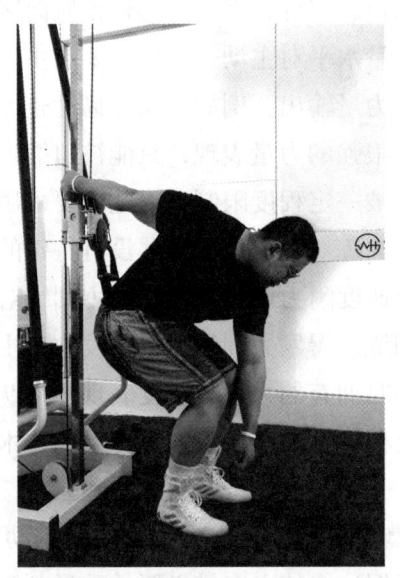

图24

站姿，双手放在身体后侧，并向后扶住一个固定的椅子或架子。然后下蹲并伴随手臂向后并向上抬起。被动柔韧性越好，可以使用越深的下蹲幅度。达到最大幅度后保持10~15秒然后站起，再进行重复练习。

② 三角肌后束拉伸练习（图25、图26）。

图 25

图 26

站姿，左胳膊弯曲成90°，上举至眼睛附近，左手放在右肩上。用右手抓住左手肘部并进行拉伸，保持最大幅度10～15秒，然后交替手臂进行练习。

站姿，将一只手臂的肘关节抵在墙上，然后利用身体的重量进行拉伸练习，保持最大幅度10～15秒，然后交替手臂进行练习。

（2）颈部拉伸训练（图 27）

图 27

站姿，左手握住哑铃，头部向右侧倾斜，右手轻轻扳住头左侧并进行拉伸，达到最大幅度保持 10～15 秒，然后交替手臂进行练习。这个动作不仅可以拉伸颈部，还可以给冈上肌一定的拉伸效果。

（3）背部拉伸训练

① 背阔肌拉伸练习。

双手正握单杠，轻微低头，然后抬起双脚进行悬垂拉伸练习。有的体重较轻的健身爱好者也可以使用一只手握住单杠进行拉伸，可以获得更大的身体伸展幅度。不过，在训练时一定要注意保持身体能承受的最大幅度 10～15 秒即可，避免肱二头肌因过长时间拉伸或力量不足所导致的拉伤。

② 斜方肌和冈下肌拉伸练习（图 28）。

图 28

坐姿，双腿微屈，上半身与地面垂直，左手抓住右脚。如果难度较大，可以适当弯曲腿部，但一定要保持腰部尽可能伸直。慢慢伸直腿部，拉伸斜方肌与冈下肌，保持10～15秒的时间，然后交换右手抓住左脚进行练习。

双手正握单杠，双脚同时抬起并挂在单杠上进行拉伸练习，保持10～15秒，然后休息，再进行下一组的练习。这种方法可以使冈上肌和冈下肌同时得到拉伸。

③大圆肌拉伸练习（图29）。

图29

站姿，上半身前倾并抓住一个固定的架子，一只手在上、一只手在下，然后向靠上的手的方向侧转身体，同时伸直手臂以加大身体旋转的幅度，保持最大幅度10～15秒，然后交换双手位置，身体向另外一侧转体并进行练习。

（4）胸大肌拉伸训练拉伸练习（图30）

图30

站姿，右手抓住一个固定的架子并右前臂贴住架子，身体前倾并拉伸右侧胸大肌，达到最大幅度后保持10～15秒，然后换左手，针对左侧胸大肌进行拉伸练习。

（5）肱二头肌拉伸训练

将一只手放在椅子靠背上，并将背部转向椅子，同时将手腕从上到下转动，充分拉伸肱二头肌长头与短头，保持10～15秒的时间，然后交换另外一只手进行练习。

（6）前臂肌群拉伸训练（图31）

图31

站姿或坐姿，双手掌心相对，手指朝上，充分拉伸前臂屈肌，保持10～15秒，然后双手手背相对，手指朝下，拉伸前臂伸肌，同样保持10～15秒的时间。

（7）肱三头肌拉伸训练

站姿，右手臂屈臂并将右手从颈后向下伸，同时左手臂屈臂并使左手从腰部向上伸，双手尽量上下相连。如果柔韧性不允许，便在双手达到最大伸展幅度（双手没相牵）保持10～15秒，然后交换左右手的上下位置进行拉伸练习。

（8）股四头肌拉伸训练

站姿（图32），左手抓住左脚踝并屈右腿，最大幅度拉伸保持10～15秒，然后使用右侧进行练习。

跪姿，同时屈双腿并向后仰上半身，将双手手臂位于身体后侧以带给股四头肌最大的拉伸感受，保持10～15秒，然后休息，再进行下一组的练习。

（9）腘绳肌拉伸训练

站姿，将右腿放在高度合适的单杠上，左腿伸直，然后在保持腰部尽可能伸直的情况下，俯身向下压腿，保持最大的幅度10～15秒，然后更换左腿进行训练。

图32

站姿（图33），在保持两腿及腰部尽可能伸直的情况下，俯身双手向下触地至尽可能深的程度，保持10～15秒，然后休息，再进行下一组的练习。

（10）小腿肌群拉伸训练

针对小腿肌群的拉伸十分简单，两腿伸直时腓肠肌便得到了一定的拉伸，两腿弯曲时比目鱼肌则会受到更好的拉伸。可以采用顶峰收缩的提踵练习，即在最高点保持10～15秒来拉伸比目鱼肌或腓肠肌。可以使用单侧也可以使用双侧同时拉伸，只不过单侧拉伸时身体伸展幅度更大，并且单侧拉伸时需要承担整个身体的重量，比双侧同时拉伸有一定的重量刺激，有利于柔韧性的提升。

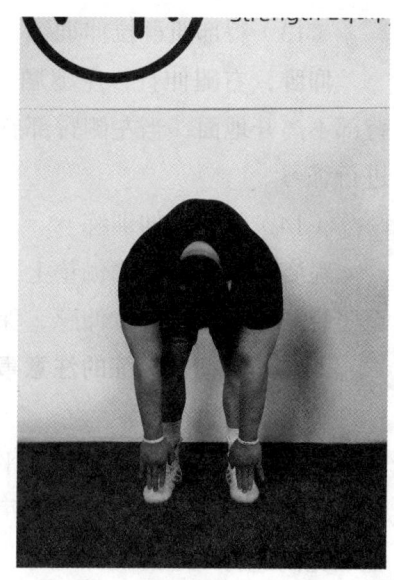

图33

（11）腹部肌群拉伸训练（图34）

平躺在地上，双手向上伸展并放松身体，利用平躺方式对腹部肌群进行简单的拉伸，保持10～15秒，然后休息，再进行下一组的练习。

（12）内收肌拉伸训练（图35）

坐姿，双脚脚心相对，并将脚后跟尽力靠向髋关节，大腿尽量与地面靠拢，在保持腰部尽可能伸直的情况下俯身向下，让胸部尽可能触向双脚，达到最大幅度后保持10～15秒，然后休息，再进行下一组的练习。

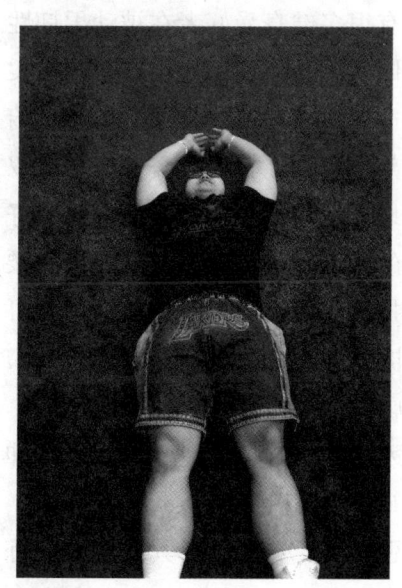

图34

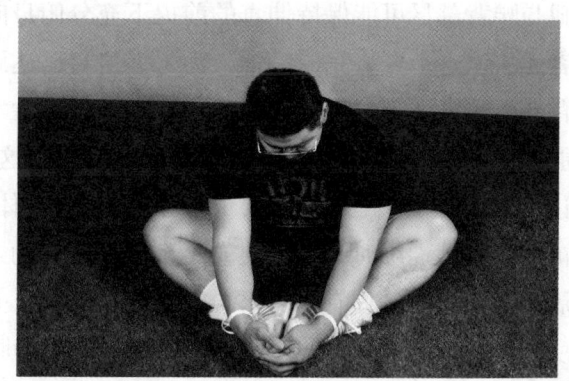

图35

（13）臀部肌群拉伸训练

仰卧，右腿伸直，左腿屈腿至大小腿呈90°并转向身体右侧，尽量保证左侧腰背部不离开地面，当左侧臀部感受到强烈拉伸感觉后保持10～15秒，然后交换右腿进行练习。

（14）腰部拉伸训练

跪姿，双腿跪在瑜伽垫上，背部弓起并屈髋向后坐，使得头部尽量靠近膝盖，直至竖脊肌获得强烈的拉伸感，保持10～15秒，然后休息，再进行下一组的练习。

2. 被动柔韧性训练的注意事项

（1）高频率训练

如果想提高被动柔韧性水平，那么第一个需要注意的便是进行高频率的训练。不仅每天都进行练习，甚至可在每天的早上和晚上各进行一次训练。在早上刚起床和晚上睡觉前进行一定的拉伸练习，不仅对提高被动柔韧性水平有一定的帮助，还可以保持一个更好的精神状态，让身体得到放松。被动柔韧性训练绝对不能像肌肉健美训练或力量训练那样一周3～4次的较低频率，否则对柔韧性的提升没有太明显帮助。如果每天两练的频率下感觉有点疲惫，可以在一周中安排一个休息日让身体得到一定的休息。要注意的是，这里所说的被动柔韧性训练绝非肌肉健美训练或爆发力训练前的简单拉伸练习（只会根据即将要训练的项目进行目标区域的拉伸），是要将全身多个需要保持柔韧性部位的拉伸练习组合在一起进行，是一堂完整的肌肉拉伸课。

（2）注意合适的拉伸幅度

提高被动柔韧性的拉伸训练时，一定要注意结合现有的被动柔韧性水平，保持合适的拉伸幅度，而不是一味地追求最大的拉伸幅度。有很多健身爱好者在被动柔韧性训练时，为了使柔韧性得到尽快改善，大幅度提高身体的运动幅度，超出自身被动柔韧性水平进行强制的拉伸练习，甚至动作明显变形仍进行更大幅度的拉伸。例如，俯身双手向下触地的动作，可以拉伸到大腿的后侧及臀部的肌肉，正确的姿势应是在双腿与腰背部尽可能保持伸直的前提下充分俯身向下触地。很多柔韧性较差的健身爱好者无法以这个姿势完成触地，为了强迫自己达到触地的幅度，便会弯曲双腿或弯曲腰背部，这种严重的动作姿势变形对被动柔韧性水平的提高是没有任何帮助的，还有可能造成韧带或肌肉的拉伤。更有甚者，在进行这个拉伸练习时会借助朋友的外力帮助，让他用力按压自己的身体，以获得更大的身体伸展幅度，这毫无疑问是很危险的。被动柔韧性训练时，切记要立足于自身现有的柔韧性水平，循序渐进地提高身体的伸展幅度。这个过程有的时候会花费很多时间，并且基础越差、年龄越大、体重越大，所耗费的时间也就越长，这也是为何柔韧性训练的见效难度要远高于其余五种训练模式。

（3）保持合适的拉伸时间

提升被动柔韧性的拉伸训练时，一定要注意每一组的拉伸时间。一般来讲，将拉伸时间控制在 10~15 秒，对柔韧性的提升及对韧带和肌肉的保护是有重要作用的。有的健身爱好者会使用极长的拉伸时间，甚至保持一个姿势长达 1 分钟，担心过短的时间无法充分提高被动柔韧性水平，没法把"筋"拉开。事实上，拉伸时间在达到一定长度后对柔韧性的提升不会有更多的改变，韧带与肌肉被拉伤的风险却随着时间的推移而直线递增。因此，无论你的年龄多大、体重多重、基础柔韧性水平如何，每组拉伸保持 10~15 秒的时间已经足够。

（4）与有氧训练相结合

提升被动柔韧性的拉伸训练时，需要注意与有氧训练相结合。一定的有氧训练可以提高拉伸训练的效率，可以在拉伸时提前有一个比较灵活的身体状态，对提高身体的伸展幅度十分有帮助。在拉伸训练前进行 10~15 分钟强度较适宜的有氧训练，目的主要是让身体尽快地进入训练的状态，而不是消耗较多的脂肪或提高耐力水平，因此没有必要使用较高的强度，否则一旦身体有明显的疲劳感，那么在拉伸练习时便容易出现神经和注意力不集中的现象，反而会导致肌肉或韧带的拉伤。有氧训练一般安排在早晨起床后，只需简单补充一点能量便开始练习，有氧训练结束后调整一下呼吸节奏，然后进行系统的拉伸训练。晚上临睡前不应进行有氧训练，此时身体比较需要休息，拉伸训练的目的也是帮助身体得到放松，如果再在拉伸训练前进行有氧训练的话，很容易导致无法及时入睡。

（5）慎重进行训练前与训练后拉伸

在训练日的具体练习开始前对将要活动的关节、韧带、肌肉进行一定的拉伸有利于身体进入训练状态，训练后的拉伸则可以给肌肉、关节、韧带一定的放松，有助于更好地恢复。但是，在部分训练模式及一些特殊情况下，要慎重使用训练前与训练后的拉伸。首先，力量训练时，虽然拉伸可以提前预热身体，避免在大重量训练时出现拉伤的现象，但是有研究表明，力量训练前过多的拉伸练习容易使身体丧失张力，因此要十分谨慎选择训练前的拉伸动作，避免影响训练效果。其次，有的教练员认为训练后的拉伸不会给身体肌肉、关节、韧带的恢复带来明显的帮助，在身体和神经都比较疲劳的状态下过多的拉伸训练反而容易使身体受伤，因此要避免在训练后进行拉伸。这种观点在某种意义上是正确的，不过我们要辩证看待。例如，训练后的拉伸的确对身体肌肉、关节、韧带的恢复速度没有按摩、冷热水混浴等方法快，但是对身体和神经的放松及对关节压力的舒缓是不可忽略的，而这些也是身体和神经恢复的一部分。当然，如果你在训练结束后感觉到身体很疲劳，甚至连喝口水的力量都没有，那么此时再进行拉伸的确对身体会有一定的危害，应该及时补充能量并进行休息，调整好正常的呼吸节奏。

第三章 训练计划案例

一、肌肉健美

（一）肩部肌肉

1. 以增强肩部肌肉为目标的整体训练计划（初级）

（1）计划安排

时间	动作	组数	次数	组间休息	动作间休息
周一	坐姿杠铃颈前推举	4	12	60秒	2分钟
	哑铃侧平举	5	15	60秒	2分钟
	俯身侧平举	5	15	60秒	2分钟
周二	腿举	5	12	90秒	2分钟
	硬拉	5	12	90秒	2分钟
	杠铃划船	5	15	90秒	2分钟
	杠铃弯举	4	12	60秒	2分钟
	提踵	4	20	60秒	2分钟
周三	侧平举	5	15	60秒	2分钟
	直立划船	5	15	60秒	2分钟
	俯身侧平举	5	15	60秒	2分钟
	杠铃耸肩	3	15	60秒	2分钟
周四	休息日				
周五	大臂外旋	5	20	60秒	2分钟
	绳索侧平举单臂	5	15	60秒	2分钟
	绳索直立划船	5	15	60秒	2分钟
	绳索俯身侧平举	5	15	60秒	2分钟
周六	引体向上	4	力竭次数	60秒	2分钟
	卧推	4	12	60秒	2分钟
	哈克深蹲	4	10	60秒	2分钟
	坐姿腿弯举	5	15	60秒	2分钟
周日	休息日				

（2）计划分析

第一，为了更好地训练肩部肌肉群，同时确保肩部肌肉群不会在胸部肌肉群训练时出现预先的力量损耗，训练计划只安排了在周六进行一次卧推，其余几天没有任何与胸部肌群训练有关的安排，因为胸部肌群的训练同样会消耗肩部肌群。如果训练计划安排一个单独的胸部训练日，那么便无法完成较高频率的肩部肌群训练，对于肩部的训练效果较差。

第二，虽然一周安排了三个肩部肌群的训练日，但每个肩部肌群的目标都不一样，并且每个训练日的训练容量与训练强度并不高，因此这种安排并不会造成肩部肌群的过度疲劳。在第一个训练日进行大重量的肩部训练，安排了大重量的颈前推举用来刺激三角肌的肌肉。在第二个训练日使用的重量中等，使用哑铃或杠铃对三角肌中束、三角肌后束及斜方肌进行训练。在第三个训练日使用的重量较轻，使用的器材以绳索为主，目的是使三角肌的肌肉群可以得到更好的孤立刺激，对补强弱势区域有很好的帮助。我们安排的动作也是以针对三角肌中束与三角肌后束为主的训练，这两个区域比三角肌前束更容易遇到阻碍。

第三，针对三角肌的组数与次数，安排了很多5组、每组15次的较高容量。这与三角肌本身需要较高容量刺激有密不可分的关系，但是没有安排明显的超级组练习，因此这份计划比较适合刚刚接触肌肉健美训练的健身爱好者，组间休息安排了60秒这种比较容易接受的时间长度。

2. 针对肩部肌肉的单项训练计划（中级）

（1）计划安排

时间	动作	组数	次数	组间休息	动作间休息
第1~2周	阿诺德推举	4	10	60秒	90秒
	哑铃侧平举	4	15	60秒	90秒
	杠铃推举	4	10	60秒	90秒
	杠铃耸肩	4	10	60秒	90秒
	哑铃对握推举	2	30	60秒	90秒
	哑铃前平举	4	10	60秒	90秒
	俯身哑铃侧平举	4	10	60秒	90秒
	器械推举	2	力竭（不低于10次）	60秒	90秒
第3~4周	阿诺德推举	4	12	60秒	90秒
	哑铃侧平举	4	15	60秒	90秒
	杠铃推举	4	12	60秒	90秒
	杠铃耸肩	4	12	60秒	90秒

（续表）

时间	动作	组数	次数	组间休息	动作间休息
	哑铃对握推举	2	30	60秒	90秒
	哑铃前平举	4	10	60秒	90秒
	俯身哑铃侧平举	4	10	60秒	90秒
	器械推举	2	力竭（不低于10次）	60秒	90秒
第5～8周	阿诺德推举	5	10	60秒	90秒
	哑铃侧平举	5	10	60秒	90秒
	杠铃推举	5	10	60秒	90秒
	杠铃耸肩	5	10	60秒	90秒
	哑铃对握推举	2	30	60秒	90秒
	哑铃前平举	4	12	60秒	90秒
	俯身哑铃侧平举	4	12	60秒	90秒
	器械推举	2	力竭（不低于10次）	60秒	90秒
第9～12周	阿诺德推举	5	10	60秒	90秒
	哑铃侧平举	5	10	60秒	90秒
	杠铃推举	5	10	60秒	90秒
	杠铃耸肩	5	10	60秒	90秒
	哑铃对握推举	2	30	60秒	90秒
	哑铃前平举	5	10	60秒	90秒
	俯身哑铃侧平举	5	10	60秒	90秒
	器械推举	2	力竭（不低于10次）	60秒	90秒

（2）计划分析

第一，这份计划一周只有一次肩部肌群训练日安排，健身爱好者可以在计划中正常安排胸部肌群及背部肌群等上肢训练日，并不会影响其余训练日的正常练习。

第二，之所以没有安排较高的肩部肌群练习频率，原因在于肩部肌群训练的强度及容量并不低，如果在一周再安排一天肩部肌群训练，那么便会影响到胸部肌群或背部肌群训练，与目标不同。

第三，整个训练计划共12周，分四个不同的阶段进行练习，随着时间的推移，每个训练阶段比上一个训练阶段都拥有更高的强度和容量。并且，健身爱好者所使用的重量也应当是慢慢增加的，不能出现随着训练容量的递增训练负荷逐步递减的现象。因此，这种划分方式与重量使用对于健身爱好者的训练经验和肌肉力量水平有一定的要求。

第四，训练计划中没有使用特别难的训练动作，阿诺德推举及哑铃对握推举对于健身爱好者的动作熟练度还是有一定要求的。在阿诺德推举训练中，很多刚接触训练的健身爱好者不能够很好地感受到三角肌的泵感。因此，我们建议拥有较长时间三角肌训练经验的健身爱好者使用这份计划，刚接触肌肉健美训练者不使用这份计划。

第五，训练计划中的哑铃对握推举和器械推举是两个难度极高的项目。一组30次的哑铃对握推举在整堂训练课的中期便给予你的三角肌最彻底的刺激，使你瞬间出现强烈的泵感与力竭感。而器械推举的2组力竭次数练习，更是在整堂训练课的末尾将三角肌还可能残存的一点力量都全部消耗完毕。并且，在这两个训练动作的前后我们安排的都是60秒的组间休息以及90秒的动作间休息，留给健身爱好者的整体恢复时间也并不多，对于肌肉耐力和力量水平是极强的考验。因此，整份训练计划虽然看起来并没有什么特别难的地方，但是在真正执行时你便会发现它的"痛苦之处"。

3. 针对肩部肌肉的单项训练计划（高级）

（1）计划安排

时间	动作	组数	次数	组间休息	动作间休息
第1~4周	实力推	4	15	60~90秒	2分钟
	坐姿哑铃单臂交替推举	4	15	60~90秒	2分钟
	绳索单臂侧平举+绳索单臂前平举超级组	4	15	60~90秒	2分钟
	绳索直立划船	4	力竭次数（不低于12次）	60~90秒	2分钟
	器械推举+俯身哑铃侧平举超级组	4	12	60~90秒	2分钟
	面拉+弹力带侧平举超级组	2	20~30	60~90秒	2分钟
第5~8周	实力推	4	15	60~90秒	2分钟
	坐姿哑铃单臂交替推举	4	15	60~90秒	2分钟
	绳索单臂侧平举+绳索单臂前平举超级组	4	15	60~90秒	2分钟
	绳索直立划船	4	力竭次数（不低于12次）	60~90秒	2分钟
	器械推举+俯身哑铃侧平举超级组	4	12	60~90秒	2分钟
	面拉+弹力带侧平举超级组	3	20~30	60~90秒	2分钟
第9~12周	实力推	5	12	60~90秒	2分钟
	坐姿哑铃单臂交替推举	5	12	60~90秒	2分钟

（续表）

时间	动作	组数	次数	组间休息	动作间休息
	绳索单臂侧平举+绳索单臂前平举超级组	5	12	60~90秒	2分钟
	绳索直立划船	5	力竭次数（不低于12次）	60~90秒	2分钟
	器械推举+俯身哑铃侧平举超级组	5	10	60~90秒	2分钟
	面拉+弹力带侧平举超级组	3	20~30	60~90秒	2分钟
第13~16周	实力推	5	12	60~90秒	2分钟
	坐姿哑铃单臂交替推举	5	12	60~90秒	2分钟
	绳索单臂侧平举+绳索单臂前平举超级组	5	12	60~90秒	2分钟
	绳索直立划船	5	力竭次数（不低于12次）	60~90秒	2分钟
	器械推举+俯身哑铃侧平举超级组	5	10	60~90秒	2分钟
	面拉+弹力带侧平举超级组	4	20~30	60~90秒	2分钟

（2）计划分析

第一，这份计划一周同样只有一次肩部肌群训练日安排，健身爱好者可以在计划中正常安排胸部肌群及背部肌群等上肢训练日，并不会影响其余训练日的正常练习。这种安排方式比较适合较高水平的健身爱好者用来补强较薄弱的三角肌，又不会影响到正常的其余部位的肌肉训练。

第二，之所以没有安排较高的肩部肌群练习频率，原因在于整个肩部肌群训练的强度及容量较高。如果在一周再安排一天肩部肌群训练，那么便会影响到胸部肌群或背部肌群的训练，与目标不同。一周虽然只有一次肩部肌群的训练，但是只要彻底练透目标肌群，那么对肌肉生长是十分有帮助的。

第三，整个训练计划共16周，分四个不同的阶段进行练习。随着时间的推移，每个训练阶段比上一个训练阶段都拥有更高的强度和容量。并且，健身爱好者所使用的重量也应当是慢慢增加的，不能出现随着训练容量的递增训练负荷逐步递减的现象。因此，这种划分方式与重量使用对于健身爱好者的训练经验和肌肉力量水平有一定的要求。相比中级训练计划，高级计划只安排12周的练习时间，原因在于水平较高的健身爱好者已经拥有较强的肌肉基础，想在这个基础上进行更加精细的雕琢便需要较长的时间。

第四，为了使健身爱好者获得更好的肌肉充血效果，使目标肌群充分得到训练，我们在练习时安排了两个超级组的训练，这对于健身爱好者的训练基础和力量水平有较高的要求。并且，在训练计划的开始，我们需要使用较大的重量进行实力推与坐姿哑铃推举的练习，这会使得健身爱好者的肌肉力量被快速消耗，因此，我们建议拥有较长时间三角肌训练经验的健身爱好者使用这份计划，刚接触肌肉健美训练者不宜使用这份计划。

第五，我们在训练计划中安排了两个使用较大重量的复合训练动作进行优先练习，目的是将三角肌前束及肱三头肌的力量快速消耗，从而使后面的孤立训练动作可以有更加针对性的训练效果。我们在两个复合训练动作后立刻安排了一个绳索类的侧平举+前平举超级组训练以及直立划船训练，目的便是希望可以更好孤立地刺激三角肌中束与前束。随后使用预疲劳法先练习器械推举，将残存的容易借力的力量进一步消耗，然后不休息立刻练习俯身的哑铃侧平举，这可以使平时很难刺激到的三角肌后束有很强烈的泵感。在整个训练计划末尾，我们安排了极高容量的面拉和弹力带侧平举训练，目的是使三角肌中束和三角肌后束受到彻底的"摧毁"，有助于弱势区域肌肉的快速生长。整份训练计划的设计都是为了弥补三角肌中束与三角肌后束较弱的问题，通过优先使用大重量训练、预疲劳法、超级组以及动作顺序的安排，可以带给三角肌中束与三角肌后束最强烈的刺激。

第六，因为这份计划的整体强度与容量比之前两个计划都要高出不少，所以为了使健身爱好者可以更好地保质保量地完成训练，我们在组间休息多安排了30秒的时间，由60秒变为不超过90秒都可以。这能够使健身爱好者在高强度和高容量的训练计划中，在每两个训练组间获得充分的休息，避免出现训练重量大幅度衰退或姿势不标准的现象。

（二）胸部肌肉

1. 以提高胸部肌肉为目标的整体训练计划（初级）

（1）计划安排

时间	动作	组数	次数	组间休息	动作间休息
周一	弹力带卧推	6	10	60秒	90秒
周一	双杠臂屈伸	4	力竭次数	60秒	90秒
周一	仰卧飞鸟	4	20	60秒	90秒
周二	腿举	4	12	60秒	90秒
周二	腿弯举	4	12	60秒	90秒

（续表）

时间	动作	组数	次数	组间休息	动作间休息
	引体向上	4	力竭次数	60秒	90秒
	哑铃侧平举	5	15	60秒	90秒
	哑铃弯举	4	12	60秒	90秒
周三	上斜卧推	6	10	60秒	90秒
	上斜哑铃飞鸟	4	20	60秒	90秒
	绳索夹胸	4	20	60秒	90秒
周四	休息日				
	绳索夹胸	4	20	60秒	90秒
周五	俯卧撑	6	力竭次数	60秒	90秒
	杠铃弯举	4	12	60秒	90秒
	硬拉	4	12	60秒	90秒
	哑铃侧平举	5	15	60秒	90秒
周六	哑铃俯身侧平举	5	15	60秒	90秒
	哈克深蹲	4	12	60秒	90秒
	站姿提踵	4	20	60秒	90秒
周日	休息日				

（2）计划分析

第一，胸部肌群属于体积较大的肌肉群，训练计划安排适当削弱背部、腿部肌肉群的训练比例，特别是大幅度降低三角肌的训练量后，也可以尝试在一周内进行三次高频胸部肌群训练。只在周二与周六各安排了哑铃侧平举与哑铃俯身侧平举的练习，对于三角肌的刺激并不强，因此不会影响胸部肌群训练。背部训练方面，只在周二安排了一次引体向上的练习，周六的硬拉训练虽然会对背部肌群有一定的刺激，但是整体强度与容量都较低，不会影响胸部肌群训练。这种安排方式与肩部肌群训练时只安排一个杠铃卧推的训练是一个原理，目的是避免目标肌群（胸部肌群）参与的其余肌群训练量较高而影响高频训练计划。当然，这种训练安排方式对于其余部位的肌肉生长只能起到维持尽量不缩水的作用，更适合刚刚接触肌肉健美训练且胸部肌群较差的健身爱好者。

第二，三个胸部肌群训练日是按照重量从大到小进行排列的。在第一个大重量胸部肌群训练日中，我们安排了对胸大肌刺激更好的弹力带卧推训练，而不是普通的杠铃卧推，其原理前面叙述过。第二个胸部肌群训练日我们安排的重量负荷中等，目标更加集中在胸大肌上束的练习，不仅有上斜杠铃卧推的练习，还有上斜哑铃飞鸟，可以更好地使胸大肌上束内侧得到练习。第三个胸部肌群训练日我们使用的重量较轻，选用俯卧撑和绳索夹胸这种难度较低的训练方式，这种安排的目的是避免胸部肌群在高训练频率下容易产生的肌肉过度疲劳。我们在每个胸部肌群训练日都安排了容量较高的绳索夹胸训练，目的在于解决大多数初级健身爱好者都容易遇到的胸大肌内侧较弱的问题。

第三，组间休息 60 秒与动作间休息 90 秒的时间并不短，足够刚接触肌肉健美训练的健身爱好者的恢复，不会影响接下来训练中正常的表现。

总体来讲，这份训练计划的难度并不大，适合刚接触肌肉健美训练的健身爱好者，可以确保在不影响其他区域肌肉群正常练习的情况下，着重强化胸部肌肉群。

2. 针对胸部肌肉的单项训练计划（中级）

（1）计划安排

时间	动作	组数	次数	组间休息	动作间休息
第 1~4 周	上斜杠铃卧推	4	10	60 秒	2 分钟
	上斜哑铃飞鸟	4	10	60 秒	2 分钟
	下斜杠铃卧推	4	10	60 秒	2 分钟
	下斜哑铃飞鸟	4	10	60 秒	2 分钟
	上斜对握哑铃卧推	2	25	60 秒	2 分钟
	上斜器械卧推	4	10	60 秒	2 分钟
	蝴蝶机夹胸（3~5 秒顶峰收缩）	4	10	60 秒	2 分钟
	俯卧撑	2	力竭次数	60 秒	2 分钟
第 5~8 周	上斜杠铃卧推	4	12	60 秒	2 分钟
	上斜哑铃飞鸟	4	12	60 秒	2 分钟
	下斜杠领卧推	4	12	60 秒	2 分钟
	下斜哑铃飞鸟	4	12	60 秒	2 分钟
	上斜对握哑铃卧推	2	30	60 秒	2 分钟
	上斜器械卧推	4	12	60 秒	2 分钟
	蝴蝶机夹胸（3~5 秒顶峰收缩）	4	12	60 秒	2 分钟
	俯卧撑	2	力竭次数	60 秒	2 分钟
第 9~12 周	上斜杠铃卧推 + 上斜哑铃飞鸟超级组	4	10	60 秒	2 分钟
	下斜杠领卧推 + 下斜哑铃飞鸟超级组	4	10	60 秒	2 分钟
	上斜对握哑铃卧推	3	25	60 秒	2 分钟

（续表）

时间	动作	组数	次数	组间休息	动作间休息
第13～16周	上斜器械卧推	4	12	60秒	2分钟
	俯卧撑	3	力竭次数	60秒	2分钟
	上斜杠铃卧推＋上斜哑铃飞鸟超级组	4	12	60秒	2分钟
	下斜杠铃卧推＋下斜哑铃飞鸟超级组	4	12	60秒	2分钟
	上斜对握哑铃卧推	3	30	60秒	2分钟
	上斜器械卧推	4	12	60秒	2分钟
	俯卧撑	3	力竭次数	60秒	2分钟

（2）计划分析

第一，整个训练计划长度为16周，因为胸部肌群属于体积较大的肌肉群，所以我们会安排较长时间的训练计划。如果计划长度只有8～12周，那么可能会导致肌肉因训练时间较短无法获得充分的生长。16周的训练计划分四个阶段，随着时间的推移，整体的训练强度及训练容量也在逐步提高。这里要注意的是，健身爱好者需要在第一周到最后一周都使用至少相同的重量，在肌肉力量及动作姿势允许的情况下，可以逐步增加训练使用的重量，千万不可以轻易出现使用重量逐渐递减的现象，否则对肌肉的生长没有太大帮助，还会大幅度降低整个训练计划的强度。

第二，前两个阶段都是正常的训练组，后两个阶段安排针对胸大肌上束以及胸大肌下束的两个超级组训练，卧推＋飞鸟的组合可以先大量消耗三角肌、胸大肌、肱三头肌的力量，从而在飞鸟练习时获得更加明显的鼓励刺激感。之所以会选择杠铃卧推而不是器械或哑铃卧推，因为我们在设计训练计划时考虑到，有一定训练经验的健身爱好者要想获得更好的肌肉发展，在使用更加复杂或针对性更强的计划前，一定需要拥有较好的肌肉力量作为基础，而杠铃本身比哑铃和器械对提升力量的效果更加出色。我们并没有像针对初级健身爱好者一样安排弹力带卧推的训练，原因在于中级健身爱好者会使用一定的重量进行练习，如果再加上弹力带，那么容易使他们的肱三头肌获得较强的刺激，从而偏离训练目标。

第三，在训练动作安排的顺序上，先进行针对上胸和下胸的训练，再回到两个针对上胸的训练动作。因为大部分健身爱好者的上胸较薄弱，要将更多的注意力放在上胸的练习上。为了避免连续的上胸训练而快速力竭，两次上胸训练中间安排一个针对下胸的练习。在训练课的末尾，使用自重俯卧撑来让胸部的肌肉得到最彻底的刺激。

第四，在使用两个超级组训练以及较高的重量进行卧推的情况下，60秒的组间休息时间对健身爱好者的肌肉力量基础及恢复能力有较高的要求，因此这份计划适合至少有 1~2 年训练经验的健身爱好者，刚接触肌肉健美训练的健身爱好者并不适用。

3. 针对胸部肌肉的单项训练计划（高级）

（1）计划安排

时间	动作	组数	次数	组间休息	动作间休息
第 1~8 周	上斜杠铃卧推 + 上斜哑铃对握卧推超级组	4	12	90 秒	2 分钟
	哑铃卧推 + 窄距杠铃卧推超级组	4	12	90 秒	2 分钟
	单臂器械交替上斜卧推 + 双杠臂屈伸超级组	4	12	90 秒	2 分钟
	哑铃飞鸟 + 绳索夹胸超级组	4	12	90 秒	2 分钟
	俯卧撑 + 哑铃直臂上拉超级组	4	12	90 秒	2 分钟
第 9~16 周	上斜杠铃卧推 + 上斜哑铃对握卧推超级组	4	15	90 秒	2 分钟
	哑铃卧推 + 窄距杠铃卧推超级组	4	15	90 秒	2 分钟
	单臂器械交替上斜卧推 + 双杠臂屈伸超级组	4	15	90 秒	2 分钟
	哑铃飞鸟 + 绳索夹胸超级组	4	15	90 秒	2 分钟
	俯卧撑 + 哑铃直臂上拉超级组	4	15	90 秒	2 分钟

（2）计划分析

第一，整个训练计划长度为 16 周。胸部肌群是体积比较大的肌肉群，为了给予它更好的生长空间和训练效果，要安排较长时间的系统训练计划。中级训练计划的后两个阶段才安排了一定的超级组训练，在高级训练计划中从第一周开始便需要进行超级组的练习，并且一个训练日的所有计划内容都是由不同的超级组组成的，这种极高的训练强度使得健身爱好者必须花费较多的时间才能够逐渐适应，因此整个训练计划只分两个阶段，而不像中级训练计划那样分四个阶段。

第二，因为整个训练计划由大量的超级组练习构成，并且在第二阶段需要完成更高的训练容量，所以不要求健身爱好者随着时间的推进逐渐使用较大的训练负荷。健身爱好者只要做到在第二阶段不降低训练重量，那么便意味着整体训练难度提高了，对于肌肉的生长是有帮助作用的。

第三，在动作选择及动作顺序安排方面，将更多的注意力放在了可以提升上胸及胸内侧肌肉的练习上。整个训练课的第一个超级组是杠铃上斜卧推与哑铃上斜对握推举的超级组，这种安排方式不仅可以使上胸得到较强的重量刺激，对上胸肌群先进行一次"轰炸",还可以通过对握的方式明显消耗三角肌前束及肱三头肌的力量,避免它们在随后的训练中进行过多的代偿发力。第二个超级组是哑铃卧推与杠铃窄距卧推的超级组,这种安排方式的目的在于先使用哑铃给胸大肌更大幅度的刺激,再使用窄距卧推更好地刺激胸大肌的内部。因为第一个超级组明显消耗了肱三头肌的力量,所以在第二组不用担心窄距卧推会造成肱三头肌受到的刺激更多。第三个超级组使用针对上胸的训练,这也是为了避免连续两个针对上胸的超级组练习后快速力竭而使得肌肉无法得到最全面的刺激。先使用单臂交替的上斜器械卧推,目的在于使上胸获得更加集中的刺激感,再通过双杠获得更深层次的刺激。这里需要注意的是,双杠姿势是刺激胸部肌群的,并非针对肱三头肌和三角肌。哑铃飞鸟与绳索夹胸的超级组训练,目的是刺激胸大肌的内侧,先通过哑铃飞鸟给予胸大肌内侧一定的重量刺激,再使用绳索夹胸这种孤立性极强的动作给予胸大肌内侧更加精准的"轰炸"。最后一个超级组安排的是俯卧撑与哑铃直臂上拉的练习:俯卧撑练习的目的是充分榨取胸大肌仅有的最后一点力量,使整堂胸部肌群训练课可以做到对胸部肌群最深度的刺激;仰卧直臂上拉则可以带给胸大肌不同角度的刺激,虽然这个动作并不容易使胸部肌群感受到刺激,但是在整个计划的末段,与胸部肌群训练有关的所有可以代偿的肌肉群几乎已经完全力竭的情况下,再进行仰卧直臂上拉的训练便可以轻松感受到胸部的泵感。

第四,训练计划安排了一定量的双杠和俯卧撑的练习,这对于健身爱好者肌肉力量及肌肉耐力水平都有较高的要求。因此,整个训练计划适合力量基础较强、训练3～5年以上的健身爱好者。

(三)背部肌肉

1. 以提高背部肌肉为目标的整体训练计划(初级)

(1)计划安排

时间	动作	组数	次数	组间休息	动作间休息
周一	引体向上	4	力竭次数	60秒	2分钟
	罗马尼亚硬拉	4	12	60秒	2分钟
	绳索直臂下拉	4	15	60秒	2分钟
周二	腿举	4	12	60秒	2分钟
	侧平举	5	15	60秒	2分钟
	双杠臂屈伸(刺激胸肌为主)	4	力竭次数	60秒	2分钟
	绳索臂屈伸	4	15	60秒	2分钟
周三	杠铃划船	4	12	60秒	2分钟
	俯身侧平举	4	15	60秒	2分钟

（续表）

时间	动作	组数	次数	组间休息	动作间休息
	绳索直臂下拉	4	15	60秒	2分钟
	杠铃耸肩	3	10	60秒	2分钟
周四	休息日				
周五	罗马尼亚硬拉	4	15	60秒	2分钟
	高位下拉	4	15	60秒	2分钟
	绳索大臂外旋	3	25	60秒	2分钟
	杠铃窄距卧推	4	12	60秒	2分钟
周六	哑铃侧平举	4	12	60秒	2分钟
	哈克深蹲	4	10	60秒	2分钟
	腿弯举	4	15	60秒	2分钟
	站姿提踵	4	20	60秒	2分钟
周日	休息日				

（2）计划分析

第一，虽然背部肌群属于体积较大的肌肉群，但是适当削弱胸部、肩部肌肉群的训练比例，便可以在一周内进行三次高频背部肌群训练。训练计划只在周二、周五、周六各安排了哑铃侧平举与杠铃窄距卧推的练习，对于胸部和三角肌的刺激并不强，因此不会影响背部肌群训练。虽然周三安排了一次哑铃俯身侧平举的练习，但是这个动作对于强化身体后侧的肌肉是有一定帮助的。这种训练安排方式对于其余部位的肌肉生长只能起到维持尽量不缩水的作用，更适合刚刚接触肌肉健美训练且背部肌群较差的健身爱好者。

第二，三个背部肌群训练日是按照重量从大到小进行排列的。第一个大重量背部肌群训练日安排了引体向上，这个动作对于发展背部肌肉质量及提升背部肌肉力量有着十分重要的帮助。如果健身爱好者在刚开始练习时无法完成每组5次以上的重复练习，那么可以使用弹力带进行辅助训练。当天进行的罗马尼亚硬拉，对于背部肌肉群也是有一定刺激的。第二个背部肌群训练日安排重量负荷中等、目标更加集中在带给背部肌群更大做功幅度的练习上，健身爱好者可以根据自己的需求选择使用杠铃、绳索或哑铃进行划船练习。第三个背部肌群训练日，虽然还有罗马尼亚硬拉的训练，但是使用的是较轻的重量，总共完成每组15次较高容量的练习，这种安排是为了避免背部肌群在高训练频率下容易产生的肌肉过度疲劳。

第三，组间休息60秒与动作间休息90秒的时间并不短，足够刚接触肌肉健美训练的健身爱好者进行恢复，不会影响接下来训练中正常的表现。

总体来讲，这份训练计划的难度并不大，适合刚接触肌肉健美训练的健身爱好者，它可以确保在不影响其他区域肌肉群正常练习的情况下，着重强化背部肌肉群。

2. 针对背部肌肉的单项训练计划（中级）

（1）计划安排

时间	动作	组数	次数	组间休息	动作间休息
第 1～4 周	杠铃硬拉	4	10	60 秒	2 分钟
	杠铃划船	4	10	60 秒	2 分钟
	哑铃单臂交替划船	4	12	60 秒	2 分钟
	坐姿器械划船	4	12	60 秒	2 分钟
	高位下拉	4	12	60 秒	2 分钟
	窄距高位下拉	4	12	60 秒	2 分钟
	宽距绳索划船	4	12	60 秒	2 分钟
	反向划船	4	力竭次数	60 秒	2 分钟
第 5～8 周	杠铃硬拉	4	12	60 秒	2 分钟
	杠铃划船	4	12	60 秒	2 分钟
	哑铃单臂交替划船	4	12	60 秒	2 分钟
	坐姿器械划船	4	12	60 秒	2 分钟
	高位下拉	4	12	60 秒	2 分钟
	窄距高位下拉	4	12	60 秒	2 分钟
	宽距绳索划船	4	12	60 秒	2 分钟
	反向划船	4	力竭次数	60 秒	2 分钟
第 9～12 周	杠铃硬拉 + 杠铃划船超级组	4	10	60 秒	2 分钟
	哑铃单臂交替划船 + 坐姿器械划船超级组	4	10	60 秒	2 分钟
	高位下拉 + 窄距高位下拉超级组	4	12	60 秒	2 分钟
	宽距绳索划船	4	12	60 秒	2 分钟
	反向划船	4	力竭次数	60 秒	2 分钟
第 13～16 周	杠铃硬拉 + 杠铃划船超级组	4	12	60 秒	2 分钟
	哑铃单臂交替划船 + 坐姿器械划船超级组	4	12	60 秒	2 分钟
	高位下拉 + 窄距高位下拉超级组	4	12	60 秒	2 分钟
	宽距绳索划船	4	12	60 秒	2 分钟
	反向划船	4	力竭次数	60 秒	2 分钟

（2）计划分析

第一，整个训练计划长度为16周，因为背部肌群属于体积较大的肌肉群，所以安排较长时间。如果计划长度只有8~12周，那么肌肉因训练时间较短可能无法获得充分的生长。16周的训练计划分为四个阶段，随着时间的推移，整体的训练强度及训练容量也在逐步提高。这里要注意的是，健身爱好者需要在第一周到最后一周都使用至少相同的重量，在肌肉力量及动作姿势允许的情况下，逐步增加训练使用的重量；千万不可以使重量逐渐递减，否则对肌肉的生长是没有太大帮助的，却会大幅度降低整个训练计划的强度。

第二，杠铃硬拉+杠铃划船超级组可以使训练者先消耗背阔肌、臀大肌以及腘绳肌的大量力量，从而在单臂划船及高位下拉等练习时可以获得更加明显的孤立刺激感。之所以选择杠铃硬拉而不是罗马尼亚硬拉，因为对有一定训练经验的健身爱好者，如果想获得更好的肌肉发展，在使用更加复杂或针对性更强的计划前，一定要拥有较好的肌肉力量作为基础，而杠铃硬拉比罗马尼亚硬拉或相扑硬拉对提升力量的效果要更加出色。

第三，在训练动作安排的顺序上，先进行针对背部肌群的整体训练，再回到两个针对背阔肌的划船类训练动作，这是为了促进健身爱好者背部整体肌肉量及肌肉围度的提升。随后安排正常握距的高位下拉与窄距高位下拉的训练，可以使大圆肌获得更强的刺激及更大的运动幅度。训练课的末尾安排宽距绳索划船及自重的反向划船练习：较宽的握距带给背阔肌一定的刺激，从而达到全面刺激背阔肌的目的；反向划船的意义则在于可以通过自身体重的力竭练习，在训练课的最后给予整个背部肌群最彻底的"轰炸"。

第四，在使用两个超级组训练及较高的重量进行硬拉、划船训练的情况下，60秒的组间休息时间对于健身爱好者的肌肉力量基础及恢复能力有较高的要求，因此这份计划适合至少有1~2年训练经验的健身爱好者，刚接触肌肉健美训练的健身爱好者并不适用。

3. 针对背部肌肉的单项训练计划（高级）

（1）计划安排

时间	动作	组数	次数	组间休息	动作间休息
第1~8周	杠铃硬拉	4	15	90秒	2分钟
	T杠划船	4	15	90秒	2分钟
	杠铃划船+哑铃对握划船超级组	4	15	90秒	2分钟

(续表)

时间	动作	组数	次数	组间休息	动作间休息
第 9～16 周	山羊挺身	4	力竭次数（大于20次需负重）	90秒	2分钟
	面拉+宽握高位下拉超级组	4	12	90秒	2分钟
	坐姿器械划船	4	12	90秒	2分钟
	引体向上	4	力竭次数（小于5次需使用弹力带）	90秒	2分钟
	杠铃硬拉	5	15	90秒	2分钟
	T杠划船	5	15	90秒	2分钟
	杠铃划船+哑铃对握划船超级组	5	15	90秒	2分钟
	山羊挺身	4	力竭次数（大于20次需负重）	90秒	2分钟
	面拉+宽握高位下拉超级组	5	10	90秒	2分钟
	坐姿器械划船	5	10	90秒	2分钟
	引体向上	4	力竭次数（小于5次需使用弹力带）	90秒	2分钟

（2）计划分析

第一，整个训练计划长度为16周，因为背部肌群是体积比较大的肌肉群，为了给它更好的生长空间和训练效果，需要安排较长时间。整个训练计划分为两个阶段，并不像之前的中级训练计划分四个阶段，这与训练计划的整体训练强度和训练容量大幅度上升有关；安排较多的复合训练动作及难度更大的自重训练（引体向上比反向划船难度更高），这种极高的训练强度使得健身爱好者必须花费较多的时间才能够逐渐适应。

第二，因为整个训练计划的训练强度、训练容量及动作练习难度较高，所以我们并不要求健身爱好者必须随着时间的推进逐渐使用较大的训练负荷。健身爱好者只要做到在第二阶段不降低训练重量，那么便意味着整体训练难度的提高，对于肌肉的生长是有帮助作用的。

第三，在动作选择及动作顺序安排方面，我们还是将更多的注意力放在了可以提升背部肌肉量及背部整体肌肉厚度的练习上。整个训练课从杠铃硬拉和T杠划船开始，预先消耗背部肌群的整体力量储备，为后面的孤立训练动作铺垫基础。第一个超级组使用杠铃划船与哑铃对握单臂划船，先使用杠铃划船这种较复合的训练动作刺激整体背部肌肉，再安排哑铃对握单臂划船的孤立训练带给目标肌群更强烈的充血感。对握哑铃的练习方式比普通的正握和反握练习，可以允许身体进行一定的旋转，从而带给背部肌群更大的运动幅度。接下来的山羊挺身的训练，不仅使背阔肌、大圆肌等背部主要肌肉群得到一定的休息，避免快速肌肉力竭或因泵感过于强烈而导致的无法继续正常练习，更可以给竖脊肌一定的刺激，这对塑造背部肌群的整体健美形态也是十分重要的。要注意的是，如果健身爱好者可以完成一组20次以上的徒手训练，那么可以使用胸前抱小哑铃或杠铃片的方式进行负重练习。面拉与宽距高位下拉的超级组训练使用的是适当夹肘及完全开肘两个不同角度，这可以在一个动作内给上背部肌群全面的刺激，有助于肌肉的生长。之后单独安排坐姿器械划船，是希望在整个背部肌肉力量已经几乎消耗殆尽的情况下，通过一个较孤立的训练动作，带给背部肌群更加强烈的刺激。训练课的收尾阶段安排了引体向上的自重练习，可以充分榨取训练者背部肌群剩余的所有肌肉力量，使背部肌肉真正"练透"。背部肌群的神经分布并不密集，这意味着你必须安排较高训练量以及全方位、多角度的训练计划，才可以带给背部肌群充分的生长。

第四，训练计划中山羊挺身及引体向上的自重训练，比中级训练计划中的反向划船要难得多，特别是引体向上作为收尾动作出现，对健身爱好者自身的肌肉力量及肌肉耐力水平都有极高的要求。因此，整个训练计划适合力量基础较强、训练经验至少在3～5年左右的健身爱好者。

（四）斜方肌
针对斜方肌的单项训练计划
（1）计划安排

时间	动作	组数	次数或距离	组间休息	动作间休息
周一	器械耸肩	4	12	60秒	2分钟
	哑铃农夫走	3	100米	60秒	2分钟
	硬拉	4	8	60秒	2分钟
周三	哑铃耸肩	4	20	60秒	2分钟
	哑铃农夫走	3	100米	60秒	2分钟
	体后杠铃耸肩	4	12	60秒	2分钟
周五	体后杠铃耸肩	4	12	60秒	2分钟
	直立划船	4	12	60秒	2分钟
	器械耸肩	4	12	60秒	2分钟
	硬拉	5	12	60秒	2分钟

（2）计划分析

第一，这份训练计划适合需要补强斜方肌的健身爱好者，只列明了三个斜方肌训练日的动作安排，并没有其余部位的肌肉练习。这么安排并不是在补强斜方肌时不需要练习其余部位的肌肉群，而是要根据健身爱好者的具体情况判断，有的健身爱好者斜方肌肌肉恢复速度较快，但大部分健身爱好者恢复速度较慢。这与训练计划的容量与强度关系并不大，而与斜方肌的特点有关，斜方肌本身就是极易感觉到疲劳并且较难恢复的肌肉群。此外，由于斜方肌的位置比较特殊，如果斜方肌恢复速度较慢，那么会直接影响到上半身其余肌肉群的正常练习，故训练计划没列明其余有关胸部肌群、背部肌群、肩部肌群及手臂肌群的训练内容。如果健身爱好者恢复速度较慢，那么可以暂时先不练习其余部位的肌肉，只是将斜方肌优先补强即可，等到斜方肌慢慢强壮以后，再开始进行其余部位的训练。如果健身爱好者恢复速度尚可，那么可以将胸部肌群、背部肌群、肩部肌群及手臂肌群各选1~2个动作，组成一个整体的上肢肌肉训练日，再在其余任何一天安排一个针对腿部肌肉的下肢训练即可。

第二，在训练动作的选择及安排顺序方面，第一个训练日选择使用较高的重量进行练习，无论是器械耸肩还是杠铃硬拉都要在动作姿势标准的情况下使用较大的重量。在第二个训练日使用哑铃耸肩替代器械耸肩，给予健身爱好者斜方肌更大的运动幅度；保留了哑铃农夫走的训练，对于刺激斜方肌及提高握力水平都是十分有帮助的；还安排了体后杠铃耸肩的练习，目的在于给予斜方肌更多角度的刺激。第二个训练日的整体重量较中等，是为了避免肌肉恢复速度较慢所导致的无法使用较高频率进行练习。第三个训练日虽然同样有硬拉和器械耸肩的训练，但是比第一个训练日的重量明显轻一些，故不会造成整体肌肉的过度疲劳。

第三，整个训练计划的强度和容量并不高，适合刚接触肌肉健美训练且斜方肌发展较迟缓的健身爱好者。

（五）臀腿部肌肉

1. 以提高臀腿部肌肉为目标的整体训练计划（初级）

（1）计划安排

时间	动作	组数	次数	组间休息	动作间休息
周一	哈克深蹲	4	12	60秒	2分钟
	腿举	4	12	60秒	2分钟
	腿屈伸	4	12	60秒	2分钟
	站姿提踵	4	20	60秒	2分钟

（续表）

时间	动作	组数	次数	组间休息	动作间休息
周二	杠铃卧推	4	12	60秒	2分钟
	哑铃侧平举	3	15	60秒	2分钟
	哑铃俯身侧平举	4	15	60秒	2分钟
	哑铃弯举	4	12	60秒	2分钟
	双杠臂屈伸	4	力竭次数	60秒	2分钟
周三	杠铃硬拉	4	12	60秒	2分钟
	腿弯举	4	12	60秒	2分钟
周四	休息日				
周五	哑铃箭步蹲	4	15	60秒	2分钟
	臀屈伸	4	12	60秒	2分钟
	臀桥	4	12	60秒	2分钟
	站姿提踵	4	20	60秒	2分钟
周六	坐姿哑铃推举	4	15	60秒	2分钟
	哑铃侧平举	4	15	60秒	2分钟
	引体向上	4	力竭次数	60秒	2分钟
	绳索大臂外旋	4	20	60秒	2分钟
	蝴蝶机夹胸	4	15	60秒	2分钟
周日	休息日				

（2）计划分析

第一，虽然腿部与臀部肌群属于体积较大的肌肉群，但是通过将一套高强度、较大训练容量的臀腿部训练课拆成三个强度和容量都适合刚接触肌肉健美训练的健身爱好者的臀腿部训练课的方式，每堂训练课分别刺激不同的臀腿部肌肉群，达到快速补强弱势臀腿部肌肉的效果。这种训练安排方式更适合刚刚接触肌肉健美训练并且臀腿部肌群较差的健身爱好者。

第二，三个臀腿部肌群训练日分别安排一定强度的股四头肌、腘绳肌及臀部肌群训练，这与之前我们在胸部、背部、肩部肌群训练时经常采用的高强度—中强度—低强度三个不同训练日的搭配有明显的区别。这么安排的原因在于臀腿部肌肉群都属于比较大的肌肉群，并且股四头肌、腘绳肌与臀部肌群的划分十分明显，这个是三角肌或胸大肌所无法相比的。第一个训练日的训练目标主要是股四头肌，通过哈克深蹲、腿举及腿屈伸等给股四头肌较强刺激的器械训练进行对大腿前侧的"集中轰炸"。这里并没有使用普通的杠铃深蹲，原因在于很多刚接触肌肉健美训练的健身爱好者可能基础力量较差或深蹲动作有明显错误,若使用杠铃深蹲对肌肉的增长效果并不好,因此我们选择更加简单易上手的哈克深蹲进行练习。第二个训练日的训练目标主要是腘绳肌,只安排硬拉与腿弯举两个动作,因为随后的臀部肌群及之前的股四头肌训练都会或多或少地运用到腘绳肌的力量,若安排较多的训练易训练过度。第三个训练日的训练目标主要是臀部肌群,使用哑铃箭步蹲、臀屈伸及臀桥三个可以给臀部肌群明显刺激的训练动作,它们比较容易帮助训练者寻找臀部肌群的正确发力感。此外,第一个训练日与第三个训练日都安排了提踵的练习,是为了防止小腿肌群出现发展不平衡的问题。

第三,组间休息60秒与动作间休息90秒的时间并不短,足够刚接触肌肉健美训练的健身爱好者的恢复,不会影响接下来训练中正常的表现。

总体来讲,这份训练计划的难度并不大,适合刚接触肌肉健美训练的健身爱好者,确保在不影响其他区域肌肉群正常练习的情况下,着重强化臀腿肌肉群。

2. 针对臀腿部肌肉的单项训练计划(中级)

(1)计划安排

时间	动作	组数	次数	组间休息	动作间休息
第1~4周	杠铃前蹲	4	10	60秒	2分钟
	哑铃箭步蹲	4	15	60秒	2分钟
	直腿硬拉	4	10	60秒	2分钟
	窄距杠铃深蹲	4	10	60秒	2分钟
	腿举	2	30	60秒	2分钟
	腿举提踵	4	20	60秒	2分钟
	箭步走	4	10	60秒	2分钟
	腿屈伸	4	10	60秒	2分钟
	臀桥	4	10	60秒	2分钟
第5~8周	杠铃前蹲	4	12	60秒	2分钟
	哑铃箭步蹲	4	15	60秒	2分钟
	直腿硬拉	4	12	60秒	2分钟
	窄距杠铃深蹲	4	12	60秒	2分钟
	腿举	3	30	60秒	2分钟
	腿举提踵	4	20	60秒	2分钟
	箭步走	4	12	60秒	2分钟
	腿屈伸	4	12	60秒	2分钟
	臀桥	4	12	60秒	2分钟

（续表）

时间	动作	组数	次数	组间休息	动作间休息
第9～12周	杠铃前蹲	5	10	60秒	2分钟
	哑铃箭步蹲	5	15	60秒	2分钟
	直腿硬拉	5	10	60秒	2分钟
	窄距杠铃深蹲	5	10	60秒	2分钟
	腿举	3	30	60秒	2分钟
	腿举提踵	4	20	60秒	2分钟
	箭步走	5	10	60秒	2分钟
	腿屈伸	5	10	60秒	2分钟
	臀桥	5	10	60秒	2分钟
第13～16周	杠铃前蹲	5	12	60秒	2分钟
	哑铃箭步蹲	5	15	60秒	2分钟
	直腿硬拉	5	12	60秒	2分钟
	窄距杠铃深蹲	5	12	60秒	2分钟
	腿举	3	30	60秒	2分钟
	腿举提踵	4	20	60秒	2分钟
	箭步走	4	10	60秒	2分钟
	腿屈伸	5	12	60秒	2分钟
	臀桥	5	12	60秒	2分钟

（2）计划分析

第一，整个训练计划长度为16周，因为臀腿部肌群属于体积较大的肌肉群，所以安排较长时间的训练计划。如果计划长度只有8～12周，那么肌肉因训练时间较短无法获得充分的生长。16周的训练计划共分为四个阶段，随着时间的推移，整体的训练强度及训练容量也在逐步提高。这里要注意的是，健身爱好者需要在第一周到最后一周都使用至少相同的重量，在肌肉力量及动作姿势允许的情况下，可以逐步增加训练使用的重量；千万不可以出现使用重量逐渐递减的现象，否则对肌肉的生长是没有太大帮助的，也会大幅度降低整个训练计划的强度。

第二，臀腿部肌肉群对健身爱好者的力量水平要求远超过其余部位，所以为了防止健身爱好者出现训练强度过大或恢复速度严重降低的现象，适合中级健身爱好者的训练计划中没有安排超级组的训练。但是，一堂训练课中需要完成杠铃前蹲、窄距杠铃深蹲、直腿硬拉、腿举及臀桥等复合性极高的训练动作，并且会使用一定的重量，因此整份计划已经具备较高的强度。

第三，在训练动作安排的顺序上，使用轮流刺激股四头肌及腘绳肌的方式，例如先进行针对股四头肌的杠铃前蹲训练，然后使用前后站距较大、刺激腘绳肌及臀部肌群为主的哑铃箭步蹲练习。随后安排了一个针对腘绳肌的哑铃直腿硬拉训练及针对股四头肌的窄距杠铃深蹲，这两个动作对腘绳肌及股四头肌的刺激程度更深，孤立性更强。随后又安排了一个腿举的训练，可以同时刺激到臀部、股四头肌及腘绳肌。腿举式提踵的目的在于可以让臀腿部肌肉获得一定的休息，有利于最后再给予目标肌群强烈的刺激。在整个训练计划的末段，分别安排了针对腘绳肌的箭步走训练及针对股四头肌的腿屈伸训练，这同样是为了交替刺激大腿前侧与大腿后侧肌群。训练课的最后一个动作是臀桥，由于训练至最后一组动作时腘绳肌与股四头肌都已经基本力竭，不会妨碍臀部肌群的训练，能够在训练课的最后给予整个臀腿部肌群最彻底的"轰炸"。

第四，训练计划整体训练强度及训练容量较高，并且使用了大量复合训练动作，60秒的组间休息时间对于健身爱好者的肌肉力量基础及恢复能力有较高的要求，因此这份计划适合至少有1～2年训练经验的健身爱好者，刚接触肌肉健美训练的健身爱好者并不适用。

3. 针对臀腿部肌肉的单项训练计划（高级）

（1）计划安排

时间	动作	组数	次数	组间休息	动作间休息
第1～8周	臀桥	4	12	90秒	2分钟
	杠铃深蹲	4	12	90秒	2分钟
	站姿提踵＋坐姿提踵超级组	4	20	90秒	2分钟
	腿举＋sissy squat超级组	4	12/力竭（如果超过15次则需要负重）	90秒	2分钟
	内收/外展超级组	4	20	90秒	2分钟
	杠铃箭步蹲	4	15	90秒	2分钟
	杠铃直腿硬拉＋腿屈伸超级组	3	30	90秒	2分钟
第9～16周	臀桥	4	15	90秒	2分钟
	杠铃深蹲	4	15	90秒	2分钟
	站姿提踵＋坐姿提踵超级组	4	20	90秒	2分钟
	腿举＋sissy squat超级组	4	15/力竭（如果超过15次则需要负重）	90秒	2分钟

(续表)

时间	动作	组数	次数	组间休息	动作间休息
	内收/外展超级组	4	20	90秒	2分钟
	杠铃箭步蹲	4	15	90秒	2分钟
	杠铃直腿硬拉+腿屈伸超级组	3	30	90秒	2分钟

（2）计划分析

第一，整个训练计划长度为16周，因为臀腿部肌群是体积比较大的肌肉群，因此为了给它更好的生长空间和训练效果，要安排较长时间的系统训练计划。训练计划的整体训练强度和训练容量大幅度上升，并且安排了较多的复合训练动作及容量极高的训练（如每组30次的直腿硬拉练习），这使得健身爱好者必须花费较多的时间才能够逐渐适应，因此训练计划只分两个阶段，而不是像中级训练计划那样分四个阶段。

第二，因为整个训练计划的训练强度、训练容量及动作练习难度较高，所以不要求健身爱好者必须随着时间的推进逐渐使用较大的训练负荷。健身爱好者只要做到在第二阶段不降低训练重量，那么便意味着整体训练难度的提高，对于肌肉的生长是有帮助作用的。

第三，在动作选择及动作顺序安排方面，与中级训练计划最后才安排针对臀部肌群的训练不同，高级训练计划优先刺激臀部肌群，主要因为高级健身爱好者的臀部肌肉形态是区分更加健美体态的重要标准之一，应在训练状态最饱满的时候选择与臀部有关的臀屈伸训练。第二个动作是正常的杠铃深蹲，不是站距较窄的深蹲或杠铃前蹲，而是最普通的杠铃深蹲，也就是杠铃后蹲，它可以大量消耗整个下肢肌肉群的力量，不仅对于提高肌肉力量水平有帮助，还有助于促进下肢肌肉孤立训练效果。第三个动作是针对小腿肌群的超级组训练，使用站姿提踵和坐姿提踵两种方式对腓肠肌与比目鱼肌进行集中练习，这也是为了给身体一个简单的休息，以便迎接更高强度的训练。紧接着第四个动作便是一个腿举+sissy squat的超级组训练，即使用预疲劳法先借助腿举大量消耗股四头肌的力量，再使用sissy squat进行针对屈髋肌群的练习。sissy squat是很多健身爱好者在训练时都容易做错的动作之一，他们会借助更多股四头肌的力量完成训练，而不是使用屈髋肌群进行练习。因此，使用预疲劳法先消耗大量股四头肌的力量，这样便可以提供更好的孤立刺激感。随后安排一个内收/外展的超级组训练及一个杠铃箭步蹲的练习，内收/外展的超级组可以刺激到内收肌肌群及臀部肌群，使整个针对下肢肌群的训练计划更加完善，全方位刺激下肢所有需要着重发展的肌肉群。杠铃箭步蹲是不对称发力的训练动作，可以对肌肉力量、平衡性及负责维持身体平衡的下肢小肌肉群起到一定的刺激作用，真正做到对下肢肌肉的无死角刺激。整堂训练课的末尾安排的是刺激腘绳肌为主的直腿硬拉及刺激股四头肌的腿屈伸，每组30次这种略微"夸张"的训练容量可以给下肢肌群真正的"轰炸"感。

第四，本训练计划以每组30次的直腿硬拉及腿屈伸的超级组训练作为收尾动作，不再适合大众健身爱好者，对于健身爱好者自身的肌肉力量及肌肉耐力水平都有极高的要求。整个训练计划适合力量基础较强、训练经验至少在3~5年的高水平健美健身爱好者。

（六）股四头肌

（1）计划安排

时间	动作	组数	次数	组间休息	动作间休息
周一	杠铃登台阶+侧向箭步蹲超级组	4	20	90秒	2分钟
	杠铃深蹲跳+侧向箭步蹲超级组	4	20	90秒	2分钟
	哈克深蹲+侧向箭步蹲超级组	4	20	90秒	2分钟
	杠铃保加利亚剪蹲+静蹲超级组	4	12/力竭（超过30秒使用负重训练）	90秒	2分钟
	腿举+静蹲超级组	4	12/力竭（超过30秒使用负重训练）	90秒	2分钟
	前蹲+静蹲超级组	4	20/力竭（超过30秒使用负重训练）	90秒	2分钟

（2）计划分析

第一，这份计划是单独针对股四头肌的单项训练计划，主要适合具备一定训练经验但是股四头肌较薄弱的健身爱好者。整个训练计划的强度并不高，没有安排太高难度的训练动作或使用较大的负荷重量，但容量极高，所有的训练动作都由超级组组成，还安排了力竭训练及每组20次重复练习这种较高的训练容量。因此，训练计划要求健身爱好者必须具备一定的肌肉耐力基础，刚接触训练的健身爱好者并不适用。

第二，每周的周一执行这份计划的内容，其余训练日进行其余部位的肌肉训练即可。股四头肌并不是训练难度极高的部位，健身爱好者一般规律地执行计划8周左右便可以获得比较明显的股四头肌围度或形态的改善。执行这份训练计划时不需要安排针对大腿后侧肌群的单独练习，因为使用这份计划的健身爱好者的腘绳肌肌群较强壮，但是股四头肌发展较滞后，若继续练习腘绳肌肌群会导致大腿前侧与大腿后侧肌肉的发展不平衡。

第三，在动作选择及安排顺序方面，每个动作都由两个超级组组成，一个超级组是 X+ 侧向箭步蹲的组合，另一个超级组则是 X+ 静蹲的组合。X+ 侧向箭步蹲的超级组训练可以借助预疲劳的方法，先使用杠铃登台阶、杠铃深蹲跳及哈克深蹲大量消耗股四头肌肌肉力量，再利用侧向箭步蹲使股内侧肌与股外侧肌的分离度得到明显的加强。X+ 静蹲的超级组训练同样借助预疲劳的方法，先使用保加利亚剪蹲、腿举及前蹲等大量消耗股四头肌肌肉力量，再利用静蹲加强股直肌的分离度并且刺激股中肌等大腿深层肌肉群。要注意的是，如果你进行静蹲的力竭训练时，出现每组可以比较轻松完成 30 秒以上练习的情况，那么你必须使用适当的负重进行练习，过长时间的静蹲容易对膝关节造成一定的磨损。

第四，在组间休息及动作间休息的安排上，因为整个训练计划的难度较高，所以选择 90 秒这种较长的组间休息时间，以确保健身爱好者在组间获得充分的休息。

（七）腘绳肌

（1）计划安排

时间	动作	组数	次数	组间休息	动作间休息
周一	罗马尼亚硬拉	4	12	60秒	2分钟
	单腿慢速离心腿弯举	4	15	60秒	2分钟
	哑铃箭步蹲	4	15	60秒	2分钟
	俯卧腿弯举	4	15	60秒	2分钟
周三/周四	罗马尼亚硬拉	5	5	60秒	2分钟
	GHD/GHR	4	力竭次数（大于12次时需负重）	60秒	2分钟
	单腿慢速离心腿弯举	4	15	60秒	2分钟

（2）计划分析

第一，这份计划是针对腘绳肌肌群的单项训练计划，主要适合具备一定训练经验但是腘绳肌肌群较薄弱的健身爱好者。整个训练计划的强度并不高，没有安排太高难度的训练动作或使用较大的负荷重量（仅罗马尼亚硬拉使用 5×5），但是容量较高，大部分训练组都需要每组完成 15 次的重复练习。因此，训练计划要求健身爱好者必须具备一定的肌肉耐力基础，刚接触训练的健身爱好者并不适用。

第二，每周的周一及周三或周四执行这份计划的内容，其余训练日进行其余部位的肌肉训练即可。腘绳肌肌群并不是训练难度极高的部位，健身爱好者一般规律地执行计划 8 周左右便可以获得比较明显的腘绳肌肌群围度或形态的改善。在执行这份训练计划时不需要安排针对大腿前侧肌群的单独练习，因为使用这份计划的健身爱好者的股四头肌较强壮，但是腘绳肌肌群发展较滞后，若继续练习股四头肌会导致大腿前侧与大腿后侧肌肉的发展不平衡。

第三，在动作选择及安排顺序方面，两个训练日都安排了罗马尼亚硬拉的练习，其中一个训练日是较高容量，另外一个是较高强度。两个训练日都安排了单腿慢速的离心腿弯举练习，这种特殊的训练节奏可以带给腘绳肌较强的刺激感。第一个训练日还安排了哑铃箭步蹲与俯卧腿弯举，这个较高容量是为了加深对腘绳肌的刺激。第二个训练日仅安排了罗马尼亚硬拉、GHD及单腿慢速离心腿弯举三个动作，这与第二个训练日中罗马尼亚硬拉与GHD的训练强度较高有关，如果再安排较多的训练动作，容易导致整体计划容量过高，不利于腘绳肌肌群在一周两练频率下的恢复。

第四，在组间休息及动作间休息的安排上，使用组间休息60秒及动作间休息2分钟这种比较常见的肌肉健美休息时间，可以确保健身爱好者在组间及动作间获得充分的休息。

（八）小腿肌群

（1）计划安排

时间	动作	组数	次数	组间休息	动作间休息
周一	坐姿提踵（内侧、前侧、外侧超级组）	4	15	45秒	90秒
	站姿单腿提踵	4	15（可负重）	45秒	90秒
周三/周四	驴式提踵	4	20	45秒	90秒
	站姿反向提踵	4	15	45秒	90秒
	坐姿提踵（内侧、前侧、外侧超级组）	4	15	45秒	90秒

（2）计划分析

第一，这份计划适合小腿肌群发展滞后的健身爱好者，整体强度与容量比较适宜，即使是刚接触肌肉健美训练的健身爱好者也可以通过这份计划得到小腿肌群的强化。计划总共时长4周，因为小腿肌肉群的整体体积较小，4周足以带给小腿肌群比较明显的变化。可在周一、周三或周四进行两次针对小腿肌群的强化训练，其余训练日正常安排其他区域的肌肉健美训练；也可以在周一、周三或周四安排其他区域的肌肉健美训练，例如最常见的将大腿前侧（或大腿后侧）的训练与小腿肌群的训练结合进行。

第二，在训练动作选择及安排顺序方面，周一和周三都安排三个不同方向的坐姿提踵超级组练习，健身爱好者需要由内向外的脚尖不同指向，针对比目鱼肌不休息地进行坐姿提踵练习。比目鱼肌是比腓肠肌更容易出现发展滞后的肌肉群，因此要安排一定的超级组进行练习。周一、周三或周四分别安排了站姿单腿提踵及驴式提踵这类主要刺激腓肠肌的训练动作，并且容量较高，这是为了充分迎合腓肠肌生长的需求。部分肌肉力量或身体平衡性较好的健身爱好者可以使用哑铃或杠铃负重的方式进行站姿单腿提踵的训练。第二个训练日还安排了站姿反向提踵，目的是弥补胫骨前肌容易出现发展滞后的问题，但是第一个训练日没有安排站姿反向提踵的练习，原因在于胫骨前肌属于恢复速度较慢的肌肉群，如果一周进行两次较高容量的训练，那么容易出现恢复较慢、影响其他下肢肌肉群训练的现象。

第三，在组间休息及动作间休息的安排上，因为小腿肌肉群体积较小，所以只选择了组间休息45秒及动作间休息90秒这种较短的时间，目的在于避免过长休息时间对目标肌群的刺激下降。

（九）手臂肌肉

1. 以提高手臂肌肉为目标的整体训练计划（初级）

（1）计划安排

时间	动作	组数	次数	组间休息	动作间休息
周一	慢速离心杠铃弯举	4	12	60秒	2分钟
	绳索臂屈伸	4	12	60秒	2分钟
	绳索弯举	4	12	60秒	2分钟
	锤式弯举	2	25	60秒	2分钟
周二	腿举	4	12	60秒	2分钟
	腿弯举	4	12	60秒	2分钟
	绳索飞鸟	4	15	60秒	2分钟
	高位下拉	4	15	60秒	2分钟
	哑铃侧平举	4	15	60秒	2分钟
周三	窄距卧推	4	8	60秒	2分钟
	绳索弯举	4	12	60秒	2分钟
	仰卧杠铃臂屈伸	4	12	60秒	2分钟
	绳索臂屈伸＋牧师椅杠铃弯举超级组	4	12	60秒	2分钟
周四	休息日				
周五	哑铃弯举	4	15	60秒	2分钟
	绳索臂屈伸	4	15	60秒	2分钟

（续表）

时间	动作	组数	次数	组间休息	动作间休息
周六	硬拉	4	12	60秒	2分钟
	上斜哑铃飞鸟	4	12	60秒	2分钟
	哑铃俯身侧平举	4	15	60秒	2分钟
	哈克深蹲	4	12	60秒	2分钟
	驴式提踵	4	20	60秒	2分钟
周日	休息日				

（2）计划分析

第一，这份计划主要适合刚接触肌肉健美训练的健身爱好者，目的在于强化手臂肌肌肉，同时不影响身体其他区域肌肉群的正常练习。虽然一周三练这种较高的频率练习手臂肌群，但是每个手臂训练日的强度及容量并不高。第一个训练日偏向于提升肱二头肌，第二个训练日侧重于提升肱三头肌，而第三个训练日则只安排了一个肱二头肌与肱三头肌的超级组训练。

第二，在肱二头肌训练日，首先进行的是慢速离心杠铃弯举，这种特殊的节奏对强化肱二头肌的泵感有极其重要的帮助；第二个动作选择绳索臂屈伸，使健身爱好者在肱二头肌训练日中也适当练习肱三头肌；第三个与第四个动作分别是绳索弯举及锤式弯举，绳索弯举的价值在于提供更好的训练轨迹，这对于不容易找到正确姿势的初级健身爱好者是十分有帮助的；收尾动作是锤式弯举，较高的训练容量可以带给肱二头肌及肱肌较强的刺激，使肱二头肌肌群得到比较全面的刺激。在肱三头肌训练日，首先进行的是窄距卧推，对强化肱三头肌的肌肉有巨大帮助，为以后使用难度更高的训练计划打下基础；第二个动作选择绳索弯举，同肱二头肌训练日中选择绳索臂屈伸的目的一样；仰卧杠铃臂屈伸可以刺激到肱三头肌的长头，长头是很多健身爱好者在练习时容易忽略的部位；收尾动作是绳索臂屈伸与牧师椅杠铃弯举的超级组组合，绳索臂屈伸可以刺激到肱三头肌的内侧头与外侧头，搭配牧师椅杠铃弯举进行超级组训练的目的在于着重强化肱二头肌，这也是很多初级健身爱好者较薄弱的部位。

第三，在组间休息及动作间休息的安排上，使用组间休息60秒及动作间休息2分钟这种比较常见的肌肉健美训练休息时间，可以确保健身爱好者在组间及动作间获得充分的休息。

2. 针对手臂肌肉的单项训练计划（中级）

（1）计划安排

时间	动作	组数	次数	组间休息	动作间休息
第 1～4 周	牧师椅杠铃弯举	4	12	60 秒	2 分钟
	颈后绳索臂屈伸	4	12	60 秒	2 分钟
	上斜哑铃弯举	4	12	60 秒	2 分钟
	直杠臂屈伸	4	12	60 秒	2 分钟
	锤式弯举	4	15	60 秒	2 分钟
	仰卧杠铃臂屈伸	4	12	60 秒	2 分钟
	绳索弯举	4	12	60 秒	2 分钟
	哑铃俯身臂屈伸	4	12	60 秒	2 分钟
	正握杠铃弯举	4	12	60 秒	2 分钟
第 5～8 周	牧师椅杠铃弯举	4	15	60 秒	2 分钟
	颈后绳索臂屈伸	4	15	60 秒	2 分钟
	上斜哑铃弯举	4	15	60 秒	2 分钟
	直杠臂屈伸	4	15	60 秒	2 分钟
	锤式弯举	4	15	60 秒	2 分钟
	仰卧杠铃臂屈伸	4	15	60 秒	2 分钟
	绳索弯举	4	15	60 秒	2 分钟
	哑铃俯身臂屈伸	4	15	60 秒	2 分钟
	正握杠铃弯举	4	15	60 秒	2 分钟
第 9～12 周	牧师椅杠铃弯举 + 颈后绳索臂屈伸超级组	4	12	60 秒	2 分钟
	上斜哑铃弯举 + 直杠臂屈伸超级组	4	12	60 秒	2 分钟
	锤式弯举	4	15	60 秒	2 分钟
	仰卧杠铃臂屈伸 + 绳索弯举超级组	4	12	60 秒	2 分钟
	哑铃俯身臂屈伸 + 正握杠铃弯举	4	12	60 秒	2 分钟

（2）计划分析

第一，整个计划持续 12 周，其中每 4 周为一个阶段，随着每个阶段的推移，训练容量与训练强度也会发生变化，整体的训练难度是逐步提高的。要注意的是，为了保持最好的训练效果，在执行计划的过程中不要出现逐渐减轻使用负荷重量的现象，最好的方法是在力量允许的前提下循序渐进地增加负荷重量。与初级健身爱好者所使用的训练计划不同，本计划每个训练日都使用将肱二头肌与肱三头肌的训练完全融合在一起的安排方式，还加入了针对前臂肌群的特殊训练动作，这使得整个训练对手臂肌群的刺激更加全面，强度与容量也更高。

第二，在训练动作选择及安排顺序方面，前两个阶段使用的动作都是一样的，只是在训练容量方面，第二阶段的训练容量更高。每个训练日的第一个动作都是牧师椅杠铃弯举，这个动作对肱二头肌有很好的孤立训练效果，是发展肱二头肌很好的训练动作。第二个动作是颈后绳索臂屈伸，刺激肱三头肌长头，并且与肱二头肌训练动作交替练习可以提高整体训练效率。第三个动作是上斜哑铃弯举，这种位于身体后方的肱二头肌训练可以带给肱二头肌不同的刺激角度。第四个动作是直杠臂屈伸，它对于刺激肱三头肌内侧头具有一定帮助。第五个动作是锤式弯举，用于强化肱肌。第六个动作是仰卧杠铃臂屈伸，目的在于再次强化肱三头肌长头，长头是很多健身爱好者都较薄弱的区域。第七个动作是绳索弯举，通过使用较孤立的训练器械在最后给予肱二头肌强烈的刺激。第八个动作是哑铃俯身臂屈伸，同样用于补强肱三头肌较薄弱的区域。收尾动作是杠铃正握弯举，目的在于刺激前臂肌群，以达到全面刺激手臂肌群的目的。在第三个阶段的训练日安排了大量的肱二头肌+肱三头肌的超级组训练，能使整体训练效率进一步提高。第一个动作是牧师椅杠铃弯举与颈后绳索臂屈伸的超级组训练，第二个是上斜哑铃弯举与直杠臂屈伸的超级组训练，之后使用锤式弯举对肱肌单独练习，目的是给予肱二头肌及肱三头肌一定的休息。最后使用仰卧杠铃臂屈伸+绳索弯举、哑铃俯身臂屈伸+正握杠铃弯举两个动作收尾，以达到全面刺激手臂肌群的目的。

第三，在组间休息及动作间休息的安排上，使用组间休息60秒及动作间休息2分钟这种比较常见的肌肉健美休息时间，可以确保健身爱好者在组间及动作间获得充分的休息。

3. 针对手臂肌肉的单项训练计划（高级）

（1）计划安排

时间	动作	组数	次数	组间休息	动作间休息
第1~4周	哑铃交替弯举	4	15	60秒	2分钟
	坐姿哑铃颈后臂屈伸	4	15	60秒	2分钟
	牧师椅弯举+仰卧杠铃臂屈伸超级组	4	15	60秒	2分钟
	绳索弯举+绳索臂屈伸超级组	4	15	60秒	2分钟

（续表）

时间	动作	组数	次数	组间休息	动作间休息
	曲杠弯举 + 曲杠绳索臂屈伸超级组	2	30	60秒	2分钟
第5~8周	哑铃交替弯举	5	15	60秒	2分钟
	坐姿哑铃颈后臂屈伸	5	15	60秒	2分钟
	牧师椅弯举 + 仰卧杠铃臂屈伸超级组	5	15	60秒	2分钟
	绳索弯举 + 绳索臂屈伸超级组	5	15	60秒	2分钟
	曲杠弯举 + 曲杠绳索臂屈伸超级组	2	30	60秒	2分钟

（2）计划分析

第一，整个计划执行8周，共分为两大阶段，随着每个阶段的推移，训练计划的整体容量逐步增大，计划完成难度也在逐渐增加。需要注意的是，为了保持最好的训练效果，在执行计划的过程中不要出现逐渐减轻使用负荷重量的现象，最好的方法是在力量允许的前提下循序渐进地增加负荷重量。与中级健身爱好者所使用的训练计划不同的是，在这份计划的开始阶段便安排了超级组的训练，并且每个超级组的整体训练容量都较高，特别是每个训练日的收尾动作都是每组30次的超级组，这对于健身爱好者的肌肉耐力及相关训练基础有较高的要求，适合有3~5年成熟训练经验的健身爱好者。

第二，在训练动作选择及安排顺序方面，两个阶段使用的训练动作是一样的，只不过在训练容量方面第二阶段使用的容量较高。第一个动作是哑铃交替弯举，目的在于带给肱二头肌一定的力量增长，并且一定程度消耗肱二头肌的肌肉力量。健身爱好者在练习时要注意在最高点保持适当的手臂外旋，以带给肱二头肌更好的刺激。第二个动作是哑铃颈后臂屈伸，对提升肱三头肌长头有很好的帮助。第三个动作是绳索弯举及绳索臂屈伸的超级组，可以使肱二头肌及肱三头肌都得到较固定轨迹的练习，对于肌肉有很好的刺激效果。并且，绳索臂屈伸还可以帮助健身爱好者补强容易出现发展滞后的肱三头肌长头。每个训练日的最后都是曲杠弯举 + 曲杠绳索臂屈伸的超级组练习，曲杠可以使手臂及肘关节在进行训练时更加舒适，使用直杠进行训练会有明显的不适感。每组30次这种极高重复次数可以使手臂肌肉得到最彻底的"轰炸"。

第三，在组间休息及动作间休息的安排上，使用组间休息60秒及动作间休息2分钟这种比较常见的肌肉健美休息时间，可以确保健身爱好者在组间及动作间获得充分的休息。

（十）肱二头肌

（1）计划安排

时间	动作	组数	次数	组间休息	动作间休息
周一	哑铃弯举	3	12	45秒	90秒
	上斜哑铃弯举	3	12	45秒	90秒
	集中弯举	3	12	45秒	90秒
	正握杠铃弯举	4	20	45秒	90秒
	哑铃牧师椅弯举	4	20	45秒	90秒
周三	集中弯举	4	10	45秒	90秒
	上斜哑铃弯举	4	10	45秒	90秒
	哑铃牧师椅弯举	4	10	45秒	90秒
	正握杠铃弯举	4	20	45秒	90秒
	绳索弯举	4	20	45秒	90秒
周五	杠铃牧师椅弯举	4	10	45秒	90秒
	正握杠铃弯举	4	10	45秒	90秒
	绳索弯举	4	10	45秒	90秒
	集中弯举	4	20	45秒	90秒
	上斜哑铃弯举	4	20	45秒	90秒

（2）计划分析

第一，这份计划是针对肱二头肌较薄弱的健身爱好者设计的单项训练计划，使用一周三次训练这种较高频率，以便使肱二头肌可以得到快速的加强。在执行这份训练计划时，我们不建议健身爱好者再单独安排肱三头肌的训练，最好是将肱三头肌与胸大肌或三角肌训练融合在一起，使用类似窄距卧推、哑铃推举等可以间接刺激肱三头肌的方式，这是为了尽快解决健身爱好者肱二头肌与肱三头肌发展严重不均衡的问题。

第二，第一个训练日的第一个训练动作是哑铃弯举，用于给肱二头肌一定的力量增长，并且一定程度消耗肱二头肌的肌肉力量。第二个动作上斜哑铃弯举，可以使肱二头肌获得不同角度的刺激，有利于促进肌肉的生长。第三个动作是哑铃集中弯举，可以给肱二头肌更强烈的泵感，对肌峰的塑造有很大的帮助。第四个动作是杠铃正握弯举，目的是提升前臂肌群。收尾动作是哑铃牧师椅弯举，这个动作孤立训练效果极佳，放在训练课的最后可以在肱二头肌已经明显力竭的情况加深对肌肉的刺激。第二个训练日的第一个训练动作是集中弯举，比第一个训练日使用的重量较大。第二个动作依旧是上斜哑铃弯举。第三个动作是哑铃牧师椅弯举，希望借助这种比较孤立的动作给肱二头肌较强的刺激。第四个动作是杠铃正握弯举。收尾动作是绳索弯举，这个动作同哑铃牧师椅弯举一样孤立效果极佳，对肱二头肌的生长具有重要帮助。第三个训练日的第一个训练动作是杠铃牧师椅弯举，比之前两个训练日使用杠铃这种重量较大的器械。第二个训练动作是杠铃正握弯举，因为杠铃牧师椅弯举会比较明显地消耗肱二头肌肌肉力量，为了保证训练效果，先安排一个针对前臂肌群的训练动作，以使得肱二头肌可以得到更好的休息，接下来便是绳索弯举与集中弯举这两个孤立性极强的训练动作，可以带给肱二头肌极佳的充血感。收尾动作是上斜哑铃弯举，这种位于身体后侧的不同角度的训练可以带给肱二头肌不一样的充血感，对肌肉的整体生长很有帮助。整体训练计划的难度并不高，只要健身爱好者有一定的肌肉健美训练经验，那么便不会感到这份计划的强度或容量超标。

第三，在组间休息及动作间休息的安排上，使用组间休息45秒及动作间休息90秒这种较短的肌肉健美休息时间，可以确保健身爱好者在组间及动作间获得充分的休息，同时避免过度休息所导致的训练强度较低。

（十一）肱三头肌

（1）计划安排

时间		动作	组数	次数	组间休息	动作间休息
第一周	周一	窄距下斜卧推	5	5	45秒	90秒
		仰卧直杠臂屈伸	3	12	45秒	90秒
		弹力带臂屈伸	3	12	45秒	90秒
		俯身哑铃臂屈伸	3	12	45秒	90秒
	周四	窄距下斜卧推	3	12	45秒	90秒
		仰卧哑铃臂屈伸	3	12	45秒	90秒
		V字把手绳索臂屈伸	3	12	45秒	90秒
		窄距俯卧撑	3	力竭次数	45秒	90秒
第二周	周一	窄距下斜卧推	3	10	45秒	90秒
		仰卧直杠臂屈伸	4	12	45秒	90秒
		弹力带臂屈伸	4	12	45秒	90秒
		俯身哑铃臂屈伸	4	12	45秒	90秒
	周四	窄距下斜卧推	4	12	45秒	90秒
		仰卧哑铃臂屈伸	4	12	45秒	90秒
		V字把手绳索臂屈伸	4	12	45秒	90秒
		窄距俯卧撑	4	力竭次数	45秒	90秒

（续表）

时间		动作	组数	次数	组间休息	动作间休息
第三周	周一	窄距下斜卧推	5	8	45秒	90秒
		仰卧直杠臂屈伸	4	12	45秒	90秒
		弹力带臂屈伸	4	12	45秒	90秒
		俯身哑铃臂屈伸	4	12	45秒	90秒
	周四	窄距下斜卧推	4	12	45秒	90秒
		仰卧哑铃臂屈伸	4	12	45秒	90秒
		V字把手绳索臂屈伸	4	12	45秒	90秒
		窄距俯卧撑	5	力竭次数	45秒	90秒
第四周	周一	窄距下斜卧推	4+第五组做到力竭次数	12	45秒	90秒
		仰卧直杠臂屈伸	3	20	45秒	90秒
		弹力带臂屈伸	4	20（全程慢速）	45秒	90秒
		俯身哑铃臂屈伸	4	20	45秒	90秒
	周四	窄距下斜卧推	4+第五组做到力竭次数	12	45秒	90秒
		仰卧哑铃臂屈伸	3	20	45秒	90秒
		V字把手绳索臂屈伸	3	20	45秒	90秒
		窄距俯卧撑	5	力竭次数	45秒	90秒

（2）计划分析

第一，这份计划是针对肱三头肌较薄弱的健身爱好者设计的单项训练计划，使用一周两次这种较高频率的练习方法，以使肱三头肌得到快速加强。之所以没有像肱二头肌训练时安排一周三练的方式，原因在于进行胸部肌群与肩部肌群训练时，相关练习动作会对肱三头肌有一定程度的消耗，一周三练容易导致肌肉的过度疲劳。在执行这份训练计划时，我们不建议健身爱好者再单独安排肱二头肌的训练，最好是将肱二头肌与背部肌群训练融合在一起，使用类似反握引体向上这种可以间接刺激肱二头肌的方式进行练习，这是为了尽快解决健身爱好者肱二头肌与肱三头肌发展严重不均衡的问题。整个训练计划共持续四周的时间，虽然每周的训练计划所使用的动作都是相同的，但是具体的容量并不同，随着计划的推进，训练容量也在逐步增大。肱三头肌并不是较难刺激的部位，四周的时间足够使肌肉质量得到一定程度的改善。

第二，第一周的第一个训练日选择窄距下斜卧推、仰卧直杠臂屈伸、弹力带臂屈伸及俯身哑铃臂屈伸的练习。窄距下斜卧推是很好地刺激肱三头肌肌肉力量及肌肉生长的训练动作，并且安排了 5×5 这种对力量生长有很大促进作用的训练方法。仰卧直杠臂屈伸与弹力带臂屈伸、俯身哑铃臂屈伸侧可以充分刺激到肱三头肌的三个头，对目标肌群全面刺激。第二个训练日选择窄距下斜卧推、仰卧哑铃臂屈伸、V 字把手绳索臂屈伸及窄距俯卧撑的力竭练习。这与第一个训练日的安排思路基本一致，只不过使用低重量、高容量的方式进行 3 组、每组 12 次的窄距下斜卧推。同时使用哑铃替代直杠、V 字把手替代弹力带，这使得肱三头肌的长头与内侧头可以得到更好的孤立刺激。如果说第一个训练日的目的是提升肱三头肌的肌肉力量，那么第二个训练日便主要侧重于对肌肉的深度刺激。在接下来的三周训练中，除窄距卧推的训练外，训练容量在逐步增大，而窄距卧推除了最后一周外，整体所使用的负荷重量都是逐步增加的。

第三，在组间休息及动作间休息的安排上，因为肱三头肌自身的特点，使用组间休息 45 秒及动作间休息 90 秒这种较短的肌肉健美休息时间，可以确保健身爱好者在组间及动作间获得充分的休息，同时避免过度休息所导致的训练强度较低。

（十二）腹部肌肉

1. 针对腹部肌群的单项训练计划（中级）

（1）计划安排

时间	动作	组数	次数	组间休息	动作间休息
周一	负重平板支撑	3	最长时间	45 秒	60 秒
	健身球平板支撑	3	最长时间	45 秒	60 秒
	仰卧举腿（可负重）	3	力竭次数	45 秒	60 秒
	悬垂举腿	3	力竭次数	45 秒	60 秒
	卷腹	3	力竭次数	45 秒	60 秒
周二	转体卷腹（左侧）	3	力竭次数	45 秒	60 秒
	转体卷腹（右侧）	3	力竭次数	45 秒	60 秒
	体侧屈（左侧）	3	力竭次数	45 秒	60 秒
	体侧屈（右侧）	3	力竭次数	45 秒	60 秒
	卷腹	3	力竭次数	45 秒	60 秒
周四	波速球卷腹	3	力竭次数	45 秒	60 秒
	跪姿绳索卷腹	3	力竭次数	45 秒	60 秒
	器械卷腹	3	力竭次数	45 秒	60 秒
	仰卧举腿	3	力竭次数	45 秒	60 秒

（续表）

时间	动作	组数	次数	组间休息	动作间休息
周五	悬垂卷腹	3	力竭次数	45秒	60秒
	悬垂转体卷腹（左侧）	3	力竭次数	45秒	60秒
	悬垂转体卷腹（右侧）	3	力竭次数	45秒	60秒
	空中自行车	3	力竭次数	45秒	60秒
	悬垂举腿	3	力竭次数	45秒	60秒
	仰卧举腿	3	力竭次数	45秒	60秒

（2）计划分析

第一，这份计划适合具有一定肌肉健美训练经验特别是腹肌具有一定力量基础的健身爱好者。如果你的腹部脂肪堆积较严重，或腹肌力量较差，那么可以先通过基础的有氧训练及简单的卷腹提升腹肌力量。过早开始进行腹肌的系统训练，忽略脂肪堆积较严重这一"罪魁祸首"，会导致你的整体训练效率过低，很多基础的训练动作都无法完成，也就失去了系统训练及设定计划的意义。每周安排四个腹肌训练日，健身爱好者需要在完成当日其余部位的肌肉力量训练后，再进行腹肌的练习。

第二，第一个训练日最先使用负重平板支撑及健身球支撑这两个支撑类的腹肌训练。如果你无法完成负重的支撑，那么可以徒手练习，但是始终注意避免支撑时间过长，一般最长的限制时间在2分钟以内。随后安排了仰卧举腿和悬垂举腿两个针对下腹部的训练动作，下腹部也是容易出现发展滞后问题的区域。收尾动作是卷腹训练，目的在于带给整个腹直肌较强的刺激。第二个训练日首先使用转体卷腹与体侧屈的训练，这两个动作对于提升腹内斜肌与腹外斜肌的肌肉质量有明显帮助。需要注意的是，进行转体卷腹与体侧屈训练时，都是先进行一侧的三组练习，然后进行另外一侧三组练习，这种方法对于腹肌力量不很强的健身爱好者是有帮助的，可以保质保量地完成练习。收尾动作还是卷腹，目的与第一个训练日是相同的。在第三个训练日使用波速球卷腹、跪姿绳索卷腹及器械卷腹，相比第一个训练日关注下腹部、第二个训练日关注腹内斜肌与腹外斜肌，第三个训练日更多关注上腹部的肌肉。收尾动作是仰卧举腿的训练，目的是强化下腹部这一比较薄弱的区域。第四个训练日使用悬垂卷腹、悬垂转体卷腹、空中自行车、悬垂举腿及仰卧举腿的综合练习，这一日并不关注某一腹部具体区域，而是将目标锁定在刺激整个腹部肌群上。要注意的是，整个训练计划使用的基本都是力竭次数的练习，这便意味着健身爱好者必须在保持动作姿势标准的前提下，每组完成尽可能多的重复练习。

第三，在组间休息及动作间休息的安排上，因为腹部肌群自身的特点，使用组间休息45秒及动作间休息90秒这种较短的肌肉健美休息时间，可以确保健身爱好者在组间及动作间获得充分的休息，同时避免过度休息所导致的训练强度较低的问题。

2. 针对腹部肌群的单项训练计划（高级）

（1）计划安排

时间	动作	组数	次数	组间休息	动作间休息
周一	下斜卷腹	4	力竭次数	45秒	60秒
	悬垂举腿	4	力竭次数	45秒	60秒
	跪姿绳索卷腹	4	力竭次数	45秒	60秒
	悬垂卷腹	4	力竭次数	45秒	60秒
	超级组：平板支撑＋空中自行车＋平板支撑＋空中自行车＋平板支撑＋空中自行车	4	50秒+50次+40秒+40次+30秒+30次	45秒	60秒
周二	绳索跪姿转体卷腹（左侧）	4	力竭次数	45秒	60秒
	绳索跪姿转体卷腹（右侧）	4	力竭次数	45秒	60秒
	壶铃转体卷腹（左右侧交替）	4	力竭次数	45秒	60秒
	悬垂举腿	4	力竭次数	45秒	60秒
周四	下斜卷腹	4	力竭次数	45秒	60秒
	悬垂举腿	4	力竭次数	45秒	60秒
	跪姿绳索卷腹	4	力竭次数	45秒	60秒
	悬垂卷腹	4	力竭次数	45秒	60秒
	超级组：平板支撑＋空中自行车＋平板支撑＋空中自行车＋平板支撑＋空中自行车	4	50秒+50次+40秒+40次+30秒+30次	45秒	60秒
周五	绳索跪姿转体卷腹（左侧）	4	力竭次数	45秒	60秒
	绳索跪姿转体卷腹（右侧）	4	力竭次数	45秒	60秒
	壶铃转体卷腹（左右侧交替）	4	力竭次数	45秒	60秒
	悬垂举腿	4	力竭次数	45秒	60秒

（2）计划分析

第一，这份训练计划适合具有较强腹肌力量基础的健身爱好者使用，虽然与中级健身爱好者使用的计划都是一周进行四次训练，但是在动作的选择、整体容量上都更难。特别是平板支撑＋空中自行车的超级组练习，如果健身爱好者不具备足够的腹肌力量，那么可能连一次超级组都无法完成。

第二，在训练动作选择与安排顺序方面，第一个与第三个训练日的练习内容是相同的，第二个与第四个训练日的内容也是一样的。第一个训练日使用下斜卷腹、悬垂举腿、跪姿绳索卷腹、悬垂卷腹及平板支撑+空中自行车的超级组练习，刺激整个腹直肌的上腹部与下腹部的肌肉。作为收尾动作的平板支撑与空中自行车的超级组难度极大，要完成3次平板支撑与空中自行车的循环训练才算完成一组超级组的练习，这可以给健身爱好者下腹部极强的刺激。第二个训练日使用跪姿绳索转体卷腹、壶铃转体卷腹及悬垂举腿。跪姿绳索卷腹与壶铃转体卷腹都会对健身爱好者的腹内斜肌与腹外斜肌带来较高负荷重量的刺激，这是徒手类转体卷腹训练所无法获得的效果，使用一定的负荷重量对于肌肉的生长是有帮助的。悬垂举腿作为整堂训练课的收尾动作，目的是进一步强化较薄弱的下腹部区域。具有较多腹部训练经验的健身爱好者，最需要加强的应当是下腹部、腹内斜肌和腹外斜肌的肌肉训练，上腹部一般不会出现明显的发展滞后的现象。

第三，在组间休息及动作间休息的安排上，因为腹部肌群自身的特点，使用组间休息45秒及动作间休息90秒这种较短的肌肉健美休息时间，可以确保健身爱好者在组间及动作间获得充分的休息，同时避免过度休息所导致的训练强度较低。

（十三）增肌

1. 初级增肌

（1）计划安排

时间	动作	组数	次数	组间休息	动作间休息
周一	哑铃俯身侧平举两个重量递减组	4	12	60秒	2分钟
	杠铃卧推	4	12	60秒	2分钟
	哑铃上斜弯举	4	12	60秒	2分钟
	仰卧杠铃臂屈伸	4	12	60秒	2分钟
	仰卧举腿	4	力竭次数	60秒	2分钟
周二	休息日			60秒	2分钟
周三	引体向上	4	力竭次数（低于5次时使用弹力带辅助）	60秒	2分钟
	杠铃深蹲	4	12	60秒	2分钟
	腿举	4	12	60秒	2分钟
	硬拉	4	12	60秒	2分钟
	驴式提踵	4	25	60秒	2分钟
周四	休息日				

（续表）

时间	动作	组数	次数	组间休息	动作间休息
周五	窄握引体向上	4	力竭次数（低于5次时使用弹力带辅助）	60秒	2分钟
	双杠臂屈伸	4	12	60秒	2分钟
	哑铃俯身侧平举	4	12	60秒	2分钟
	绳索夹胸	4	12	60秒	2分钟
	转体卷腹	4	力竭次数	60秒	2分钟
周六	休息日				
周日	休息日				

（2）计划分析

第一，这份计划适合刚接触肌肉健美训练的初级健身爱好者。考虑到初级健身爱好者的训练经验较少，力量基础较差，本计划只选择了三个训练日，并且使用练一天休息一天的方式，目的是保证健身爱好者的肌肉和神经基本的恢复速度。初级健身爱好者可以使用这份计划进行12周左右的系统训练，使肌肉质量及力量水平得到比较明显的改善。

第二，在训练动作选择及安排顺序方面，第一个和第三个训练日为上肢肌肉训练日，第二个训练日为下肢肌肉训练日。第一个训练日使用哑铃俯身侧平举、杠铃卧推、哑铃上斜弯举、仰卧杠铃臂屈伸及仰卧举腿等刺激三角肌、胸大肌、肱二头肌、肱三头肌及腹肌的训练动作，并且具体刺激的区域也集中在三角肌后束、下腹部、肱三头肌长头等健身爱好者比较容易出现发展滞后的部位上。杠铃卧推与哑铃上斜弯举也是很好的训练动作，杠铃卧推对于强化健身爱好者的上肢肌肉力量有重要帮助，而上斜哑铃弯举则可以从多角度带给健身爱好者不同的有关肱二头肌的刺激。第二个训练日使用引体向上、杠铃深蹲、腿举、硬拉、驴式提踵等针对背部、股四头肌、腘绳肌及小腿肌群的训练动作。杠铃深蹲与腿举可以充分刺激腿部肌肉群，并且对提升下肢肌肉力量有重要帮助。引体向上与硬拉是复合性极强的训练动作，之所以没有安排高位下拉或器械划船等孤立性较强的训练动作，原因在于刚接触肌肉健美训练的健身爱好者的力量水平较低，使用复合训练动作有助于快速提高肌肉力量水平。第三个训练日使用窄距引体向上、双杠臂屈伸、哑铃俯身侧平举、绳索夹胸及转体卷腹等，针对背部、肱二头肌、肱三头肌、三角肌、胸大肌及腹肌等上身几乎所有较大体积的肌肉群进行练习。转体卷腹与第一个训练日安排仰卧举腿不同，它的目的主要在于刺激腹外斜肌与腹内斜肌，这也是很多健身爱好者容易出现发展滞后的区域。

第三，在组间休息及动作间休息的安排上，使用组间休息60秒及动作间休息2

分钟这种比较常见的肌肉健美休息时间，可以确保健身爱好者在组间及动作间获得充分的休息。

2. 中级增肌

（1）计划安排

时间	动作	组数	次数	组间休息	动作间休息
周一	杠铃卧推	4	12	60秒	2分钟
	双杠臂屈伸	4	12	60秒	2分钟
	绳索夹胸	4	15	60秒	2分钟
	上斜哑铃卧推	4	12	60秒	2分钟
	蝴蝶机夹胸	4	12	60秒	2分钟
	卷腹	4	力竭次数	60秒	2分钟
周二	哈克深蹲	4	12	60秒	2分钟
	腿举	4	12	60秒	2分钟
	腿屈伸	4	12	60秒	2分钟
	腿弯举	4	12	60秒	2分钟
	哑铃箭步蹲	4	12	60秒	2分钟
	站姿提踵	4	20	60秒	2分钟
周三	哑铃推举	4	15	60秒	2分钟
	哑铃俯身侧平举	4	15	60秒	2分钟
	哑铃侧平举	4	15	60秒	2分钟
	哑铃前平举	4	15	60秒	2分钟
	器械推举	4	15	60秒	2分钟
周四	休息日				
周五	引体向上	4	力竭次数（低于5次时需要使用弹力带）	60秒	2分钟
	杠铃划船	4	12	60秒	2分钟
	高位下拉	4	12	60秒	2分钟
	坐姿器械划船	4	12	60秒	2分钟
	杠铃硬拉	4	12	60秒	2分钟
周六	牧师椅杠铃弯举	4	12	60秒	2分钟
	绳索臂屈伸	4	12	60秒	2分钟
	上斜哑铃弯举	4	12	60秒	2分钟
	颈后绳索臂屈伸	4	12	60秒	2分钟

（续表）

时间	动作	组数	次数	组间休息	动作间休息
	锤式弯举	4	12	60秒	2分钟
	窄距卧推	4	12	60秒	2分钟
	正握杠铃弯举	4	12	60秒	2分钟
	窄距俯卧撑	4	力竭次数	60秒	2分钟
周日	休息日				

（2）计划分析

第一，这份计划适合具有一定力量基础和训练经验的健身爱好者，计划的主要目的在于使健身爱好者的全身肌肉群可以得到明显的增长。本计划利用最常见的划分不同肌肉群的方式安排整个增肌训练计划，每天都作为独立的训练日针对某一具体的肌肉群，例如周一是刺激胸部肌群为主的胸部训练日，周二则是针对腿部肌群安排的腿部肌训练日。健身爱好者可以持续使用这份计划12～16周，一定程度改善全身的肌肉群。

第二，胸部训练日，使用杠铃卧推、双杠臂屈伸、绳索夹胸、上斜哑铃卧推、蝴蝶机夹胸及卷腹的练习，主要目标在于全方位刺激胸部肌群。绳索夹胸和蝴蝶机夹胸都着重刺激较容易出现发展滞后的胸大肌内侧，上斜哑铃卧推的目标是上胸，双杠臂屈伸则可以刺激到下胸的肌肉。这里需要注意的是，双杠臂屈伸是刺激下胸肌肉的姿势，而非刺激肱三头肌的姿势。杠铃卧推主要是提升健身爱好者上肢肌肉的力量，对胸大肌的整体肌肉围度增大有比较明显的帮助。腿部训练日，安排的是哈克深蹲、腿举、腿屈伸、腿弯举、哑铃箭步蹲及站姿提踵的练习，主要目标是全方位刺激大腿前侧及大腿后侧的肌肉群。为了使股四头肌有更好的刺激感，使用了哈克深蹲、腿举及腿屈伸的练习，并没有安排传统的杠铃深蹲，目的在于使健身爱好者的股四头肌可以有更加集中的泵感。安排腿弯举与哑铃箭步蹲的目的在于刺激腘绳肌肌群及一定的臀部肌群，当你使用向后迈步较大的哑铃箭步蹲练习时，你的腘绳肌与臀部肌群会受到比较明显的刺激。站姿提踵的目的是提升腓肠肌的肌肉质量，把它放在整个训练日的最后，以防止对其余训练动作完成质量的干扰。肩部训练日，使用哑铃推举、哑铃俯身侧平举、哑铃侧平举、哑铃前平举及器械推举的练习，目标是刺激三角肌的三大不同区域。先通过哑铃推举大量消耗三角肌及肱三头肌的肌肉力量，给后面的孤立训练动作提供更好的肌肉充血感。接下来刺激三角肌后束、三角肌中束、三角肌前束，这也是按照容易出现发展滞后的顺序排列，三角肌后束是最容易出现发展滞后的，因此是最先需要练习动作的。收尾动作是器械推举，它可以充分榨取三角肌剩余的最后一点力量，真正做到充分训练。背部训练日，使用引体向上、杠铃划船、高位下拉、坐姿器械划船及杠铃硬拉的训练，目的主要是增大背部肌肉围度及促进背部肌肉力量生长。引体向上、杠铃划船及杠铃硬拉都是对背部肌肉力量有很大促进作用的训练动作，杠铃硬拉还会一定程度训练到大腿后侧及臀部的肌肉群，这也是为何腿部训练日之后没立刻安排背部训练日而是安排肩部训练日的原因。高位下拉和坐姿器械划船分别针对增大背部肌肉群的整体宽度与整体厚度而设计。手臂训练日，所有的训练动作都是按照一个肱二头肌训练动作与一个肱三头肌训练动作交替练习的顺序进行的，牧师椅杠铃弯举、上斜哑铃弯举、锤式弯举、正握杠铃弯举都是提升肱二头肌、肱肌及前臂肌群效果很好的训练动作，它们的孤立性较强，有利于健身爱好者获得比较明显的泵感。绳索臂屈伸、颈后绳索臂屈伸、窄距卧推、窄距俯卧撑对于肱三头肌外侧头、长头及内侧头都有明显的刺激，绳索类的训练动作有助于获得更好的运动轨迹，而窄距卧推可以提升肌肉力量。整堂训练课以窄距俯卧撑的力竭训练收尾，目的是使肱三头肌得到真正的"轰炸"效果。

第三，在组间休息及动作间休息的安排上，使用组间休息60秒及动作间休息2分钟这种比较常见的肌肉健美休息时间，可以确保健身爱好者在组间及动作间获得充分的休息。

3. 高级增肌

（1）计划安排

时间	动作	组数	次数	组间休息	动作间休息
周一	杠铃卧推	5	5	60秒	2分钟
	杠铃划船	5	5	60秒	2分钟
	实力推	3	12	60秒	2分钟
	蝴蝶机夹胸	3	12	60秒	2分钟
	坐姿绳索划船	3	12	60秒	2分钟
	高位下拉	3	12	60秒	2分钟
	上斜哑铃弯举+绳索臂屈伸超级组	3	20	60秒	2分钟
	哑铃侧平举	3	20	60秒	2分钟
周二	杠铃深蹲	5	5	60秒	2分钟
	六角杠铃硬拉	5	5	60秒	2分钟
	哈克深蹲	3	12	60秒	2分钟
	罗马尼亚硬拉	3	12	60秒	2分钟
	腿举+腿举提踵超级组	3	20	60秒	2分钟
	腿屈伸+腿弯举超级组	3	20	60秒	2分钟

（续表）

时间	动作	组数	次数	组间休息	动作间休息
周三	T杠划船	3	12	60秒	2分钟
	俯身哑铃单臂划船	3	12	60秒	2分钟
	高位下拉＋坐姿绳索窄握划船超级组	3	12	60秒	2分钟
	坐姿单臂器械划船	3	20	60秒	2分钟
	哑铃弯举＋直杠绳索正握弯举	3	12	60秒	2分钟
	哑铃集中弯举	3	20	60秒	2分钟
周四	杠铃硬拉	3	12	60秒	2分钟
	腿举＋腿屈伸超级组	3	20	60秒	2分钟
	杠铃直腿硬拉＋腿弯举超级组	3	20	60秒	2分钟
	站姿提踵＋坐姿提踵超级组	3	30	60秒	2分钟
	保加利亚剪蹲	3	12	60秒	2分钟
	臀冲	3	12	60秒	2分钟
周五	上斜哑铃卧推	3	15	60秒	2分钟
	蝴蝶机夹胸＋上斜哑铃飞鸟超级组	3	15	60秒	2分钟
	实力推＋哑铃侧平举超级组	3	15	60秒	2分钟
	俯身侧平举	3	20	60秒	2分钟
	颈后绳索臂屈伸＋仰卧杠铃臂屈伸超级组	3	15	60秒	2分钟
	V字把手绳索臂屈伸超级组	3	15	60秒	2分钟
周六	休息日	1	30分钟有氧		
周日	休息日				

（2）计划分析

第一，这份计划适合具有较强肌肉力量基础及多年训练经验的健身爱好者。计划安排了连续五天的训练，这对于健身爱好者的力量储备及肌肉恢复能力具有较高要求，并且安排了一些使用负荷重量较大及训练容量较高的练习，因此只适合较高水平的健身爱好者进行练习。使用这份计划进行12～16周的训练，对于整体肌肉围度进一步的突破是有很大帮助的。

第二，在训练动作选择及安排顺序方面，并没有使用中级增肌训练划分不同区域的方式，而是使用上肢肌肉群与下肢肌肉群的划分方式，这可以使整体肌肉群的训练频率得到相应的提高，在恢复能力允许的情况下可以加快肌肉的生长和发育。第一个上肢训练日，使用杠铃卧推、杠铃划船、实力推、蝴蝶机夹胸、坐姿绳索划船、高位下拉、上斜哑铃弯举+绳索臂屈伸超级组、哑铃侧平举等训练动作，可以充分刺激胸大肌、背部肌群、三角肌、肱二头肌及肱三头肌的肌肉。杠铃卧推和杠铃划船训练中使用较高的重量进行练习，不仅有助于整体肌肉围度的增大，还可以促进肌肉力量的发展。在实力推中没有使用较大的重量，因为三角肌必须使用较高的训练容量才可以获得不错的生长，所以在实力推及哑铃侧平举中都使用了较高的训练容量。蝴蝶机夹胸是很好地提升胸大肌内侧的训练动作，高位下拉与坐姿绳索划船分别使背部整体宽度及整体厚度得到增大。使用超级组的方法练习肱二头肌与肱三头肌，可以使整体的训练效率变得更高，有利于手臂肌肉围度的增大。第一个下肢训练日，使用杠铃深蹲、六角杠铃硬拉（环形杆）、哈克深蹲、罗马尼亚硬拉、腿举+腿举提踵超级组、腿屈伸+腿弯举超级组等训练动作，可以充分刺激股四头肌、腘绳肌肌群、小腿肌群。杠铃深蹲及六角杠铃硬拉中使用较高的重量进行练习，不仅有助于整体肌肉围度的增大，还可以促进肌肉力量的发展。使用六角杠铃而不是普通的杠铃进行练习，对健身爱好者的腰背部压力较小。哈克深蹲与罗马尼亚硬拉分别刺激股四头肌与腘绳肌肌群，腿举和腿举提踵的超级组训练可以使用一个器械几乎同时刺激到下肢三大常见的肌肉群（股四头肌、腘绳肌肌群、小腿肌群）。整堂训练课的收尾动作是腿弯举与腿屈伸的超级组练习，可以给大腿肌肉更加深层的刺激。第二个上肢训练日，使用T杠划船、哑铃单臂划船、高位下拉+坐姿绳索窄握划船超级组、坐姿单臂器械划船、哑铃弯举+直杠绳索正握弯举超级组、哑铃集中弯举等训练动作，可以充分刺激背部肌群、肱二头肌及前臂肌群。选择很多可以带给背部肌群明显刺激感受的孤立训练动作，可以使不容易感受到充血感的背部肌肉受到比较强烈的刺激，背部肌群也是区分很多高水平健身爱好者肌肉健美体态的评判标准。哑铃弯举与正握直杠绳索弯举超级组，使肱二头肌获得较高频率的练习。第二个下肢训练日，使用杠铃硬拉、腿举+腿屈伸超级组、杠铃直腿硬拉+腿弯举超级组、站姿提踵+坐姿提踵超级组、保加利亚剪蹲及臀冲等训练动作，可以充分刺激股四头肌、腘绳肌肌群、小腿肌群及臀部肌群。其中的三个超级组都是分别针对提升股四头肌、腘绳肌肌群及小腿肌群的强化训练，杠铃硬拉作为第一个训练动作是希望大量消耗伸髋肌群力量，以使得它们在进行保加利亚剪蹲及臀冲训练时可以获得更好的刺激效果。保加利亚剪蹲与臀冲主要是为了刺激臀部肌群而设立的训练动作。第三个上肢训练日，使用上斜哑铃卧推、蝴蝶机夹胸+上斜哑铃飞鸟超级组、实力推+哑铃侧平举超级组、俯身侧平举、颈后绳索臂屈伸+仰卧杠铃臂屈伸超级组、V字把手绳索臂屈伸等训练动作，可以充分刺激胸部肌群、三角肌及肱三头肌。三个超级组分别针对上胸内侧、三角肌中束及肱三头肌长头进行的强化练习，因为这三个部位都易出现发展滞后的现象。在整份增肌训练计划中，针对胸、背、腿等大肌肉群的第一个训练日都使用较大的负荷重量，第二个训练日或小肌肉群的练习使用的则是容量较高的练习。

第三，在组间休息及动作间休息的安排上，使用组间休息60秒及动作间休息2分钟这种比较常见的肌肉健美休息时间，可以确保健身爱好者在组间及动作间获得充分的休息。

（十四）塑形

（1）计划安排

时间		动作	组数	次数	组间休息	动作间休息
第1~4周	周一	杠铃卧推＋杠铃划船超级组	3	15	60秒	2分钟
		俯卧撑	6	力竭次数	60秒	2分钟
		蝴蝶机夹胸＋坐姿绳索划船超级组	3	15	60秒	2分钟
		引体向上	6	力竭次数（低于5次时使用弹力带）	60秒	2分钟
		实力推	3	15	60秒	2分钟
		绳索臂屈伸＋哑铃弯举超级组	3	15	60秒	2分钟
	周二	杠铃深蹲＋哑铃箭步蹲超级组	3	15	60秒	2分钟
		腿屈伸＋腿弯举超级组	3	12	60秒	2分钟
		罗马尼亚硬拉＋腿屈伸超级组	3	12	60秒	2分钟
		宽距深蹲＋臀冲超级组	3	12	60秒	2分钟
	周三	杠铃划船＋高位下拉超级组	3	12	60秒	2分钟
		哑铃耸肩	3	20	60秒	2分钟
		宽距绳索划船＋窄距绳索划船超级组	3	12	60秒	2分钟
		引体向上	3	力竭次数（低于5次时使用弹力带）	60秒	2分钟
		哑铃弯举＋杠铃正握弯举超级组	3	12	60秒	2分钟
		牧师椅弯举	3	15	60秒	2分钟
	周四	杠铃硬拉＋sissy squat超级组	3	12	60秒	2分钟

（续表）

时间		动作	组数	次数	组间休息	动作间休息
	周五	腿举+哑铃反向提踵超级组	3	10/20	60秒	2分钟
		哈克深蹲+腿屈伸超级组	3	12	60秒	2分钟
		站姿提踵（脚尖朝内、脚尖朝前、脚尖朝外三个方向超级组）	3	15	60秒	2分钟
		腿弯举+臀冲超级组	3	12	60秒	2分钟
		上斜哑铃卧推+上斜哑铃飞鸟超级组	3	12	60秒	2分钟
		蝴蝶机夹胸	3	15	60秒	2分钟
		实力推+哑铃侧平举超级组	3	15	60秒	2分钟
		哑铃俯身侧平举	3	20	60秒	2分钟
		绳索颈后臂屈伸+仰卧杠铃臂屈伸超级组	3	15	60秒	2分钟
		V字把手绳索臂屈伸	3	15	60秒	2分钟
	周六	休息日（30分钟有氧）	1			
	周日	休息日				
第5~8周	周一	杠铃卧推	3	8	60秒	2分钟
		杠铃划船+俯卧撑超级组	3	15/力竭次数	60秒	2分钟
		蝴蝶机夹胸+坐姿绳索划船超级组	3	15	60秒	2分钟
		引体向上	3	力竭次数	60秒	2分钟
		实力推	3	15	60秒	2分钟
		绳索臂屈伸+哑铃弯举超级组	3	15	60秒	2分钟
	周二	杠铃深蹲	3	8	60秒	2分钟
		哑铃箭步蹲+腿弯举超级组	3	12	60秒	2分钟
		腿举	3	12	60秒	2分钟
		罗马尼亚硬拉+腿屈伸超级组	3	12	60秒	2分钟
		宽距深蹲+臀冲超级组	3	12	60秒	2分钟

（续表）

时间		动作	组数	次数	组间休息	动作间休息
	周三	哑铃单臂划船 + 高位下拉超级组	3	12	60秒	2分钟
		哑铃耸肩	3	15	60秒	2分钟
		坐姿宽距绳索划船 + 坐姿窄距绳索划船超级组	3	12	60秒	2分钟
		引体向上	3	力竭次数	60秒	2分钟
		上斜哑铃弯举 + 杠铃正握弯举超级组	3	12	60秒	2分钟
		牧师椅弯举	3	12	60秒	2分钟
	周四	杠铃硬拉	3	8	60秒	2分钟
		sissy squat	3	10	60秒	2分钟
		腿举	3	10	60秒	2分钟
		站姿反向提踵	3	20	60秒	2分钟
		哈克深蹲 + 腿屈伸超级组	3	12	60秒	2分钟
		站姿提踵（脚尖朝内、脚尖朝前、脚尖朝外三个方向超级组）	3	15	60秒	2分钟
		腿弯举 + 臀冲超级组	3	12	60秒	2分钟
	周五	坐姿哑铃推举 + 蝴蝶机夹胸超级组	3	12	60秒	2分钟
		实力推 + 哑铃侧平举超级组	3	15	60秒	2分钟
		俯身绳索侧平举	3	20	60秒	2分钟
		颈后绳索臂屈伸 + 仰卧杠铃臂屈伸超级组	3	15	60秒	2分钟
		V字把手绳索臂屈伸	3	15	60秒	2分钟
	周六	休息日（30分钟有氧）	1			
	周日	休息日				
第9~12周	周一	杠铃卧推	3	8	60秒	2分钟
		杠铃划船 + 俯卧撑	3	15/力竭次数	60秒	2分钟
		高位下拉 + 蝴蝶机夹胸	3	15	60秒	2分钟
		坐姿器械划船	3	15	60秒	2分钟
		实力推 + 哑铃侧平举超级组	3	15	60秒	2分钟

(续表)

时间	动作	组数	次数	组间休息	动作间休息
周二	哑铃弯举+绳索臂屈伸超级组	3	15	60秒	2分钟
	杠铃深蹲	3	8	60秒	2分钟
	哑铃箭步蹲+腿弯举超级组	3	15	60秒	2分钟
	腿举+腿屈伸超级组	3	15	60秒	2分钟
	杠铃直腿硬拉	3	15	60秒	2分钟
	宽距深蹲+臀冲超级组	3	15	60秒	2分钟
周三	哑铃划船+高位下拉超级组	3	15	60秒	2分钟
	杠铃直立划船+哑铃耸肩超级组	3	15	60秒	2分钟
	宽距坐姿划船+窄距坐姿划船超级组	3	15	60秒	2分钟
	哑铃弯举+杠铃正握弯举超级组	3	15	60秒	2分钟
周四	杠铃硬拉	3	8	60秒	2分钟
	sissy squat	3	10	60秒	2分钟
	腿举	3	15	60秒	2分钟
	反向提踵	3	20	60秒	2分钟
	哈克深蹲	3	15	60秒	2分钟
	站姿提踵（脚尖朝内、脚尖朝前、脚尖朝外三个方向超级组）	3	15	60秒	2分钟
	腿弯举+臀冲超级组	3	15	60秒	2分钟
周五	坐姿哑铃推举+蝴蝶机夹胸超级组	3	15	60秒	2分钟
	上斜哑铃飞鸟+坐姿哑铃侧平举超级组	3	15	60秒	2分钟
	俯身哑铃侧平举	3	20	60秒	2分钟
	颈后绳索臂屈伸+仰卧杠铃臂屈伸超级组	3	15	60秒	2分钟
	V字把手绳索臂屈伸	3	15	60秒	2分钟
周六	休息日（45分钟有氧）	1			
周日	休息日				

（2）计划分析

第一，这份训练计划总长度为 12 周，每 4 周一个阶段，共分为 3 个阶段，随着执行计划的深入，整体训练容量及所使用的重量负荷都要逐渐增加。本计划一周内总共安排三个上肢训练日与两个下肢训练日。每个阶段所使用的训练动作基本一致，只不过在具体的训练方法上，有的只进行单一的训练组练习，有的与后面的动作组合进行超级组的练习。为了促进健身爱好者的整体塑形效果，我们建议在每个训练日的正常练习结束后，可以安排 15～20 分钟强度适宜的有氧练习，这对于降低身体脂肪含量、增大肌肉分离度有较好的帮助。

第二，在第一个阶段，第一个上肢训练日，目标主要是刺激胸部、背部、三角肌、肱二头肌和肱三头肌。杠铃划船与杠铃卧推的超级组、蝴蝶机夹胸与坐姿绳索划船的超级组，这种胸部与背部肌群组合进行超级组的练习方式可以大大提高整个上肢肌肉群的效率，加上俯卧撑与引体向上的自重力竭次数的练习，对于提升胸部与背部肌群的整体肌肉质量有很大的帮助。第一个下肢训练日，目标主要是提升股四头肌、腘绳肌肌群及臀部肌群的肌肉质量，所有的训练动作都使用了超级组，其中杠铃深蹲与哑铃箭步蹲、腿屈伸与腿弯举、罗马尼亚硬拉与腿屈伸的超级组都是股四头肌与腘绳肌肌群的超级组练习，对于增大大腿肌肉的分离度有很好的帮助。在这里之所以会安排两次腿屈伸的训练，也跟腿屈伸对增大股四头肌的分离度有较好效果有关。整堂训练课的收尾动作是宽距深蹲与臀冲的超级组训练，它可以充分刺激臀部肌群。第二个上肢训练日，目标主要集中在背部肌群与肱二头肌上，训练动作包括杠铃划船 + 高位下拉超级组、哑铃耸肩、宽距绳索划船 + 窄距绳索划船超级组、引体向上、哑铃弯举 + 杠铃正握弯举超级组以及牧师椅弯举等。背部的两个超级组训练主要用于同时增大背部肌群的整体宽度与整体厚度，哑铃耸肩可以使斜方肌得到提升，引体向上能够带给背部肌肉力量一定的改善。第二个下肢训练日，目标除了大腿肌肉群、臀部肌肉群以外，还有针对小腿肌群的训练。三个不同方向的站姿提踵超级组训练，目的在于使腓肠肌得到比较全方位的刺激，有利于小腿肌肉健美形态的塑造。杠铃硬拉与 sissy squat 的超级组训练可以同时提高伸髋肌肉力量与屈髋肌肉力量的水平。腿举可以使整个大腿肌肉群得到比较强烈的刺激，哈克深蹲与腿屈伸可以将刺激目标锁定在股四头肌上。腿弯举与臀冲的超级组练习可以使腘绳肌肌群与臀部肌群得到一定的刺激。此外，哑铃反向提踵训练用于提升胫骨前肌。第三个上肢训练日，主要进行与胸部肌群、三角肌及肱三头肌有关的练习，训练动作包括上斜哑铃卧推 + 上斜哑铃飞鸟超级组、蝴蝶机夹胸、实力推 + 哑铃侧平举超级组、哑铃俯身侧平举、绳索颈后臂屈伸 + 仰卧杠铃臂屈伸、V 字把手绳索臂屈伸等。整堂训练课关注的上胸、胸大肌内侧、三角肌中束、三角肌后束、肱三头肌长头及肱三头肌外侧头都是平时容易发展较缓慢的区域,对整体塑形的效果更强。在第二个阶段及第三个阶段的训练中,增大了一些复合训练动作使用的重量,并降低了它们的训练容量,使它们进行单独练习,而不再是进行超级组的训练,这会使得整个计划的强度得到提升。此外,适当增加了一些孤立训练动作的整体容量,可进一步强化肌肉的分离度,使肌肉看上去更有细节。

第三,在组间休息及动作间休息的安排上,使用组间休息60秒及动作间休息2分钟这种比较常见的肌肉健美休息时间,可以确保健身爱好者在组间及动作间获得充分的休息。

(十五)减脂

(1)计划安排

时间	动作	组数	次数	组间休息	动作间休息
周一	史密斯卧推	4	12	60秒	2分钟
	下斜哑铃卧推	4	12	60秒	2分钟
	蝴蝶机夹胸	4	15	60秒	2分钟
	绳索夹胸超级组(上胸和下胸两个角度)	4	15	60秒	2分钟
	窄距俯卧撑	4	力竭次数	60秒	2分钟
	有氧训练(20分钟)	1		60秒	2分钟
周二	杠铃直腿硬拉(离心慢速)	4	15	60秒	2分钟
	腿弯举	4	20	60秒	2分钟
	臀屈伸	4	20	60秒	2分钟
	臀桥	4	20	60秒	2分钟
	哑铃箭步蹲	4	15	60秒	2分钟
周三	休息日(30分钟有氧)	1		60秒	2分钟
周四	高位下拉+坐姿器械划船超级组	4	15	60秒	2分钟
	杠铃耸肩+杠铃直立划船超级组	4	15	60秒	2分钟
	窄距高位下拉+宽握高位下拉超级组	4	15	60秒	2分钟
	山羊挺身	4	力竭次数(大于15次时需使用负重)	60秒	2分钟
	有氧训练(20分钟)	1		60秒	2分钟

（续表）

时间	动作	组数	次数	组间休息	动作间休息
周五	杠铃颈前推举+杠铃颈后推举超级组	4	15	60秒	2分钟
	哑铃俯身侧平举+哑铃侧平举+哑铃前平举超级组	4	15	60秒	2分钟
	阿诺德推举	4	15	60秒	2分钟
	绳索俯身侧平举2个重量递减组	4	20	60秒	2分钟
	绳索侧平举2个重量递减组	4	20	60秒	2分钟
	有氧训练（20分钟）	1		60秒	2分钟
周六	绳索臂屈伸+直杠绳索臂屈伸超级组	4	15	60秒	2分钟
	绳索颈后臂屈伸+弹力带颈后臂屈伸超级组	4	15	60秒	2分钟
	窄距杠铃卧推+窄距俯卧撑超级组	4	12/力竭次数	60秒	2分钟
	杠铃弯举+杠铃正握弯举超级组	4	15	60秒	2分钟
	有氧训练（20分钟）	1		60秒	2分钟
周日	休息日				

（2）计划分析

第一，这份计划适合较有基础的健身爱好者使用，根据身体不同区域划分训练日，如周一是胸部训练日，周二是腿部训练日。为了提升健身爱好者的减脂效果，每个训练日的正常练习结束后都安排一个20分钟左右的有氧训练，可以更快地降低脂肪含量。我们建议有全身减脂需求的健身爱好者可以使用这份计划进行12周左右的训练，同时需要注意严格控饮食中热量与脂肪的摄入。

第二，周一是胸部训练日，使用的动作都是针对胸部比较容易堆积脂肪的部位，例如蝴蝶机夹胸、绳索夹胸、窄距俯卧撑分别针对胸大肌内侧、上胸以及下胸。针对胸大肌外侧的练习不多，因为这个区域并不是脂肪比较容易堆积的部位。考虑到使用这份计划的很多健身爱好者并不具备太多的训练经验，史密斯卧推比普通的杠铃卧推可有更加稳定的刺激效果。周二腿部训练日安排的动作是与下肢肌肉群比较容易堆积脂肪的部位有关的，例如直腿硬拉、腿弯举都针对大腿后侧这个比较容易堆脂肪的区域。臀桥、臀屈伸及向后迈较大步的哑铃箭步蹲都可以刺激到臀部肌群，因为很多脂肪较多的健身爱好者都会有臀部较肥胖的现象。针对股四头肌只有一个腿屈伸训练，因为这个部位比大腿后侧和臀部不容易堆积脂肪，是人们在日常生活中极其容易使用到的部位。周四背部训练日选择了三个超级组训练动作，分别针对背部的整体宽度与背部的整体厚度、斜方肌及大圆肌进行强化训练。斜方肌和大圆肌是很多刚接触肌肉健美训练的爱好者比较容易忽略的部位。为了使整个背部拥有更好的形态，训练课的末段安排了山羊挺身的力竭练习，它可以强化竖脊肌，使整个背部看上去更加健美。周五肩部训练日使用大量的超级组训练，并且整体训练的容量极高，我们建议健身爱好者在练习时一定要使用较轻的重量进行练习，特别是在绳索俯身侧平举2个重量递减组及绳索侧平举2个重量递减组的练习时，如果绳索重量过高无法标准完成练习，那么果断使用哑铃进行替代练习。这个训练日也是整个训练计划中强度与容量最高的一天。周六手臂训练日使用的都是超级组的练习，其中三个超级组是改善肱三头肌肌肉质量的练习，一个超级组是改善肱二头肌肌肉质量的练习，这样安排的原因是肱三头肌也就是大臂后侧的肌肉是比较容易堆积脂肪的区域，而肱二头肌在生活中提、拉物体或使用筷子等都会使用到而不容易出现脂肪堆积较多的现象。

  第三，在组间休息及动作间休息的安排上，使用组间休息60秒及动作间休息2分钟这种比较常见的肌肉健美休息时间，可以确保健身爱好者在组间及动作间获得充分的休息。

二、力量

（一）深蹲

（1）计划安排

时间		动作	组数	次数	组间休息
第一周	周一	深蹲65%	3	8	3～5分钟
		深蹲70%	1	5	3～5分钟
		深蹲75%	2	2	3～5分钟
		深蹲80%	1	1	3～5分钟
	周二	深蹲65%	3	8	3～5分钟
		深蹲70%	1	5	3～5分钟
		深蹲75%	2	2	3～5分钟
	周三	深蹲65%	3	8	3～5分钟
		深蹲70%	1	5	3～5分钟
		深蹲75%	2	2	3～5分钟

（续表）

时间		动作	组数	次数	组间休息
	周四	休息日			
	周五	休息日			
	周六	休息日			
	周日	休息日			
第二周	周一	深蹲 80%	1	5	3～5 分钟
	周二	休息日			
	周三	深蹲 82.5%	1	5	3～5 分钟
	周四	休息日			
	周五	深蹲 85%	1	5	3～5 分钟
	周六	休息日			
	周日	休息日			
第三周	周一	深蹲 70%	4	9	3～5 分钟
	周二	休息日			
	周三	深蹲 75%	5	7	3～5 分钟
	周四	休息日			
	周五	深蹲 80%	7	5	3～5 分钟
	周六	深蹲 85%	10	3	3～5 分钟
	周日	休息日			
第四周	周一	深蹲 70%	4	9	3～5 分钟
	周二	休息日			
	周三	深蹲 75%	5	7	3～5 分钟
	周四	休息日			
	周五	深蹲 80%	7	5	3～5 分钟
	周六	深蹲 85%	10	3	3～5 分钟
	周日	休息日			
第五周	周一	深蹲 70%	4	9	3～5 分钟
	周二	休息日			
	周三	深蹲 75%	5	7	3～5 分钟
	周四	休息日			
	周五	深蹲 80%	7	5	3～5 分钟
	周六	深蹲 85%	10	3	3～5 分钟
	周日	休息日			

(续表)

时间		动作	组数	次数	组间休息
第六周	周一	休息日			
	周二	休息日			
	周三	休息日			
	周四	休息日			
	周五	极限测试			
	周六	极限测试			
	周日	休息日			
第七周	周一				
	周二				
	周三				
	周四				
	周五				
	周六				
	周日				
第八周	周一				
	周二				
	周三				
	周四				
	周五				
	周六				
	周日				
第九周	周一	深蹲65%	1	3	3~5分钟
		深蹲75%	1	4	3~5分钟
		深蹲85%	3	4	3~5分钟
		深蹲90%	1	5	3~5分钟
	周二	休息日			
	周三	深蹲60%	1	3	3~5分钟
		深蹲70%	1	3	3~5分钟
		深蹲80%	1	4	3~5分钟
		深蹲90%	1	3	3~5分钟
		深蹲85%	2	5	3~5分钟
	周四	休息日			

（续表）

时间		动作	组数	次数	组间休息
	周五	休息日			
	周六	深蹲65%	1	4	3~5分钟
		深蹲70%	1	4	3~5分钟
		深蹲80%	5	4	3~5分钟
	周日	休息日			
第十周	周一	深蹲60%	1	4	3~5分钟
		深蹲70%	1	4	3~5分钟
		深蹲80%	1	4	3~5分钟
		深蹲90%	1	3	3~5分钟
		深蹲90%	2	4	3~5分钟
	周二	休息日			
	周三	深蹲65%	1	3	3~5分钟
		深蹲75%	1	3	3~5分钟
		深蹲85%	1	3	3~5分钟
		深蹲90%	3	3	3~5分钟
		深蹲95%	1	3	3~5分钟
	周四	休息日			
	周五	休息日			
	周六	深蹲65%	1	3	3~5分钟
		深蹲75%	1	3	3~5分钟
		深蹲85%	1	4	3~5分钟
		深蹲90%	4	5	3~5分钟
	周日	休息日			
第十一周	周一	深蹲60%	1	3	3~5分钟
		深蹲70%	1	3	3~5分钟
		深蹲80%	1	3	3~5分钟
		深蹲90%	5	5	3~5分钟
	周二	休息日			
	周三	深蹲60%	1	3	3~5分钟
		深蹲70%	1	3	3~5分钟
		深蹲80%	1	3	3~5分钟
		深蹲95%	2	3	3~5分钟

（续表）

时间		动作	组数	次数	组间休息
	周四	休息日			
	周五	休息日			
	周六	深蹲65%	1	3	3~5分钟
		深蹲75%	1	3	3~5分钟
		深蹲85%	1	3	3~5分钟
		深蹲95%	4	3	3~5分钟
	周日	休息日			
第十二周	周一	深蹲70%	1	3	3~5分钟
		深蹲80%	1	4	3~5分钟
		深蹲90%	5	5	3~5分钟
	周二	休息日			
	周三	深蹲70%	1	3	3~5分钟
		深蹲80%	1	3	3~5分钟
		深蹲95%	4	3	3~5分钟
	周四	休息日			
	周五	休息日			
	周六	深蹲75%	1	3	3~5分钟
		深蹲90%	1	4	3~5分钟
		深蹲80%	3	4	3~5分钟
	周日	休息日			
第十三周	周一	休息日			
	周二	休息日			
	周三	深蹲75%	1	4	3~5分钟
		深蹲85%	1	5	3~5分钟
	周四	休息日			
	周五	休息日			
	周六	极限测试			
	周日	休息日			

（2）计划分析

第一，从整体计划设计原理分析，这是一份十分经典的提高深蹲单项成绩的训练计划，是很多健身爱好者都听说过的"smolov深蹲计划"。整个计划共有13周，其中最后一周基本为极限重量测试，真正的训练周期长度为12周。这份训练计划的设计原理及加重方式与线性增长原理十分相似，对提高单独一个项目的极限成绩是十分有帮助的。根据计划不同阶段的设定，健身爱好者需要在一周进行3～4个与深蹲有关的训练日，并且整体负荷重量都不低，这意味着健身爱好者在执行这份训练计划的同时很难进行卧推与硬拉的训练。特别是硬拉训练有极高频率的大重量深蹲练习会导致腰背部、膝关节及髋关节出现明显的疲劳，所以在执行这份训练计划时一定要避免同时安排硬拉训练。

第二，从整体计划动作选取分析，smolov深蹲计划没有深蹲以外的任何训练动作，健身爱好者在每个深蹲训练日只需要完成大重量的深蹲专项练习即可。健身爱好者应在日常的休息日进行适当的有氧训练或体能训练，从而使心肺功能保持在一个较好的水平上。这里要注意的是，即使健身爱好者在某一个训练日或某一阶段感觉训练较轻松，也万万不可安排额外的训练动作，无论是肌肉辅助训练动作还是专项辅助训练动作都不可以，因为肌肉和神经是需要适当休息的，若让自己始终保持在高度疲劳的边缘，对身体健康和极限成绩的提高都是很不好的。

第三，从整体计划强度与容量分析，训练计划的前两周属于进入训练节奏的熟悉期，整体强度与容量并不高，健身爱好者需要连续三天进行深蹲训练，但不会对身体造成明显的疲劳。第三周、第四周、第五周这三周是第二阶段，在这个阶段内健身爱好者必须完成一周四次训练，这与线性计划划分的四个模块基本一一对应：第一天属于提升肌肉力量的较高容量的训练，第二天与第三天分别是提升力量耐力及强化力量水平的中等强度、中等容量的训练，第四天则是提升极限力量的较高强度的训练。经过这三周的系统训练后，健身爱好者需要在第六周进行两次深蹲新极限重量的测试，如果可以正常完成第二阶段的训练，那么极限深蹲重量可以小幅度提升。第七周与第八周是第三个阶段，在这个阶段中健身爱好者只需要使用不超过极限深蹲重量60%的重量进行练习，目的只是保持下肢肌肉的活跃度，给肌肉和神经一定的休息还是最主要的目的，那么在周一和周四各进行一次轻微的练习即可。第九周到第十二周为第四个阶段，这个阶段的目标在于充分"引爆"健身爱好者的深蹲极限水平，几乎每堂训练课都要使用极限深蹲重量90%以上的重量进行练习。在这个阶段整体强度极高，训练容量较低。虽然一个训练日经常需要练习6～7组深蹲，但是其中一部分属于正式组之前的热身组训练，一般每个训练日只有3～5组正式组。第十三周是新的深蹲极限测试周，虽然在周三有两组训练，但目的还是保持一定的肌肉活跃度，否则连续休息六天很容易使肌肉进入睡眠状态。

第四，从加重策略分析，smolov深蹲计划没有使用预设极限法，它要求健身爱好者根据每周不同的训练状态选择下一周需要增加的练习重量。在第二阶段，也就是第三周到第五周的训练中，计划要求健身爱好者必须每一周都使用比上周更重的重量，哪怕只是多 2.5 kg 也可以。如果健身爱好者没法完成加重的要求，就必须重复之前的练习，直到可以顺利加重为止。虽然在计划的第六周会检测出新的深蹲极限重量，但是不必在之后的训练计划中参照新的深蹲极限重量进行做组重量的换算。健身爱好者在整个训练计划中计算做组重量所参照的标准始终都是执行训练计划开始前的极限成绩。如果使用新的极限深蹲重量，那么健身爱好者是不可能在短时间内将 95% 的极限重量完成 4 组各 3 次的，毕竟正常情况下健身爱好者只能够完成一组 1～2 次 95% 的极限重量。

第五，从整体计划对疲劳管理角度分析，两次极限测试前都安排了足够的休息时间，但是 smolov 深蹲计划对正常训练日的疲劳管理较逊色，或者说这份计划对健身爱好者的恢复能力有极高的要求。在第三周到第五周的阶段内，健身爱好者需要完成一周四次训练的极高频率的深蹲练习，还需要保证每周都比上周使用的重量更高，这极容易导致健身爱好者出现关节、肌肉及神经疲劳。

第六，从整体计划适合的人群分析，很多人认为这份计划适合具有较高恢复水平的健身爱好者，事实上这部分人一般也具备较高的深蹲成绩，他们深蹲成绩较高，并且要使用这种极高频率及对疲劳管理较差的计划进行练习，那么除非他们拥有一个专业的团队帮助打理营养、恢复等训练以外的，以及缓解身体疲劳并且促进力量增长的事宜，否则想正常执行完这份计划是很困难的。这份计划比较适合深蹲成绩较低的健身爱好者，他们的整体极限重量并不高，因此换算后的做组重量也不会使得他们因高频训练导致无法完成计划，只要注意对饮食和疲劳的管理，并且有坚强的训练意志，便可以试着使用这份计划。

第七，从整体计划的优势与局限性分析，smolov 深蹲计划整体强度、容量及频率较高，对疲劳管理的控制较差，但是这份计划还是有很大积极作用的。高频率的训练模式有助于健身爱好者充分掌握深蹲的动作姿势及发力方法，只要正常地完成一次这份计划，那么深蹲至少不会出现很明显的错误。这份计划非常适合因各种原因（伤病除外）停止训练较长时间、较高水平的健身爱好者用来进行恢复训练，有的健身爱好者只需要完成第二阶段的练习便可以比较明显地找回之前的深蹲水平。此外，根据对众多使用过 smolov 深蹲计划的健身爱好者的观察，如果在正常的时间范围内完成了这份训练计划，那么它的确会较大提高深蹲成绩。当然，这里的重要前提是必须在正常的时间范围内，如果你在执行训练计划过程中出现了过多的"需要重新完成上周计划"的现象，那么你的深蹲成绩不会得到特别明显的提升。

第八，从兼容性角度分析，smolov 深蹲训练计划只包含深蹲的练习内容，健身爱好者无法在平时继续为自己设置与卧推或硬拉有关的练习，因此除非健身爱好者平时几乎不训练硬拉，否则执行 smolov 深蹲计划基本上都会带来卧推和硬拉成绩的下降。

（二）卧推

（1）计划安排

时间		动作	组数	次数	组间休息	动作间休息
第 1~4 周	周一	哑铃卧推	4	12	2 分钟	3 分钟
		双杠臂屈伸	4	力竭次数	2 分钟	3 分钟
		蝴蝶机夹胸	4	15	2 分钟	3 分钟
		下斜哑铃卧推	4	20	2 分钟	3 分钟
		俯卧撑	4	力竭次数	2 分钟	3 分钟
		绳索臂屈伸	4	15	2 分钟	3 分钟
	周二	休息日				
	周三	上斜哑铃卧推	4	12	2 分钟	3 分钟
		实力推	4	10	2 分钟	3 分钟
		坐姿哑铃推举	4	15	2 分钟	3 分钟
		侧平举 + 俯身侧平举超级组	4	15	2 分钟	3 分钟
		器械推举	4	10	2 分钟	3 分钟
		大臂外旋 / 内旋超级组	4	15	2 分钟	3 分钟
	周四	杠铃深蹲	4	8	2 分钟	3 分钟
		杠铃硬拉	4	8	2 分钟	3 分钟
		腿举	4	12	2 分钟	3 分钟
		腿弯举	4	12	2 分钟	3 分钟
		腿屈伸	4	12	2 分钟	3 分钟
		哑铃箭步蹲	4	12	2 分钟	3 分钟
	周五	窄距卧推	4	12	2 分钟	3 分钟
		双杠臂屈伸	4	力竭次数	2 分钟	3 分钟
		绳索臂屈伸 + 颈后绳索臂屈伸超级组	4	12	2 分钟	3 分钟
		高位下拉	3	20	2 分钟	3 分钟
		面拉	3	20	2 分钟	3 分钟
		大臂外旋 / 内旋超级组	4	15	2 分钟	3 分钟
	周六	休息日				
	周日	休息日				

（续表）

时间		动作	组数	次数	组间休息	动作间休息
第5周	周一	卧推85%	5	5	3～5分钟	3～5分钟
		双杠臂屈伸	4	力竭次数	2分钟	2分钟
		哑铃卧推	4	10	2分钟	2分钟
		下斜哑铃卧推	3	20	2分钟	2分钟
		俯卧撑	3	力竭次数	2分钟	2分钟
		绳索臂屈伸	4	15	2分钟	2分钟
	周二	休息日				
	周三	上斜哑铃卧推	4	10	2分钟	2分钟
		实力推	4	10	2分钟	2分钟
		坐姿哑铃推举	4	12	2分钟	2分钟
		侧平举+俯身侧平举超级组	4	12	2分钟	2分钟
		器械推举	4	10	2分钟	2分钟
		大臂外旋/内旋超级组	4	15	2分钟	2分钟
	周四	杠铃深蹲	4	8	2分钟	2分钟
		杠铃硬拉	4	8	2分钟	2分钟
		腿举	4	12	2分钟	2分钟
		腿弯举	4	12	2分钟	2分钟
		腿屈伸	4	12	2分钟	2分钟
		哑铃箭步蹲	4	12	2分钟	2分钟
	周五	窄距卧推	4	10	2分钟	2分钟
		双杠臂屈伸	4	力竭次数	2分钟	2分钟
		绳索臂屈伸+颈后绳索臂屈伸超级组	4	12	2分钟	2分钟
		高位下拉	4	12	2分钟	2分钟
		面拉	4	12	2分钟	2分钟
		大臂外旋/内旋超级组	4	15	2分钟	2分钟
	周六	休息日				
	周日	休息日				
第6周	周一	卧推90%	4	4	3～5分钟	3～5分钟
		双杠臂屈伸	4	力竭次数	2分钟	2分钟
		哑铃卧推	4	10	2分钟	2分钟
		下斜哑铃卧推	3	20	2分钟	2分钟

（续表）

时间	动作	组数	次数	组间休息	动作间休息
	俯卧撑	3	力竭次数	2分钟	2分钟
	绳索臂屈伸	4	15	2分钟	2分钟
周二	休息日				
周三	上斜哑铃卧推	4	10	2分钟	2分钟
	实力推	4	10	2分钟	2分钟
	坐姿哑铃推举	4	12	2分钟	2分钟
	侧平举+俯身侧平举超级组	4	12	2分钟	2分钟
	器械推举	4	10	2分钟	2分钟
	大臂外旋/内旋超级组	4	15	2分钟	2分钟
周四	杠铃深蹲	4	8	2分钟	2分钟
	杠铃硬拉	4	8	2分钟	2分钟
	腿举	4	12	2分钟	2分钟
	腿弯举	4	12	2分钟	2分钟
	腿屈伸	4	12	2分钟	2分钟
	哑铃箭步蹲	4	12	2分钟	2分钟
周五	窄距卧推	4	10	2分钟	2分钟
	双杠臂屈伸	4	力竭次数	2分钟	2分钟
	绳索臂屈伸+颈后绳索臂屈伸超级组	4	12	2分钟	2分钟
	高位下拉	4	12	2分钟	2分钟
	面拉	4	12	2分钟	2分钟
	大臂外旋/内旋超级组	4	15	2分钟	2分钟
周六	休息日				
周日	休息日				
第7周 周一	卧推95%	3	3	3~5分钟	3~5分钟
	双杠臂屈伸	4	力竭次数	2分钟	2分钟
	哑铃卧推	4	10	2分钟	2分钟
	下斜哑铃卧推	3	20	2分钟	2分钟
	俯卧撑	3	力竭次数	2分钟	2分钟
	绳索臂屈伸	4	15	2分钟	2分钟
周二	休息日				

(续表)

时间		动作	组数	次数	组间休息	动作间休息
	周三	上斜哑铃卧推	4	10	2分钟	2分钟
		实力推	4	10	2分钟	2分钟
		坐姿哑铃推举	4	12	2分钟	2分钟
		侧平举+俯身侧平举超级组	4	12	2分钟	2分钟
		器械推举	4	10	2分钟	2分钟
		大臂外旋/内旋超级组	4	15	2分钟	2分钟
	周四	杠铃深蹲	4	8	2分钟	2分钟
		杠铃硬拉	4	8	2分钟	2分钟
		腿举	4	12	2分钟	2分钟
		腿弯举	4	12	2分钟	2分钟
		腿屈伸	4	12	2分钟	2分钟
		哑铃箭步蹲	4	12	2分钟	2分钟
	周五	窄距卧推	4	10	2分钟	2分钟
		双杠臂屈伸	4	力竭次数	2分钟	2分钟
		绳索臂屈伸+颈后绳索臂屈伸超级组	4	12	2分钟	2分钟
		高位下拉	4	12	2分钟	2分钟
		面拉	4	12	2分钟	2分钟
		大臂外旋/内旋超级组	4	15	2分钟	2分钟
	周六	休息日				
	周日	休息日				
第8周	周一	极限测试			3~5分钟	3~5分钟
		双杠臂屈伸	4	力竭次数	2分钟	2分钟
		哑铃卧推	4	10	2分钟	2分钟
		下斜哑铃卧推	3	20	2分钟	2分钟
		俯卧撑	3	力竭次数	2分钟	2分钟
		绳索臂屈伸	4	15	2分钟	2分钟
	周二	休息日				
	周三	上斜哑铃卧推	4	10	2分钟	2分钟
		实力推	4	10	2分钟	2分钟
		坐姿哑铃推举	4	12	2分钟	2分钟

（续表）

时间	动作	组数	次数	组间休息	动作间休息
周四	侧平举+俯身侧平举超级组	4	12	2分钟	2分钟
	器械推举	4	10	2分钟	2分钟
	大臂外旋/内旋超级组	4	15	2分钟	2分钟
	杠铃深蹲	4	8	2分钟	2分钟
	杠铃硬拉	4	8	2分钟	2分钟
	腿举	4	12	2分钟	2分钟
	腿弯举	4	12	2分钟	2分钟
	腿屈伸	4	12	2分钟	2分钟
	哑铃箭步蹲	4	12	2分钟	2分钟
周五	窄距卧推	4	10	2分钟	2分钟
	双杠臂屈伸	4	力竭次数	2分钟	2分钟
	绳索臂屈伸+颈后绳索臂屈伸超级组	4	12	2分钟	2分钟
	高位下拉	4	12	2分钟	2分钟
	面拉	4	12	2分钟	2分钟
	大臂外旋/内旋超级组	4	15	2分钟	2分钟
周六	休息日				
周日	休息日				

（2）计划分析

第一，从整体计划设计原理分析，这份卧推训练计划使用的是线性增长原理。线性增长原理对提升单项成绩有十分显著的作用，可以满足健身爱好者较高频率训练一个项目的需求，健身爱好者可以较频繁地进行大重量训练，还可以比较好地兼顾力量生长与疲劳管理两个方面。该训练计划时长八周，第一周到第四周为第一个阶段，后面四周为第二个阶段。第一个阶段没安排卧推专项的训练，只是进行哑铃卧推、上斜哑铃卧推及窄距卧推的练习，目的在于先帮助健身爱好者打好上肢肌肉力量基础，这对提高卧推成绩是十分必需的。第二个阶段训练目标主要集中在使用较大的重量提高卧推极限成绩，每周单独安排一个针对蹲拉的训练日，深蹲和硬拉训练容量较高，但没有使用较高的训练强度。

第二，从动作选取上分析，第一个阶段选择的训练动作大都为针对提升上肢肌肉力量及上肢肌肉围度的肌肉辅助训练，无论是刺激胸部为主的哑铃卧推、上斜哑铃卧推，刺激肩部为主的实力推，还是刺激肱三头肌为主的臂屈伸类训练，都可以打下一个很好的肌肉基础。与卧推有关的专项辅助训练动作是窄距卧推，这也是第一阶段所有训练动作中唯一与杠铃卧推有直接关联的练习。第二个阶段使用正常的大重量卧推替代第一阶段经常使用的哑铃卧推，目的是最直接提高卧推的极限成绩。经过第一阶段针对肌肉的强化练习，必须使用专项训练来更好地使"进化过"的肌肉转化为卧推极限成绩的增长。蹲拉训练日选择重量较轻的深蹲与硬拉专项训练，以及针对深蹲和硬拉练习所依赖的股四头肌、腘绳肌、臀大肌的肌肉辅助训练。大臂内旋与外旋的超级组练习，可以很好地稳定肩背部，这对于提升卧推极限重量是有十分重要帮助的。高位下拉及面拉等模仿卧推离心阶段背部发力下拉杠铃的练习动作，对于提升卧推具体技术及背部发力感也有着十分重要的帮助。

第三，从强度与容量方面分析，第一个阶段选择的主要是训练容量较高但是训练强度较低的练习。这与线性增长原理的特点相同，即在训练初期更多关注肌肉的练习。无论是哑铃卧推、上斜卧推、窄距卧推等与卧推有一定关联的训练，还是绳索臂屈伸、面拉等提升卧推发力所需肌肉力量来源的训练，都使用较高的训练容量。第二个阶段选择的则主要是训练容量较低但是训练强度较高的练习。大重量的卧推专项训练使用的是从极限重量85%的重量开始的练习，一直到第八周进行极限重量的测试，这四周内所有的卧推专项训练都是使用极高重量完成的。为了使健身爱好者获得更好的休息，避免神经和肌肉过度疲劳，训练计划适当降低了一些肌肉辅助训练的容量，例如将每组重复练习的次数由15次调整为12次，训练组数由4组调整为3组。

第四，从加重策略上分析，这份训练计划同样不会使用预设极限法，第五周到第七周专项卧推训练所使用的重量都是参照之前卧推的极限重量换算的。第一阶段所有的训练动作几乎都是肌肉辅助训练，而肌肉辅助训练的核心要求便是保证动作姿势的标准性。因此，健身爱好者在力所能及的情况下，可以尝试每周适当增加一点重量，特别是与卧推有关的哑铃卧推、上斜哑铃卧推及窄距卧推的每周练习重量最好逐步提高。在第二阶段，卧推专项训练的加重策略前面已经提及，肌肉辅助训练中健身爱好者不要增加过大的重量，维持之前的训练重量也是不错的选择，因为第二阶段所有的训练重心都在大重量的卧推专项训练上，如果肌肉辅助训练中过于增加重量，便容易在大重量卧推专项训练时出现疲劳的状况。

第五，从疲劳管理角度分析，整份训练计划虽然是一周三次训练与卧推有关的内容，但并非要求健身爱好者进行连续三次的卧推大重量训练。事实上，第一阶段没有任何与卧推大重量有关的训练，而第二阶段中卧推大重量训练也只是一周一次，这对疲劳管理处理得很不错，有助于预防肌肉或神经疲劳的产生。

第六，从适合人群上分析，这份训练计划适合初级健身爱好者，第一个阶段安排的内容正是很多初级健身爱好者所欠缺的。初级健身爱好者在实际训练中经常走入一个误区，即明知道自身肌肉力量不足却始终不肯面对，反而一直关注提升神经募集能力的训练或技术训练，这无异于有舍本逐末的感觉。强大的肌肉力量是获得较高三大项成绩的重要基础。因此，如果你的上肢肌肉较薄弱，那么可以试着使用这份计划，尽快补强你的弱点。若你具有一定卧推水平，但是卧推成绩是建立在较短做功距离基础上，上肢肌肉水平有一定不足，也可以尝试这份训练计划，将做功距离较短的优势尽可能最大化。如果你的卧推水平较高，那么这份训练计划并不适合你，毕竟在很多健身房中单个哑铃的最大重量只有 50 kg，如果你可以完成 160 kg 以上的卧推，那么只使用 50 kg 进行哑铃卧推便会出现训练效果不佳的现象。

第七，从优势与局限性上分析，这份计划可以从提升肌肉力量及神经募集能力两个角度带来卧推成绩的提高，并且训练动作整体完成难度不高，适用的人群较广。这份训练计划没有安排单独的解决卧推启动能力较慢的练习，也没有专项辅助训练动作和速度训练，因此随着健身爱好者的卧推水平持续提高，这份计划便会慢慢地变得不再适合。

第八，从兼容性角度分析，训练计划安排了单独的蹲拉训练日，但是与蹲拉有关的专项训练都是重量较轻、容量较高的练习，对提高蹲拉成绩几乎是没有帮助的，它们可以帮助健身爱好者尽量减少蹲拉成绩的流失。对于蹲拉成绩不是太高的健身爱好者，这种安排方式可以保持蹲拉成绩稳定不下降。

（三）硬拉

（1）计划安排

时间		动作	组数	次数	组间休息	动作间休息
第一周	周一	硬拉 70%	3	8	3~5分钟	3~5分钟
		腿弯举	5	15	2分钟	2分钟
		引体向上	5	力竭次数	2分钟	2分钟
		杠铃耸肩	5	15	2分钟	2分钟
		器械划船	5	15	2分钟	2分钟
	周四	速度硬拉 50%	10	2	30秒	2分钟
		杠铃耸肩	4	8	2分钟	2分钟
		杠铃划船	4	8	2分钟	2分钟
		臀桥	4	8	2分钟	2分钟
		GHD/GHR	4	力竭次数	2分钟	2分钟

(续表)

时间		动作	组数	次数	组间休息	动作间休息
第二周	周一	硬拉 75%	3	6	3~5 分钟	3~5 分钟
		腿弯举	5	15	2 分钟	2 分钟
		引体向上	5	力竭次数	2 分钟	2 分钟
		杠铃耸肩	5	15	2 分钟	2 分钟
		器械划船	5	15	2 分钟	2 分钟
	周四	速度硬拉 50%	10	3	30 秒	2 分钟
		杠铃耸肩	4	8	2 分钟	2 分钟
		杠铃划船	4	8	2 分钟	2 分钟
		臀桥	4	8	2 分钟	2 分钟
		GHD/GHR	4	力竭次数	2 分钟	2 分钟
第三周	周一	硬拉 80%	5	5	3~5 分钟	3~5 分钟
		腿弯举	5	15	2 分钟	2 分钟
		引体向上	5	力竭次数	2 分钟	2 分钟
		杠铃耸肩	5	15	2 分钟	2 分钟
		器械划船	5	15	2 分钟	2 分钟
	周四	速度硬拉 55%	9	2	30 秒	2 分钟
		杠铃耸肩	4	8	2 分钟	2 分钟
		杠铃划船	4	8	2 分钟	2 分钟
		臀桥	4	8	2 分钟	2 分钟
		GHD/GHR	4	力竭次数	2 分钟	2 分钟
第四周	周一	硬拉 85%	3	4	3~5 分钟	3~5 分钟
		腿弯举	5	15	2 分钟	2 分钟
		引体向上	5	力竭次数	2 分钟	2 分钟
		杠铃耸肩	5	15	2 分钟	2 分钟
		器械划船	5	15	2 分钟	2 分钟
	周四	速度硬拉 55%	9	3	30 秒	2 分钟
		杠铃耸肩	4	8	2 分钟	2 分钟
		杠铃划船	4	8	2 分钟	2 分钟
		臀桥	4	8	2 分钟	2 分钟
		GHD/GHR	4	力竭次数	2 分钟	2 分钟

（续表）

时间		动作	组数	次数	组间休息	动作间休息
第五周	周一	硬拉 90%	1	4	3~5分钟	3~5分钟
		腿弯举	5	15	2分钟	2分钟
		引体向上	5	力竭次数	2分钟	2分钟
		杠铃耸肩	5	15	2分钟	2分钟
		器械划船	5	15	2分钟	2分钟
	周四	速度硬拉 60%	8	2	30秒	2分钟
		杠铃耸肩	4	8	2分钟	2分钟
		杠铃划船	4	8	2分钟	2分钟
		臀桥	4	8	2分钟	2分钟
		GHD/GHR	4	力竭次数	2分钟	2分钟
第六周	周一	硬拉 95%	1	3	3~5分钟	3~5分钟
		腿弯举	5	15	2分钟	2分钟
		引体向上	5	力竭次数	2分钟	2分钟
		杠铃耸肩	5	15	2分钟	2分钟
		器械划船	5	15	2分钟	2分钟
	周四	速度硬拉 60%	8	3	30秒	2分钟
		杠铃耸肩	4	8	2分钟	2分钟
		杠铃划船	4	8	2分钟	2分钟
		臀桥	4	8	2分钟	2分钟
		GHD/GHR	4	力竭次数	2分钟	2分钟
第七周	周一	硬拉 100%	3	1	3~5分钟	3~5分钟
		腿弯举	5	15	2分钟	2分钟
		引体向上	5	力竭次数	2分钟	2分钟
		杠铃耸肩	5	15	2分钟	2分钟
		器械划船	5	15	2分钟	2分钟
	周四	速度硬拉 65%	8	1	30秒	2分钟
		杠铃耸肩	4	8	2分钟	2分钟
		杠铃划船	4	8	2分钟	2分钟
		臀桥	4	8	2分钟	2分钟
		GHD/GHR	4	力竭次数	2分钟	2分钟

(续表)

时间		动作	组数	次数	组间休息	动作间休息
第八周	周一	极限测试			3～5分钟	3～5分钟
		腿弯举	5	15	2分钟	2分钟
		引体向上	5	力竭次数	2分钟	2分钟
		杠铃耸肩	5	15	2分钟	2分钟
		器械划船	5	15	2分钟	2分钟
	周四	速度硬拉65%	8	2	30秒	2分钟
		杠铃耸肩	4	8	2分钟	2分钟
		杠铃划船	4	8	2分钟	2分钟
		臀桥	4	8	2分钟	2分钟
		GHD/GHR	4	力竭次数	2分钟	2分钟

（2）计划分析

第一，从整体计划设计原理上分析，整个计划为期八周，从第一周到第八周的极限测试前，整个训练计划的强度都在逐步递增、训练容量在逐步递减，这与线性增长原理的特点十分吻合。每周安排两个硬拉训练日：第一个训练日为大重量的硬拉专项训练日，目的在于提高健身爱好者硬拉专项的力量水平；第二个训练日为速度硬拉训练日，目的在于提升健身爱好者在硬拉时快速发力的能力，这有助于解决很多健身爱好者经常遇到的硬拉启动难的问题。

第二，从整体计划动作选取角度分析，大重量硬拉训练日选择的辅助动作为腿弯举、引体向上、杠铃耸肩及器械划船，它们对提升硬拉所需要的后侧链肌群中的腘绳肌、斜方肌、上背部肌群都有十分重要的帮助。速度硬拉训练日选择的辅助动作为杠铃耸肩、杠铃划船、臀桥以及GHD或GHR。其中，两次选择杠铃耸肩的原因在于它对健身爱好者斜方肌及整个上拉杠铃所需要力量的提升作用，这是除杠铃耸肩外别的训练动作所无法满足的。虽然哑铃耸肩或器械耸肩对肌肉的提升效果较好，但是这份训练计划主要关注的还是对极限力量的提升，并没有使用像前面卧推训练计划中那样单独进行一个肌肉力量训练模块的安排。杠铃划船与臀桥可以提升上背部肌群及臀部肌群的力量，这可以在硬拉中有足够的力量支持。GHD或GHR训练可以提升健身爱好者髋关节周围的力量，可以在腰背部不承受任何明显压力的情况下，极大限度地提高硬拉的极限成绩。

第三，从整体计划强度与容量上分析，训练计划中只有前两周的硬拉专项训练是强度较低、容量较高的，其余五周都是强度极高但容量较低的，这种安排方式是通过循序渐进增长力量耐力、爆发力达到在最后一周充分提高极限硬拉成绩的目的。硬拉速度训练也是从 50% 极限重量到 65% 极限重量的强度递增、容量递减的练习方式，这也是为了在最后一周充分帮助健身爱好者调整好冲刺极限重量的状态。肌肉辅助训练的强度与容量跟当日的硬拉训练容量与强度有关：大重量硬拉训练日的肌肉辅助训练使用的便是高容量、低强度的练习方式；在速度硬拉训练日这一天，因为速度硬拉所使用的重量较小，所以肌肉辅助训练便安排了一些低容量但是使用重量较大的练习。

第四，从加重策略分析，健身爱好者可以在执行训练计划的过程中根据自身的感受，选择是否在下一周原目标重量的基础上适当增加一定的重量。例如你下周的目标是完成 200 kg 3 组各 1 次的硬拉，但是在上周练习完成后，你感觉 200 kg 3 组各 1 次会很轻松完成，那么便可以适当增加练习重量为 205 kg 3 组各 1 次。在肌肉辅助训练方面，健身爱好者随着时间的推移，在自身肌肉力量允许的情况下，可适当增加辅助动作使用的重量。当然，为了在最后一周的极限测试中有更好的表现，避免身体处于一定的肌肉疲劳状态，健身爱好者可以从第六周开始适当降低肌肉辅助训练所使用的重量。

第五，从整体计划对疲劳管理角度分析，一周进行两次硬拉训练，并且只进行一次硬拉大重量训练，是提高单项硬拉成绩所能够接受的上限，使用超过这个限制的方式进行练习便容易导致神经与肌肉的过度疲劳。这份计划只在前两周安排了较高容量的硬拉训练，后面几周的整体容量并不高，并且肌肉辅助训练也没有安排过多的动作，因此并不会轻易导致健身爱好者出现肌肉过度疲劳的现象。虽然这份训练计划使用的重量是逐步递增的，但因为在练习时不会同时安排大重量的深蹲训练，所以只要健身爱好者保持充足的睡眠与营养摄入，便不会出现关节或神经的疲劳。

第六，从整体计划适合人群分析，这份计划适合具有一定力量训练经验的健身爱好者。训练计划虽然没有高难度的训练动作，但是训练计划初期容量较高的训练安排不是刚接触力量训练的健身爱好者可以掌握的。并且，速度训练需要健身爱好者在保持动作标准的前提下尽可能快速地完成，而初级健身爱好者则有可能因为训练经验不足，在执行计划的过程中出现盲目追求速度反而忽略动作标准的现象，这不仅不利于极限硬拉的提升，还有可能对身体产生严重的危害。

第七，从整体计划优势与局限性分析，这份计划对提高硬拉极限成绩所必需的专项力量水平、肌肉力量水平及启动能力都有针对性的训练安排，如果健身爱好者不存在锁定能力较差的问题，或者手臂较长，那么这份计划会很好地帮助提高硬拉的极限成绩。当然，这份计划也是存在一定局限性的，它的辅助动作安排及专项训练的设定更适合用传统硬拉的健身爱好者，如果你使用的是相扑硬拉，那么这份计划对你的帮助并不会太大。其次，训练计划的 GHD 或 GHR 器械并不是所有健身房都有的，而选择替代器械会一定程度上影响整个训练的效果。此外，除去速度训练，健身爱好者一周硬拉专项训练的组数并不多，特别是第五周开始硬拉专项训练的容量大幅度降低，这便意味着一些对硬拉技术掌握不熟练或对发力模式依旧不是十分清楚的健身爱好者并不适合使用这种训练方式。

第八，从兼容性角度分析，训练硬拉的同时不应安排深蹲练习，即使是容量适中、强度较低的深蹲训练也会对关节和神经造成一定的压力，对提高硬拉成绩是十分不利的。有的健身爱好者认为硬拉和深蹲可以互相促进对方的发展，但事实上这种现象在高水平健身爱好者身上很少出现，认为硬拉或深蹲成绩得到了提高也只是相对之前的极限重量做出的判断，当蹲拉成绩提高到真正比较高的水平时便会发现这种训练的不兼容性。

（四）深蹲 + 卧推

（1）计划安排

时间		动作	组数	次数/分钟	组间休息	动作间休息
第一周	周一	慢速离心深蹲50%	5	5	3～5分钟	3～5分钟
		腿举	4	20	2分钟	2分钟
		腿屈伸 + 腿弯举超级组	4	20	2分钟	2分钟
		哑铃箭步走	4	2	2分钟	2分钟
		面拉	4	20	2分钟	2分钟
	周二	慢速离心卧推50%	5	5	3～5分钟	3～5分钟
		窄推	4	10	2分钟	2分钟
		哑铃卧推	4	10	2分钟	2分钟
		绳索臂屈伸 + 绳索颈后臂屈伸超级组	4	15	2分钟	2分钟
		大臂内旋/外旋超级组	4	15	2分钟	2分钟
	周三	休息日				
	周四	暂停深蹲40%	3	5	3～5分钟	3～5分钟
		腿举	4	20	2分钟	2分钟
		腿屈伸 + 腿弯举超级组	4	20	2分钟	2分钟
		哑铃箭步走	4	2	2分钟	2分钟
		面拉	4	20	2分钟	2分钟
	周五	上斜卧推	4	10	2分钟	2分钟
		窄推	4	10	2分钟	2分钟
		哑铃卧推	4	10	2分钟	2分钟

(续表)

时间		动作	组数	次数/分钟	组间休息	动作间休息
		绳索臂屈伸+绳索颈后臂屈伸超级组	4	15	2分钟	2分钟
		大臂内旋/外旋超级组	4	15	2分钟	2分钟
	周六	休息日				
	周日	休息日				
第二周	周一	慢速离心深蹲55%	5	5	3~5分钟	3~5分钟
		腿举	4	20	2分钟	2分钟
		腿屈伸+腿弯举超级组	4	20	2分钟	2分钟
		哑铃箭步走	4	2	2分钟	2分钟
		面拉	4	20	2分钟	2分钟
	周二	慢速离心卧推55%	5	5	3~5分钟	3~5分钟
		窄推	4	10	2分钟	2分钟
		哑铃卧推	4	10	2分钟	2分钟
		绳索臂屈伸+绳索颈后臂屈伸超级组	4	15	2分钟	2分钟
		大臂内旋/外旋超级组	4	15	2分钟	2分钟
	周三	休息日				
	周四	暂停深蹲45%	3	5	3~5分钟	3~5分钟
		腿举	4	20	2分钟	2分钟
		腿屈伸+腿弯举超级组	4	20	2分钟	2分钟
		哑铃箭步走	4	2	2分钟	2分钟
		面拉	4	20	2分钟	2分钟
	周五	上斜卧推	4	10	2分钟	2分钟
		窄推	4	10	2分钟	2分钟
		哑铃卧推	4	10	2分钟	2分钟
		绳索臂屈伸+绳索颈后臂屈伸超级组	4	15	2分钟	2分钟
		大臂内旋/外旋超级组	4	15	2分钟	2分钟
	周六	休息日				
	周日	休息日				
第三周	周一	深蹲60%	5	5	3~5分钟	3~5分钟
		腿举	4	20	2分钟	2分钟
		腿屈伸+腿弯举超级组	4	20	2分钟	2分钟

（续表）

时间		动作	组数	次数/分钟	组间休息	动作间休息
	周二	哑铃箭步走	4	2	2分钟	2分钟
		面拉	4	20	2分钟	2分钟
		卧推60%	5	5	3~5分钟	3~5分钟
		窄推	4	10	2分钟	2分钟
		哑铃卧推	4	10	2分钟	2分钟
		绳索臂屈伸+绳索颈后臂屈伸超级组	4	15	2分钟	2分钟
		大臂内旋/外旋超级组	4	15	2分钟	2分钟
	周三	休息日				
		暂停蹲50%	3	5	3~5分钟	3~5分钟
		腿举	4	20	2分钟	2分钟
	周四	腿屈伸+腿弯举超级组	4	20	2分钟	2分钟
		哑铃箭步走	4	2	2分钟	2分钟
		面拉	4	20	2分钟	2分钟
		上斜卧推	4	10	2分钟	2分钟
		窄推	4	10	2分钟	2分钟
	周五	哑铃卧推	4	10	2分钟	2分钟
		绳索臂屈伸+绳索颈后臂屈伸超级组	4	15	2分钟	2分钟
		大臂内旋/外旋超级组	4	15	2分钟	2分钟
	周六	休息日				
	周日	休息日				
第四周		深蹲65%	5	5	3~5分钟	3~5分钟
		腿举	4	20	2分钟	2分钟
	周一	腿屈伸+腿弯举超级组	4	20	2分钟	2分钟
		哑铃箭步走	4	2	2分钟	2分钟
		面拉	4	20	2分钟	2分钟
		卧推65%	5	5	3~5分钟	3~5分钟
		窄推	4	10	2分钟	2分钟
	周二	哑铃卧推	4	10	2分钟	2分钟
		绳索臂屈伸+绳索颈后臂屈伸超级组	4	15	2分钟	2分钟
		大臂内旋/外旋超级组	4	15	2分钟	2分钟

（续表）

时间		动作	组数	次数/分钟	组间休息	动作间休息
	周三	休息日				
	周四	暂停蹲55%	3	5	3~5分钟	3~5分钟
		腿举	4	20	2分钟	2分钟
		腿屈伸+腿弯举超级组	4	20	2分钟	2分钟
		哑铃箭步走	4	2	2分钟	2分钟
		面拉	4	20	2分钟	2分钟
	周五	上斜卧推	4	10	2分钟	2分钟
		窄推	4	10	2分钟	2分钟
		哑铃卧推	4	10	2分钟	2分钟
		绳索臂屈伸+绳索颈后臂屈伸超级组	4	15	2分钟	2分钟
		大臂内旋/外旋超级组	4	15	2分钟	2分钟
	周六	休息日				
	周日	休息日				
第五周	周一	深蹲70%	3	3	3~5分钟	3~5分钟
		腿举	4	20	2分钟	2分钟
		腿屈伸+腿弯举超级组	4	20	2分钟	2分钟
		哑铃箭步走	4	2	2分钟	2分钟
		面拉	4	20	2分钟	2分钟
	周二	卧推70%	3	3	3~5分钟	3~5分钟
		窄推	4	10	2分钟	2分钟
		哑铃卧推	4	10	2分钟	2分钟
		绳索臂屈伸+绳索颈后臂屈伸超级组	4	15	2分钟	2分钟
		大臂内旋/外旋超级组	4	15	2分钟	2分钟
	周三	休息日				
	周四	暂停蹲60%	3	5	3~5分钟	3~5分钟
		腿举	4	20	2分钟	2分钟
		腿屈伸+腿弯举超级组	4	20	2分钟	2分钟
		哑铃箭步走	4	2	2分钟	2分钟
		面拉	4	20	2分钟	2分钟

（续表）

时间		动作	组数	次数/分钟	组间休息	动作间休息
	周五	上斜卧推	4	10	2分钟	2分钟
		窄推	4	10	2分钟	2分钟
		哑铃卧推	4	10	2分钟	2分钟
		绳索臂屈伸+绳索颈后臂屈伸超级组	4	15	2分钟	2分钟
		大臂内旋/外旋超级组	4	15	2分钟	2分钟
	周六	休息日				
	周日	休息日				
第七周	周一	深蹲75%	3	3	3~5分钟	3~5分钟
		腿举	4	20	2分钟	2分钟
		腿屈伸+腿弯举超级组	4	20	2分钟	2分钟
		哑铃箭步走	4	2	2分钟	2分钟
		面拉	4	20	2分钟	2分钟
	周二	卧推75%	3	3	3~5分钟	3~5分钟
		窄推	4	10	2分钟	2分钟
		哑铃卧推	4	10	2分钟	2分钟
		绳索臂屈伸+绳索颈后臂屈伸超级组	4	15	2分钟	2分钟
		大臂内旋/外旋超级组	4	15	2分钟	2分钟
	周三	休息日				
	周四	暂停蹲65%	3	5	3~5分钟	3~5分钟
		腿举	4	20	2分钟	2分钟
		腿屈伸+腿弯举超级组	4	20	2分钟	2分钟
		哑铃箭步走	4	2	2分钟	2分钟
		面拉	4	20	2分钟	2分钟
	周五	上斜卧推	4	10	2分钟	2分钟
		窄推	4	10	2分钟	2分钟
		哑铃卧推	4	10	2分钟	2分钟
		绳索臂屈伸+绳索颈后臂屈伸超级组	4	15	2分钟	2分钟
		大臂内旋/外旋超级组	4	15	2分钟	2分钟
	周六	休息日				

（续表）

时间		动作	组数	次数/分钟	组间休息	动作间休息
第八周	周日	休息日				
	周一	深蹲80%	3	3	3~5分钟	3~5分钟
		腿举	4	20	2分钟	2分钟
		腿屈伸+腿弯举超级组	4	20	2分钟	2分钟
		哑铃箭步走	4	2	2分钟	2分钟
		面拉	4	20	2分钟	2分钟
	周二	卧推80%	3	3	3~5分钟	3~5分钟
		窄推	4	10	2分钟	2分钟
		哑铃卧推	4	10	2分钟	2分钟
		绳索臂屈伸+绳索颈后臂屈伸超级组	4	15	2分钟	2分钟
		大臂内旋/外旋超级组	4	15	2分钟	2分钟
	周三	休息日				
	周四	暂停蹲70%	3	3	3~5分钟	3~5分钟
		腿举	4	20	2分钟	2分钟
		腿屈伸+腿弯举超级组	4	20	2分钟	2分钟
		哑铃箭步走	4	2	2分钟	2分钟
		面拉	4	20	2分钟	2分钟
	周五	上斜卧推	4	10	2分钟	2分钟
		窄推	4	10	2分钟	2分钟
		哑铃卧推	4	10	2分钟	2分钟
		绳索臂屈伸+绳索颈后臂屈伸超级组	4	15	2分钟	2分钟
		大臂内旋/外旋超级组	4	15	2分钟	2分钟
	周六	休息日				
	周日	休息日				
第九周	周一	深蹲85%	2	3	3~5分钟	3~5分钟
		腿举	4	20	2分钟	2分钟
		腿屈伸+腿弯举超级组	4	20	2分钟	2分钟
		哑铃箭步走	4	2	2分钟	2分钟
		面拉	4	20	2分钟	2分钟

（续表）

时间		动作	组数	次数/分钟	组间休息	动作间休息
	周二	卧推85%	2	3	3~5分钟	3~5分钟
		窄推	4	10	2分钟	2分钟
		哑铃卧推	4	10	2分钟	2分钟
		绳索臂屈伸+绳索颈后臂屈伸超级组	4	15	2分钟	2分钟
		大臂内旋/外旋超级组	4	15	2分钟	2分钟
	周三	休息日				
	周四	暂停蹲75%	3	3	3~5分钟	3~5分钟
		腿举	4	20	2分钟	2分钟
		腿屈伸+腿弯举超级组	4	20	2分钟	2分钟
		哑铃箭步走	4	2	2分钟	2分钟
		面拉	4	20	2分钟	2分钟
	周五	上斜卧推	4	10	2分钟	2分钟
		窄推	4	10	2分钟	2分钟
		哑铃卧推	4	10	2分钟	2分钟
		绳索臂屈伸+绳索颈后臂屈伸超级组	4	15	2分钟	2分钟
		大臂内旋/外旋超级组	4	15	2分钟	2分钟
	周六	休息日				
	周日	休息日				
第十周	周一	深蹲90%	2	2	3~5分钟	3~5分钟
		腿举	4	20	2分钟	2分钟
		腿屈伸+腿弯举超级组	4	20	2分钟	2分钟
		哑铃箭步走	4	2	2分钟	2分钟
		面拉	4	20	2分钟	2分钟
	周二	卧推90%	2	2	3~5分钟	3~5分钟
		窄推	4	10	2分钟	2分钟
		哑铃卧推	4	10	2分钟	2分钟
		绳索臂屈伸+绳索颈后臂屈伸超级组	4	15	2分钟	2分钟
		大臂内旋/外旋超级组	4	15	2分钟	2分钟
	周三	休息日				

（续表）

时间		动作	组数	次数/分钟	组间休息	动作间休息
	周四	暂停蹲80%	3	1	3~5分钟	3~5分钟
		腿举	4	20	2分钟	2分钟
		腿屈伸+腿弯举超级组	4	20	2分钟	2分钟
		哑铃箭步走	4	2	2分钟	2分钟
		面拉	4	20	2分钟	2分钟
	周五	上斜卧推	4	10	2分钟	2分钟
		窄推	4	10	2分钟	2分钟
		哑铃卧推	4	10	2分钟	2分钟
		绳索臂屈伸+绳索颈后臂屈伸超级组	4	15	2分钟	2分钟
		大臂内旋/外旋超级组	4	15	2分钟	2分钟
	周六	休息日				
	周日	休息日				
第十一周	周一	深蹲95%	2	1	3~5分钟	3~5分钟
		腿举	4	20	2分钟	2分钟
		腿屈伸+腿弯举超级组	4	20	2分钟	2分钟
		哑铃箭步走	4	2	2分钟	2分钟
		面拉	4	20	2分钟	2分钟
	周二	卧推95%	2	1	3~5分钟	3~5分钟
		窄推	4	10	2分钟	2分钟
		哑铃卧推	4	10	2分钟	2分钟
		绳索臂屈伸+绳索颈后臂屈伸超级组	4	15	2分钟	2分钟
		大臂内旋/外旋超级组	4	15	2分钟	2分钟
	周三	休息日				
	周四	暂停蹲85%	3	1	3~5分钟	3~5分钟
		腿举	4	20	2分钟	2分钟
		腿屈伸+腿弯举超级组	4	20	2分钟	2分钟
		哑铃箭步走	4	2	2分钟	2分钟
		面拉	4	20	2分钟	2分钟
	周五	上斜卧推	4	10	2分钟	2分钟
		窄推	4	10	2分钟	2分钟

（续表）

时间		动作	组数	次数/分钟	组间休息	动作间休息
第十二周		哑铃卧推	4	10	2分钟	2分钟
		绳索臂屈伸+绳索颈后臂屈伸超级组	4	15	2分钟	2分钟
		大臂内旋/外旋超级组	4	15	2分钟	2分钟
	周六	休息日				
	周日	休息日				
	周一	深蹲100%	1	1	3~5分钟	3~5分钟
		腿举	4	20	2分钟	2分钟
		腿屈伸+腿弯举超级组	4	20	2分钟	2分钟
		哑铃箭步走	4	2	2分钟	2分钟
		面拉	4	20	2分钟	2分钟
	周二	卧推100%	1	1	3~5分钟	3~5分钟
		窄推	4	10	2分钟	2分钟
		哑铃卧推	4	10	2分钟	2分钟
		绳索臂屈伸+绳索颈后臂屈伸超级组	4	15	2分钟	2分钟
		大臂内旋/外旋超级组	4	15	2分钟	2分钟
	周三	休息日				
	周四	暂停蹲90%	1	1	3~5分钟	3~5分钟
		腿举	4	20	2分钟	2分钟
		腿屈伸+腿弯举超级组	4	20	2分钟	2分钟
		哑铃箭步走	4	2	2分钟	2分钟
		面拉	4	20	2分钟	2分钟
	周五	上斜卧推	4	10	2分钟	2分钟
		窄推	4	10	2分钟	2分钟
		哑铃卧推	4	10	2分钟	2分钟
		绳索臂屈伸+绳索颈后臂屈伸超级组	4	15	2分钟	2分钟
		大臂内旋/外旋超级组	4	15	2分钟	2分钟
	周六	休息日				
	周日	休息日				

(2) 计划分析

第一，从整体计划设计原理分析，这份计划的设计原理与线性增长原理比较吻合，整个计划为12周，其中每4周为一个阶段，总共三个阶段。第一个阶段的目标是修改动作弱点、解决蹲推的阶段性难点，第二个阶段的目标是为提升蹲推的极限力量巩固力量基础，第三个阶段的目标则是彻底"引爆"新的蹲推极限。每周都安排大重量的卧推专项训练日、深蹲专项训练日，以及一个卧推专项辅助训练日和一个深蹲专项辅助训练日。

第二，从整体计划动作选取分析，在深蹲与卧推的大重量专项训练日中，除了深蹲与卧推的专项练习外，还安排了腿举、腿屈伸、腿弯举、箭步蹲、窄距卧推、臂屈伸、面拉、哑铃卧推、针对冈上肌和冈下肌的训练。大重量深蹲专项训练日所安排的辅助动作基本都是为了巩固下肢肌肉力量水平而设定的，其中四个动作包含了对股四头肌、腘绳肌及臀大肌的刺激，剩余的面拉训练则主要是为了解决只练习蹲推训练时容易忽略对背部训练的问题。大重量卧推训练日所安排的辅助动作则有较多的目的，窄距卧推和臂屈伸对提升卧推锁定能力及肱三头肌的力量有很大帮助，哑铃卧推的目的是提高健身爱好者的胸部肌肉力量水平，冈上肌和冈下肌的练习则针对的是稳定肩背部的小肌肉群的力量，这个在大重量卧推中是十分重要的。在深蹲与卧推的专项辅助训练日中，使用暂停蹲及上斜卧推这两个主项练习：暂停蹲有助于解决深蹲启动较难的问题，有助于提高爆发力水平；上斜卧推则比较适合手臂较长的健身爱好者，它对提升锁定能力及强化上肢肌肉都是十分有帮助的。这两个训练日的辅助动作是与大重量专项训练日相同的练习。

第三，从整体计划强度与容量分析，训练计划中有关肌肉辅助训练的容量较高，并且是从训练计划初期到末段一直延续的，这对较大体重级别的健身爱好者是很不错的选择，但是对一些肌肉恢复能力较差的健身爱好者会出现肌肉过度疲惫的现象。在专项训练与专项辅助训练的强度与容量选择上，都是随着时间的推移逐渐降低训练容量，同时增加使用的负荷重量，这对提高蹲推的极限重量是十分有帮助的。

第四，从加重策略分析，这份计划使用"预设极限法"，健身爱好者需要根据情况为自己预设一个在12周以后能达到的新的极限深蹲和极限卧推重量，并用这个重量作为换算依据进行练习。具体到每个周中，无论是专项训练还是专项辅助训练，使用的都是每周比上周增加5%的加重方式。在最开始的阶段没有使用正常的深蹲和卧推练习，使用的是慢速离心的深蹲和卧推，目的在于进一步强化技术水平，完善蹲推动作中的漏洞，为后面的训练打下基础。在力所能及的前提下，随着计划的推移应逐步增加肌肉辅助训练所使用的重量。当然，为了避免较高容量对极限测试的影响，从第十周开始可以适当降低肌肉辅助训练所使用的重量，避免肌肉过度疲劳。

第五，从整体计划对疲劳管理角度分析，如果使用线性训练计划同时提升多项能力，在强度逐渐达到最高时不可避免地要面临一周同时进行两项或三项大重量训练的问题，这对神经的恢复不利。当然，在这份计划里卧推与深蹲之间的影响并不强烈，深蹲训练对背部力量也有一定的要求，但是不会像硬拉那样需求过大，从而可以减少对卧推练习的影响。如果健身爱好者感觉连续两天完成大重量的卧推和深蹲训练有点困难，那么也可以选择一个大重量深蹲训练日＋一个卧推专项辅助训练日这样的"轻重交替"的搭配。

第六，从整体计划适合人群分析，容量较高的训练对体重较大的健身爱好者是有一定帮助的，因为他们比普通健身爱好者拥有更多的肌肉量，对三大项成绩的提高是十分有帮助的。除此以外，这份训练计划有单独的对技术动作调整的训练阶段，因此如果你的训练动作依旧存在一定的问题，那么可以使用这份计划。如果你的三大项成绩较高，不应使用这种练习方式，除非你拥有极高的营养摄入与恢复能力。

第七，从整体计划优势与局限性分析，这份计划的优势在于无论是修改动作技术、提升力量基础，还是强化极限力量，在每个阶段都安排了足够多的专项训练及专项辅助训练。除了在最后阶段必须一周内同时完成大重量的深蹲与大重量的卧推练习外，这份计划的适用范围是相当广阔的。当然，有的健身爱好者认为在比赛时必须面对同一天进行三个项目的极限测试，但是并非所有人都会去参加比赛，比赛对三个项目极限的测试集中在一天，而本计划训练要持续几周。

第八，从兼容性角度分析，除非健身爱好者的硬拉成绩较弱，否则不会出现练习蹲推的同时提高硬拉成绩的现象。练习中只安排了腿弯举与面拉这两个同硬拉有一定关联的动作，正常情况下硬拉成绩会有轻微的下降。

（五）硬拉＋卧推

（1）计划安排

时间		动作	组数	次数	组间休息	动作间休息
第一周	周一	相扑拉80%	5	5	3～5分钟	3～5分钟
		腿举	4	12	2分钟	2分钟
		腿屈伸	4	12	2分钟	2分钟
		腿弯举	4	12	2分钟	2分钟
		臀屈伸	4	12	2分钟	2分钟
	周二	上斜卧推	3	10	2分钟	2分钟
		实力推	3	10	2分钟	2分钟
		面拉	3	20	2分钟	2分钟

（续表）

时间		动作	组数	次数	组间休息	动作间休息
		双杠臂屈伸	3	力竭次数	2分钟	2分钟
		正握杠铃弯举	3	20	2分钟	2分钟
	周三	休息日				
	周四	直腿硬拉	3	10	2分钟	2分钟
		杠铃划船	4	12	2分钟	2分钟
		杠铃耸肩	4	12	2分钟	2分钟
		高位下拉	4	12	2分钟	2分钟
		器械划船	4	12	2分钟	2分钟
	周五	慢速离心卧推50%	3	5	3~5分钟	3~5分钟
		坐姿哑铃推举	4	12	2分钟	2分钟
		绳索臂屈伸+颈后绳索臂屈伸超级组	4	12	2分钟	2分钟
		双杠臂屈伸	4	力竭次数	2分钟	2分钟
		大臂内旋/外旋超级组	4	12	2分钟	2分钟
	周六	休息日				
	周日	休息日				
第二周	周一	超程传统拉50%	3	5	3~5分钟	3~5分钟
		腿举	4	12	2分钟	2分钟
		腿屈伸	4	12	2分钟	2分钟
		腿弯举	4	12	2分钟	2分钟
		臀屈伸	4	12	2分钟	2分钟
	周二	上斜卧推	3	10	2分钟	2分钟
		实力推	3	10	2分钟	2分钟
		面拉	3	20	2分钟	2分钟
		双杠臂屈伸	3	力竭次数	2分钟	2分钟
		正握杠铃弯举	3	20	2分钟	2分钟
	周三	休息日				
	周四	直腿硬拉	3	10	2分钟	2分钟
		杠铃划船	4	12	2分钟	2分钟
		杠铃耸肩	4	12	2分钟	2分钟
		高位下拉	4	12	2分钟	2分钟
		器械划船	4	12	2分钟	2分钟

（续表）

时间		动作	组数	次数	组间休息	动作间休息
	周五	卧推80%	5	5	3~5分钟	3~5分钟
		坐姿哑铃推举	4	12	2分钟	2分钟
		绳索臂屈伸+颈后绳索臂屈伸超级组	4	12	2分钟	2分钟
		双杠臂屈伸	4	力竭次数	2分钟	2分钟
		大臂内旋/外旋超级组	4	12	2分钟	2分钟
	周六	休息日				
	周日	休息日				
第三周	周一	相扑拉82.5%	5	4	3~5分钟	3~5分钟
		腿举	4	12	2分钟	2分钟
		腿屈伸	4	12	2分钟	2分钟
		腿弯举	4	12	2分钟	2分钟
		臀屈伸	4	12	2分钟	2分钟
	周二	上斜卧推	3	10	2分钟	2分钟
		实力推	3	10	2分钟	2分钟
		面拉	3	20	2分钟	2分钟
		双杠臂屈伸	3	力竭次数	2分钟	2分钟
		正握杠铃弯举	3	20	2分钟	2分钟
	周三	休息日				
	周四	直腿硬拉	3	10	2分钟	2分钟
		杠铃划船	4	12	2分钟	2分钟
		杠铃耸肩	4	12	2分钟	2分钟
		高位下拉	4	12	2分钟	2分钟
		器械划船	4	12	2分钟	2分钟
	周五	慢速离心卧推55%	3	5	3~5分钟	3~5分钟
		坐姿哑铃推举	4	12	2分钟	2分钟
		绳索臂屈伸+颈后绳索臂屈伸超级组	4	12	2分钟	2分钟
		双杠臂屈伸	4	力竭次数	2分钟	2分钟
		大臂内旋/外旋超级组	4	12	2分钟	2分钟
	周六	休息日				
	周日	休息日				

（续表）

时间		动作	组数	次数	组间休息	动作间休息
第四周	周一	超程传统拉55%	3	5	3~5分钟	3~5分钟
		腿举	4	12	2分钟	2分钟
		腿屈伸	4	12	2分钟	2分钟
		腿弯举	4	12	2分钟	2分钟
		臀屈伸	4	12	2分钟	2分钟
	周二	上斜卧推	3	10	2分钟	2分钟
		实力推	3	10	2分钟	2分钟
		面拉	3	20	2分钟	2分钟
		双杠臂屈伸	3	力竭次数	2分钟	2分钟
		正握杠铃弯举	3	20	2分钟	2分钟
	周三	休息日				
	周四	直腿硬拉	3	10	2分钟	2分钟
		杠铃划船	4	12	2分钟	2分钟
		杠铃耸肩	4	12	2分钟	2分钟
		高位下拉	4	12	2分钟	2分钟
		器械划船	4	12	2分钟	2分钟
	周五	卧推82.5%	5	4	3~5分钟	3~5分钟
		坐姿哑铃推举	4	12	2分钟	2分钟
		绳索臂屈伸+颈后绳索臂屈伸超级组	4	12	2分钟	2分钟
		双杠臂屈伸	4	力竭次数	2分钟	2分钟
		大臂内旋/外旋超级组	4	12	2分钟	2分钟
	周六	休息日				
	周日	休息日				
第五周	周一	相扑拉85%	4	4	3~5分钟	3~5分钟
		腿举	4	12	2分钟	2分钟
		腿屈伸	4	12	2分钟	2分钟
		腿弯举	4	12	2分钟	2分钟
		臀屈伸	4	12	2分钟	2分钟
	周二	上斜卧推	3	10	2分钟	2分钟
		实力推	3	10	2分钟	2分钟
		面拉	3	20	2分钟	2分钟

（续表）

时间		动作	组数	次数	组间休息	动作间休息
		双杠臂屈伸	3	力竭次数	2分钟	2分钟
		正握杠铃弯举	3	20	2分钟	2分钟
	周三	休息日				
	周四	直腿硬拉	3	10	2分钟	2分钟
		杠铃划船	4	12	2分钟	2分钟
		杠铃耸肩	4	12	2分钟	2分钟
		高位下拉	4	12	2分钟	2分钟
		器械划船	4	12	2分钟	2分钟
	周五	慢速离心卧推60%	3	5	3～5分钟	3～5分钟
		坐姿哑铃推举	4	12	2分钟	2分钟
		绳索臂屈伸+颈后绳索臂屈伸超级组	4	12	2分钟	2分钟
		双杠臂屈伸	4	力竭次数	2分钟	2分钟
		大臂内旋/外旋超级组	4	12	2分钟	2分钟
	周六	休息日				
	周日	休息日				
第六周	周一	超程传统拉60%	3	5	3～5分钟	3～5分钟
		腿举	4	12	2分钟	2分钟
		腿屈伸	4	12	2分钟	2分钟
		腿弯举	4	12	2分钟	2分钟
		臀屈伸	4	12	2分钟	2分钟
	周二	上斜卧推	3	10	2分钟	2分钟
		实力推	3	10	2分钟	2分钟
		面拉	3	20	2分钟	2分钟
		双杠臂屈伸	3	力竭次数	2分钟	2分钟
		正握杠铃弯举	3	20	2分钟	2分钟
	周三	休息日				
	周四	直腿硬拉	3	10	2分钟	2分钟
		杠铃划船	4	12	2分钟	2分钟
		杠铃耸肩	4	12	2分钟	2分钟
		高位下拉	4	12	2分钟	2分钟
		器械划船	4	12	2分钟	2分钟

（续表）

时间		动作	组数	次数	组间休息	动作间休息
		卧推85%	4	4	3~5分钟	3~5分钟
		坐姿哑铃推举	4	12	2分钟	2分钟
	周五	绳索臂屈伸+颈后绳索臂屈伸超级组	4	12	2分钟	2分钟
		双杠臂屈伸	4	力竭次数	2分钟	2分钟
		大臂内旋/外旋超级组	4	12	2分钟	2分钟
	周六	休息日				
	周日	休息日				
第七周		相扑拉87.5%	4	3	3~5分钟	3~5分钟
		腿举	4	12	2分钟	2分钟
	周一	腿屈伸	4	12	2分钟	2分钟
		腿弯举	4	12	2分钟	2分钟
		臀屈伸	4	12	2分钟	2分钟
		上斜卧推	3	10	2分钟	2分钟
		实力推	3	10	2分钟	2分钟
	周二	面拉	3	20	2分钟	2分钟
		双杠臂屈伸	3	力竭次数	2分钟	2分钟
		正握杠铃弯举	3	20	2分钟	2分钟
	周三	休息日				
		直腿硬拉	3	10	2分钟	2分钟
		杠铃划船	4	12	2分钟	2分钟
	周四	杠铃耸肩	4	12	2分钟	2分钟
		高位下拉	4	12	2分钟	2分钟
		器械划船	4	12	2分钟	2分钟
		慢速离心卧推65%	3	5	3~5分钟	3~5分钟
		坐姿哑铃推举	4	12	2分钟	2分钟
	周五	绳索臂屈伸+颈后绳索臂屈伸超级组	4	12	2分钟	2分钟
		双杠臂屈伸	4	力竭次数	2分钟	2分钟
		大臂内旋/外旋超级组	4	12	2分钟	2分钟
	周六	休息日				
	周日	休息日				

(续表)

时间		动作	组数	次数	组间休息	动作间休息
第八周	周一	超程传统拉 65%	3	5	3~5分钟	3~5分钟
		腿举	4	12	2分钟	2分钟
		腿屈伸	4	12	2分钟	2分钟
		腿弯举	4	12	2分钟	2分钟
		臀屈伸	4	12	2分钟	2分钟
	周二	上斜卧推	3	10	2分钟	2分钟
		实力推	3	10	2分钟	2分钟
		面拉	3	20	2分钟	2分钟
		双杠臂屈伸	3	力竭次数	2分钟	2分钟
		正握杠铃弯举	3	20	2分钟	2分钟
	周三	休息日				
	周四	直腿硬拉	3	10	2分钟	2分钟
		杠铃划船	4	12	2分钟	2分钟
		杠铃耸肩	4	12	2分钟	2分钟
		高位下拉	4	12	2分钟	2分钟
		器械划船	4	12	2分钟	2分钟
	周五	卧推 87.5%	4	3	3~5分钟	3~5分钟
		坐姿哑铃推举	4	12	2分钟	2分钟
		绳索臂屈伸+颈后绳索臂屈伸超级组	4	12	2分钟	2分钟
		双杠臂屈伸	4	力竭次数	2分钟	2分钟
		大臂内旋/外旋超级组	4	12	2分钟	2分钟
	周六	休息日				
	周日	休息日				
第九周	周一	相扑拉 90%	3	3	3~5分钟	3~5分钟
		腿举	4	12	2分钟	2分钟
		腿屈伸	4	12	2分钟	2分钟
		腿弯举	4	12	2分钟	2分钟
		臀屈伸	4	12	2分钟	2分钟
	周二	上斜卧推	3	10	2分钟	2分钟
		实力推	3	10	2分钟	2分钟
		面拉	3	20	2分钟	2分钟

(续表)

时间		动作	组数	次数	组间休息	动作间休息
		双杠臂屈伸	3	力竭次数	2分钟	2分钟
		正握杠铃弯举	3	20	2分钟	2分钟
	周三	休息日				
	周四	直腿硬拉	3	10	2分钟	2分钟
		杠铃划船	4	12	2分钟	2分钟
		杠铃耸肩	4	12	2分钟	2分钟
		高位下拉	4	12	2分钟	2分钟
		器械划船	4	12	2分钟	2分钟
	周五	停顿卧推 70%	3	5	3~5分钟	3~5分钟
		坐姿哑铃推举	4	12	2分钟	2分钟
		绳索臂屈伸+颈后绳索臂屈伸超级组	4	12	2分钟	2分钟
		双杠臂屈伸	4	力竭次数	2分钟	2分钟
		大臂内旋/外旋超级组	4	12	2分钟	2分钟
	周六	休息日				
	周日	休息日				
第十周	周一	传统拉 70%	3	5	3~5分钟	3~5分钟
		腿举	4	12	2分钟	2分钟
		腿屈伸	4	12	2分钟	2分钟
		腿弯举	4	12	2分钟	2分钟
		臀屈伸	4	12	2分钟	2分钟
	周二	上斜卧推	3	10	2分钟	2分钟
		实力推	3	10	2分钟	2分钟
		面拉	3	20	2分钟	2分钟
		双杠臂屈伸	3	力竭次数	2分钟	2分钟
		正握杠铃弯举	3	20	2分钟	2分钟
	周三	休息日				
	周四	直腿硬拉	3	10	2分钟	2分钟
		杠铃划船	4	12	2分钟	2分钟
		杠铃耸肩	4	12	2分钟	2分钟
		高位下拉	4	12	2分钟	2分钟
		器械划船	4	12	2分钟	2分钟

（续表）

时间		动作	组数	次数	组间休息	动作间休息
	周五	卧推 90%	3	3	3~5分钟	3~5分钟
		坐姿哑铃推举	4	12	2分钟	2分钟
		绳索臂屈伸+颈后绳索臂屈伸超级组	4	12	2分钟	2分钟
		双杠臂屈伸	4	力竭次数	2分钟	2分钟
		大臂内旋/外旋超级组	4	12	2分钟	2分钟
	周六	休息日				
	周日	休息日				
第十一周	周一	相扑拉 92.5%	3	2	3~5分钟	3~5分钟
		腿举	4	12	2分钟	2分钟
		腿屈伸	4	12	2分钟	2分钟
		腿弯举	4	12	2分钟	2分钟
		臀屈伸	4	12	2分钟	2分钟
	周二	上斜卧推	3	10	2分钟	2分钟
		实力推	3	10	2分钟	2分钟
		面拉	3	20	2分钟	2分钟
		双杠臂屈伸	3	力竭次数	2分钟	2分钟
		正握杠铃弯举	3	20	2分钟	2分钟
	周三	休息日				
	周四	直腿硬拉	3	10	2分钟	2分钟
		杠铃划船	4	12	2分钟	2分钟
		杠铃耸肩	4	12	2分钟	2分钟
		高位下拉	4	12	2分钟	2分钟
		器械划船	4	12	2分钟	2分钟
	周五	暂停推 75%	3	5	3~5分钟	3~5分钟
		坐姿哑铃推举	4	12	2分钟	2分钟
		绳索臂屈伸+颈后绳索臂屈伸超级组	4	12	2分钟	2分钟
		双杠臂屈伸	4	力竭次数	2分钟	2分钟
		大臂内旋/外旋超级组	4	12	2分钟	2分钟
	周六	休息日				
	周日	休息日				

（续表）

时间		动作	组数	次数	组间休息	动作间休息
第十二周	周一	传统拉 75%	3	5	3～5 分钟	3～5 分钟
		腿举	4	12	2 分钟	2 分钟
		腿屈伸	4	12	2 分钟	2 分钟
		腿弯举	4	12	2 分钟	2 分钟
		臀屈伸	4	12	2 分钟	2 分钟
	周二	上斜卧推	3	10	2 分钟	2 分钟
		实力推	3	10	2 分钟	2 分钟
		面拉	3	20	2 分钟	2 分钟
		双杠臂屈伸	3	力竭次数	2 分钟	2 分钟
		正握杠铃弯举	3	20	2 分钟	2 分钟
	周三	休息日				
	周四	直腿硬拉	3	10	2 分钟	2 分钟
		杠铃划船	4	12	2 分钟	2 分钟
		杠铃耸肩	4	12	2 分钟	2 分钟
		高位下拉	4	12	2 分钟	2 分钟
		器械划船	4	12	2 分钟	2 分钟
	周五	卧推 92.5%	3	2	3～5 分钟	3～5 分钟
		坐姿哑铃推举	4	12	2 分钟	2 分钟
		绳索臂屈伸 + 颈后绳索臂屈伸超级组	4	12	2 分钟	2 分钟
		双杠臂屈伸	4	力竭次数	2 分钟	2 分钟
		大臂内旋/外旋超级组	4	12	2 分钟	2 分钟
	周六	休息日				
	周日	休息日				
第十三周	周一	相扑拉 95%	2	2	3～5 分钟	3～5 分钟
		腿举	4	12	2 分钟	2 分钟
		腿屈伸	4	12	2 分钟	2 分钟
		腿弯举	4	12	2 分钟	2 分钟
		臀屈伸	4	12	2 分钟	2 分钟
	周二	上斜卧推	3	10	2 分钟	2 分钟
		实力推	3	10	2 分钟	2 分钟
		面拉	3	20	2 分钟	2 分钟

（续表）

时间		动作	组数	次数	组间休息	动作间休息
		双杠臂屈伸	3	力竭次数	2分钟	2分钟
		正握杠铃弯举	3	20	2分钟	2分钟
	周三	休息日				
	周四	直腿硬拉	3	10	2分钟	2分钟
		杠铃划船	4	12	2分钟	2分钟
		杠铃耸肩	4	12	2分钟	2分钟
		高位下拉	4	12	2分钟	2分钟
		器械划船	4	12	2分钟	2分钟
	周五	暂停推80%	3	5	3～5分钟	3～5分钟
		坐姿哑铃推举	4	12	2分钟	2分钟
		绳索臂屈伸＋颈后绳索臂屈伸超级组	4	12	2分钟	2分钟
		双杠臂屈伸	4	力竭次数	2分钟	2分钟
		大臂内旋/外旋超级组	4	12	2分钟	2分钟
	周六	休息日				
	周日	休息日				
第十四周	周一	传统拉80%	3	5	3～5分钟	3～5分钟
		腿举	4	12	2分钟	2分钟
		腿屈伸	4	12	2分钟	2分钟
		腿弯举	4	12	2分钟	2分钟
		臀屈伸	4	12	2分钟	2分钟
	周二	上斜卧推	3	10	2分钟	2分钟
		实力推	3	10	2分钟	2分钟
		面拉	3	20	2分钟	2分钟
		双杠臂屈伸	3	力竭次数	2分钟	2分钟
		正握杠铃弯举	3	20	2分钟	2分钟
	周三	休息日				
	周四	直腿硬拉	3	10	2分钟	2分钟
		杠铃划船	4	12	2分钟	2分钟
		杠铃耸肩	4	12	2分钟	2分钟
		高位下拉	4	12	2分钟	2分钟
		器械划船	4	12	2分钟	2分钟

（续表）

时间		动作	组数	次数	组间休息	动作间休息
	周五	卧推95%	2	2	3~5分钟	3~5分钟
		坐姿哑铃推举	4	12	2分钟	2分钟
		绳索臂屈伸+颈后绳索臂屈伸超级组	4	12	2分钟	2分钟
		双杠臂屈伸	4	力竭次数	2分钟	2分钟
		大臂内旋/外旋超级组	4	12	2分钟	2分钟
	周六	休息日				
	周日	休息日				
第十五周	周一	相扑拉极限	1	1		
第十六周	周一	卧推极限	1	1		

（2）计划分析

第一，从整体计划设计原理分析，这份计划使用的是交叉型增长原理，整个计划共16周，没设单独的阶段，而是每两周完成一次大重量硬拉及卧推，轮流交替练习。这种方式可以使得一项在一个周内得到最大幅度的提升，而另一项则关注解决阶段性难点的专项辅助训练上，对提高推拉的成绩及管理神经疲劳具有十分重要的帮助。单数周选择的是大重量硬拉训练日+卧推肌肉训练日+硬拉肌肉训练日+卧推专项辅助训练日的练习方式，双数周选择的则是硬拉专项辅助训练日+卧推肌肉训练日+硬拉肌肉训练日+大重量卧推训练日的练习方式。

第二，从整体计划动作选取分析，在大重量硬拉训练日及大重量卧推训练日中，除了正常的专项练习外，还有腿举、腿屈伸、腿弯举、腿屈伸、坐姿哑铃推举、臂屈伸、双杠以及大臂外旋和内旋的超级组练习。硬拉训练日的四个辅助动作可以强化股四头肌、腘绳肌及臀大肌的力量，对提高硬拉的极限重量是有一定帮助的。卧推训练日的坐姿哑铃推举、臂屈伸、双杠，主要是为了提升健身爱好者的三角肌及肱三头肌的力量，对手臂较长的健身爱好者是比较适合的。大臂外旋和内旋的超级组练习可以使肩背部在卧推时更加稳定。在硬拉肌肉训练日与卧推肌肉训练日中，计划选择了直腿硬拉、杠铃划船、杠铃耸肩、高位下拉、器械划船、上斜卧推、实力推、面拉、双杠臂屈伸及杠铃正握弯举。硬拉肌肉训练日的动作主要是集中解决硬拉所需后侧链肌肉的力量问题，而卧推肌肉训练日的动作则主要是为提升卧推需要的肩部、肱三头肌及前臂肌群的力量。在硬拉与卧推的专项辅助训练日中，选择了超程传统硬拉及暂停推，可以充分提升健身爱好者在硬拉启动阶段及卧推启动阶段的爆发力。

第三，从整体计划强度与容量分析，训练计划中专项训练及专项辅助训练的整体强度是随着时间的推移逐步递增的，而训练容量则随着时间的推移逐步递减。在力所能及的范围内，健身爱好者也可以逐步增加辅助训练使用的重量，当然这一定要保证动作姿势标准并且可以感受到较强肌肉充血感的前提。为了在最后两周的极限测试时拥有更好的状态，健身爱好者从第十二周开始便注意逐步降低辅助训练所使用的重量，避免出现肌肉的过度疲劳。需要注意的是，在第十五周与第十六周只需要检测卧推和硬拉的极限重量即可，并不需要再进行额外的练习。

第四，从加重策略分析，虽然这份计划属于交叉型增长计划，但没有使用预设极限法的加重策略。本计划使用的还是训练计划开始前的极限重量换算的百分比，在每两周的大重量卧推和硬拉训练中增加2.5%的重量，而在卧推专项辅助训练与硬拉专项辅助训练中是5%的重量增长幅度。不使用预设极限法，对完成这份计划会有一定的限制，但是更加方便没有专业教练指导的健身爱好者进行更稳定的练习。

第五，从整体计划对疲劳管理角度分析，因为这份计划属于交叉型增长计划，健身爱好者只需要在每两周进行一次大重量的硬拉或卧推专项训练即可，所以除非健身爱好者盲目增加训练重量，否则这份计划几乎不可能出现明显的肌肉或神经疲劳。

第六，从整体计划适合人群分析，这份计划适合推拉成绩较高的健身爱好者，这种较疏散的大重量练习方式有助于更好地管理神经疲劳。如果你极容易感到疲劳或工作十分不规律，那么你可以试着使用这份训练计划，它能够帮助你尽快地恢复神经兴奋。因为整体训练计划中大重量练习的频率实在过低，对急需掌握正确发力模式及推拉技术的初中级健身爱好者并不是很好的选择。

第七，从整体计划优势与局限性分析，这份计划的最大优势在于对神经疲劳和肌肉疲劳的管理比较出色，不容易出现过度训练的现象，但对急需要掌握正确发力模式并且巩固自身动作技术的健身爱好者有很大局限性。

第八，从兼容性角度分析，除非健身爱好者的深蹲成绩较低，否则在进行推拉训练时无法兼顾深蹲成绩，能做的只有希望硬拉训练中与下肢肌肉有关的辅助训练尽量降低深蹲成绩的流失。

（六）5×5方法

（1）计划安排

时间	动作	组数	次数	组间休息	动作间休息
单数周 周一	深蹲	5	5	3～5分钟	3～5分钟
	卧推	5	5	3～5分钟	3～5分钟
	硬拉	1	5	3～5分钟	3～5分钟

(续表)

时间		动作	组数	次数	组间休息	动作间休息
		深蹲	5	5	3~5分钟	3~5分钟
	周三	实力推	5	5	3~5分钟	3~5分钟
		杠铃划船	5	5	3~5分钟	3~5分钟
		深蹲	5	5	3~5分钟	3~5分钟
	周五	卧推	5	5	3~5分钟	3~5分钟
		硬拉	1	5	3~5分钟	3~5分钟
		深蹲	5	5	3~5分钟	3~5分钟
	周一	实力推	5	5	3~5分钟	3~5分钟
		杠铃划船	5	5	3~5分钟	3~5分钟
双数周		深蹲	5	5	3~5分钟	3~5分钟
	周三	卧推	5	5	3~5分钟	3~5分钟
		硬拉	1	5	3~5分钟	3~5分钟
		深蹲	5	5	3~5分钟	3~5分钟
	周五	实力推	5	5	3~5分钟	3~5分钟
		杠铃划船	5	5	3~5分钟	3~5分钟

（2）计划分析

第一，从整体计划设计原理分析，这份计划使用的不是固定的某种原理，而是5×5训练方法。众多研究表明，使用合适的负荷重量进行5组、每组重复5次的练习时，力量水平会得到明显的提高。这便是这份训练计划制订的依据。整个训练计划按照单数周与双数周进行交替练习，计划长度可以设置在8~12周之间。每周有三个训练日，但是整个计划实际上只有两个训练日，即单数周的周一、周五和双数周的周三是一个训练日，单数周的周三和双数周的周一、周五是一个训练日。

第二，从整体动作选取分析，整个计划对动作的选择很简单，只有深蹲、卧推、硬拉、实力推及杠铃划船五个动作。这意味着健身爱好者容易出现很多训练不到位的情况。虽然上述五个动作都属于复合性很强的训练动作，但是毕竟无法做到对全身肌肉力量的练习，何况大部分训练动作还属于专项训练，只有实力推和杠铃划船可以勉强算作肌肉辅助训练动作。

第三，从整体计划强度与容量分析，5×5训练方法一般要求健身爱好者使用80%极限重量，根据自身力量耐力水平的不同可在80%极限重量上下5%浮动。5×5训练方法的整体训练强度与训练容量都属于中等，特别是在整个计划中所有动作都完成5组5次或1组5次，这意味着计划后期的强度和容量也不会有特别变化。

第四，从加重策略分析，健身爱好者可以每两周增加一次练习使用的重量，一般重量增长的幅度为 2.5 ~ 5 千克，这是较稳妥的加重方法。在具体加重时，健身爱好者没有必要一次性给五组都增加训练重量，可以采取先增加 2 ~ 3 组的重量，剩余 3 ~ 2 组保持之前训练重量，循序渐进地提高训练强度，这对提升极限力量是十分有帮助的。

第五，从整体计划对疲劳管理角度分析，虽然 5×5 训练方法会使用较高的重量进行练习，但是一天只有三个训练动作，整体计划的强度与容量处于较平和的状态。因此，健身爱好者只要保持正常的睡眠和饮食摄入，便不会感到有任何明显的不适感。

第六，从整体计划适合人群分析，这份计划不适合水平较高的健身爱好者，因为他们的极限重量较高，换算百分比后的重量同样不低，如果在一周的时间内进行较高频率的三项练习，那么很容易出现神经疲劳的现象；在一天中同时进行卧推和深蹲训练或深蹲和硬拉训练，很容易使关节和韧带面临较严重的受伤风险。这份计划更适合刚接触力量训练的健身爱好者，他们的整体成绩较低，并且正是需要较高频率练习的时段，使用这份计划非但不会出现过度疲劳，更可以完善动作技术的掌握、提高基础力量水平。

第七，从整体计划优势与局限性分析，这份计划最大的优势在于帮助刚接触力量训练的健身爱好者更快速地掌握动作技术。它的局限性较多，极高的训练频率及一天安排深蹲与硬拉的大重量训练，使得真正适合这份计划的健身爱好者较少，适于刚接触力量训练的健身爱好者。但是，这份计划并未安排较多的肌肉辅助训练，因为初级健身爱好者肌肉基础较差。

第八，从兼容性角度分析，计划安排了硬拉及杠铃划船的训练，但是整体的容量及强度相比卧推和深蹲还是有着不小的差距。这份训练计划的目的是同时提高三大项的成绩，但是对硬拉的提升还是略显欠缺。

（七）5×5方法进阶版

（1）计划安排

时间		动作	组数	次数	组间休息	动作间休息
单数周	周一	深蹲	5	5	3 ~ 5 分钟	3 ~ 5 分钟
		卧推	5	5	3 ~ 5 分钟	3 ~ 5 分钟
		杠铃划船	5	5	3 ~ 5 分钟	3 ~ 5 分钟
		杠铃耸肩	3	8	2 分钟	2 分钟
		绳索臂屈伸	3	8	2 分钟	2 分钟
		杠铃弯举	3	8	2 分钟	2 分钟

(续表)

时间		动作	组数	次数	组间休息	动作间休息
		臀屈伸	2	10	2分钟	2分钟
		绳索卷腹	3	10	2分钟	2分钟
	周三	深蹲	5	5	3~5分钟	3~5分钟
		实力推	5	5	3~5分钟	3~5分钟
		硬拉	1	5	3~5分钟	3~5分钟
		杠铃划船	5	5	3~5分钟	3~5分钟
		窄推	3	8	2分钟	2分钟
		杠铃弯举	3	8	2分钟	2分钟
		绳索卷腹	3	10	2分钟	2分钟
	周五	深蹲	5	5	3~5分钟	3~5分钟
		卧推	5	5	3~5分钟	3~5分钟
		杠铃划船	5	5	3~5分钟	3~5分钟
		杠铃耸肩	3	8	2分钟	2分钟
		绳索臂屈伸	3	8	2分钟	2分钟
		杠铃弯举	3	8	2分钟	2分钟
		臀屈伸	2	10	2分钟	2分钟
		绳索卷腹	3	10	2分钟	2分钟
双数周	周一	深蹲	5	5	3~5分钟	3~5分钟
		实力推	5	5	3~5分钟	3~5分钟
		硬拉	1	5	3~5分钟	3~5分钟
		杠铃划船	5	5	3~5分钟	3~5分钟
		窄推	3	8	2分钟	2分钟
		杠铃弯举	3	8	2分钟	2分钟
		绳索卷腹	3	10	2分钟	2分钟
	周三	深蹲	5	5	3~5分钟	3~5分钟
		卧推	5	5	3~5分钟	3~5分钟
		杠铃划船	5	5	3~5分钟	3~5分钟
		杠铃耸肩	3	8	2分钟	2分钟
		绳索臂屈伸	3	8	2分钟	2分钟
		杠铃弯举	3	8	2分钟	2分钟
		臀屈伸	2	10	2分钟	2分钟
		绳索卷腹	3	10	2分钟	2分钟

(续表)

时间	动作	组数	次数	组间休息	动作间休息
周五	深蹲	5	5	3~5分钟	3~5分钟
	实力推	5	5	3~5分钟	3~5分钟
	硬拉	1	5	3~5分钟	3~5分钟
	杠铃划船	5	5	3~5分钟	3~5分钟
	窄推	3	8	2分钟	2分钟
	杠铃弯举	3	8	2分钟	2分钟
	绳索卷腹	3	10	2分钟	2分钟

（2）计划分析

第一，从整体计划设计原理分析，这份计划同之前的5×5训练计划比较类似，基本专项训练动作的安排并没有明显的区别，整个计划的周期同样是8~12周，每两周为一个独立的阶段。整个训练计划唯独在动作安排上有一定的区别，即添加了大量的肌肉辅助训练动作。

第二，从整体动作选取分析，这份计划不再只有简单的深蹲、卧推、硬拉、杠铃划船及实力推，还加入了窄推、杠铃弯举、绳索卷腹、杠铃划船、杠铃耸肩、绳索臂屈伸等训练动作，这对提升健身爱好者的手臂、上背部、肱三头肌及三角肌的肌肉有一定的帮助。

第三，从整体计划强度与容量分析，5×5训练方法一般要求使用80%极限重量，根据自己的力量耐力水平的不同，使用重量可在80%极限重量上下5%浮动。5×5训练方法的整体训练强度与训练容量都属于中等，特别是在整个计划中所有动作都是完成5组5次或1组5次，这意味着计划后期的强度和容量也不会有特别变化。

第四，从加重策略分析，健身爱好者可以每两周增加一次练习使用的重量，一般重量增长的幅度为2.5~5千克，这是比较稳妥的加重方法。在具体加重时，健身爱好者没有必要一次性给五组都增加训练重量，可以先增加2~3组的重量，剩余3~2组保持之前训练重量，循序渐进地提高训练强度，这对提升极限力量也是十分有帮助的。在确保动作姿势标准的前提下，健身爱好者可以逐步增加肌肉辅助训练所使用的重量，以利于进一步提高力量水平。

第五，从整体计划对疲劳管理角度分析，这份计划比前一份5×5训练计划整体容量要高不少，添加了比较多的肌肉辅助训练。健身爱好者应随时注意肌肉的恢复，避免肌肉疲劳的产生。

第六，从整体计划适合人群分析，这份计划并不适合水平较高的健身爱好者，因为他们的极限重量较高，换算百分比后的重量同样不低，如果在一周的时间内进行较高频率的三项练习，那么很容易出现神经疲劳的现象；在一天中同时进行卧推和深蹲训练或深蹲和硬拉训练，很容易使关节和韧带面临比较严重的受伤风险。这份计划更加适合刚接触力量训练的健身爱好者，他们的整体成绩较低，并且正是需要较高频率练习的时段，使用这份计划非但不会出现过度疲劳，更可以完善动作技术的掌握、提高基础力量水平。

第七，从整体计划优势与局限性分析，这份计划最大的优势在于可以帮助刚接触力量训练的健身爱好者更快速地掌握动作技术。它的局限性较多，极高的训练频率及在一天安排深蹲与硬拉的大重量训练，使得真正适合这份计划的健身爱好者较少，较适合刚接触力量训练的健身爱好者。这份计划安排了较多的肌肉辅助训练动作，这对初级健身爱好者强化急需的肌肉量有重要帮助。

第八，从兼容性角度分析，虽然计划安排了硬拉、杠铃耸肩、杠铃划船的训练，但是整体的容量以及强度相比卧推和深蹲还是有着不小的差距。这份训练计划虽然目的是同时提高三大项的成绩，但是在对硬拉的提升上还是略显欠缺。

（八）Candito 线性计划

（1）计划安排

时间	动作	组数	次数	组间休息	动作间休息
周一	深蹲	3	6	3～5分钟	3～5分钟
	硬拉	2	6	3～5分钟	3～5分钟
	自选动作	3	8～12	2分钟	2分钟
	自选动作	3	8～12	2分钟	2分钟
周二	卧推	3	6	3～5分钟	3～5分钟
	上背训练	3	6	2分钟	2分钟
	肩部训练	1	6	2分钟	2分钟
	肱二头肌训练	1	6	2分钟	2分钟
	自选动作	3	8～12	2分钟	2分钟
	自选动作	3	8～12	2分钟	2分钟
周四	暂停蹲	6	4	3～5分钟	3～5分钟
	暂停硬拉	3	4	3～5分钟	3～5分钟
	自选动作	3	8～12	2分钟	2分钟
	自选动作	3	8～12	2分钟	2分钟

（续表）

时间	动作	组数	次数	组间休息	动作间休息
周五	Spoto推	6	4	3~5分钟	3~5分钟
	上背训练	6	4	2分钟	2分钟
	肩部训练	1	10	2分钟	2分钟
	肱二头肌训练	1	10	2分钟	2分钟
	自选动作	3	8~12	2分钟	2分钟
	自选动作	3	8~12	2分钟	2分钟

（2）计划分析

第一，Candito是加拿大十分知名的力量举运动员，曾经多次拿到过国际力量举比赛的冠军，这份训练计划是他分享的主要适合刚接触力量训练的健身爱好者使用的线性训练计划（这里只列举了计划的第一周的安排方式）。从整体计划设计原理分析，本计划每周总共有四个训练日：周一与周二是深蹲、硬拉及卧推的专项训练日，整体训练容量较高；周四与周五则是针对硬拉、深蹲及卧推安排的专项辅助训练，目的是帮助健身爱好者更快掌握动作技术及完善发力技巧。

第二，从整体动作选取分析，训练计划没有安排较多的肌肉辅助训练，健身爱好者根据自身的需求，在每个训练日的末段自选两个比较喜爱的肌肉辅助训练动作。这里要注意的是，肌肉辅助训练动作的选择一定要与当日的训练有关。例如在深蹲和硬拉的专项训练日中，不能选择与卧推有关的三角肌、肱三头肌的肌肉辅助训练。在专项辅助训练日中，本计划选择的提升三大项动作技术的暂停蹲、暂停拉及Spoto推，都需要在练习中保持一定暂停时间，对完善健身爱好者的动作技术具有十分重要的帮助。暂停蹲可以使健身爱好者在蹲起时更好地找寻发力感，避免臀部先移动。暂停拉可以帮助健身爱好者保持良好的躯干角度，避免出现乌龟拉的现象。Spoto推则要求健身爱好者必须始终保持肘关节向内夹，肩背完全收紧，防止出现肘关节打开的卧推姿势。

第三，从整体计划强度与容量分析，计划的整体强度并不高，3组6次一般是健身爱好者70%极限重量的负荷，但是训练计划的容量不小，特别是在硬拉与深蹲专项训练日、卧推专项训练日中，要完成较高次数的专项练习。不过，随着计划的推进，会像其他线性训练计划一样，逐步缩小训练容量，提高训练强度。

第四，从加重策略分析，这份计划要求健身爱好者根据本周训练的完成情况，判断在下周是否需要增加重量。健身爱好者如果感觉专周训练完成起来并不困难，那么可以试着在下一周增加2.5~5千克的重量。卧推因为上限较低，所以只需要增加2.5千克即可。健身爱好者在增加专项训练使用重量的同时，注意适当提高肌肉辅助训练所使用的重量。

第五，从整体计划对疲劳管理角度分析，由于有自选动作的存在，健身爱好者可以比较自由地管理肌肉与神经疲劳。如果在练习过程中肌肉或神经恢复较慢，可以选择较轻松的肌肉辅助训练动作，不要给关节和肌肉过大的压力。专项训练的设计上并没有太多容易造成过度疲劳的环节，唯一有可能的是将硬拉和深蹲放在同一天练习，这种方式对蹲拉成绩较低的健身爱好者并不会造成太多困扰，不用担心身体难以恢复。

第六，从整体计划适合人群分析，这份计划对刚接触力量训练的健身爱好者是十分适合的，专项辅助训练动作的选取完全是根据初级健身爱好者容易遇到的问题入手，十分具有针对性。并且，刚接触力量训练的健身爱好者整体成绩较低，不用担心恢复不过来。对大部分有一定力量训练经验的健身爱好者而言，如果在同一天进行深蹲和硬拉的高容量训练，那么会很容易造成神经和肌肉的多重疲劳，除非有一个完整的团队帮助营养摄入及恢复，否则不建议使用这种训练计划。

第七，从整体计划优势与局限性分析，这份计划的优势在于比较适合刚接触力量训练的健身爱好者，但是整体计划的负荷增加幅度及速度并不明显，更偏向于打好动作与力量基础，并不急于提高三大项成绩。

第八，从兼容性角度分析，这份计划对于三大项的训练安排得比较均衡，不会出现哪一项发展明显滞后的现象。

（九）德克萨斯训练体系计划

（1）计划安排

时间		动作	组数	次数	组间休息	动作间休息
单数周	周一	深蹲（周五重量的80%~90%）	5	5	3~5分钟	3~5分钟
		卧推（周五重量的80%~90%）	5	5	3~5分钟	3~5分钟
		高翻	5	3	3~5分钟	3~5分钟
	周三	深蹲（周一重量的80%~90%）	2	5	3~5分钟	3~5分钟
		实力推	3	5	3~5分钟	3~5分钟
		GHR或山羊挺身	3	10~15	2分钟	2分钟
	周五	深蹲	1	5	3~5分钟	3~5分钟
		卧推	1	5	3~5分钟	3~5分钟
		硬拉	1	5	3~5分钟	3~5分钟

（续表）

时间		动作	组数	次数	组间休息	动作间休息
双数周	周一	深蹲（周五重量的 80%～90%）	5	5	3～5分钟	3～5分钟
		实力推（周五重量的 80%～90%）	5	5	3～5分钟	3～5分钟
		高翻	5	3	3～5分钟	3～5分钟
	周三	深蹲（周一重量的 80%～90%）	2	5	3～5分钟	3～5分钟
		卧推	3	5	3～5分钟	3～5分钟
		GHR或山羊挺身	3	10～15	2分钟	2分钟
	周五	深蹲	1	5	3～5分钟	3～5分钟
		实力推	1	5	3～5分钟	3～5分钟
		硬拉	1	5	3～5分钟	3～5分钟

（2）计划分析

第一，从整体计划设计原理分析，很多国外的力量举爱好者及教练员认为德克萨斯训练体系计划最适合有一定训练经验的中级健身爱好者，整个计划每两周为一个阶段，计划长度可以根据健身爱好者的需求设置为12周或更长的时间。每周都会有三个训练日，每个训练日几乎都会安排与深蹲、卧推、硬拉三大项有关的训练，并且动作基本一致。每个训练日有自己独特的目标：第一个训练日是容量训练日；第二个训练日使用的重量较轻，主要为了提升速度能力及保持一定的训练活跃度；而第三个训练日则是大重量训练日，目的在于提升极限力量。这种安排方式借鉴了线性计划与交叉型计划的优势，整个训练计划的针对性极高，对提高三大项成绩有比较不错的帮助。

第二，从整体动作选取分析，整个计划围绕深蹲、硬拉、卧推三大项的专项训练，以及实力推、GHR和高翻的辅助训练设计而成。三大项的专项训练是提高三大项成绩必须练习的。实力推对提升整个上肢肌肉群的力量具有重要的作用。当然，有的教练员认为实力推与卧推属于两种完全不同的发力模式，不应该作为辅助训练出现。但事实上，对于中级健身爱好者而言，有很多人的肩部力量基础较差，因此还是应使用实力推进行辅助训练。GHR与高翻都对深蹲和硬拉的爆发力及绝对力量水平有一定的提高，这两个动作唯一的局限性便是难度极大，训练器械在健身房不常见。此外，健身爱好者如果感觉到有一定的肌肉力量缺失，也可以试着在训练计划规定的内容外，安排1～2个解决问题的肌肉训练动作。

第三，从整体计划强度与容量分析，第一个训练日使用的重量中等，训练容量较大，目的在于巩固基础力量；第二个训练日使用的重量较轻，容量也较小，目的在于提高速度水平，不影响第三个训练日的练习；第三个训练日只有一组训练，但是使用的重量较大，目的在于充分提升极限力量。

第四，从加重策略分析，健身爱好者可以根据每两周训练的完成情况，在下一个两周适当增加 2.5 ~ 5 千克的深蹲和硬拉重量，以及 2.5 千克的卧推重量。有单独安排肌肉辅助训练需求的健身爱好者，也可以适当增加肌肉辅助训练的负荷。

第五，从整体计划对疲劳管理角度分析，除了每周最后一个训练日需要检测深蹲、卧推/推举、硬拉三大项的 5RM 的力量外，健身爱好者不会在一个训练日同时要完成深蹲和硬拉大重量训练的情况。虽然一周进行较高频率的专项训练，但是整体训练容量并不大，并且在一次大重量训练日及一次大容量训练中有较轻的一天进行调整，这会使健身爱好者轻松许多。

第六，从整体计划适合人群分析，这份计划适合有一定训练经验的中级健身爱好者，可以安全、平稳、成功率高地提高三大项的极限成绩，同时更进一步提升三大项动作技术。

第七，从整体计划优势与局限性分析，这份计划的目标在于不断提高 5RM 的练习重量，这种方式比直接安排一套重量从轻到重的方式更容易提高冲击新极限的成功率，使极限成绩在一段时间内有比较平稳的提高。当然，这份计划也是有一定局限性的，它没有单独安排一定量的肌肉辅助训练，这对一部分虽然拥有一定力量水平，但是力量成绩与身体比例的天赋有关、肌肉力量较差的健身爱好者而言，并不能带来比较明显的提高。

第八，从兼容性角度分析，这份计划对三大项的训练安排得比较均衡，并不会出现哪一项发展明显滞后的现象。

（十）5/3/1 训练计划

（1）计划安排

时间		动作	组数	次数	组间休息	动作间休息
第一周	周一	深蹲 40%	1	5	3 ~ 5 分钟	3 ~ 5 分钟
		深蹲 50%	1	5	3 ~ 5 分钟	3 ~ 5 分钟
		深蹲 60%	1	3	3 ~ 5 分钟	3 ~ 5 分钟
		深蹲 65%	1	5	3 ~ 5 分钟	3 ~ 5 分钟
		深蹲 75%	1	5	3 ~ 5 分钟	3 ~ 5 分钟
		深蹲 85%	1	力竭次数（至少完成 5 次）	3 ~ 5 分钟	3 ~ 5 分钟

（续表）

时间		动作	组数	次数	组间休息	动作间休息
第二周	周一	深蹲 40%	1	5	3~5分钟	3~5分钟
		深蹲 50%	1	5	3~5分钟	3~5分钟
		深蹲 60%	1	3	3~5分钟	3~5分钟
		深蹲 70%	1	3	3~5分钟	3~5分钟
		深蹲 80%	1	3	3~5分钟	3~5分钟
		深蹲 90%	1	力竭次数（至少完成3次）	3~5分钟	3~5分钟
第三周	周一	深蹲 40%	1	5	3~5分钟	3~5分钟
		深蹲 50%	1	5	3~5分钟	3~5分钟
		深蹲 60%	1	5	3~5分钟	3~5分钟
		深蹲 75%	1	5	3~5分钟	3~5分钟
		深蹲 85%	1	3	3~5分钟	3~5分钟
		深蹲 95%	1	力竭次数（至少完成1次）	3~5分钟	3~5分钟
第四周	周一	深蹲 40%	1	5	3~5分钟	3~5分钟
		深蹲 50%	1	5	3~5分钟	3~5分钟
		深蹲 60%	1	5	3~5分钟	3~5分钟

（2）计划分析

第一，从整体计划设计原理分析，这里计划列举的只是针对深蹲的训练计划安排，健身爱好者也可以使用类似的方式同时进行卧推及硬拉的训练，只是相对同时提高三项成绩而言，5/3/1训练计划对单项或推拉、蹲推两项成绩的提高更有帮助。计划长度可以根据健身爱好者的需求分为12~16周，计划列出的四周是其中的一个阶段，一份完整的训练计划由这样的三个或四个阶段组成，每个阶段只有一个专项训练日。健身爱好者如果觉得肌肉力量存在不足，那么可以试着在专项训练日结束后单独安排一些针对性的肌肉辅助训练。

第二，从整体动作选取分析，在不安排其他肌肉辅助训练的前提下，本计划只有专项训练这一个动作。

第三，从整体计划强度与容量分析，这份计划的前三个周是整体强度递增、容量递减的，第一周需要完成至少5次的力竭训练，在第二周因为重量增加则需要完成至少3次的力竭训练，而在第三周要完成至少1次的力竭训练。第四周是一个休息与调整为主的减载周，目的是调整神经、肌肉及关节，以便更好地迎接下个阶段的训练。

5/3/1训练计划中每四个周是一个小周期，在这个周期中使用与线性增长原理比较相似的练习方式。

第四，从加重策略分析，在每个阶段内健身爱好者不需要增加重量，并且为了提高训练的成功率，甚至可以在换算重量时使用比自身极限低一点的重量进行换算。如果第一阶段可以顺利地完成练习，那么在第二阶段可以适当增加一点重量。

第五，从整体计划对疲劳管理角度分析，如果训练计划关注的是蹲推或推拉两项成绩的提高，那么一周进行两个大重量的专项训练日并不会对身体带来较大的负担；如果同时训练三个项目，特别是同时训练蹲拉两项，那么在线性计划中容易发生的周期末段身体疲劳较明显的现象会再次出现。

第六，从整体计划适合人群分析，这份计划适合初中级的健身爱好者，既可以带给他们较快的力量增长，整体练习的难度也不高。对具备一定力量水平或成绩较高的健身爱好者，这份训练计划缺少针对性的专项辅助训练或速度训练，很容易遇到瓶颈而无法获得更进一步的突破。

第七，从整体计划优势与局限性分析，这份计划的优点在于它的完成难度并不高，同时每四个周使用线性增长的设计方式，对快速提高力量水平是十分有帮助的，并且不会给健身爱好者较多的疲劳感。它的局限性在于缺乏解决三大项动作阶段性难点的练习，如果健身爱好者在训练时出现某一阶段粘滞点的现象，那么仅靠单纯的大重量训练是不足以攻克的。

第八，从兼容性角度分析，这份训练计划适合同时提高蹲推或推拉两个项目及三大项中某一单项的成绩，很难做到同时提高深蹲与硬拉两项的成绩。

（十一）Eric Lilliebridge 训练计划

（1）计划安排

时间		动作	组数	次数	组间休息	动作间休息
单数周	周一	大重量深蹲训练 $x\%$	1	力竭次数	3~5分钟	3~5分钟
		硬拉专项辅助训练	3	5	3~5分钟	3~5分钟
	周三	大重量卧推训练 $x\%$	1	力竭次数	3~5分钟	3~5分钟
	周五	肌肉辅助训练日				
双数周	周一	大重量硬拉训练 $x\%$	1	力竭次数	3~5分钟	3~5分钟
		深蹲专项辅助训练	3	5	3~5分钟	3~5分钟
	周三	卧推专项辅助训练	3	5	3~5分钟	3~5分钟
	周五	肌肉辅助训练日				

（2）计划分析

第一，Eric Lilliebridge 是美国著名力量举运动员，他与哥哥、父亲都是世界范围内知名的力量举冠军，他自己也是 140 千克级深蹲、总成绩世界纪录的保持者。从整体计划设计原理分析，这份计划使用的是交叉增长原理，每两周进行一次大重量的深蹲、卧推及硬拉的专项训练。一周安排三个训练日，其中第一个为大重量的硬拉或深蹲专项训练日，如果是大重量的深蹲训练日，那么在当天会安排轻重量的硬拉专项辅助训练。这一周还会有一个大重量卧推专项训练日（或卧推专项辅助训练日）及一个肌肉辅助训练日。整个计划可以根据健身爱好者的需求安排 12~16 周的练习。

第二，从整体动作选取分析（由于版权问题这里只列举了一个简易的模板），在具体的训练计划中，健身爱好者要根据三大项动作中出现的阶段性难点选择相应的专项辅助训练动作，并且在专项训练日当天安排与专项训练有关的肌肉辅助训练。肌肉辅助训练日的动作应当围绕在身体比较弱势区域的肌肉进行练习，这样才可以使肌肉力量得到更好的补强。

第三，从整体计划强度与容量分析，从训练计划初期开始，在大重量专项训练中便会使用较大的负荷百分比，并且使用"一组力竭法"，这种方法可以充分消耗力量，对提升神经募集能力及爆发力都具有十分重要的帮助。健身爱好者必须至少完成目标次数，并且在保证动作不变形的情况下尽可能完成更多的次数。在专项辅助训练方面，使用的重量百分比较小，目的在于将注意力更多放在提升阶段难点相关的神经募集能力上，而不是关注重量的大小。在肌肉辅助训练方面，使用的重量较轻，训练容量较大。

第四，从加重策略分析，在使用这份计划时，需要在下一次大重量专项训练前，根据上一周完成训练的情况，使用预设极限法换算新的做组重量。如果健身爱好者无法完成新的"极限"所对应的做组重量的重复次数要求，那么则需要降低"极限"，并在下一次重新完成练习后才能继续训练计划。

第五，从整体计划对疲劳管理角度分析，因为每两周才会进行一次大重量的深蹲、卧推及硬拉训练，所以整体计划不会对神经造成过大压力。此外，一周总共只有三个训练日，健身爱好者有更多的时间去恢复肌肉，避免肌肉出现长时间的酸痛。

第六，从整体计划适合人群分析，这份训练计划适合水平较高的健身爱好者或做组能力较强，但是神经募集能力、爆发力较差的健身爱好者。这份计划并不适合初中级健身爱好者，因为他们需要更高频率的专项练习，以便更好地提升动作技术及培养发力模式。

第七，从整体计划优势与局限性分析，这份训练计划的优点在于一组力竭法对提升神经募集能力解决"做组能力较强，但是极限重量并不高"的问题有很大帮助，并且可以很好地管理疲劳。但是，计划中有关专项训练的频率并不高，如果健身爱好者并没有扎实的三大项动作技术，那么不宜使用这份训练计划。有的人认为要想力量提升得快，一定要进行高频率专项训练。有的人却认为这种方式容易受伤，应该使用较低频的练习。事实上，这两种办法都是可行的，只是要区分使用对象。

第八，从兼容性角度分析，这份计划对三大项的训练安排得比较均衡，并不会出现哪一项发展明显滞后的现象。

（十二）保加利亚体系训练计划

（1）计划安排

时间		动作	组数	次数	组间休息	动作间休息
第一周	周一	深蹲当日极限	1	1	3～5分钟	3～5分钟
		深蹲	1	3	3～5分钟	3～5分钟
		卧推当日极限	1	1	3～5分钟	3～5分钟
		卧推	1	3	3～5分钟	3～5分钟
		负重俯卧撑	3	10	3～5分钟	3～5分钟
	周二	深蹲当日极限	1	1	3～5分钟	3～5分钟
		深蹲	1	2	3～5分钟	3～5分钟
		卧推当日极限	1	1	3～5分钟	3～5分钟
		卧推	1	2	3～5分钟	3～5分钟
		引体向上	3	10	3～5分钟	3～5分钟
	周三	前蹲当日极限	1	1	3～5分钟	3～5分钟
		前蹲	1	3	3～5分钟	3～5分钟
		窄推当日极限	1	1	3～5分钟	3～5分钟
		窄推	1	3	3～5分钟	3～5分钟
		硬拉70%	10	2	3～5分钟	3～5分钟
	周四	深蹲当日极限	1	1	3～5分钟	3～5分钟
		深蹲	1	1	3～5分钟	3～5分钟
		卧推当日极限	1	1	3～5分钟	3～5分钟
		卧推	1	1	3～5分钟	3～5分钟
		负重俯卧撑	3	10	3～5分钟	3～5分钟
	周五	前蹲当日极限	1	1	3～5分钟	3～5分钟
		前蹲	1	2	3～5分钟	3～5分钟
		窄推当日极限	1	1	3～5分钟	3～5分钟
		窄推	1	2	3～5分钟	3～5分钟
		引体向上	3	10	3～5分钟	3～5分钟

（续表）

时间		动作	组数	次数	组间休息	动作间休息
第二周	周六	硬拉当日极限	3	1	3～5分钟	3～5分钟
		推举当日极限	1	1	3～5分钟	3～5分钟
		推举	1	3	3～5分钟	3～5分钟
	周一	深蹲当日极限	1	1	3～5分钟	3～5分钟
		深蹲	1	3	3～5分钟	3～5分钟
		卧推当日极限	1	1	3～5分钟	3～5分钟
		卧推	1	3	3～5分钟	3～5分钟
		负重俯卧撑	3	10	3～5分钟	3～5分钟
	周二	深蹲当日极限	1	1	3～5分钟	3～5分钟
		深蹲	1	2	3～5分钟	3～5分钟
		卧推当日极限	1	1	3～5分钟	3～5分钟
		卧推	1	2	3～5分钟	3～5分钟
		引体向上	3	10	3～5分钟	3～5分钟
	周三	前蹲当日极限	1	1	3～5分钟	3～5分钟
		前蹲	1	2	3～5分钟	3～5分钟
		窄推当日极限	1	1	3～5分钟	3～5分钟
		窄推	1	2	3～5分钟	3～5分钟
		硬拉80%	10	1	3～5分钟	3～5分钟
	周四	深蹲当日极限	1	1	3～5分钟	3～5分钟
		深蹲	1	1	3～5分钟	3～5分钟
		卧推当日极限	1	1	3～5分钟	3～5分钟
		卧推	1	1	3～5分钟	3～5分钟
		负重俯卧撑	3	10	3～5分钟	3～5分钟
	周五	前蹲当日极限	1	1	3～5分钟	3～5分钟
		前蹲	1	1	3～5分钟	3～5分钟
		窄推当日极限	1	1	3～5分钟	3～5分钟
		窄推	1	1	3～5分钟	3～5分钟
		引体向上	3	10	3～5分钟	3～5分钟
	周六	硬拉当日极限	1	1	3～5分钟	3～5分钟
		推举当日极限	1	1	3～5分钟	3～5分钟
		推举	1	2	3～5分钟	3～5分钟
第三周	减载周，不超过极限重量的80%					

（2）计划分析

第一，保加利亚体系是世界范围内知名的举重、力量训练体系，其整体训练频率极高，使用的重量及强度也比较大，这种近乎每天都进行极限力量训练的方式一直受很多力量训练爱好者的关注。这里列举的是一个三周的保加利亚训练计划的小阶段，每周包含六个训练日。

第二，从整体动作选取分析，整个计划的动作构成十分简单：三大项的专项训练、前蹲、负重俯卧撑、引体向上、窄距卧推及实力推。选择负重俯卧撑和引体向上的目的并不是提升肌肉力量，更多的是提升快速发力的能力。窄距卧推和实力推对提高卧推成绩有一定的帮助。当然，有的健身爱好者认为实力推对卧推成绩提高没有太多的作用，如果水平较高，也可以使用窄距卧推完全替代实力推进行练习。前蹲对提高深蹲与硬拉成绩都有一定的帮助。

第三，从整体计划强度与容量分析，训练计划的容量并不大，但是整体强度极高，每天都需要进行当日极限深蹲、极限卧推的检测，中间完全没有任何休息时间。

第四，从加重策略分析，健身爱好者每天都要进行极限重量的练习，所以也就不存在加重策略，可根据当日的训练状态进行重量加减。

第五，从整体计划对疲劳管理角度分析，这份计划没有考虑到任何有关疲劳管理的问题，或者更准确地说，没有考虑到大众健身爱好者使用这份训练计划时的疲劳管理问题。

第六，从整体计划适合人群分析，这份计划适合训练水平、营养摄入水平及恢复能力极高的专业运动员，特别是有丰富举重训练经验的运动员使用这份计划会得到一定的成绩提高。

第七，从整体计划优势与局限性分析，这份计划的优势在于设置了极高的训练频率，这是理论意义上提升极限力量最好的办法。要想提升某一项能力，那么一定要安排较高的频率。但是，真正可以使用这份计划的人少之又少，这也是它最大的局限性。

第八，从兼容性角度分析，训练计划主要集中对卧推和深蹲的成绩进行强化练习，硬拉训练的频率及训练量并不高，虽然有一定速度训练的特殊安排，但是硬拉成绩的提高速度在正常情况下是无法与深蹲和卧推相比的。

（十三）胡达亚诺夫训练计划

（1）计划安排

时间		动作	组数	次数	组间休息	动作间休息
单数周	周一	深蹲	2	3	3~5分钟	3~5分钟
		腿举	4	8	2分钟	2分钟

（续表）

时间	动作	组数	次数	组间休息	动作间休息
	腿屈伸+腿弯举超级组	3	12	2分钟	2分钟
	绳索卷腹+山羊挺身超级组	3	20/25	2分钟	2分钟
周二	卧推	3	3	3~5分钟	3~5分钟
	上斜卧推	4	8	2分钟	2分钟
	绳索夹胸	4	15	2分钟	2分钟
	绳索臂屈伸	4	10	2分钟	2分钟
	颈后绳索臂屈伸	4	12	2分钟	2分钟
	绳索卷腹	3	20	2分钟	2分钟
周三	T杠划船	6	10	2分钟	2分钟
	坐姿划船	4	10	2分钟	2分钟
	高位下拉	4	10	2分钟	2分钟
	器械耸肩	3	15	2分钟	2分钟
	杠铃弯举	4	12	2分钟	2分钟
	锤式弯举	3	15	2分钟	2分钟
	腕弯举	4	15	2分钟	2分钟
	绳索卷腹	3	20	2分钟	2分钟
周四	深蹲	6	3	1分钟	2分钟
	硬拉	6	3	1分钟	2分钟
	早安式	4	6	2分钟	2分钟
	腿屈伸+腿弯举超级组	3	15	2分钟	2分钟
	绳索卷腹+山羊挺身超级组	3	20/25	2分钟	2分钟
周五	卧推	6	3	1分钟	2分钟
	上斜卧推	4	10	2分钟	2分钟
	实力推	4	10	2分钟	2分钟
	侧平举	4	15	2分钟	2分钟
	绳索臂屈伸	4	10	2分钟	2分钟
	颈后绳索臂屈伸	4	12	2分钟	2分钟
	杠铃弯举	4	12	2分钟	2分钟
	绳索卷腹	3	20	2分钟	2分钟
周六	休息日				
周日	休息日				

（续表）

时间		动作	组数	次数	组间休息	动作间休息
双数周	周一	硬拉	2	3	3~5分钟	3~5分钟
		腿举	4	8	2分钟	2分钟
		腿屈伸+腿弯举超级组	3	12	2分钟	2分钟
		绳索卷腹+山羊挺身超级组	3	20/25	2分钟	2分钟
	周二	卧推	3	3	3~5分钟	3~5分钟
		上斜卧推	4	8	2分钟	2分钟
		绳索夹胸	4	15	2分钟	2分钟
		绳索臂屈伸	4	10	2分钟	2分钟
		颈后绳索臂屈伸	4	12	2分钟	2分钟
		绳索卷腹	3	20	2分钟	2分钟
	周三	T杠划船	6	10	2分钟	2分钟
		坐姿划船	4	10	2分钟	2分钟
		高位下拉	4	10	2分钟	2分钟
		器械耸肩	3	15	2分钟	2分钟
		杠铃弯举	4	12	2分钟	2分钟
		锤式弯举	3	15	2分钟	2分钟
		腕弯举	4	15	2分钟	2分钟
		绳索卷腹	3	20	2分钟	2分钟
	周四	深蹲	6	3	1分钟	2分钟
		硬拉	6	3	1分钟	2分钟
		早安式	4	6	2分钟	2分钟
		腿屈伸+腿弯举超级组	3	15	2分钟	2分钟
		绳索卷腹+山羊挺身超级组	3	20/25	2分钟	2分钟
	周五	卧推	6	3	1分钟	2分钟
		上斜卧推	4	10	2分钟	2分钟
		实力推	4	10	2分钟	2分钟
		侧平举	4	15	2分钟	2分钟
		绳索臂屈伸	4	10	2分钟	2分钟
		颈后绳索臂屈伸	4	12	2分钟	2分钟
		杠铃弯举	4	12	2分钟	2分钟
		绳索卷腹	3	20	2分钟	2分钟
	周六	休息日				
	周日	休息日				

（2）计划分析

第一，胡达亚诺夫是阿塞拜疆著名力量举运动员，也是125千克深蹲及总成绩世界纪录保持者。这份训练计划是早些年胡达亚诺夫为我编写的一份计划，使用的是交叉增长的原理，使我的深蹲及硬拉成绩得到了一定的提高。从整体计划设计原理分析，这份计划是一份赛季期训练计划，每两个周的练习动作都是完全一样的，只是需要随着时间的推移，在自身力量允许的前提下不断增加专项训练的重量，但是要保持原本的组数与次数，等到比赛前夕再进行相关调整。每两周进行一次大重量的深蹲与硬拉训练，两周内安排两次卧推大重量训练。每周包含五个训练日，一个深蹲或硬拉专项训练日，一个卧推专项训练日，一个深蹲或硬拉速度训练日，一个卧推速度训练日，以及一个肌肉辅助训练日。

第二，从整体动作选取分析，除去三大项训练外，本计划没有选择过于复杂或高难度的训练动作。腿举、腿弯举、腿屈伸、山羊挺身都是比较简单的下肢训练动作，哑铃卧推、绳索夹胸、臂屈伸也是比较好寻找肌肉募集的练习方式。T杠划船、坐姿划船等一系列背部训练动作可以使上背部变得更加强大，有助于间接提高三大项成绩。上斜卧推、实力推、侧平举是着重提升肩部力量的训练动作。当时我处于卧推启动能力极差的状态，因此安排大量的肩部训练对提升我在卧推中的启动能力是十分有帮助的。

第三，从整体计划强度与容量分析，专项训练及速度训练的容量并不大，但是专项训练的整体强度很高。健身爱好者需要使用 2×3 及 3×3 进行深蹲或硬拉的大重量训练及卧推的大重量训练，一般需要使用极限重量85%左右的重量进行练习。因为随着计划的推移，专项训练的组数和次数不会发生变化，只会使用更大的重量，所以整体计划的强度是在逐步提高的。肌肉辅助训练的强度较低，但是训练容量较大，这样安排是为了更好地提升肌肉质量。

第四，从加重策略分析，胡达亚诺夫没有要求我每周或每两周都需要增加三大项的练习重量，只要求在动作完成标准的前提下慢慢增加做组的重量。并且，他曾经再三叮嘱我一定不要使用3RM的重量进行练习，而要使用较轻的可以完成 2×3 或 3×3 的重量进行练习。

第五，从整体计划对疲劳管理角度分析，我属于神经容易出现疲劳但是肌肉不是特别容易出现疲劳，只有腿部肌肉是容易出现较长时间的持续酸痛。因此，在训练计划中我腿部肌肉辅助训练的容量比其余部位肌肉辅助训练要小一些。整个计划每两周才会进行一次大重量的硬拉或深蹲训练，这使我的神经可以得到充分的休息。

第六，从整体计划适合人群分析，这份计划对肌肉较欠缺、神经恢复能力较慢、做组能力较差，但是对三大项动作掌握较牢固及爆发力较出色的健身爱好者来讲，是十分不错的选择。当时我已经有 5 年左右的力量训练经验，如果给我安排过多 3 组 8 次或 4 组 5 次这种较高容量的专项训练，那么我很有可能无法完成训练甚至受伤。

第七，从整体计划优势与局限性分析，这份计划对提升健身爱好者的肌肉水平、爆发力及三大项的极限力量都是十分有帮助的。唯一的局限性在于它拥有五个训练日，这与很多力量训练计划安排的三个或四个训练日不同，它要求健身爱好者的营养水平必须跟得上，否则甚至会出现力量衰退的现象。此外，深蹲和硬拉的大重量专项训练频率较低，不适合需要多练习从而更好掌握动作技术的初级健身爱好者。

第八，从兼容性角度分析，这份计划对三大项的训练安排得比较均衡，并不会出现哪一项发展明显滞后的现象。

三、耐力

（一）心肺耐力

1. 初级心肺耐力训练计划

（1）计划安排

时间	动作	组数	次数/时间	组间休息	动作间休息
周一	耐力跑	1	30 分钟	无	无
周二	游泳	1	10～15 分钟	无	无
周三	休息日				
周四	耐力跑	1	30 分钟	无	无
周五	游泳	1	10～15 分钟	无	无
周六	休息日				
周日	休息日				

（2）计划分析

第一，这份计划适合刚接触心肺耐力训练的健身爱好者，因为计划中有游泳练习，所以健身爱好者还必须熟练掌握游泳这项技能。健身爱好者使用这份计划进行 8 周左右的持续训练，并且适当注意控制对饮食中热量和脂肪的摄入，可以充分促进心肺耐力水平提高。

第二，在训练动作选择及安排顺序方面，耐力跑和游泳都是较基础的练习，计划要求必须掌握游泳这项技能，但是对游泳姿势并没有要求，可以从四种常见泳姿中任选一个或多个进行练习。唯一需要注意的是，要确保 30 分钟的耐力跑及 10～15 分钟的游泳训练过程不会出现中断，这两项训练的整体强度并不高，即使是刚接触心肺耐力训练的健身爱好者也可以较从容应对。如果健身爱好者在练习过程中感到难以坚持，那么应当立即停止并适当降低奔跑或游泳速度，避免因强度过高而导致的训练失败。

第三，因为我们每个训练只安排了一个动作的一组训练，所以也就没有任何与组间休息和动作间休息有关的安排。

2. 中级心肺耐力训练计划

（1）计划安排

时间	动作	组数	次数/时间	组间休息	动作间休息
周一	耐力跑	1	30分钟	无	呼吸平稳
	抗阻力呼吸训练	4	12	90秒	无
周二	游泳	1	15~20分钟	无	无
周三	休息日				
周四	耐力跑	1	30分钟	无	呼吸平稳
	抗阻力呼吸训练	4	12	90秒	无
周五	游泳	1	15~20分钟	无	无
周六	休息日				
周日	休息日				

（2）计划分析

第一，这份计划适合具有一定心肺耐力训练经验的健身爱好者，因为计划中有游泳练习，所以健身爱好者还必须熟练掌握游泳这项技能。健身爱好者使用这份计划进行8周左右的持续训练，并且适当注意控制对饮食中热量和脂肪的摄入，可以充分促进心肺耐力水平提高。

第二，在训练动作选择及安排顺序方面，耐力跑和游泳都是较基础的练习，计划要求必须掌握游泳这项技能，但是对游泳姿势并没有要求，可以从四种常见泳姿中任选一个或多个进行练习。只不过由于游泳练习的时间较长，并且不能在中间暂停休息，因此健身爱好者可使用较省力的自由泳。30分钟的耐力跑及15~20分钟游泳的整体强度尚可，如果练习过程中感到难以坚持，那么应当立即停止并适当降低奔跑或游泳速度，避免因强度过高而导致的训练失败。周一和周四的训练还安排了使用呼吸训练器的抗阻力呼吸训练，健身爱好者如果没有相关器材可以使用哑铃或杠铃片，对提升呼吸肌能力也是十分有帮助的。

第三，在耐力跑练习结束后要进行一段时间的休息，然后才可以进行抗阻力呼吸训练，这个休息时间并没有具体的规划，一般以呼吸恢复到比较平稳的状态为止，但最多不要超过10分钟。在抗阻力呼吸训练的组间，只需要采用90秒的休息即可。

3. 高级心肺耐力训练计划

（1）计划安排

时间	动作	组数	次数/时间	组间休息	动作间休息
周一	抗阻面罩耐力跑	1	20~25分钟	无	呼吸平稳
	抗阻力呼吸训练	4	15	90秒	无
周二	游泳	1	20~25分钟	无	无
周三	抗阻面罩耐力跑	1	20~25分钟	无	呼吸平稳
	抗阻力呼吸训练	4	15	90秒	无
周四	游泳	1	20~25分钟	无	无
周五	抗阻面罩耐力跑	1	20~25分钟	无	呼吸平稳
	抗阻力呼吸训练	4	15	90秒	无
周六	游泳	1	20~25分钟	无	无
周日	休息日				

（2）计划分析

第一，这份计划适合心肺耐力水平极高的健身爱好者，因为计划中有游泳练习，所以健身爱好者还必须熟练掌握游泳这项技能。健身爱好者使用这份计划进行12周左右的持续训练，并且严格注意控制对饮食中热量和脂肪的摄入，可以充分促进心肺耐力水平得到进一步的提高。

第二，在训练动作选择及安排顺序方面，使用了难度较高的抗阻面罩耐力跑，相对于普通的耐力跑难度更高，因此练习时间也较短。由于游泳练习的时间较长，并且不能在中间暂停休息，因此可使用较省力的自由泳。20~25分钟的抗阻面罩耐力跑及20~25分钟游泳的整体强度与容量都不低，如果健身爱好者在练习过程中感到难以坚持，那么应当立即停止并适当降低奔跑或游泳速度，避免因强度过高而导致的训练失败。周一和周四的训练还安排了使用呼吸训练器的抗阻力呼吸训练，健身爱好者如果没有相关器材可以使用哑铃或杠铃片，对提升呼吸肌能力也是十分有帮助的。

第三，在抗阻面罩耐力跑练习结束后要进行一段时间的休息，然后才可以进行抗阻力呼吸训练，这个休息时间并没有具体的规划，一般以呼吸恢复到比较平稳的状态为止，但最多不要超过10分钟。在抗阻力呼吸训练的组间，只需要采用90秒的休息即可。

（二）速度耐力

1. 初级速度耐力训练计划

（1）计划安排

时间	动作	组数	次数/时间	组间休息	动作间休息
周一	25米折返跑	5	3分钟	3~5分钟	
周二	抗阻面罩速度跑	3	5分钟	3~5分钟	5分钟
	臀屈伸	4	20	60秒	
周三	休息日				
周四	25米折返跑	5	3分钟	3~5分钟	
周五	抗阻面罩速度跑	3	5分钟	3~5分钟	5分钟
	臀屈伸	4	20	60秒	
周六	休息日				
周日	休息日				

（2）计划分析

第一，这份计划适合刚接触速度耐力训练的爱好者。由于他们一般存在肌肉力量与心肺耐力方面的不足，因此在专项的速度耐力训练日之外安排了力量+心肺耐力训练日，这可以尽快补强肌肉力量与心肺耐力方面的薄弱点。健身爱好者可使用这份计划8~12周的时间。

第二，在训练动作选择及安排顺序方面，在速度耐力专项训练日使用的是25米折返跑的练习，这对提升速度耐力是十分有帮助的。要注意随着时间的推移，尽量在规定时间内完成比之前训练时更多的折返次数。在力量+心肺耐力训练日中安排的是臀屈伸与抗阻面罩速度跑的练习，臀屈伸对提升髋关节周围的肌肉群有极强的帮助，对提升奔跑所需的肌肉力量是有重要意义的。抗阻面罩速度跑不仅可以提高心肺耐力水平，对速度耐力也是有一定帮助的。

第三，25米折返跑及抗阻面罩速度跑都采用了3~5分钟的组间休息及5分钟的动作间休息，因为速度耐力训练模式整体强度较高，所以需要安排更长一点的休息时间。在臀屈伸的组间休息时间方面，还是使用60秒这种在肌肉健美训练中常用的休息时间。

2. 中级速度耐力训练计划

（1）计划安排

时间	动作	组数	次数/时间	组间休息	动作间休息
周一	25米折返跑	6	3分钟	3~5分钟	5分钟
	屈髋力量训练	4	20	60秒	
周二	400米跑	4	1	3~5分钟	5分钟
	屈髋力量训练	4	20	60秒	
周三	休息日				
周四	25米折返跑	6	3分钟	3~5分钟	5分钟
	屈髋力量训练	4	20	60秒	
周五	400米跑	4	1	3~5分钟	5分钟
	屈髋力量训练	4	20	60秒	
周六	高抬腿跑50米	8	1	2分钟	3分钟
	步伐训练20~30米	4	1	90秒	
周日	休息日				

（2）计划分析

第一，这份计划适合具有一定速度耐力训练经验的健身爱好者。一周安排了四个速度耐力专项训练日及一个技术专项训练日，这不仅有助于提高速度耐力水平，还可以提升奔跑技术，对速度耐力的整体提高是十分有帮助的。健身爱好者可使用这份计划进行12~16周的持续练习，对提高速度耐力水平是十分有帮助的。

第二，在训练动作选择及安排顺序方面，所有的速度耐力专项训练日都安排了屈髋力量训练，这对提升奔跑所需要的肌肉力量有重要帮助。健身爱好者可以根据自己的肌肉感觉，挑选刺激较强的屈髋力量训练动作。在速度耐力的专项训练动作上，使用的是25米折返跑及400米跑的练习。25米折返跑的整体容量比初级速度耐力训练计划要大一些，而400米跑则是比较考验健身爱好者速度耐力的竞技项目。健身爱好者要争取随着时间的推移逐步增加25米折返跑的往返次数，缩短400米跑的时间。技术专项训练日安排了高抬腿跑及步伐训练，有助于提升奔跑时的步伐及步频，对提升速度耐力具有一定的帮助。

第三，在组间休息及动作间休息的安排上，速度耐力专项训练的组间休息为3~5分钟，这也会是为了充分保证速度耐力训练时的完成质量。屈髋力量训练的组间休息时间还是肌肉健美训练中最常见的60秒。高抬腿跑及步伐训练的整体强度并不高，使用的是2分钟及90秒的组间休息。

3. 高级速度耐力训练计划

（1）计划安排

时间	动作	组数	次数/时间	组间休息	动作间休息
周一	25米抗阻面罩折返跑	5	3分钟	3～5分钟	5分钟
	屈髋力量训练	5	20	60秒	
周二	200米跑	4	1	3～5分钟	5分钟
	400米跑	2	1	3～5分钟	5分钟
周三	休息日				
周四	25米抗阻面罩折返跑	5	3分钟	3～5分钟	5分钟
	屈髋力量训练	5	20	60秒	
周五	200米跑	4	1	3～5分钟	5分钟
	400米跑	2	1	3～5分钟	5分钟
周六	高抬腿跑50米	8	1	2分钟	3分钟
	步伐训练20～30米	4	1	90秒	
周日	休息日				

（2）计划分析

第一，这份计划适合具有较高速度耐力水平的健身爱好者。一周安排了四个速度耐力专项训练日及一个技术专项训练日，这不仅有助于提高速度耐力水平，还可以提升奔跑技术，对速度耐力的整体提升是十分有帮助的。健身爱好者可使用这份计划进行16周的持续练习，对更进一步提高速度耐力水平是十分有帮助的。

第二，在训练动作选择及安排顺序方面，没有在所有的速度耐力专项训练日都安排屈髋力量训练，因为在这个阶段健身爱好者更加需要大量针对速度耐力的专项训练。使用25米阻氧面罩折返跑训练，以及200米跑、400米跑的训练，不仅可以强化练习速度耐力，还可以使心肺水平得到明显提高。技术专项训练日安排了高抬腿跑及步伐训练，有助于提升奔跑时的步伐及步频，对提升速度耐力具有一定的帮助。

第三，在组间休息及动作间休息的安排上，速度耐力专项训练的组间休息为3～5分钟，这也会是为了充分保证速度耐力训练时的完成质量。屈髋力量训练的组间休息时间还是肌肉健美训练中最常见的60秒。高抬腿跑及步伐训练的整体强度并不高，使用的是2分钟及90秒的组间休息。

(三)力量耐力

1. 初级力量耐力训练计划

(1) 计划安排

时间	动作	组数	次数	组间休息	动作间休息
周一	杠铃深蹲	5	15	90秒	2分钟
	腿举	5	15	90秒	2分钟
	哑铃箭步蹲	5	15	90秒	2分钟
周二	引体向上	5	力竭次数	90秒	2分钟
	杠铃耸肩	5	15	90秒	2分钟
	杠铃划船	5	15	90秒	2分钟
周三	休息日				
周四	杠铃硬拉	5	15	90秒	2分钟
	腿弯举	5	15	90秒	2分钟
	臀桥	5	15	90秒	2分钟
周五	借力推	5	15	90秒	2分钟
	杠铃卧推	5	15	90秒	2分钟
	俯卧撑	5	力竭次数	90秒	2分钟
周六	休息日				
周日	休息日				

(2) 计划分析

第一,这份计划适合刚接触力量耐力训练的健身爱好者。一周安排了一个下肢蹲训练日、一个上肢拉训练日、一个下肢拉训练日及一个上肢推训练日。所有训练动作都采用每组15次或力竭次数这种较大容量的练习方法,目的在于尽快强化力量耐力训练所需要的肌肉耐力基础。健身爱好者可以使用这份训练计划进行8周的持续练习。

第二,在训练动作选择及安排顺序方面,选择的动作大都是复合训练动作,少有比较孤立发力的训练动作。杠铃深蹲、杠铃硬拉、引体向上、杠铃划船、杠铃耸肩、借力推及杠铃卧推都可以充分提高大肌肉群的肌肉耐力水平。特别是杠铃耸肩及借力推等都是在力量耐力训练计划中比较常见的练习动作。之所以在训练计划中安排腿弯举和哑铃箭步蹲这类较孤立的训练动作,原因主要在于它们对肌肉耐力的提升效果很棒,正常的力量耐力训练计划不会安排较孤立的训练动作。

第三,每个动作都要进行5组、每组15次的重复练习,整体训练计划容量极大,但是最多也只能获得 90 秒的组间休息。过多的组间休息会使得对肌肉耐力的刺激效果大幅度降低，而如果使用 60 秒这种较短的组间休息时间，又无法保证可以使用一定的负荷重量进行练习。始终记得在力量耐力练习中，使用的负荷重量大小是十分关键的因素。随着执行计划的推移，要试着在后期逐渐增加每个训练动作所使用的负荷重量。

2. 中级力量耐力训练计划

（1）计划安排

时间	动作	次数	循环数	组间休息	循环间休息
周一	杠铃深蹲	12	3	0	3～5 分钟
	借力推举	12	3	0	3～5 分钟
	杠铃硬拉	12	3	0	3～5 分钟
	双杠臂屈伸	12	3	0	3～5 分钟
	引体向上	力竭次数	3	0	3～5 分钟
	俯卧撑	12	3	0	3～5 分钟
	卷腹	力竭次数	3	0	3～5 分钟
周二	休息日				
周三	借力推举	12	3	0	3～5 分钟
	杠铃硬拉	12	3	0	3～5 分钟
	杠铃卧推	12	3	0	3～5 分钟
	哑铃深蹲跳	12	3	0	3～5 分钟
	引体向上	力竭次数	3	0	3～5 分钟
	山羊挺身	12	3	0	3～5 分钟
	转体卷腹	力竭次数	3	0	3～5 分钟
周四	休息日				
周五	杠铃深蹲	12	3	0	3～5 分钟
	借力推举	12	3	0	3～5 分钟
	杠铃硬拉	12	3	0	3～5 分钟
	双杠臂屈伸	12	3	0	3～5 分钟
	引体向上	力竭次数	3	0	3～5 分钟
	俯卧撑	12	3	0	3～5 分钟
	仰卧举腿	力竭次数	3	0	3～5 分钟
周六	休息日				
周日	休息日				

（2）计划分析

第一，这份计划适合具有一定力量耐力训练经验的健身爱好者。一周安排了三个力量耐力训练日，都是循环训练的方法，目的在于提高力量耐力水平。健身爱好者可以使用这份训练计划进行 8 ~ 12 周的持续练习。

第二，在训练动作选择及安排顺序方面，使用的基本都是一个下肢训练动作 + 一个上肢训练动作的安排方式，这对力量耐力水平有一定的考验，整体训练难度较高。所使用的训练动作都是复合训练，这也是为了充分满足力量耐力的练习需求。三个力量耐力训练日的动作安排基本相同，只是在一些动作的先后顺序上进行了适当的调整。在每个力量耐力训练日的最后都安排了针对腹肌的训练，三个训练日分别练习上腹部、腹外斜肌与腹内斜肌、下腹部三个区域。

第三，要注意的是，执行力量耐力的专项训练计划时，计划中并没有与组间休息和动作间休息有关的内容。因为所有的动作都是超级组的练习方式，所以并不存在组间休息的概念。健身爱好者需要按照动作排序将所有动作都练完一遍，是为一个循环，然后休息一定的时间再进行下一个循环的练习，因此习惯认知中的组间休息在这里是循环间休息。为了保证力量耐力训练的整体质量，确保使用的负荷重量不会出现断崖式的下滑，健身爱好者应在每两个循环训练间保持 3 ~ 5 分钟的休息时间，当然也可以根据自身情况适当缩短休息时间，休息时间越短对力量耐力的整体水平要求也就越高。

3. 高级力量耐力训练计划

（1）计划安排

时间	动作	次数	循环数	组间休息	循环间休息
周一	杠铃硬拉	8	3	0	3 ~ 5 分钟
	下蹲翻	8	3	0	3 ~ 5 分钟
	杠铃前蹲	8	3	0	3 ~ 5 分钟
	壶铃摇摆	8	3	0	3 ~ 5 分钟
	引体向上	力竭次数	3	0	3 ~ 5 分钟
	火箭推	8	3	0	3 ~ 5 分钟
	波比跳	12	3	0	3 ~ 5 分钟
	卷腹	力竭次数	3	0	3 ~ 5 分钟
周二	休息日				
周三	杠铃硬拉	8	3	0	3 ~ 5 分钟
	下蹲翻	8	3	0	3 ~ 5 分钟
	杠铃前蹲	8	3	0	3 ~ 5 分钟
	壶铃摇摆	8	3	0	3 ~ 5 分钟

（续表）

时间	动作	次数	循环数	组间休息	循环间休息
	引体向上	力竭次数	3	0	3～5分钟
	火箭推	8	3	0	3～5分钟
	波比跳	12	3	0	3～5分钟
	转体卷腹	力竭次数	3	0	3～5分钟
周四	休息日				
周五	杠铃硬拉	8	3	0	3～5分钟
	下蹲翻	8	3	0	3～5分钟
	杠铃前蹲	8	3	0	3～5分钟
	壶铃摇摆	8	3	0	3～5分钟
	引体向上	力竭次数	3	0	3～5分钟
	火箭推	8	3	0	3～5分钟
	波比跳	12	3	0	3～5分钟
	悬垂举腿	力竭次数	3	0	3～5分钟
周六	休息日				
周日	休息日				

（2）计划解析

第一，这份计划适合具有较高力量耐力训练水平的健身爱好者。一周安排了三个力量耐力训练日，使用的是类似CrossFit循环训练的方法，目的在于进一步提高力量耐力水平。健身爱好者可以使用这份训练计划进行8～12周的持续练习。

第二，在训练动作选择及安排顺序方面，三个训练日所使用的动作及练习顺序都是完全一样的。在具体动作选择方面，选用了杠铃硬拉、下蹲翻、杠铃前蹲、壶铃摇摆、引体向上、火箭推、波比跳等一系列难度较高的训练动作。其中，壶铃摇摆与火箭推对健身爱好者的全身协调发力能力有一定要求，如果健身爱好者协调性较差，那么会更多使用三角肌练习而使肩膀快速力竭从而影响整体训练计划的执行。正确的发力方式是使用伸髋及伸膝的力量，下肢为主导发力。下蹲翻是技术性极强的举重训练动作，要求健身爱好者必须掌握相关动作发力要领，否则不仅会影响训练计划的效果，还有可能产生受伤风险。在引体向上训练时，健身爱好者可以借力，不要像肌肉健美训练那样将注意力放在背部肌肉的刺激上，在力量耐力训练中要完成尽可能多的次数。波比跳虽然并不是特别难的训练动作，但是因为动作姿势本身属于较长做功距离的类型，又位于整个训练计划的最后，所以对健身爱好者的力量耐力和心肺耐力会造成极大的冲击，容易在这个环节无法继续坚持训练。每个力量耐力训练日的最后都安排了针对腹肌的训练，三个训练日分别练习上腹部、腹外斜肌与腹内斜肌、下腹部三个区域。需要注意的是，这份训练计划的训练容量并不大，使用的负荷重量却比中级力量耐力训练计划要高出不少，这也更加有助于提高力量耐力水平。健身爱好者在力所能及的范围内，随着训练计划的推移，应适当增加每个动作所使用的负荷重量。

第三，要注意的是，执行力量耐力的专项训练计划时，训练计划中并没有与组间休息和动作间休息有关的内容。因为所有的动作都是超级组的练习方式，所以并不存在组间休息的概念。健身爱好者要按照动作排序将所有动作都练完一遍，是为一个循环，然后休息一定的时间再进行下一个循环的练习，习惯认知中的组间休息在这里是循环间休息。为了保证力量耐力训练的整体质量，确保使用的负荷重量不会出现断崖式下滑，健身爱好者应在每两个循环训练间保持 3~5 分钟的休息时间，当然也可以根据自身情况适当缩短休息时间，休息时间越短对力量耐力的整体水平要求也就越高。

四、爆发力

（一）绝对速度

1. 初级绝对速度训练计划

（1）计划安排

时间	动作	组数	次数/时间	组间休息	动作间休息
周一	启动跑 30 米	6	1	2 分钟	3~5 分钟
	屈髋力量训练	4	10	60 秒	2 分钟
	高抬腿跑 30 米	6	1	2 分钟	
周二	伸髋力量训练	4	10	60 秒	2 分钟
	屈髋力量训练	4	10	60 秒	2 分钟
	小腿肌群力量训练	4	10	60 秒	
周三	休息日				
周四	启动跑 30 米	6	1	2 分钟	3~5 分钟
	屈髋力量训练	4	10	60 秒	2 分钟
	高抬腿跑 30 米	6	1	2 分钟	
周五	伸髋力量训练	4	10	60 秒	2 分钟
	屈髋力量训练	4	10	60 秒	2 分钟
	小腿肌群力量训练	4	10	60 秒	
周六	休息日				
周日	休息日				

（2）计划分析

第一，这份训练计划适合刚接触绝对速度训练的健身爱好者。一周内安排了两个绝对速度专项训练日、两个伸髋与屈髋力量训练日，目的在于尽快强化健身爱好者提高绝对速度所必需的伸髋与屈髋力量，提高爆发力基础水平。健身爱好者可使用这份计划进行8周左右的持续训练，对提高绝对速度水平是十分有帮助的。

第二，在训练动作选择及安排顺序方面，速度专项训练日安排的是启动跑、屈髋力量训练及高抬腿跑的练习。启动跑的目的是强化健身爱好者的爆发力及奔跑时的启动能力。启动能力对提高健身爱好者的绝对速度有十分重要的帮助，也是刚接触绝对速度训练的健身爱好者比较容易欠缺的能力。使用的是30米跑启动跑练习，没有必要安排过长距离的训练，否则会变成途中跑或加速跑阶段，失去启动跑的意义。屈髋力量训练及高抬腿跑训练可以提高奔跑所需要的髋关节、小腿的肌肉力量水平，并且对提升步幅有一定的帮助。伸髋与屈髋力量训练日安排的都是与伸髋、屈髋及小腿肌群有关的力量训练，健身爱好者可以根据肌肉训练感受效果来选择合适的动作。在练习时要记得尽量使用一定的重量，并且每一次重复练习越快完成越好。

第三，在组间休息及动作间休息的选择上，奔跑类的训练使用的都是组间2分钟的休息时间，动作间则是3~5分钟。因为奔跑练习的距离并不长，所以没有必要安排过多的休息时间。伸髋与屈髋力量训练方面使用的还是肌肉健美训练经常使用的组间休息60秒及动作间休息2分钟的方式，这足以使健身爱好者得到充分的休息。

2. 中级绝对速度训练计划

（1）计划安排

时间	动作	组数	次数/距离	组间休息	动作间休息
周一	加速跑60米	5	1	2分钟	3~5分钟
	启动跑30米	5	1	2分钟	3~5分钟
	步伐训练20~30米	5	1	2分钟	
周二	变速跑60米	5	1	2分钟	3~5分钟
	高抬腿跑30米	5	2	2分钟	3~5分钟
	步伐训练20~30米	5	2	2分钟	
周三	休息日				
周四	加速跑60米	5	1	2分钟	3~5分钟
	启动跑30米	5	1	2分钟	3~5分钟
	步伐训练20~30米	5	1	2分钟	

（续表）

时间	动作	组数	次数/距离	组间休息	动作间休息
周五	伸髋力量训练	4	8	60秒	2分钟
	屈髋力量训练	4	8	60秒	2分钟
	小腿肌群力量训练	4	8	60秒	
周六	变速跑60米	5	1	2分钟	3~5分钟
	启动跑30米	5	1	2分钟	3~5分钟
	步伐训练20~30米	5	2	2分钟	
周日	休息日				

（2）计划分析

第一，这份训练计划适合具有一定绝对速度训练经验的健身爱好者。一周内安排了两个绝对速度专项训练日、两个与奔跑技术有关的专项训练日及一个伸髋与屈髋力量训练日，目的在于更进一步强化健身爱好者提高绝对速度所必需的专项速度能力、力量能力及奔跑技术能力，充分促进爆发力的提高。健身爱好者可使用这份计划进行8~12周左右的持续训练，对提高绝对速度水平是十分有帮助的。

第二，在训练动作选择及安排顺序方面，速度专项训练日安排的是加速跑、启动跑及步伐训练。加速跑的目的是更进一步缩短达到绝对速度前所耗费的时间，这对提高绝对速度是有一定帮助的。距离设定在60米，50~60米这个过程一般也是健身爱好者逐渐将速度加到最高的区间。安排启动跑练习的目的与加速跑类似，都是缩短加速到最高速度所需要耗费的时间。加速能力也是具有一定绝对速度训练经验的健身爱好者比较容易欠缺的能力。当日还安排了提升奔跑技术的步伐训练，这可以在高强度的爆发力训练后，通过强度较低的技术训练更进一步完善奔跑能力。伸髋与屈髋力量训练日安排的都是与伸髋、屈髋及小腿肌群有关的力量训练，健身爱好者可以根据肌肉训练感受效果来选择合适的动作。在练习时要记得尽量使用一定的重量，并且每一次重复练习越快完成越好。这份计划所使用的重量比初级绝对速度训练计划要高，每组重复练习次数较低。技术专项训练日选择了高抬腿跑、变速跑、步伐训练、启动跑等练习，它们对提升奔跑技术及加速能力具有一定的帮助。

第三，在组间休息及动作间休息的选择上，奔跑类训练使用的基本都是组间2分钟的休息时间，动作间则是3~5分钟。因为奔跑练习的距离并不长，所以没有必要安排过多的休息时间。伸髋与屈髋力量训练使用的还是肌肉健美训练中经常使用的组间休息60秒及动作间休息2分钟的方式，这足以使健身爱好者得到充分的休息。

3. 高级绝对速度训练计划

（1）计划安排

时间	动作	组数	次数/距离	组间休息	动作间休息
周一	80米跑	5	1	3～5分钟	3～5分钟
	启动跑30米	5	1	3～5分钟	3～5分钟
	变速跑50米	3	1	3～5分钟	
周二	挥臂/摆胯训练	4	12～15	2分钟	2分钟
	高抬腿跑50米	5	1	3分钟	3～5分钟
	变速跑50米	5	1	3分钟	
周三	休息日				
周四	80米跑	5	1	3～5分钟	3～5分钟
	启动跑30米	5	1	3～5分钟	3～5分钟
	变速跑50米	3	1	3～5分钟	
周五	伸髋力量训练	4	8	60秒	2分钟
	屈髋力量训练	4	8	60秒	2分钟
	小腿肌群力量训练	4	8	60秒	
周六	挥臂/摆胯训练	4	12～15	2分钟	2分钟
	高抬腿跑50米	5	1	3分钟	3～5分钟
	变速跑50米	5	1	3分钟	
周日	休息日				

（2）计划分析

第一，这份训练计划适合具有较高绝对速度水平的健身爱好者。一周内安排了两个绝对速度专项训练日、两个与奔跑技术有关的专项训练日及一个伸髋与屈髋力量训练日，目的在于更进一步强化提高绝对速度所必需的专项速度能力、力量能力及奔跑技术能力，充分促进爆发力的提高。健身爱好者可使用这份计划进行12周左右的持续训练，对更进一步提高绝对速度水平是十分有帮助的。

第二，在训练动作选择及安排顺序方面，速度专项训练日安排的是80米跑、启动跑及变速跑。80米跑属于绝对速度专项训练，大部分健身爱好者都是在这个距离附近达到自己的最高速度。安排启动跑练习的目的在于提高基础爆发力水平，变速跑则对提升加速能力有明显的帮助。这三个训练动作都是全方位提高绝对速度的练习，整体训练强度较高，需要健身爱好者必须具备较强的速度与力量基础。伸髋与屈髋力量训练日安排的都是与伸髋、屈髋及小腿肌群有关的力量训练，健身爱好者可以根据肌肉训练感受效果来选择合适的动作。在练习时要记得尽量使用一定的重量，并且每一次重复练习越快完成越好。这份计划所使用的重量比初级绝对速度训练计划要高，每组重复练习次数较低。技术专项训练日选择了挥臂/摆胯、变速跑、高抬腿跑等练习，它们对提升奔跑时挥臂的技术、步幅及加速能力都具有一定的帮助。

第三，在组间休息及动作间休息的选择上，奔跑类训练使用的基本都是组间2分钟的休息时间，动作间则是3～5分钟。因为奔跑练习的距离并不长，所以没有必要安排过多的休息时间。伸髋与屈髋力量训练使用的还是肌肉健美训练中经常使用的组间休息60秒及动作间休息2分钟的方式，这足以使健身爱好者得到充分的休息。

（二）弹跳力（跳远）

1. 初级弹跳力（跳远）训练计划

（1）计划安排

时间	动作	组数	次数/距离	组间休息	动作间休息
周一	立定跳远	5	5	2分钟	2分钟
	助跑跳远	5	1	2分钟	2分钟
	20米跑	3	1	2分钟	
周二	伸髋力量训练	4	12	90秒	2分钟
	伸髋力量训练	4	12	90秒	2分钟
	伸髋力量训练	4	12	90秒	
周三	休息日				
周四	立定跳远	5	5	2分钟	2分钟
	助跑跳远	5	1	2分钟	2分钟
	20米跑	3	1	2分钟	
周五	伸髋力量训练	4	12	90秒	2分钟
	伸髋力量训练	4	12	90秒	2分钟
	伸髋力量训练	4	12	90秒	
周六	休息日				
周日	休息日				

（2）计划分析

第一，这份计划适合刚接触跳远训练的健身爱好者。一周内安排了两个跳远专项训练日及两个伸髋力量训练日，目的在于充分提升健身爱好者的基础跳远水平及基础肌肉力量，从而更好地促进跳远成绩的提高。健身爱好者可使用这份训练计划进行8周左右的持续练习，这对提高跳远成绩是有一定帮助的。

第二，在训练动作选择及安排顺序方面，跳远专项训练日安排的是立定跳远、助跑跳远及20米跑的练习。立定跳远是刚接触跳远训练的健身爱好者必须掌握的，它对提高基础跳远成绩是具有重要意义的，没有哪个助跑跳远成绩很高的健身爱好者是不会立定跳远的。助跑跳远对提高健身爱好者最大跳远成绩有重要作用，只不过对于刚接触跳远训练的健身爱好者而言，这并不是最重要的训练动作，因此将它放在立定跳远之后进行练习。20米跑是为了迎合助跑跳远时常见的助跑距离而设定的，目的在于提升健身爱好者的助跑能力，为日后的专项跳远训练打下基础。在伸髋力量训练日中，健身爱好者可以根据自己的练习感受选择三个可以提升伸髋力量的训练动作，例如臀屈伸、臀桥等，它们对提升跳远所需要的力量来源有重要作用。

第三，在组间休息及动作间休息的选择上，伸髋力量训练日使用的都是每组休息90秒、动作间休息2分钟的方式。这比肌肉健美训练中的60秒组间休息要稍长，原因在于希望每一次伸髋力量训练都有最好的力量表现。跳远专项训练日使用的组间休息与动作间休息时间都是2分钟。

2. 中级弹跳力（跳远）训练计划

（1）计划安排

时间	动作	组数	次数/距离	组间休息	动作间休息
周一	助跑跳远	10	1	2分钟	2分钟
	20米跑	3	1	2分钟	2分钟
	立定跳远	3	6	2分钟	
周二	伸髋力量训练	4	10	90秒	2分钟
	伸髋力量训练	4	10	90秒	2分钟
	伸髋力量训练	4	10	90秒	
周三	休息日				
周四	助跑跳远	10	1	2分钟	2分钟
	20米跑	3	1	2分钟	2分钟
	立定跳远	3	6	2分钟	
周五	伸髋力量训练	4	10	90秒	2分钟
	伸髋力量训练	4	10	90秒	2分钟
	伸髋力量训练	4	10	90秒	
周六	休息日				
周日	休息日				

（2）计划分析

第一，这份计划适合具有一定跳远训练经验的健身爱好者。一周内安排了两个跳远专项训练日及两个伸髋力量训练日，目的在于进一步提升健身爱好者的跳远专项能力及相关肌肉力量，从而更好地促进跳远成绩的提高。健身爱好者可使用这份训练计划进行 8 周左右的持续练习，这对提高跳远成绩是有一定帮助的。

第二，在训练动作选择及安排顺序方面，选择的动作与初级跳远训练计划的基本一致，只是在动作练习顺序上进行了一定的调整。在跳远专项训练日中，因为健身爱好者具有一定训练经验，所以将助跑跳远的专项训练及 20 米跑放在更加优先的位置上。在伸髋力量训练日中，虽然每组重复练习的次数在降低，所使用的负荷重量却在增加，这对进一步提高伸髋力量水平是有重要意义的。

第三，在组间休息及动作间休息的选择上，伸髋力量训练日使用的都是每组休息 90 秒、动作间休息 2 分钟的方式。这比肌肉健美训练中的 60 秒组间休息要稍长，原因在于希望每一次伸髋力量训练都有最好的力量表现。跳远专项训练日使用的组间休息与动作间休息时间都是 2 分钟。

3. 高级弹跳力（跳远）训练计划

（1）计划安排

时间	动作	组数	次数/距离	组间休息	动作间休息
周一	助跑跳远	15	1	2 分钟	2 分钟
	20 米跑	5	1	2 分钟	2 分钟
	立定跳远	3	8	2 分钟	
周二	伸髋力量训练	4	8	90 秒	2 分钟
	伸髋力量训练	4	8	90 秒	2 分钟
	伸髋力量训练	4	8	90 秒	
周三	休息日				
周四	助跑跳远	15	1	2 分钟	2 分钟
	20 米跑	5	1	2 分钟	2 分钟
	立定跳远	3	8	2 分钟	
周五	伸髋力量训练	4	8	90 秒	2 分钟
	伸髋力量训练	4	8	90 秒	2 分钟
	伸髋力量训练	4	8	90 秒	
周六	休息日				
周日	休息日				

（2）计划分析

第一，这份计划适合具有较高跳远能力的健身爱好者。一周内安排了两个跳远专项训练日及两个伸髋力量训练日，目的在于更进一步提升健身爱好者的跳远专项能力及相关肌肉力量，从而更好地促进跳远成绩的提高。健身爱好者可使用这份训练计划进行 8～12 周的持续练习，这对提高跳远成绩是有一定帮助的。

第二，在训练动作选择及安排顺序方面，选择的动作与中级跳远训练计划的动作相同，只是在训练容量及训练强度上进行了一定的调整。在跳远专项训练日中，助跑跳远与 20 米跑的整体训练容量都得到了提高。在伸髋力量训练日中，每组所使用的负荷重量也得到了一定幅度的提高。

第三，在组间休息及动作间休息的选择上，伸髋力量训练日使用的都是每组休息 90 秒、动作间休息 2 分钟的方式，这比肌肉健美训练中的 60 秒组间休息要稍长，原因在于希望每一次伸髋力量训练都有最好的力量表现。跳远专项训练日使用的组间休息与动作间休息时间都是 2 分钟。

（三）纵跳

1. 初级纵跳训练计划

（1）计划安排

时间	动作	组数	次数	组间休息	动作间休息
周一	半蹲跳	4	20	2 分钟	3～5 分钟
	原地纵跳	10	1	90 秒	2 分钟
	助跑双脚跳	10	1	90 秒	2 分钟
周二	助跑单脚跳	10	2	90 秒	2 分钟
	脚尖跳	4	30	90 秒	2 分钟
	侧跳	4	10	90 秒	2 分钟
周三	休息日				
周四	半蹲跳	4	20	2 分钟	3～5 分钟
	原地纵跳	10	1	90 秒	2 分钟
	助跑双脚跳	10	1	90 秒	2 分钟
周五	杠铃深蹲	4	12	90 秒	2 分钟
	杠铃提踵	4	20	90 秒	2 分钟
	火箭推	4	12	90 秒	2 分钟

(续表)

时间	动作	组数	次数	组间休息	动作间休息
周六	助跑单脚跳	10	2	90秒	2分钟
	脚尖跳	4	30	90秒	2分钟
	侧跳	4	10	90秒	2分钟
周日	休息日				

（2）计划分析

第一，这份训练计划适合刚刚接触纵跳训练的健身爱好者。一周内安排了两个纵跳专项训练日、两个跳跃专项技术训练日及一个伸膝力量训练日，目的在于提升健身爱好者的跳跃技术、纵跳能力及纵跳所需要的肌肉力量，从而达到全面提高纵跳成绩的目的。健身爱好者可使用这份计划进行8周左右的持续练习，对最大纵跳高度的提高有一定的帮助。

第二，在训练动作选择及安排顺序方面，纵跳专项训练日使用的是半蹲跳、原地纵跳及助跑双脚跳，这三个动作的目标都是练习健身爱好者双脚起跳的能力，对提高最大的跳跃高度有重要帮助。伸膝力量训练日选择了杠铃深蹲、杠铃提踵及火箭推的训练。火箭推有助于提高篮球比赛中所需要的持球纵跳高度，整个训练动作与篮球比赛中持球跳很相似。杠铃提踵可以提升小腿的肌肉力量，这对提高纵跳高度及保护关节健康都是有一定帮助的。跳跃时不使用深蹲的预蹲幅度，但是刚接触纵跳训练的健身爱好者应使用杠铃深蹲而不是使用迁移性和转化效果更好的半蹲或浅蹲，目的在于保护膝关节健康，同时提高基础的肌肉力量水平。跳跃专项技术训练日使用的是助跑单脚跳、脚尖跳及侧跳。助跑单脚跳有助于提升健身爱好者单脚起跳所需要的协调性及跳跃技术，脚尖跳可以提高连续起跳时的弹跳速度，而侧跳则可以提高跳跃的精准度。

第三，在组间休息及动作间休息的选择上，只有在半蹲跳这个训练动作中使用的是组间休息2分钟、动作间休息3~5分钟，其余动作都是组间休息90秒、动作间休息2分钟。因为半蹲跳的整体训练强度及对膝关节的冲击都较高，而刚接触纵跳训练的健身爱好者并不具备过多的自我保护经验及恢复能力，因此需要安排较多的休息时间。

2. 中级纵跳训练计划

（1）计划安排

时间	动作	组数	次数	组间休息	动作间休息
周一	哑铃半蹲跳	4	15	2分钟	3~5分钟
	原地纵跳	10	1	90秒	2分钟
	助跑双脚跳	10	1	90秒	2分钟
周二	助跑单脚跳	10	2	90秒	2分钟
	哑铃脚尖跳	4	20	90秒	2分钟
	跳台阶	4	10	90秒	2分钟
周三	休息日				
周四	哑铃半蹲跳	4	15	2分钟	3~5分钟
	原地纵跳	10	1	90秒	2分钟
	助跑双脚跳	10	1	90秒	2分钟
周五	杠铃半蹲	4	8	90秒	2分钟
	杠铃提踵	4	20	90秒	2分钟
	火箭推	4	8	90秒	2分钟
周六	助跑单脚跳	10	2	90秒	2分钟
	哑铃脚尖跳	4	20	90秒	2分钟
	跳台阶	4	10	90秒	2分钟
周日	休息日				

（2）计划分析

第一，这份训练计划适合具有一定纵跳训练经验的健身爱好者。一周安排了两个纵跳专项训练日、两个跳跃专项技术训练日及一个伸膝力量训练日，目的在于提升健身爱好者的跳跃技术、纵跳能力及纵跳所需要的肌肉力量，从而达到全面提高纵跳成绩的目的。健身爱好者可使用这份计划进行8周左右的持续练习，对最大纵跳高度的提高有一定的帮助。

第二，在训练动作选择及安排顺序方面，纵跳专项训练日使用的是哑铃半蹲跳、原地纵跳及助跑双脚跳，这三个动作的目标都是练习健身爱好者双脚起跳的能力，对提高最大的跳跃高度有重要帮助。哑铃半蹲跳比徒手半蹲跳对爆发力和基础力量的提升会有更好的效果。伸膝力量训练日选择了杠铃半蹲、杠铃提踵及火箭推的训练。火箭推对篮球比赛所需要的持球纵跳高度有一定的帮助，整个训练动作与篮球比赛中持球跳很相似。杠铃提踵可以提升小腿的肌肉力量，这对提高纵跳高度及保护关节健康都是有一定帮助的。本计划用迁移性及转化效果更好的杠铃半蹲替代了杠铃深蹲，对具有一定纵跳水平的健身爱好者，半蹲比深蹲对弹跳力的提升更有帮助。跳跃专项技术训练日使用的助跑单脚跳、哑铃脚尖跳及跳台阶。助跑单脚跳对提升单脚起跳所需要的身体协调性及技术能力有很大的促进作用，哑铃脚尖跳比徒手脚尖跳可以更进一步强化肌肉力量，而跳台阶则可以很好地提高跳跃时的精准度。

第三，在组间休息及动作间休息的选择上，只有哑铃半蹲跳这个训练动作使用的是组间休息 2 分钟、动作间休息 3～5 分钟，其余动作都是组间休息 90 秒、动作间休息 2 分钟。因为哑铃半蹲跳的整体训练强度及对膝关节的冲击都较高，如果休息时间过短，那么对膝关节的健康是很十分不利的，因此需要安排较多的休息时间。

3. 高级纵跳训练计划

（1）计划安排

时间	动作	组数	次数	组间休息	动作间休息
周一	哑铃浅蹲跳	4	12	2 分钟	3～5 分钟
	最大摸高	8	1	90 秒	2 分钟
	助跑双脚跳	8	2	90 秒	2 分钟
周二	助跑单脚跳	10	2	90 秒	2 分钟
	哑铃脚尖跳	4	20	90 秒	2 分钟
	跳深	10	1	90 秒	2 分钟
周三	休息日				
周四	最大摸高	10	2	2 分钟	3～5 分钟
	助跑双脚跳	10	1	90 秒	2 分钟
	持球浅蹲跳	4	8	90 秒	2 分钟
周五	杠铃浅蹲	4	8	90 秒	2 分钟
	高抓	10	2	90 秒	2 分钟
	火箭推	4	8	90 秒	2 分钟
周六	助跑单脚跳	10	2	90 秒	2 分钟
	哑铃脚尖跳	4	20	90 秒	2 分钟
	跳深	10	11	90 秒	2 分钟
周日	休息日				

（2）计划分析

第一，这份训练计划适合具有较高纵跳水平的健身爱好者。一周安排了两个纵跳专项训练日、两个跳跃专项技术训练日及一个伸膝力量训练日，目的在于提升健身爱好者的跳跃技术、纵跳能力及纵跳所需要的肌肉力量，从而达到全面提高纵跳成绩的目的。健身爱好者可使用这份计划进行 8 ~ 12 周左右的持续练习，对最大纵跳高度的进一步提高有一定的帮助。

第二，在训练动作选择及安排顺序方面，纵跳专项训练日没有再安排初级与中级纵跳训练计划中的原地纵跳，因为拥有较高纵跳水平的健身爱好者的原地纵跳能力应当十分优秀，所以并不需要安排较多的训练。本计划安排了哑铃浅蹲跳与最大摸高这两个转化效果更好的训练动作，用来最大限度提高健身爱好者的纵跳水平。同时安排了持球浅蹲跳的训练，这对提升篮球比赛的跳跃能力有很大帮助。伸膝力量训练日选择了杠铃浅蹲、高抓及火箭推的训练。火箭推对于提高篮球比赛所需要的持球纵跳高度有一定的帮助，整个训练动作与篮球比赛的持球跳很相似。高抓属于举重类的训练动作，它的发力方式及整个身体的姿势与纵跳十分相似，对提升爆发力有很高的价值。本计划用迁移性及转化效果更好的杠铃浅蹲替代了杠铃半蹲或深蹲，对具有较高纵跳水平的健身爱好者的力量水平没有太大帮助，但是对进一步提高纵跳高度有着比较重要的帮助。跳跃专项技术训练日使用的是助跑单脚跳、哑铃脚尖跳及跳深。助跑单脚跳对提升单脚起跳所需要的身体协调性及技术能力有很大的促进作用。哑铃脚尖跳比徒手脚尖跳可以进一步强化肌肉力量。而跳深对提高健身爱好者的弹跳速度有重要帮助，只不过跳深会使膝关节处于一定的受伤风险中，因此有膝关节疼痛或膝关节严重伤病史的健身爱好者最好不要使用这个动作。

第三，在组间休息及动作间休息的选择上，只有哑铃浅蹲跳与最大摸高的训练使用组间休息 2 分钟、动作间休息 3 ~ 5 分钟，其余动作都是组间休息 90 秒、动作间休息 2 分钟。因为哑铃浅蹲跳的整体训练强度及对膝关节的冲击都较高，如果休息时间过短，那么对膝关节的健康是十分不利的，因此需要安排较多的休息时间。并且，最大摸高训练的目的在于确保每次的摸高都足够高，因此健身爱好者也需要较多的时间进行力量和神经的恢复，这样才有可以保证最好的训练效果。

五、柔韧性

被动柔韧性

1. 初级被动柔韧性训练计划

（1）计划安排

动作	组数	时间长度
颈部拉伸练习	4	15 秒
背阔肌拉伸练习	2	15 秒

（续表）

动作	组数	时间长度
斜方肌拉伸练习	1	15秒
冈下肌拉伸练习	1	15秒
大圆肌拉伸练习	1	15秒
三角肌前束拉伸练习	1	15秒
三角肌后束拉伸练习	1	15秒
胸大肌拉伸练习	2	15秒
肱二头肌拉伸练习	1	15秒
肱三头肌拉伸练习	4	15秒
前臂肌群拉伸练习	1	15秒
股四头肌拉伸练习	2	15秒
腘绳肌拉伸练习	2	15秒
腘绳肌拉伸练习	2	15秒
内收肌拉伸练习	4	15秒
臀部肌群拉伸练习	2	15秒
臀部肌群拉伸练习	2	15秒
竖脊肌拉伸练习	4	15秒
小腿肌群拉伸练习	2	15秒

（2）计划分析

第一，整个计划练习总时长为10~15分钟，健身爱好者可在早上起床后及晚上临睡前各进行一次练习。这份计划适合柔韧性基础较差的健身爱好者，对身体基本的伸展幅度有较大提高作用。

第二，在训练动作选择及安排顺序方面，按从头到脚的顺序进行拉伸练习，挑选的动作都是对提升被动柔韧性有较大帮助的训练动作。肱三头肌、内收肌、腘绳肌、臀部肌群及竖脊肌这几个对柔韧性要求较高的区域的拉伸安排了4组的练习，目的是尽快提高被动柔韧性的水平。颈部拉伸同样安排了4组练习，虽然颈部对柔韧性要求不高，但是它很容易产生明显的疲劳，因此适当多进行一些拉伸对身体的放松是十分有帮助的。

第三，每个动作达到最大伸展幅度后需要保持15秒左右，每组间与每两个动作间只需要几十秒的短暂休息，只要呼吸回到正常节奏就可以进行下一个动作的练习。

2. 中级被动柔韧性训练计划

（1）计划安排

动作	组数	时间长度
颈部拉伸练习	4	20秒
背阔肌拉伸练习	2	20秒
斜方肌拉伸练习	1	20秒
冈下肌拉伸练习	1	20秒
大圆肌拉伸练习	1	20秒
三角肌前束拉伸练习	1	20秒
三角肌后束拉伸练习	1	20秒
胸大肌拉伸练习	2	20秒
肱二头肌拉伸练习	1	20秒
肱三头肌拉伸练习	4	20秒
前臂肌群拉伸练习	1	20秒
股四头肌拉伸练习	2	20秒
腘绳肌拉伸练习	1	20秒
腘绳肌拉伸练习	2	20秒
内收肌拉伸练习	4	20秒
臀部肌群拉伸练习	2	20秒
臀部肌群拉伸练习	2	20秒
竖脊肌拉伸练习	4	20秒
小腿肌群拉伸练习	2	20秒

（2）计划分析

第一，整个计划练习总时长在15分钟左右，健身爱好者可在早上起床后及晚上临睡前各进行一次练习。这份计划适合具有一定柔韧性水平的健身爱好者，对身体基本的伸展幅度有明显的提高作用。这份计划安排的动作与初级被动柔韧性训练计划相同，只是每组练习的时间延长到20秒，这对健身爱好者的柔韧性水平有较高的要求。

第二，在训练动作选择及安排顺序方面，按从头到脚的顺序进行拉伸练习，挑选的动作都是对提升被动柔韧性有较大帮助的训练动作。肱三头肌、内收肌、腘绳肌、臀部肌群及竖脊肌这几个对柔韧性要求较高的区域的拉伸安排了4组的练习，目的是尽快提高被动柔韧性的水平。颈部拉伸练习同样安排了4组练习，虽然颈部对柔韧性要求不高，但是它很容易产生明显的疲劳，因此适当多进行一些拉伸对身体的放松是十分有帮助的。

第三，每个动作达到最大伸展幅度后需要保持 20 秒左右，每组间与每两个动作间只需要几十秒的短暂休息，只要呼吸回到正常节奏就可以进行下一个动作的练习。

3. 高级被动柔韧性训练计划

（1）计划安排

动作	组数	时间长度
颈部拉伸练习	4	20 秒
背阔肌拉伸练习	2	20 秒
冈下肌拉伸练习	2	20 秒
大圆肌拉伸练习	2	20 秒
胸大肌拉伸练习	2	20 秒
肱三头肌拉伸练习	4	20 秒
前臂肌群拉伸练习	2	20 秒
股四头肌拉伸练习	2	20 秒
腘绳肌拉伸练习	2	20 秒
腘绳肌拉伸练习	2	20 秒
内收肌拉伸练习	4	20 秒
臀部肌群拉伸练习	2	20 秒
臀部肌群拉伸练习	2	20 秒
竖脊肌拉伸练习	4	20 秒
瑜伽动作任选一套	2	一整套练习

（2）计划分析

第一，整个计划练习总时长在 20 分钟左右，健身爱好者可在早上起床后及晚上临睡前各进行一次练习。这份计划适合具有较高柔韧性水平的健身爱好者，对身体基本的伸展幅度有一定的提高作用。

第二，在训练动作选择及安排顺序方面，按从头到脚的顺序进行拉伸练习，挑选的动作都是对提升被动柔韧性有较大帮助的训练动作。肱三头肌、内收肌、腘绳肌、臀部肌群及竖脊肌这几个对柔韧性要求较高的区域的拉伸安排了 4 组的练习，目的是尽快提高被动柔韧性的水平。颈部拉伸练习同样安排了 4 组练习，虽然颈部对柔韧性要求不高，但是它很容易产生明显的疲劳，因此适当多进行一些拉伸对身体的放松是十分有帮助的。相比初级和中级被动柔韧性训练计划，本计划删减掉了一些对柔韧性要求不高的区域的拉伸练习，因为被动柔韧性较好的健身爱好者的这些区域被动柔韧性不会较差。整个训练的最后增加了瑜伽练习，健身爱好者可以根据自身的喜好选择一套完整的全身瑜伽练习动作，例如常见的"拜日式"，这对提升整个身体的柔韧性都是十分有帮助的。不过，这也意味着健身爱好者必须具备较高的柔韧性水平，并不是所有人都可以比较顺利地完成一整套瑜伽练习动作的。

第三，每个动作达到最大伸展幅度后需要保持20秒左右，每组间与每两个动作间只需要几十秒的短暂休息，只要呼吸回到正常节奏就可以进行下一个动作的练习。